한국 언론사

한국 언론사

한성순보에서
유튜브까지

강준만 지음

인물과
사상사

● 일러두기

1. 외래어 인명과 지명 등은 국립국어원 외래어표기법에 따라 표기했다.
2. 단행본·신문·잡지는『 』, 시·소설은「 」, 영화·그림·노래·뮤지컬은 〈 〉로 표기했다.
3. 본문에 수록된 출처는 '저자, 출간연도, 면수' 등으로 표기했다.
   ● 이상희,『조선조 사회의 커뮤니케이션 현상 연구』(나남, 1993) → (이상희, 1993)
   ● 설석규,『조선시대 유생 상소의 공론 정치』(선인, 2002) → (설석규, 2002, 414)

"보도지침 사건이 뭐예요?"

"작년 연말. 송년회 모임에서 나온 이야기. 자신이 가르치는 학생으로부터 수업 시간에 다음과 같은 질문을 받았다고 한다. '선생님 IMF가 뭐예요?' 그러자 옆의 사람이 간담회에서 한 기자에게 받은 질문을 소개했다. '보도지침 사건이 뭔데요?' 위의 두 경우는 나처럼 쉰 세대(?)들에게는 셰익스피어가 누군지 모르는 청소년을 만났을 때만큼 충격이었다."

10여 년 전 한국여성민우회 공동대표 권미혁(2007)이 「보도지침 사건이 뭐예요?」라는 칼럼에서 한 말이다. 그런 '충격'적인 일들은 이루 헤아릴 수 없이 많다. 2006년 손기정기념재단이 실시한 조사에 따르면 서울 시내 중고등학생 462명 중 39퍼센트가 손기정이란 이름을 들어본 적조차 없다고 했으며, 이름을 들어보았다는 응답자 3명 중 1명도 손기정을 '친일파'로 생각하고 있었다.(양종구, 2006)

청소년들만 탓할 일이 아니다. 성인들도 비슷하다. 한국인들이 근현대사에 무지하다는 건 누구나 다 인정하는 사실이며, 그걸 부끄럽게 생각하지도 않는다. "근현대사 아는 게 밥 먹여주느냐?"는 항변과 함께 말이다. 심지어 '보도지침 사건'이 뭔지 몰라도 기자가 되는 데에 아무런 지장이 없으니 더 말해 무엇하랴.

한국인들은 늘 '반만년' 역사를 자랑스럽게 생각하도록 훈련은 받았지만, 그 역사에 '승리와 정복'이 없는 건 물론 당하고만 살아온 기록이 넘쳐나는 것에 대해 지긋지긋하게 생각한다. 그래서 일부는 고구려와 그 이전의 역사에만 심취하고 일부는 서양과 중국의 역사 쪽으로 달려간다. 특히 수난과 시련으로 점철된 한국 근현대사는 우울하다는 이유로 적극 외면한다.

그 결과는 무엇인가? 한국인은 자국의 경험에서 무언가 배우려 하지 않는다. 늘 밖만 쳐다본다. 미국으로 갔다가 프랑스로 달려가고 네덜란드로 갔다가 스웨덴도 기웃거린다. 웬 모델은 그리도 많이 수입하는지 어지러울 정도다. 한국과 비슷한 수준의 나라엔 눈길도 주지 않는다. 자기보다 좀 못하다 싶으면 노골적으로 얕잡아본다.

한국인은 자주 자신들의 과거를 타도와 극복의 대상으로 삼는다. 명암明暗의 양면을 다 보면 좋으련만 각자 자기 보고 싶은 것만 보려고 한다. 과거를 찬양과 계승의 대상으로 삼자고 주장하는 사람들도 오늘의 당파적 이해관계 연장선상에서 그러는 것인 경우가 많다.

한국인은 자기 비하도 불사해가면서 세계에서 가장 앞서가는 나라들의 것을 무작정 들여와 그대로 해보겠다는 집념과 열의로 성공을 거두었다. '콤플렉스는 나의 힘'이라는 말을 입증해준 대표적 사레라 해도 좋겠다. 그러나 늘 행운이 따를 수는 없는 일이며, 과유불급過猶不及이라는 말도 있다. 이는 개인에게도 마찬가지다. 자신의 콤플렉스를 원동력으로 삼아 성공을 거둔 입지전적인 인물들에게 가장 필요한 덕목은 멈출 때를 아는 것이다.

먹고살기 위해 영세 자영업에 뛰어드는 사람들은 '성공 사례'만 연구하는 경향이 있지만, '실패 사례'를 연구하는 게 훨씬 더 나은 방법일 수 있다. 적어도 두 사례를 균형되게 살펴봐야 한다. 하지만 현실은 그렇지 않다. 예컨대, 출판 시장을 보라. 거의 대부분 "나는 어떻게 성공했는가?"류의 책들이다. "나는 어떻게 실패했는가?"류의 책이 전혀 없는 건 아니지만, 상대적으로 매우 희소하다. 국가 정책마저 그런 식이어서 늘 똑같은 과오가 반복된다. 이런 잘못된 의식과 관행을 뒤집는 발상의 전환을 한다면, 우리는 근현대사에서 배울 게 무궁무진하다는 걸 깨닫게 될 것이다.

근현대사의 운명은 곧 언론사言論史의 운명이기도 하다. 1883년에 창간된 『한성순보』에서부터 최근의 '유튜브 열풍'까지 다루는 이 책은 언론을 중심으로 한 근현대사의 압축판인 동시에 근현대사 공부의 길라잡이다. 우리가 세상을 인식하는 것은 언론을 통해서며, 언론사를 알 때에 세상과 역사에 대한 인식의 수준과 질도 높아지기 때문이다. 근현대사의 어두운 면을 피해갈 수 없기에, 이 책은 한국 언론의 어두운 면을 많이 기록하겠지만, 그건 기본적으로 언론에 대한 긍정과 기대에 기반한 것이다. 최근 언론과 언론인을 싸잡아 '기레기'라고 욕하는 사람들이 부쩍 늘었는데, 나는 그런 비난과 모욕에 단호히 반대한다. 그건 수용자의 책임도 막중하다는 점에서 '누워서 침 뱉기'며, 집단적 성찰과 개혁의 가능성을 위축시킨다고 보기 때문이다.

"언론학의 최대 약점은 미디어를 중시해 여기에 국한해서 초점을 맞추고 나머지 사회는 짙은 어둠 속에 놔둔다는 것이다." 영국 언론학자 제임스 커런James Curran(2011, 61)의 말이다. 언론학에 대한 나의 평소 불만이자 소신이기도 해서 "나와 같은 생각을 하는 사람이 바다 건너에도 있구나" 하는 생각에 이 말이 반가웠다. 언론사 역시 그런 약점을 고스란히 물려받은 탓에, 대학에서 학생들은 '언론사'를 따분한 과목으로 여기는 경향이 있다.

나는 '언론사'가 가장 재미있고 유익한 과목이 될 수 있으며 되어야 한다고 믿는다. 그렇게 하기 위해선 사회를 짙은 어둠 속에 놔두지 말고 언론 관련 사건의 맥락을 제시해주는 방식으로 끊임없이 불러내야 한다. 내가 그런 생각을 갖고 쓴 책이 『한국대중매체사』(2007)였는데, 책이 너무 방대해지는 문제가 있었다. '대중문화사'까지 겸하면서 사회적 맥락에 충실하다 보니 학생들에게 과부하가 걸려 불평불만을 적잖이 들었다.

사회를 짙은 어둠 속에 놔두지 않으면서 언론 중심으로 압축해야 할 필요성을 느끼게 되었고, 그래서 이 책을 내놓게 되었다. 이 책을 쓰면서 가장 고민했던 건 나의 '주관'을 어느 정도 반영할 것인가 하는 점이었다. 처음엔 각 장을 정권별로 나누지 않고 큰 흐름 중심으로 시대적 특성에 맞게 분류하고 그 특성을 표현하는 제목을 붙이는 시도를 했지만, 주관이 과도한 나머지 왜곡의 소지가 있다는 판단이 들어 중도에 포기하고 말았다.

내심 불만스럽긴 했지만, 욕심을 자제하고 정권별 분류를 유지하면서 '객관'과 '공정'을 중시하는 기록에 충실하기로 했다. 물론 '객관'과 '공정'은 영원히 도달할 수 없는 이상이지만, 가능한 한 그 이상에 근접하고자 애를 썼다는 뜻이다. 이 책이 모쪼록 언론사는 물론 근현대사의 이해에 조금이나마 도움이 되길 기대한다.

언론사를 깊이 있게 공부하는 데 최상의 교재는 논문이다. "논문은 쓴 사람과 심사하는 세 사람만 읽는다"는 우스갯소리가 있긴 하지만, 의외로 비교적 쉽게 읽을 수 있고 재미있는 논문도 많다. 나는 '한국 언론사' 과목을 강의하면서 학생들이 리포트를 작성하는 데에 활용할 수 있도록 각 시기별로 분류한 '한국 언론사 논문 목록'을 제공해왔다. 그 목록을 이 책에도 실으려고 했는데, 아쉽게도 분량이 너무 많아 그렇게 하질 못했다. 그 대신 인물과사상사 홈페이지 http://www.inmul.co.kr에서 그 목록을 다운받을 수 있도록 했다. 학교도서관을 이용하면 이 목록에 소개된 어느 논문이든 몇 번의 클릭만으로 손쉽게 만날 수 있으니 많이 이용해주시기 바란다.

2019년 2월
강준만

차례

여기자 이각경 · 최은희 ● 조선일보사의 라디오 실험 방송 ● 1927년 경성방송국의 개국 ●
무성영화의 인기와 나운규의 〈아리랑〉 ● 1920년대의 소비 대중문화 ● 1920년대의 기차 ·
자동차 문화

식민_{植民}에 대한 졸렬한 대응 ● 『사상계』·『학원』의 창간과 『자유부인』 ● 반공 영화와 미국 지향적 가요 ● "『동아일보』를 보면 재미없다" ● 1956년 한국 최초의 TV 방송과 AFKN TV ● 라디오와 아나운서의 인기 ● 영화 〈자유부인〉과 '고무신 관객' ● 1957년 관훈클럽과 '신문의 날' 탄생 ● 「생각하는 백성이라야 산다」와 『사상계』의 활약 ● 1959년 『경향신문』 폐간 사건 ● 신문의 정론성과 상업성 ● 4·19혁명과 김주열의 시체 사진

방송법'과 한국방송공사의 탄생 ● 언론인의 정관계 진출 ● 〈여로〉·〈님과 함께〉· '통블생'·〈별들의 고향〉 ● '오일 쇼크'와 여권 매체 계열화 ● 『동아일보』의 10·24 자유언론실천선언 ● 『조선일보』에서 내쫓긴 32명의 기자 ● 『동아일보』에서 내쫓긴 113명의 기자 ● 해직 기자들의 수난과 고통 ● 베트남 패망, 헌법 논의를 금지한 긴급조치 9호 ● 대중문화계를 강타한 박정희 정권의 히스테리 ● 신문과 TV의 광고 쟁탈 갈등 ● '하이틴 영화'· '호스티스 영화'· '대학가요제' ● 『우상과 이성』· 『난장이가 쏘아올린 작은 공』 ● '보도되지 않은 민주인권 일지' 사건 ● 신문들의 판매 전쟁과 독과점화

신군부의 '전두환 대통령 만들기' 공작 ● 다시 일어난 '자유언론실천운동' ● 5·18광주항쟁과 '관객의 부재' ● 언론의 5·18 왜곡·허위 보도 ● 신군부의 민주 언론인 제거 공작 ● '공포 분위기'로 강행한 언론 통폐합 ● 언론 통폐합의 7대 효과 ● 컬러 TV 방송 실시 ● 언론기본법 제정과 공익자금 조성 ● 신문의 산업적 호황과 『조선일보』의 번영 ● 야만의 극치를 보인 '한수산 필화 사건' ● 1982년 통금 해제와 〈애마부인〉 ● 프로야구의 출범과 '이산가족 찾기' 생방송 ● KAL기 실종과 '땡전 뉴스' ● '보도지침' 폭로 사건 ● TV 시청료 거부 운동 ● 1986년 '평화의 댐' 사건 ● 박종철과 이한열, 그리고 6월 항쟁 ● 1987년 언론기본법 폐지와 언론노조 결성

1988년 『한겨레신문』의 창간 ● 서울올림픽과 대중매체의 호황 ● 자유화의 물결, 사이비 언론의 창궐 ● 〈어머니의 노래〉·〈광주는 말한다〉 ● 신문들의 증면·CTS 경쟁 ● UIP 영화 직배 반대 투쟁 ● 복합극장의 등장, 국산 영화 점유율 20퍼센트 ● 1990년 4월 KBS 사태 ● 방송법 국회 날치기 통과 ● 1991년 수서 사건과 언론 부패 ● 언론의 촌지·향응 잔치 ● 〈땅〉·〈여명의 눈동자〉·〈사랑이 뭐길래〉 ● 신문의 엔터테인먼트 상품화 ● '권력과의 싸움'에서 '자본과의 싸움'으로 ● SBS 라디오·TV 개국 ● 1992년 SBS의 반란 ● '서태지와 아이들'과 〈질투〉 ● '김영삼 장학생' 논란

의 낙하산 사장 반대 투쟁 ● 미디어법 논란과 '미네르바 신드롬' ● 낙하산, YTN 기자 구속, 장자연의 죽음 ● 노무현 서거와 '죽음의 문화정치학' ● 미디어 관련 3법 날치기 통과 ● 방송계 블랙리스트 논란 ● 조선·중앙·동아·매경의 종합편성채널 개국 ● 방송 노조 공동 파업과 '방송계 사찰 보고서' ● 4·11 총선에 독毒이 된 〈나꼼수〉 열풍 ● 제18대 대선은 '종편과 〈나꼼수〉'의 싸움

제1장

개화기의
언론 ①

『한성순보』 이전의 언론 활동

'언론言論'이란 단어는 삼국시대와 고려시대의 문헌에도 등장하지만 조선왕조에 이르러 "어떤 논제에 관해 말을 통하여 각자의 의견을 나타내는 일"이라는 뜻으로 자주 사용되었다. 조선왕조는 '언론' 이외에 '간諫'과 '간쟁諫爭'이란 말을 많이 썼는데, '간'은 사전적 의미로 "웃어른이나 임금께 옳지 못하거나 잘못한 일을 고치도록 말한다"는 뜻이었다. 또 조선왕조는 오늘날의 '여론' 개념인 '공론公論'과 그 유사 용어도 많이 사용했다.(김영주, 2002)

물론 당시의 공론은 양반 계급들만을 대상으로 한 것이었다. 조선시대엔 일반 민중들을 위해 신문고를 비롯한 열린 언론 제도가 있었으나 형식적이었으며, 민중이 실제로 이용한 건 민담, 한글 소설, 민요, 민화, 가면극, 판소리, 유언流言, 동요, 소문, 민심, 풍문, 괘서掛書(이름을 숨긴 벽보) 등과 같은 비제도권 커뮤니케이션이었다.(김세철·김영재, 2000; 이상희, 1993)

제도권 매체 중심의 관점에서 보자면, 우리나라 신문의 역사는 조보朝報까지 거슬러 올라가야 할 것이다. 조보는 조선시대 승정원에서 주로 조정의 소식을 필사하여 양반 관료들에게 반포한 것으로, 조선조 초기에서 1895년까지 발행된 일종의 관보다.

승정원의 필사 조보는 비공개에 가독성이 떨어져 1577년(선조 10) 8월에 한양에 사는 민간인 수 명이 의정부와 사헌부의 허가를 받아 활자로 인쇄한 인쇄 조보를 제작·판매하게 되었다. 이게 계속되었더라면 한국 신문의 역사도 크게 달라졌겠지만, 3개월이 지난 11월에 이를 우연히 알게 된 선조가 자신의 허락 없이 발행되었다는 걸 문제 삼아 인쇄 조보를 폐간시키고 조보 발행 관련자 30여 명을 유배형으로 처벌함으로써 다시 필사 조보의 시대로 돌아가고 말았다.(김영주, 1999)

조보는 오늘날의 신문과는 큰 거리가 있어 근대적 의미의 신문사는 1883년에 창간되어 '우리나라 최초의 신문'으로 일컬어지는 『한성순보』에서부터 출발한다. 1881년 제일 먼저 개항한 부산에서 일본인들이 일문으로 된 『조선신보』라는 신문을 냈지만 그건 어디까지나 한국에서 낸 일본 신문이지 우리 신문은 아니었다.(채백, 1991)

전반적으로 보아, 비록 서구식 신문의 발달은 늦었지만 조선조의 언론 활동은 매우 활발한 편이었다. 김경수(2000)는 "'언론'이 조선왕조 500년을 일구었다"고 평가했고, 설석규(2002, 414)는 조선시대

정치는 상소 등을 통한 '공론公論 정치'를 골격으로 하고 있었다며 "조선왕조가 외형상 정치적 대립 갈등이 상존하는 가운데에도 세계 근세 역사상 유례를 찾아보기 힘든 518년이라는 장구한 수명을 견지할 수 있었던 원동력이 바로 여기에 있었던 것"이라고 평가했다.

근대의 시발점이 된 1876년 강화도조약

구한말 역사를 읽다보면 가슴 한구석이 답답해진다. 당시 조선의 처지가 사나운 늑대 떼에게 포위된 한 소년의 모습을 연상케 하니 말이다. 살기 위해 발버둥치는 소년의 몸부림이 너무 눈물겹다. 그 소년은 나름대로 꾀를 내보기도 하지만 다 실패로 돌아가고 결국 한 늑대의 밥이 되고 만다. 훗날 지식인들은 망국亡國의 책임을 놓고 '외부'와 '내부' 어느 쪽에 더 무게를 두느냐는 걸로 논쟁을 벌이게 되지만, 19세기의 조선이 매관매직賣官賣職의 관행이 말해주듯이 썩을 대로 썩었다는 건 부인하기 어려울 것 같다. (박성수, 1999)

민생은 피폐해져 1811년(순조 11) 평안도에서 일어난 홍경래의 난 이래로 농민 항쟁이 전국에서 일어났다. 1862년(철종 13) 진주에서 처음 발생한 농민 봉기 등 1860년대는 농민 항쟁의 폭발 시기였다. 한반도에 '늑대 떼'들이 출몰한 건 국운이 기울기 시작한 1870년대였다.

개화기를 언제부터 언제까지로 볼 것이냐에 대해선 학자들마다 의견이 다르긴 하나, 바로 이 시기에서부터 1910년에 이르는 30~40년 간을 개화기로 보는 시각이 유력하다. 개화開化란 본래 『주역』에 나오는 '개물성무開物成務 화민성속化民成俗'에서 연유한 것으로, 모든 사물의 지극한 곳까지 궁구窮究·경영하여 일신日新하고 또 일신하여 새로운 것으로 백성을 변하게 해 풍속을 이룬다는 뜻이다. 이런 개념이 조선왕조 말기의 위기 상황에 적용되어 국가적 근대화·변혁·진보의 뜻으로 사용되었다.(김민환, 1988; 허동현·박노자, 2003)

'늑대 떼'들의 출몰과 함께 개화기가 시작되었다는 건 그들을 무조건 막아내 싸우는 것만이 능사일 수는 없었으며, 그만큼 대처 방안을 놓고 내부의 혼란과 갈등이 심할 수밖에 없었다는 것을 시사한다.

그 격동의 세월 한복판에 고종(1852~1919)이 있었다. 그는 1863년 12세의 어린 나이에 왕위를 계승했다. 그 이전 임금들도 순조 11세, 헌종 8세, 철종 18세 등과 같이 어린 나이에 등극했는데, 이는 안동 김씨의 60년 세도정치 때문이었다. 고종의 곁엔 명성황후(민비)가 있었는데, 명성황후는 16세 때인 1866년에 입궐, 8년 만인 1874년에 순종을 낳고 고종의 아버지인 흥선대원군(1820~1898)을 몰아내 1895년 을미사변까지 20년간 정국을 주도한다. 고종은 1907년까지 40년간 왕위에 재직하는 장수를 누리지만, 그 기간 중 온갖 수모를 다 겪었기에 그에 대한 평가는 오늘날에도 학자들 간에 열띤 논쟁의 대상이 되고 있다.(이태진·김재호 외, 2005)

흥선대원군은 집정기(1865~1873)에 완고한 천주교 탄압과 쇄국정책으로 일관해 1866년 10월 프랑스 함대, 1871년 6월 미국 함대에 의한 강화도 침공이라는 결과를 초래했다. 흥선대원군의 천주교도 8,000여 명 학살로 인해 빚어진 병인양요丙寅洋擾, 미국 상선 제너럴셔먼호가 통상을 요구하다 거절당한 사건으로 일어난 신미양요辛未洋擾

가 바로 그것이다.

그러나 쇄국정책은 오래 갈 수 없었다. 1875년 일본의 군함 운요
호雲揚號가 강화도에 접근해오자 조선 수비병이 위협 포격을 가했는
데, 이를 기대했던 일본은 이를 구실로 이듬해 군함 6척과 400여 명
의 군인을 강화도에 보내 위협 시위를 벌이면서 조선 정부에 협상을
요구했다. 결국 조선은 1876년 2월 일본과 강화도조약(병자수호조약)
을 체결함으로써 개항을 하면서 근대적인 서양 문물을 수입하게 되
었다. 학계에선 근대화modernization가 되는 시대를 의미하는 '근대'가
언제부터인가 하는 논쟁이 있는데, 학계의 통설적 견해는 아무런 준
비 없이 강요된 것이긴 하지만 개항을 통해 새로운 서구 중심의 국제
질서에 편입한 1876년을 근대의 시발점으로 보고 있다.(변태섭, 1998;
허동현·박노자, 2003)

온건개화파와 급진개화파의 등장

강화도조약으로 인해 이제 조선은 기존의 척양斥洋정책을 계속 추진
할 수는 없게 되었으며, 청도 일본의 진출을 막기 위해 조선 정부에
서양의 여러 나라와 통상조약을 맺을 것을 권고했다. 그리하여 조선
은 1882년 5월 제물포에서 미국과의 수호통상조약을 체결했으며, 다
음 해 5월 초대 미국 공사 루셔스 푸트Lucius H. Foote가 부임했고, 조선
정부는 미국에 보빙사報聘使를 파견했다. 사절단은 정사正使에 민영익,
부사副使 홍영식, 종사관(서기관) 서광범, 수행원에 변수·유길준 등이
었다.

조선 정부는 이어 영국(1883년 11월), 독일(1883년 11월), 이탈리아(1884년 6월), 러시아(1884년 7월), 프랑스(1886년 6월) 등의 나라에 문호를 개방하게 되었다. 뒤이어 오스트리아(1892년 6월), 벨기에(1902년 3월), 덴마크(1902년 7월) 등과도 잇달아 조약을 맺었다.

　　강요된 개방이라고 하지만, 당시 국내에 적극적인 개방론자가 없었던 건 아니다. 이른바 통상개화론은 1860년대부터 일부 지식인들 사이에서 나타나기 시작했으며, 당시 정계를 주도한 민씨 일파도 청을 통해 서양 문물의 우수성을 인식하고 있었기 때문에 개화사상은 제법 폭넓은 지지 기반을 갖게 되었다. 물론 반대 세력도 만만치 않았기에 그들 사이의 갈등은 외세 침략을 막아내는 데에 큰 장애가 되었다.

　　1879년 11월 김옥균 · 박영효 등이 개화승 이동인을 일본에 밀항시킨 게 개화파 성립의 결정적 계기가 되었으며, 이를 전후로 개화사상을 전파시킨 대표적인 지식인엔 최한기와 연암 박지원의 손자 박규수, 중인 출신의 오경석과 유홍기(유대치) 등이 있었다. 우의정 자리에서 물러난 박규수의 집을 드나들며 개화사상을 흡입한 청년 양반 지식인들은 김옥균, 박영효, 유길준, 박영교, 홍영식, 서광범, 김윤식 등이었다.(이광린, 1997; 허동현 · 박노자, 2003)

　　1880년대의 개화파들이 모두 한목소리를 냈던 건 아니다. 그들은 온건개화파(또는 시무개화파)와 급진개화파(또는 변법개화파)로 나뉘었다. 급진개화파는 김옥균을 비롯한 개화당(1879년 결집)이 중심을 이루었고, 그 주장인즉 서양의 기술뿐만 아니라 제도와 사상까지 받아들이자는 것으로 중국에서 훗날 청일전쟁 뒤에 나타난 변법사상變法思想

과 같은 것이었다. 이에 대비되는 중국의 양무(자강)사상은 온건개화파의 입장이었다.(이광린, 1995)

당시의 집권 세력이었던 온건개화파는 우리의 도덕이나 사상은 그대로 지키되 오늘날 우리가 부족한 서양의 기술만을 받아들이자는 동도서기사상東道西器思想을 받아들였다. 동도서기사상은 서양의 기술用을 가지고 국가를 부강하게 하면서 중국의 가치와 문화體를 발전시킨다는 중체서용中體西用, 서양의 기술에 일본의 정신을 합치는 식으로 서양 문물을 받아들인다는 화혼양재和魂洋才의 한국판이라 할 수 있는 것이었다.(김문용, 1998)

홍성욱(2004)은 동도서기사상은 오늘날까지 살아남아 과학과 인문학이라는 '두 문화' 사이의 대화 부재라는 결과를 낳는 데에 일조했다고 주장한다. 서양에서는 이미 과학이 철학과 사상을 구성했던 가장 중요한 요소였음에 반해, 동도서기론은 사상과 철학, 즉 문화적인 측면을 쏙 뺀 채 과학기술만 받아들이게 했으며, 과학을 기술혁신을 위한 수단으로만 보게 만들었다는 것이다.

개화파와 위정척사파의 갈등

개화파의 반대편엔 위정척사파衛正斥邪派가 있었다. 위정척사란 바른 것을 지키고 옳지 못한 것을 물리친다는 뜻으로 19세기 중반 서구의 침략이 촉발시킨 일종의 '유교적 근본주의' 운동이었다. 척사파는 정학正學인 유학을 지키고 기타의 종교와 사상을 이단, 사학邪學으로 배척했는데, 개화파의 등장과 함께 나타나 나름대로 국내외의 위기를 경고하고 주체성을 강조했기 때문에 국민들의 적잖은 호응을 업고 개화에 저항했다.(강재언, 1990; 허동현·박노자, 2003)

1880년 일본에 수신사로 파견되었던 김홍집이 청국 공사관 참사관 황준헌의 『조선책략』을 갖고 들어와 고종에게 바쳤고, 그 책이 필사되어 전국에 유포되면서 널리 읽히게 되었다. 척사파는 1881년 3월 이 책의 내용 가운데 중국·일본·미국과 연결하여 러시아의 남하를 막아야 한다는 외교정책(친청·결일·연미·방아책)과 기독교 옹호 등을 문제 삼아 「영남만인소嶺南萬人疏」를 제출하는 등 강하게 반발했다.(이광린, 1995)

『조선책략』은 척사파들의 거센 반발에도 조선 정부의 정책에 큰 영향을 미쳤다. 『조선책략』은 조선의 새로운 외교 방향을 제시하고자 했던 중국의 의도가 담겨 있는 것이었는데, 조선 정부는 그 의도에 부합하는 방향으로 개화 정책을 추진하게 된 것이다. 1881년 오늘날의 외무부 격인 통리기무아문의 설치와 더불어 청에 영선사를 파견하고 일본에 조사시찰단을 파견한 것도 바로 그런 개화 정책의 일환이었다.(구선희, 1998)

그러나 내치內治에서 조선은 민씨 척족 정권의 무능과 부패로 국고가 바닥나는 극한 상황에 처해 있었다. 구식 군대의 병졸들은 개항 뒤 새로 만든 신식 군인인 별기군에 비해 차별적인 대우를 받았으며 1년 넘게 급료를 받지 못하다가 13개월 만에 한 달 치 급료의 쌀을 받았는데, 그 쌀은 무게를 늘리기 위해 물을 부어 썩거나 모래가 섞인 것이었다. 군졸들의 격분은 결국 난亂으로 이어졌는데, 이것이 바로 1882년 7월 23~24일에 일어난 임오군란이다. 이에 따라 흥선대원군이 다시 정권을 잡게 되었다.

그러나 청의 개입으로 흥선대원군은 33일간의 집권(7월 24일~8월 26일) 끝에 중국 텐진天津으로 압송되었다(흥선대원군은 그곳에서 4년간 유폐 생활을 했다). 이후 청의 세력에 의지하는 민씨 일파가 정권을 장악하게 되었고, 청은 24세의 청년 사관 위안스카이袁世凱가 이끄는 군대를 서울에 남겨놓고 내정을 간섭했다. 임오군란은 조선에서 일본 세력을 약화시키고 청의 지위를 상대적으로 강화시키는 결과를 초래했지만, 그와 동시에 개화 정책을 강력하게 추진하는 계기가 되었다. (김성우, 1998)

한편 김옥균, 박영효, 홍영식, 서광범 등 급진개화파 인사들은 청의 내정간섭과 청에 의존하는 정부의 사대정책에 반발했다. 이들의 활동은 1882년 8월 박영효가 임오군란의 뒤처리를 위해 수신사로 일본에 가게 된 뒤부터 활발히 전개되었다(이때에 박영효는 기선 안에서 처음으로 태극기를 만들어 사용했다). 특히 1882년 9월 청의 강요에 못 이겨 굴욕적으로 조인한 '조청상민수륙무역장정朝淸商民水陸貿易章程'은 조선이 청의 속국임을 명기하고 있을 뿐만 아니라 다른 조항들도 하나같이 불평등한 내용을 담고 있어, 급진개화파의 청에 대한 반감은 더욱 강해졌다.

1883년 『한성순보』의 창간

우리나라 최초의 신문 『한성순보』의 창간은 바로 그런 시대적 배경에서 이루어졌다. 『한성순보』는 1882년 일본에 수신사로 갔던 박영효가 일본의 개화사상가인 후쿠자와 유키치福澤諭吉의 영향을 받고 돌아와 유길준과 함께 추진한 것으로, 신문 발행에 필요한 모든 요건이 일본에 의해 공급되었다. 박영효는 일본에서 귀국하는 길에 유키치의 제자인 이노우에 가쿠고로井上角五朗를 비롯한 편집 기술자와 인쇄공 7명을 데려왔다.

유길준이 신문에 대해 관심을 가진 것은 1881년 5월 초 신사유람단 파견 시 어윤중의 수원隨員으로 뽑혀 일본에 간 다음, 그해 6월 8일 도쿄에 있는 경응의숙慶應義塾에 입학하게 되면서부터였다. 한국 최초의 일본 유학생이 된 유길준은 경응의숙의 설립자인 유키치의 집에서 5개월 가까이 지내면서 유키치가 『시사신보時事新報』(1882년 3월 창간)를 창간하는 과정을 지켜보았다.(김영희, 1994)

유길준은 1882년 말에 귀국해, 일본에 수신사로 다녀온 다음 1883년 1월 7일 한성부 판윤에 임명된 박영효를 보좌하여 『한성순보』 창간에 참여했다. 유길준은 유키치의 영향을 받아 신문의 필요성을 절감하고 있었을 뿐만 아니라 박영효가 일본에서 데리고 온 7명 중 이노우에 가쿠고로 등 3인이 경응의숙 출신이라 유길준과 잘 아는 사이였기 때문에 박영효는 신문 간행의 모든 실무를 유길준에게 맡겼던 것이다.

그러나 바로 그 무렵 박영효는 한성 판윤으로서 "자신만만한 태도로 새로운 사업을 추진"하다가 수구파들의 미움을 산 데다 명성황후의 만류도 듣지 않아 1883년 4월 23일 광주 유수로 좌천되었다. 그의 좌천으로 말미암아 신문 간행 사업은 일시에 중단되었다. 유길준은 1883년 5월 초대 미국 공사 루셔스 푸트Lucius H. Foote의 서울 부임을 계기로 그해 7월 보빙사의 정사正使인 민영익의 수원隨員으로 발탁되어 미국으로 가게 되었다. 그는 민영익의 지시로 미국에 남아 공부를 계속하여 한국 최초의 미국 유학생이 되었다.

그리하여 『한성순보』의 발간은 몇 개월 지체되었지만, 명성황후 세력이 『한성순보』의 창간을 적대시한 건 아니었다. 명성황후 일파도 청국을 통해 구미의 새 문물을 간접적으로 접했기에 신문 발행에는 비교적 이해가 깊었다. 그들은 『한성순보』의 발행엔 반대하지 않으면서, 다만 『한성순보』가 혁신파들의 아성이 되는 것만 경계했다. (이광린, 1993; 최준, 1987)

그런 암묵적 타협하에서 『한성순보』는 1883년 10월 31일에 창간되었다(『한성순보』엔 음력 10월 1일로 표시되어 있는데, 양력은 1896년 1월 1일부터 사용되었다). 그런 창간 배경으로 인해 『한성순보』는 여러 정치 세력들이 갖고 있는 각기 다른 생각들의 투쟁의 장場이 될 수밖에 없었다. 이와 관련, 김민환(1988, 97)은 "개화 지식인 가운데 아직 혼재하고 있던 양무론적 서구 수용론과 명치유신형의 탈아론적 서구 수용론이 『한성순보』라는 한 마당 안에 그대로 혼재하게" 되었으며 "이런 특성은 『한성순보』의 지면에 그대로 반영되었다"고 평가했다.

『한성순보』는 순간旬刊 신문으로 순 한문, 책자형(16.4cm×22.3cm) 체제(24면)로 만들어졌다. 『한성순보』의 창간사는 유길준이 써두었던 걸로 알려져 있는데, 이를 근거로 유길준을 우리나라 최초의 기자로 보는 시각도 있다. 『한성순보』는 정부기관인 박문국(통리아문의 동문학 부속기관)에서 발행하는 관보였기 때문에 전문직으로서 오늘날과 같은 기자가 존재했던 게 아니라 박문국의 관리가 기사를 쓰고 신문을 만들었으며 일반 독자를 대상으로 한 게 아니라 관청에서 의무적으로 구독한 신문이었다.

이 신문이 순 한문으로 쓰인 것도 관리와 귀족계급만을 대상으로 했기 때문이다. 처음에는 국한문을 섞어서 신문을 내고자 했으나 한글 활자를 갖추지 못한 데다 수구파들의 완강한 반대로 순 한문으로 발행하게 되었다는 주장도 있다. 그러나 『한성순보』는 과거의 관보가 다루지 않았던 시사성 있는 보도와 새로운 서양 문화의 소개에 치중함으로써 과거의 관보와는 분명한 차별성을 갖고 있었다.(김복수, 2000; 김을한, 1975; 최준, 1987)

『한성순보』의 보도 내용과 성향

『한성순보』는 발간의 동기와 기술적 지원은 일본에 의존했지만, 뉴스원·내용과 관련해선 중국의 영향을 더 많이 받았다. 이 신문이 가장 많이 기사로 다루었던 국가는 중국(453회)이었으며, 그다음으로 월남(165회), 프랑스(71회), 영국(56회), 일본(53회), 미국(47회) 등이었다. 중국 관련 기사가 압도적으로 많았던 이유는 조선과 중국의 관계가 밀접했다는 것 이외에 영국·미국을 비롯한 열강의 선교사나 상인 등이 발간하던 중국계 신문들을 주요 뉴스원으로 이용했기 때문이다. 또한 『한성순보』의 실무자들은 거의가 한학자와 중국어 역관譯官 출신들로서 한문에는 능통한 반면, 일본어는 몰랐다는 점, 그리고 이들이 일본보다는 중국을 더 숭상했다는 점도 작용했다.(구선희, 1998; 정진석, 1985; 차배근, 1996)

월남·프랑스 관련 기사가 많았던 건 1884년 6월 프랑스의 월남 침략(1883년) 문제로 일어난 청불전쟁과 월남이 프랑스에 먹히는 비극에 대한 동병상련同病相憐 감정 때문이었다. 『한성순보』는 제국주의에 비판적인 입장을 취하면서도 약육강식이 팽배한 세계 대세를 긍정하는 차원에서 그 책임을 피침략국의 잘못으로 돌렸다. 이는 당시 세계 사상계를 풍미하던 사회진화론Social Darwinism을 받아들인 결과였다. 『한성순보』 1883년 11월 30일자가 아프리카의 식민화를 아프리카의 야만성을 장황하게 거론하면서 '침략'이라기보다는 일종의 '교화'로 본 것도 바로 그런 시각을 반영한 것이었다.(박노자, 2003; 구선희, 1998)

국내 보도의 경우 『한성순보』는 정부의 보도자료에 의존하고 사회 실정에 대해 직접적인 비판을 회피하는 소극적 태도를 보였다. 부국강병의 사상을 역설하고 사대주의를 반대하면서도 국내 문제와 구체적으로 결부된 측면은 취약했다. 또 자본주의 제도의 선진성과 봉건제도의 낙후성을 집중적으로 선전하면서도 봉건제도를 구체적으로 반대하는 논조는 미약했다. 이는 『한성순보』가 급진개화파와 온건개화파의 합작품이었기 때문에 나타난 결과인 것으로 보인다.(구선희, 1998; 김민남 외, 1993)

『한성순보』는 실사구시實事求是, 이용후생利用厚生, 상업입국商業立國을 추구했다. 『한성순보』 창간호 사설은 "우리는 우리나라의 여러 군자君子들이 쓸데없이 시비하지 말고 오직 실사구시實事求是를 기할 것을 원한다.……낮에는 부강富强의 방책을 생각하고 밤에는 이용利用의 방법을 연구함에 분발하여 끼니까지 잊어야 할 것"이라고 했다. 또 『한

성순보』 제3호는 상회사 설립의 필요성을 강조하기도 했다.(김성우, 1998; 이완재, 1989)

『한성순보』는 순 한문으로 만들어지긴 했지만 그렇다고 시각적 장면들을 전혀 싣지 않은 건 아니었다. 예컨대, 창간호에 실린 '지구 전도地球全圖'는 목판에 의한 것으로서 신문이 시각적 전달을 위해 시도한 최초의 도판이었다. 박문국 설립 1년 후인 1884년엔 민간인이 참여한 출판 인쇄소가 설립되기도 했다. 합자회사 형태로 설립된 광인사는 근대식 인쇄기와 연활자를 도입해 활판 인쇄 시설을 갖추고 1884년 최초의 국한문혼용 서적 『농정신편』을 비롯해 『충효경집주합벽』, 『고환당집』 등을 발간했다.(윤병철, 2001; 최인진, 1999)

1884년 갑신정변과 『한성순보』의 폐간

청의 조선에 대한 제국주의적 지배가 더욱 심화되자 김옥균, 박영효, 홍영식, 서재필 등 급진개화파와 고종은 청이 가장 두려워했던 러시아와 수교함으로써 러시아를 청의 견제 세력으로 이용하고자 했다. 급진개화파의 접촉 끝에, 1884년 7월 전격적으로 조러수호통상조약을 체결하기에 이르렀다. 이른바 인아책引俄策이었다. 그럼에도 세상은 개화파의 뜻대로 돌아가진 않았다. 점점 더 강해지는 보수 세력의 압박으로 큰 정치적 위기에 처하게 되자 김옥균, 박영효, 홍영식, 서재필 등이 주동이 된 급진개화파는 정변이라는 비상수단을 강구하게 되었다.(박노자 · 허동현, 2005; 이완재, 1989)

그게 바로 1884년 12월 4일 우정국 낙성 기념 축하연에서 단행한 갑신정변이다(1882년 12월 5일 통리교섭통상사무아문에 우정사가 소속되어 우편, 전신 등을 취급했고, 1884년 3월 27일 우정총국이 설립되어 홍영식이 총판에 임명되었다). 그러나 갑신정변은 약 200명의 사망자를 낸 가운데 이른바 '3일 천하'로 끝나고 말았으며, 최후까지 국왕을 수행했던 홍영식 등 7명은 청국 군인에게 참살당했고 김옥균, 박영효, 서광범, 서재필 등 9명은 일본으로 망명했다.

갑신정변이 실패로 돌아가자 수구파와 군중은 박문국사를 습격해 인쇄기와 활자 등 일부를 소각했고 이로써 『한성순보』도 폐간의 운명을 맞고 말았다. 『한성순보』는 창간되어 갑신정변으로 발행이 중단되기까지 총 41호가 발간되었다. 『한성순보』가 갑신정변의 희생물이 된 건 이 신문이 개화파의 아성으로 여겨졌기 때문이다. 게다가 창간 초기부터 일본인 이노우에 가쿠고로가 박문국에서 숙식을 하면서 신문의 실무 작업에 참여한 데다 이노우에는 김옥균과 내통해 정변 시에 사용된 도검·소총·화약 등을 일본에서 들여다 한성순보사 옥내에 비축하고 있었다.(안종묵, 1997; 차배근, 1996; 최준, 1987)

박문국의 소실과 『한성순보』의 폐간엔 보도를 둘러싼 감정도 적잖이 작용했다. 특히 1884년 1월 3일자에 실린 「화병범죄華兵犯罪」라는 기사가 청국 군인이 약값 외상 시비로 약포 주인을 살해한 내용을 다룬 게 문제가 되었다. 중국의 북양대신北洋大臣 이홍장李鴻章이 그 기사가 청에 대해 무례를 범했다며 정부와 박문국에 항의서를 보내고, 청국인들이 박문국을 습격하는 사건마저 일어났다. 이는 최초의 언론기관 피습 사건이기도 했다.

수구파가 청군의 도움을 받아 박문국을 습격했을 당시 갑신정변과는 관계가 없는 사진관까지 공격의 목표가 됨으로써 사진도 큰 타격을 받았다(중국과 일본은 사진을 1840년대에 도입했지만, 한국은 쇄국정책으로 사진의 본격 수용이 『한성순보』 창간을 계기로 1883년에 이루어졌다). 이는 사진을 일본 문물로 오해한 데에도 그 원인이 있었지만 "일반인들 사이에는 사진이 수명을 단축하고 어린아이들을 잡아다 삶아서 사진약으로 쓴다는 배외 세력의 유언비어가 하나의 원성으로 깊이 잠재해 있었기 때문이기도 했다."(최인진, 1992, 1999)

1886년 『한성주보』의 창간

갑신정변은 임오군란 때부터 의견 차이를 보이던 급진개화파와 온건개화파의 노선 차이를 극명하게 드러내 보여주었다. 급진개화파는 갑신정변 발발 다음 날 조직한 신내각에 온건개화파인 김홍집을 한성부 판윤, 김윤식을 예조판서로 임명했지만, 이들은 정변에 가담하지 않았다. 오히려 김윤식 등은 청국에 정변을 진압해줄 것을 요청했으며, 정변이 진압된 다음 김홍집·김윤식·어윤중은 정부의 중책을 맡았다. 온건개화파의 갑신정변에 대한 태도는 개화에 대한 인식의 차이에서 기인하는 것이기도 했다. 온건개화파의 대표적 이론가라 할 김윤식은 개화를 '시무時務'로 이해했는데, 시무란 "곧 당시時에 당연히 힘써야 될 일務"을 뜻하는 것이었다.

1885년 1월 9일 한일 간에 한성조약이 맺어졌는데, 이는 조선 정부가 갑신정변 때 일본 공관이 소실되고 일본인 다수가 사상死傷을 당한 것에 대해 배상을 약속한 것이었다. 일본의 무력 위협에 굴복한 결과였다. 1885년 4월엔 청과 일본 사이에 청·일 양국 군대가 조선에서 모두 철수할 것과 앞으로 조선에 군대를 파병할 경우에는 서로 통고할 것을 내용으로 하는 톈진조약이 체결되었다. 이 조약으로 인해 조선에서 청의 우월권은 사라졌고 이제 일본은 청과 대등한 관계로 조선을 넘보게 되었다.

시무개화파는 정변 뒤 청국의 후원을 받아 정부의 요직을 점하면서 민씨 척족 세력의 권력독점에 제동을 가함과 동시에 자신들이 의도하던 개혁을 조심스럽게 펼쳐나갔다. 그런 개혁 가운데 하나가 바로 박문국을 재정비해 신문을 다시 발간하는 일이었다. 『한성순보』가 폐간된 지 14개월 만인 1886년 1월 25일 새로운 신문이 창간되었으니, 그게 바로『한성주보』다.

『한성주보』창간호에 나오는 창간 취지문은 당시 박문국의 실질적인 운영 책임자였던 김윤식이 집필한 것으로 알려졌는데, 이 글은 『한성순보』가 조선 사회에 끼친 영향력이 적지 않았다고 긍정적으로 평가하고 갑신정변으로 비롯된 정치적 혼란이 수습되자 신문의 발행을 바라는 여론을 수렴해 창간을 추진하게 된 것이라고 밝혔다.(최준, 1987; 하원호, 1998; 한철호, 1998)

『한성주보』는『한성순보』를 복간한 것에 지나지 않으나 불과 1년여 되는 동안 서양 문물이 더욱 유입되어 양력을 인정해 발행 단위를 열흘에서 일주일로 바꿨다는 것과 그 밖의 몇 가지 진일보한 차이점을 갖고 있었다. 국한문혼용이었으며 극소수나마 민간인 구독자도 존재했다는 것, 그리고 근대적인 활자와 인쇄 시설을 사용했고 신문 제작진도 증가했다는 것을 들 수 있다.

신문 내용에서도 다소의 변화가 있었다. 관의 소식은 물론 물가 변동 등과 같은 사회 소식과 아울러 외국의 발달된 과학·문화 등을 보도했다. 『한성주보』는 『한성순보』의 국민 계몽사상을 이어받긴 했지만 근대 신문을 개화의 무기로 사용하려던 개화파의 세력 약화와 더불어 봉건 군주에 충성하는 것을 우선시한 보수적 성격이 두드러졌다.

그러나 동시에 몇 가지 진전된 인식을 보여준 것도 있었다. 산업의 진흥을 위한 구체적인 방안을 제시한 것과 현실적인 세계 정세관을 보여준 것 등이 그것이다. 그 이전엔 만국공법이나 각국 사이의 신의에 막연히 기대를 걸었으나 『한성주보』는 서구 열강의 침략적 본질에 대한 날카로운 통찰을 보여준 것이다.(김문용, 1998)

그러나 『한성순보』와 마찬가지로 『한성주보』도 식민화의 책임을 약소국에 돌리는 사회진화론적 자세를 보였으며 약소국의 저항을 비난하기까지 했다. 예컨대, 『한성주보』 1887년 4월 1일자 기사는 영국 제국에 저항하는 아일랜드 독립운동가들을 폭도로 몰며 그들이 저항하는 이유로 섬사람들의 표독한 성격을 들었다.(박노자, 2003)

우리나라 최초의 신문광고는 1886년 2월 22일에 발행된 『한성주보』 제4호에 실렸다. 광고주는 독일 무역상사 세창양행Meyer and C.이었다. 세창양행은 함부르크에 본사를 둔 무역상으로, 동양 전담 사업부를 홍콩에 두고 중국의 상하이와 톈진, 일본의 고베, 조선의 제물포에 지점을 설치했다. 세창양행은 대한제국에 파견된 독일인 재정고문관 파울 게오르게 폰 묄렌도르프Paul George von Möllendorf(목인덕)의 도움으로 처음에는 바늘, 염료, 면포 등 생활용품을 판매하다 나중엔 강철, 약품, 기계, 무기 등을 중개무역했다. 1890년대엔 광산 채굴권, 철도 매설권 등 본격적인 이권사업에까지 손을 댔다.(마정미, 2004)

최초의 광고 제목은 '德商 世昌洋行 告白'이었다. 세창양행이 우리나라에서 사려는 물품은 호랑이 가죽을 비롯해 수달피, 검은 담비, 흰 담비, 소, 말, 여우, 개 등의 가죽과 사람의 머리털, 소·말·돼지의 갈기털, 꼬리, 뿔, 발톱, 조개와 소라, 담배, 종이, 옛날 동전 등이었으며, 팔려는 물품은 자명종, 유리, 서양 단추, 서양 직물, 의복의 염료 등이었다.(정진석, 1990)

전신 매체의 도입과 개신교의 선교 활동

갑신정변의 실패는 우편제도와 신문뿐만 아니라 전신電信 매체의 도입에도 부정적인 영향을 미쳤다. 당시 전신기를 구입하기 위해 미국에 주문했으나 갑신정변의 실패와 함께 모든 게 다 무산되었기 때문이다. 한글을 모스부호화하는 작업은 1884년경 김학우에 의해 이루어졌으나, '전보장정電報章程'이 제정, 반포된 건 그로부터 4년 후인 1888년 5월 27일이었다. 조선에 전신 매체가 최초로 도입된 시점은 일본의 주선에 의해 덴마크의 대북부전신회사The Great Northern Telegraph Company Ltd.가 일본 나가사키長崎와 부산 간에 해저 전선을 가설해 전신 업무를 개설한 1884년이었다.

그러나 당시 백성들은 전신 매체에 대해 대단히 부정적인 생각을 갖고 있었다. 전신선의 가설을 위해 전신주가 세워지는 것을 보고 괴

이하게 생각하기도 했거니와, 특히 1885년 6월에 청과 '의주전선합동'이 체결되어 한성과 제물포, 의주 간을 잇는 서로전선이 가설되면서 원성은 더욱 높아졌다. 그 비용의 상당 부분을 부담하기로 한 조선 정부가 그걸 잡세雜稅 명목으로 백성들에게 부담시켰기 때문이다.

그럼에도 1885년 8월 20일 한성전보총국 설치에 이어 8월 25일부터는 경인 간에 전신 업무가 개시되었다. 1888년에는 조선 정부의 힘으로 경부 간 남로전선이 가설되어 그해 6월 1일부터 개통되었으며, 1891년에는 한성에서 원산까지를 잇는 북로전선이 가설되었다. 1893년 8월 17일에는 전신과 우신을 합치면서 전보총국을 전우총국電郵總局으로 개편해 우편 사업 재개를 위한 준비가 이루어졌지만 바로 다음 해 청일전쟁이 발발하면서 수포로 돌아가고 말았다.(채백, 1995)

1880년대 중반 개신교가 선교 활동을 펴기 시작했다. 조선에 온 최초의 개신교 선교사는 미국의 호러스 알렌Horace N. Allen으로 때는 1884년 9월이었다. 알렌은 의료 선교사로 갑신정변 당시 칼을 맞아 거의 다 죽은 목숨이었던 민씨 척족 세력의 중심인물인 민영익을 살려낸 덕분에 국왕과 왕비의 시의侍醫로 임명되어 조선 조정에 대해 미국 공사를 능가하는 영향력을 행사했으며 나중에 공사로 활동하기도 했다. 그는 1885년 4월 우리나라 최초의 근대식 의료기관인 제중원(오늘날 연세대학교 세브란스병원의 뿌리)을 설립했으며, 개신교 전도에 크게 기여했다.

알렌에 이어 1885년 4월에 장로교회의 호러스 언더우드Horace G. Underwood, 5월에 감리교회의 헨리 아펜젤러Henry G. Appenzeller가 들어왔다. 1886년 5월 감리교 선교사 미국인 메리 스크랜턴Mary F. Scranton

이 세운 이화학당에 뒤이어, 아펜젤러는 1886년 6월 배재학당을 설립했다. 이후 경신학교(1886년 장로교), 정신여학교(1887년 장로교), 평양의 광성학교(1894년 감리교), 숭덕학교(1894년 감리교), 정의여학교(1894년 감리교), 정진학교(1896년 감리교), 숭실학교(1897년 장로교) 등의 기독교계 사립학교가 설립된다. 개신교는 출판을 선교의 주요 방법으로 활용함으로써 이 시기 출판문화의 발전에 크게 기여했다.(강재언, 1987; 윤덕한, 1999; 이광린, 1995)

1894년 동학혁명과 청일전쟁

『한성주보』의 수명은 2년 6개월을 넘지 못했다. 『한성주보』는 1888년 7월 14일 박문국의 폐지와 함께 사라졌다. 박문국 운영을 위한 세금이 제대로 걷히지 않고 구독료도 들어오지 않아 경영이 어렵게 되었기 때문이다. 경영난과 더불어 영국 함대의 거문도 점령(1885년 5월 15일) 이후 전개된 정치적 상황도 박문국의 폐지에 일조했다. 『한성주보』가 사라지면서 조선은 이후 1896년 4월 『독립신문』이 창간될 때까지 7년 8개월여간 근대적 신문을 갖지 못한 나라가 되었다.(강재언, 1987; 김민환, 1996; 최준, 1987)

조선 정부는 조선을 노리는 열강의 이권 다툼에 적절히 대응하지 못했을 뿐만 아니라 내치內治마저 제대로 하지 못했다. 개항 이후 근대 문물의 수입과 대외 관계에 따른 비용마저 농민들의 조세 부담으로 전가되었다. 농촌 경제가 파탄 상황에 처하면서 외세 저항과 양반 체제 부정을 내세운 동학의 교세는 날로 커져갔으며, 이는 결국 1894년

동학혁명으로 발전되었다.(김양식, 2005)

동학혁명은 전라도 고부군수 조병갑의 학정이 계기가 되어 1894년 2월 전봉준이 주도한 고부 농민 봉기로 시작해 4월 27일 전주성을 함락하기에 이르렀다. 위기의식을 느낀 조정은 청국에 지원병을 요청했고, 이에 따라 청이 5월 7일 1,500여 명의 병력을 아산만에 상륙시키는 것과 동시에 일본도 제물포에 대규모 병력을 상륙시켰다. 일본은 조선 정부의 강력한 반대에도 해군 420명을 한양까지 진주시켰다.

지리적으로 청에 비해 훨씬 더 유리한 입지를 차지한 일본은 1894년 7월 23일 새벽 군대를 출동시켜 경복궁을 포위한 가운데 민씨 세력을 몰아내고 흥선대원군을 내세운 한편, 신정부를 구성해 개혁을 추진토록 했다. 이것이 바로 1894년 7월 27일부터 시작된 갑오경장甲午更張 또는 갑오개혁이다.(박정규, 1995; 최영, 1997)

일본군의 경복궁 점령과 동시에 청일 양군은 전쟁 상태에 돌입했는데, 공식적인 선전포고는 8월 1일에 이루어졌다. 이 땅에서 발행된 최초의 호외는 당시 제물포에서 발행되던 일본계 신문 『조선신보』가 7월 23일자로 청일전쟁의 임박을 알린 것이었다.(정운현, 1997)

10월 초순부터 일본군과 조선 정부군이 본격적으로 동학농민군 토벌에 나선 결과, 화력에서 절대 열세인 농민군은 무너지기 시작해 12월 1일 김개남, 12월 2일 전봉준 등 지도자들이 체포되면서 동학혁명은 막을 내리게 되었다. 이 혁명의 와중에서 죽은 농민은 최소 20만 명에 이르렀다.(김양식, 2005)

한국 언론사

1895년 을미사변과 아관파천

일본은 청일전쟁에서 승리했고, 이로써 일본은 조선에서 우위를 확실히 했다. 그러나 청일전쟁의 결과 1895년 4월 17일 양국 사이에 체결된 시모노세키下關조약엔 일본이 타이완과 랴오둥遼東반도를 할양받는다는 내용이 들어가 있어, 이에 위협을 느낀 러시아는 독일 · 프랑스와 함께 강력하게 반발했다. 결국 일본은 6일 만인 4월 23일 랴오둥반도를 반환하게 되었고, 이때 일본이 러시아에 대해 갖게 된 원한이 훗날 러일전쟁의 한 원인이 되었다.

이와 같은 '3국 간섭'으로 인해 조선에 대한 일본의 영향력이 크게 약해진 틈을 이용해 민씨 세력은 강력한 친러 배일 정책을 추진하면서 1895년 10월 4일 친일파를 내각에서 완전히 제거해버렸다. 그러자 일본은 4일 후인 10월 8일 궁중을 침범해 명성황후를 시해하는 만행(을미사변)을 저질렀다.

을미사변으로 김홍집을 수반으로 하는 친일 내각이 다시 수립되어 그동안 중지되었던 개혁을 재개했으니 이를 을미개혁이라 한다. 을미개혁의 결과 건양建陽이라는 새 연호를 1896년 1월부터 쓰게 되었고, 태양력을 사용했고, 단발령을 공포했다. 단발령은 그렇잖아도 명성황후 시해로 들끓고 있던 민심을 크게 자극해 전국적으로 의병이 일어나 일본과 친일 정부에 대해 무력으로 항쟁하는 결과를 낳게 만들었다.

단발령으로 사회적 혼란이 고조된 상황을 틈타 러시아는 공사관을 보호한다는 구실로 제물포에 정박 중인 러시아 군함에서 수병 120여

명을 한양으로 이동시켰으며, 한양 주재 러시아 공사 카를 이바노비치 베베르Karl Ivanovich Veber는 친러파 이범진 등과 공모해 친위대 병력이 의병을 진압하기 위해 지방에 파견되어 왕궁의 경비가 소홀한 틈을 타 고종을 러시아 공관으로 옮기게 했다. 이게 바로 1896년 2월 11일에 일어난 아관파천俄館播遷이다. 이로 인해 친일 내각은 무너지고 박정양의 정동파 내각이 새로 들어섰다.

정동파는 미국과 러시아 세력을 배경으로 한 새로운 정치 집단을 가리키는데, 1895년 6월 말경 만들어진 정동구락부라는 교류 모임이 모태가 되었다. 당시 정동이 미국, 러시아, 영국 등의 공사관과 영사관이 모여 있는 조선의 외교 중심지였기에 붙여진 이름이었다.(김도훈, 1998; 왕현종, 2003; 윤덕한, 1999)

1896년 『독립신문』의 창간

『한성주보』가 폐간된 이후 우리 신문이 없던 공백 기간 중 일본인들이 일본 외무성의 자금 지원을 받아 한글 신문을 창간했으니 그게 바로 『한성신보』다. 『한성신보』는 1895년 2월 17일 국한문과 일문 4면의 격일간 신문으로 창간되었는데, 이 신문의 기자들은 언론인이라기보다 조선 침략을 위해 활동하는 일종의 전위적 활동 집단이었다. 이 신문은 명성황후 시해 사건에 주도적 역할을 했다. 명성황후 시해 사건 이후 전국 각지에서 항일 의병 운동이 일어나자 일본은 몸을 사리면서 이미 발행하던 『한성신보』를 주요 활동 거점으로 삼았다. 각종 기사와 읽을거리로 조선인 독자층에 적극 침투하려고 애를 쓴 것

이다.(박용규, 1998; 최준, 1995)

그런 '침투 전략'의 결과, 이 신문은 청일전쟁의 조짐을 알린 호외 이외에 '우리나라 최초'라는 한 가지 기록을 갖게 되었다. 우리나라 신문 최초로 등장한 신문 연재소설이 그것으로, 『한성신보』는 1896년부터 연재소설을 게재했다. 권영민(1997)은 "이 신문에 최초의 연재소설이 등장하였다는 점을 신문학사의 첫 장에 기록해야 한다는 사실 자체가 부끄럽다"고 했다.

이 신문은 『독립신문』의 창간에 적지 않은 자극을 주었다. 『한성신보』는 명성황후 시해에 주도적인 역할을 했을 뿐만 아니라 1896년 2월 18일자에선 고종의 아관파천을 비난하는 기사를 게재하기도 했기 때문이다. 조선 정부는 『한성신보』의 한국인 배달부 체포령을 내리는 등 간접적인 탄압 수단을 쓰기도 했지만, 더 근본적인 대책을 강구해야 할 필요성에 직면해 있었다.(최준, 1995)

『한성신보』에 대항할 신문의 필요성이 강하게 대두된 시점에 서재필이 등장했다. 서재필은 20세의 나이에 김옥균 등과 갑신정변을 일으킨 인물로 당시 3일 천하의 '4흉(김옥균, 박영효, 서광범, 서재필)' 가운데 한 명이었다. 그는 갑신정변이 실패로 끝나자 일본을 거쳐 미국에서 망명 생활을 하다가 1895년 12월 25일에 귀국했다.

박정양 내각의 후원에 힘입어 서재필은 귀국한 지 3개월여가 지난 1896년 4월 7일 『독립신문』을 창간했다. 정부의 지원은 비단 자금에만 국한되지 않았다. 학부學部는 각급 학교의 생도들에게 신문을 구독하라는 지시를 내렸고, 내부內部는 각 지방관청에 신문을 구입토록 지시했다. 정부는 발행 허가도 내주었는데, 이는 우송상郵送上의 편의를 주기 위한 것이었다. 또 정부는 기자들이 마음대로 관청에 들어가 취재할 수 있는 출입증까지 내주었다. 물론 이건 서재필이 자신의 미국 시민권을 이용해 미국 공사를 통해 얻어낸 것이라곤 하지만, 정동파 관료들의 적극적인 도움이 컸다.(윤덕한, 1999; 이광린, 1995)

『독립신문』의 체제는 평판중형(가로 22cm×세로 33cm)이었고, 한글판은 가로 3단제 영문판은 세로 3단제였다. 『독립신문』은 순 한글로 제작되었으며 제호나마 가로쓰기를 했고 최초로 기사 빈칸 띄어쓰기를 하는 등 편집에서도 진일보한 면을 보여주었다. 『독립신문』의 가로쓰기를 높이 평가한 김유원은 "제호일망정 가로쓰기가 등장했다는 사실도 그야말로 경천동지의 충격이 아닐 수 없었다"고 했다.(김민남 외, 1993, 112) 파격적인 '한글 문화'로 기존 한문 체제 붕괴를 촉진했다며 근대문학의 출발점을 『독립신문』으로 보는 시각도 있다.(이경철, 2002)

『독립신문』은 1896년 4월 7일부터 그해 말까지 국문 3면과 이를 축약한 영문 1면(『The Independent』)으로 편집되어 주 3회(화·목·토요일) 발행되었으며, 1897년 1월 5일부터는 국문판과 영문판이 각각 4면씩 별도로 발행되었다. 영문판은 1898년 12월 29일자를 끝으로 발행이 중단되었다가 약 6개월 후인 1899년 6월 9일자로 복간되어 주간으로 나오다가 9월 14일자를 끝으로 다시 중단되었으나, 국문판은 1898년 7월 1일부터는 일요일을 제외하고 매일 발행되다가 1899년 12월 4일 총 776호를 내고 폐간되었다.

『독립신문』의 노선과 성향

『독립신문』의 창간 정신은 '언문일치의 실현', '염가신문의 지향', '국민권익의 최우선' 등 3가지였다. 당시 '독립'의 의미가 무엇이었는지에 대해선 의견이 분분하나, 『독립신문』이 내건 '독립'은 모든 정치적 편견에서 자유로우며 초당파적인 입장을 취한다는 의미였다. 하지만 『독립신문』은 실제로는 논설을 제1면에 게재하면서 강력한 정치적 주장을 하는 등 시종일관 '의견 신문'을 지향했다. 『독립신문』은 독립협회를 중심으로 발간된 신문이었기 때문에 민족의 독립 정신과 인권 신장을 강조했으며 외국 열강의 부당한 침투에 대해 공격적인 논조를 펼쳤다. 그러나 청, 러시아를 배격했을 뿐 미국과의 유대는 강조했다. 일본에 대해선 '이중적이며 복합적'인 자세를 취했다.(공용배, 1996; 김유원, 1999; 박노자, 2005)

『독립신문』은 상하귀천을 배격했고 정부 관리의 비리나 정부 시책의 잘못은 물론 계몽적인 관점에서 일반 대중의 그릇된 것도 비판했다. 대중 교육의 중요성과 아울러 여성 교육의 필요성을 주장했으며 정치, 경제, 의학, 상업뉴스는 물론 외국 뉴스에도 민감해 1897년 3월부터 1년 4개월간 영국 로이터통신과의 특별 계약으로 외신을 공급했다. 창간호의 외국 뉴스 보도량은 전체 지면의 5퍼센트 정도였는데, 로이터통신사와 계약을 맺은 1897년 3월부터는 외국 뉴스의 비율이 전체 지면의 10퍼센트 이상이 되었다.(김민남 외, 1993)

『독립신문』의 주장은 오늘날의 기준으로도 꽤 앞서간 면이 있었다. 예컨대, 『독립신문』 1896년 4월 14일자 논설은 "정부에 계신 이들은 몸조심도 하고 나라가 되기도 바라거든 관찰사와 군수는 자기들이 천거하지 말고 각 지방 인민으로 하여금 그 지방에서 뽑게 하면 국민 간에 유익한 일이 있는 것을 불과 일이 년이면 가히 알리라" 면서 '자치단체장 주민직선제'를 주장했고, 1896년 5월 2일자 논설은 대신들의 재임 기간이 너무 짧아서는 안 되며 그 임기가 적어도 1년은 넘어야 한다고 주장했다.(박노자, 2005; 오세응, 1993)

그런 선진성은 미국에서 성장한 서재필로 인해 가능했다. 서재필이 모든 논설을 썼다는 주장, 서재필이 아닌 주시경이 썼다는 주장 등이 있지만, 서재필이 모국어를 거의 잊어버렸다는 점을 감안컨대 '조필助筆'의 도움을 받아 서재필의 생각을 나타낸 것으로 보는 게 옳을 것 같다. 『독립신문』이 당시 형편에 비추어 지나치다 싶을 정도로 위생·청결 문제에 집착했던 것도 서재필의 미국 경험과 더불어 세균학 전문가로서 직업의식이 발동한 것으로 볼 수 있겠다. 길가에 대소변을 보지 말 것, 목욕을 할 것, 하수도와 개천을 정비할 것, 물을 끓여먹을 것 등이 자주 강조되었다.

『독립신문』은 집요하게 미신 타파를 역설하는 동시에 기독교를 예찬했다. 예컨대, 『독립신문』 1897년 1월 26일자 논설 「세계의 종교와 개화문명」은 세계의 종교에 대한 정보를 제공하는 형식을 취하면서 사실상 기독교 전도를 하고 나섰다. 이 논설은 "그리스도교의 교를 착실히 하는 나라들은 지금 세계에 제일 강하고 제일 부요하고 제일 문명하고 제일 개화가 되어 하나님의 큰 복음을 입고 살더라" 라고 결론 내렸다.(서울대 정치학과 독립신문강독회, 2004; 조맹기, 2006)

『독립신문』은 기독교 예찬을 넘어서 기독교 국가들의 제국주의마저 찬양하는 입장을 보였다. 『한성순보』나 『한성주보』는 사회진화론을 수용하면서도 유교적인 시각에서 서양인의 호전성을 비난하는 자세를 취했지만, 『독립신문』은 제국주의 침략마저 세계 교화 사업으로 간주하는 주장을 펴기도 했다. 예컨대, 『독립신문』 1897년 6월 22일 자 논설은 영국 빅토리아 여왕 즉위 60주년에 즈음해 대영제국 찬가라 해도 좋을 정도의 예찬을 보내면서 "영국 국기가 이 지구 안에서만 높을 것이 아니라 응당 달이나 해나 별 속에 영국 국기가 꽂힐는지도 모르겠더라"고 했다. 또한 『독립신문』은 미국에 대해선 예찬에 가까울 정도로 대단히 호의적이었다.(박노자, 2003; 박노자·허동현, 2005)

주진오(1994)는 서재필에 대해 "『독립신문』 등을 통해 그는 동학혁명이나 의병 운동을 철저하게 비난하고 있으며 열강의 이권 침탈과 시장 개방 요구를 '문명화'로 합리화하거나 옹호했고 심지어 독립신문사에서 각종 서양 물품을 판매하기도 했다"고 비판했다. 실제로 『독립신문』은 의병을 비도匪徒(떼를 지어 돌아다니며 재물을 약탈하는 도둑)로 표현하는 등 의병에 대해 매우 부정적인 보도 태도로 일관했다.(채백, 2000; 최서영, 2002)

그러나 신용하는 고종이 아관파천을 하면서 신내각을 구성함과 동시에 전국에 의병 해산령을 여러 차례 내렸으며, 각 도별로 의병을 해산시키기 위해 대신들도 파견했다는 점을 지적하면서, 다음과 같은 반론을 폈다.

"내각도 바뀌었고 이제는 모든 문제가 해결됐고 대군주 폐하께서 의병을 해산하라고 조칙을 내리고 사절들을 각 도에 파견했는데, 2달이 지났음에도 불구하고 아직 해산하지 아니한 의병들이 있었습니다.

그래서 '왜 해산하지 않는가. 끝까지 해산하지 아니하면 비도가 되는 것이다. 그러니 빨리 해산해서 본업으로 돌아가라'고 이야기를 합니다. 이게 무슨 친일입니까? 만일 그렇다면 그 해산을 명령한 고종이 친일이 되고 그 신정부가 친일 정부가 되는 것이지, 어떻게 그것을 전달한 『독립신문』이 친일이 되겠어요."(정진석 외, 1996, 249)

『독립신문』의 독자와 광고

『독립신문』의 창간 당시 발행부수는 300부였으나 폐간 때엔 3,000부에 이르렀고 신문의 가두판매를 실시하기도 했다. 당시 조선을 여행했던 영국 왕립 지리학회 회원이자 여행가인 이사벨라 비숍Isabella Bishop은 "언문諺文 신문을 한 뭉치 옆구리에 끼고 거리를 지나고 있는 신문 배달원과 상점에서 읽고 있는 사람들의 광경은 1897년의 신기한 현상 중의 하나였다"고 말했다.(이광린, 1995)

물론 그 신문은 바로『독립신문』이었다. 당시엔 오늘날과 달리 신문을 여러 사람이 돌려보았거니와 시장에서 큰소리로 낭독을 하기도 했다. 서재필은『독립신문』1부를 200여 명이 돌려봤다고 말한 바 있어 실제 구독자 수는 수십만 명에 이른 것으로 추정된다.(홍찬기, 1996) 이러한 구독 방식은『독립신문』이후에 나온 신문들의 경우에도 마찬가지기 때문에 오늘날의 신문 구독 행태에 비추어 발행부수 기준으로 당시 신문들의 영향력을 평가해선 안 될 것이다.

또한『독립신문』은 "우리는 다 감옥에서 몇 달 몇 해 혹, 종신 징역하는 죄인들이라……"는 글처럼, 죄수들이 투고한 글을 1면 논설란에 2회 연속 게재할 정도로 개방적이었다. 독자투고 내용은 사회 비리를 고발하거나 개인적인 억울함을 호소하는 것뿐 아니라 사회 이슈에 대한 발언과 신문 기사에 대한 비평 등 다양했으며, 투고자는 일반 백성(48.1퍼센트)이 압도적으로 많고 개화 지식인(23.2퍼센트), 하급 관리(11.8퍼센트) 순이었다.(김기철, 2005)

『독립신문』은 오늘날의 기준에 비추어 보아도 손색이 없는 떳떳한 광고관廣告觀을 내세웠다. 우리나라 최초의 신문광고는 『한성주보』에 실렸다지만, 광고면을 독자적으로 갖춘 건 『독립신문』이었으며 『독립신문』은 광고 유치에도 적극적이었다. 『독립신문』은 국내외에 분국을 두었는데, 국내 분국은 제물포, 원산, 부산, 파주, 송도, 평양, 수원, 강화 등에 설치했으며 해외 분국은 상하이에 설치했고 제물포에는 외국인 에이전트도 두고 있었다.(김복수, 1996)

창간호에는 모두 9개의 광고(영문 광고 4개, 국문 광고 5개)가 실렸는데, 이 가운데 유료 광고는 6개인 것으로 보인다. 『독립신문』에 실린 모든 광고를 광고주의 국적별로 보자면 조선 40퍼센트, 일본 18퍼센트, 영국 18퍼센트, 독일 10퍼센트, 국적을 알 수 없는 외국 광고주 10퍼센트 등이었다. 광고 내용은 조선 광고주의 경우 출판 서적류와 식품 음료류 등 저가품의 일부 업종에 국한되었으나 외국 광고주의 경우 당시로서는 대자본을 필요로 하는 기간산업과 관련된 것이었다. 광고료 수입은 전체 수입의 10.6퍼센트를 점했는데, 독립신문사는 명함 찍는 기계를 들여오고 문구류도 판매하는 등의 방법으로 사업 다각화를 통해 재정난을 타개하고자 했다.(김광수, 1997; 김유원, 1999)

제2장

개화기의 언론 ②

『독립신문』과 만민공동회 활동

조선 정부는 1897년 10월 12일 국호를 '대한제국', 연호를 '광무'로 하고 갑오개혁에서 '대군주'라고 했던 국왕의 칭호를 '황제'로 고쳤으며, 갑오개혁과 을미개혁의 뒤를 이은 또 한 차례의 근대적 개혁(광무개혁)을 실시했다. 그러나 광무개혁은 『독립신문』까지 껴안는 개혁은 아니었다. 『독립신문』은 이미 1897년 2월경부터 러시아 공사관과 친미 개화파 사이의 관계가 악화되면서 친러 수구파 정부에 대하여 매우 비판적으로 변해 정부의 탄압을 받게 되었다. 정부의 탄압은 『독립신문』의 논조를 영 마땅치 않게 여긴 러시아 공사관의 압력 때문이었다.(이광린, 1995)

독립협회의 만민공동회 활동도 그런 탄압을 가중시켰다. 제1차 만민공동회는 1898년 2월 21일 구국 선언 상소를 올리는 것에서 단초가 마련되어 3월 10일 약 1만 명의 성인 남자가 서울 종로에 모여 러시아의 월권을 규탄했다. 이틀 후인 3월 12일에는 서울 남촌에 사는 평민 수만 명이 출동한 군인들을 투석전投石戰으로 물리치면서 다시 한번 만민공동회를 열었다.

만민공동회의 영향으로 러시아가 절영도(부산 영도) 대신 청국의 랴오둥반도로 해군기지를 이동하기로 결정했고, 3월 17일에는 재정고문과 군사교관의 철수를 통고했으며 노한은행露韓銀行도 철폐했다. 이에 고무된 독립협회는 4월 3일 제25회 토론회에서 의회 설립을 논의했으며, 『독립신문』 4월 30일자는 의회가 설립되어야 하는 이유에 대해 장문의 논설을 게재했다.(전인권, 2004)

『독립신문』에 대한 탄압이 격화되자, 서재필은 귀국한 지 2년 5개월 만인 1898년 5월 부인 뮤리엘 암스트롱Muriel Amstrong과 맏딸을 데리고 미국으로 돌아갔고, 그 후 『독립신문』은 윤치호가 운영을 맡게 되었다. 정진석(1995b, 348~349)은 "위대한 선각자라는 전제 조건을 가지고 볼 때에는 그의 행동에서 아쉬운 점을 발견하게 된다"며 다음과 같이 말했다.

"그가 1898년 5월에 미국으로 돌아가던 무렵 독립협회와 만민공동회의 많은 사람들이 그의 도미를 간곡히 만류했으나 냉정히 떠나고 마는 장면에서는 그가 위대한 서재필이 아니고 평범한 인간이었으면 충분히 납득이 될 행동이었음에도 불구하고 섭섭한 마음을 누를 길이 없게 된다."

1898년 10월에 열린 제2차 만민공동회와 제3차 만민공동회에 위협을 느낀 정부는 두 달 후인 12월 25일 보부상을 중심으로 어용 단체인 황국협회를 조직하고, 이로 하여금 독립협회와 충돌하게 한 뒤 사회 혼란을 이유로 독립협회와 만민공동회를 강제로 해산시켰다. 비록 실패로 돌아가긴 했지만, 만민공동회는 먼 훗날 대한민국에서 벌어지는 촛불집회의 원조로 추앙을 받게 된다.

전인권(2004)은 "이 당시 종로는 '조선의 아크로폴리스'였으며, 이들의 투쟁은 단기적으로 대성공을 거두었다"며 "만민공동회는 종로에 연단을 만들고 신분과 나이의 구별 없이 어린이조차 연단에 올라 연설을 하는 등 '한국의 직접적 민주주의' 또는 '대중의 정치적 의사 표현'의 원형을 보여주었다"고 평가한다.

1898년 최초의 일간지 『미일신문』 창간

서재필은 미국으로 돌아갔지만 그가 남긴 유산은 비단 『독립신문』에만 국한되지 않았다. 그가 키운 배재학당의 학생회인 협성회는 이미 1898년 1월 1일 주간으로 『협성회회보』를 창간했다. 『협성회회보』는 학생회의 기관지인 동시에 일반에 판매하는 신문이었는데 제법 인기가 높아 3개월 후에는 발행부수가 2,000여 부를 넘어섰다. 이에 힘을 얻은 협성회는 이 신문을 일간으로 발전시키기로 결의하고, 4월 2일자 제14호를 마지막으로 4월 9일부터는 제호를 『미일신문』으로 바꾸어 일간으로 발행하기 시작했다.(정진석, 1995b)

『미일신문』의 창간 주체 가운데 한 명인 유영석은 창간 동기에 대해 이렇게 말했다. "우리 백성들은 압제와 토색과 외국의 참혹한 짓밟힘에 거의 죽을 지경에 이르렀다. 그래도 대언하여 줄 사람이 없다. 지금 우리나라에는 신문이 둘이 있다. 하나는 일본 사람이 하는 『한성신보』 또 하나는 『독립신문』이다. 둘 다 격일간이다. 그래서 우리는 일간신문을 하나 시작하여야겠다." (최준, 1987, 78)

『믹일신문』은 『독립신문』에 대해서도 호전적이었다. 아니 좀 맹랑했다. 창간호 논설은 『한성신보』는 물론 『독립신문』까지 외국 사람이 내는 신문으로 규정하면서 자기네 신문만이 우리나라 신문이라고 주장했다. 또 1898년 4월 14일자 논설은 『독립신문』을 '선생 신문'으로, 자기네 신문을 '제자 신문'으로 부르면서 "아무쪼록 제자 신문에게 시비를 듣지 않도록 잘하여 가기를 바라오. 속담에 나중 난 뿔이 우뚝하다는 말 듣지 못하였오"라며 『독립신문』과의 경쟁을 선언했다.

『믹일신문』은 『독립신문』보다 혁신적이고 진보적인 성향과 더불어 '혈기 왕성'을 나타냈다. 예컨대, 1898년 9월 16일자 논설은 "유림이라 선비라 거유라 거벽이라 하는 류들이 관 쓰고 꿇어앉아 성경현전을 공부한다면서 그 행세를 궁구하여 보면 잔인하게 토색질 아니하는 자가 없다"며 양반계급을 격렬하게 비판했다.(조맹기, 1998; 최서영, 2002)

당시 사회 상황에 대해 최봉영(1997, 209~210)은 "목숨을 걸고 싸울 정도로 개화와 수구를 완고하게 고집하는 사람이 없어지고, 대하는 상대에 따라 입장이 달라지고 말을 바꾸는 현상이 나타나게 되었다"고 지적하면서 그 근거로 『믹일신문』 1898년 5월 10일자 기사를 소개했다. "사람마다 친구를 상종할 적에 개화하자는 이를 대하여서는 개화당 비스름이 말하다가, 수구를 좋아하는 이를 보고서는 수구당처럼 말을 하여, 남이 하는 대로만 따라하기로 작정인되, 다만 말을 그러할 뿐 아니라 정부에 들어가 일하기를 또한 이같이 하여, 어디를 가던지 무슨 일을 하던지 남을 잘 얼러 맛쳐야 세상에 재주 있고 똑똑한 사람이라고도 하며 벼슬도 잘 얻어 하니, 그러고 보니 개화당도 없고, 수구당도 없으니⋯⋯."

그런 변화는 정보의 유통과 무관치 않았을 것이다. 1898년 4월과 6월 사이에 전국 각 군에 임시 우체사郵遞司가 설치되어 비로소 전국적인 우편망이 갖추어졌다. 『독립신문』 1898년 5월 3일자는 우편을 통한 커뮤니케이션 망을 사람 신체의 각 기관에 영양분과 산소를 공급하는 핏줄에 비유해 그 중요성을 매우 높게 평가하는 기사를 게재하기도 했다.(채백, 1995)

『제국신문』과 이승만의 언론 활동

개화기 언론사에서 1898년은 『독립신문』이 창간된 1896년 못지않게 중요한 해였다. 바로 이해에 『미일신문』의 창간과 함께 『미일신문』에 자극받아 『독립신문』의 일간 발행(1898년 7월 1일부터)이 이루어졌으며, 『제국신문』과 『황성신문』도 창간되었기 때문이다. 『제국신문(뎨국신문)』은 1898년 8월 10일자로 창간되어 1910년 3월 31일자까지 대략 3,240호를 발행했으며, 『황성신문』은 1898년 9월 5일자로 창간되어 1910년 9월 14일자까지 총 3,470호를 발행했다.

『제국신문』은 중류 이하의 대중과 부녀자를 대상으로 삼은 신문이어서 정치적 색채가 옅었으며 주로 사회적 계몽에 중점을 두었다. 이 신문은 순 한글 사용으로 일반 민중과 부녀자들에게 인기를 얻었다. 창간 당시의 사장은 이종일이었고 편집에는 『믹일신문』의 사장을 지낸 유영석과 이승만이 관여했다. 이승만은 주필 격으로 『믹일신문』을 제작하다가 협성회 회장이 되어 자동적으로 이 신문의 사장을 맡기도 했으나 사내 분규로 7월 초에 물러나 한 달 후에 창간된 『제국신문』에 참여했다.(정진석, 1995a; 최기영, 1989)

이승만은 20대 초반에 『협성회회보』, 『믹일신문』, 『제국신문』, 『황성신문』 주필을 두루 역임한 원기 왕성한 언론인이었다. 이승만은 『제국신문』을 통해 일본인들이 만든 『한성신보』와 치열한 논전을 벌이기도 했다. 『제국신문』 1898년 8월 30일자가 「대한 사람 봉변한 사실」이라는 표제로 일본 사람이 조선 사람에게 행패를 부린 사건을 보도하자, 『한성신보』 9월 11일자는 『제국신문』이 조그마한 일을 침소봉대했다고 반박하고 기사를 쓴 '기자 이승만'을 지적하여 비난했다. 이에 이승만은 9월 14일자 논설을 통해 "기자 이승만이라고 성명을 들어 책망하였으니 이승만이가 이런 일에 책망 듣는 것은 나라를 위하여 대단히 영광으로 아노라"면서 『한성신보』의 비난을 반박했다.

이에 대해 최서영(2002, 163)은 "우리나라 저널리즘 역사에 기자라는 호칭이 사용된 것이 이것이 처음이다. 그때까지 우리나라에서는 기자를 탐사인, 탐보원 또는 기재원 등으로 불렀으므로 기자라는 호칭이 붙은 것은 『한성신보』에 의해 이승만이 호칭 1호가 된다"고 했다.

이승만은 독립협회·만민공동회 활동도 열심히 했는데, 황국협회의 보부상 패들과의 대결에선 만민공동회 측의 청년 지도자였다. 『독립신문』 1898년 11월 28일자는 이승만이 보부상 패들과 격돌하는 모습을 소상히 보도하기도 했다. 이승만은 1898년 12월 25일 독립협회가 해산당한 뒤 1899년 1월 9일 검거되어 무기징역을 선고받았다.

『미일신문』은 내분의 후유증을 이겨내지 못하고 1899년 4월 4일에 폐간되고, 『독립신문』은 1899년 12월 4일에 폐간되고 말았다. 『제국신문』은 『미일신문』과 『독립신문』이 폐간됨에 따라 그 이후 한동안 유일한 국문 신문이 되었다. 『제국신문』의 발행부수는 한때 4,000부에도 이르렀지만 대개 2,000~3,000부 수준이었다.(정진석, 1995b; 최기영, 1989)

유생·양반 계층을 겨냥한 『황성신문』의 창간

1898년 9월 5일에 창간된 『황성신문』은 『제국신문』과는 달리 국한문혼용 일간지로 중류계급 이상의 독자를 대상으로 삼았다. 그런 이유로 『황성신문』은 '수雄 신문', 『제국신문』은 '암雌 신문'으로 불리기도 했다. 『황성신문』은 장지연, 유근, 남궁억 등 한학에 조예가 깊은 사람들이 중심이 되어 만들어진 신문이었기 때문에 『독립신문』보다 보수적인 색채를 띠긴 했지만, "독립협회 내의 국내에서 개신유학적改新儒學的 전통을 배경으로 성장한 진보파의 대변지"가 됨으로써 『독립신문』과 함께 독립협회를 공동으로 대변했다. 『황성신문』은 『독립신문』과 마찬가지로 미국에 호의적이었으며, 1899년엔 일본에서 나온 『미국독립사』를 번역 출판하기도 했다.(박노자 · 허동현, 2005; 신용하, 1996)

『황성신문』은 고루한 유생과 양반 계층을 계몽함으로써 사회 개혁을 이룰 수 있다고 보았다. 그래서 유교의 폐단을 비판했다. 유학은 종래의 전통만을 고집하고 발전하는 학문을 숭상하지 않으며, 자기의 가문을 유지하기 위해 당파싸움이나 일삼고 있으며, 향리에 칩거함으로써 세계 대세와 세상사에 대해서 잘 알지 못해 국가와 민족에 도움을 주지 못한다는 것이다.(안종묵, 2002)

남궁억은 초대 사장으로서 4년간 재임했는데, 그 기간 중 2번이나 구속되는 필화 사건을 겪었다. 1900년 8월 8일자에 실린, 주한 러시아 공사가 일본 공사에게 한반도를 양쪽으로 분할하자고 제의했으나 일본 측이 거절했다는 내용의 기사로 인해 구속된 사건은 "정치 문제를 다룬 기사로 인해서 정식 구속되어 재판에 회부된 최초의 필화 사건"으로 기록되었다. 이 기사는 일본의 한 신문에 난 기사를 번역해 실은 것이었는데도, 당시 사장인 남궁억은 경무청에 검거되어 태형笞刑을 받았다.(안종묵, 1997; 최준, 1987, 1995)

『황성신문』이 국한문혼용체를 택한 데엔 시장 상황이 작용한 것으로 보인다. 기존 신문들이 순 국문으로 간행되고 있었기 때문에 여기서 소외된 지식인층인 유생 · 양반 계층을 새로운 구독자로 삼겠다는 의도가 있지 않았겠느냐는 것이다. 유생 · 양반 계층은 순 국문을 언문諺文이라 하여 경시하고 있었으니 국한문혼용체로 그들을 쉽게 구독층으로 삼을 수 있었을 것이다.(안종묵, 1997)

『황성신문』은 박은식·장지연·신채호 등 민족 사학자들의 활동 무대이기도 했다. 박은식과 장지연은 1898년 오늘의 논설위원 격인 주필로 참여했고, 신채호는 1905년에 주필로 참여했는데, 이들은 역사와 언론은 서로 깊은 관계가 있으며 신문은 옛날의 실록實錄이며 신문인을 사관史官으로 보는 언론관을 갖고 있었다.(이광린, 1995)

『황성신문』은 경영이 어려울 때 고종에게서 재정적 지원을 받기도 했으며, 정부도 나서서 지방 관청들로 하여금 『황성신문』을 구독하게끔 도와주었다. 이처럼 공공기관이 구독해준 부수는 전체 발행 부수 2,000부 정도의 절반을 넘었다. 다른 신문들도 이와 같은 지원을 받았다.(채백, 1999)

『시사총보』·『상무총보』와 개신교 신문의 창간

1898년에 창간된 또 다른 신문으로는 『대한신보』가 있었다. 『대한신보』는 '광무협회'에 의해 4월 10일에 창간된 순 국문 주간지였다. 광무협회는 일본교회조합 전도국이 미국계의 선교 사업에 대항해 한국 선교에 손을 뻗치기 위해 한일 기독교인을 규합해 창립한 단체였다. 독립협회와 대립했던 황국협회는 독립협회에 대항할 목적으로 1899년 1월 22일 기관지로 격일간 국한문혼용의 『시사총보』를 창간했다. 『시사총보』는 '狗咜開花虎蝶來'라는 글귀를 싣고 그 대구對句를 현상을 걸어 모집했는데, 최준(1987)은 이것을 "신문이 문예작품을 현상 모집한 첫 기록"으로 보았다.

1899년 4월 14일엔 황국협회의 보부상 모임인 상무회사가 격일간 국한문혼용의 『상무총보商務總報』를 창간했다. 『상무총보』는 『믜일신문』의 인쇄 시설 일체를 인수해 발간되었는데, 이는 미곡과 포목, 주단, 생선 시가 등 물가 시세표를 4개면 중 1개면에 싣고 경제 기사를 비중 있게 다루는 등 "한국에서 상업신문(경제신문)으로는 최초의 신문"이었다.(이해창, 1983)

그 밖의 신문으론 1897년에 창간한 『죠션크리스도인회보』와 『그리스도신문』 등과 같은 개신교 신문들이 있었다. 『죠션크리스도인회보』는 감리교가 주체가 되어 2월 2일에 창간한 한글 전용의 주간신문으로서 격주간지 『교회』를 발전시킨 것으로 발행인은 아펜젤러였다. 이 신문은 12월 8일부터는 국호國號의 변경에 따라 『대한크리스도인회보』로 개제했는데, 1900년에 810여 부가 배포되었다. 반면 『그리스도신문』은 장로교가 주체가 되어 4월 1일에 창간한 신문으로서 발행인은 언더우드였다.(정진석, 1990)

이 신문들은 미신 타파는 물론 불교 배척에도 앞장섰다. 예컨대, 『죠션크리스도인회보』 1897년 9월 1일자는 "형제들아, 저것이 다 쓸모없는 우상이니 섬기면 점점 죄를 더 지으려니와 독일獨一 무이하신 진신眞神과 그의 아드님 예수 크리스도를 믿은즉……부처를 섬기던 죄를 지었더라도 다 사赦하심을 얻으리라. 형제들이……지옥에 결박 지어 간힌 걸 보니 답답하도다. 지옥은 곧 절이오 죄는 곧 부처라"고 주장했다.(박노자, 2003)

『그리스도신문』은 독자 15명 모집(신문 값 선납)한 자에게 재봉틀을 1대씩 무료로 주는 등 경품으로 독자를 유인하는 선례를 만들었다. 또 이 신문은 한국 신문 사상 최초로 사진의 뉴스화를 시도했다.

이 신문은 창간호 별쇄 판으로 고종의 어진御眞(임금의 화상이나 사진)과 이홍장李鴻章·장지동張之洞의 인물사진을 본 신문과 같은 크기의 지면에 석판으로 인쇄해 독자들의 큰 호응을 얻었다. 이후 『그리스도신문』은 사진을 목판 또는 석판으로 본 지면에 직접 인쇄하는 방법을 채택했으며, 사진의 직접 인쇄를 시험하기도 했다.(최인진, 1999; 최준, 1987)

감리교의 삼문출판사The Trilingual Press는 1889년 격주간지 『교회』에 이어 1892년 1월부터 선교사 프랭클린 올링거Franklin Ohlinger의 주도하에 영문 월간지 『코리안 리포지토리The Korean Repository』를 발간했다. 『코리안 리포지토리』는 '한국에서 발행된 최초의 근대 잡지'였으며, 발행 주체가 한국인으로서 '한국에서 발행된 최초의 근대 잡지'는 1896년 11월에 독립협회의 기관지 형식으로 발간된 격주간 『대죠선독립협회보』였다. 『코리안 리포지토리』는 1년 동안 발행되다가 일시 중단을 거쳐 1895년 1월에 속간, 1898년 12월 종간, 이후 소책자의 형태로 나오다가 1899년 6월에 완전히 사라졌다. 『코리안 리포지토리』의 부편집인을 맡았던 호머 헐버트Homer B. Hulbert 목사는 1901년 영문 월간지 『Korea Review』(1906년 12월 폐간)를 창간했다.(안종묵, 2004)

전화, 유성기, 전차, 영화, 기차의 등장

미국의 알렉산더 그레이엄 벨Alexander Graham Bell이 전화를 발명한 건 1876년이었지만, 한국에선 그 '요물'을 구경하기까진 20년을 더 기다려야 했다. 전화는 소통을 위한 것이었겠지만, 그 정치사회적 의미는 '소통'을 넘어서는 것이었다. 전화는 조선에선 무엇보다도 근대화의 상징이었다.

기록상 한국 최초의 전화 개통은 1896년 10월 2일 궁중과 제물포 간에 이루어졌다. 전화 가설 시초에 한성·제물포 간의 시외전화가 먼저 개통된 것은 해관海關 수입이 국가 재정에서 차지하는 비중을 반영한 것이라는 주장이 있다. 1897년엔 고종 황제 침소와 정부 각 부처를 연결하는 전화가 설치되었다. 궁내부에 교환대가 설치되고 궁중에 3대, 각부에 7대, 평양과 제물포에 2대, 도합 12대였다.

1902년 3월 20일 한성-제물포 간 최초의 공중 통신용 전화 업무가 개시되었다. 궁내부 전화가 개통된 지 6년 만에 일반인도 사용할 수 있는 전화가 처음 개통된 것이다. 시외전화가 시내전화에 앞서 개통된 것은 당시 도시 지역이 그리 넓지 않았기 때문에 오히려 지방과의 통신에 유용하게 사용될 수 있었던 때문이었을 것이다. 1903년엔 한양의 마포-도동(남대문)-시흥(영등포)-경교(서대문) 등에 전화소라는 공중전화가 가설되었다.

전화와 더불어 세인의 이목을 집중시킨 또 하나의 근대화 상징은 유성기였다. 유성기는 1897년 미국 공사 알렌이 최초로 들여와서 각부 대신들 앞에서 시연했다는 설이 가장 유력하며,『황성신문』1899년 3월 11일자 광고,『독립신문』1899년 4월 20일자 기사 등으로 미루어 이 당시 일반인들을 대상으로 한 유성기 시청회가 열려 많은 구경꾼을 감탄하게 만들었다. 1900년을 전후해 창가 교재, 오르간, 유성기 등을 판매하는 상점이 창업했다.(이상길, 2001)

1898년에 개통된 전차도 근대화의 상징으로 간주되면서 많은 사람에게 서구 과학기술의 위력을 실감케 한 '대사건'이었다. 처음 개통된 전차 노선은 '서대문-종로-홍릉'이었는데, 이는 고종이 명성황후 능에 왕래하기 위한 것이었다. 1899년에는 용산-남대문-종로 노선, 1900년에는 남대문-서대문 노선이 잇달아 개통되면서 큰 인기를 끌었다. 개통 당시 9월 중 하루 평균 승차 인원은 2,000여 명으로 당시 한양 인구의 1퍼센트를 차지할 정도였다. 한번 타면 내리지 않고 종점과 종점 사이를 몇 번이나 오가는 사람, 전차를 타기 위해 생업까지 쉰 사람, 전차를 타러 지방에서 상경하는 사람도 많았다. 인기가 높다 보니 전차를 타느라고 파산한 사람이 있다는 소문까지 나돌 정도였다.(정인경, 1998)

나중에 동대문에 있던 한성전기회사는 전차 사업을 선전하기 위해 활동사진을 상영했는데, 이는 '영화' 상영 안내와 관련된 최초의 공식적인 기록이다. 『황성신문』 1903년 6월 23일자는 "동대문 전기회사 기계실에서 상영하는 활동사진은 일요일과 흐리거나 비오는 날을 제외하고는 매일 오후 8시부터 10시까지 상영하는데 대한과 구미 각국의 유명 도시와 각국의 찬란한 광경이 준비되어 있다고 한다. 입장료는 동화 10전"이라고 보도했다. 동화 10전은 당시 설렁탕 한 그릇 값이었다. 프랑스의 뤼미에르Lumière 형제가 파리의 한 카페에서 지극히 초보적인 형태의 초단편 영화 10편을 처음 공개 상영한 건 1895년 12월 28일이었는데, 조선에 영화가 처음 들어온 시기에 대해서는 의견이 분분하다. 크게 보아 1897년 설, 1903년 설, 1904년 설, 1905년 설 등이 있다.(이효인, 1992)

전차에 이어 1899년 9월 18일 노량진과 제물포 사이 경인철도가 개통되었다. 기차의 속력은 시속 20~30킬로미터로 1시간 40분이나 걸렸지만, 당시 사람들은 빠른 속도에 경악했다. 1905년 경부선(580 킬로미터), 1906년 경의선(706킬로미터)이 개통되자, 이에 감격한 최남선은 1908년에 〈경부철도가〉라는 창가를 만든다. "우렁차게 토吐하는 기적 소리에/남대문을 등지고 떠나 나가서/빨리 부는 바람의 형세 같으니/날개 가진 새라도 못 따르겠네." 그러나 박천홍(2003, 47)은 개화기 시대의 상층 지식인들에게 철도는 '진보의 상징'이었지만 하층 민중들에게는 "호기심과 함께 불안과 공포를 실어 나르는 악귀의 등장과 같았다"고 했다.

1904년 『대한매일신보』의 창간

1900년대 들어 조선을 둘러싸고 있는 외세의 주도권은 일본이 쥐고 있었다. 일본은 1902년 러시아에 대해 만주에서 철병撤兵할 것과 한반도에서 일본의 지위를 인정해줄 것을 요구하는 것을 주요 내용으로 하는 영일동맹을 체결했으며, 1904년 2월 8일 제물포 해상에 정박 중인 러시아 군함 2척을 기습 공격해 격침시킴으로써 러일전쟁을 일으켰다.

러일전쟁의 와중에 새로운 신문이 창간되었는데 그건 바로 『대한매일신보大韓每日申報』다. 1904년 7월 18일에 창간된 『대한매일신보』는 러일전쟁을 취재하기 위해 영국 『데일리 크로니클』의 임시 특파원으로 내한 중이던 어니스트 베델Ernest T. Bethell을 사장으로 내세우고 궁정의 영어 · 일어 번역관인 양기탁이 총무를 맡아 일본의 탄압에 반대하는 왕실과 민간 유지들의 비밀 투자로 운영되었다.

베델은 1904년 3월 10일 조선 땅에 들어와 『데일리 크로니클』 4월 16일자에 '경운궁 화재'를 특종 보도하기도 했으나 '친일적 기사를 싣는 신문사 방침'을 따르지 않는다는 이유로 곧 해임되었다. 베델은 입국 직후 통역 겸 번역자로서 양기탁을 소개받았는데 같은 또래로서 우정과 신뢰를 쌓았다.(이용원, 1998)

원래 『대한매일신보』는 영자 신문으로 기획된 것이었다. 러일전쟁이 터지자 조선 정부는 일본의 침략을 막기 위해 한국의 처지를 세계에 널리 알려야 할 필요를 절감하게 되었고, 그 방법의 하나로 영자 신문 간행을 원했던 것이다. 당시 국내엔 영자 신문이 없었다. 『독립신문』의 영문판인 『The Independent』가 폐간된 지도 4년이 지났기 때문에, 영자 신문 간행을 위해선 영어를 잘하는 사람이 필요했다. 그래서 때마침 러일전쟁 취재를 위해 내한한 외국 기자들에게 눈을 돌리게 되었던 것이다.(이광린, 1986)

그리하여 베델이 참여한 가운데 1904년 6월 29일 『코리아 타임즈』라는 견본 신문이 간행되었다. 첫 호를 낸 뒤 제호는 『코리아 데일리 뉴스Korea Daily News』로 변경되었다. 『코리아 데일리 뉴스』는 곧 일본 통감부가 발행하는 영자지 『The Seoul Press』와 맞붙어 싸우게 되었는데, 프레더릭 A. 매켄지F. A. McKenzie(1908, 200)는 당시 상황에 대해 "서구인이라고는 1백 명도 넘지 않는 한 도시에서 두 가지의 영자 신문이 일간으로 발행되는 언론 사정에 대해 우리는 놀라지 않을 수 없었"다고 말했다.

그런데 견본 신문 10여 호를 간행하는 중에 원래 계획과는 달리 한글 신문도 내자는 목소리들이 나오게 되었다. 그래서 신문 제호를 『대한매일신보』로 바꾸고 한글 2면, 영문 4면, 총 6면으로 창간호를 내게 된 것이었다. 한글·영문 혼용 편집은 쉽지 않아 독자로서도 불편한 점이 많았다. 이런 이유 때문이었는지 『대한매일신보』는 1905년 3월에 갑자기 휴간을 했다가 8월 11일부터 영문 신문과 국한문혼용 신문 2개를 따로 간행하기 시작했다. 국한문을 혼용하면서 한글로 쓰던 제자題字도 『大韓每日申報』라고 한문으로 고쳤다.

이와 같은 변화의 이유에 대해 이광린(1986, 14~15)은 "순 한글의 신문을 국한문혼용의 신문으로 바꾼 것은 일견 후퇴인 것처럼 보일지 모른다"며 "그러나 경영진이 한국 사회에 한학漢學 혹은 유학儒學의 전통을 무시해서는 안 되겠다는 것을 알았기 때문에 취해진 것이라고 생각된다"고 했다. 국한문혼용으로 전환하면서 한학에 조예가 깊은 박은식과 신채호가 논설위원으로 『대한매일신보』에 들어가게 되었다.

『대한매일신보』는 종래의 신문 체제보다 큰 27cm×40cm의 크기로 발행되었다. 『대한매일신보』가 창간될 무렵엔 신문 지면에서 광고가 차지하는 비율도 크게 늘어나 『대한매일신보』와 『황성신문』의 광고가 45~50퍼센트의 지면을 차지하기도 했다. 반면 1896~1899년 기간에 『독립신문』과 『황성신문』에 게재된 광고는 총 지면의 10~14퍼센트에 지나지 않았다.(신인섭·서범석, 1998)

1904년 10월 10일 주한 일본군 헌병 사령부는 『제국신문』에 무기 정간 명령을 내렸는데, 그 이유는 그해 9월에 결성된 친일 단체 일진회를 비판한 『제국신문』 10월 7일자 논설이 일본의 군사상·치안상 방해가 되었다는 것이다. 이는 우리나라 신문 사상 우리 신문에 가해진 최초의 강제 정간이었다.(정진석, 1995b)

1905년 을사늑약과 「시일야방성대곡」

러일전쟁은 1905년 5월 일본의 승리로 귀결되어 미국 대통령 시어도어 루스벨트Theodore Roosevelt의 주선으로 9월 5일 러시아가 일본의 조선에 대한 우월적 지위를 인정하는 것을 골자로 한 포츠머스조약이 체결되었다. 루스벨트는 7월 29일 육군 장관 윌리엄 태프트William H. Taft를 일본으로 보내 일본 수상 가쓰라 다로桂太郎와 이른바 '가쓰라-태프트 밀약'을 맺었는데, 이로써 미국은 일본의 조선 지배를 인정해주고 대신 일본은 미국의 필리핀(1899년 스페인에서 빼앗은 식민지) 지배를 인정했다. 영국도 8월에 제2차 영일동맹을 맺어 일본의 조선 지배를 승인하고 일본은 영국의 인도·버마 등의 지배를 두둔했다.(김민남 외, 1983)

이제 일본은 한반도에 대한 노골적인 야욕을 드러내 1905년 11월 18일 오전 1시경 그 치욕적인 을사늑약(을사보호조약)이 체결되기에 이르렀다. 이토 히로부미伊藤博文는 일본군을 출동시킨 가운데 내부대신 이지용, 군부대신 이근택, 외부대신 박제순, 학부대신 이완용, 농상공부대신 권중현 등 이른바 '을사 5적'의 찬성하에 고종에게 '보호조약'의 승인을 강요해 성사시켰다. 이 조약에 따라 대한제국의 외교권은 일본 외무성이 갖고, 내정은 통감이 관할하게 되었으니 이로써 대한제국은 국가적 주권을 상실한 것이었다.

1905년 11월 18일 아침 을사늑약이 체결되었다는 소식이 알려지자 민심은 들끓었다. 『황성신문』 사장 장지연은 11월 20일자에 그 유명한 논설 「시일야방성대곡是日也放聲大哭」을 써서 을사보호조약이 한국인의 의사와는 관계없이 일본의 강압에 의해 이루어졌음을 폭로하고 이의 시정을 요구했다. "아 원통하고 분하구나. 2천만의 노예된 동포들이여 살았느냐 죽었느냐, 건국 이래 4천년 국민정신이 하루밤 사이에 졸연히 멸망하고 만단 말인가. 원통하고 원통하다, 동포여 동포여."

당시 『황성신문』은 보통 3,000부를 찍었는데 「시일야방성대곡」이 실린 11월 20일자 신문은 1만 부나 찍어 일본 경무청의 사전 검열을 거치지 않고 발송 배포되었다. 그로 인해 장지연 사장은 구속되었으며 『황성신문』은 무기 정간을 당했다. 장지연은 3개월간 투옥되었다가 정부에서 통정대부로 일할 것을 권유받았으나 그걸 거절하고 은퇴했으며 『황성신문』은 80일간 정간 이후 복간되었다.

『황성신문』이 「시일야방성대곡」을 게재했을 때, 『제국신문』은 「한때 분함을 참으면 백년 화근을 면함이라」는 논설에서 과격한 신문 논조로 나가면 『황성신문』과 같이 탄압을 받아 신문 없는 사회가 될 것이라며, 을사늑약의 책임이 한국민에게 있음을 강조하며 공부에 힘쓸 것을 권고하는 대조적인 모습을 보여주었다. 이는 『제국신문』이 실력 양성론에 입각한 개량주의적 입장에 서 있었기 때문이다.(최기영, 1989)

그러나 일본의 검열에서 자유로웠던 『대한매일신보』는 『제국신문』과는 달리 장지연과 『황성신문』을 극구 찬양했다. 또 『대한매일신보』는 그해 12월에 시종무관장 민영환이 을사보호조약에 분노해 순국한 뉴스를 제2면 톱에 크게 다루는 등 강경한 편집 방침을 고수했다.(최준, 1987)

을사늑약 이후 의병 투쟁이 전국적으로 전개되었으며, 1906년엔 민종식, 최익현, 신돌석, 이하현, 정용기 등이 이끄는 의병이 맹활약하게 되었다. 당시 한국 정부와 외교관계를 맺고 있던 나라는 모두 11개국이었고 공사를 파견한 나라는 일본, 미국, 영국, 독일, 러시아, 프랑스, 청 등 7개국이었다. 이미 공사관이 폐쇄되었거나 철수한 러시아와 일본 이외의 나라들은 미국(1905년 11월 24일)이 앞장서는 가운데 공사관을 철수시켰다.

1906년 『국민신보』·『만세보』·『경향신문』의 창간

1906년 1월 일본은 한성에 통감부를 설치했으며, 초대 총감엔 이토 히로부미가 취임했다. 1906년 3월 2일 이토 히로부미가 초대 통감으로 서울에 부임할 때 남대문에는 '환영'이라고 쓰인 커다란 현수막이 내걸렸다. 친일 집단인 일진회가 내건 것이었다.

일진회는 1906년 1월 6일 기관지로 『국민신보』를 창간했다. 초대 사장은 일진회 회장인 이용구였고 창간 직후인 1906년 2월부터 6월까지는 이인직이 주필을 맡았다. 1907년 7월 19일에는 친일 논조에 분노한 시위 군중들이 신문사를 습격해 사옥과 인쇄 시설을 모조리 파괴한 일도 있었다. 황현(1955, 646)은 『매천야록』에 "민간인들은 그들을 미워하여 구독을 하지 않았다. 그러므로 그들은 강제로 관리들에게 송부하여 신문대를 받아갔다"고 썼다.

비극적인 건 일진회가 동학당과 독립협회의 잔존 세력이었다는 점이다. 지난 10년 동안 정부의 혹독한 탄압으로 무수한 희생자를 낸 동학당은 러일전쟁의 국면을 맞아 이길 가능성이 높은 일본을 지원함으로써 나중에 일본의 힘을 빌려 포교권을 얻으려 했다. 이와 관련, 윤덕한(1999, 243)은 "정부의 가혹한 탄압이 한때의 반외세 민중 운동 세력을 오히려 외세의 주구로 몰고 간 비극을 낳았던 것이다"고 개탄했다.

『국민신보』 이외에도 여러 종류의 신문이 창간되었다. 1906년 6월 17일에 창간된 『만세보』는 천도교주 손병희의 발의發意로, 우정국 통신국장 출신의 오세창을 사장으로 하여 이인직 · 권동진 · 장효근 등이 발간한 천도교 계통의 일간지였다. 『만세보』는 다른 신문들이 종래의 8단제를 고수하고 있을 때에 10단제를 실시했고 국한문혼용이었지만 한동안 한자 활자에도 국문의 토를 다는 새로운 시도를 보여주었다.(최준, 1987)

『만세보』의 주필 이인직이 1906년 7월 22일부터 집필한 「혈血의 누淚」는 우리나라 신문에 연재한 첫 신소설로 10월 10일까지 50회에 걸쳐 실렸다. 또 1906년 10월 14일자부터 1907년 5월 31일자까지 이인직의 「귀鬼의 성聲」이 실렸다. 이 소설들은 개화를 주장했으나, 친일적인 경향을 보였다.

1906년 9월 1일엔, 일본 공사관의 기관지인 『한성신보』와 일인 신문 『대동신문』이 합병되어 통감부 기관지로 『경성일보』가 창간되었다. 이 신문은 처음에는 일어판과 국문판을 동시에 내다가 1907년 4월 21일부터는 일어판만을 냈으며 1910년 조선총독부가 생기면서 총독부 기관지가 되었다.(김민환, 1996; 정진석, 1995a, 1995b)

1906년 10월 19일에 창간된 『경향신문京鄕新聞』은 천주교에서 프랑스인 신부 안세화Florian Demange를 편집 겸 발행인으로 하여 만든 순한글 주간지로서 종교 신문임에도 일반 기사도 많이 실었다. 그래서 치안 방해라는 이유로 발매 금지와 압수를 당하기도 했다. 이 신문은 서울에서 발행되었으나 서울 사람뿐만 아니라 시골에 있는 사람을 포함해 전 국민을 대상으로 삼아 발간한다는 취지에서 이름을 『경향신문』이라고 붙였다고 밝혔다.(한원영, 1999)

『경향신문』은 천주교회의 정교분리政敎分離 원칙에 따라 정치 불간섭주의를 내세웠다. 그래서 1907년 초부터 국채보상운동이 전개되었을 때에도 『경향신문』은 다른 신문들과는 달리 소극적으로 임했으며, 의병義兵의 봉기도 현실적인 정세를 파악하지 못한 실효성 없는 행위로 보았을 뿐만 아니라 일본군의 만행보다도 의병 투쟁에 따르는 폐해를 강조하는 등 일본군의 의병 토벌討伐을 필요하고 유익한 것으로까지 이해했다.(최기영, 1996)

1907년 7월 18일에 창간된 『대한신문』은 『만세보』의 시설을 인수해 만들어진 이완용 내각의 기관지였다. 사장은 『만세보』의 주필이었던 이인직이 맡았는데, 『국민신보』와 나란히 친일 선전을 일삼아 『대한매일신보』와는 격렬한 논전을 벌이는 일이 자주 있었다.(정진석, 1990)

『대한매일신보』의 반일 민족주의

『대한매일신보』의 국한문혼용판은 여러 장점에도 일반 대중을 계몽하는 데엔 명백한 한계가 있었다. 국민의 지지에 고무된 『대한매일신보』는 1907년 5월 23일 한글판 『대한매일신보』의 견본을 선보였고 이후 영문판, 국한문혼용판, 한글판 등 세 판을 간행하게 되었다. 한글판이 나오기 전에는 영문판과 국한문혼용판을 합쳐 발행부수가 4,000부 정도였으나 한글판이 나온 이후 3판의 총 발행부수는 1만여 부에 이르렀다.(이광린, 1986)

일본은 당시 영국과 동맹 관계에 있었기 때문에 베델이 경영하는 『대한매일신보』는 검열을 피할 수 있었고 반일 논조도 펼 수 있었다. 박은식의 검속 사건 이후 신문사 정문에는 '일인불가입日人不可入'이라는 방까지 내걸었다. 일본에 대한 이와 같은 태도는 『대한매일신보』만이 누릴 수 있는 특권이었다.

『황성신문』, 『제국신문』 등은 이른바 '벽돌신문'이라는 말이 나올 만큼 사전 검열에 속수무책으로 당해야만 했다. 당시는 아직 활판 인쇄로 지형紙型이 없었던 때라 활자를 거꾸로 넣어서 찍을 수밖에 도리가 없어 그 지면을 시꺼멓게 만들었는데, 이것을 가리켜 '벽돌신문'이라 했고 '복판신문覆板新聞' 혹은 '흑판신문黑板新聞'이라 부르기도 했다.(최준, 1995)

『대한매일신보』는 제국주의에 저항하여 국권을 지키기 위해서는 오로지 민족주의로 무장하는 것 이외에 다른 대안이 있을 수 없다고 주장함으로써 '식민지 민족주의'를 제시했다. 예컨대, 신채호는 『대한매일신보』1909년 5월 28일자에 쓴 글에서 '민족주의는 실로 민족을 보존하는 방법'이라고 말하면서 '민족주의를 크게 분발'할 걸 역설했다. 당연히『대한매일신보』가 의병義兵을 보는 시각도 다른 신문들과는 달랐다.(김민환, 1988; 탁석산, 2004)

『황성신문』1906년 5월 20일자 논설은 "의요(의병들의 소요)는 마땅히 빨리 진압되어야 한다"고 했다. 1906년 12월 14일자는 의병을 "국가에게 해를 입히는 요괴스러운 천한 자식", "백성에게 문둥병처럼 해독을 끼치는 자들"이라고 욕설까지 퍼부었다. 1907년 8월 일본에 의해 강제로 군대 해산이 단행되자 이에 반대하는 구식 군인들이 의병으로 각처에서 봉기했을 때에도,『황성신문』은 의병들을 향해 괜히 소란을 피우지 말고 병기를 던지고 고향에 돌아가 생업에 종사할 걸 권유했다. 이처럼『황성신문』을 비롯한 다른 신문들은 의병을 '폭도暴徒 · 비도匪徒'라고 다루었지만,『대한매일신보』는 '의병'이라고 불렀으며 의병을 소극적으로나마 지지하는 입장에 섰다.(리용필, 1993; 박노자, 2003; 이광린, 1986)

1907년 광무신문지법과 일제의 언론 탄압

일본은『대한매일신보』에 대해선 다른 종류의 탄압책을 썼다. 신문의 우송과 배달을 방해하는 건 물론이고 사원들을 위협하거나 체포하기도 했으며 베델의 집을 감시하고 생활에 불편을 주기 위해 수단과 방법을 가리지 않았다. 이는 일본이 그만큼『대한매일신보』를 위협적인 존재로 보았다는 걸 의미한다. 통감 이토 히로부미는 이미

『대한매일신보』 한글판이 나오기 몇 개월 전인 1907년 초 일본에서 연설하는 가운데 "나의 백 마디 말보다 신문의 한 마디가 한국인을 감동케 하는 힘이 크다"고 말했다. 물론 이건 칭찬이 아니었다. 『대한매일신보』가 선동을 일삼는 신문이라는 게 연설의 요지였는데, 이토는 이미 이때에 신문지법 제정과 같은 언론 탄압책의 필요성을 염두에 두었을 것이다.

1907년 6월 네덜란드 헤이그 만국평화회의 밀사 파견 사건으로 인해, 7월 19일 고종이 퇴위하면서 순종이 양위를 받아 황제로 즉위하고 연호를 융희隆熙로 고치게 되었다. 그러나 이는 일본의 계략에 의한 것으로 민심을 크게 자극했다. 시위 운동이 연이어 일어났고, 일진회의 기관지인 『국민신보』의 사옥이 파괴되고 일본인이 도처에서 습격당했다. 일본은 이를 무력으로 진압한 뒤 1907년 7월 24일 '한일신협약(정미 7조약)'을 체결해 통감이 한국의 내정에 일일이 간섭할 수 있는 권한을 정식으로 갖게 되었다.

일본은 언론 비판을 봉쇄하기 위해 정미 7조약을 조인한 7월 24일에 이완용 내각으로 하여금 정치 활동을 규제하기 위한 '보안법'과 항일 언론을 봉쇄하기 위한 '신문지법(광무신문지법)'을 만들어 공포하도록 했다. 신문지법은 신문을 발행하려면 허가를 받도록 규제했고 보증금을 예치시키도록 했으며 신문 2부를 사전 납부하도록 했다. 또 신문과 기타 인쇄물의 내용이 외교나 군사상 비밀에 저촉되거나 안녕질서를 방해하는 경우 그 발행의 정지와 원고의 검열을 할 수 있게 했다.(이광린, 1986; 이기백, 1997; 정진석, 1990)

신문의 허가제는 이미 사실상 실시되고 있던 것을 법제화한 것에 지나지 않은 것이었지만 중요한 것은 벌칙에서 발행 정지권, 벌금형, 체형, 신문 시설의 몰수 등을 규정한 것이었다. 광무신문지법은 언론 탄압의 법적인 근거를 명문화했다는 것 이외에도 한국의 언론 발전에서 통제에 대한 악용의 선례를 남기면서 식민지 언론의 교두보가 되고 말았다.

일본은 1907년 8월 1일에는 8,800명에 이르는 한국의 군대마저 해산시켜 거의 완전하게 한국의 국권을 탈취했다. 이날 제1연대 1대대 대장 박승환이 군대 해산에 반발해 부대에서 권총으로 자살한 것을 계기로 1대대 병사들과 제2연대 2대대 병사들이 일본군과 전투를 벌였지만 압도적으로 우월한 일본군 병력과 화력을 감당하기엔 역부족이었다. 남대문을 중심으로 치열하게 벌어진 전투는 한국군 200여 명, 일본군 90여 명의 사상자를 낸 가운데 2시간 만에 막을 내리고 말았다.

『대한매일신보』와 국채보상운동

통감 정치가 강화되면서 『대한매일신보』에 대한 일본의 탄압도 더욱 거세졌다. 일제는 1907년 10월 12일 서울 주재 영국 총영사 헨리 콕번Henry Cockburn에게 베델의 처벌을 요구하는 소장을 제출해 외교적 탄압을 본격화했다. 베델이 기소된 주요 이유는 일본군의 활약을 소상하게 공표했다는 것이다. 베델은 10월 14일 서울 주재 영국 총영사관에 설치된 영사 재판정에 출두해 6개월간 위배행위違背行爲를 하지 않는다는 약속으로 3,000원을 보증금으로 지불하라는 유죄판결을 받았다. 그러나 베델은 이 판결에 불복不服하고 공소控訴하면서 무죄를 주장했다.

베델에 대한 이와 같은 탄압의 이면엔 1907년 2월부터 사회적으로 크게 전개된 국채보상운동에 『대한매일신보』가 앞장선 것도 작용했다. 국채보상운동은 대구 지역의 갑부 서상돈과 광문사(출판사) 사장 김광제 등이 중심이 되어 전개한 운동이었다. 이들은 2,000만 국민이 3개월간 금연을 해서 모은 돈으로 국채를 보상해 나라를 구하자고 호소했다.

『대한매일신보』는 1907년 2월 21일자에 국채보상 취지서를 보도한 데 이어 2월 27일에는 신문사 사원들도 일제히 담배를 끊어 의연금을 내기로 다짐하고, 국채보상운동 보도에 앞장섰다. 모금에 참여한 사람들의 이름과 의연금액을 날마다 보도했으며, 4월 1일엔 '국채보상지원금총합소', 즉 의연금의 총수집처를 대한매일신보사에 두기로 결정했다.(이광린, 1986; 조항래, 1993; Mckenzie, 1908)

일제 통감부는 1908년 4월 29일 이완용 내각으로 하여금 신문지법을 개정해 한국에서 발행되는 외국인의 신문까지도 발매·반포 금지 또는 압수할 수 있도록 했다. 신문지법의 개정은 『대한매일신보』를 탄압하는 것이 근본 목적이었으나 반일 논조의 해외 교포 신문들이 국내에 유입되는 것을 막자는 속셈도 포함된 것이었다. 이 법의 개정 이후 『대한매일신보』는 한일합방 직후 통감부에 매수되기까지 국한문판 24차례, 국문판 21차례의 압수를 당했으며 2차례 정간 처분을 받았다. 이 신문지법의 개정으로 미국에서 발행되던 『신한민보』, 연해주에서 발행되던 『해조신문』 등과 같은 신문들의 국내 배달이 금지되었다.

일제는 베델과 『대한매일신보』가 탄압에 굴복하지 않자 영국에 대해 더욱 공격적인 외교 공세를 펴 베델을 다시 영국 총영사관 재판정에 세우는 데에 성공했다. 베델에 대한 2차 재판은 1908년 6월 15일부터 3일 동안 서울의 영국 총영사관에서 열렸는데, 상하이 고등법원에서 파견된 판사는 이 재판에서 베델에게 3주일간의 금고형과 6개월간의 근신을 언도했다.

일제는 베델이 상하이에서 복역 중인 1908년 7월 12일 신문 제작을 실질적으로 총괄하던 양기탁을 국채보상운동 수집금 일부를 횡령했다는 조작된 혐의 내용으로 고소·구속했다. 양기탁이 국채보상운동 지원금 총합소의 회계를 겸임하고 있는 걸 노려 『대한매일신보』와 국채보상운동 양쪽을 다 함께 공격하겠다는 생각으로 가한 탄압이었다.(이광린, 1986; 이기백, 1997)

이처럼 양기탁에 대한 일제의 탄압이 시사하듯이 국채보상운동은 일제의 탄압으로 도중에 좌절되고 말았다. 베델은 상하이에서 형을 복역한 뒤 다시 한성으로 돌아와 2차 재판 직전에 휴간했던 영문판 『코리아 데일리 뉴스』를 1909년 1월 30일부터 속간하는 등 예전과 같은 활동을 다시 시작했다. 그러나 그로부터 3개월 후인 5월 1일 그는 36세의 젊은 나이로 갑자기 죽고 말았다. 사인은 심장마비였는데 재판과 금고형에 따른 긴장과 과로가 큰 영향을 미쳤다.

그는 마지막 숨을 거두면서 "나는 죽더라도 신보는 영생케 해 한국 민족을 구하라"는 유언을 남겼다. 베델의 한국 사랑과 반일 정신은 매우 투철해 한때 미국의 『워싱턴포스트』는 "『대한매일신보』의 통감부에 대한 공격을 중지시킬 수 있는 방법이란 베델을 암살하는 길밖에 없을 것"이라고 쓰기도 했다. 베델의 장례식은 동대문 밖 영도사에서 수천 명이 모인 가운데 성대히 거행되었으며 그의 시신은 양화진(서울 합정동) 외국인 묘지에 묻혔고 그의 공적을 기리는 사람들의 성금에 의해 1910년 묘비가 세워졌다.(『서울신문』, 1993. 3. 2)

『소년』과 『대한민보』의 창간

일제의 언론 탄압이 심화되는 가운데에도 1908년 11월 1일 근대적 체제를 갖춘 우리나라 최초의 잡지가 창간되었으니, 그게 바로 최남선의 『소년』이다. 『소년』보다 2년 앞서서 발행된 최초의 독립된 소년 잡지로는 『소년한반도』가 있었으나, 이는 1907년 4월까지 모두 6권을 발행하는 데에 그쳤다.

'우리나라에서 발행된 잡지로 최초의 것'은 감리교 영문 잡지 『코리안 리포지토리』지만, 경영 면에서나 편집 면에서 체계가 잡힌 데다 우리나라 사람이 발행했기에 『소년』은 우리나라 최초의 종합 잡지로 간주되고 있다. 그런 이유로 1911년 5월까지 모두 23호가 발행된 『소년』의 창간일을 오늘날에도 '잡지의 날'로 정해 기념하고 있다.

그러나 『소년』은 창간 당시 최남선 혼자서 만든 잡지라 독자는 30~40명에 지나지 않았다. 독자가 적은 데 대해 최남선은 "목을 놓아 울지 않을 수 없었다"고 통탄했다. 창간 1주년 후엔 200여 부까지 발행했으며, 폐간된 1911년에는 약 1,000부에 이르렀다.

최남선은 『소년』 창간호에 한 일본인 지리학자가 우리나라의 지도를 토끼 형상처럼 생겼다고 말한 것을 반박하는 의미에서 우리나라의 지도를 호랑이로 고안하여 그렸다. 이에 『황성신문』은 대한지도를 천지간 동물 가운데 가장 용맹한 호랑이 모습으로 비유한 것은 "국민의 지기志氣를 배양하고 국가의 지위를 존중케 하는 자료가 될지로다"고 논평했다.(김민환, 1996; 정진석, 1985, 1990, 2001)

1909년에도 여러 신문이 창간되었다. 1909년 6월 2일 오세창, 장효근 등에 의해 창간된 『대한민보』는 민족운동 단체인 대한협회의 기관지 구실을 하면서 민족의 단결과 국권 회복을 위한 국민의 자각을 일으키려고 노력했다. 대한협회는 1905년 5월에 창립된 대한자강회가 1907년 7월 이완용 집 방화와 일진회 기관지 습격 사건의 선동 단체라는 이유로 해산당한 다음 그 후계 단체로 1907년 11월에 결성되었다.

그러나 대한협회는 '보안법(1907년 7월 발포)'하의 합법단체로서 " '보호정치'하에 있어서 체제 내적인 정치, 교육, 산업의 개량 단체로 변질할 가능성을 잉태한 것"이었다. 이 단체는 "일본의 국권 박탈에 대결하는 민중의 봉기와 반일 의병 운동을 부정 또는 적대시"했는데, 그렇다고 해서 일본의 어용 단체는 아니었고, 구성원에도 항일파와 친일파가 섞여 있는 계몽단체였다. 1909년 9월 중앙 지도부 일부에서 일진회와의 제휴 공작이 나타나게 된 것도 바로 그런 이유 때문이었을 것이다.(강재언, 1989; 변태섭, 1998)

그 정치적 성향이야 어찌 되었건, 『대한민보』는 한 가지 한국 최초의 기록을 남겼다. 『대한민보』는 1910년 6월 7일자 1면 제호 바로 밑에 당시 사장이던 오세창의 인물사진을 게재했는데, 일간지로 지면에 기사와 함께 인물사진을 게재한 것은 이것이 최초였다. 『대한민보』는 창간호 1면에 이도영의 풍자문화를 게재하고 광고에 사진을 이용하는 등 '시각적 확장'을 과감하게 시도했다.(최인진, 1999)

1909년 10월 15일 경남 진주군 인사들이 중심이 되어 창간한 『경남일보』는 최초의 한인 발행 지방지(격일간)다. 『경남일보』엔 『황성신문』 사장을 지냈던 장지연이 초빙되어 창간 때부터 1913년 8월까지 주필을 지냈다. 발행부수가 8,000부였던 『경남일보』는 1915년 초에 폐간되었다.(최기영, 1996)

일제의 강점과 신문들의 폐간

이토 히로부미는 1909년 후임자에게 통감 자리를 물려주고 추밀원 의장이 되어 그해 10월 만주와 조선 반도에 관한 협의차 러시아의 재무장관 블라디미르 코코프체프Vladimir N. Kokovsev를 만나러 하얼빈으로 갔다. 1909년 10월 26일 그는 열차에서 내려 몇 걸음 내딛는 순간 안중근의 총탄 3발에 맞아 현장에서 즉사했다. 안중근은 조선인들의 뜨거운 존경의 대상이 되었다. 안중근 추모 열기는 그의 사진 구입 붐으로 나타났다. 황현은 『매천야록』에 "일본인들이 안중근의 사진을 팔아서 많은 자금을 모았다"고 썼다. 안중근 사진 구입 열기가 독립 투쟁으로 확산되는 것을 염려한 일제는 사진 제작과 판매를 금지시켰으며, '충신 안중근'이라고 쓴 그림엽서가 제작·판매되자, 이 또한 금지시켰다.(최인진, 1999)

그러나 안중근의 의거와 안중근에 대한 추모 열기도 일제의 야욕을 막아낼 수는 없었다. 한국을 완전히 집어삼키고자 하는 일본의 음모는 나날이 노골화했는데, 이 음모에 일진회가 적극 가세했다. 일진회는 회장 이용구 이름으로 1909년 12월 4일부터 일한합방에 관한 일련의 성명을 발표하기 시작했다.

일본은 1910년 5월 육군 대신 데라우치 마사다케寺內正毅를 새 통감으로 임명해 '병합'을 실행하도록 했다. 데라우치는 부임 즉시 『황성신문』·『대한민보』·『대한매일신보』 등을 정간시켜 한국의 언로言路를 폐쇄한 뒤 총리 이완용과 더불어 병합의 음모를 꾸몄는데, 이는 결국 1910년 8월 29일 이른바 '한일합방'의 결과로 나타나고 말았다(합병 조약이 체결된 것은 1910년 8월 22일이었고, 이를 발표한 건 8월 29일이었다).

이로써 극히 제한된 자유나마 그걸 이용해 언론 기능을 하고자 했던 신문들도 모두 강제 폐간되는 운명을 맞게 되었다. 그 대신 일제는 『대한매일신보』를 폐쇄·인수하고 강점 다음 날인 8월 30일 『매일신보』를 창간했다. '대한매일신보'라는 제호에서 '대한'을 빼고 '매일신보'를 그대로 가져다 쓴 건 『대한매일신보』의 후광을 업으려는 속셈이었다.

그간 미국과 러시아로 이주해간 한인들이 현지에서 발행하던 신문들은 비밀리에 국내에 반입되었는데, 일제 강점 직전까지 압수된 신문만 하더라도 255건에 총 부수 8만 1,062부에 이르렀다. 일제 강점 이후엔 총독부의 단속이 더욱 엄해져서 국내 반입은 매우 어려워졌다. 이처럼 한국인의 언로言路는 완전히 폐쇄된 가운데 언론의 '암흑기'가 도래했다.(최준, 1987)

개화기의 언론 활동에 대해 총평을 내리자면 민족의식을 기반으로 한 '계몽과 독립을 위한 투쟁'이었다고 말할 수 있겠다. 민족의식이 언제부터 있었느냐 하는 건 학계의 오랜 쟁점이지만, 사람들의 입에 자주 오르내리게 된 '민족'이란 말은 1900년 이후에 만들어진 것으로 보는 시각이 유력하다. 1896년에서 1899년까지의 『독립신문』엔 '민족'이란 말이 등장하지 않으며, 1900년 『황성신문』에 '민족'이 등장하긴 하나, 그 용법은 '동방민족', '동양민족', '백인민족' 같은 것이었다. '민족'은 『대한매일신보』에 본격 등장하는데, 논설란을 기준으로 1908년 7회, 1909년 190회, 1910년 130회를 기록했다.(권보드래, 2006; 노태돈, 1992; 탁석산, 2004)

즉, 민족의식은 개화기의 과정을 거치면서 신문을 매개로 해서 구체화되었다고 볼 수 있다. 여기서 '민족'을 상상의 공동체imagined community로 본 베네딕트 앤더슨Benedict Anderson의 주장에 주목할 필요가 있다. 이 논지는 민족은 머릿속에서 마음대로 상상하거나 꾸민 것이라는 뜻이 아니라 "특정한 시기에 사람들의 경험을 통해서 구성되고 의미가 부여된 역사적 공동체"라는 뜻이다. 앤더슨은 그러한 구성과 의미 부여에 인쇄 자본주의가 큰 영향을 미쳤다며 "인쇄 자본주의는 빠르게 늘어나는 사람들이 심오하게 새로운 방식으로 그들 자신에 대해 생각하고, 그들 자신을 다른 사람들에게 연결할 수 있게 해주었다"고 했다.(Anderson, 1991, 63)

앤더슨은 특히 신문의 역할에 주목했다. 민족이 '상상의 공동체'라는 논지에 동의하지 않는다 하더라도 신문이 '민족'의식에 큰 영향을 미친 것까지 부정할 수는 없을 것이다. 한국의 초기 민족주의 형성에 큰 영향을 미친 것도 바로 개화기의 신문이었기 때문이다. 일제의 강점과 함께 모든 신문이 폐간됨에 따라 민족주의 담론이 대중을 만날 수 있는 합법적 공간은 사라지고 말았지만, 오히려 그렇기에 민족의식은 더욱 강해지면서 그걸 표출할 수 있는 소통의 공간에 대한 갈증은 커져갔다.

제3장

일제
강점기의
언론 ①

일제의 '무단정치'와 분할통치 전략

1910년 8월 29일은 일제에 나라를 빼앗긴 날이었다. 그날 조선 민중은 무슨 일을 하고 있었을까? 그날은 의외로 조용했다고 한다. 반대 시위도 전혀 없었다. 오히려 반대 시위는 '합방'에 대한 소문이 떠돌던 오래전에 있었고, 그간 조선 민중은 체념하지 않을 수 없는 패배주의와 좌절감에 깊이 빠져 있었다고 보는 것이 옳을 것이다. 조선 민중이 나라 잃은 서러움을 뼈저리게 깨닫게 된 건 합방 이후 전개된 이른바 '토지조사사업' 때부터였다. 토지조사사업은 그동안 불법이었던 일본인의 토지 소유를 법적으로 인정해줌으로써 농민들이 토지를 빼앗기고 고향을 등지게 된 결정적인 계기가 되었다.(배경식, 1999)

어디 그뿐인가. 강점 이후 일제는 철저한 헌병 경찰 제도로 일체의 언론, 출판, 집회, 결사의 자유를 박탈했고 인권 탄압을 자행했다. 1910년의 일제 강점에서부터 1919년의 3 · 1운동까지 10년간을 흔히 '무단武斷정치 시대'로 부르는 이유도 여기에 있다.

일제는 1910년 안명근의 데라우치 마사타케寺內正毅 총독 암살 미수 사건을 계기로 그 이듬해에 신민회의 윤치호 · 양기탁 · 이승훈 등 저명인사 600여 명을 무조건 검거, 그 가운데 105명을 기소해 무자비한 고문을 가했다. 이게 바로 '105인 사건'이다. 일제의 잔혹한 인권 탄압을 가장 잘 보여준 게 1912년 12월 30일에 제정 공포된 '태형준칙'이다. "조선 사람과 명태는 두들겨 패야 한다"는 일본인들의 말이 바로 이 '태형준칙'에서 비롯된 것이다. 헌병 경찰 조직(헌병 2,000여 명, 경찰 5,700여 명)에 의해 한국인의 하찮은 언동도 단속의 대상이 되었는데, 그 결과 1912년에는 5만 명 이상, 1918년에는 14만 명 이상이 검거되었다.(김삼웅, 1997; 이기백, 1997)

반면 일제는 조선 엘리트층은 '포섭'하는 분할통치 전략을 썼다. 일제가 병합조약을 주동적으로 수행한 이완용 · 박제순 · 송병준 이하 76명에게 논공행상으로 배급한 귀족의 신분 수작식은 1910년 10월 8일 총독부에서 거행되었다. 조선에서 원래 신분이 낮은 일진회 계열 인사들은 거의 모두 배제되었을 뿐만 아니라 일진회는 해산을 강요당했다. 일제는 이들 '귀족' 이외에 다른 엘리트층을 포함하는 '귀족관광단'을 다양한 형태로 조직해 일본을 방문케 하고, 이를 『매일신보』로 하여금 떠들썩하게 보도하는 형식을 통해 일본의 발전상을 과시하는 기회로 활용했다.(수요역사연구회, 2005)

또 일제는 농촌 사회에서 '지방 유력자'로서 지도적 지위를 아직 유지하고 있는 유생들에겐 일왕의 '임시은사금'을 지급했으며, 1911년 엔 '조선 유학의 진흥을 위해'서라며 성균관을 경학원으로 개칭, 설립하는 조치를 취하는 등의 방법으로 유교의 충효사상을 일제에 대한 충성심 배양에 이용하고자 했다.(박찬승, 1992)

'무단정치 시대'의 신문

무단정치 시대에 언론言路는 완전히 폐쇄되었다. 일반 종합잡지의 발행마저도 어려워 종교 잡지와 일본에서 유학생들이 발행한 잡지들이 언론의 명맥을 이어갔다. 이 기간 중 발행된 잡지는 50여 종 가까이 되는데, 이 가운데 종교 계통 잡지가 24종으로 절반을 차지했다.

1908년 여름 출판사 신문관을 창설한 최남선은 그걸 근거로 삼아 『소년』을 창간했고, 『소년』이 폐간된 뒤 1년 6개월 만인 1913년 1월 1일 『붉은져고리』를 창간했다. 『붉은져고리』는 내용은 잡지였지만 체제는 타블로이드판보다는 약간 작은 신문 형태로 매월 1일과 15일 2회 발간했다. 최남선은 이를 '신문'이라 불렀는데, 최남선의 주장을 그대로 받아들인다면 『붉은져고리』는 우리나라 최초의 어린이 신문인 셈이다. 이어 최남선은 『아이들보이』(1913년 9월 5일 창간), 『새별』 (1913년 11월 5일 창간), 『청춘』(1919년 2월 1일 창간) 등의 월간 잡지 등을 창간한 자칭 '신보 잡지광新報 雜誌狂'이었다.(정진석, 1985, 1990)

무단정치 시대엔 일본인 신문들만이 판을 쳤다. 『경성일보』, 『매일신보』, 『서울 프레스』 등 총독부 3대 기관지와 지방에서 15개의 일문 일간지가 발간되었다. 『조선신보』(제물포), 『조선시보』·『부산일

보』(부산), 『대구신문』(대구), 『광주신보』(광주), 『전주신보』(전주), 『목
포신보』(목포), 『군산일보』(군산), 『평양신문』·『평양일보』(평양), 『진
남포신보』(진남포), 『신의주시보』(신의주), 『원산매일신문』(원산), 『북
한신보』·『나남시보』(나남) 등이 바로 그것이다. 그 밖에 격일간신문이
4개, 주간이 6개, 월간이 4개, 월 2회 간행하는 통신이 3개였다.

이 모든 게 우선적으론 15만 8,000여 명(1910년 5월 말 기준)의 일
본인들을 위한 것이었고, 1,236만여 명(1909년 말 기준)에 이르는 한
국인들을 위해 발행된 신문은 국문판 『매일신보』가 유일했다. 한국
인이 내는 지방지론 『경남일보』만이 살아남아 1914년 말까지 발행
되었다.(김민환, 1996; 최준, 1987)

1910년대의 『매일신보』는 그 내용에서 ① 체제의 우월성 선전, ②
동화정책의 정당성 선전, ③ 한국인들의 위생·청결 문제 강조로 열
등감 조장, ④ 일본 정치인들의 온정적인 조선인관 소개, ⑤ 박람회
등을 이용해 일본의 우수성 선전, ⑥ 한국에 사는 일본인들의 주류화
촉진 등의 특성을 보였다.(황민호, 2005)

1917년 1월 1일부터 6월 14일까지 126회에 걸쳐 『매일신보』에 연
재되고 이듬해 출간된 이광수의 『무정』은 출간 당시 1만 부 이상 팔려
우리나라 최초의 '연애소설'이자 '베스트셀러'가 되었다. 당시 『조선
문단』에 4회나 계속 소개되었던 책 광고는 "만 부 이상 팔리기는 조
선 출판계에 오직 이 『무정』뿐이겠습니다"라고 주장했다. 또한 『매
일신보』는 최초로 1919년 5월 29일자에 '현상소설모집'을 사고(社告)
로 낸 다음 그 결과를 1920년 1월 3일자 신문에 발표했다.(이임자,
1998; 조맹기, 2006; 한원영, 1999; 허수, 1998)

『매일신보』는 1912년부터 망판 인쇄 시설을 갖추고 인쇄 기술자들을 일본에서 불러와 사진을 매일 게재했는데, 『매일신보』 1913년 9월 18일자에 실린 다음과 같은 사고社告는 당시의 신문 사진이 제법 높은 수준에 이르렀음을 말해주고 있다.

"본사에서 독자들에게 취미를 더하기 위하여 본일부터 일순간 촬영을 개시하였소. 본사 사진반은 매일 시중으로 돌아다니다가 마음에 이상한 것은 사진을 박소. 이 사진은 순식간을 움직이는 인물을 박는고로 박히는 사람도 알지 못하오. 박힌 사진은 당일 편집하는 본보에 등재하여 박힌 사람을 깜짝 놀라게 하오. 박힌 사람은 등재된 지 삼 일 안으로 본사로 오면 그 사진을 한 장 드리오."(최인진, 1995)

수탈의 통로로 건설된 철도와 신작로

일부 사람들에게 근대성과 진보의 상징으로 여겨졌던 철도는 일제강점 후 더욱 빠르게 내달렸다. 철도는 1911년 압록강 철도 가설로 중국 대륙과 연결되었고, 1914년 호남선(286킬로미터)·경원선(226킬로미터)이 개통되면서 1915년까지 조선 내 총 철도 길이는 1,500킬로미터, 1919년까지 2,197킬로미터에 이르렀다. 이광수의 『무정』은 철도 소음을 '문명의 소리'로 예찬했다. "그 소리가 요란할수록 그 나라는 잘된다. 수레바퀴 소리, 증기와 전기기관 소리, 쇠마차 소리……이러한 모든 소리가 합하여서 비로소 찬란한 문명을 낳는다." (박천홍, 2003)

자동차의 발전은 철도에 비해 더뎠다. 한국에 들어온 최초의 자동차는 1903년 고종 재위 40주년을 맞아 미국에서 들여온 포드자동차의 T형 4인승 무개차였지만, 이 차는 비원 안에서만 운행해 일반인들은 구경조차 할 수 없었다. 1907년 무렵 이때 고종이 경운궁, 즉 지금의 덕수궁에 있었기 때문에 창덕궁에서 경운궁 간의 길목에서만 시민들이 이따금 자동차를 볼 수 있었다. 서울 대로상에 자동차가 나타난 시기는 1908년 이후였다.(임종국, 1995)

1911년 왕실과 총독부에 각 1대씩 2대의 리무진 승용차가 들어왔고, 1912년 최초로 일본인이 한인과 합작으로 서울에서 택시 임대 사업을 시작했다. 이후 택시업을 하는 여러 업체가 나타났는데, 1917년 경남자동차상회는 경성-충주 간 직통 운행을 하기도 했다. 충주까진 8시간이 걸렸지만, 이것도 당시 사람들에겐 '총알' 처럼 빠른 속도였다.

1917년 서울엔 시내를 그냥 돌아다니는 관광 택시도 등장했다. 자동차 드라이브는 부자들의 취미가 되었다. 한강 철교 쪽에서 늘어서 있는 전신주 사이를 S자형으로 꼬불꼬불 빠져나가는 재미를 만끽하거나 교외로 나가는 게 전부였지만, 사람들은 환호했다. 포드자동차의 서울지사는 "즐거운 것은 가을의 행락, 쾌한 것은 신 포드의 드라이브 홍취는 또한 무진합니다"라는 광고로 드라이브 붐을 부추겼다.(김태수, 2005)

한편 일제는 1910~1920년에 새 도로, 즉 이른바 신작로新作路를 건설하는 데에 열을 올렸다. 일제는 철도와 신작로를 근대화의 상징이자 과실로 과시하고 싶었겠지만, 그건 동시에 침략과 수탈의 통로로 이용되기도 했다. 이후 더욱 뻗어나갈 철도에 대해 박천홍(2003, 103)

은 철도는 "침략과 지배, 수탈과 분열, 탄압과 차별이라는 식민지의 모순을 실어 나르는 슬픈 기관이었다"고 평가했다. 그건 신작로와 자동차도 마찬가지였다. 이제 한국인들에 의해 발행될 신문들은 그런 모순의 한복판에서 힘겨운 싸움을 벌이게 된다.

무성영화와 연쇄극의 인기

표현의 자유가 통제받으면서 영화 등과 같은 대중문화가 언론을 대체했다. 1910년에 일본인들이 조선에 세운 최초의 영화 전용 상설관인 경성고등연예관이 등장했고 이어 우미관(1912)이 세워지면서 미국·프랑스 등 외국의 무성영화들이 큰 인기를 누렸다. 그 가운데엔 〈쿼바디스〉(1911), 〈폼페이 최후의 날〉(1913), 〈나폴레옹 일대기〉(1914) 등이 있었다. 무성영화의 대사는 이른바 '변사'의 몫이었다. 변사가 처음 등장한 것은 1906년 무렵이었으나 전문 직업화하기 시작한 것은 경성고등연예관이 개관한 이후부터였다.(정종화, 1997; 조희문, 2001)

1907년 6월 초에 설립되어 판소리와 창극 등을 공연하던 단성사도 1914년 초에 신축 개관해 영화관으로도 운영되었지만, 1910년대의 기생들은 단성사를 비롯한 광무대, 장안사, 연흥사 등의 연예 공연장을 통해 창극, 승무, 단가, 가야금 연주 등을 공연해 폭발적인 인기를 누렸다. 공연을 앞둔 기생조합은 극장에 사람을 끌어들이는 수단으로 조합 명의의 신문광고를 게재했다.(박은경, 2001; 유민영, 1998)

1910년대 말엔 연쇄극의 형식으로 영화 제작도 이루어지기 시작했다. '키노드라마Kino-Drama'라고도 하는 연쇄극은 연극에 활동사진의 기법을 수용한 것으로, 무대에서 연극을 공연하면서 무대에서는 표현이 불가능한 장면을 필름으로 찍어서 무대 위의 스크린에 상영하는 것이었다.

연쇄극은 1919년 김도산이 각본·감독·주연을 맡은 〈의리적 구투義理的 仇闘〉에 이어 1920년에 5편이 제작되었다. 악랄한 계모와 가문의 명예와 재산을 찾으려는 전실 아들 간의 다툼을 그린 〈의리적 구투〉는 연극 중간에 한강 철교, 장충단, 남대문 정거장, 노량진 공원 등 서울의 유명 풍경을 배경으로 삼았다.

단성사에서 상영된 〈의리적 구투〉의 입장료는 4등급으로 나누었는데, 가장 싼 등급이 당시 설렁탕 4그릇 값이었다. 그럼에도 인파가 몰리면서 한 달 동안 장기 공연을 했다. 〈의리적 구투〉는 10월 27일 상영되었는데, 오늘날 한국영화인협회는 이날을 영화의 날로 기념하고 있다.(김미현, 2006; 정종화, 1997)

연쇄극 제작은 일본에서 기술자를 데려와야 했는데, 그 비용이 만만치 않았다. 그래서 관람료도 상등석 기준으로 이전의 40전에서 1원으로 뛰어올랐다. 안종화(1998, 41)는 "그런데도 매일처럼 관객들이 밀려들어, 단성사 정문은 그야말로 불이 날 지경이었다"며 다음과 같이 말한다. "극장이 파할 무렵이 되면 화장실 뒷편 골목길에는 배우들의 퇴출을 기다리는 인력거들이 즐비하게 늘어서 있었다. 이 인력거는 배우들을 초대하려고 화류계 여인들이 애가 달아서 시간 전부터 보내온 것들이었으니, 당시 배우들의 인기는 특히 화류계 여인들에게 더욱 높았던 것이다."

3 · 1운동과 지하신문의 활약

일제의 가혹한 인권탄압과 억압적인 정책의 결과, 고종의 서거(1919년 1월)와 일본에서 일어난 2 · 8독립선언의 영향을 매개로 1919년 3 · 1운동이 일어났다. 국사편찬위원회는 2019년 2월 공개한 '3 · 1운동 데이터베이스'를 통해 3 · 1운동 사건을 시위 1,692건, 철시 25건, 파업 3건, 휴학 · 휴교 61건, (시위) 계획 333건 등 모두 2,464건으로 종합했다. 시위 참가 인원은 최소 80만 명에서 최다 103만 명, 사망자는 최소 725명에서 최다 934명에 이르렀다.(조종엽, 2019)

이와 같은 대대적인 활동의 이면엔 '지하신문'들의 활약이 컸다. 당시 유일한 국문판 신문인 『매일신보』는 3 · 1운동을 단순한 소요 사건으로 규정해 아주 조그맣게 다루었을 뿐만 아니라 부정적으로 보도했으니, 지하신문이 나서지 않을 수 없었던 것이다.

가장 먼저 생겨난 지하신문은 독립선언서를 인쇄한 천도교의 보성사에서 창간한 『조선독립신문』이었다. 독립선언서는 2만 1,000장, 『조선독립신문』 창간호는 1만 장을 찍었다. 서울에서 발송된 『조선독립신문』은 각 지방에서 다시 복사되어 배포되었으며 다른 지하신문들이 생겨나게 하는 데 자극을 주어 3 · 1운동의 열기를 지속시키는 데 큰 기여를 했다. 『조선독립신문』은 국외의 독립운동 단체에도 큰 자극을 주어 3 · 1운동 이후 해외에서 35종의 신문이 발행되었다.(김민환, 1996; 최민지 · 김민주, 1978; 최준, 1995)

1919년 4월 중국 상하이엔 통합된 대한민국임시정부가 수립되었는데, 그 기관지로 8월 21일 『독립』이 창간되었다. 『독립』은 가로 27cm,

세로 39cm 크기의 타블로이드판으로 총 4면에 국한문혼용으로 띄어쓰기 없이 세로쓰기를 했다. 일본 총영사가 프랑스 관헌을 통해 임시정부와 신문의 금지 탄압을 요구한 것을 계기로 1919년 10월 25일 제22호부터 『독립신문』으로 개제했다가 1924년 1월 1일자 제169호부터는 다시 『독립』으로 변경했다. 사장 겸 주필 이광수, 출판부장 주요한, 기자 조동호 등이 필진으로 참여한 『독립신문』은 창간 직후 주 2~3회 발간되었으나 자금난 등으로 1925년 제189호를 마지막으로 폐간되었다.

임시정부 반대 노선을 걸은 독립운동가들도 신문을 냈다. 임시의정원 회의에서 국무총리로 이승만이 선출되었을 때, 신채호는 이승만의 위임통치론을 들어 그의 선임을 반대한 이후로 상하이에서 『신대한』을 발간해 임시정부를 공격했고, 베이징으로 이동해 박용만 · 신숙 등과 함께 『대동大同』을 발간했다. 그 밖에도 중국 일대에서 독립운동가들에 의해 발행된 신문엔 『간도시보』 · 『신대한보』 · 『한족신보』 · 『경종보』 · 『대동민보』 등이 있었다.(이기백, 1997; 최준, 1987; 한시준, 2001)

러시아 지역 언론 활동도 활발했다. 1910년대 러시아 지역의 대표적인 신문은 1912년 4월 22일 창간된 『권업신문』이었다. 이 신문은 블라디보스토크에서 조직된 연해주 지역 재러 한인의 권익옹호 기관이자 독립운동 단체인 권업회의 기관지였다. 1917년 2월 러시아혁명의 영향을 받아 그해 7월 8일부터 블라디보스토크에서 『청구신보』와 『한인신보』 등이 창간되었으며, 그 밖에 『대한인정교보』, 『대양보』 등이 있었다.(박환, 2001)

일제의 '문화통치'와 친일파 육성 공작

일제는 3·1운동 이후 무자비한 탄압 정치가 갖는 한계를 인식하고 이른바 '문화통치'로 전환하기로 했다. 그런 변화를 위해 1919년 8월 12일 하세가와 요시미치長谷川好道에 뒤이어 제3대 총독으로 사이토 마코토齋藤實를 임명했다. 사이토는 9월 2일 오후 5시 서울 남대문 역에 도착해 마차에 오르는 순간 64세의 애국지사 강우규의 폭탄(영국제 수류탄 1개) 세례를 받았지만, 호위 순사 2명이 사망하고 총독부 고위 관리를 비롯한 35명이 중경상을 입는 가운데에도 용케 살아남았다.

사이토는 9월 10일 헌병 경찰제의 폐지, 조선인의 관리 임용과 대우 개선, 언론·집회·출판의 고려, 지방자치 시행을 위한 조사 착수, 조선의 문화와 관습 존중 등을 시정 방침으로 밝혔다. 시정 방침 발표 이후 나온 사이토의 다음과 같은 발언들은 '문화통치'의 본질이 무엇인지 잘 말해주었다.

"조선의 문화와 관습을 존중하고, 문화적 제도의 혁신으로써 조선인을 유도하여 그 행복과 이익 증진을 도모할 것이다.······총칼로 지배하려는 것은 그 순간의 효과밖에 없다. 남을 지배하려면 철학과 종교와 교육, 그리고 문화를 앞장 세워서 정신을 지배해야 한다.······이 땅의 어린이들을 일본인으로 교육하겠다. 황은에 감읍하도록 조선 민중에게 온정을 베풀어야 한다. 그들을 세뇌시켜야 한다. 이것이 나의 문화 정책이다."(김민환, 1996; 이범경, 1994)

사이토는 동화주의同化主義를 내세워 한일 양 국민의 결혼을 장려했고, 일인 관리들에게 한국말 습득을 장려하고 이에 대한 수당까지 주어가면서 여론을 살피게끔 했다.

일제가 만든 「조선 민족운동에 대한 대책」이라는 비밀 문서는 '문화통치'의 구체적 전략과 관련해 "일본에 충성을 다하는 자로 관리를 삼고 친일 지식인을 장기적 안목에서 양성한다. 친일분자를 귀족, 양반, 부호, 실업가, 교육가, 종교가 등에 침투시켜 각종 친일 단체를 조직게 한다"고 했다.(김을한, 1975; 이선민, 1993; 최준, 1987)

일제의 친일파 육성 공작은 치밀하게 전개되어 심지어 화류계까지 친일화 공작의 대상으로 삼았다. 당시 요정은 조선 엘리트들의 주요 사교·담론 공간이었기 때문이다. 일제의 공작 내용은 ① 경성 시내의 기생 전부를 시내 각서에 불러 엄중히 훈계한다, ② 윤치호가 회장인 교풍회와 제휴하여 시내 각 권번의 역원과 경찰 간부가 모임을 가져 불령한 음모를 방지하도록 협의한다, ③ 새로이 권번을 허가하여 기생을 친일화시키도록 노력한다, ④ 내선內鮮 화류계의 융화를 촉진시킨다 등이었다.

경기도 경찰부장을 지냈던 지바 료千葉了는 "1919년 9월 우리가 처음 경성에 왔을 당시의 화류계는……기생 8백 그들은 모두 살아 있는 독립격문獨立檄文"이었다며 그런 공작을 펼친 결과 "음모의 소굴로 음부陰府나 다름없었던 화류계가 지금은 내선일여內鮮一如를 구가하는 봄날의 꽃동산이 되었다"고 자랑했다.(김민철, 1999)

그러나 일제의 친일화 공작은 여론에 영향을 미칠 수 있는 사람들만을 대상으로 삼은 것이었을 뿐이고, 일제는 인구의 절대 다수인 농민에 대해선 계속 가혹한 착취를 일삼았다. 1920년부터 실시한 '산미증식계획'은 농민들을 굶주림의 벼랑으로 몰고 갔다. 산미증식계획은 일본의 부족한 식량을 값싼 조선의 쌀로 채우려는 목적으로 추진되었기에 농민들은 생산한 곡식들을 고스란히 일본에 빼앗겼으며, 이로 인해 농민들은 쌀을 생산하고도 정작 쌀이 없어 굶주려야 했다. (배경식, 1999)

일제가 신문 발행을 허가한 이유

일제는 문화정책에 따라 한국인이 발행하는 민간 신문을 허용하게 되었다. 일제는 특히 3·1운동을 전후로 하여 해외에서 발행된 우리말 신문과 국내의 지하신문들이 보여준 언론 항쟁에 대응해야 할 필요를 느꼈을 것이다. 사이토의 성명 가운데에는 민간 신문도 허용하겠다는 뜻이 포함되어 있었으므로 조선 민간 유지들은 신문·잡지의 발행 허가를 얻고자 총독부에 앞다투어 신청서를 제출했는데, 모두 수십 건에 달했다.

1920년 1월 6일 총독부는 『동아일보』, 『조선일보』, 『시사신문』 등 3개 신문만을 허가했다. 이 3개 신문을 허가한 일본의 구체적인 구상은 어떤 것이었을까? 김을한(1975, 65~66)은 "민족진영을 대표하여 이상협, 김성수 등의 『동아일보』를 비롯하여 친일 단체인 대정친목회 예종석에게 『조선일보』 그리고 신일본주의를 표방하고 참정권 운동을 하는 국민협회 민원식에게 『시사신문』 등 3개의 신문을 허가했을 뿐이었다"며 "이것은 각 방면의 세력을 공평하게 균형시킨다는 미명하에 결국 2대 1의 비율로 친일파의 신문으로 하여금 민족진영의 신문을 견제하고 억압하려는 심모원려에서 나온 것이었다"고 말한다.

일제가 특히『동아일보』의 발행을 허가한 속셈과 관련, 당시 일본 고등경찰과장은 상부 보고에서 "『동아일보』를 한다는 청년들이 장래 조선의 치안을 소란케 할 것인가 안 할 것인가를 판가름하는 중심 인물들임에도 틀림없습니다. 그럴수록 이런 인물들을 항상 한 자리에 모이게 하는 것은 매우 중요한 일이라고 생각합니다"라면서 다음과 같이 말했다.

"즉, 적을 알아야 이쪽의 방비책도 쓸 수 있을 줄 압니다. 저의 정보망만으로 그들의 움직임을 완전 파악할 수는 없습니다. 신문을 허가함으로써 그들의 동정을 낱낱이 알 수 있을 줄 믿습니다. 뿐만 아니라 그들을 모아 놓아야만 일조 유사시에 일망타진하는 경찰 행동을 취할 수 있습니다. 그리고 일단 문제가 생겼을 때는 정간이든 발행 중지든 마음대로 시킬 수도 있습니다. 이 신문을 허용하는 것은 백 가지 이득이 있을지언정 한 가지 해도 없을 줄 압니다."(김동민, 1990)

『동아일보』가 허가된 뒤 서울 진고개(지금의 명동) 일대의 일본상인연합회 대표들이 사이토를 찾아와 항의하자 사이토는 "『동아일보』는 조선 민족의 뱃속에서 끓어오르는 가스를 배출하는 굴뚝이다. 가스는 배출하지 않으면 쌓이고 쌓여서 끝내는 폭발한다"고 대답했다.(동아일보사, 2000)

1920년 『조선일보』 · 『동아일보』 · 『시사신문』의 창간

신문 발행 허가가 나오자 김성수는 서울 화동 중앙학교 구 교사에

『동아일보』창립 사무소 간판을 내걸고 자본금 100만 원을 목표로 주식을 모집했다. 그는 지방을 순회하면서 창간 취지를 설명하고 주식 인수를 호소했지만, 목표액 100만 원을 기일 내에 채우지 못하고 70만 원으로 줄이게 되었다. 이는 민간 신문에 대한 대중의 의구심과 더불어 이기적 생존 문화가 작용한 탓이었겠지만, 조선에 워낙 돈이 없었다는 이유도 컸다.

　돈을 구할 수 없는 건 『조선일보』도 마찬가지였다. 금융인, 변호사, 의사, 교육가, 실업인 등 39명으로 자본금 20만 원 규모의 『조선일보』설립 발기인 조합을 조직해 창간 준비가 진행되었지만, 실제로 불입된 금액은 5만 원에 불과했다. 그 가운데 11명이 친일 경제 단체 대정실업회친목회 소속이었으며, 경영진 가운데 사장 조진태, 발행인 겸 부사장 예종석, 편집국장 최강 등이 대정실업친목회 회원이었음에도 말이다.(정진석, 2001)

　1920년 3월 6일 『조선일보』가 먼저 창간되었다. 『조선일보』는 '신문명 진보의 주의'를 사시로 내걸었는데, 이는 뒤떨어진 새 문명을 발달시켜 향상시키겠다는 것으로 일제 문화정치의 구호와 상통하는 것이었다. 1920년 4월 1일에 창간된 『동아일보』는 『조선일보』와는 달리 민족지를 자처하면서 "조선 민중의 표현 기관임을 자임하노라", "민주주의를 지지하노라", "문화주의를 제창하노라" 등과 같은 3대 주지主旨를 밝혔다. 또 전국 13도의 자산가 유지들을 발기인으로 삼는 등 제법 민족지로서 형식도 갖추고자 했다. 『동아일보』는 "그 주지主旨와 전국적인 주식 모집으로 해서 다른 두 민간 신문을 제쳐놓고 처음부터 국민들에게 민족지로서 부각되었다."(최민지·김민주, 1978)

『동아일보』와 같이 4월 1일에 창간된 『시사신문』의 발행인은 상하이 임시정부에서 악독한 친일파 중의 하나로 지목한 바 있는 민원식이었다. 민원식은 1896년경 일본에 유학해 이토 히로부미를 만난 바 있고, 한일합방 후 군수를 지냈으며 3·1운동 후에는 중추원 부참의를 지낸 인물이었다. 그는 신일본주의를 제창하면서 일선日鮮융화운동의 선봉으로서 국민협회를 조직했다.

　　민원식이 제창한 신일본주의는 "일본 제국의 신민으로서 생활의 안고安固가 보장되어가고 있는 이 마당에서 우리들은 생활의 안고와 확충을 보장받겠다"는 내용이었다. 그는 그러한 '보장'을 위해 이른바 '참정론'을 폈는데, 이는 선거법을 조선이 시행해 일본의 국회에 조선의 지역 대표를 선출해 보내자는 것이었다. 상하이 임시정부의 『독립신문』 1920년 4월 27일자는 "『시사신문』의 기자나 판매자가 된 것은 개 같은 민원식과 동류이며, 광고를 게재하거나 구독하는 자는 이 매국노를 원조함이니 동포여 주의할지어다"라고 경고했다.(동아일보사, 2000; 임종국, 1996)

　　윤치호(2001, 175)는 1920년 4월 30일자 일기에 이 3개 신문의 창간에 대해 이렇게 썼다. "지금 서울에서 조선인들이 경영하고 있는 신문은 3종이나 된다. 독립을 추구하는 『동아일보』, 동화정책을 선도하는 『시사신문』, 중도적인 견해를 대변하는 『조선일보』 말이다. 그중에서 『동아일보』가 조선인 독자들 사이에서 인기가 가장 높다. 그런데 이 조선인 신문들에게 공통적으로 드러나는 단점은, 뉴스를 제쳐두고 끊임없이 논설을 싣는다는 점이다."

『개벽』·『창조』·『폐허』·『백조』의 창간

신문과 더불어 잡지들도 창간되었다. 1920년 6월 25일 천도교의 재정 지원으로 종합잡지 『개벽』이 창간되었다. 『개벽』은 일제의 탄압으로 1926년 8월에 발행 금지가 되기까지 7년 동안 통권 72호를 내놓은 종합잡지였다. 그간 발매 금지 34회, 정간 1회, 벌금 1회 등의 탄압을 받았다. 개벽사는 『개벽』에 이어 1926년 11월 1일 『별건곤』이라는 대중잡지를 창간했다.(백철, 1999)

『개벽』의 초기 주요 필자는 이광수였다. 1921년 5월 상하이 임시정부의 기관지인 『독립신문』의 주필로 일하다가 일제의 회유에 의해 귀국한 이광수는 1922년 3월 최린의 배려로 천도교 종학원 감사가 되기도 하는 등 천도교와 맺은 인연으로 귀국 후 초기의 글을 모두 『개벽』을 통해 발표했다. 이때 발표한 글 중 가장 큰 논란을 빚은 게 바로 1922년 5월호에 발표한 「민족개조론」이었다.

이광수는 이 글에서 당시 지식인의 허위, 비사회적 이기심, 실행정신의 박약, 실행의 용기·사회성의 결핍, 무소신 등의 문제를 지적했다. 그는 이런 문제를 후손들에게 물려주지 않기 위해 도덕적·정신적 개조를 하자고 역설했다. 그는 독립협회가 정치에 대해 아무 간섭이 없이 오직 "교육의 진흥, 산업의 발전, 민기民氣의 진작 등만을 몰두했다면, 당시의 집권자의 증오를 받을 것 없이 효과를 거둘 수 있었다"며, 일본 법률이 허용하는 범위 내에서 비정치적 운동을 벌여야 한다고 주장하고, 비타협적 항일 투사들을 '절대주의자'라고 비판했다.(조맹기, 2006)

이광수와 개벽사는 이 글로 인해 곤욕을 당했다. 이광수는 훗날 이렇게 회고했다. "「민족개조론」이 민족을 모욕한 것이라 하여 일부 독자의 분격을 산 모양이어서 칼을 가진 오류인 청년의 일단이 밤중에 내 처소를 찾아와서 내가 상해에서 돌아온 것과 「민족개조론」에서 민족을 모욕한 죄를 묻고, 나를 죽인다고 위협하였으나 폭행은 없었고 그 길로 개벽사를 습격하여 기물을 파괴하였다. 그러고는 나를 종학원의 교수로 고빙하였다 하여 최린의 집을 습격하였다."(장영우, 2000)

1920년 3월 10일 창간호를 낸 『신여자』도 주목할 만한 잡지였다. 1917년 일본 여자 유학생들의 동인지로 나온 『여자계』는 남성의 도움을 받은 데다 남성 필자가 더 많은 잡지인 반면, 『신여자』는 이화학당 출신이 중심이 되어 직접 집필하고 편집한 잡지였다. 나혜석도 참여한 이 잡지는 주간이었던 김원주가 돈을 대던 남편과 이혼하는 바람에 4호를 내고 종간되고 말았지만, "대담한 여성해방의 논리를 펴나간 본격적인 여성 주도의 잡지였다"는 평가를 받고 있다.(최혜실, 2000)

한편 '잡지광'으로 불린 최남선은 '기미년 독립선언서'를 기초해 2년 6개월의 징역형을 받았지만, 형기를 다 채우지 않고 1921년 10월 18일에 가출옥했다. "청년들을 규합하는 데 대단히 좋은 영향이 있을 것"이라는 일제 당국의 배려 때문이었는데, 이 배려는 조선총독부가 간접 지원한 주간 『동명』의 창간(1922년 9월 3일)으로 구체화되었다.(임종국, 1996) 『동명』의 창간을 전후로 나온 잡지들 중 시사와 정치 문제를 다룰 수 있는 잡지엔 백태진의 『신천지』(월간, 1921년 7월 10일 창간), 박희도의 『신생활』(순간, 1922년 3월 11일 창간), 장도빈의

『조선지광』(월간, 1922년 11월 1일 창간) 등이 있었다.

문예잡지들도 창간되었다. 이미 3·1운동 전인 1919년 2월 1일 도쿄에서 김동인·주요한·전영택 등 유학생 중심의 문예지 『창조』가 나왔고, 국내에선 1920년 7월 25일 또 다른 문예지 『폐허』(김억, 남궁벽, 염상섭, 오상순, 황석우 등)가 나와 이후 "조선의 문단은 '창조파'와 '폐허파'로 갈리었다". 1922년 1월 9일 또 다른 문예지 『백조』가 창간되었는데, 이로써 당시 한국 문단엔 창조파, 폐허파, 백조파 등 3개 파가 형성되었다.(김동인, 1999)

'청년 신문' 『동아일보』의 혈기 왕성

『동아일보』는 이상협 명의로 발행 허가를 받았으나 초대 사장은 박영효, 사실상의 경영자는 호남 지주 김성수였다. 편집 감독은 구한말 언론계의 원로 유근·양기탁 등이 맡았다. 이상협은 『매일신보』 편집 주임으로 근무하던 중 한국인에게 신문 발행을 허용한다는 정보를 입수하자 『매일신보』를 그만두고 1919년 7월부터 신문 창간 운동을 시작해 망설이는 김성수를 설득하는 데 성공했다는 주장도 있다.(최민지·김민주, 1978; 최준, 1995)

갑신정변에 참여했던 박영효는 이름뿐인 사장이었다. 김성수와 대주주들은 회사를 운영하려면 그를 사장으로 추대하는 것이 여러 모로 유리하다는 판단하에 사장으로 앉혔고 59세인 박영효도 이름뿐일망정 의미 있다고 판단해 사장직을 수락했다. 『동아일보』로선 원로들을 모셔야 할 또 다른 이유가 있었으니, 그건 이 신문이 '청년 신문'이라고 해도 좋을 정도로 창간 주체의 나이가 어리다는 점이었다. 김성수는 30세였고, 주간 장덕수 25세, 편집국장 이상협 27세, 논설위원 겸 정치부장 진학문 26세였다. 송진우가 1921년 9월 사장에 취임했을 때 그의 나이도 32세에 불과했다.(동아일보사, 2000; 정진석, 2001)

『동아일보』는 유명 원로와 신진 도쿄 유학파 인재들로 구성되어 전반적인 인적 구성이 『조선일보』에 비해 훨씬 화려했다. 김을한(1975)은 "창간 당시의 『동아일보』의 진용을 보면……제제다사濟濟多士하여 그 시대의 일류 인물들은 모두 신문사로 집중되었다는 느낌을 가지게 한다"며 "후일 『조선일보』가 혁신되기 전까지는 거의 『동아일보』의 독천장獨擅場(자기 멋대로 행동하는 장소)이었다"고 했다.

'청년 신문' 『동아일보』의 혈기 왕성은 1920년 5월 4일자부터 6회에 걸쳐 실은 논설 「조선 부모에게 고함」에 잘 나타났다. 이 논설은 가장권家長權의 난용亂用을 비난한 후 부로父老된 의무를 행할 것을 촉구하는 등 종래의 유교사상 인습에 사로잡혀 있는 계층을 비판한 것이었다. 변전變轉하는 시세時勢에 뒤진 유림들을 맹렬히 비판하기도 했다. 이에 『동아일보』 불매운동까지 전개할 정도로 전국 유림들이 강력 반발했다. 이 사태에 책임을 지고 박영효가 취임 2개월 만에 사장 자리에서 물러났으며, 김성수가 제2대 사장이 되었다.(최준, 1987)

1921년 7월 김성수의 뒤를 이어 김성수의 죽마고우 송진우가 사장에 오르면서 『동아일보』 상층부는 일본 와세다대학파의 아성이 되었다. 주간 장덕수는 김성수의 와세다대학 후배였으며, 송진우도 와세다대학에 다닌 적이 있어 『동아일보』는 와세다대학 출신 유학파들이 주축을 이루었다. 『동아일보』는 1921년 민간 신문 최초로 윤전기 1대를 도입해 종래의 평판 인쇄에서 윤전기에 의한 대량 인쇄를 하게 되었다.(정진석, 1995a)

『동아일보』의 '상업주의'와 이광수의 '민족적 경륜' 파동

『동아일보』는 1922년 12월 우리나라 최초의 비행사인 안창남을 초청해 비행 묘기를 선사하게 하고 이를 대서특필하는 등 신문 홍보에 적극 이용했다. 『개벽』은 『동아일보』가 『조선일보』와의 과다 경쟁으로 손해까지 보아가며 자사自社 선전을 위해 안창남의 비행을 후원했으며 그로 인한 결손 500원을 일반 주주에게 떠넘겼고, 신문 전면을 안창남의 기사로 메웠는데, 그의 소년시대부터 "어떤 요리집에서 기생에게 귀염밧든 일까지 역력히 기록하기를 2주간이나 하였다"고 신랄하게 비판했다. 이에 대해 유선영(1992, 298)은 "정치의 부재, 일제의 검열, 협소한 시장을 놓고 경쟁해야 한다는 신문 외적 조건은 결국 민간지들로 하여금 상업주의로 흐르게 했고 이것은 1924년도 이후 본격적으로 가시화되면서 지면에 반영되기 시작했다"고 평가했다.

상업주의가 무조건 나쁜 것만은 아니었다. 그런 상업주의에서 나타난 공격성은 보도 경쟁에선 미덕이 되었다. 최준(1987, 219~220)은 『동아일보』가 1923년 9월 1일에 일어난 관동대지진 때에도 『조선일보』를 압도하는 보도를 하는 등의 활약을 보임으로써 "1924년 『조선일보』가 친일파의 손에서 민족진영으로 그 경영권이 넘어올 때까지……한민족의 인기와 지지를 홀로 차지하여 그 지가紙價를 높였다"
고 평가했다.

1923년 5월 파격적인 대우를 받으며 동아일보사에 입사한 이광
수는 『동아일보』 1924년 1월 2일에서 6일까지 5회에 걸친 장문의 논
설 「민족적 경륜」을 썼다. 그는 이 논설에서 일본을 부인하는 무장
항일 노선의 무모함을 지적하면서 일본의 주권 아래 법률이 허용하
는 범위 안에서 활동하는 자치 운동을 주장했다. 이는 큰 논란을 빚
었다.

김민철(1999)은 이광수가 "자치 운동을 주장하여 사실상 조선인
의 독립 의지를 희석시키는 논지를 폈다"고 본 반면, 정진석(2001)은
"「민족적 경륜」은 조선에서의 합법적 투쟁을 주장한 내용이었는데
일제의 통치를 승인하는 것으로 일부에서 오해했"다고 평가했다.

최민지(2000, 59)는 이 논설이 나오게 된 배경으로 김성수가 경영
하던 경성방직과 총독부의 무관하지 않은 관계를 지적했다. 그는
"총독부 당국은 1924년부터 김성수의 경성방직에 사업 보조비라는
명목으로 해마다 막대한 보조금을 주었고, 그 결과 기업적으로 어느
정도 궤도에 오를 수 있게 되었다. 1차 세계대전 후의 불경기와 일본
의 조선 경제의 수탈 착취로 일제하에서는 민족경제나 민족자본의
성장은 불가능하였다"며 다음과 같이 말했다.

"이런 속에서 막대한 일제의 보조금으로 성장한 경성방직과 김성
수를 생각해볼 때 『동아일보』가 일제의 식민정책에 정면으로 대결하
기는 어려웠으므로, 『동아일보』는 그들과 일면 협력 관계를 유지하
면서 지원을 얻어내고 동포들에게는 민족 산업을 장려 육성하도록

호소함으로써 판로를 확보하는 양면 작전을 써왔다. 이것이 곧 그들이 전개한 물산장려운동으로서의 경제 운동이었다."

『조선일보』의 '비판의 상품화'

『조선일보』는 『동아일보』처럼 주식회사로서 주주 모집을 시도했으나 "친일 단체의 기관지라는 까닭으로 『동아일보』와 같은 인기를 끌수는 없었다. 그러므로 주주 모집뿐만 아니라, 독자 획득에도 많은 고통을 겪고 그 출발점서부터 애로에 부딪혔다".(최준, 1987, 205)

『조선일보』는 『동아일보』와의 경쟁을 의식해 이미 1920년 8월 27일까지 총독부에 지면을 압수당하는 기록을 23회나 세우는 등 끊임없이 '비판의 상품화'를 시도했다. 이와 관련, 『미디어오늘』(1995. 7. 12)의 신문자본연구팀은 당시 『조선일보』가 이중적인 생존술을 구사했다고 보았다.

"1920년 9월 『조선일보』는 창간 직후 친일지로 지목돼 '민족지'를 표방하고 나선 『동아일보』의 위세에 눌리자 스스로 배일적인 신문임을 공언하는 내용의 사설들을 실어오다 총독부로부터 제2차 무기 정간을 받았는데, 이때 필자도 아닌 최국현 등 3명의 기자를 해고했다. 한편으로 독자의 신망을 얻기 위해 배일적임을 자처하면서도 다른 한편으로는 총독부와 타협해 정간 해제의 조건으로 기자를 해고하는 양면적인 행위를 보였던 것이다."

또 최준(1987, 277~278)은 "1920년부터 1925년대까지는 이러한 당국에 압수당하는 것을 오히려 장하게 여겼다"고 말했다. "이는 신문사 측도 그랬거니와 독자인 민중 대중도 이를 크게 지지하였다. 그러므로 이 시대의 신문기자들은 경무국 도서과로부터 압수라는 통보가 오면 만세를 불렀으며 닷새만 압수가 없으면 오히려 기자들의 안색이 좋지 않았다. 그리고 하루건너 한 번씩 편집국장은 도서과장과 경무국장에 담판을 하러 갔었다"고 말했다.

1920년대 초반 『조선일보』의 주된 생존 전략은 '압수당하기'였지만, 그게 큰 효과를 낼 수는 없었다. 『조선일보』는 이미 1921년 4월 8일 친일파 송병준의 손에 넘어가 '친일'의 굴레를 벗어날 수 없었고 그 결과 경영은 계속 악화되어갔기 때문이다.

결국 송병준이 손을 들고 1924년 9월 12일 『조선일보』를 신석우에게 8만 5,000원(쌀 4,300가마의 값)에 매도했다. 신석우는 민족주의자인 이상재를 사장으로 추대하고 자신은 부사장에 취임했다. 편집고문 이상협, 주필 안재홍, 편집국장 민태원 등으로 편집진을 새로 짜고 지면 구성을 대폭 쇄신해 민족지로서 뚜렷한 색채를 띠게 되었다. 『조선일보』는 1924년 10월 3일 '혁신호'를 발행해 전국적으로 10만 부를 무료 배포했으며, 경성에는 이후 5일 동안 무가無價 신문이 뿌려졌다.(유재천, 1990; 조선일보사, 2004; 최준, 1995)

이런 변화의 이면엔 『동아일보』 편집국장 출신 이상협이 있었다. 평소 사사건건 송진우와 갈등을 빚던 이상협이 『동아일보』에서 자기 사람 수십 명을 데리고 나와 신석우·안재홍·백관수·조설현·최선익 등과 손을 잡고 송병준에게서 『조선일보』의 판권을 매수한 것이다. 이제 『조선일보』는 『동아일보』와 경쟁을 할 만했다. 새롭게 탈바꿈한 『조선일보』는 민간 신문으로는 최초로 조석간(조간 2면, 석간

4면)을 냈으며, 미국·일본 신문 등에서 힌트를 얻어서 한국 최초로 연재만화를 게재했다. 노수현이 그린 연재만화 〈멍텅구리〉는 큰 인기를 끌었다.(김을한, 1975)

총독부의 언론통제로 인해 사회를 비판하는 만화는 1924~1926년 사이에 신문에서 자취를 감추었다. 그 대신 등장한 게 바로 만문漫文 만화였다. 한 컷짜리 만화에 간접적이고 풍자적인 문체로 쓰인 짧은 줄글이 결합된 형태의 만화였다. 만문 만화를 처음 시작한 인물은 안석영으로, 그는 『동아일보』(1925년 초~연말), 『시대일보』(1925년 연말 ~1928년), 『조선일보』(1928년~1934년) 등에서 만문 만화를 그렸다. 이후 여러 만문 만화 작가가 나타나 1930년대엔 시사만화는 거의 사라지고 만문 문화가 주된 장르로 자리 잡게 된다.(신명직, 2003)

1920년대 중반의 사회주의 열풍

『조선일보』는 1924년 9월부터 사회주의 논조를 펴기 시작해서 사회주의 신문이라는 평을 얻었다. 예컨대, 『조선일보』 1925년 3월 14일 자 사설은 카를 마르크스 42주기를 맞아 이런 찬사를 바쳤다. "과학자 더욱이 경제학상 신기원을 획한 경제학자로서 사회철학상 신진리의 탐구자로서 불후의 공적을 쌓고 사상가로서 혁명가로서 백대百代의 사표가 되고 또한 노동계급 운동의 지도 원리의 계시자로서 애愛와 의義를 위하야는 만승군주의 위세와 삼순구식三旬九食의 빈곤에도 백절불굴百折不屈하고 용전역투하던 혁명가로서 천만 푸로레타리아트의 추앙과 존경을 받던 그의 영령은 이에 영원히 진세塵世를 이별하였

다."(최서영, 2002)

　같은 시기 『동아일보』도 공산주의나 사회주의를 소개하고 옹호하는 논설과 기사들을 싣긴 했으나 비판 논설·기사도 같이 실어 균형을 취한 반면, 『조선일보』는 '마치 공산주의 이념의 교과서와 같은 인상을 강하게' 줄 정도로 사회주의·공산주의에 심취했다. 『동아일보』에는 1926년 이후 과격한 공산주의 운동을 견제하는 사설·논설 등이 증가하는 양상을 보였으나, 『조선일보』는 1933년까지 사회주의 신문의 기조를 유지해갔다.(유재천, 1989)

　이즈음 사회주의 사조思潮는 1917년 러시아혁명, 1919년 미국 대통령 우드로 윌슨Woodrow Wilson이 제창한 민족자결주의 등 1910년대 후반의 세계사적 상황에서 적잖은 영향을 받은 것이었다. 당시 '개조'와 '개벽'이라는 용어가 유행한 것도 바로 그런 흐름을 반영한 것이었다. '청년'이란 용어도 시대적 유행어가 되었으며, 사회주의 이념으로 무장한 각종 청년 단체가 많이 생겨났다.

　당시 발간된 『혜성』이란 잡지는 사회주의 서적을 광고하면서 "사회주의를 믿고 안 믿는 것도 딴 문제요, 사회주의가 실현되고 안 되는 것도 딴 문제이다. 다만 사회주의가 무엇인지는 알아야만 행세할 수 있는 것이 오늘의 형편이다"라고 했다. 배경식(1998, 194~195)은 "사회주의는 젊은이들 사이에서 일종의 '처세의 상식'이란 치장용의 지식으로 전락하기도 하였다"며 "이러한 자들을 비아냥거려 일본 경찰은 '마르크스 보이' 또는 '겉만 빨간 홍당무나 사과'라고 하였다"고 말한다.

　1925년 4월 17일 조선공산당이 비밀리에 창당된 데 이어, 1925년

8월엔 진보적 문학예술 운동 단체인 카프KAPF가 결성되었다. 이 단체는 1926년 『문예운동』이란 준기관지 발간을 계기로 본격적인 활동을 전개했다. 일제는 사회주의의 유행에 대해 치안유지법으로 대응했다. 1925년 5월 12일부터 시행된 이 법의 목적은 "국체의 변혁이나 사유재산의 부정을 목적으로 하는 일체의 행위를 금지" 함으로써 사회주의를 근절하는 데 있었다.(윤병로, 1991; 이준식, 1999)

그러나 사회주의는 근절될 수 없었다. 민중의 삶이 너무도 비참했기 때문이다. 예컨대, 『동아일보』 1927년 6월 8일자는 경기도 양평군의 한 농촌에서 춘궁기에 "초근목피까지 먹어버리고 먹을 것이 없어서 뒷산에서 나는 흰 진흙을 파서 거기다 좁쌀 가루를 넣어 떡을 만들어 먹는다" 고 보도했다.(박천홍, 2003)

최남선의 『시대일보』 창간과 좌절

한편 '참정권 청원서'를 제출하기 위해 도쿄를 자주 드나들던 『시사신문』의 민원식은 제3차 청원서를 내기 위해 도일渡日했다가 1921년 2월 16일 일본 도쿄 철도호텔에서 27세의 유학생 양근환에게 칼로 피살당했다. 민원식의 사후 『시사신문』은 곧 휴간 끝에 폐간되었다. 『시사신문』은 관권을 이용한 강매와 총독부의 지원금에 의존해 발행되었으며 대부분 무료로 배포되는 '기증지'가 많아서 실제 구독료 수입은 거의 없었다. 민중들이 모두 구독을 거부하고 문에 '『시사신문』 不見'이라고 써 붙였던바, 『시사신문』은 '불견不見 신문'이라고까지 불렸다.(박용규, 1996; 임종국, 1996; 최민지 · 김민주, 1978; 최준, 1995)

최남선은 1924년 3월 31일 『시대일보』를 창간했다. 일제는 민영신문을 3개 정도 허용할 방침이었으므로 종간된 『시사신문』 대신 최남선이 『시대일보』를 발행하도록 허가를 내준 것이다. 최남선은 충분한 자금도 없이 신문을 창간해놓고 돈이 달리자 창간 2개월 후인 6월 2일에 사교인 보천교에 발행권을 넘긴다는 조건 아래 자본을 끌어들이는 계약을 맺었는데, 이에 사회적으로 비난이 빗발쳤으며 사원들도 크게 반발했다.

『개벽』 1924년 8월호는 "최남선(사장), 진학문(편집국장)으로 보면 팔려도 더럽게 구린내 나게 팔아먹었다. 돈이란 거기에 눈이 뒤집혀 자기 몸까지 팔아먹었다 해도 可하다"고 맹렬히 비난했다. 이 일로 언론인, 문인, 사학자, 독립운동가로서 쌓아올린 최남선의 명성은 큰 타격을 받았다. 그는 그 후 송진우의 권유로 1925년 8월부터 1928년 10월까지 객원으로 『동아일보』의 사설을 집필했으나 자신의 실패에 크게 낙담한 탓인지 그 무렵부터 노골적인 친일의 길을 걷게 되었다. (김민환, 1996; 정진석, 1985, 1995a)

최남선이 손을 뗀 『시대일보』는 여전히 재정난에서 벗어나지 못한 채 1926년 8월에 폐간되었다. 그러자 『조선일보』에서 나온 이상협이 『중외일보』라는 제호로 9월 18일 총독부에서 새로운 신문 발행 허가를 얻었다. 이상협은 백인기의 출자로 『시대일보』의 인원과 시설을 인수해 11월 15일 『중외일보』를 창간했다.

이상협의 『중외일보』 창간

이상협의 『중외일보』는 1929년 9월 17일부터 조석간 4면씩, 1일 8면 발행을 단행해 일대 파문을 일으켰다. 『중외일보』에 앞서 『조선일보』가 1924년 11월 23일부터 최초로 조간 2면 석간 4면으로 조석간제를 실시했지만 오래지 않아 중단했다. 이에 자극받은 『동아일보』도 1925년 8월에 조석간을 실시했다가 며칠 후에 단간제로 환원했다. 다시 『중외일보』의 조석간제에 자극받은 『동아일보』는 1929년 9월 20일부터 이전까지 석간 6면 발행이던 지면을 8면으로 늘렸고 『조선일보』도 10월 1일부터 8면으로 증면했다.

　『중외일보』는 '가장 값싸고 가장 좋은 신문'을 내세우면서 구독료를 대폭 낮추었다. 『동아일보』·『조선일보』가 하루 6면 발행에 1개월 1원이었는데 『중외일보』는 하루 4면이었지만 1개월 60전이란 파격적인 염가 정책으로 맞선 것이다. 이처럼 치열하게 전개된 지면 경쟁에서 재력이 빈약한 『중외일보』가 견뎌내긴 어려웠다. 부메랑이었다. 『중외일보』는 스스로 시작한 이와 같은 경쟁에 무릎을 꿇고 1931년 6월 19일 폐간되고, 그해 11월부터 노정일 등에 의해 그 이름이 『중앙일보』로 고쳐져 명맥을 이어갔다. 1933년 여운형 등의 수중에 들어가면서부터 『조선중앙일보』로 개제되어 발행되다가 1936년 9월 초에 폐간되었다.(박용규, 1997; 정진석, 1995a, 2001)

　비록 실패로 끝나긴 했지만 『중외일보』의 그런 파격적인 경영 전략을 구사한 이상협은 당시 '신문계의 귀재'로 알려진 인물이었다. 『동아일보』와 『조선일보』를 거친 그는 자신이 직접 경영하게 된 『중외일보』에선 더욱 과감하게 새로운 시도를 했다. 농촌 독자를 대상으로 한 농업란을 만들고 식자층의 비판을 무릅쓰고 박보博譜·기보棋譜 등을 싣기도 했다. 또한 이상협은 당시 언론인들이 무지했던 광고의 중요성에 대해서도 앞서가는 생각을 갖고 있던 인물이었다. 그는 '광고 마케팅'의 중요성을 이해하고 있었다.

1920년대 중반부터 일본 광고주 의존도가 높아졌다. 1923년 국내 광고 63.9퍼센트 일본 광고 36.1퍼센트였는데, 1925년 국내 광고 40.3퍼센트 일본 광고 59.7퍼센트, 1931년엔 국내 광고 36.2퍼센트 일본 광고 63.8퍼센트였다. 당시 전통(전보통신사)은 일본의 대표적인 광고 대리업체로 경성 지국을 통해 일본 광고를 한국 신문에 내는 일을 전담했다. 당시 광고료는 너무 저렴했다. 이에 이상협은 도쿄로 가서 직접 전통 사장을 만나서 담판하는 한편, 광고주들을 일일이 찾아다니면서 교섭함으로써 조금씩이나마 광고료를 인상할 수 있었다. 이에 자극받아 『동아일보』는 1927년 9월부터 도쿄와 오사카에 지국을 설치해 일본 광고를 직접 유치했으며, 이와 같은 광고 수주 방식은 다른 신문들에도 확산되었다.(김민환, 1996; 신인섭, 1992; 신인섭·서범석, 1998; 정진석, 1995b, 2001)

언론 단체의 활동과 기자단의 결성

일제 치하의 언론인들은 일제의 탄압에 대항하기 위해 언론 단체를 결성했다. 가장 대표적인 언론 단체인 무명회無名會는 1921년 11월 27일에 결성되었는데, 회원 자격을 '조선인 기자'라고 폭넓게 규정해 발행인이나 편집인, 기자가 모두 참여할 수 있도록 했다. 무명회의 목적은 문화 보급의 촉진, 언론 자유의 신장, 여론의 선도, 회원의 명예와 권리의 옹호, 회원 상호 간 친목 도모 등이었다.

그러나 무명회는 창립 다음 해인 1922년까지만 몇 차례 모임을 가졌을 뿐 1923년부터는 사실상 아무 일도 하지 않았다. 그리하여 1924년 친일 단체인 각파유지연맹 간부들이 『동아일보』사장 송진우와 취체역 김성수를 폭행한 사건, 그리고 그로 인해 일어난 '언론 집회 압박 탄핵 대회'라는 민중 대회의 성격을 띤 항일 언론 투쟁 시에도 아무런 역할을 하지 못했다. 1924년 8월 17일 언론인 30여 명은 모임을 갖고 무명회를 부활시키고 회원의 가입 자격을 "민주의 정신과 배치되지 아니하는 신문기자"로 한정한다고 결의했다. 이 결의에 따라 그 자리에 참석했던 『매일신보』기자 2명을 그 자리에서 퇴장시켜버렸다.

1924년 11월 19일엔 사회부 기자 20여 명이 모여 철필구락부라고 하는 새로운 언론 단체를 결성했다. 이 단체는 회원 가입의 자격을 사회부 기자로 제한했으며, 신문 강연회 등과 같은 사업을 벌였다. 철필구락부의 주장에 따르자면, 우리나라 최초의 신문 강연회는 철필구락부가 1925년 2월 5일 YMCA에서 입장료 10전을 받고 개최한 강연회다. 또 철필구락부는 1925년 5월경 회원 총회를 열고 사회부 기자의 급료를 최저 80원으로 인상 지급하도록 요구할 것을 결의했는데, 이는 우리나라 언론 사상 최초로 기자 단체에 의한 급료 인상 투쟁으로 기록되고 있다.

무명회와 철필구락부가 공동으로 벌인 가장 큰 행사는 1925년 4월

15일부터 3일간에 걸쳐 경성에서 열린 우리나라 최초의 전조선기자대회였다. 이 대회에는 20여 신문·잡지사 기자 463명이 참가했다. 전조선기자대회는 "죽어가는 조선을 붓으로 그려보자! 거듭나는 조선을 붓으로 채찍질하자!"는 구호를 내걸었다.

이러한 언론 단체들과는 전혀 다른 성격이 단체지만, 일본인 기자들까지 포함된 기자단이 1922년부터 결성되었다는 것도 지적해둘 필요가 있겠다. 경제부 기자들이 결성한 경제기자단(1922년 3월 31일), 체신국 출입기자와 체신국 관리들이 공동으로 구성한 광화구락부(1923년 12월 18일), 이왕직李王職 출입기자들이 만든 이화구락부(1924년 5월 16일), 스포츠 기자들이 만든 운동기자구락부(1927년 8월 27일), 연예부 기자들이 만든 찬영회(1929년 12월 6일) 등이 바로 그것이다.(정진석, 1990; 조선일보사 사료연구실, 2004)

1927년 2월 15일엔 민족주의자와 사회주의자가 공동 전선을 펴는 민족 단일 조직으로서 신간회가 조직되었다. 『조선일보』의 사장 이상재를 비롯해 부사장 신석우, 주필 안재홍 이하 사원의 거의 전부가 신간회의 주요 간부가 되어 『조선일보』는 신간회의 기관지처럼 되었다. 신간회는 일본 경찰의 심한 감시로 표면적인 활동이 늘 억제를 당했으나, 전국에 많은 지회가 설립되어 1931년 5월 16일 해체되기까지 회원은 3만 명에 이르렀다.(이기백, 1997; 조선일보사, 2004; 최민지·김민주, 1978)

한국 최초의 여기자 이각경·최은희

언론인들의 그런 활동이 시사하듯이, 적어도 1920년대엔 "민중의 신문기자에 대한 추앙은 실로 컸"다. 최준(1987, 251~253)은 "최고 학부를 나와서도 이렇다 할 일터가 하나 있는 것이 아니요 실업實業 방면에 진출하려 해도 한인에게는 기업체를 허하지 않는 까닭으로 결국 일본 상품의 작은 중개 소매인 이외에는 할 일이 없었으므로 그 울적한 심사를 털어놓을 곳은 불과, 몇 개 안되는 민간 신문이었다"고 말했다.

기자를 어떻게 평가하건 그건 어디까지나 남성들만의 '게임'이었다. 당시 기자직은 남성만의 영역이었기 때문이다. 여기자는 그 수를 손가락으로 꼽을 수 있을 만큼 희소했다. 우리나라 최초의 여기자는 1920년 9월 『매일신보』에 입사한 이각경이다. 그간 최초의 여기자는 1924년 『조선일보』 학예부 기자로 입사한 최은희로 알려져왔는데, 이는 『매일신보』가 총독부 기관지인지라 『매일신보』 기자를 배제시킨 결과다. 최은희는 최초의 민간 신문 여기자로 볼 수 있겠다. 최은희는 매우 적극적으로 활동했고 화려한 경력을 쌓았다. 최은희의 활약에 자극을 받은 『동아일보』는 여기자 허정숙을 채용했다. 허정숙은 최은희보다 2개월 늦게 출발했지만 오히려 그보다 이름을 떨쳤다. 소설가 이광수의 부인으로 의사였던 허영숙도 잠시 『동아일보』 기자로 일한 바 있다.

반면 이각경은 활동 기간도 짧고 조심스럽게 일해 널리 알려지진 않았지만, 그가 쓴 기사의 논조는 제법 단호하고 적극적이었다. 기사 제목만 보더라도 「자유와 개방적 생활 · 오늘날 남자만 의뢰 말고, 각자 자유롭게 활동을 해야」, 「부인이여 안일을 취치 말라」, 「자부를 둔 시부모여—며느리도 당신의 자식이거늘 왜 그리 노예시하는가」 등과 같이 제법 도발적이었다.(여운연, 1991; 정진석, 1995a)

그러나 대체적으로 보아 이각경이 '투사'일 수는 없었다. 정진석 (1995a, 279)은 이각경의 여성관이 "보수를 바탕으로 한 개혁론"이었다며, 이각경이 1921년 1월 1일자에 쓴 「신년 벽두를 제하야 조선 가정의 주부께」라는 장문의 계몽적인 논설에 대해 다음과 같이 평가했다.

"구시대와 신시대가 갈라지는 변화 속에서 '신여성'이라는 말이 신선한 의미를 가지고 자주 쓰이던 사회 분위기였지만, 여성운동의 최첨단에 선 기수여야 했던 최초의 부인 기자 이각경은 보수와 개혁의 조화를 강조하는 것이다.……우리 조선 여성이 전부터 전해오던 바와 오늘도 행하는바 장점은 영원히 보존해야 한다고 다시 한번 강조했다. 그는 조선 여성이 지켜야 할 장점으로 가정 안의 일은 여자가 다 하지 않으면 안 되겠다는 책임 관념에 투철하고 이에 대한 자신이 있는 것이 아름다운 덕이라고 말하고 있다."

조선일보사의 라디오 실험 방송

1910년 일제 강점 이후 전화는 주로 일제의 식민지 경영을 위한 도구로 활용되었다. 전국의 전화기 수는 1910년 6,774대에서 1920년에는 1만 5,641대로 늘었으며, 이 가운데 전신 공용분이 681대였다.

1921년 경성 시내에 설치된 공중전화는 20개소에 이르렀다. 당시엔 '자동전화'라 불렀다. 가장 이용이 많은 남대문 역전 자동전화는 월 1,000여 건의 통화가 이루어졌다.(『조선일보』, 1921. 5. 9)

1923년 7월 1일 일제는 전화 가입자의 지속적인 증가와 전화 관련 업무의 증대에 따라 경성우편국의 전화 교환 업무 등을 분리해 경성중앙전화국을 별도로 설치했다. 1924년경 전화 통화 건수는 경성 시내는 하루 평균 8만 6,000통이었는데, 연말이 되면 10만 건으로 늘어났다. 1923년의 최고 기록은 12월 23일로 10만 3,000건이었다.(『조선일보』, 1924. 12. 23)

1920년대엔 우편 이용도 크게 늘어 편지 쓰기가 일상화되었다. 1895년 우편제도 실시 후 첫 보름 동안 수거된 편지는 총 137통에 불과했지만, 1912년엔 전국에 500여 개소의 우편소가 생겼으며, 1925년 한 해 동안 조선인이 인수한 편지의 양은 7,000만 통에 이르렀다. 1920년대 소설에 유행한 서간체는 바로 이런 편지 열풍을 반영하는 것이기도 했다. 편지 열풍은 1920년대에 들어 꽃피운 자유연애의 거의 유일한 수단이라 할 연애편지의 유행에 크게 힘입었다.(권보드래, 2003)

이즈음 태동하게 된 라디오방송은 처음엔 무선전화로 여겨졌다. 조선총독부 체신국은 1924년 2월 방송에 대한 조사와 기술적 연구를 시작해 11월 초 체신국에 무선 실험실을 설치하고 11월 29일 오후 3시 30분부터 송신 시험 방송을 시작했다. 그러니까 이 땅에 실험 방송이나마 라디오 전파가 최초로 발사된 게 바로 이때였다.(유병은, 1998)

일본인들에 의한 라디오 시험 방송으로 방송 사업에 대한 사람들의 관심이 높아지자 총독부 체신국에 방송 사업 허가 신청서를 제출한 민간단체만도 11개에 이르렀다. 그 가운데 가장 적극적인 단체는 조선일보사였다. 조선일보사는 12월 17일부터 무선전화 방송 공개 실험에 들어갔다. 『조선일보』 12월 18일자는 첫날 무선전화 방송 실험 결과를 「경이의 눈! 경이의 귀」라는 제목의 기사로 보도했다.

조선일보사는 사장실에 홑이불로 방음 장치를 해놓고 마이크를 설치해 방송실을 꾸몄는데, 사회는 『조선일보』 기자 최은희가 맡았고 인사말은 『조선일보』 사장 이상재가 했다. 이동백의 '단가' 독창, 박녹주의 판소리 열창, 홍명후의 바이올린 연주 등이 방송되었다. 조선일보사는 17일부터 3일 동안 독자들을 위한 무선전화 방송 공개 실험을 실시한 뒤에 성공을 자축하는 동시에 장소가 좁아 입장하지 못한 사람들에게 '충심으로 미안'하다는 사고社告를 냈다.(『조선일보』, 1924. 12. 18, 1924. 12. 20)

그러나 라디오에 대한 비판도 제기되었다. 『별건곤』 1926년 1월호는 "조선의 라듸오! 그것은 우리의 것이 아니다. 조선의 라듸오-문명-그것은 정복자의 전유물이다.……잇는 사람의 작난거리가 되고 말아버린 문명의 산물"이라고 했다.(김영희, 2002)

1927년 경성방송국의 개국

1926년 2월 15일 방송 사업 허가를 신청했던 11개 민간단체 대표들은 조선호텔에 모여 발기인 총회를 열고, 그해 4월 28일 경성방송국 창립준비위원회를 개최하려 했다. 그러나 조선총독부는 조선인에 의한 방송국 설립을 허가치 않고 1926년 11월 30일 조선총독부 체신국 산하에 '사단법인 경성방송국'을 설립했다.

경성방송국은 1927년 2월 16일 '여기는 경성방송국입니다. JODK'로 시작하는 첫 방송 전파를 출력 1킬로와트로 발사했다. 라디오 본방송이 시작되기 전, 극장에 모여 라디오를 듣는 시연회가 열리기도 했다. 당시 신문의 반응은 이랬다. "근세 과학의 일대 경이—몇 백 몇 천 리를 격한 곳에 흔적 없이 전파되는 방송의 신기막측한 비밀!"(권혁주, 1998)

학계에선 일반적으로 한국 방송의 기원을 경성방송국으로 보고 있으나, 박기성은 "1924년 12월 조선일보사의 무선전화 방송 공개 실험이야말로 한국인의 기술로 성공한 첫 자주 방송이므로 한국 방송의 기원으로 봐야 한다"고 주장한다.(강경희, 1992)

라디오의 가격은 광석식으로 안테나를 포함해 6원에서 15원이었고, 확성기를 통해서 듣는 진공관식은 40원에서 100원이었다. 전지와 그 밖의 소모비로 월 2원 정도가 들었으며 청취료는 월 2원이었다. 당시 대졸 국가 공무원 초임 75원, 쌀 10킬로그램 3원 20전, 영화관 입장료 30전임에 비추어 청취료는 매우 비싼 것이었다.

수신기는 필히 방송국에 등록을 한 후에 체신국의 청취 허가를 받아야 했고 대문 밖에 청취 허가장을 반드시 부착해야 했다. 허가를 받지 않고 방송을 도청할 경우 1,000원 이하의 벌금 또는 1년 이하의 징역에 처한다는 엄한 규정이 있었다. 개국 1주일 후인 1927년 2월 22일 당시 라디오 수신기 등록 대수는 1,440대였으나, 일본인이 전체의 80퍼센트가 넘는 1,165대를 소유하고 있었다. 개국 1개월이 지나서도 청취자 수는 2,000명에 미치지 못했다. 다만 도청을 하거나 미등록 청취자가 많아 실제 청취자 수는 6,000~7,000명에 달하는 것으로 추산되었다. 1927년 말 전체 수신기 수는 5,260대로 증가했다. (쓰가와 이즈미, 1999; 유병은, 1998)

개국 당시 프로그램은 일본어로 된 뉴스와 경제 시황 보도, 한국어 물가 시세, 일기예보, 공지사항에다 음악방송 정도가 고작이었다. 처음에는 1대 3의 비율로 우리말과 일본어를 혼용해 방송하는 일명 '비빔밥 방송'을 했다. 1927년 일본어 해독 인구는 전체 인구의 6.33퍼센트에 불과해 불만의 목소리가 높았다. 그러자 1927년 7월에 우리말과 일본어를 2대 3의 비율로 바꾸어 교대 방송을 하는 등 여러 차례 변화를 보였다.

1927년 10월 1일 비행기를 통해 경성 상공에 '청취료 인하 단행'이라는 내용의 전단지가 뿌려졌다. 월 청취료를 2원에서 1원으로 인하한다는 내용이었다. 이로 인해 청취자가 늘긴 했지만 한국 청취자들의 최대 불만 대상인 한일 양국어 혼용 단일 방송의 벽을 넘긴 어려웠다. 그래서 수신기 보급은 극히 부진해 1929년 말에서야 1만 대를 돌파했다. 유일한 재원인 청취료 수입이 미미해 심한 경영난에 빠지게 된 경성방송국은 수신자 보급을 위한 근본적인 대책을 강구하게 되었다. 그 결과 한국어 방송과 일본어 방송을 따로 내보내는 이중방송 실시와 전국 방송망 확충을 계획하게 되었다.(김영희, 2002; 쓰가와 이즈미, 1999; 최창섭, 1985)

무성영화의 인기와 나운규의 〈아리랑〉

1910년대에 영화는 '활동사진'으로 불렸으며, '영화'라는 표현은 1921년경부터 쓰이기 시작해 1920년대 중반부터 친숙하게 자리 잡았다. 우리나라 최초의 극영화는 1923년 1월 13일 단성사에서 개봉한 〈국경〉이다. 그러나 일본인이 제작한 이 영화는 한국인 배우들이 출연하기는 했지만, "조선인을 비하하고 일제의 조선 침략을 은근히 두둔하는 내용이 관객들의 불만을 산 탓"에 단 하루만 상영하고 막을 내리고 말았다. 이런 이유 때문에 최초의 극영화라는 타이틀은 1923년 4월 윤백남 감독이 발표한 〈월하月下의 맹서〉에 돌아갔다.(김미현, 2006; 조희문, 1997)

〈월하의 맹서〉는 제목에서 풍기는 이미지와는 달리, 조선총독부가 저축을 장려하려는 목적으로 윤백남을 시켜 제작한 35밀리미터 영화였다. 이 영화는 1923년 4월 8일 경성호텔에서 조선총독부 체신국 관리와 감독 윤백남을 비롯 『매일신보』, 『조선일보』, 『동아일보』 등 당시 일간신문 학예부 영화 담당 기자들, 그리고 관계자 100여 명을 초청해 시사회를 가졌으며, 이후 경성을 비롯한 전국 각지에서 무료로 순회 상영되었다.(김학수, 2002)

1923년 12월에 개봉된 〈춘향전〉은 일본인이 감독하고 예산이 적었던 탓에 작품성은 크게 떨어졌지만 흥행에는 큰 성공을 거두었다. 〈춘향전〉의 성공에 자극을 받아, 1924년 9월 〈장화홍련전〉이 개봉했는데, 이는 제작진과 배우들이 모두 한국인으로만 구성된 최초의 작품이었다. 무성영화는 1923년에 3편, 1924년에 4편, 1925년에 8편,

1926년에 4편이 제작되었다.(김민환, 1996; 이효인, 1992; 정종화, 1997)

무성영화 시대의 스타는 단연 변사였다. 변사의 사회적 영향력이 커지자 일제는 이들에게까지 통제의 손길을 뻗쳐 '변사 시험' 제도까지 마련했다. 한국 영화의 제작이 이루어지기 시작하는 1921년 무렵 조선총독부는 흥행물취체규칙을 만드는 과정에서 일정한 자격시험에 합격한 사람에 한해 변사의 자격을 부여한 것이다.(안종화, 1998; 조희문, 1999)

무성영화의 대표작은 1926년 10월 1일 단성사에서 개봉된 나운규(감독 겸 주연배우)의 〈아리랑〉이었다. 1926년 상반기에만 110만 명의 관객이 들었다. 당시로선 상상을 초월하는 대기록이었다. 〈아리랑〉은 1926년 4월 25일 일어난 조선왕조 최후의 국왕인 순종의 서거와 순종의 장례일인 6월 10일을 기해 벌어진 6·10만세운동이라는 시대적 상황에 힘입어 대성공을 거두었다.(천정환, 2005)

김소희(1998, 84~85)는 "〈아리랑〉은 최초의 대형 흥행작이자 문제작으로, 한국 무성영화 전성시대는 나운규와 함께 시작되어 1937년 그가 타계함으로써 막을 내렸다고 해도 과언이 아니다"며 이런 평가를 내렸다. "그 이전의 한국 영화는 거의 다 고대전설이나 문예작품을 토대로 만들어졌던 데 비해, 〈아리랑〉은 지주·마름·소작인·일제의 하수인·지식인 그리고 가난과 성적 희롱에 희생당하는 여성 등 철저히 조선의 현실에 기반한 인물을 등장시키고 있다는 점에서 획기적이었다."

〈아리랑〉의 성공이 몰고온 여파는 매우 커, 1927년에는 해방 전 조선 영화계에서 가장 많은 편수인 14편의 작품이 제작되었다. 이후 우리 영화 제작 편수는 1928년 13편, 1930년 12편, 1931년 10편, 1935년 10편, 1936년 9편, 1939년 10편이었다. 총 영화 관객은 1927년 362만 명, 1928년 384만 명, 1929년 407만 명이었다.(이준식, 2004; 이중거, 1992; 이효인, 1992)

극장엔 부인석이 따로 마련되어 있었는데, 부인석은 처음엔 한산했으나 1927년경엔 거의 만석이 되었다. 『별건곤』 1927년 3월호 기사에 따르면, "경악할 일은 키스하는 장면. 그 순간에는 반드시 질식할 듯한 외마디 소리가 부인석에서 으레 돌발한다. 부인석 중에서도 머리 틀어 얹은 젊은 여인들 모여 앉은 곳에서. 이 말이 거짓말인가 아닌가는 극장 출입이 잦은 이에게 물어보면 알 것이다." 또 『별건곤』 1929년 9월호는 "성에 눈뜬 처녀들이 변사들의 달콤한 해설과 스크린에 빗기우는 사랑의 실연을 보고" 배우는 등 "사랑의 모든 수단과 양식은 단성사, 조선극장의 스크린에서 취했다"고 했다.(강심호, 2005; 김은신, 1998)

1920년대의 소비 대중문화

1910년대에 유성기(축음기)는 가정에서보다는 공공장소에서 청중 동원용으로 사용되었다. 학교와 교회, 또는 영업용으로도 많이 사용되었다. 1920년대 초반부터는 '호객'의 수준을 넘어 전문적인 음악 감상을 위한 '축음기 음악회'가 열리기도 했다. 1920년대 후반엔 유성기 음반에 의한 극영화가 인기를 누렸으며, 1926년 11월 『조선일보』 사장 이상재는 '조선 청년에게'라는 제목의 연설 음반을 취입해

1927년부터 발매하기도 하는 등 유성기의 이용은 매우 다양했다.

1920년대 후반 일반 가정에까지 유성기가 확산되면서 신문과 잡지엔 「유성기와 레코드 보관법」 등과 같은 생활정보 기사들이 실렸다. 1925년부터 미국에서 실용화된 전기 녹음 기술은 획기적인 음질 향상을 가져왔으며, 조선에선 1929년부터 이 방식으로 제작한 음반이 발매되기 시작했다.(이상길, 2001; 이승원, 2005; 장유정, 2006)

이처럼 유성기 문화가 확산되고 나운규의 〈아리랑〉을 계기로 영화가 가장 강력한 대중문화로 부상하던 바로 그때에 한국 대중가요의 시대도 열리기 시작했다. 우리나라에서 유행 창가가 수록된 최초의 음반으로는 1925년 일본축음기상회에서 낸 〈이 풍진 세월〉(창가집에 실린 제목으로는 〈청년경계가〉), 〈압록강절〉, 〈시들은 방초〉, 〈장한몽가〉(일명 〈이수일과 심순애〉) 등이나 이 4편은 모두 일본 유행가의 번안작이었다.

1926년에 발매된 윤심덕의 〈사의 찬미〉도 〈푸른 다뉴브강의 물결〉이라는 외국 기악곡에 윤심덕이 작사·노래한 번안 작품이었지만, 이는 당시로선 천문학적 숫자인 10만 장의 레코드 판매량을 기록했으며, 거리의 유성기에선 이 노래가 쉼 없이 흘러나왔다. 〈사의 찬미〉는 한국 대중가요사의 기점으로 평가받고 있다.(연구공간 수유+너머 근대매체연구팀, 2005; 이영미, 1998)

〈사의 찬미〉의 성공에 자극받은 빅터 레코드사와 콜럼비아사는 1927년 경성에 대리점을 개설했으며, 그 밖에도 다른 유명 외국 음반회사들이 속속 조선에 대리점이나 자회사를 설립하기 시작했다. 우리나라 사람이 만든 작품으로 최초로 콜럼비아사에서 음반화된 대중

가요는 1927년에 발표되고 1929년 4월에 음반화된 〈낙화유수〉(김서정 작사·작곡)다.

축음기와 레코드를 살 능력이 없는 사람들은 다방에서 대중가요를 감상했는데, 1927년경부터 명동에 근대식 개념의 다방이 나타나기 시작해 그 이후 종로 일대에도 생겼고, 다방이 수없이 들어선 명동은 '다방의 거리'로 불렸다.(서울시정개발연구원, 2001; 황문평, 1989)

1920년대 말 경성의 밤거리에는 네온사인이 등장했고 네온으로 치장한 상점의 진열장은 새로운 유행을 전파하는 역할을 해내기 시작했다. 유행의 선도자는 단연 백화점이었다. 1906년 일본 미쓰코시백화점이 명동에 임시 출장소를 낸 이래로 다른 일본 백화점들이 충무로 일대에 진출했다. 조지야백화점(미도파백화점의 전신)이 1921년, 미나카이백화점이 1922년, 히로다백화점이 1926년에 개점했다. 미쓰코시백화점은 1929년 9월 경성지점으로 승격되어 1930년 10월에 충무로 입구(지금의 신세계백화점 자리)에 지하 1층, 지상 4층의 대규모 신관을 건립했다.(김진송, 1999; 마정미, 2004)

이런 변화의 와중에서 서양 문화를 적극 받아들여 유행을 선도하는 '모던 걸', '보던 보이'에 대한 논쟁도 일어나게 되었다. 『별건곤』 1927년 12월호에 실린 「모던이란 무엇이냐: 모-던 껄·모-던 뽀이 대논평」이라는 글은 "근대아란 아무것도 모르는 녀석이 도포를 벗어버리고 양복을 입는다고 되는 것이 아니라 오직 그 의식과 방향이 가장 새로운 의식을 가진 사람을 말한다"는 당위론적 정의를 내리기도 했다. 당시 '모던 걸', '보던 보이'는 '못된 걸' '못된 보이'로 불리기도 할 정도로 비판을 받기도 했다는 걸 감안할 필요가 있겠다.(신명직,

2003; 장유정, 2006)

1920년대의 기차 · 자동차 문화

1920년대에 이르러 시계가 도시 거주자들의 생활필수품이 되었다. 1910년대 광고에는 주로 벽시계와 회중시계가 실린 데 반해 1910년대 후반부터는 손목시계 광고가 자주 나타났다. 1922년부터는 각 학교, 교회, 공장 등에서 정오에 종을 치고 팸플릿을 살포하고 관청 직원들이 시간 준수에 대한 강연을 하는 등의 캠페인이 벌어지기도 했다.(정상우, 2000)

1920년대에 기차 여행은 자연스러운 것으로 자리 잡을 정도로 대중화되었다. 『개벽』 1921년 8~10월호에 연재된 염상섭의 「표본실의 청개구리」에서 주인공은 "어디든지 가야겠다"는 생각에 자연스럽게 기차 여행을 떠올릴 정도였다. 1920년대 말 전국의 기차 통학생 수는 1만여 명을 헤아렸다.

1925년 9월 20일에 준공된 경성역 역사는 연건평 1만 7,000여 평에 르네상스풍의 화려한 외관을 자랑하는 초현대식 건물로 식민지 민중을 주눅 들게 만들기에 충분했다. 박천홍(2003)은 "일제시대 작가들에게 경성역은 낡은 왕국의 수도를 압도하는 근대적인 스펙터클이었다"며 "근대성과 식민성을 한 몸으로 체현하고 있는 경성역에서 식민지의 이방인인 작가들은 근대인의 고독과 슬픔을 느끼고 가곤 했다"고 말했다.

한편 1918년 212대에 불과하던 자동차는 1925년에 1,200대,

1926년 1,587대, 1931년 4,331대, 1932년 4,800대로 늘었다. 당시 차종은 포드, 시보레, 뷰익 등이었으며 그중에서도 포드가 압도적으로 많았다. 자동차는 1920년대 중반부터 본격적으로 신문광고에 등장했다. 포드자동차가 낸 광고는 자동차 본체의 해부도, 서구 도심지를 달리는 자동차 묘사, 헨리 포드Henry Ford의 초상화와 연설문을 인용한 성능 선전 등을 담았다. 광고 이외의 판촉 활동으론 차체를 비단으로 칭칭 감고 장안의 명기를 태워 카퍼레이드를 한다거나 지방 유지를 태워 동네 한 바퀴 돌고 술잔치를 벌이는 수법 등이 사용되었다.

자동차강습소도 생겨났는데, 경성자동차강습소는 자동차 운전수를 "암흑세계에서 광명세계에!", "인습적 직업에서 해탈하야 문명적 직업에!"라고 소개했다. 이때의 운전수들은 상류사회 출신의 멋쟁이였다. 1925년 이정옥이 25세의 나이로 운전수 시험에 합격하자 신문은 '동양 최초의 여자 운전사'라며 대서특필했다.

지방에선 1912년부터 버스의 부정기 운행이 시작되었지만, 서울에 버스가 등장한 건 1928년이었다. 유니폼을 입은 여차장이 큰 인기를 누려 경성제국대학 학생들의 연애 상대가 되기도 했다. 자동차와 운전수에 대한 동경과 더불어 드라이브에 대한 비난은 여전했다. 『동아일보』 1928년 10월 20일자엔 자동차 드라이브에 대해 '자동차를 모는 부랑자', '황금을 뿌리는 야유랑(방탕아)의 자동차'라는 비난이 소개되기도 했다.(김태수, 2005)

제4장

일제
강점기의
언론 ②

1929년 광주학생운동과 언론 탄압

1920년대 말은 민족운동에 대한 국민의 열의가 매우 높던 때였다. 특히 학생들의 항일적 주장이 전국 방방곡곡에서 쏟아져 나왔다. 이런 동맹휴학 운동의 절정은 광주학생운동으로 나타났다. 1929년 10월 30일 오후 전라남도 광주에서 나주로 향하던 열차 안에서 일본인 학생이 조선인 여학생을 희롱한 사건이 발단이 되어 11월 3일에 일어난 광주학생운동은 3·1운동 후 일어난 최대의 항일 민족 투쟁이었다.

광주에서 시작된 이 운동은 1930년 3월 말까지 5개월간 전국 각지의 거의 모든 학교가 호응하여 대대적인 시위나 동맹휴학을 전개하는 것으로 발전했다. 참가 학교 수는 164개교였고 참가 학생 수는 5만 4,000여 명이었는데, 이는 당시 중등학교급 이상 학생 수 8만

9,000명 가운데 약 60퍼센트에 해당하는 규모였다. 이로 인해 구속 기소된 학생 수는 1,642명으로 이 가운데 4년의 실형을 선고받은 학생이 3명, 퇴학 582명, 무기정학 2,330명이었다.

광주학생운동이 일어나자 10여 일간 신문 보도는 금지되었다. 이후 신문은 발간되었지만, 일제의 통제와 탄압이 가중되면서 신문의 논조에도 큰 변화가 일어났다. 정치적 · 사상적 논조에서 문화적 · 사회적 · 역사적 논조로 이동한 것이다.(박천홍, 2003; 신명직, 2003)

신문들의 창간 이래 기사 압수 처분 건수도 1929년부터 크게 줄어들었다. 기사 압수 처분 건수는 1920년에 37건(동아 16, 조선 21), 1921년에 38건(동아 15, 조선 23), 1922년에 27건(동아 15, 조선 12), 1924년에 153건(동아 56, 조선 48, 시대 49), 1925년에 151건(동아 57, 조선 56, 시대 38)이었으나, 1929년엔 75건(동아 28, 조선 21, 중외 26)이었다.(최민지 · 김민주, 1978)

1931년 만보산 사건과 중일전쟁

1930년대 들어 일제는 전쟁 준비로 나아가고 있었다. 1931년 7월 2일 중국 지린성 만보산 지역에서 일어난 '만보산 사건'은 1931년 9월에 일어난 만주사변의 전주곡이 되었다. 이 사건은 원래 중국 동북 지방에서 종종 일어났던 조선 · 중국 농민 간의 충돌에서 비롯되었다. 인명 피해도 없어 그냥 넘어갈 수 있는 사건이었는데, 중국 동북 지방에 대한 침략의 구실을 찾고 있던 일본 관동군이 이 사건을 악용하면서 문제가 커졌다.

관동군은 창춘 영사관에 지령을 내려 많은 조선인 농민이 큰 피해를 입은 것처럼 조선에 허위 보도하도록 했다. 그 결과 일본의 음모대로 조선 내에서는 화교에게 보복을 가하는 사건이 발생했고, 이에 맞서 중국 내에서도 조선인에 대한 보복 사태가 일어났다. 그러자 일제는 이 사건이 만주에 사는 조선인을 중국 당국이 박해하고 내쫓으려 한 데서 비롯되었다고 대대적으로 선전하면서 조선·중국 민족의 대립과 충돌을 격화시키고자 했다. 바로 그러한 충돌의 도구로 이용된 게 『조선일보』였다. 『조선일보』는 관동군만을 취재원으로 삼아 편향된 보도를 했으며 자극적인 제목을 달아 호외까지 발행하는 등 선정적인 보도를 했다.(동아일보사, 2000; 두만강 편집위원회, 1996; 윤치호, 2001; 이지원, 2000)

1931년 7월 16일 조선총독부는 만보산 사건이 유발한 국내 사태로 중국인이 100여 명 사망하고 수백 명이 부상했다는 사실을 소상히 발표했다. 이 소식이 전해지자 조선인은 만주와 중국에서 다시 박해를 받게 되었으며, 일본 관동군은 만주 거주 조선인을 보호한다는 구실로 출병을 시작했다. 9월 18일 밤 일본군은 일본군 주둔지 부근 철교를 중국군이 폭파했다는 구실로 군사 행동을 본격화하면서 급속히 점령 지역을 넓혀나갔는데, 이게 바로 만주사변의 서막이었다.

일본군은 1932년 3월 1일 괴뢰정권 만주국을 세웠고, 이에 중국의 호소로 국제연맹이 개입하자 일본은 1933년 3월 국제연맹을 탈퇴했다. 그 와중에서 80여 만 명에 달하는 만주지역 동포들은 생활 근거를 박탈당한 채 유랑하는 신세로 전락했다(이어 일본은 1937년 7월 베이징을 점령하고 12월에는 난징을 점령해 '난징 학살 사건'을 일으켰다).

이처럼 만보산 사건은 처음부터 일제의 음모에 의해 촉발된 것으로 이는 만주사변으로 이어졌고, 만주사변 발발을 전후해 일제 총독부는 국내 신문들에 대해 "일본을 '내지內地'로, 일본어를 '국어國語'로, 일본군을 '황군皇軍' 혹은 '아군我軍'으로 쓰기를 강요할 정도로 낱말 하나하나까지 치밀하게 간섭" 했다.(동아일보사, 2000)

『동아일보』·『조선일보』의 한글 보급 운동

일제의 통제에 위축된 『동아일보』와 『조선일보』는 주로 신문사 주최의 사업을 통해 민족의식이나 민족문화를 지키는 노력을 기울였다. 『동아일보』와 『조선일보』는 광주학생운동 이전인 1920년대 후반부터 문자 보급 운동을 벌였다. 『동아일보』는 1928년 4월 1일을 기해 '글 장님 없애기 운동'을 벌일 것을 선언했으며, 『조선일보』는 1929년 7월 14일부터 '귀향 남녀 학생 문자 보급 운동'을 시작해 이를 연례 행사로 실시했다. '아는 것이 힘, 배워야 산다'는 표어를 내건 이 운동의 첫해에 참여한 학생은 49명에 이르렀다.

『조선일보』는 1930년 12월에는 '한글 기념가'와 '문자 보급가'를 현상 모집했고, 1931년 2월 20일엔 춘계 문자 보급반을 결성하고 『조선일보』 전국 지국과 분국을 총동원해 3주간에 걸쳐 문맹 퇴치를 위한 한글 원본을 전국에 무료 배포했다. 『동아일보』는 1931년에서 1934년까지 4차례에 걸쳐 학생 하기夏期 '브나로드 운동'을 전개해 문맹 타파와 한글 보급 운동을 벌였다(Vnarod는 '민중 속으로'라는 러시아 말이다).

무언가 심상치 않다는 걸 느꼈던지 총독부는 1935년 여름방학을 기해 『조선일보』와 『동아일보』가 벌이는 문자 보급 운동에 대한 중지령을 내렸지만, 신문들은 다른 형태로 이 운동을 지속시켰다. 이 당시의 신문 연재소설들도 주로 농촌 계몽을 겨냥한 것이었는데 대표적인 작품은 『동아일보』에 연재되었던 이광수의 「흙」(1932년 4월 ~1933년 7월)과 심훈의 「상록수」(1935년 9월~1936년 2월) 등이었다.

정진석(1990, 524)은 "이와 같이 일제 치하에서 언론이 전개한 국어 운동은 민족의 독립 역량 배양이라는 원대한 목표를 두고 추진한 것"이었다고 평가했으나, 두 신문의 문맹 퇴치 운동을 아름답게만 보지 않는 시각도 있다. 이 운동의 경비는 거의 학생들이 스스로 부담했고, 그 밖에 동리 유지, 지방단체, 교회, 신문사 지 · 분국 등이 부담했다는 점, 그리고 당시 2,000만 인구 중 신문을 구독할 수 있는 사람이 400만 명에 불과해 독자 확보 차원의 계산도 있었지 않느냐는 지적이 있다. 이런 비판은 당시에도 있었다. 월간 『신단계』 1933년 1월호에 실린 글은 신문사의 문자 보급 운동에 대해 다음과 같이 일침을 가했다.

"문자의 필요는 우리도 잘 안다. 그러나 그것이 문자나 지식 그것만을 주는 한에 있어서는 우리는 그 필요를 그다지 크다고 생각지 않는다. 하물며 문자 그것을 통하야 전술한 바 동아지의 그 가공한 민족개량주의의 독성을 뿌림에 있어서랴! 그들은 그들의 주장을 보다 광범히 보다 힘 있게 펴기 위하야 지금 귀중한 학생의 힘을 빌어 그 소리를 닦고 있는 것이다. 그리고 겸하야 문자를 원여援與함으로써 그 기관지 『동아일보』를 널리 소화시키려는 그러한 의도도 물론 있다."

(김동민, 1990)

두 신문이 판매 확장을 위해 사용한 또 하나의 방법은 연재소설이었다. 이와 관련, 유선영(1992, 302)은 "1931년 무렵만 해도, 4면만으로도 충분할 것을 신문사 간의 경쟁 때문에 6면, 8면씩 확대하고 나면 채워야 할 기사거리가 부족하여 하루에 6~7종의 소설을 게재하는 기태奇態가 연출되기도 했다"며 "어느 면에서 문학의 저널리즘화는 문학계와 신문의 필요가 서로 일치한 데서 비롯된 결과일 수도 있었다"고 평가했다. 이와 같이 『동아일보』와 『조선일보』는 상호 치열한 경쟁을 벌였고 급기야 공개적인 정면 격돌로 비화되기까지 했다. 그러나 1933년 3월 21일 『조선일보』를 방응모가 인수하기 전까지는 『동아일보』의 압도적 우세였다.

1933년 방응모의 『조선일보』 인수

김성수는 동생인 김연수가 경영한 해동은행, 고무신 제조와 무역업을 하는 경성상공회사 등을 합쳐 1930년에는 500만 원의 재산을 소유했으며, 그의 인척들의 재산까지 합치면 약 1,000만 원을 동원할 수 있는 실력을 가진 것으로 평가되었다. 1931년 12월에는 경영난에 빠져 있던 보성전문학교까지 인수했다. 이런 튼튼한 배경 덕분에 『동아일보』는 월급도 많고 제날짜에 급료가 어김없이 지불되어 다른 신문 종사자들의 부러움을 샀다.(정진석, 2001)

『동아일보』 기자 봉급은 대부분 60원, 간부급은 70~80원이었다. 1932년 조선총독부의 조선인 관리로 가장 인원이 많았던 판임관 대우의 평균 월급은 38원 66전, 공립보통학교 교사의 평균 월급은 남자 54원, 여자 48원, 은행원 평균 월급은 70원, 의사는 75원이었다. 소득 수준으로 적어도 『동아일보』 기자는 상류층에 속했다.(김영희, 2002)

그러나 『동아일보』의 독주는 방응모라는 인물이 나타나면서 브레이크가 걸렸다. 방응모는 평안북도 정주 출신으로 금광에서 그야말로 노다지를 발견해 벼락부자가 된 인물로 1922년부터 5년간 『동아일보』 정주 지국장으로 일한 적도 있었다.

1927년 7월 말, 3년 전 방응모가 임대받은 폐광인 삭주 교동광산에서 금이 쏟아져 나왔는데, 연간 300킬로그램 생산 규모(현 시세로 약 60억 원)였다. 금광은 계속 성장해 1930년엔 종업원 수 1,113명을 기록해 종업원 1,400명을 고용한 미국 자본의 온산금광 다음으로 큰 금광이 되었다. 나중에 우리나라 금 생산량의 10퍼센트를 차지하게 되었다.(이동욱, 1998)

당시 『조선일보』는 어떠했던가? 『조선일보』는 1927년 3월 29일에 사망한 이상재의 뒤를 이어 신석우가 사장이 되었으나 이미 재정적으로 곤경에 빠져 1928년 9월 그 자리를 안재홍에게 물려주었고, 그 후 유진태, 조만식 사장 시대를 거치는 등 지리멸렬하고 있었다.(최준, 1995)

『조선일보』는 1932년까지 12년간 사장이 8번이나 바뀌었으며, 1932년의 『조선일보』는 빚을 끌어다 간신히 연명하던 상황이었다. 방응모는 『조선일보』를 인수하기 위해 교동광산을 일본의 중외광업에 135만 원에 매각했다. 쌀 100석을 추수할 수 있는 땅값이 1만 원이던 시절로, 당시 현금 135만 원을 수중에 가진 사람은 조선 땅에

2~3명 정도에 불과했다. 방응모는 1932년 11월 조만식 사장 때부터 비공식 영업국장으로 『조선일보』에 개입하고 있었다. 방응모는 1933년 3월 21일 『조선일보』를 인수해 그해 7월 10일 정식으로 사장에 취임했다.(이동욱, 1998)

방응모는 『동아일보』 정주 지국장으로 일할 때 신문 대금 미납으로 본사에서 정직 처분을 여러 번 받자 서울까지 찾아가서 사정을 했으나 받아들여지지 않자 분개해 "어디 10년 후에 두고 보자"라는 원망 섞인 말을 남겼다고 한다.(주동황·김해식·박용규, 1997, 28) 그 원망은 대대적인 『동아일보』 인력 스카우트로 나타난다.

『조선일보』·『동아일보』의 격렬한 지상 비방전

방응모는 『동아일보』를 추격하기 위해 『동아일보』에서 오랫동안 중추적 역할을 맡았던 이광수, 서춘, 김동진, 함상훈, 신태익 등을 무더기로 끌어들여 『동아일보』의 신경을 건드렸다. 이와 관련, 정진석(1992, 578~579)은 이렇게 말한다. "방응모는 자신이 내세울 만한 학력을 갖지 못한 데 대한 보상심리였던지 학벌이 좋은 사람을 즐겨 채용했다. 그중에도 사립학교 출신보다는 관립대학 출신에 비중을 두어 『조선일보』 사원 가운데는 관립대학 출신자가 동아나 『매일신보』에 비해 많은 수를 차지하게 되었다. 당시 세평은 방응모의 이러한 인사 정책을 '간판주의' 정책의 한 표현이라고 꼬집을 정도였다."

『조선일보』의 인력 스카우트의 이면엔 지역주의도 적잖이 작용했다. 이광수, 서춘 등은 정주 출신으로 방응모와 동향이었다. 그 이전에 『조선일보』 인수도 지역과 관련이 있었다. 1932년 중반부터 조만식(사장), 주요한(편집국장), 조병옥(영업국장, 조병옥은 충남 출신이지만 서북계의 수양동우회 회원이었음) 등 서북계(평안도, 함경도, 황해도) 인사들이 『조선일보』를 운영했기 때문에, 같은 서북계인 방응모로선 『조선일보』를 인수하기에 수월했을 뿐만 아니라 호감도 가졌을 것이다. 서북계인 이광수, 서춘 등이 『조선일보』로 옮겨간 1933년 8월 『호외』는 『동아일보』에 대해 " '이때까지 평안도 사람한테 속았구나!'라고 자탄하얏다는 소문이 사실일 것 같기도 할 것이다"고 했다.

특히 이광수의 행실이 문제가 되었다. 이광수는 김성수의 도움으로 일본 유학을 했으며, 1923년 5월 파격적인 대우를 받으며 동아일보사에 입사해, 1926년 11월에는 편집국장에 올랐으며, 이듬해 신병으로 신문 제작 일선에서 물러났으나, 1929년 12월 다시 편집국장에 복귀해 1933년 8월까지 재직했다. 그간 이광수의 역할이 너무 컸기에 이광수의 『조선일보』행은 『동아일보』로선 더욱 뼈아픈 일격이었을 게다. 이광수는 『동아일보』에서 부사장, 취체역, 편집국장, 정리부장, 학예부장 등 5~6인의 대역을 홀로 담당했으며 "논설 · 사설 · 소설 · 횡설수설을 써 신문의 4설說을 도맡았다."

이광수는 『조선일보』에서도 부사장 겸 취체역, 편집국장, 학예부장, 정리부장 등 5개 직책을 맡아 "조선 신문계의 무솔리니"(『삼천리』 1933년 10월호)라는 별명까지 얻었다. 그는 『매일신보』에 쓴 「무정無情」의 후속으로 『조선일보』에 「유정有情」을 집필했는데, 『조선일보』는 이 소식을 전단으로 만들어 경성 시내에 뿌렸다.(윤치호, 2001; 이동욱, 1998; 조맹기, 2006; 조선일보사 사료연구실, 2004)

이광수 스카우트로 인해 더욱 불편해진 『동아일보』와 『조선일보』의 관계는 1935년 6월에 공개적인 정면 격돌로 폭발했다. 오히려 『조선일보』가 선수를 친 셈이었는데, 『조선일보』는 김성수가 교장으로 있는 보성전문학교의 신입생 초과 문제, 그리고 역시 김성수가 교주인 중앙고보의 학생 11명이 경찰에 구속되어 재판에까지 이르게 된 사건을 집중적으로 보도했다. 그리하여 두 신문 사이의 싸움은 공개적인 이전투구의 양상으로 번졌다. 『동아일보』도 방응모가 추진하던 조림 사업이 그 지역 주민들의 권리를 짓밟는 '이권 운동'에 불과하다며 비난을 퍼부으면서 격렬한 지상 비방전이 벌어졌다.(최민지, 2000; 최준, 1987)

일본 광고주들을 위한 '기생 관광'

1935년 7월 6일 『조선일보』가 서울 태평로에 사옥을 준공했다. 새 사옥 낙성식에서 "조선 민족으로서는 역사상 제일 큰 집을 지었다"는 축사가 나왔고, 낙성식엔 OK악극단을 초청해 독자를 위한 무료 공연을 여는 등 3일간 잔치를 벌여 이 일대가 문전성시를 이루었다. 사설은 "『동아일보』는 3층이고 『조선일보』는 4층이다"고 주장하기까지 했다.

방응모의 공격적인 경영은 두 신문사 사이의 경쟁을 격화시켜 '기생 관광'이라는 희한한 수법까지 등장하게 만들었다. 1933년 11월 방응모는 이광수와 함께 2주간에 걸쳐 일본을 방문해 일본 광고주들을 접촉했다. 이에 질세라 1934년 『동아일보』는 광고주인 일본의 제약, 제과, 화장품 회사의 간부 20여 명을 초청해 기생 관광을 시켜주었는데, 나중엔 『조선일보』까지 이 수법을 동원해 두 신문 간의 경쟁은 그야말로 '이전투구泥田鬪狗'를 방불케 했다.

이러한 광고 유치를 둘러싼 추태에 대해 소설가 김동인은 『개벽』 1935년 3월호에 쓴 「한 문예가가 본 민간 신문의 죄악」이라는 글에서 일제하 민간 신문의 창간을 '자식을 염원하던 늙은 과부의 외아들'로 비유하면서, 민간지들이 이윤 추구를 위해 '매족적 행위'를 일삼고 있다고 비판했다. 또 월간 『비판』 1935년 10월호는 다음과 같은 독설을 퍼부었다.

"그들의 신문은 그들이 가진 바 독소를 방산하는 데 유일한 무기가 되는 것이며 그 경영에 있어서는 자본가의 기업적 경영이란 주판을 떠나서는 사명을 계속하지 못하는 일종의 상품인 이외에는 아무것도 없는 것이다. 정의 옹호(『조선일보』), 민족 표현 기관(『동아일보』) 운운하는 아니꼬운 표어는 천하제일매독약이라는 약장수의 주문呪文과 무엇이 다를 바 있는가. 그들은 그들의 상품에 대한 고객을 보다 많이 흡수하기 위하여 부단한 노력과 경쟁을 음적으로 또는 양적으로 게을리 아니한다."(김동민, 1999a; 이동욱, 1998; 정진석, 2001)

아닌 게 아니라 이즈음 신문들의 지면과 광고 비중은 크게 늘었다. 『동아일보』는 창간 초기에 4면을 발행했으나 1925년 8월에 6면으로, 1929년 9월에 8면으로, 1936년 1월에 조석간 12면으로 증면했다. 『동아일보』의 전체 수입 가운데 광고 수입이 차지하는 비중은 1920년에는 32퍼센트였으나 1930년에는 40퍼센트까지 올라갔으며 1940년에는 45퍼센트까지 올라갔다. 일제하에서 『동아일보』에 게재된 광고 내용을 생산지에 따라 구분하면, 조선 상품이 25.1퍼센트, 일본 상품이 67.8퍼센트, 미국 상품이 5.6퍼센트를 차지했다.(김민환, 1996)

두 신문 사이의 싸움 결과가 모두 부정적인 건 아니었다. 경쟁의 와중에서 현장 취재가 적극 도입되었다. 또 속보 경쟁 때문에 취재와 필름 송고에 기발한 방법들이 동원되기도 했는데, 특히 1934년 7월 태풍이 경상·전라·충청도 일원을 휩쓸었을 때엔 수재 사진 취재에 비행기가 처음 동원되었다(항공기에 의한 사진 뉴스 보고가 시작된 것은 1920년대부터였다). 『조선일보』는 수해 발생 나흘 후인 7월 24일 「삼남 벽지 수해 조사차 금일 본사 비행기 출동」이라는 제목으로 항공사진 취재 관련 기사를 호외로 발행하기도 했다.(최인진, 1999)

그러나 이 또한 지나친 경쟁으로 인한 부작용이 없지 않았다. 『개벽』 1935년 3월호 기사에 따르면, 1934년 태풍 재난 때 『동아일보』는 "「○○일보사 구호반」이라는 기를 달고 메가폰으로 구호반이 왔다고 고함을 지른 후 주림에 떨던 주민들이 모두 달려오면 얼른 사진 한 장만을 찍고 또 다른 곳으로 달려가버리기"를 되풀이했으며, 의연금이 들어오면 그 수치를 도쿄, 오사카 등지의 일본 광고주들에게 제시해 사세를 과시하기도 했다는 것이다.(유선영, 1992)

『조선일보』·『동아일보』의 속보·잡지 경쟁

『조선일보』는 『동아일보』를 앞지르기 위해 신속한 호외를 자주 발행했는데, 1935년 『개벽』에는 "조선과 중앙의 기자는 동분서주하는데 동아는 책상에 앉아서 머리로 쓰는 편이 많아 비교적 비활동적"이라는 평가가 실리기도 했다. 1938년 2월 5일 『조선일보』는 최초로 야간 속보를 위한 '전광電光 뉴스 보도'를 시작했다. 서울의 화신빌딩 7층 옥상에 전광 뉴스대를 가설하고 석간과 조간의 중간 시간에 뉴스를 속보했으며, 매일 오후 6시부터 발광 가동하여, 밤 10시까지 주요 뉴스를 전광 문자로 보도했다.(유선영, 1995; 이동욱, 1998)

두 신문 사이의 경쟁은 잡지 경쟁으로도 나타났다. 1931년 11월에 나온 『신동아』 창간호는 발매부수가 2만 부를 돌파했고 제3호부터는 1만 부에서 9,000부 선으로 고정되었다. 당시 발행되던 잡지들의 발행부수가 많아야 2,000~3,000부 수준이고 『동아일보』를 비롯한 일간지들의 발행부수가 10만 부를 넘어본 적이 없었다는 것을 감안한다면 그건 대성공이었다. 그러나 비판의 소리가 없었던 건 아니다.

정진석(1991, 616~617)은 "20년대까지는 신문이 편집 중심으로 운영되었으나 30년대 무렵부터 영업 중심으로 바뀌어 수지타산을 우선적으로 생각하게 되었는데, 잡지 역시 그런 경향을 보이고 있었으며 『신동아』도 바로 그런 경향을 띠게 되었다는 비판이었다"며 "또한 『동아일보』의 지면을 이용한 『신동아』의 대량 선전과 지국의 활용으로 인해 독립된 잡지사가 발행하는 의견 잡지는 존립하기 어려운 상황을 만들었다는 비판도 있었다"고 했다.

실제로 개벽사가 『개벽』에 이어 낸 『별건곤』이라는 잡지는 1929년 6월 12일 시인 김동환의 주재로 『삼천리』가 나오자 독자를 절반 이상 빼앗겼으며, 동아일보사가 『신동아』를 내면서 결정적인 타격을 받고 말았다. 이에 개벽사에선 『개벽』의 전통을 이어받는 뜻에서 종합잡지 『혜성』, 『제일선』 등을 내기도 했으나 재미를 보지 못했고 예전부터 내던 『신여성』도 고전을 면치 못했다.(백철, 1999)

『혜성』은 1931년 3월 1일에 창간해 1932년 4월 15일에 폐간했고, 『제일선』은 『혜성』을 개제해 속간한 것으로 1932년 5월 20일에 창간해 1933년 3월 15일에 폐간하는 등 단명했다. 『별건곤』도 1934년 3월 1일에 폐간했다. 『동아일보』는 『신동아』에 이어 1933년 1월에 『신가정』을 창간했는데, 이 또한 다른 독립적 여성지의 존립을 어렵게 만들었다. 1934년 『신여성』이 폐간된 것도 그런 이유 때문이었을 것이다.(연구공간 수유+너머 근대매체연구팀, 2005)

1930년대 중반부터 『조선일보』의 반격이 시작되었다. 『조선일보』는 1935년 6월에 사옥을 준공한 후 『조광』을 창간했으며(11월), 창간 두 달 뒤인 1936년 신년호를 2만 부나 찍었다. 조선일보사는 이어 『여성』(1936년 4월), 『소년』(1937년 4월), 『유년』(1937년 9월) 등을 계속 창간했다. 『소년조선일보』는 1937년 1월 10일자부터 본지에서 분리되어 별쇄로 간행되었다(1940년 8월 10일 폐간). 『조선중앙일보』도 1933년 1월 『중앙』과 『소년중앙』 등을 창간했다.(이동욱, 1998; 정진석, 1992)

신문에 대한 사회적 인식

당시 신문이 누린 권력과 신문에 대한 사회적 인식은 어떠했을까? 이를 엿볼 수 있는 좋은 자료로 『동광』 1931년 12월호에 실린 '신문 비판 특집'은 주목할 만하다. 이 기사는 대화 형식으로 신문에 대한 세평世評을 다음과 같이 전했다.

"조선의 신문계에 사장이면 판서判書 격은 되고 중역이면 참판參判 격은 된다는 말을 못 들었나? 그 밑에 국장도 있고 부장도 있으니까 벼슬 못한 조선 민간 유지에게는 이것이나마 훌륭한 벼슬자리인 줄을 모르는가?······연전에 모 신문에서 수재금을 모집하니까 푼푼이 들어온 것이 5만여 원이요, 또 요새 이 충무공 성금 모집도 2만 원을 돌파했으니, 이 돈 없는 조선에서 그만한 돈을 모은다는 것은 신문의 위력이 아니고는 못할 일이 아닌가. 아닌 게 아니라 시골 가서 보면 석유 등잔 희미한 불빛 밑에서 동리 사람들이 모여 앉아서 신문지가 해지도록 돌려가며 읽고, 신문에 난 말이면 만고의 진리로 듣는 형편이니."

『신동아』 1933년 신년호에 실린 '신문기자'를 주제로 한 좌담회엔 『동아일보』, 『조선일보』, 『중앙일보』, 『매일신보』 등 4개 신문의 현역 기자 10여 명이 참석했는데, 그 가운데 일부를 인용하면 다음과 같다.

"지방 경찰에서는 사회부 기자라면 꽤 무서워하지요. 특히 총독부 출입 기자를 무서워한다나요. 이전에 총독부 어느 출입기자가 어느 지방에 출장을 갔다 오는데 그곳 경찰서장이 전송을 나왔더라나요.······신문기자가 셋방을 얻으러 가면 방을 주지 않으려 하니 별일이야.······여하튼 민간에서 기자를 싫어하는 것만은 숨길 수 없는 사실이야. 남에게 싫음 받을 행동을 한 일은 별로 없는데 웬일인지 알 수 없어.······과거에 좀 꺼떡대고 건방지게 군 기자가 있기 때문에 우리는 그 후환으로·······. 신문에서는 특종을 몹시들 귀하게 알지만 결

국 특종이라는 것이 사회적으로 얼마만한 이익이 될까는 의문입니
다."(동아일보사, 2000)

당시 신문의 주요 독자층이었던 지식인들의 신문에 대한 인식은
어떠했을까? 김진송(1999, 129~131)은 '현대성의 형성'이라고 하는
관점에서 『사해공론』 1935년 7월호에 실린 한 논객의 신문 비평을
근거로 "초기의 '지식인 대중'을 가늠하는 수단의 하나는 그들이 '신
문을 본다'는 것이다. 신문은 단순히 활자를 읽을 수 있는가 없는가
하는 기초적인 지적 능력을 가늠하는 척도일 뿐 아니라 신문이 제공
하는 정치, 사회, 문화에 대한 정보를 공유할 수 있는가 없는가를 판
단하는 근거이기도 하다"며 다음과 같이 말한다.

"특히 초기 지식인 대중에게 신문이야말로 현대성을 체험하게 하
는 가장 효과적인 수단이었을 뿐 아니라 현대적 일상과 그 일상에서
바라보는 삶의 태도를 재조직하는 현대 특유의 산물이었다. 신문은
정보를 매개로 하여 현대화된 일상 속에 틈입하는 현대적 소외의 불
안을 증폭시키며 불안을 적절히 일상에 매어두는 이중의 효과를 지
니고 있다. 예를 들면 언론은 가장 비일상적인 사건을 다루며 그것을
일상적인 삶에 전달해주면서 일상을 위협하기도 하고 일상에서 벗어
나려는 충동을 억제하기도 한다. 이때부터 이미 일상을 비일상적인
것으로 둔갑시키려는 '쩌날리즘'은 식자들에 의해 비난의 대상이 되
었으며 그것은 신문이 지니고 있는 '소문의 권력'과 함께 현대의 필
요악으로 군림했다."

신문의 문학 지배

1930년대는 신문 연재소설의 전성기였다. 1932년 12월 김기림은 신문 연재소설의 융성을 "신문 소설 '올림픽 시대'"라 부르면서 앞으로도 "소시민층의 다정다한한 독자들을 울리고 웃기고 감탄시키며 감취시킬 것"이라고 예견했다. 소설을 발표한 지면이 턱없이 모자랐기에 신문 연재소설의 성행은 당연한 일이었다. 문인들도 생계유지를 위해 신문에 종사했다.

1930년대에 신문에 종사했던 문인으로는 『조선일보』에 염상섭, 현진건, 김동인, 김기림, 채만식, 홍기문, 함대훈, 이원조, 조선일보출판부에 이은상, 윤석중, 백석, 노자영, 노천명, 김래성, 계용묵, 『동아일보』에 현진건, 이익상, 주요섭, 윤백남, 이무영, 홍효민, 주요한, 이은상, 변영로, 심훈, 『조선중앙일보』에 이태준 등이 있었다. 백철, 조용만, 최학송, 정비석, 이봉구, 조풍연, 이서구, 김소운 등도 신문 학예부 기자였다. 전문적으로 미술 공부를 한 화가들도 신문 삽화를 그려 '문인과 미술가들의 동거 체제'가 이루어졌다.(조영복, 2003)

이들 중 가장 이색적인 인물은 김동인이었다. 김동인은 기자로 '변절'한 문인들에게 독설을 퍼붓기도 했기 때문이다. 그는 1929년 7월 『동아일보』 편집국장 이광수를 향해 "비상한 노력 끝에 위선적 탈을 썼다"고 했고, 그해 12월엔 『동아일보』 기자로 입사한 주요한에게 "요한이 '사회인이 된다'는 것은 시인으로서의 파멸을 뜻한다"고 비판했다. 그러던 그가 1933년 4월 『조선일보』 학예부장으로 입사한 데다, 당시 『조선일보』 편집국장은 주요한이었으니! 그는 훗날

자신의 기자 생활에 대해 "과부의 서방질이나 마찬가지로 나 스스로
도 창피하게 생각하는 바이다"고 했다.(조선일보사 사료연구실, 2004)

신문은 문인 발굴과 양성까지 맡고 나섰다.『조선일보』와『동아일
보』는 1932년에,『조선중앙일보』는 1934년에 각각 문예 현상 모집
을 실시했다. 소설가이자『동아일보』학예부 기자를 역임한 이무영
은 1934년『신동아』에 기고한「신문소설에 대한 관견管見」에서 "다른
나라에 비해 조선의 저널리즘과 문학 사이에는 조선의 현실만이 갖
고 있는 여러 가지 특이성이 있다"며 다음과 같이 말했다.

"조선의 작가로 신문소설을 쓰지 않는 사람이 없다. 외국에서는
신문소설을 씀으로 해서 몰락하는 반면에 조선에서는 신문소설을 씀
으로 해서 작가적 지위를 획득한다. 이는 조선 사회의 지식 수준을
반영하는 것이 될 것이다. 또 한 가지 조선에서만 찾을 수 있는 특이
성은 현 조선의 문예운동이 3개의 신문을 사실상 유일한 무대로 삼
고 있다는 점이다. 오늘날의 조선은 소년 잡지까지 합해 10여 종에
불과하고 빈약하나마 창작란을 가진 잡지가 2, 3종에 불과하다.……
본의는 아니면서도 비교적 고료가 후하다는 신문소설로 작가의 눈이
돌아가는 것도 부득이한 일일 것이다. 여하튼 신문소설이 매년 조선
문단에 남겨지는 수확의 전부가 되어 있다는 것은 슬픈 일이다."(동
아일보사, 2000)

당시의 기준으로 베스트셀러라 할 수 있는 것은 거의 모두 신문
연재소설로 신문사에서 간행한 것이었다. 김동인의『젊은 그들』(『동
아일보』, 1930), 염상섭의『삼대』(『조선일보』, 1931), 이광수의『흙』(『동
아일보』, 1932), 이광수의『유정』(『조선일보』, 1933), 김동인의『운현궁

의 봄』(『조선일보』, 1933), 이기영의 『고향』(『조선일보』, 1933), 현진건의 『적도』(『동아일보』, 1933), 심훈의 『상록수』(『동아일보』, 1935), 박종화의 『금삼의 피』(『동아일보』, 1935), 채만식의 『탁류』(『조선일보』, 1937), 현진건의 『무영탑』(『동아일보』, 1937), 이광수의 『원효대사』(『매일신보』, 1942), 이태준의 『황자호동』(『매일신보』, 1942) 등이 그러했다.

특히 1936년은 신문사의 출판 활동이 매우 왕성한 시기였다. 조선일보출판부는 여러 잡지 외에도 1936년 한 해에만 『현대조선문학전집』(전7권), 『임꺽정전』(전4권), 『세계동화걸작선』, 『조선명인전』(전3권), 『세계명인전』(전3권), 『의학전집』, 『호암전집』, 『임꺽정 야담전집』, 『조선명창전』 등을 출판했는데, 한 판당 1,000부 단위로 찍어내는 등 호황을 누렸다.(이동욱, 1998; 이임자, 1998)

1936년 일장기 말소 사건

1936년 8월에 일어난 '일장기 말소 사건'은 신문들의 언론 활동을 더욱 위축시켰다. 베를린올림픽에 출전한 손기정의 마라톤 우승 소식이 국내에 알려진 건 8월 10일이었다. 시인 심훈은 8월 10일 새벽 신문 호외를 받아들고 그 뒷장에 "그대들의 첩보를 전하는 호외 뒷등에 붓을 달리는 이 손은 형용 못할 감격에 떨린다. 이역의 하늘 아래서 그대들의 심장 속에서 솟음 치던 피가 2천 3백만의 한 사람인 내 혈관 속을 달리기 때문이다. 오오 나는 외치고 싶다. 마이크를 쥐고 전 세계의 인류를 향해 외치고 싶다. 인제도 인제도 너희들은 우리를 약한 족속이라고 부를 터이냐!" 라고 갈겨썼다.(정진석, 2001)

아마도 그런 심정은 모든 조선인에 의해 공유되었을 것이다. 『동아일보』는 8월 25일자 지면에 베를린올림픽 마라톤에서 우승한 손기정의 사진을 게재하면서 가슴에 그려진 일장기를 말소했는데, 이로 인해 『동아일보』는 무기 정간 처분을 당했으며 사장 송진우와 부사장 장덕수가 사직했다. 『신동아』도 『동아일보』와 같이 정간되었는데, 이후 복간되지 못했다.

『동아일보』의 일장기 말소는 체육부 기자 이길용에 의해 이루어진 것이었다. 그는 후에 잡지에 기고한 글을 통해 "단순히 충동적이고 우발적으로 일장기를 지웠다"고 고백했다. 사건이 터지자 사장 송진우는 이길용을 불러놓고 "성냥개비로 고루거각을 태워버렸다"고 큰 호통을 쳤으며, 이 소식을 들은 『동아일보』 사주 김성수도 "히노마루(일장기) 말소는 몰지각한 소행"이라면서 노여워했다. 그 후 송진우는 무기 정간 해제를 위해 총독부 고관들에게 이 사건은 일개 기자의 독단에 의해 저질러진 몰지각한 행위에 불과하다고 하소연했으며 급기야 이길용 등 13명의 사원을 해고했다.(『미디어오늘』, 1995. 7. 12)

일장기를 말소한 손기정의 사진을 먼저 게재한 신문은 여운형이 운영하던 『조선중앙일보』였다. 당시 『동아일보』, 『조선일보』와 더불어 '민간 3지' 또는 '민족지'라고 일컬어진 『조선중앙일보』는 8월 13일자 지면에서 일장기를 말소한 사진을 게재했는데, 이 사진은 선명치 않아 아무 일 없이 넘어갔다가 『동아일보』 사건이 터지면서 알려져 『조선중앙일보』도 같이 무기 정간을 당하게 되었다. 『동아일보』는 1937년 6월 1일, 무기 정간을 당한 지 279일 만에 복간되었으나 『조선중앙일보』는 재정 상태가 악화되어 정간은 해제되었지만 끝내 복간을 못하고 1937년 11월 5일 허가의 효력 상실로 폐간되고 말았다.

여운형의 『조선중앙일보』는 친일파들의 사생활 폭로에 앞장선 신문이었다. 그들의 변절 행위를 정면으로 비판할 수 없는 상황이었기에 그들의 불륜 관계나 잘못된 사생활을 폭로하는 방식으로 항일 운동을 한 셈이었다. 예컨대, 1934년 3월 29일자에선 3·1운동 때 33인의 한 사람이었다가 변절한 중앙보육학교 교장 박희도의 불륜 행위를 폭로했으며, 1934년 9월 20일자에선 최린이 여류 화가 나혜석과 불륜 관계를 맺었다가 고소당한 사건을 보도했다. 이런 기사는 세인의 관심을 끌었기 때문에 다른 신문들도 같은 편집 태도를 보였다. (전봉관, 2006; 정진석, 2001)

박용규(1996, 110)는 언론사 연구의 관점에서 『시대일보』-『중외일보』-『중앙일보』-『조선중앙일보』로 이어지는 이 일련의 신문들에 대해 이렇게 평했다. "조선공산당 창당을 포함하여 1920년대 중반의 사회주의 운동과 관련해서는 『시대일보』를 살펴볼 필요가 있고, 1927년에 창립된 신간회와 관련해서는 『중외일보』를 살펴볼 필요가 있다. 또한 사회주의 운동가 출신들이 1930년대에는 어떻게 활동했는가를 보기 위해서는 『조선중앙일보』를 살펴볼 필요가 있다."

황국신민화 운동과 『조선일보』·『동아일보』의 굴종

전쟁 준비에 광분하던 일제는 1937년부터 조선인을 일본 천황의 백성으로 하려는 이른바 황국신민화 운동을 벌였으며 뒤이어 우리말 사용 대신 일어 사용과 창씨개명 등을 강요했다. 우상숭배라고 하는 차원에서 신사참배만큼은 목숨을 걸고 거부했어야 할 기독교계도 극소수를 제외하고 전 교파 차원에서 굴복해 교파 대표들로 구성된 신궁참배단이 일본으로 떠나기까지 하는 사태가 벌어졌다.

1936년 8월에 부임한 제7대 총독 미나미 지로南次郎는 곧 '조선 통치의 5대 지침' 가운데 하나로 국체명징國體明徵이란 걸 내세웠는데, 이는 "제국 9천만 동포가 거국일치 상하일심으로 천황의 도를 선양하자면 우선 국체 관념이 명징되어야 한다. 이는 곧 조선 통치의 근본이라, 신사참배, 황거요배皇居遙拜, 국기·국가의 존중과 '고꾸고(일본어)'의 보급 등으로 실을 거두어야 한다"는 것이었다. 이 가운데 하나인 '고꾸고' 상용을 위해 일제는 1937년 2월 26일 총독부 문서과장 명의로 총독부 각 국과 각 도에 '고꾸고' 상용을 엄명했으며, 총독부 기관지『매일신보』는 이미 1월 12일자부터 「매신 '고꾸고' 면」을 창설했다.(임종국, 1994, 1996)

『동아일보』와『조선일보』도 그런 상황의 한복판에 있었다. 『동아일보』는 일장기 말소 사건 후 일제의 압력에 굴복해 친일 어용지로 전락하고 말았다. 물론『조선일보』는 더 말할 것도 없었다. 『조선일보』는 일제의 모든 일거수일투족을 찬양하기에 바빴다. 1937년 1월 1일『조선일보』는 일왕 부부의 사진을 1면에 크게 실었으며, 1면에 총독의 새해 기념사와 휘호를 실었고, 이후 해마다 1월 1일자 1면에 일왕 부부의 사진을 커다랗게 실었다. 1937년 7월 '중일전쟁'이 나자『조선일보』는 7월 19일자부터 일본군을 '아군' 혹은 '황군'으로 표기하기 시작했다.

『조선일보』1937년 8월 2일자 사설 「총후(후방)의 임무-조선군사후원연맹이 목적」은 "제국 신민으로서 응분의 의무와 성의를 다하고자 시국 대책을 강구 실시하고 있는 중 조선군사후원연맹은 그 가장 중요한 것의 하나"라면서 "황군의 사기를 고무 격려하는 것"이 후원연맹의 중요 임무라고 강조했다. 8월 12일자는 일본의 중국 침략으로 전선이 확대되어 전쟁 자금이 부족하게 되자 조선 동포들에게 국방헌금을 내도록 독려하는 '사고社告'를 냈다. 이 사고는 신문사와 사원들의 헌금 솔선을 밝히며 "북지사변(중-일 전쟁) 발발 이래 민간의 국방헌금과 군대 위문금은 날로 답지하는 형편인데 본사에서는 일반 유지의 편의를 위하여 이를 접수 전달하려 하오니 강호 유지는 많이 분발하심을 바랍니다"라고 했으며, 이후 고정란으로 실렸다.(『한겨레』, 2001. 3. 28)

1938년 2월 일제는 주요 신문·통신 25개사의 대표자들로 구성된 조선춘추회를 결성하도록 했다. 조선춘추회는 총독부 경무국 도서과 등과 긴밀한 관계를 가지며 언론통제에 보조를 맞추기 위한 단체로, 이후 일제는 필요할 때마다 보도 범위와 방향에 대한 지침을 내렸다. 훗날 독재정권들에 의해 사용되는 보도지침의 원조였다.(박용규, 2001)

『조선일보』·『동아일보』의 지원병제 홍보

1938년 4월 일제가 징병제의 전 단계로 지원병제를 실시하자 『조선일보』와 『동아일보』는 사설을 통해 '대일본 제국 군대'에 지원할 것을 설득했다. 육군 지원병 훈련소의 개소를 맞아 『조선일보』는 1938년 6월 15일자 사설을 통해 다음과 같이 주장했다.

"조선 통치 사상에 한 에포크 메이킹이요 미나미 총독의 일대 영단 정책하에 조선에 특별 지원병 제도가 실시되게 된다는 데 대하여 이미 본란에 누차 우리의 찬사를 표한바 있거니와……요컨대 금번 지원병 제도의 실시는 위정당국에서 상上으로 일시 동인의 성려를 봉체하고 하下로 반도 민중의 애국 열성을 보아서 내선일체의 대정신으로 종래 조선 민중의 국민으로서의 의무를 다하지 못하고 있던 병역 의무의 제일단계를 실현케 하는 것이다. 황국신민된 사람으로 그 누가 감사치 아니하랴. 다만 오늘의 개소식을 당하야 특별히 이번에 엄선으로 선발된 지원 병사들은 이와 같은 중대하고 심원한 의의를 가진 제도를 특별히 실시하는 초기에 있어서 제1차 훈련생인 만치 그 책임이 중차대한 것이다."

중국 침략 1년을 맞은 1938년 7월 7일 『조선일보』는 이를 기념해 사설·머리기사 등 전 지면을 동원해 "열철일타의 일본 혼이 총후국민의 의력과 같이 동아의 신질서 건설의 발단을 만든 국민 감격의 기념일인 7월 7일을 맞이하여 전 조선의 도시 농산어촌에 들끓는 총후 황국신민의 물적 심적 총동원의 체제는 귀한 호국의 영령에 바치는 조의와 출정 장병의 신고를 생각케 하는 뜻깊은 여러 가지 행사"라고 보도했다.

또 『조선일보』 1939년 4월 29일자 사설은 일왕 히로히토의 생일 (천장절)을 맞아 이렇게 주장했다. "춘풍이 태탕하고 만화가 방창한 이 시절에 다시 한 번 천장가절天長佳節을 맞이함은 억조신서億兆臣庶가 경축에 불감不堪할 바이다. 성상 폐하께옵서는 육체가 유강하옵시다고 배승하옵는바, 실로 성황성공誠惶誠恐 동경동하同慶同賀할 바이다. 일년일도 이 반가운 날을 맞이할 때마다 우리는 홍원한 은恩과 광대한 인仁에 새로운 감격과 경행이 깊어짐을 깨달을 수가 있다."(『한겨레』, 2001. 3. 28)

일제는 지원병제를 실시하면서 지원병 응모자가 '황국신민의 서사도 외우지 못하는 등 전혀 황민화가 되어 있지 않다는 판단을 내렸다. 이에 대해 임종국(1996, 137)은 이렇게 말한다. "이리하여 군이 직접 이 문제의 제1선에 등장하면서, 단순히 황민화가 아닌, 전 조선의 병영화兵營化 작업이 시작되었다. 언어·풍속·관념과 심지어 식생활의 기호까지를 일본적으로 수행함으로써 전쟁 수행에 차질이 없게 하자는 것이었다. 이에 따라서 일체의 비非일본적 사상이 혹독한 탄압을 받게 되었다."

1939년엔 '고꾸고' 보급에 앞장서는 잡지가 여럿 나타났다. 3·1운동 시 '33인'으로 참가했던 박희도가 1939년 1월에 창간한 순 일문 잡지 『동양지광』과 매일신보사가 1939년 4월 3일 창간한 순 일문 주간지 『국민신보』 외에도 『삼천리』 등과 같은 기존 잡지들도 '고꾸고' 보급에 앞장섰으며 『신시대』와 『국민문학』처럼 '고꾸고' 보급을 위해 1941년까지 새로운 잡지의 창간이 이어졌다.(임종국, 1996)

창씨개명과 『동아일보』·『조선일보』의 폐간

일제는 1939년 11월 10일 이른바 창씨개명創氏改名을 법령화했다. 『경성일보』 1940년 1월 31일자 사설에 따르면, "창씨개명하는 조선인들의 수가 나날이 늘고 있다. 신질서의 실현이 가시화되기 위해서는 마땅히 이렇게 되어야만 한다. 편견을 가지고 이 운동을 방해하려는 자들은 당국에 의해 철퇴를 맞게 될 것이다. 이 자들은 민족주의와 정치적 동기로—조선 독립, 즉 반일주의로—인해 창씨개명을 반대하고 있다."

일제는 1940년 2월 11일부터 창씨개명 접수를 받기 시작했으며 8월 10일까지 창씨를 완료하도록 요구했다. 접수 이틀 만에 87건이 접수되었는데, 그 가운데 이광수가 포함되었다. 이광수에게 비난이 빗발쳤다. 윤치호의 1940년 6월 3일자 일기에 따르면, "정오쯤 이광수를 방문했다. 그는 출타 중이었다. 굉장히 똑똑한 그의 부인과 한담을 나누었다. 그녀의 말로는, 자기 남편이 창씨개명한 후 1천 통 이상의 편지를 받았는데, 하나같이 욕설을 퍼붓거나 가만 놔두지 않겠다고 협박하는 내용이었다고 한다. 요즘에도 하루 평균 5통의 편지가 온다고 한다."(윤치호, 2001)

그런 상황에서 『조선일보』와 『동아일보』는 생존을 위해 일제에 과잉 충성하는 것도 불사했다. 1940년 4월 『조선일보』는 일왕 생일을 맞아 이제껏 신민臣民이라고 하던 조선 백성을 신자臣子로 부르면서 "황공하옵게도 천황 폐하께옵서는 이날에 제39회의 어탄신을 맞이하옵시사. 억 신자臣子의 충심으로 흥아성업도 황위하에 일단은 진척을 보아 선린의 새 지나 국민정부가 환도의 경축을 하는 이때에 이 아름다운 탄신을 맞이한 것은 더욱 광휘 있고 경축에 불감할 바이다"고 했다.

일왕 찬양을 위해 『소년조선일보』까지 나섰다. 이 신문 1940년 4월 28일자 기사는 "황후 폐하께옵서는 출전해서 다치고 온 부상병을 염려하옵시고 그들에게 황송하옵게도 신숙어원新宿御苑에서 기르옵신 화초 씨를 내리셨습니다. 씨앗은 나팔꽃 공작꽃 같은 것 외에 마흔 몇 가지이고 또 '달리아' 같은 구근球根도 십여 종이라 합니다. 어御(단어의 뜻을 높이기 위한 접두어)인자하심에 감격해서 삼도군사보호원 부총재 三島軍事保護院 副總裁는 지난 십구 일에 참내 씨앗과 구근을 배수하고 각 요양소에 광영을 분배하였다 합니다"고 했다.(『한겨레』, 2001. 3. 28)

그러나 전시체제는 그런 과잉 충성마저도 불필요하게 만들었다. 두 신문은 제2차 세계대전의 발발과 함께 일본이 본격적인 전시체제에 들어가면서 1940년 8월 10일에 폐간당하고 말았다. 두 신문은 8월 11일자 신문을 폐간호로 하여 각각 8면씩을 발행했는데 지령은, 『조선일보』가 제6923호, 『동아일보』가 제6819호였으며, 발행 부수는 『조선일보』6만 3,000, 『동아일보』5만 5,000이었다(1940년 2월 15일 조선총독부 경무국 도서과 조사). 근무 인원은 『조선일보』 912명, 『동아일보』 902명으로 총 1,814명이었다.

김을한(1975, 140)은 "그때 기자들은 마지막 기사를 쓰며 울었으며, 사장 이하 많은 사람들이 폐간호를 인쇄하면서 돌아가는 윤전기를 붙들고 통곡하였다"며 이렇게 말한다. "그런데 동아·조선 두 신문을 강제로 폐간시킨 대가로 총독부 당국에서는 동아일보사에는 50만 원을, 조선일보사에는 80만 원을 각각 지불하였다. 그것은 두 신문사의 윤전기 기타 시설을 인수하고 사원들의 퇴직금 등을 보상하는 뜻에서 준 것인데, 조선이 동아보다도 30만 원이나 더 받은 것은 고속도 윤전기를 새로 구입하고 여러 가지 시설에서 돈이 많이 든 것을 평가한 때문이었다."

『동아일보』·『조선일보』의 폐간 이유

훗날 두 신문은 "민족지들이 친일을 했다면 일제가 왜 폐간을 했겠느냐"고 항변하게 된다. 폐간일이 창씨개명 신청 마지막 날임을 들어 "일제는 조선인의 이름을 빼앗는 것과 함께 민족의식을 뿌리 뽑기 위해 『조선일보』와 『동아일보』를 폐간시킨 것이다"는 말도 나오게 된다. 이에 『한겨레』(2001. 3. 28)는 『조선일보』를 지목해 다음과 같이 반박한다.

"일제가 『조선일보』를 폐간한 주된 이유는 38년 공포된 국가총동원법에 따른 물자 절약 및 조선어 말살 차원에 있었다. 이는 폐간사에서 '동아 신질서 건설의 성업을 성취하는 데 만의 일이라도 협력하고자 숙야분려한 것은 사회 일반이 주지하는 사실'이라고 밝힌 데서도 『조선일보』가 무슨 항일을 해서 폐간된 것이 아님을 알 수 있다. 『조선일보』는 폐간 보상금으로 『매일신보』와 총독부로부터 각각 20만 원과 80만 원을 받았다. 당시 일본군 전투기 한 대가 10만 원이었음을 보면 작지 않은 돈임을 알 수 있다."

실제로 1938년 5월에 공포된 국가총동원법(일본 본국에서는 4월 1일)에 따라 일본에서도 1938년 가을부터 인구 10만 명 도시에 하나의 신문만 남긴다는 목표를 세우고 1현 1지의 원칙 아래 통폐합을 추진한 결과 1935년경 전국 1,200개 일간지를 1943년에는 55개사로 줄였다. 조선에서 일본인이 발행하는 일어 신문에도 1도 1사 원칙을 적용해 1940년 1월부터 전국 각지의 일어 신문을 통폐합했으며 조선어 신문에 대해선『매일신보』하나만을 남겼다.

이른바 '1도 1사제'의 결과 '일문 야당지'로 오랜 역사를 자랑하던『조선신문』과『조선시보』등을 비롯한 여러 신문이 폐간되었으며, 살아남은 일문 신문들은『경성일보』·『조선상공신문』·『중선일보』(대전)·『전남신보』·『전북일보』·『부산일보』·『대구일일신문』·『평양매일신문』·『압강일보』(신의주)·『황해일보』(해주)·『북선매일신문』(원산)·『청진일보』등이었다.(최준, 1987)

일제는 신문의 내용이 문제가 아니라 한국인 발행 신문의 '존재 자체'가 한국인의 민족의식에 영향을 준다고 보았기 때문에『조선일보』·『동아일보』를 폐간시켰다는 시각도 있다. 정진석(2005, 173~176)은 총독부의 비밀문서 '언문신문 통제안'을 근거로 총독부의『조선일보』·『동아일보』폐간 이유는 ① 반일 민족의식이 일어나지 못하도록 해야 한다, ② 광고주와 구독자의 경제적 부담을 줄인다, ③ 지면의 획일화로 유사한 신문이 병존할 필요성을 상실했다, ④ 신문용 자재의 절약 등 4가지였다고 밝혔다. 윤치호(2001, 469)는 1940년 8월 11일자 일기에 다음과 같이 썼다.

"어제 저녁 조선의 두 신문인『동아일보』와『조선일보』가 폐간호를 발행했다. 두 신문의 폐간으로 조선인들이 깊은 상처를 받을 게 틀림없다. 그러나 요즈음이 비상시국이다 보니, 당국의 입장에서도 이들 신문의 발행을 금지할 명분은 충분하다. (1) 용지 절약을 위해서, (2) 일본 신문의 보급을 촉진하기 위해서, (3) 조선인들에게서 민족주의에 대한 미련을 완전히 뿌리 뽑기 위해서."

조선일보사의 『조광』을 통한 활동

『조선일보』는 폐간 후 『조광』 등 월간잡지와 단행본 출판 사업을 계속했는데, 『조광』은 1944년 말 발행을 중단하기까지 일제를 찬양했다. 『조광』 1940년 3월호는 「일본 제국과 천황에게-성은 속에 만복적 희열을 느끼며」라는 제하의 권두언을 내보냈고, 이어 7월호에서는 "만세 일계의 황통을 이으옵신 세계 무비의 깨끗하옵신 역사를 가진 우리 일본 황실의 번영이 이처럼 날로 점앙하는 것은 위로 성명聖明하옵신 천황 폐하를 모시옵고 아래로 국민이 일치단결 국운의 번영을 꾀한 때문일 것"이라고 했다. 10월호에서는 일제의 조선 통치 30년을 기념하면서 "지금부터 만 30년 전 일한 양국은 드디어 양국의 행복과 동양 영원의 병화를 위해 양국 병합의 조약을 체결"했다고 주장했다.

　『조광』 1941년 신년호는 "서기 넘치는 신년을 맞이하여 천황 폐하, 황후 폐하의 성수무강하옵시기를 충심으로 비옵는 동시에 황태자 전하, 의궁 전하, 희궁, 효궁, 순궁, 천궁, 사내친왕 전하께옵서도 어건강하옵시기 삼가 비는 바입니다"라며 황실에 대한 충성을 표시했다. 이어 2월호 사설은 "내 손으로 지은 쌀을 내 마음대로 소비하고 처분할 수 있는 것이 구체제라면 내 손으로 지은 쌀, 내 자본으로 만든 물건을 모두 들어 나라에 바치고, 그 처분을 바라는 것이 신체제요, 총력 운동이요, 또 신절을 다하는 소이이기도 하다"며 '쌀을 갖다 바칠 것'을 독려하고 나섰다. 『한겨레』(2001. 3. 28)는 "이 사설이 나갈 즈음 일제의 조선 곡물 수탈은 한층 도를 더한다. 41년 쌀 수확량의 43.1%였던 일제의 수탈률은 44년에 이르면 63.8%까지 올라간다. 먹을 것이 없는 조선의 민중은 말 그대로 초근목피로 연명했다"고 말한다.

『조광』의 1942년 신년호 권두언인 「성수무강」은 "데라우치 총독은 조선 통치의 대본大本을 저하여 창업의 토대를 쌓은 위대한 공적을 남겼거니와 이래 만 30년간 현 미나미 총독에 이르기까지 7대 총독을 맞이하였는데 각각 그 시대 그 시대의 요구와 필요에 따라 혹은 제도 개혁에 혹은 치안 확립에 혹은 경제기구와 산업 시설에 혹은 교육 시설에 주력하는 등 모든 특색 있는 정책을 실시하여 그 결과는 오늘날과 같은 문화 조선 건설을 결실시켰다"며 "내선 문제에 있어서는 그 통치의 근본정신이 서양류의 식민지 정책과 그 범주를 달리하고 있는 것인데 특히 미나미 총독의 내선일체 정책의 강화는 이 원리를 완전히 구현시켜서 민족 융합의 이상적 경지로 맥진하고 있다"고 했다.(김동민, 1999b)

주요 언론인과 언론 사주들은 국민총력조선연맹(1940. 10. 창립), 흥아보국단(1941. 8. 창립), 임전보국단(1941. 10. 창립), 언론보국회(1941. 11. 창립), 사상보국연맹, 조선문인보국회 등을 통해 친일 활동을 했다. 바로 이 시기에 친일파가 양산되기도 했다.(주동황·김해식·박용규, 1997)

『매일신보』와 『경성일보』의 번영

이제 남은 유일한 국문 신문은 총독부 기관지인 『매일신보』뿐이었다. 『동아일보』와 『조선일보』가 발행되던 시절에 『매일신보』, 정확히 말해서 『매일신보』에서 일하는 조선인들은 이중고二重苦를 겪어야 했다. 그들은 조선인들에게서 전혀 환영을 받지 못했을 뿐만 아니라 같은 총독부 기관지인 일문 『경성일보』의 일본인 사원들의 냉대까지 받아야 했다. 『매일신보』의 경영이 영 신통치 않았기 때문이다. 그래서 『경성일보』의 일본인 사원들은 자기들이 돈을 벌어 『매일신보』 기자들을 먹여 살린다는 우월감을 갖고 있었을 뿐만 아니라 『매일신보』를 가리켜 "『경성일보』의 암癌"이라고까지 말하기도 했다.

두 신문 사이의 그런 갈등으로 인해 『매일신보』는 1938년 4월 29일 『경성일보』에서 분리해 독립적인 주식회사로 발족했으며, 이때에 제호도 『每日申報』에서 『每日新報』로 바꾸었다. 주주는 경무국의 강요로 조선인 40퍼센트, 총독부가 지정한 반관半官 회사 60퍼센트로 이루어졌다. 이때 사장은 최린, 부사장은 이상협, 편집국장은 김형원이었으며 전무와 경리부장 등 재정 분야는 일본인들이 맡았다.

일제는 『동아일보』와 『조선일보』의 폐간에 따른 불만에 대한 회유책의 일환으로 두 신문에서 일하던 기자들의 상당수를 『매일신보』에 입사시켰다. 『매일신보』는 일제의 충실한 기관지 노릇을 했지만 유일한 국문 신문이라는 이유 하나만으로 번영을 누렸는데, 지사가 17개, 지국이 327개나 되었고 발행부수도 50만 부(1945년 6월 현재)에 이르렀다.(최준, 1987)

이때 『매일신보』 기자였던 조용만은 훗날 회고록에서 "그 당시의 『매일신보』 사원들은 그야말로 매신賣身해온 사람들이어서 어떻게 하루 신문 지면을 만들어 채우면 그만이지 신문을 잘 만들어보겠다는 열의도 정성도 없었다"며 다음과 같이 말했다.

"그렇다고 독서를 하느냐 하면 그렇지도 않았다. 나는 우리나라 기자들이 잡지나 신간 서적을 들고 다니는 것을 본 적이 없다. 신문사 안에서도 쓸데없는 잡담이나 했지 잡지 한 권 읽는 사람이 없었다. 그때 우리들은 일본의 식민지 통치 아래 있어서 아무 희망이 없었다. 재주가 있고 열심히 일을 해도 지위가 높아지는 것도 아니고 그냥 그대로 일본 사람 아래서 심부름이나 하는 차별 대우를 받을 뿐이었다. 이런 점에 자포자기하는 마음이 생겨 이렇게 무기력한 생활을 하는지도 몰랐다."(최서영, 2002, 337)

『경성일보』는 1938년부터 시작한 『소국민신문』을 비롯해 『황민일보』·『월간소국민』·『연성화보』 등의 일간과 주간과 월간의 간행물을 발행했는데, 한글 수업 금지와 일어 상용 장려 정책 때문에 『매일신보』처럼 번영을 구가했다. 『경성일보』의 발행부수는 1942~1943년경에는 20만 부에 오르게 되었다. 최준(1987, 334~335)은 "시국의 변천과 더불어 민간 지식계급층에서는 국문판 『매일신보』보다도 오히려 『경성일보』를 보는 경향과 풍조가 생겼다"며 "『경성일보』 독자를 상별詳別할 때 일인 사할에 대하여 한국 민간인 측이 6할을 차지한 기현상을 가져왔다"고 했다.

이미 『동아일보』·『조선일보』 폐간 이전에도 일본에서 발행되는 일본어 신문을 구독하는 독자도 많았다. 1929년에서 1939년까지

500부 이상 국내에 보급된 일본 신문은 11종 10만 2,707부에서 17종 19만 5,767부로 2배 정도 늘었으며, 한국인이 구독한 부수는 1929년 5,062부에서 1939년 3만 6,391부로 7배 이상 증가했다. 『오사카매일신문』 경성지국은 조선인 독자를 늘리기 위해 한국 문인 30명에게 원고를 청탁해 싣기도 했다. (김영희, 2001)

1930년대의 라디오방송

한국어 방송이 독립 분리된 라디오 이중방송은 1933년 4월 26일부터 실시되었으며 방송 시간도 1일 16시간으로 크게 늘어났다. 한일 양국어 혼합방송 시대인 1932년에 약 2만 명이던 청취자 수도 이중방송 후에는 크게 늘기 시작했다. 청취자 수는 1934년 1월에 3만 명을 돌파했으며, 조선인의 증가가 현저해 총 가입자의 40퍼센트에 달하게 되었다. (쓰가와 이즈미, 1999; 유병은, 1998)

아나운서가 제공하는 '라디오 드라마'도 인기를 누렸다. 『별건곤』 1934년 5월호에 따르면, 한 여자 아나운서가 톨스토이의 〈부활〉을 방송하면서, 카투사와 네흘류도프 공작이 시베리아 벌판에서 이별하는 장면에서 그냥 울어버리더니 내내 계속 흐느끼기만 하는 '방송사고'가 발생했다. 그러나 청취자들은 그걸 '사고'로 여기기보다는 여자 아나운서의 울음에 공감했으리라는 해석이 뒤따랐다. 『조광』 1936년 1월호는 "한번 라디오를 논(들여놓은) 사람은 여기에 말하자면 인이 박혀 하루도 못 들으면 궁금할" 만큼 되었지만, "상점 앞에서 떠들어대는 '라디오' 확성기의 아우성"은 "도회인의 가뜩이나 날카

로운 신경을 마비시키고" 있다고 했다.(이승원, 2005)

이중방송이 실시되기 전까지 6년여 동안의 방송 시설은 '라디오의 아버지'라 할 마르코니가 공급해준 것이라고 한다. 마르코니 부부는 1935년 11월 25일 특별 열차 편으로 경성에 도착해 기자회견을 가졌는데, 『조선일보』 11월 25일자는 마르코니가 "무선 시대 다음에는 TV 시대가 온다"고 이야기했다는 걸 전하고 있다.(유병은, 1998)

전국 중계 정기방송은 1934년 1월 8일부터였지만, 경성방송국이 개국한 이래로 8년 7개월간 조선에는 경성방송국 하나뿐이었다. 1935년에 이르러서야 부산방송국(9월 21일)이 개국했고 뒤이어 1938년까지 평양방송국(1936년 11월 15일), 청진방송국(1937년 6월 5일), 이리방송국(1938년 10월 1일), 함흥방송국(1938년 10월 30일) 등이 차례로 개국했다.

그런 네트워크 확충에 힘입어 라디오 수신기는 1936년 말에 7만 3,000여 대, 1937년 말 11만 1,000여 대, 1938년 12만 9,000여 대에 이르렀다. 1939년 4월 1일 월 청취료를 1원에서 75전으로 내리자 청취자는 16만 7,000여 명으로 증가했다. 라디오 수신기는 가장 비싼 것이 185원, 싼 것은 78원이었는데, 당시 하숙비는 30원에서 40원이었다.(쓰가와 이즈미, 1999)

라디오방송의 영향력이 점점 커지자 조선총독부는 방송 통제를 더욱 강화했으며 1937년 중일전쟁의 발발과 함께 일제는 본격적으로 방송을 국민 동원과 전시 선전의 도구로 삼기 시작했다. 조선총독부는 황국신민화, 내선일체, 일본어 상용 등의 명분을 내걸어 우리말 뉴스 방송에서도 일본어 혼용을 강요했고 〈궁성요배宮城遙拜의 시간〉

이니 〈심전개발心田開發〉이니 하는 프로그램을 방송토록 했다. 그런가 하면 "일본군이 되어 천황 폐하를 위해 싸우다가 백골이 되어 호국신사에 봉안되는 것이 효도의 길이라는 노래 〈아들의 혈서〉를 당대의 인기 가수 백년설이 매일 방송하느라고 2개월간 방송국에 통근했다."(황문평, 1989)

1940년 『동아일보』·『조선일보』의 폐간으로 인해 라디오방송의 중요성은 더욱 커졌고 청취자도 더욱 증가했다. 청취자 등록은 1940년 10월 22일자로 20만 명을 넘었는데, 사단법인 조선방송협회는 20만 명 돌파를 경축하는 대대적인 행사를 벌였다. 1941년 청취자는 27만 2,000명으로 늘었다.

1940년 이후 방송망은 더욱 확충되었다. 1942년 3월까지 대구방송국(1941년 10월 30일), 강릉방송국(1941년 12월 1일), 마산방송국(1942년 2월 20일), 개성방송소(1942년 3월 1일), 서산방송소(1942년 3월 1일), 장전방송소(1942년 3월 1일), 광주방송국(1942년 3월 20일), 목포방송국(1942년 11월 1일), 원산방송국(1943년 4월 10일), 대전방송국(1943년 7월 15일), 해주방송국(1943년 8월 1일), 신의주방송국(1943년 8월 1일), 성진방송국(1943년 11월 1일), 춘천방송국(1944년 12월 20일), 청주방송국(1945년 6월 16일) 등이 개설되었으며, 수신기 수는 1943년 7월에 28만 5,000여 대에 이르렀다.(쓰가와 이즈미, 1999; 유병은, 1998; 최창섭, 1985)

1942년 '단파방송 밀청 사건'과 전화의 인기

1942년 말에 발생한 이른바 '단파방송 밀청 사건'은 당시 일제가 정보 통제에 얼마나 큰 신경을 썼는지 잘 보여준다. 1942년 태평양전쟁이 일어나자 총독부는 '외국 단파방송 청취 금지령'을 공포하고 그 단속을 강화했지만, 그래도 방송국에서 근무하는 조선인 직원들은 위험을 무릅쓰고 미국 샌프란시스코에서 발신되는 '미국의 소리' 방송을 들었다. 일제는 1942년 12월 말에서 이듬해 초까지 대대적인 검거를 해 150명 가까운 방송인들과 정객, 민간인 150명 등 300여 명이나 되는 조선인을 체포해 이 가운데 75명에게 유죄판결을 내렸다. 이 사건의 의미에 대해 정진석(1995a, 336)은 다음과 같이 말한다.

"이 사건은 일제하의 방송이 일본인들의 주도로 시작되었고 30년대로 넘어오면서는 일본의 식민지 정책을 대변하고 침략의 도구로도 활용되었으나 방송국에 종사하던 사람들은 민족의식을 지니고 있었으며 일제에 대한 저항 정신이 살아 있었음을 보여주는 것으로 일제하의 방송도 한국 방송사에 포함시켜야 한다는 주장을 뒷받침해주는 것으로 평가받는다."

또 유병은(1998, 244)은 경성방송국이 설립될 때 조선총독부에서는 단 한 푼도 재정적인 지원을 해준 바 없으며, 사단법인 경성방송국 설립 자금 20만 엔 전액은 조선식산은행에서 빌려 충당했고 민간에서 출자자를 모집해 조선식산은행의 빚을 갚았다는 점을 강조했다. 즉, 경성방송국이 일본 방송국의 지국이니 뭐니 하는 주장은 잘못되었다는 것이다.

1930년 전국의 전화기 대수는 4만 531대로 처음 4만 대를 넘어섰다. 동시에 전화 감시 체제도 강화되었다. 일제는 통화 시 감시 장치를 1929년 7월 경성국에 설치했다. 연간 전화 통화량이 최고를 기록한 건 크리스마스 때였다. 1933년 크리스마스 직전 하루 평균 통화량은 26만 건(본국 13만 건, 광화문전화국 10만 건, 용산전화국 3만 건), 한 가입자 평균 1일 통화량은 25번이었다.(『조선일보』, 1933. 12. 16)

당시에도 크리스마스의 인기는 대단했다. 윤치호(2001, 605)의 1933년 12월 24일자 일기에 따르면, "크리스마스가 서울 여성층에게 또 하나의 석가탄신일이 되었다. 여성들은 크리스마스의 진정한 의미 따위는 안중에도 없다. 여성들이 관심을 갖는 건 크리스마스가 쇼핑을 위한 또 하나의 핑곗거리이자 기회라는 사실이다".

전화의 인기는 나날이 치솟아 1939년 4월 경성에서 실시된 전화 지급至急 개통 신청 시 접수 나흘 만에 4,548명의 신청자가 몰렸으며, 이 중에서 조선인이 전체의 60퍼센트가량인 2,703명에 이르렀다. 『조선일보』(1939. 4. 22)는 이를 보도하면서 "경성은 바야흐로 전화광 시대電話狂時代를 연출하고 있다"고 했다.

1939년 9월부터 국제전화를 할 수 있는 곳이 50여 개국의 도시 100여 곳으로 늘어났다. 이에 『조선일보』(1939. 8. 13)는 "조선에 앉아서도 우리는 마음만 내키면 이 지구상에 흩어져 있는 오십여 나라 동무들과 서로 전화통을 들고 '여보세요 거기 독일입니까?', '거기는 남아메리카입니까? 요즘 날씨가 대단히 더운데요, 거기도 더웁습니까? 하고 말을 걸 수가 있게 되었습니다'라고 보도했다.

전국의 전화기 대수는 1940년 6만 9,495대, 1941년 7만 7,957대로 7만 대를 돌파했다. 그러나 7만 대가 넘는 전화 중에서 공중전화용은 1910년에 30대였는데, 30년이 지난 1941년에 이르러서도 147대에 지나지 않았다. 1943년 10월 5일 일제는 태평양전쟁이 막바지에 이르자 전화 설비의 공출을 단행하고 전시하 전화 이용의 자숙 운동을 전개했다. 이러한 강압적인 징발로 관서나 개인 통신 시설들이 상당수 징발되었고 사실상 대중을 대상으로 하는 전화 통화는 억제되었다.

영화의 인기와 전쟁 프로파간다 도구화

이미 1920년대부터 미국 할리우드 영화는 전 세계 시장을 석권했다. 당시 미국 영화는 1년에 700여 편이 제작된 반면, 독일은 200여 편, 영국은 40여 편, 다른 유럽 국가들은 10여 편에 불과했다. 1920년대에 할리우드 영화는 전 세계 모든 상영 영화의 5분의 4를 차지했다. 1925년에 미국 영화는 영국 시장의 95퍼센트, 프랑스 시장의 77퍼센트, 이탈리아 시장의 66퍼센트를 장악했다.(김지운, 1991; 이용관·김지석, 1992)

이러한 추세는 1930년대에도 지속되었으며, 식민지 조선조차 그 추세에서 열외는 아니었다. 전국의 영화 상설상영관이 79개소에 이른 1932년 조선에서 상영된 필름 양의 국가별 비율을 보면 외국산 62.7퍼센트, 일본산 32.3퍼센트, 조선산 4.1퍼센트였는데, 가장 인기가 높은 건 할리우드 영화였다. 1932~1934년 사이 『동아일보』에 실린 영화 관련 기사 중 미국 영화는 73건, 프랑스 영화는 16건, 영국 영화는 7건, 일본 영화는 5건이었다. 1929~1932년 사이 수입된 미국 영화의 4분의 3은 연애, 범죄, 섹스 등 3가지를 다룬 영화였다.(유선영, 2006)

1935년 우리나라 최초의 발성영화인 〈춘향전〉이 제작되었지만, 1930년대 중반 이후 한국 영화는 내리막길을 걷고 있었다. 일제는 1934년 "현재 조선에 있어 외국 영화의 상영은 총체의 6할 2푼여 일본 내에서는 평균 2할여를 점하고 있"다는 걸 지적하면서 새로운 취체 규칙을 만들었다. 그 세칙 사항은 외국 영화의 상영을 1개월에 한 극장에서 한 번으로 제한하는 한편 전체적으로는 4분의 3 이내로 제한해 일본과 조선의 영화가 의무적으로 4분의 1 이상 상영되도록 규정했다.(이효인, 1992)

1940년 이후에는 제국주의 선전 영화를 제외한 그 어떤 영화도 만들어지지 않았으며, 일제는 영화를 황국신민화, 내선일체, 일본어 보급, 전쟁 지원병 확보 등에 이용했다. 1938년 중일전쟁을 합리화시키는 극영화 〈군용열차〉가 제작되었으며, 1939년 〈승리의 뜰〉·〈국기 밑에서 나는 죽으리〉, 1940년 〈복지만리〉, 1941년 〈지원병〉, 1943년 〈망루의 결사대〉 등 압록강을 넘나드는 독립군을 비적 또는 마적으로 간주하는 친일 영화들이 제작 상영되었다. 1944년에 나온 〈너와 나〉와 같이 본격적인 내선일체와 전쟁 완수를 위한 선전 영화도 만들어졌다. 같은 해에 나온 〈병정님들〉, 1945년에 나온 〈우리들의 전장〉도 마찬가지였다.(김소희, 1998; 황문평, 1989)

그럼에도 이미 대중문화로 자리 잡은 영화의 인기는 식을 줄 몰랐다. 영화는 일제의 전쟁 프로파간다 도구로 이용된 동시에 대중의 사랑을 받는 대중문화로 기능했던 것이다. 영화 관객은 1930년대 내내 계속 늘었으며, 이런 증가 추세는 오히려 1940년대 들어 더 강화되었다. 총 관객 수는 1930년 511만 명, 1931년 529만 명, 1932년 587만 명, 1933년 587만 명, 1934년 650만 명, 1935년 878만 명, 1936년 889만 명, 1937년 1,195만 명, 1938년 1,399만 명, 1939년 1,722만 명, 1940년 2,169만 명, 1941년 2,508만 명, 1942년 2,762만 명이었다. 1932~1942년의 11년간 관객은 4배, 입장료 수입은 9배나 증가했다.(유선영, 2006; 이준식, 2004)

백화점과 소비문화

소비대중문화의 촉진에서 영화의 파트너는 백화점이었다. 1930년대 들어 백화점의 유행 선도 기능은 더욱 강해졌다. 1932년 백화점을 관찰하고 쓴 이상의 시詩엔 "마르세이유의 봄을 떠난 코티의 향수를 맞는 동양의 가을"이라는 표현이 등장할 정도로, 백화점은 고급스러운 동시에 이국적인 아우라를 풍기는 별천지처럼 여겨졌다.

기존 상인들이 그렇게 '첨단'을 달리는 백화점과 경쟁하기엔 역부족이었다. 백화점의 압도적 우세가 분명해진 가운데 경쟁은 일본 백화점과 조선 백화점 사이의 경쟁으로 나타나기 시작했다. 1932년 1월 최남은 서울 기독교청년회관 옆에 지하 1층, 지상 4층 규모의 건물을 짓고 동아부인상회를 동아백화점으로 개명했다. 바로 옆의 화신상회는 박흥식이 인수해 3층 콘크리트 건물로 증개축하고 1932년 5월 화신백화점이라는 이름으로 개업했다.(이이화, 2004; 최재봉, 2003)

동아백화점과 화신백화점 사이의 경쟁은 치열했다. 미모의 여점원을 채용해 고객을 유인하기도 했고 할인 대매출을 실시했으며 경품도 제공했다. 경쟁이 과열되자 화신에서는 경품으로 문화주택까지 내걸 정도였다. 박흥식은 일본 오사카 공장에서 물품을 직수입했고, 상품권을 발행했고, 금전등록기를 설치했으며, 당시 시인으로 이름을 떨치던 주요한과 소설가 조벽암 등을 채용해 광고 업무를 맡기는 등 선진적인 데다 대담한 상행위를 선보였다. 결국 동아백화점은 그런 공세에 밀려 손해를 견디지 못하고 개업 반년 만인 1932년 7월 16일 화신백화점에 흡수·합병당하고 말았다.(손정목, 2003; 오진석, 2004)

백화점의 인기가 하늘을 찌르면서 백화점들 사이의 경쟁도 더욱 치열해졌다. 『삼천리』 1933년 2월호가 경성 시내 백화점의 하루 고객 수를 소개하면서 논평한 것도 바로 그런 치열한 경쟁의 실상을 말해 주는 것이었다. 이 기사에 따르면, 미쓰코시백화점은 12만 6,000명, 화신백화점은 11만 7,000명, 조지아백화점은 9만 5,000명 등이었다. 당시 경성 인구가 30만 명이었음을 감안할 때, 이는 놀라운 수치였다.

백화점은 학생들의 수학여행 코스에도 포함되었는데, 『신동아』 1936년 5월호는 "특별히 시골에서 오는 사람이면 백화점에 한 번 출입하는 것을 일종의 자랑으로 아는 이가 없지 아니하다"고 했다. 화신백화점은 1937년 11월 연건평 2,000평이 넘는 지하 1층 지상 6층의 르네상스식 새 건물을 지었다. "오늘은 부민관, 내일은 화신"이라는 말까지 유행했는데, 이는 부민관에서 영화 한 편 보고 화신백화점으로 가서 신상품을 구경이라도 하는 것이 서민들의 소박한 꿈이었던 시대상을 함축하는 말이었다.(김태수, 2005; 이희정, 1992)

반면 부자들은 자가용 승용차를 타고 백화점을 드나들었다. 백화점과 자동차, 이 두 가지는 절대 다수 민중에겐 구경거리였을 뿐이지만, 당시 신문에 자동차 광고가 많이 실렸다는 건 신문이 여전히 상류층 지향적인 매체에 머물러 있었다는 걸 시사해준다. 흥미로울 뿐만 아니라 놀랍게도 『조선일보』 1935년 2월 5일자에 실린 시보레 광고는 '독특의 환기창'을 내세우면서 "염가급 차 중 시보레뿐만이 가진 귀중한 특징입니다"라고 주장하는가 하면, 포드 광고도 '주행 실비의 최소한 대중차 포드 V8' 등 대중성과 경제성을 강조했다.(마정미, 2006)

자동차는 1935~1940년에 급격히 늘어 8,000~1만 대에까지 이르렀으나 1940년 이후는 전시 상황으로 인한 강철, 고무, 석유의 결핍으로 급격히 감소했고 목탄차와 카바이트(아세틸렌)차까지 등장했다. 1941년엔 "비상시 국력 총동원의 일환으로 자동차 운전을 배워 대륙의 전선에 배치되자"는 식의 선동이 나오기도 했다.(손정목, 1996)

대중가요의 인기와 춤바람

가요 전문가들은 1930년대를 대중가요의 전성시대로 보고 있다. 이애리수의 〈황성옛터〉(1932), 고복수의 〈타향살이〉(1934), 이난영의 〈목포의 눈물〉(1935), 남인수의 〈애수의 소야곡〉(1937), 황금심의 〈알뜰한 당신〉(1937), 김영춘의 〈홍도야 우지 마라〉(1939) 등 오늘날까지 불릴 정도로 대중의 심금을 울렸던 명곡들이 바로 이 시기에 나왔기 때문이다.

레코드 상점 앞에 수백 명이 모여 스피커에서 흘러나오는 노래를 따라 불러 경찰이 출동하기도 했다. 『매일신보』 1930년 6월 14일자는 "20년이란 짧고도 길며 우습고도 눈물겨운 시간이 경과한 1930년의 첫 여름에는 만중표 '담배'와 같이 13도 방방곡곡이 '에디슨'의 선물에 귀를 기울이지 못한 불행한 조선의 남녀노소는 없게 되었다"며 "귀를 기울이고 들어 보아라. 지나가던 길거리에서 이 상점, 저 상점, 이 집 마루, 저 집 대청에서 길 건너 담 넘어 들려오는 이 여름의 유일한 위안거리인 '레코드' 소리를!" 이라고 말했다.(장유정, 2006)

일부 지식인들은 레코드 열풍을 마땅치 않게 생각했다. 예컨대, 김기림은 1931년 레코드 소리를 위안거리로 삼는 대중들을 "악기점에서 흘러나오는 '레코드'의 '왈츠'에 얼빠져" 있는 "불건전한 무리들" 이라고 비판하기도 했다.(이승원, 2005) 그러나 레코드에 의한 유행가들이 대중의 사랑을 받으면서 그렇게 말하기가 점점 어렵게 되었다.

『삼천리』 1933년 5월호는 "레코드의 홍수이다. 레코드 예술가의 황금시대이다. 레코드 외에는 오락을 갖지 못한 중산 가정에서는 찾는 것이 레코드뿐이다" 며 "전 조선에 300개가 넘는 대소 축음기 가게에서 매달 각 음반 회사가 적어도 50종에 가까운 신보新譜를 내놓는다. 그것이 한 종류에 1,000매, 2,000매가 손쉽게 팔려 나간다"고 했다.(손정목, 1996; 장유정, 2006)

1935년 전국의 축음기 보급은 30만 대를 넘어섰고, 1930년대 중반 음반 발매는 4~5만 장에 이르렀다. 노래가 있는 곳에 춤이 빠지면 서운한 일이었다. 레코드의 보급은 춤바람을 몰고왔다. 그러나 댄스는 불법이어서 처벌을 각오하고 몰래 숨어서 해야 했다. 이에 대일본 레코드 회사 문예부장 이서구, 끽다점(다방) '비너스' 마담 겸 영화배우 복혜숙, 조선권번 기생 오은희, 한성권번 기생 최옥진, 영화배우 오도실, 동양극장 여배우 최선화 등 8명의 대중문화 선도자는 1937년 총독부에 댄스홀을 허가해달라고 공개 탄원하기에 이르렀다.(김진송, 1999; 황문평, 1989)

댄스홀은 허가되지 않았지만, 그리고 많은 지식인이 댄스 열풍을 비판했지만, 춤바람 열풍은 수그러들지 않았다. 이승원(2005, 69)은 "1930년대 한국은 재즈와 춤 그리고 사교댄스가 범람하던 시대였다"며 "식민지 한국에서 살아가던 모던 보이와 모던 걸이 비록 비민중적인 색채를 띠고 있었고, 그것이 비록 식민지 정책의 일환으로서 개인의 욕망을 '배설'하는 장치로 기능했지만, 다른 면에서 그들에게 재즈와 춤은 쾌락 이전에 답답한 현실을 벗어나려는 도구이자 삶을 위안하는 촉매였다"고 했다.

김광해(1998)가 1925년에서 1945년 사이에 유행했던 가요 437곡을 내용 분석한 결과에 따르면, 주제별로 '사랑'이 전체의 33.9퍼센트로 가장 많았고, 다음은 '고향, 타향살이', '생활(삶의 애환)'이 각각 16.2퍼센트, '현실 반영·풍자' 12.4퍼센트, '자연' 7.6퍼센트, '친일' 6.6퍼센트, '육친' 3.7퍼센트, '조국애' 3.4퍼센트 순이었다. '울다'라는 동사는 전체 437곡의 거의 절반에 가까운 213개의 노래에, '눈물, 사랑'이라는 명사는 3분의 1에 가까운 노래에 나오는 것으로 나타났다.

이에 대해 "일제시대 대중가요가 민족의 정서를 황폐화시키고 시적 표현을 왜곡시켰다"라거나 "유행 창가 전반의 의식 세계는 결국 식민 지배에의 봉사로 귀결" 되었다는 분석이 주류를 이루고 있지만, 나라 잃은 식민지 민중에게 '슬픔'을 벗어나라고 주문하는 건 오늘의 관점에서 본 무리한 요구가 아닌가 싶다. 일제강점기의 신문을 이해하는 데에도 오늘의 관점과 더불어 당시의 상황을 고려하는 그런 이해심이 필요한 건 아닐까?

제5장

미군정기의 언론

"언론의 둑은 터졌다"

1945년 8월 15일 아침 서울 시내 각처에는 '금일 정오 중대 방송, 1억 국민 필청'이라는 벽보가 나붙었다. 일본의 무조건 항복을 고하는 일왕 히로히토의 떨리는 목소리는 경성중앙방송국의 중계로 라디오를 통해 국내에서도 들을 수 있었다.

바로 그날 그간 일제의 엄중한 감시 속에서도 해방 준비 작업을 해온 여운형을 중심으로 한 건국동맹은 일본 총독부와 치안 유지 등을 포함한 5개 항에 합의하고 건국준비위원회(건준)를 출범시켰다. 그러나 건준에서 박헌영의 공산당 계열의 영향력이 강화되면서 건준은 좌경화되고 말았다. 9월 6일 건준은 우익을 배제한 가운데 조선인민공화국(인공) 수립을 선포했다. 이에 대항해 우익은 9월 16일 한국

민주당(한민당)을 창당함으로써 이후 해방 정국은 극심한 좌우 갈등의 소용돌이에 빠져들게 된다.

1945년 9월 8일 미 제24군은 인천에 상륙했으며 9월 9일 서울에 진주했다. 오후 4시 30분 조선총독부 정문에 걸린 일장기가 내려지고 성조기가 게양되었다. 미군은 그날 조선총독의 항복을 받는 '항복 조인식'을 거행했다. 아베 노부유키阿部信行 조선총독은 할복자살을 시도했지만 미수로 끝나 여러 사람의 부축을 받으며 조인식장에 나와 항복하는 조인 문서에 서명했는데, 이 조인식은 라디오를 통해 전국에 중계되었다.(유병은, 1998)

바로 그날 더글라스 맥아더Douglas MacArthur 사령관의 포고문 1~3호가 공포되었다. 그러나 이 포고문들은 한국인을 적대시했다. 포고문 1호는 영어를 공용어로 사용한다고 했으며 포고문 2호는 미국에 반대하는 사람은 용서 없이 사형이나 그 밖의 형벌에 처한다고 했다.

9월 11일 한국 점령군 사령관 존 하지John R. Hodge 중장은 기자회견을 통해 앞으로 언론에 대해 어떠한 간섭도 가하지 않겠다고 약속하면서 '문자 그대로 절대적인 언론 자유의 보장'을 선언했다. 신문의 발행은 허가제에서 등록제로 바뀌었으며, 그 결과 수많은 신문이 창간되었다. 1945년 말까지 창간된 신문만도 40종 이상이 되었다.

미군이 진주하기 3일 전인 9월 5일엔 이묘묵 등이 주도한 영자지 『코리아타임스』가 창간되었고, 바로 다음 날 민원식 등이 주도한 영자지 『서울타임스』가 창간되었다. 새로 창간된 주요 국문 신문엔 『조선인민보』(9월 8일), 『해방일보』(9월 19일), 『민중일보』(9월 22일), 『동신일보』(10월 4일), 『자유신문』(10월 5일), 『조선신보』(10월 5일), 『조선

문예신보』(10월 24일), 『중앙신문』(11월 1일), 『대공일보』(11월 3일) 등
이 있었으며, 지방에서도 일본인들이 발행하던 일문日文 신문사의 시
설을 접수해 여러 지방지가 창간되었다. 이들은 거의 대부분 타블로
이드판 2면 신문이었다.(유일상 외, 1993; 이해창, 1983; 홍순일 · 정진
석 · 박창석, 2003)

해방 직후의 정치적 혼란 상황에서 신문이 매우 현실적인 권력임
을 일찍 간파한 좌파는 신문을 최대한 활용했고, 또 이에 질세라 우
파도 신문 발행에 열을 올려 신문은 이래저래 많이 나오게 되었다.
최준(1987, 338)은 당시 상황을 "언론의 둑은 터졌다"며 다음과 같이
묘사했다.

"홍수와도 같이 쏟아져 나오는 전단, 포스터와 신문─특히 민간 신
문의 일체 폐간 이후, 6년 만에 아무 장해 없이 실로 자유 활달하게,
우리의 손으로 감격에 넘쳐 만든 신문지는 서울 장안을 휩쓸었다. 활
판 인쇄로 된 것은 물론이고 등사판 인쇄의 전단 비슷한 신문 등
등……진정한 뉴우스에 굶주렸던 무리들은 종이에 그저 빨려들어가
는 듯하였다."

'엄정 중립은 기회주의적 이념'

1945년 9월 25일 미군정은 총독부 기관지였던 『경성일보』(일본어)를
접수했고, 10월 2일엔 『매일신보』(한국어)도 접수하고자 했으나 600여
명에 이르는 『매일신보』 사원들의 완강한 저항에 부딪혀 뜻을 이루
지 못했다. 10월 9일 미군정 장관 아치볼드 아널드Archibold V. Arnold는

조선인민공화국을 부인하는 성명을 작성한 뒤 이것을 10월 10일자 각 일간지 1면에 게재하도록 명령했다.

아널드는 성명에서 "어리석고 경박한 많은 발언이 미숙한 편집자가 편집하는 신문지상에 실리게 될 것으로 예상된다. 남한에는 오직 하나의 정부밖에 존재하지 않는다. 그것은 맥아더 원수의 포고, 하지 중장의 일반 명령, 군 정부의 민정 명령에 근거하여 창설된 정부이다"고 말했다. 이어 아널드는 "이른바 인민공화국이라는 것은 꼭두 각시들의 연극이요 일종의 사기극"이라고 규정하면서, 인공 지도자들은 어리석고 타락한 사람들로서 "자신들이 한국의 합법적 정부로서의 역할을 맡을 수 있다고 스스로 생각할 정도로 바보스럽다"고 조롱했다.

아널드의 발표는 대다수 한국인들을 분노케 했다. 거의 모든 언론은 아널드의 성명을 비난했으며, 『매일신보』는 그 게재를 거부하고 「아널드 장관에게 충고함」이라는 반박문을 게재했다. 그러자 하지의 보좌관인 조지 윌리엄스George Williams는 10월 13일에 가진 기자회견에서 서울의 기자들은 "더럽고, 배워먹지 못한, 무책임한 무리"이며, 서울의 신문들 중 하나를 제외하고는 모조리 "무책임하고 극단적으로 과격한 인쇄물"이라고 비난했다. 또한 그는 『매일신보』는 공산주의자들이 지배하는 노동자 위원회가 운영한다고 주장하면서 보수주의자들을 향해 "분발하여 다른 면도 보도하는 신문을 만들라"고 요구했다.(김민남 외, 1993; 송광성, 1995; Cumings, 1980)

이즈음 신문들은 거의 대부분 이념적·정치적 색깔을 드러내는 정론지政論紙였다. 상업신문이 태동할 수 있는 물적 조건이 갖춰져 있지 않은 상황인지라 더욱 그랬다. 신문들은 '의견'과 '주장'에 더 주력했다. 언론인들은 신문의 그런 성격을 상황론을 들어 정당화했다. 1945년 10월 23일 서울 종로 중앙기독교청년회 대강당에서 열린 전조선신문기자대회에서 채택된 선언문은 다음과 같이 주장했다.

"신문이 흔히 불편부당을 말하나 이것은 흑백을 흑백으로써 가리어 추호도 왜곡지 않는 것만이 진정한 불편부당인 것을 확신한다. 엄정 중립이라는 기회주의적 이념이 적어도 이러한 전 민족적 격동기에 있어서 존재할 수 없음을 우리는 확인한다. 우리는 용감한 전투적 언론진을 구축하기에 분투함을 선언한다."(정진석, 2001, 434)

이 선언문은 좌익 기자들이 주동이 되어 나온 것이었지만, 우익 기자들도 '불편부당'을 배격했기에, 언론 분야에서도 중간파가 설 땅은 없었다. 이 당시 언론은 정치 투쟁의 격렬함을 완화하기보다는 오히려 그 선봉에 서는 당파지로서 갈등을 극대화시키는 역할을 했다.

『조선일보』·『동아일보』의 속간

미군정은 1945년 11월 10일 『매일신보』에 정간 명령을 내렸다. 정간의 이유를 『매일신보』의 재정 조사라고 내세웠지만, 일제 치하에서 조선총독부의 어용지였던 이 신문이 해방 후에는 사원들로 구성된 자치위원회를 결성해 좌익 계열과 밀접한 관계를 가지고 미군정에 비판적인 태도를 취했기 때문이다. 또 『매일신보』를 접수하는 데에 실패했고 조선인민공화국을 부인한 '아널드 성명'의 게재를 거부하고 비판적 태도를 취한 것에 대한 보복도 작용했을 것이다. 해방 후 최초의 이 정간 조치와 함께 『매일신보』라는 제호는 없어지고, 11월 23일자부터 『서울신문』으로 바뀌어 속간되었다.

『매일신보』에 대한 정간 처분이 잘 말해주듯이, 미군정은 겉으로 내세운 '절대적인 언론 자유의 보장'과는 달리 좌파 신문은 탄압했다. 반면 우파 신문은 적산敵産, enemy property의 불하를 통해 육성했는데, 『동아일보』와 『조선일보』가 그런 혜택을 받은 신문들이었다.

두 신문은 인쇄 시설을 확보할 수 없어서 발간이 늦어진 것이었는데, 결국엔 미군정의 지원을 받아 『조선일보』는 11월 23일, 『동아일보』는 12월 1일에 속간되었다. 『조선일보』는 1945년 11월 23일 속간사에서 "우리 『조선일보』는 군정청의 우호적 지지와 이해 있는 알선에 의하여 오늘부터 재기한다"고 밝혔다. 『동아일보』는 1945년 11월 하순에 「해방된 강산에 부활된 『동아일보』 언론 진영에 불일간 재진군」이라는 제목으로 된 전단의 말미에 "군정 당국의 호의로 경성일보사의 일부 시설을 이용케 되어 방금 준비 중입니다"고 밝혔다.(김해식, 1994; 『미디어오늘』, 1995. 8. 23)

한민당에 참여한 사람들은 대부분 언론계, 특히 『동아일보』와 깊은 관련을 맺고 있는 사람들이었다. 물론 이는 『동아일보』의 사주인 김성수와 사장인 송진우가 한민당의 주도자들이었기 때문이다. 한민당의 수석 총무를 맡은 송진우는 『동아일보』 사장을 겸했기 때문에, 한민당의 사무실이 『동아일보』 사장실로 되어 있어 동아일보사는 한민당의 당사처럼 쓰였다. 한민당의 지방 조직도 『동아일보』 지국장들이 거의 다했다.(동아일보사, 1987; 연시중, 2001a; 조선일보사, 1990)

『조선일보』와 『동아일보』의 속간을 전후로 여러 신문이 창간되었다. 1945년 11월 25일엔 이종형을 중심으로 한 『대동신문』이 창간되었으며, 1946년 2월 26일엔 안재홍을 중심으로 한 『한성일보』, 3월 25일엔 『현대일보』, 4월 19일엔 『중외신보』, 5월 1일엔 『독립신보』가 창간되었다.

'찬·반탁' 논쟁과 『동아일보』

1945년 12월 28일 미·소·영 세 나라 수도에서 발표된 모스크바 결정은 한국의 신탁통치에 관한 내용을 담고 있었는데, 이는 국내에서 격렬한 '찬·반탁' 논쟁을 불러일으켰다. 그러나 그 논쟁은 한민당 입장을 대변하는 『동아일보』의 오보에 의해 왜곡된 형식으로 이루어졌다.

모스크바 결정서는 먼저 임시정부를 수립하게 되어 있었고, 신탁통치의 방안은 결정하지 않았다. 신탁통치는 미소공동위원회가 임시정부와 협의해 작성하게 되어 있었던바, 임시정부가 신탁통치를 강력히 반대한다면 신탁통치를 받지 않을 가능성도 있었던 것이다.

그러나 『동아일보』가 저지른 일련의 오보는 그런 이성적인 판단을 어렵게 만들었다. 모스크바 결정이 국내에 정확히 알려지기 이전인 12월 24일, 『동아일보』엔 소련이 청진과 원산에 특별 이권을 요구한다는 반소反蘇 기사가 실렸다. 또 그 다음 날엔 24일자의 보도 내용을 확인하지 않은 채 그것을 비난하는 반소 기사와 더불어 소련이 대일 참전의 대가로 한반도를 차지하려 한다는 근거 없는 기사가 실렸다.(서중석, 2000a, 2000b)

『동아일보』의 최대 오보는 12월 27일에 나왔다. 이날 머리기사 제목은 「소련은 신탁통치 주장, 미국은 즉시 독립 주장, 소련의 구실은 38선 분할 점령」이었다. 모스크바삼상회의 결정서가 공식 발표된 건 서울 시각으로 12월 28일 오후 6시니, 이 기사는 삼상회의 결정서가 발표되기 하루 전, 주한 미군사령부가 결정서를 입수하기 이틀 전에 나온 이른바 관측 보도였다. 이 기사는 삼상회의 당시 미·소 양측 입장과 주장을 정반대로 보도했을 뿐만 아니라 결정서 내용과 전혀 다른 왜곡 보도였다. 무엇보다도 미국 모 통신사로 되어 있는 기사의 출처가 의문시되었다.(정용욱, 2003b)

이 오보는 다른 신문들의 비분강개형 선동과 더불어 큰 위력을 발휘했다. 예컨대, 『조선일보』 12월 27일자 사설 「신탁통치설을 배격함」은 "신탁보다 차라리 우리에게 사死를 주는 것이 나을 것이다"고 했다. 다음 날 『조선일보』는 「죽음으로 신탁통치에 항거하자」는 제목의 호소문을 실은 호외까지 발행했다.(송건호 외, 2000; 조선일보사, 1990)

『동아일보』 12월 28일자는 「소련의 조선 신탁 주장과 각 방면의 반대 봉화」라는 제목 아래 충칭임시정부 측, 한민당, 국민당 등의 신탁 결사반대의 의견을 게재함으로써 27일자의 오보를 확산시켰다. 또 이날의 사설은 '신탁통치는 민족적 모독'이라고 규정하면서 전국적인 반탁운동을 촉구했다. 『동아일보』 12월 29일자는 모스크바 결정을 보도한다고 하면서도, 가장 중요한 임시정부 구성은 언급하지 않고 신탁통치를 실시한다는 것만 아주 자극적으로 보도했다. 또 이날의 사설은 "차라리 옥쇄玉碎하자"고 주장했다. 12월 30일자 사설은

"망국 40년 뼈에 사무친 통한을 그대로 폭탄 삼아 탁치 정권에 부딪쳐보자"고 외쳤다.(김민환, 2001; 서중석, 2000b)

선동에 관한 한 『조선일보』도 결코 『동아일보』에 뒤지지 않았다. 이 신문의 12월 29일자에 실린 '팔면봉'은 "3천만이 5년이라면 1억 5천만 년. 오호라 시일야방성대곡을 누가 하였던고"라고 흐느꼈으며, 사설 「죽음이냐 독립이냐」는 "오호라! 하늘을 우러러 통곡할지오, 땅을 치고 발버둥칠지로다"라며 "아! 3천만 형제의 최후 일전의 시기는 지금 이때다. 일어나라! 나아가자! 독립 전쟁의 길로!"라고 절규했다.(송건호 외, 2000; 조선일보사, 1990)

『동아일보』의 오보와 다른 신문들의 선동이 가세한 후, 남한 사회는 말 그대로 벌집을 쑤셔놓은 듯 들썩였고 국민들의 분노가 들끓었다. 신문들의 오보와 선동이 신탁통치 반대 운동을 이끌어냈다고 해도 과언이 아닐 정도로 그 위력은 컸다.(강만길, 1999)

'매국신문' 대 '반동신문'의 대결

'찬·반탁'을 둘러싸고 극도로 혼란한 정치 상황에서 신문들이 노골적인 정파성을 드러냄에 따라 폭력 사태가 자주 발생했다. 이 당시엔 무슨 시위만 했다 하면 주로 신문사들이 테러의 대상이 되었다. 1945년 12월 31일 우익 청년들은 『조선인민보』 사옥을 습격해 공무국원 20여 명을 구타했으며, 1946년 1월 2일엔 『조선인민보』 사옥에 수류탄을 던져 시설 일부를 파괴했다.

이런 폭력 사태마저 전개되는 가운데 우파는 좌파지를 '매국신문

賣國新聞'이라고 비난했고, 좌파는 우파지를 '반동신문反動新聞'이라고
비난했다. 우익의 테러에 대해 좌익이라고 가만히 있을 리는 없었다.
1946년 1월 9일엔 우익지의 선봉인 『대동신문』이 좌익의 습격을 받
아 5일 동안 신문을 발간하지 못하는 일이 벌어졌다. 『대동신문』은 사
장 이종형이 연일 사설을 직접 썼는데, 이 신문은 '우익 소아병小兒病
을 대표하는 극우지'이자 '사주 개인 감정 발산의 수단'으로서 악명
이 높았다.(조선일보사, 1990; 한원영, 1999)

　전반적으로 보아 이즈음 신문들은 좌익 우세였다. 25개 주요 일간
지의 정치적 성향은 좌익 7개, 우익 8개, 중립 10개였지만 발행부수
로는 좌익 22만 300부, 우익 14만 4,000부, 중립 2만 7,000부 등으로
좌익이 우세를 보였다. 1945년 10월 23일에 작성된 미군정의 보고
서도 당시 언론 상황에 대해 "대부분의 신문 경향은 분명히 좌로 기
울어 있다"고 썼다.(이상철, 1982; 최진섭, 2000)

　신문의 발행에선 우파보다는 좌파가 훨씬 더 적극적이었고 감각
도 앞섰는데, 특히 『조선인민보』의 활약이 두드러졌다. 이 신문은 미
군이 서울에 진주하기 하루 전날인 9월 8일 『경성일보』에서 나온 젊
은 기자들에 의해 창간되었다. 이 신문은 당시로서는 비교적 세련된
편집과 '진보적 민주주의'를 표방하고 '건준'과 '인민공화국'을 지지
하는 노선을 취했다.

　약 10일 후인 9월 19일 조선공산당 기관지로 창간된 『해방일보』는
신문으로서보다는 공산당 기관지로서 주목을 끌었는데, 창간호 1면
톱에 「조선공산당의 통일 재건 만세!」를 실었고 같은 면에 '우리의
표어'라 해서 다음과 같은 7개의 주장을 내걸었다.

"1. 조선인민공화국 만세! 2. 연합군을 환영하자! 3. 전쟁 범죄자를 처벌하라! 4. 일본 제국주의의 세력을 완전히 구축(축출)하라! 5. 일본 제국주의 행정기관을 통한 조선 통치 절대 반대! 6. 조선의 완전 독립! 7. 일본인 경관대의 무장을 곧 해제하라!"(송건호 외, 2000)

당시 『해방일보』 기자였던 박갑동은 다른 신문들의 발행부수가 몇 만 부 수준에 머물러 있던 반면 『해방일보』는 60만 부를 발행하느라 하루 종일 찍었다면서 "그 당시에는 대세가 공산당 쪽으로 기울었기 때문에 박흥식(화신백화점 사장) 같은 부자들이 돈을 보따리로 싸가지고 왔어요"라고 주장했다.(이철승·박갑동, 1998, 259)

그러한 '좌익 우세'는 출판계에도 그대로 반영되었다. 조상호(1999, 76)는 "해방 이후 3년 정도의 기간에 출간된 대략 1천 7백 종의 도서들을 살펴보면 '해방 공간'의 출판 상황이 좌익 출판에 의해 주도되었음을 알 수 있다"고 했다. 최정호(1999, 191~192)는 해방 직후의 좌우 투쟁에서 좌파가 주도권을 행사했던 주요한 원인 중의 하나로 우파가 "네트워크나 미디어보다도 더 중요한 메시지에 있어서, 말에 있어서" 좌파에게 밀렸다는 점을 들었다.

당시의 시대적 상황도 좌익 우세였다. 미군정 사관史官이었던 대위 리처드 로빈슨Richard Robinson은 1946년 봄에 작성한 보고서에서 남한엔 공산주의적 이상에 공감하는 사람이 여전히 더 많고, 남한의 정치적 성향은 의심할 나위 없이 좌익적이라는 결론을 내렸다. 이와 같은 '좌익 우세'는 미군정 공보부가 1946년 7월에 실시한 대규모 여론조사 결과에서도 나타났다. 이 조사에 따르면, 한국인의 85퍼센트가 '대의기구를 통한 모든 인민의 지배'가 바람직한 정부 형태라고 응답했으며, 70퍼센트가 좋아하는 사상으로 '사회주의'를 지적했다. 자본주의는 13퍼센트, 공산주의는 10퍼센트에 불과했다.(김민환, 1991; 정용욱, 2002)

'좌익 우세'를 저지하기 위한 언론통제

신문의 '좌익 우세'를 저지할 필요가 있었을까? 1946년 5월 4일 미군정은 군정법령 제72호 '군정에 대한 범죄'를 공포해 유언비어 유포나 포스터, 전단지 등의 방법으로 질서를 교란하는 행위를 처벌할 수 있는 조항을 마련했다. 이 법령의 첫 번째 적용 대상은 『인천신문』이었다. 미군정 방첩대CIC는 인천시청 적산과장敵産課長의 부정행위에 대해 『인천신문』이 5월 5일부터 3일간 연속해 보도하자 5월 7일 『인천신문』을 급습해 사장 이하 60여 명을 전격 연행했으며, 편집국장 등 5명의 간부들에 대해선 실형을 받게 했다.

미군정은 1946년 5월 29일엔 군정 법령 제88호 '신문 기타 정기간행물 허가에 관한 건'을 공포했는데, 이 법령의 골자는 발행의 허가제로서 일제 때로 원상 복귀한 것이었다. 이 법령의 공포 이후 좌익 계열의 새로운 정기간행물 신청은 허가되지 않았다. 그래서 좌익 계열은 기존 간행물의 판권을 새로 사서 제호만을 고쳐서 발행하는 식으로 대응했다.

반면 우익지는 더욱 기세등등했다. 특히 극우지인 『대동신문』은 폭력 선동도 마다하지 않았다. 1946년 5월 16일 이 신문은 여운형 피습 사건을 기린 「민족혼을 가진 청년에게! 청년지사 박임호 군의 뒤를 이어라」라는 장문의 기고를 게재했다. 이는 공공연하게 지상紙上으로 살인을 교사敎唆한 것이었다. 이 신문은 무기 정간 처분을 당했지만, 정간 처분은 3주 만에 풀려 6월 6일에 복간되었다.

이어 1946년 5월 18일 공산당의 위조지폐 사건이 적발되자 미군정 당국은 공산당이 차지하고 있던 정판사精版社를 폐쇄하는 동시에 공산당 기관지인 『해방일보』에 발행 정지 처분을 내렸다. 8월 8일 『조선인민보』가 서울 시민들의 식량 배급 청원 데모의 선동적인 기사를 게재했다는 이유로 사장 홍증식, 편집국장 김오성 등이 검거되어 9월 5일 군정 재판에서 3만 원 벌금에 징역 3개월의 언도를 받았다. 미군정은 미군정 비방을 이유로 8월 18일 전라남도의 『동광신문』과 『호남신문』에 대해 폐간 조치를 취했으며, 9월 6일 서울의 좌익지인 『조선인민보』·『현대일보』·『중앙신문』 등 3사에 대해 발행 정지 처분을 내렸다.(김상도 외, 1995; 최준, 1987; 한원영, 1999)

공산당은 미군정의 탄압에 대항해 1946년 9월 24일 이른바 '남조선 철도 총파업'을 일으켰는데, 서울 시내 각 신문사 종업원들도 다음 날인 25일 저녁부터 일제히 동조 파업에 들어가 신문을 내지 않았다. 이와 같은 신문 총파업은 거의 1주간 계속되었다.(송건호 외, 2000)

1946년 10월 6일 가톨릭교계의 신문으로 『경향신문』이 창간되었다. 이 신문이 40년 전에 발행되었던 『경향신문』의 속간인지 아닌지 『경향신문』 스스로 모호한 태도를 취해 정확히 판별하긴 어렵다. 이 신문은 창간사에서 "온전히 죽은 지 40년 만에 『경향신문』이 다시 살아 일어났다"면서도 "그러나 우리는 구태여 회고취懷古趣와 복구집復舊執에 급급汲汲할 필요를 느끼지 아니한다. 1946년 10월 6일 발간한

고고呱呱한 첫소리! 『경향신문』의 바로 창간創刊이오 속간續刊이 아니다"고 했다.(이해창, 1983)

『경향신문』은 정판사 위조지폐 사건 이후 미군정 산하로 넘어간 정판사 사옥과 인쇄 시설을 불하받아 창간했는데, 여기엔 미군정의 적극적인 도움이 있었다. 천주교 서울교구장인 노기남은 미군의 서울 입성 4일째인 9월 12일 하지의 정치고문인 준장 세실 나이스트와의 면담에서 미군정 당국과 함께 일할 한국인 지도자 60명을 추천하는 지위를 부여받을 정도로 미군정과 매우 가까웠다.(강인철, 1996; 김상태, 1998, 노기남, 1996; 박태영, 1994)

당시 정판사 인쇄 시설은 국내 최상의 것이었다. 『경향신문』은 다른 신문사에는 없는 오프셋 인쇄기를 2대 인수한 데다 다른 신문들이 쓰던 누런 화선지가 아닌 질 좋은 갱지를 대량 확보할 수 있었다. 또 지방의 가톨릭교회 조직을 통해 보급망을 쉽게 확보할 수 있었다. 그 결과, 『경향신문』은 다른 신문들에 비해 늦게 창간되었지만 창간 1년 만에 6만여 부라는 최대 부수를 기록하게 되었다.(경향신문사, 1996; 한원영, 1999)

'출판의 둑'도 터졌다

해방 당시 15세 이상의 인구 가운데 77퍼센트가 학교 교육을 전혀 받지 못한 불취학자였으며, 13세 이상의 인구 가운데 한글을 전혀 읽거나 쓸 수 없는 문맹자가 약 800만 명으로 전체의 77퍼센트를 차지했다. 심지어 판사와 검사들도 '가갸거겨'부터 배우는 한글 공부를 새

로 해야만 했다.(고길섶, 1995; 이범경, 1994)

그런 상황에서 우리글로 된 책에 대한 수요가 폭증하는 건 너무도 당연한 일이었을 것이다. 무슨 책을 어떻게 내놓건 단지 우리글로 된 책이라는 이유만으로 급속히 팔려나갔다. '언론의 둑'만 터진 게 아니었다. '출판의 둑'도 터졌다. 우리글과 우리 역사에 대한 갈증은 순식간에 역사책들과 국어독본들을 '베스트셀러'로 만들어주었으며, 심지어 '38선의 밀수품' 품목에까지 오르게 만들었다. 최현배의 『우리말본』은 북한에서 인기가 높아 이 책을 한 짐만 지고 북으로 가면 명태를 한 달구지나 가져올 수 있을 정도였다.

해방과 함께 '언론과 출판의 둑'이 터지면서 범람하게 된 표현의 욕구는 1946년 들어서도 계속되었다. 『동아일보』 1946년 3월 23일자에 따르면, "신문이 쏟아지고 잡지가 밀린다. 삐라가 깔리고 포스터가 덮인다. 쓰는 대로 글이 되고 박히는 대로 책이 된다. 활판活版과 석판石版이 몸부림친다. 사진판·등사판까지 허덕거린다. 이렇게 하여 없는 종이가 갈갈이 없어진다. 8·15 이후의 장관은 실로 유흥계와 쌍벽으로 출판계였다. 종이의 소비량으로는 아마 조선 유사 이래에 처음일 것이다. 출판 홍수라 함이 단순한 형용이 아니오 과장이 아닐 듯싶다. 배수구의 준비와 방파제의 필요를 운운케 됨도 지당한 일이다. 홍수도 터짐 즉하리라. 입이 있어도 말을 못하였고, 붓이 있어도 글을 못 씀은 40년 동안 통한痛恨이 뼈에 사무쳤거든, 자유를 얻은 바에야 무엇을 꺼릴 것인가?"(이임자, 1998; 조상호, 1999)

사정이 그와 같았으니 당연히 종이가 큰 문제가 되었다. 신문과 잡지뿐만 아니라 그때까지 일본 글자로 되어 있던 교과서 등의 책들을 우리말로 바꾸어 펴내야 했으므로 종이가 극심한 품귀 현상을 빚었다. 신문 용지난은 극도로 악화되어, 종이가 없어 신문이 휴간하는 일까지 벌어졌다. 『조선일보』는 5월 8일에서 9일까지, 또 24일에서 30일까지 신문을 내지 못했다.(조선일보사, 1990)

모든 신문이 『경향신문』의 행운을 누릴 수는 없었기에 여기저기서 '종이를 달라!'는 외침이 터져 나왔다. 『조선일보』 1946년 12월 10일자는 당시의 용지난에 대해 "방금 남조선에는 출판문화의 일대 위기에 직면해 있다"고 보도했다. 아마도 이동순(1998, 556~557)의 다음과 같은 증언이 당시의 종이난을 가장 실감나게 말해주는 것이리라.

"해방 직후에 찍어낸 각종 잡지들을 보면 당시의 심각했던 물자난과 힘겨웠던 경제 사정을 짐작하고도 남음이 있다. 매우 결이 거친 마분지馬糞紙에 구멍이 숭숭 뚫렸다던가, 재생 종이를 만드는 과정에서 미처 덜 파쇄된 신문지의 활자가 군데군데 거꾸로 박혀 있는 광경을 보면 눈물겹다. 더욱 기절초풍할 사실은 재생 종이의 투박한 표면에 수상한(?) 고춧가루가 적잖게 박혀 있다는 점이다. 아마도 화장실 '질가미(휴지)'의 흔적이리라."

"좌우左右는 싸움으로 세월을 허비하고 있다"

중간파 언론인이라고 할 수 있는 오기영(2002, 144~145)은 『신천지』 1946년 11월호에 쓴 「경애하는 지도자와 인민에게 호소함」이라는 제목의 글에서 좌우左右는 싸움으로 세월을 허비하고 있다며 이렇게 개탄했다. "'동인東人이라 하여서 어찌 다 소인小人이며 서인西人이라

하여서 어찌 다 군자君子랴고 율곡은 울었다지만 오늘날 좌라 하여 모두가 극렬분자일 리가 없고 우라 하여 모두가 반동분자일 리가 없는데 좌우 양 노선이 달랐기로 그렇게도 불공대천不共戴天의 구수仇讐가 되어야 할 까닭이 어째서 항상 상대편만의 책임이라고 하는지 한심하며 조선 민족이 이렇게도 도량이 좁은 민족인가를 슬퍼하지 않을 수 없습니다."

실로 일반 민중의 입장에선 과연 무엇이 좌익이고 무엇이 우익인지 그 구분이 명확한 건 아니었다. 문인 김동리도 『백민』 1946년 11월호에 쓴 「좌우 간의 좌우」라는 글에서 다음과 같이 토로했다. "만약 토지개혁과 주요 기업의 국유를 주장하는 것이 좌익이라면 조선 사람은 전부 좌익이요, 민족 해방과 완전 독립을 갈망하는 것이 우익이라면 조선 사람은 전부가 우익일 것이다. 조선의 소연방화 거부를 우익이라면 우리는 모두 우익이어야 할 것이고, 조선의 미국 식민지의 배격을 좌익이라면 우리는 모두 좌익일 것이다. 그렇다면 우리의 좌우익은 어떠한 근거에 입각한 것인가?"

김동리는 '좌익 문학에 대해 가장 원색적인 비판의 선봉'에 섰던 문인인지라 이와 같은 발언은 자신의 반공反共 논지를 위한 '교묘한 술수'였다는 주장도 있지만, 당시의 좌우 갈등이 다분히 허구적인 것이었음은 분명한 사실이었다. 무엇보다도 좌우左右 구분의 기준이 모호했다. 일제강점기엔 독립운동의 노선과 방법론을 따졌지만, 해방 후엔 미군정에 대한 태도를 기준으로 좌우를 나누기도 했다. 『주한미군사』를 미군정 사관 리처드 로빈슨은 "한국에서 좌우 구분은 지도자의 개인적 차이에 불과했고, 식민 시기에는 민족주의자조차 우

익의 위장stomach과 좌익의 입을 가지고 있었다"고 표현했다.(이우용,
1991; 임헌영, 1987; 정용욱, 2003a)

미국과는 전혀 다른 상황을 가진 한국에서 중간파가 처할 수밖에
없었던 어려운 입지를 이해할 리 없는 로빈슨의 표현은 그 한계를 감
안하고 들어야 할 것이다. 그렇다 하더라도 당시의 좌우 갈등이 전부
는 아닐망정 상당 부분은 개인과 집단의 이해관계에 따라 조성되었
고 그 목적을 위해 이데올로기가 동원되기도 했다는 건 분명한 사실
이었다. 먹고살기 위한 취업 차원에서 잘 알지도 못하는 이데올로기
를 표방했던 극우 청년 단체들의 행동에서도 볼 수 있듯이 해방 정국
은 적나라한 생존 의지와 욕망의 표출 공간이었던 것이다.

라디오의 '정당 방송'과 '전파 주권' 획득

해방 당시 방송국은 남한에 10개, 북한에 7개였다. 총 직원 수는
1,000명이었는데, 한국인 직원 수가 755명이었고 나머지 245명은
일본인 직원이었다. 경성중앙방송국은 1945년 9월 8일 밤 미군에 의
해 접수되었다. 1945년 9월 14일 수도의 명칭이 경성에서 서울로 바
뀜으로써 경성중앙방송국은 서울중앙방송국이 되었다. 9월 15일 미
군정은 서울중앙방송국을 비롯한 38선 이남의 10개 방송국을 모두
접수해 군정 산하에 두고 군정 정책에 대한 홍보 매체로 이용했다.
군정장관 아널드 소장의 관리하에 편성은 정보부장 폴 헤이워드Paul
Hayward 중령이 맡았다. 미군정청은 10월 24일 윌리엄 글러스William
A. Glass 중령을 중앙방송협회 회장으로 임명해 편성과 기술을 완전히

미군의 지휘하에 두었다. 방송국의 조직도 일본식 직제에서 미국식 직제로 개편했다.(문제안, 2005; 정진석, 1985)

미군 고문관이 방송국에 파견되자 콜사인은 'JODK' 대신 아주 긴 문장의 영어로 대체되었다. 'This is the key station of the Korean Broadcasting System, Seoul, Korea.' 바로 이것이 오늘날 KBS라는 이름의 유래가 되었다. 그렇게 긴 콜사인을 하게 된 것은 당시 우리가 국제무선통신연맹ITU에 가입하지 않았기 때문이다.

이즈음 라디오는 '정당 방송' 시간을 할애해 주요 정치 매체로 기능했다. 1945년 10월 17일 미국에서 귀국한 이승만은 저녁 8시 30분 서울중앙방송국의 전파를 통해 첫 방송을 했는데, 당시 그의 연설 요지는 "나를 따르시오, 뭉치면 살고 흩어지면 죽습니다"였다. 그 후에도 이승만은 11월 7일 소위 인민공화국의 주석 취임을 허락하지 않는다는 내용의 방송, 11월 21일 '공산당에 대한 나의 관념' 방송 등을 비롯해 방송을 적극적으로 활용했다. 김구도 귀국 후 제일 먼저 11월 24일 전 국민에 대한 인사를 중앙방송을 통해 내보냈다.(유병은, 1998; 정진석, 1985)

'정당 방송' 시간에는 좌우익 정당 모두에게 방송 시간을 배정했지만, 방송 시간에선 우익이 좌익에 비해 우대를 받았다. 예컨대, 임정과 인공에 대한 대접이 달랐다. 미군정 사관이었던 대위 리처드 로빈슨의 기록에 따르면, "1945년 늦은 가을과 겨울 사이에, 서울에 있는 방송국JODK을 이용하는 시간을 인공과 그 지부에게는 매달 30분만 할당하면서 임정과 임정을 지지하는 정치 집단에게는 매달 4시간 30분을 할당했다."(송광성, 1995) '정당 방송'은 1947년 8월에 폐지될 때까지 활발하게 이루어졌다.

한국은 1947년 9월 3일 미국 애틀랜타에서 개최된 국제무선통신 연맹 총회에서 무선호출부호 HL을 할당받음으로써 전파 주권을 획득 했고, 10월 1일 방송국명을 서울중앙방송국HLKA으로 변경하고 10월 2일부터 그 호출부호로 방송을 시작했다(1964년부터 10월 2일을 '방송 의 날'로 기념해왔으나, 1978년부터 9월 3일로 변경해 기념하고 있다. 그 이유 는 10월 2일 방송의 날은, 10월 1일 '국군의 날'과 10월 3일 '개천절' 중간에 끼여 여러 가지 기념행사가 많고 중계방송 등으로 각 방송국의 업무량도 많은 날이었기 때문이었다고 한다. 그런 현실적 이유에다 10월 2일보다는 ITU에서 콜사인을 할당해준 날이 더욱 뜻있는 날이라는 명분을 내세워 9월 3일로 바꾼 것이다).(유병은, 1998)

연극 · 악극 · 영화 · 방송에서의 이념 투쟁

해방 직후 대중의 오락 생활에서 가장 큰 비중을 차지한 건 개량 신 파극과 악극이었다. 여기에도 이념적 통제가 가해졌다. 미군정은 1946년 3 · 1절 기념행사와 5월 1일부터 10일까지 조선영화동맹 주 최로 제일극장에서 열린 메이데이(노동절) 기념행사, 국제극장에서 가진 6 · 10만세운동 기념 주간의 행사(1946. 6. 10~16)를 못마땅하게 여겨 만담가 신불출과 조선영화동맹의 서기장이었던 추민을 군사재 판에 회부해 벌금을 내게 했다.

10월 8일 미군정은 법령 제115호인 영화에 관한 포고령(영화법)을 발표했다. 이 포고령의 주요 내용은 상영 전 사전 허가, 사전 허가 미필 영화에 대한 조치, 허가 수속 방법, 허가 · 불허의 경우에 관한 규정, 허가 증명 방법 등이었다. 이에 문화 관련 8개 단체는 10월 23일 조선영화동맹 회의실에 모여 "조선 영화의 민주주의적 재건을 저해하고 영화 상영의 자유를 압박하는 것이므로 포고령 115호는 철폐되어야 한다"는 결의를 하고 이를 미군정청에 보냈으나 묵살당했다.(이효인, 1989, 1994)

미군정은 미국 영화 상영 우대 조치를 취했으며, 그 결과 100편이 넘는 미국 영화가 상영되었다. 미군정은 이미 1945년 9월 8일 남한에 진주하자마자 미국 영화 배급을 위해 중앙영화배급사를 설립하게 하고 국내 극장에서 미국 영화를 독점적으로 상영할 수 있도록 했다.

1946년에 상영된 한국 영화는 단 4편이었다. 1945년엔 영화를 제작할 겨를이 없었던지라 해방 후 제작된 극영화 제1호는 1946년에 상영된 〈똘똘이의 모험〉이었다. 이 영화는 폭발적 인기를 모았던 KBS라디오의 어린이 연속극을 영화화한 반공 영화였다. 미 여성 고문관인 브라운이 『톰 소여의 모험』에서 아이디어를 얻어 창안해낸 라디오 프로그램이었다.(이내수, 2001)

1947년 1월 군정청 공보부의 검열을 마친 〈해방뉴스〉와 〈조련뉴스〉가 서울을 위시해 대도시의 상영을 거쳐 경남 통영에서 상영되던 중, 광복 청년 단원들에게서 테러를 당하는 사건이 벌어졌다. 경찰은 테러단을 처벌하기는커녕 돌려보냈고 필름 탈취도 그냥 방치했다. 그간 우익 청년 단체들이 전담해오다시피 한 '극장 통제'에 경찰도 발 벗고 나섰다. 1월 30일, 수도경찰청장이자 한성극장협회 명예회장인 장택상은 '흥행 취체에 관한 고시'를 발표해 "민중의 휴식을 목적하는 오락 이외 정치나 기타 선전을 일삼아 정치 교란을 양성한 자는 포고령 위반으로 고발하야 엄형에 처한다"고 했다.(유민영, 1998; 이효인, 1989, 1994)

이건 좌파 예술인들에게는 엄청난 타격이었다. 이에 20여 명의 좌파 예술인들이 미군정 장관 아처 러치Archer Lerche를 방문하고 항의문을 전달했지만, 미군정은 이들의 항의를 묵살하고 정치 선전 행위의 금지를 재확인했다. 2월 13일 '문화 옹호 남조선 문화예술가 총궐기대회'가 열렸지만, 이미 좌익이 힘을 쓸 수 있는 세상이 아니었다. 김두한 일행의 테러도 좌익엔 공포의 대상이었다. 김두한은 1947년 4월 좌익이 주관하는 〈제3전선〉이라는 연극이 공연되고 있던 시공관을 습격해 3명의 좌익 인사를 납치, 죽이는 사건을 주도했다.(오유석, 2002; 이우용, 1991)

방송 쪽에서도 좌익 제거 작업이 벌어졌다. 1947년 8월 5일 수도경찰청은 남로당계 방송국 직원 12명을 검거했다는 특별 성명을 발표했다. 그들이 각 부서에 잠복해서 방송 기계를 고의로 고장내 우익 정당의 방송 연설을 방해하거나, 은근히 찬탁을 지지하면서 남조선 과도정부를 전복시키려고 획책했다는 것이다. 이게 바로 이른바 '방송국 적화 공작 사건'이다.(이내수, 2001)

쫓고 쫓기는 '신문 전쟁'

신문도 더는 자유로울 수 없었다. 미군정은 1947년 3월 26일 공보부령 제1호로 '정기간행물 허가·정지에 관한 건'을 공포, 정기간행물의 허가를 당분간 신규로 내주지 않도록 해 군정 법령 제88호의 허가제를 더욱 경직되게 운영했다.

좌익 진영은 이에 굴하지 않고 빼앗긴(폐간당한) 신문을 되찾겠다는 듯 기존 신문의 판권을 사서 다시 신문 발행을 하기 시작했다. 쫓고 쫓기는 '신문 전쟁'이었다. 그리하여 1947년 3월에는 『문화일보』와 『대중신문』을 창간했고, 5월에는 『우리신문』과 『광명일보』 등을 속간했다. 6월에는 『노력인민』, 『중외신문』, 『독립신보』, 『국제일보』 등이 등장했다.

『노력인민』은 사실상의 남로당 기관지였다. 공산당 기관지 『해방일보』가 폐간된 후 그 기능을 대신해온 『조선인민보』가 1946년 9월 6일 발행 정지 처분을 당해서 실질적인 폐간 상태에 이르자, 1947년 3월에 창간된 『대중신문』을 사들여 제호를 바꾼 게 바로 『노력인민』이었다. 이는 앞으로 있을 제2차 미소공동위원회의 속개에 대비하기 위한 것이었다.(송건호 외, 2000; 조선일보사, 1990)

1947년 8월 1일 우파의 신문기자 조직인 조선신문기자협회가 결성되면서 좌우파 언론 간 힘겨루기는 좌파 우세에서 우파 우세 쪽으로 기울기 시작했다. 미군정은 '우파 우세'의 추세를 가속화시킬 결정타를 가했으니 그게 바로 '8월 대공세'였다. 1947년 8월 11일 미군정 당국은 남로당 당수 허헌에 대한 체포령을 내리면서 남한에서 공산주의 활동은 불법이라고 선언했는바, 남한의 모든 좌익 신문도 지하로 들어갔고 좌익 언론인은 우익 신문에 위장 취업하는 일이 벌어졌다.(이우용, 1991; 정병준, 2005; 차배근 외, 2001)

1947년 미군정의 발표에 따르면, 일간지는 85개(서울에 40개), 주간지는 68개, 격주간지는 12개, 월간지는 154개 등에 이르렀다. 미군 정의 분류에 따라 1947년 후반기의 주요 신문들을 살펴보면, '극우' 에 『동아일보』(4만 3,000부), 『현대일보』(2만 5,000부), 『대동신문』(1만 3,000부), 『가정신문』(2,000부), '우익'에 『조선일보』(3만 5,000부), 『한 성일보』(2만 3,000부), 『민주일보』(2만 부), 『민중일보』(1만 2,000부), '중도'에 『경향신문』(6만 1,300부), 『서울신문』(5만 2,000부), 『자유신 문』(4만 부), 『중앙신문』(1만 부), '좌익'에 『조선중앙일보』(2,500부), 『우리신문』(5,000부), '극좌'에 『독립신보』(4만 부) 등이 있었다.(박용 규, 1992)

한편 『동아일보』는 1947년 10월 1일, 해방 후 처음으로 지방판을 발행했고, 『경향신문』도 같은 날부터 지방판을 신설했다. 광주에서 발행된 『호남신문』의 '가로쓰기'도 주목할 만한 '사건'이었다. 이 신 문은 이전의 『전남신보』를 1946년 3월에 개제改題한 것인데 1947년 8월 15일부터 과감하게 한글 가로쓰기를 시행해 발행부수 2만 부에 육박하는 등 제법 성공을 거두었다.(김민환, 1996; 송건호 외, 2000; 최 준, 1987)

제주 4·3항쟁과 5·10 단독 총선거

극심한 정치적 혼란의 와중에서 이승만 계열의 '대한독립촉성국민 회'는 한민당과 손을 잡고 남한만의 단독정부 구성을 추진했고, 그 결과 1948년 1월 8일 8개국 대표들로 구성된 유엔 한국임시위원단 일행이 서울을 방문했으며, 그로부터 4개월여 후인 1948년 5월 10일

남한 단독 총선거가 치러지게 되었다.

1948년 4월 3일 새벽 2시, 훗날 긴 세월 끝에 '제주 4·3항쟁'이라는 이름을 얻게 될 사건이 일어났다. 350명의 무장대가 제주도 내 24개 경찰지서 가운데 12개 지서를 일제히 공격함으로써 시작된 이 사건이 1954년 9월 21일 한라산 금족禁足 지역이 전면 개방될 때까지 사실상 6년 6개월간 지속되면서 엄청난 유혈 사태로 비화되리라고 그 누구도 생각하지 못했을 것이다.(제주4·3사건진상규명및희생자명예회복위원회, 2003)

제주 4·3항쟁은 30만여 명의 도민이 연루된 가운데 3만 명 이상의 희생자를 냈다. 희생자의 수를 정확히 알기가 어려워 심지어 '8만 명 희생설'까지 나왔다. 3만 명이라고 해도 당시 제주도 인구의 10분의 1이었다. 당초 토벌대가 파악한 무장대 숫자는 최대 500명이었다. 이들이 모두 골수 빨갱이라 하더라도, 어이하여 3만 명이 희생될 수 있단 말인가? 게다가 전체 희생자 가운데 여성이 21.1퍼센트, 10세 이하의 어린이가 5.6퍼센트, 61세 이상 노인이 6.2퍼센트나 차지하고 있다는 건 어찌 설명해야 할까?(『대한매일』, 2001. 6. 2; 서중석, 1996)

남한 단독 총선거를 가장 강력하게 지지하고 촉구한 신문은 한민당의 대변지인 『동아일보』였다. 『동아일보』는 1948년 2월 3일자 「총선거를 단행하라」는 사설에서 남한 단독 총선거를 반대한 김구를 "입국 이래 반복된 허다한 과오가 여기에 이르러 그 절정에 달한 감이 없지 않다"고 비난했으며, 김규식 등 중간파에 대해선 "통일 조선을 염원하는 민중의 심리를 이용하는 동시에 무시할 수 없는 공산 세력에 추파를 던져 좌우에서 지지를 받음으로 자파 세력을 확충하려는 것"이라고 비난했다. 『동아일보』는 선거일인 5월 10일까지 이와 유사한 사설을 10차례나 게재했다.(김민환, 2001; 서중석, 2000a)

이런 강경한 태도로 인해 『동아일보』가 입은 피해도 만만치 않았는데, 『동아일보』 사사社史는 "5·10 선거를 이틀 앞둔 5월 8일, 서울 공인사에 입주해 있던 『동아일보』 사옥은 좌익의 방화로 편집국과 공장이 몽땅 불에 타버리기도 했다"고 기록했다. "그로부터 총선거일을 포함한 5개월 동안 『동아일보』는 『조선일보』……등을 전전하며 겨우 신문을 제작했다."(동아일보사, 2000)

948명의 후보 중 198명을 선출한 5·10 선거는 좌익 진영은 물론 김구와 김규식을 비롯한 중도 진영과 우익 정당인 한국독립당마저 참가를 거부한 선거였기 때문에 한민당의 독무대로 예상되었지만 결과는 전혀 다르게 나타났다. 아니 선거에 임할 때부터 한민당의 기치를 내걸고 선거에 임한 후보가 91명에 불과했다. 민중의 한민당 기피 때문에 한민당원들이 무소속으로 위장하거나 또는 대한독립촉성국민회의 간판을 내걸고 출마했기 때문이다. 198명 중 무소속 당선자가 85명이나 되었다. 그래서 김구와 김규식이 5·10 선거를 거부한 것이 과연 옳았느냐 하는 의문이 후일 많은 사람에 의해 제기되었다.(서중석, 2000a; 연시중, 2001a)

연설 커뮤니케이션의 호황

미군정기 남한에서 발행된 신문의 전체 발행부수는 40만 부에서 50만 부로 추산된다. 부수도 적었거니와 문맹률이 높아 신문의 영향력엔 한계가 있었다. 라디오 보급 대수도 채 20만 대가 되지 않아 큰 영향을 미치긴 어려웠다. 1945년 현재 총 전화 가입자 수는 4만 4,000명에 불과했고, 물리적 이동도 여의치 않았다. 1947년 서울 시내 자동차의 수는 3,800대, 1948년 말 전체 자동차 수는 1만 4,000여 대였다. 서울-부산 간 급행열차도 12시간 넘게 걸렸고, 서울-전주 간도 8시간이나 걸렸다.

이런 커뮤니케이션 환경과 교통 체제하에서 연설은 커뮤니케이션 수단으로서 매우 중요한 의미를 갖는 것이었다. 해방 정국에선 군중 연설을 잘하느냐 못하느냐가 정치 지도자의 경쟁력을 결정했다고 해도 과언이 아니다. 이승만에 비해 웅변력이 떨어졌던 김구는 대중 선동에서 매우 불리한 위치에 놓여 있었으며, 이것이 두 지도자의 정치적 운명에 미친 영향도 작지 않았다.

1946년 1월, 우익을 대표하는 학생들의 총연합체로 결성된 '반탁 전국학생연맹(반탁학련)'도 웅변대회를 개최하는 등의 방법으로 반공 운동에 뛰어들었다. 이 당시 학생들의 웅변대회엔 거물 정치인들이 대거 참여했다. 반탁학련이 1946년 3월 9일 정동교회에서 개최한 기미독립선언 기념 전국 학생 현상 웅변대회엔 내빈으로 국민당의 안재홍, 한민당의 원세훈, 임정의 엄항섭 등이 참석했으며, 심사위원은 박순천, 안호상, 김산 등이었다. 이후에도 반탁학련은 이런 웅변대회를 수시로 개최했다.

1946년 8월 13일 종로 YMCA 회관에서는 전국학생총연맹(전국학련) 주최로 독립 전취戰取 학생 웅변대회가 개최되었는데, 이날 입상자에게는 이승만, 김구, 조소앙, 김성수의 상장과 부상, 『동아일보』

상장 등이 수여되었다. 전국학련은 1946년 12월 28일 반탁학생운동이 시작된 지 1주년을 기념하는 전국 웅변대회를 개최했다. 각 지역 예선을 거쳐 본선 웅변대회가 수천 명의 학생이 참가한 가운데 천도교 본부 강당에서 열렸는데, 웅변 심사위원으로 장덕수, 설의식, 이선근 등이 참여했다. 이 당시엔 8·15 해방 기념 웅변대회 등 무슨 행사 때마다 기념 웅변대회가 열리기도 했다.(한국반탁반공학생운동기념사업회, 1986)

미군정은 상시적인 연설반을 운영했다. 1946년 미곡 공출 시엔 120명으로 이루어진 유세반까지 편성해 농촌에 파견했다. 1947년 5월부터는 대위 클라이드 브랜든의 감독하에 21명(10월 말에는 50여 명)의 훈련받은 한국인 연사단이 전국을 돌며 시국 연설을 했는데, 청중동원은 군수나 면장의 몫이었다. 1948년 5·10 선거를 앞두고 130명의 특별 연사를 임시 고용하기까지 했다. 연사단은 미국인들에게서 연설의 테크닉을 교육받았으며, 개별적인 심사를 통해 미국의 대외정책에 대한 올바른 관점을 대중에게 제시하는 연설을 하는지 검증을 받았다.(김균·원용진, 2000; 김민환, 1991; 신병식, 1988)

미군정의 '엄청난 물량전' 공보 활동

미군정은 1945년 10월 6일 방송에 '군정 시간'을 만들어 군정 뉴스와 각종 포고를 알렸으며, 1945년 12월 1일부터는 태평양전쟁 발발 직후인 1942년 2월 24일부터 시작된 VOA(미국의 소리 방송) 조선어 방송을 KBS가 아침과 저녁 2회에 걸쳐 중계했다. 이후 KBS 아나운서들은 VOA 파견 근무를 실시했는데, KBS의 VOA 중계는 1971년 3월 31일까지 계속되었다.(유병은, 1998)

미군정은 신문과 방송이 접근할 수 없는 다수 민중에 대한 선전전을 염두에 두고 자체 홍보매체로 1945년 10월 16일 『주간신보』를 창간했다. 『주간신보』는 40만 부를 발행해 일반 신문과 방송이 미치지 못하는 외딴 지역에 배포했다(1946년 12월엔 80만 부). 1945년 12월 17일에 창간된 『농민주보』는 지방 행정조직을 통하거나 비행기에서 공중 살포하는 방식으로 80만 부를 배포했다. 미군정은 『농민주보』의 인쇄를 1946년 2월 26일에 창간한 안재홍의 『한성일보』에 맡겼다. 『한성일보』는 『농민주보』를 제작해주는 조건으로 『경성일보』 시설 관리권을 넘겨받았으며, 미군정의 지배하에 놓여 있던 대한경제보국회에서 500만 원의 재정 지원을 받았다. 미군정은 그 밖에도 영화, 연극, 지방 유세반, 각종 팸플릿, 전단, 포스터 등 다양한 매체를 홍보와 선전에 이용했다.(박찬표, 1997; 정병준, 2005)

또한 미군정은 언론과 예술 분야의 좌익 소탕 작전을 전개하는 한편, 자체 홍보 기능은 강화시켜 나갔다. 이미 1946년 해리 트루먼Harry Truman의 특사로 남북한을 시찰한 에드윈 폴리Edwin Pauley는 한국이 공산주의 이데올로기를 수용하기에 좋은 조건을 갖추고 있다고 보고하면서, 하루 빨리 한국 내에서 강력한 홍보, 교육, 선전을 행할 것을 주장했다. 이 보고에 따라, 1946년 말 미 전쟁성 소속 민정 홍보 담당관인 제임스 스튜어트James Stewart가 인솔하는 홍보 요원들이 한국에 도착했다.

스튜어트는 '행정의 한인화' 정책으로 인해 한국인의 손에 넘어간

공보국으로는 더는 미국의 정책 의도를 살릴 수 없다고 주장했다. 그는 하지에게 미군의 직접적 지휘하에 문화와 공보 정책을 수행할 것을 촉구했다. 하지는 스튜어트의 주장을 받아들였는데, 그 결과 1947년 6월 군정청 공보부와 별도로 공보원OCI: Office of Civil Information을 신설했다. 그와 동시에 주간 『세계신보』를 창간해 매주 10만 부씩, 나중에는 최고 80만 부까지 발행·배포했다.

공보원은 1947년 7월부터는 뉴스 영화를 제작해 각 도에 배포했다. 8월에는 200여 대의 휴대용 영사기를 미국에서 도입해 홍보 활동을 강화했는데, 영화 상영 편수는 매월 평균 40~50편이었다. 또 공보원 연락 사업국에 의해 조직된 토론 집단은 1947년 7월까지 전국에 걸쳐 총 1,000여 개에 이르렀고 여기에 총 3만 4,000여 명이 동원되었다. 이동 교육 열차도 만들었고 한국인 연사를 선발하고 교육시켜 전국 각지에 파견했다.

미국이 남한 단독정부 수립을 향한 구체적 행보를 시작한 시점인 1947년 7월부터 12월까지는 각 도를 순회하면서 여론조사와 선전 활동도 수행했다. 또 공보원은 대중에게 좀더 다가가기 위해 전국 각 지역에 지부를 세웠는데, 1947년 9월 12일에 세워진 부산 지부를 시작으로 광주, 대구, 대전, 전주, 청주, 춘천, 개성 등에 잇따라 지부가 만들어졌다.

선거가 임박한 1948년 3월 19일 하지는 '모든 전술 지휘관과 군정의 요원들에게' 공보원 활동의 효과적인 임무 수행에 필요한 물자와 협력에 최우선 순위를 두도록 명령했다. 서울의 인기 연예인들은 27개의 연예부대(한 부대당 18명씩 소속)에 소속되어 전국 각지에서 선거 홍보를 위한 공연을 펼쳤다. 그 밖에도 온갖 매체와 인력이 동원되어 선거 홍보전을 전개했는데, 공보원 스스로 평가했듯이 '엄청난 물량전'이었다.(김균·원용진, 2000; 박찬표, 1997)

제6장

이승만
정권기의
언론

좌익지의 소멸, 우익지의 번성

1948년 5·10 남한 단독 총선거를 통해 5월 31일에 구성된 제헌의회
는 7월 20일 이승만을 초대 대통령으로 선출했다. 8월 15일 대한민
국 정부가 수립되었다. 이승만은 이미 정부 수립 1주일 전인 8월 9일
미군정청 경무부장 조병옥을 통해 일제강점기의 언론통제법인 '광
무신문지법'이 여전히 유효하다고 밝혔다. (동아일보사, 2000)

그 후 9월 3일 『부산일보』의 간부와 기자를 신문지법과 포고령 위
반으로 구속, 9월 13일 『제일신문』의 간부 사원 10여 명 검거, 9월 15일
『조선중앙일보』의 간부들 검거, 9월 18일 『세계일보』의 간부 7명 검
거와 함께 세 신문이 정간을 당하는 사건들이 있었다. 이제 『조선일
보』, 『동아일보』, 『경향신문』, 『한성일보』 등 4대 우익지들이 주류 언

론으로 우뚝 서게 되었다.(조선일보사, 1990)

그러나 우익 신문들도 더는 자유로울 수는 없었다. 우익지들은 친여지·친야지로 분류되었으며, 친야지는 새로운 탄압을 각오해야 했다. 9월 22일 7개 항의 언론 단속 지침이 발표되었다. 이 지침은 대한민국의 국시와 정부 시책을 위반하는 기사, 정부를 모략하는 기사, 공산당과 이북 북괴 정권을 인정하거나 비호하는 기사, 허위의 사실을 날조해 선동하는 기사, 우방과의 국교를 저해하고 국위를 손상시키는 기사, 자극적인 논조나 보도로 민심을 소란시키는 기사, 국가의 기밀을 누설하는 기사 등의 게재를 금지시켰다.

이 7개 조항 지침도 큰 문제였지만, 12월 1일에 공포된 국가보안법은 언론의 자유를 더욱 위축시켰다. 1949년 5월까지 7개 일간지와 1개 통신사가 폐간·폐쇄당했으며, 많은 기자가 체포되었고 발행인과 편집자들이 제거되었다. 1949년 6월 초순까지 정간 또는 폐간당한 신문사와 통신사는 모두 56개사에 이르렀다.(송광성, 1995)

우익지라도 정부에 대해 비판적인 신문은 용납되지 않았다. 1949년 5월 3일 정부는 뚜렷한 이유 없이 이승만에 대해 비판적인 『서울신문』에 대해 정간 처분을 내렸다. 6월 20일 속간 시 간부를 친이승만계로 바꾸었는데, 『서울신문』 주식의 48.8퍼센트가 귀속재산이었으므로 그러한 인사로 『서울신문』은 사실상 정부 기관지로 변신하게 되었다.

방송은 아예 정부의 산하로 들어가 국영방송이 되었다. 미군정은 1948년 6월 1일 방송국을 조선방송협회에 돌려주었으며, 조선방송협회는 8월 6일 대한방송협회로 이름을 바꾸었다. 그러나 다음 날인

8월 7일 국회를 통과한 정부조직법에서 방송국이 정부의 하부 조직으로 흡수되어 '대한민국 공보처 방송국'으로 국영화되었다.(최창봉·강현두, 2001)

그러나 아직 이념 전쟁의 비극은 끝나지 않았으니, 정부 수립 후 최악의 참사는 1948년 10월에 일어난 여순 사건이었다. 여순 사건으로 인한 사망자는 2,600명이 넘었고, 중경상자는 약 1,500명, 행방불명이 825명이었다. 이승만 정권은 여순사건을 '반공反共 국가'를 완성시키기 위한 계기로 간주해 이후 전 사회의 병영화를 위한 방안들을 계속 내놓게 된다. 한국 사회가 반공反共을 국교國敎로 삼다시피 하는 외길로만 내달리는 동안 여순 사건은 악명惡名과 오명汚名을 뒤집어쓴 채 피해자들은 숨을 죽이고 살아야만 했다.(김계유, 2003; 김득중, 2000)

6·25전쟁과 신문들의 시련

정보에 대한 갈증을 낳는 전쟁은 언론엔 호황기일 수 있지만 6·25전쟁은 예외였다. 한반도 전체가 전쟁터였으며 파괴가 워낙 심각했기 때문이다. 6·25전쟁 기간 일부 신문들만이 간신히 명맥을 유지했고 정치적으로도 정부의 극심한 통제를 받았다.

1950년 6월 28일 아침 북한군이 서울을 점령하자 모든 신문, 잡지, 통신이 자취를 감추었는데, 『동아일보』는 6월 27일 「적, 서울 근교에 접근, 우리 국군 고전 혈투 중」이라는 표제의 호외를 300부가량 내고 종간했고 『조선일보』 역시 28일자 조간까지 내고 종간을 했으며 다른 신문들도 마찬가지였다. 서울에서 발행되던 중앙지들은 휴간에 들어갔지만 유일하게 『평화신문』은 1950년 7월 3일부터 대전·대구에서 임시 호외 형식으로 간단한 보도를 했고 인민군 점령 아래 있던 서울 시민들을 위해 이를 비행기로 공중에서 살포하기도 했다. 서울에 진격한 북한군은 서울의 신문사 시설을 이용해 미군정 치하에서 폐간당한 『해방일보』와 『조선인민보』를 7월 4일부터 속간했다. (김민환, 1996; 최준, 1987)

모든 전쟁이 그렇듯이, 6·25전쟁은 군사적 전쟁일 뿐만 아니라 후방에서 생존을 위한 뜯어먹기 전쟁이기도 했다. 이 전쟁에 신문이 빠질 리 없었다. 김을한(1975, 297~298)은 이승만 정권 치하에서 "꿀항아리에 모여드는 파리 떼 모양으로 온갖 정상배와 모리배들은 한때 앞을 다투어 신문 기업을 하려고 했"는데, 이는 전쟁 중에도 마찬가지였다고 말한다. 그래서 "임시 수도 부산에 가보면 거리마다 다방마다 PRESS(신문)라고 쓴 완장을 팔에 두른 사람이 무수하게 많았"다는 것이다. 바로 이런 문제를 해결하기 위해 9월 9일 공보처장 김활란은 중앙지는 4개사로 하고 각 도마다 1~2개사로 정비할 계획을 세웠으나 신문들의 반발로 실패하고 신규 발행만은 막는 것으로 끝났다.

9·28 서울 수복 이후 일부 신문들은 서울에서 복간호를 냈다. 9월 28일에 『국민일보』, 10월 1일에 『서울신문』, 10월 4일에 『경향신문』과 『동아일보』가 복간호를 냈다. 『조선일보』는 발행인 겸 편집인인 방응모가 행방불명이라는 이유로 『조선일보』의 발행을 허가하지 않다가 발행인은 방응모로 편집인은 최용진으로 하기로 타협을 봐 10월 23일자로 속간호를 낼 수 있었다.

1951년 1·4 후퇴 때엔 신문들도 피난을 갔다. 『동아일보』는 1951년 1월 10일 부산에서 처음에는 『민주신보』, 그다음엔 『부산일보』의 시설을 이용해 신문을 발행했으며 『조선일보』는 1951년 2월 1일부터 역시 부산에서 속간호를 냈다. 『조선일보』는 1951년 8월 1일 다시 서울로 돌아와 신문을 속간한 반면 『동아일보』는 1953년 7월 27일 휴전협정이 조인된 후인 8월 18일자까지 부산에서 발행하고 서울로 돌아왔다.

주요 신문들은 이승만 정부에 대해 비판적이었다. 1952년 1월부터 1953년 3월까지 『동아일보』, 『조선일보』, 『경향신문』 등 3대 신문의 정부 시책에 대한 논조를 '찬성 협조적인 논평'과 '비난·비판·반대'로 나누어 수적인 대비를 해보면, 『동아일보』가 12건-191건, 『경향신문』 73건-151건, 『조선일보』 100건-173건 등이었다.(김민환, 1996; 한원영, 1999)

1907년(광무 11) 7월 이완용 내각에서 공포한 신문지법(광무신문지법)은 언론 탄압의 법적 근거로 악명을 떨쳐왔는데, 이것이 해방 후에도 사라지지 않고 있다가 1952년 3월 19일에서야 국회에서 재적 118명 중 85명의 찬성으로 폐기되었다.

6·25 종군 기자들의 어려움

전쟁 중 한반도는 국내 언론보다는 외국 언론의 활동 무대였다. 1950년 9월 말경 한국 전선에서 취재 활동에 임한 세계 각국의 기자 수는 총 238명으로, 이는 제2차 세계대전 종군 기자의 2분의 1을 넘는 수였다(1950년 7월 한 달 동안에만도 6명의 외국 기자가 사망했으며 1950년 말까지 사망한 기자는 14명, 전쟁을 통틀어서는 미국 기자 10명을 포함해 17명의 외국 기자가 취재 중 사망했다).

더글러스 맥아더는 선전 감각이 뛰어난 인물이었다. 그는 전선을 시찰할 때엔 꼭 육군통신대의 촬영기사를 대동해 촬영한 걸 언론사에 제공했다. 반면 그는 종군기자들의 독자적인 취재에는 엄격한 통제를 가하도록 지시했다. 예컨대, 1950년 7월 AP와 UP통신의 기자 2명이 보도한 미국 부상병과의 인터뷰 기사는 미군 당국을 분노케 해 이들은 '재교육'을 위해 일본 도쿄로 강제 송환당했다.(MacDonald, 1985; Mott, 1962)

12월 말부터는 '완전 검열'이 실시되었으며, 이는 휴전회담 때까지 계속되었다. "전쟁의 최초의 희생자는 진실이다"라는 명언을 남긴 저명한 종군작가 필립 나이틀리Phillip Knightley는 당시의 상황에 대해 다음과 같이 말했다. "주UN사령부 특파원들은 UN 대표자들과의 회견을 금지당하였다. 기자들은 회담에 제출된 자료에 대한 열람을 금지당했으며, 단지 미군 홍보부서가 그들에게 특별히 제공해주는 지도만을 볼 수 있도록 허용받았다. 그들이 이렇게 제공받아서 언론 매체에 보도한 그림은 거짓과 반 정도의 진실 그리고 상당한 왜곡이 뒤섞인 그러한 것이었다."(Cumings&Holliday, 1989, 164)

6·25전쟁의 종군기자들은 미군의 검열 외에 여러 물리적이고 기술적인 어려움에도 시달려 전쟁 보도를 제대로 해내기엔 역부족이었다. 특히 전쟁 초기에 외국 기자들은 전화를 이용하기도 어려워 우체국을 이용해야만 했다. 그것마저도 서로 돌려가면서 써야 했기 때문

에 기자들에게 할당된 시간은 3분여밖에 되지 않았다. 개전 초 대전에서 취재를 하던 미군 INS통신 기자 존 리치John Rich는 당시 상황을 다음과 같이 말했다.

"종군기자들이 이용했던 프레스센터는 커다란 방으로, 그 한가운데는 부산을 경유, 동경으로 연결되는 전화가 단 한 대 놓여 있었다. 한 건장한 미군 상사가 이 전화를 책임 맡고 있었는데 선착순으로 사용할 수 있었다. 기사를 외부 세계로 보낼 수 있는 유일한 방법은 이 전화를 이용, 동경에 있는 지국을 불러내어 받아쓰도록 하는 것이었다.⋯⋯전화는 수 시간씩 불통되기 일쑤였다. 이 때문에 운 좋게 동경으로 기사를 한 번 보내면 이것이 수 시간 동안이나 특종이 될 때도 있었다."(『조선일보』, 1990. 6. 24)

6・25전쟁은 십 수년 후에 일어난 베트남전쟁과는 달리 아직 '텔레비전 전쟁'은 아니었다(1950년 미국의 TV 보급률은 9퍼센트에 불과했으며, 이는 1951년에 23.5퍼센트, 1952년에 34.2퍼센트, 1953년에 44.7퍼센트로 증가했다). 미국의 TV 방송사들은 6・25전쟁 보도를 위해 대부분 미 육군 통신대가 공급하는 필름에만 의존했다. 독자적인 보도란 기껏해야 유엔에서 6・25전쟁에 관한 토의 장면을 방영하는 것이 고작이었다. NBC TV는 전쟁이 일어난 지 1개월 후에 1명의 기자와 3명의 카메라맨을 파견했고, 그 후에 CBS TV도 3명의 기자를 파견했지만 이들은 주로 도쿄에 머무르면서 미군 정보를 전달하는 중개 역할에 그치고 말았다. 또 ABC TV는 신문과 통신사 보도에만 의존했을 뿐이다.(『Broadcasting』, 1950. 7. 24)

만화 · 문학 · 영화 · 가요의 참전

전쟁 중 모든 매체는 선전을 위해 동원되었으며, 심리전 매체로 각광을 받은 건 만화였다. 포스터, 전단지, 만화 등 적군의 항복을 종용하는 인쇄물 제작에 화가와 만화가가 대거 참여했다. 6 · 25전쟁 중 발행된 만화의 대부분은 군軍에서 발행한 것이었다. 문인들은 '문총 구국대'를 결성해 참전했다. 대전에서 종군 문인단을 결성하면서 한국 문화단체 총연합회의 구국대란 뜻으로 붙여진 이름이었다. 대장은 문인이자 이승만의 비서인 김광섭이었으나, 실질적인 대행은 서정주가 맡았다.(서정주, 1994; 손상익, 1998)

1950년엔 모두 5편의 영화가 제작되었는데, 그중 3편은 전쟁이 일어나기 전에 만들어진 것이었다. 영화인들은 군에서 제작하는 뉴스와 다큐멘터리 등의 제작에 참여했다. 이들은 진해에 주둔한 미군 제502부대의 녹음 · 현상소에서 미군정 시절부터 존재했던 '리버티 뉴스' 제작, 국방부 정훈국이 주관하는 국방뉴스 제작, 공보처가 주관하는 대한뉴스 제작 등에 참여했다. 종군 다큐멘터리인 〈서부전선〉은 유엔군과 국군의 서울 수복 작전을 비롯해 북진하는 모습을 수록한 것으로, 1사단 15연대가 제작하고 윤봉춘이 감독해 국방부에 납품했다. 1951년엔 5편, 1952년엔 6편의 영화가 제작되었는데, 대부분 전쟁 관련 선전 영화였다.(김화, 2001; 정종화, 1997; 호현찬, 1990)

대중음악인들은 진중 가요를 제작하고 위문 공연을 다니는 것으로 참전했는데, 1951년에 나온 대표작은 유호 작사, 손목인 작곡, 신연옥 노래의 〈아내의 노래〉였다. 이 노래는 남편 또는 애인을 전쟁터에 보내놓고도 '즐거움이 넘칩니다'라고 주장하는 과격한 정치성을 드러냈다. "임께서 가신 길은 영광의 길이옵기에 / 이 몸은 돌아서서 눈물을 감추었소 / 가신 길에 내 갈 길도 임의 길이요 / 바람 불고 비 오는 어두운 밤길에서 / 홀로 가는 이 가슴에 즐거움이 넘칩니다."(이 영미, 2002)

1952년의 대표곡은 유호 작사, 박시춘 작곡, 신세영 노래의 〈전선 야곡〉, 1953년에 나온 3대 히트 가요는 〈굳세어라 금순아〉, 〈꿈에 본 내 고향〉, 〈이별의 부산 정거장〉 등이었다. 강사랑 작사, 박시춘 작 곡, 현인 노래의 〈굳세어라 금순아〉는 6·25전쟁의 전개 과정을 묘 사하면서 '북진통일'을 염원했다.

1953년 7월 27일 정전협정이 조인되었다. 6·25전쟁에서 사망자, 부상자, 실종자를 포함한 인명 손실은 300만 명으로 전체 인구의 10분 의 1이나 되었으며, 1,000만 명이 가족과 헤어졌고 500만 명은 난민 이 되었다.(Strueck, 1995) 전화로 헤어진 가족을 수소문할 수 있다면 좋았겠지만, 전화는 아직 대중적인 매체는 아니었다. 1955년경에 이 르러서도 전국의 전화기 수는 3만 2,000대에 지나지 않았다. 그래서 휴전 후에도 한동안 이별의 아픔을 노래하는 가요가 많이 등장했다.

신문은 이권을 챙길 수 있는 권력기관

6·25전쟁이 신문에 미친 타격은 매우 컸다. 8만여 명의 전체 납북 인사 중 납북 언론인은 총 225명, 피살된 언론인은 31명이었다.(전승 훈, 2003) 인적 손실과 더불어 광고 수입이 격감해 신문 자체의 생존

이 어려워졌다. 이 시기의 대표적인 신문인 『동아일보』의 연도별 수익 구성표를 보면, 1952년 7월에서 휴전이 되던 해인 1953년 6월까지의 광고 수입 비율은 전체 수입의 14퍼센트에 지나지 않았다. 일제 치하에서도 이른바 '일장기 말소 사건'으로 무기 정간을 당했던 1937년을 빼고 20년간 어느 해에도 광고 수입이 31퍼센트 이하로 내려간 일은 없었던 점에 비추어 보더라도 신문들이 입은 타격이 얼마나 컸던지를 알 수 있는 것이었다. 이 비율이 30퍼센트에 이르는 데에는 이후 6~7년의 세월이 걸려야 했다.(신인섭 · 서범석, 1998)

그러나 경제 사정이 어렵다고 해서 그것이 곧 신문 수의 감소로 이어지진 않았다. 오히려 정반대였다. 먹고살기가 매우 어렵기 때문에 신문사를 차리려는 사람이 많았다. 부정부패가 워낙 극심해 신문이 이권을 챙길 수 있는 권력기관으로 인식되었기 때문이다.(김을한, 1975)

1954년 8월 30일 현재 공보처에 등록된 정기간행물의 수는 일간신문 56개, 주간신문 124개, 월간지 177개, 기타(격일간, 순간, 계간) 54개 등 총 411개였다. 지역별로는 서울 277개, 경기 12개, 경남 27개, 경북 24개, 전남 21개, 전북 16개, 충남 14개, 충북 7개, 제주 7개 등으로 서울이 전체의 67.4퍼센트를 차지했다. 1954년 10월 말 현재 일간지의 총 발행부수는 50만 부였으며, 150만 인구를 가진 서울에서 발행되는 중앙지의 발행부수는 『동아일보』 8만 부, 『서울신문』 6만 3,000부, 『조선일보』 6만 부, 『경향신문』 4만 3,000부, 『한국일보』 3만 8,000부 등이었다.(한원영, 1999)

당시의 경제 사정에 비추어 신문의 수는 너무 많았고, 그래서 정

한국 언론사

상적인 시장 기능에 따라 수지를 맞추는 건 거의 불가능했다. 이승만도 이로 인한 문제가 심각하다고 느꼈던 것 같다. 그는 1954년 10월 14일 '중대 담화'를 통해 신문의 발행부수가 적어도 10만 부는 넘어야 안정적인 경영이 가능할 것이라는 전제하에 서울에 있는 신문사를 2~3종으로 정비할 것을 제의했다. 당시 서울에서는 14개의 일간신문이 나오고 있었지만 발행부수가 10만을 넘는 신문은 하나도 없었다는 점에 착안한 제안이었을 것이다.(이병국, 1987)

이승만은 정리 방안으로 신문 발행진의 자진 또는 협의 폐간, 민간 지도자와의 협의를 통한 선별, 일반 시민의 투표에 의한 선별 등 3가지 방법을 제시했다. 이와 같은 신문 정비론은 1950년 9월에도 공보처장 김활란이 제기한 바 있었는데, 신문들이 그런 방안을 수용할 리는 만무했다. 물론 이승만의 제안도 언론계의 강력한 반발에 부딪쳐 백지화되고 말았다.(김민환, 1996)

당시의 신문계 현실에 비추어 신문 정비론은 바람직한 일이긴 했다. 그러나 권력이 나서서 그런 일을 할 수는 없다는 게 민주주의의 원칙이었고, 민주주의 원칙에 충실하지 않았던 이승만 정권이 그 일을 추진한다는 건 더더욱 있을 수 없는 노릇이라고 보았을 것이다.

1954년 『한국일보』의 창간, 기독교방송의 개국

그런 암담한 상황에도 1954년 6월 9일 공식적으로 상업주의를 표방하고 나선 신문이 창간되었다. 그 신문은 바로 『한국일보』였다. 『한국일보』는 창간호 사설에서 이렇게 밝혔다. "신문의 독자성은 신문 경영의 경제적 기반 위에서만 이루어질 수 있는 것이며 신문의 질적 향상이란 또한 기업 활동으로서 이루어진다는 신념을 새롭게 하고자 한다. 우리는 근대경제학 이론을 신봉하고 새로운 자유 경영 사회의 옹호를 자각自覺하면서 '리얼리즘'에 입각한 상업신문의 길을 개척하여 나가지 않으면 안 될 것이다."(이해창, 1983)

당시 많은 신문이 상업주의를 표방하기는커녕 오히려 겉으론 그걸 경멸하는 척하면서 뒷구멍으로 온갖 비리를 저지르거나 비리에 타협하고 있었던 점에 비추어볼 때에 공식적으로 상업주의를 표방하면서 시장 기능에 의해 살아가겠다고 천명한 건 고무적인 일이었다.

『한국일보』의 사주는 은행가 출신으로서 2년 동안 『조선일보』 사장을 지냈던 장기영이었다. 그는 1952년 4월 『조선일보』 측의 제의로 납북된 방응모 대신 5년 임기를 보장받고 『조선일보』 사장에 취임했다. 그는 탁월한 경영 능력을 발휘해 그가 『조선일보』를 맡은 후 1년 동안 발행부수는 350퍼센트가 늘어났고, 지대 수입은 640퍼센트, 광고 수입은 518퍼센트가 늘어났다. 그러나 그의 개성이 강한 운영 방식과 독자적인 영향력 구축이 방씨 일가와 갈등을 빚어 임기의 반도 지나지 않은 1954년 4월 『조선일보』 측의 요구로 중도 퇴임했다. 『조선일보』는 장기영 퇴임 후 방응모의 손자인 29세의 방일영이 직접 경영 일선에 나섰다.

장기영은 『조선일보』를 그만둔 지 2개월도 안 된 시점에서 경영난을 겪고 있던 『태양일보』를 인수하는 방법을 써서 『한국일보』를 창간했다. 『조선일보』와의 그런 악연 때문인지는 알 수 없으나 이후 『한국일보』는 30년 가까이 한국의 조간신문 시장을 놓고 『조선일보』

와 치열한 경쟁을 벌이면서 한국 신문계에 큰 영향을 미치게 되었다. 장기영은 국내 최초로 1954년 8월 1일 기자 제1기 6명을 공채한 이후 정기적으로 기자를 공개 채용해 다른 신문사에 이러한 관행을 퍼뜨리기도 했다.(『미디어오늘』, 1995. 9. 27; 정진석, 1985)

1954년엔 『한국일보』 창간과 더불어 기독교방송이 개국했다. 1954년 12월 15일에 첫 전파를 발사한 기독교방송CBS은 한국 최초의 민영방송이 되었다. 원래 기독교방송은 1949년에 정식으로 방송국 설립 승인을 받았으나 6·25전쟁으로 설립이 중단되었다가 1954년에 다시 설립 허가를 받아 개국하게 된 것이다. 정부는 기독교방송과는 별도로 1954년 7월 27일 또 하나의 종교 방송을 허가했는데 그건 동북아시아 전역, 특히 공산권을 대상으로 한 국제 선교 방송인 극동방송이었다. 극동방송은 1956년 12월 23일에 개국해 한국어, 영어, 중국어, 러시아어로 선교 방송을 개시했다.

기독교방송의 국장은 미국인 선교사 에드워드 디캠프Edward O. Decamp(한국명 감의도)였다. 기독교방송의 탄생은 감의도가 미국 선교본부에서 5킬로와트 송신기와 부속 일체를 발주받고 방송국의 운영에 소요되었던 모든 자금은 미국 뉴욕에 있는 기독교 단체 RAVEMCO의 원조를 받아 이루어진 것이었다. 그런 만큼 기독교방송은 KBS에 비해 여러 가지로 유리한 면이 있었다. 이와 관련, 정순일(1991, 26~27)은 "기독교방송이 청취자의 환영을 받은 것은 우선 그 깨끗한 음질이었다. 국영 KBS가 쥐꼬리만 한 예산으로는 구할 수 없던 LP판(33.3회전)을 미국에서 기증 받아와서 틀어제끼니 당할 수가 없었다"고 말했다.

1955년 『대구매일신문』 테러 사건

1955년 9월 14일에 발생한 대구의 매일신문사 테러 사건은 이승만의 '동원 정치'가 빚은 비극이었다. 이 사건은 일견 자발적으로 보이는 이승만 정권하의 그 많았던 시위가 어떤 식으로 조직되었으며, 그것에 이의를 제기하는 것이 얼마나 어려운 일인가 하는 걸 여실히 보여주었다.

9월 10일 유엔대표부 상임이사 임병직이 대구를 방문하자 중고등학생들을 환영에 동원해 뜨거운 햇볕 아래 3~4시간 동안 가두에 도열시키는 일이 벌어졌다. 이 무렵 임병직의 외무장관 기용설이 나돌고 있었다는 점을 염두에 둘 필요가 있겠다. 이를 보다 못한 『대구매일신문』 주필 최석채는 9월 13일자에 「학도를 정치 도구로 이용하지 말라」라는 제목의 사설을 썼다. 이 사설은 학생들을 관제 데모에 동원하고 고위 관리들의 출영식出迎式에 동원하는 폐습을 비판한 것이었다.

이 사설이 나가자 자유당의 사주를 받은 폭력배 20여 명이 매일신문사를 습격하는 사건이 발생했다. 이 습격으로 중·경상자가 여러 명 생겼고 인쇄기 등 기물이 크게 파괴되었다. 이해할 수 없는 건 경찰의 태도였다. 9월 17일 경북도경 사찰과장은 "백주 테러는 테러가 아니다"는 명언(?)을 남겼다.

『대구매일신문』과 경찰은 이미 악연을 갖고 있었다. 『대구매일신문』은 『경향신문』과 마찬가지로 가톨릭 재단이 경영하는 신문으로 이승만 정부에 대해 비판적이었다. 당연히 경찰의 문제에 대해서도 침묵하지 않았다. 그러나 이 사건은 그런 악연의 차원을 넘어서 색깔 공방으로 치달았다. 문제의 사설이 나가자 '적성감위 축출 경북도 연합본부' 명의로 "대구매일의 이적 행위를 규탄한다", "대구매일 사설 필자 최석채를 처단하라"는 내용의 전단지가 살포되었고 『대구매일신문』을 규탄하는 시위가 난무했다.

경찰은 바로 그 전단지 내용을 수사하겠다고 나섰으니 이만저만한 적반하장賊反荷杖이 아니었다. 문제의 사설은 "전 국민적 반공 궐기인 적성감시위 축출 궐기의 의미를 깎아내리고 방해하려는 이적 행위"라는 것이었다. 경찰은 그 혐의로 최석채를 구속했다. 11월 8일 대구지법에서 첫 공판이 열린 이 재판은 1심에서 무죄, 2심에서 공소 기각, 대법원에서 무죄로 8개월 만에 끝났으나, 검찰이 내세운 주장은 이 시대의 광기狂氣를 잘 보여주었다.

검찰의 주장에 따르면, "정부 비판이 본의는 아니더라도 결과적으로 북괴를 이롭게 하는 이적 행위, 즉 반국가적 행위가 될 수 있다"는 것이며, 이는 처벌해야 한다는 것이었다. 이 논리에 따르면, 모든 정부 비판은 다 이적 행위가 될 수 있었다. 민심이 그런 이상한 논리에 동의하지 않았다는 건 『대구매일신문』에 보낸 독자들의 성원으로 나타났다. 이 사건이 일어나기 전인 1955년 초에는 4,200부이던 『대구매일신문』의 발행부수는 1955년 말에는 1만 부를 돌파했다.(서중석, 1995; 이재오, 1984; 진덕규 외, 1990)

신문의 오식誤植에 대한 졸렬한 대응

해방 이후 신문은 타블로이드판 2면에 불과했으며 오늘날 신문의 크기로 1일 4면이 발행되기 시작한 것은 1955년경부터였다. 1955년 말 현재 일간지는 서울 17개, 중부지방 6개, 영남 10개, 호남 9개, 강원 3개 등 모두 45개였으며, 총 발행부수도 1946년 38만여 부에서 198만 부로 늘었다. 석간『동아일보』가 17만 6,000부, 석간『경향신문』이 10만 부, 조간『조선일보』가 8만 부를 발행했다.

1956년 대통령 선거를 앞두고 1955년 언론에 대한 통제가 심해졌다. 그러나 통제의 방법은 졸렬하기 짝이 없었다. 1955년 9월 서울 신당동에선 일부 통장들이『동아일보』의 구독자 명단을 조사해 문제를 일으켰다. 또 지방도시나 농촌에선 경찰이 이른바 '야당지'의 독자를 조사하고 신문 구독을 방해하는 일이 자주 일어났다.

1955년 3월 15일에 일어난『동아일보』오식誤植(활판에 활자를 잘못 꽂음) 사건에 대한 정부의 대응도 졸렬했다.『동아일보』는 기사 제목에서 이승만의 이름 앞에 '괴뢰'라는 단어가 첨가된 실수를 윤전기가 돌아가기 시작한 지 10분 뒤에서야 발견했다. 발견 즉시 윤전기를 세웠지만 이미 인쇄된 신문은 가판대에 나간 상태였다.『동아일보』는 신문 회수 소동을 벌였지만, 300부 가까이 회수하지 못했다.

이 실수로 인해『동아일보』의 업무 관련자 3명이 구속되었으며, 이들에게는 국가보안법과 형법상 명예훼손 혐의가 적용되었다. 이들은 20여 일 만에 풀려났으나 징계 해직 형식으로 신문사를 떠났고, 불구속 기소된 주필 겸 편집국장 고재욱은 사임했다가 7개월 뒤에서야 주필로 복귀할 수 있었다. 신문은 한 달간 정간을 당했는데, 당국이 『동아일보』에 보낸 정간 명령서는 그 실수를 '반민족적인 중대 과오'로 규정했다. 정부는 4월 16일 정간을 해제하며 "이 대통령 각하께서 이것이 직접 자신에 관련된 것임에 관대히 조처하라는 분부가 있었으므로" 봐준다는 식의 담화를 발표했다.

당시엔 활판에 일일이 활자를 골라 꽂아서 신문을 제작하던 때였으므로 오식은 불가피한 점이 있었는데도 정부가 그런 졸렬한 강경 대응을 했다는 건 야당지에 대한 평소의 불만을 '건수 잡기'로 풀겠다는 의지를 드러낸 것과 다름없었다. 정부의 탄압 후 『대구매일신문』의 부수가 늘어났듯이, 『동아일보』도 11만 2,000부이던 발행부수가 종간 해제 후 4개월 경과 시엔 20만 부를 돌파했다.

이 사건 이전에 일어난 유명한 오식 사건으로는 '견통령' 사건을 들 수 있다. 한자로 '대大'자와 '견犬'자가 비슷해서 '大統領'을 '犬統領'으로 오식한 사건이었다. 『대구매일신문』은 1950년 8월 29일 1면 머리기사의 본문에 '이 대통령'을 '이 견통령'으로 오식해 무기 정간 조치를 당하고 사장 이상조가 2개월간 구속되었다. 이 사건으로 이상조는 신문에서 손을 떼게 되었고 10월 1일자로 천주교 대교구장 최덕홍 주교에게 인계되었다. 주간은 사임했다.

또 1953년엔 전북 이리에서 발행되던 『삼남일보』 7월 11일자 기사 제목과 충북 청주에서 발행되던 『국민일보』 7월 23일자 기사가 '대통령'을 '견통령'으로 오식해 두 신문은 8월 12일 무기 정간 처분을 받았으며 담당자들이 구속되어 구류 처분을 받았다. 당시 공보처장 갈홍기는 두 신문이 대통령을 '견통령'으로 오식함으로써 국가원

수의 존엄을 모독했다는 내용의 담화문까지 발표했다. 두 신문은 9월 24일 복간되었으나 『국민일보』는 또 한 번 같은 실수를 저질러 그해 11월 28일에 폐간되었다. 이후 각 신문사들은 대통령의 이름과 '대통령'이란 활자를 아예 세트로 묶어두었다가 사용하는 등 오식 방지에 주력했다.(김민환, 1996; 김태일, 1990; 동아일보사, 2000; 『미디어오늘』, 1997. 11. 26)

『사상계』·『학원』의 창간과 『자유부인』

1950년대는 잡지가 큰 힘을 발휘하던 시기였다. 1950년대의 가장 대표적인 잡지는 『사상계』였다. 부산 피난 시절인 1953년 3월 장준하가 창간한 『사상계』는 '자유'와 '민권'의 기치를 내걸어 큰 호응을 얻었다. 『사상계』는 1955~1956년에 3만 부를 넘어서면서 점점 영향력을 더해갔는데, 인기의 비결 중 하나는 직설이었다. 예컨대, 장준하는 『사상계』 1955년 9월호에 쓴 「권두언: 독선과 고고孤高」에서 예술과 학문이 사회에서 분리될 수 없다는 지론을 펴면서 이렇게 주장했다. "순수 고결을 가장하는 따위의 학자 내지 문화인은 긴박한 우리 사회에서는 무용지장물無用之長物이요 나아가서는 남의 노력에 기식寄食하는 해충에 불과한 것이다."(김영철, 1990; 이용성, 1995)

중고등학생 대상 월간지인 『학원』은 1952년 11월 피난지 대구에서 창간되었다. 교과서 외엔 읽을 만한 책이 드물었던 시절이라 『학원』은 "교양과 정서에 갈증을 느끼고 있던 이 나라 청소년에게 단비와 같은 복음이 아닐 수 없었다". 창간 시 1만 5,000부를 찍은 『학원』

은 1년 만에 3만 5,000부, 2년 9개월 만인 1954년 8월호는 8만 부를 돌파했다. 여러 연재소설과 더불어 김용환의 「코주부 삼국지」, 김성환의 「꺼꾸리군 장다리군」과 같은 연재만화가 인기의 비결이었다. 『학원』은 학생 문인들의 등용문이었다. 이들은 훗날 이름을 날리는 문인으로 컸다. 유경환, 이제하, 황동규, 마종기, 김화영, 황석영, 최인호, 김주영, 김병총, 이청준, 양성우, 민용태, 전상국, 한수산, 김병익 등이 바로 그들이다.(김종원, 2002)

또 1950년대 중반 『현대문학』(1955년 1월), 『문학예술』(1955년 6월), 『자유문학』(1956년 5월) 등 3대 순 문예지가 간행되어 "우리 문단이 역사상 그 유례를 볼 수 없을 정도로 왕성한 창작 활동이 전개" 되었다.(조상호, 1999, 86) 1954년 최고의 베스트셀러 소설은 대학교수 부인의 불륜을 다룬 정비석의 『자유부인』이었다. 정비석이 1954년 1월 1일부터 『서울신문』에 연재한 소설을 묶어낸 것인데, 연재 당시 정비석과 황산덕 사이의 논쟁으로 인해 더욱 유명해졌다.

그 논쟁 덕분에 『서울신문』이 큰 재미를 보았다. 『서울신문』은 애초에 150회 연재하고자 했던 예정을 바꿔 작가에게 쓸 수 있는 데까지 써달라고 요청을 했으며, 그래서 1954년 8월 6일까지 215회에 걸쳐 연재되었다. 소설이 끝을 맺자 이 신문의 가판 부수가 5만여 부나 줄었다. 단행본으로 나온 소설은 14만 부가 팔려 한국 출판 사상 최초로 판매량 10만 부 선을 돌파한 책으로 기록되었다. 이때는 3,000부만 나가도 베스트셀러 축에 끼던 시절이었으니, 10만 부 돌파는 놀라운 기록이었다.(이임자, 1998; 임헌영, 1999; 허수, 1998)

당시는 영화에 키스신도 나오지 않았거니와 국가와 사회단체들이 앞다투어 열녀烈女, 효부孝婦, 절부節婦(절개를 지키는 부인)를 뽑아 모범과 찬양의 대상으로 표창하던 시절이었기에 그만큼 『자유부인』이 일으킨 사회적 반향은 컸다.

반공 영화와 미국 지향적 가요

1955년 1월 설날에 맞춰 개봉된 이규환의 〈춘향전〉은 2개월간에 걸쳐 12만 명의 관객을 동원하는 기록을 세웠다. 상영 기간 2개월이나 관객 12만 명은 지금 기준으로선 아무것도 아니지만 그 당시엔 깜짝 놀랄 만한 대기록이었다.(안병섭, 1993)

9월 23일에 개봉된 이강천의 〈피아골〉은 빨치산을 다루었다는 점에서 논란과 더불어 화제를 불러일으켰다. 이 영화는 빨치산의 잔인성을 부각시켰다는 점에선 '반공 영화'로 분류될 수 있는 것이었지만, 금기로 여겨져온 빨치산을 다루었다는 이유로 문교부, 내무부, 국방부 등에 의해 이중 삼중의 치밀한 검열을 거쳐야 했다.

문교부는 〈피아골〉에 대해 몇 가지 수정하도록 조건을 붙여 통과시켰다. 그 가운데 하나는 "공비들이 최후까지 신념을 버리지 않고 고집한다는 것은 잘못이다"였다. 그래서 마지막 장면엔 배경에 태극기를 삽입해 투항한다는 걸 암시하도록 했다. 공산주의자들에게도 휴머니즘이 있다는 게 암시되었다는 점도 논란의 대상이 되었다. 문제가 된 장면들을 삭제하고 태극기를 삽입하는 등의 조치를 취해 검열을 통과한 후에도 『한국일보』가 〈피아골〉을 기사화했더니 불온한 영화를 두둔한다고 아우성치는 등 논란은 끊이지 않았다.

당시 영화 관객들은 슬픈 영화를 좋아했다. 그래서 외국 영화도 비극적인 애정 영화가 많이 수입되었다. 외국 영화는 원제原題를 무시하고 슬프게 보이게끔 작명하느라 〈향수鄕愁〉, 〈애수哀愁〉, 〈여수旅愁〉, 〈이수離愁〉 등 수愁의 전성시대가 열렸다.(강인철, 1999; 한운사, 2004; 호현찬, 2000)

전 사회에 팽배해 있던 미국 지향성은 대중가요에도 반영되어, 1950년대 중반엔 1952년에 나온 〈샌프란시스코〉와 같은 노래들이 여러 개 나와 히트를 쳤다. 1955년에 나온 김부해 작사, 전오승 작곡, 명국환 노래의 〈아리조나 카우보이〉도 그런 가요 중 하나였다. 같은 해에 나온 유노완 작사, 전오승 작곡, 명국환 노래의 〈내 고향으로 마차는 간다〉에도 엉뚱하게 '벤조'라는 악기가 등장했다.

이처럼 미국적인 풍경이나 영어 단어들이 난무한 가요는 이후에도 한동안 많이 나타났다. 이영미(1998, 134)는 이런 노래들은 당시 대중의 욕망과 결합되어 있다는 진단을 내렸다. "뭔가 미국과 관련된 것을 빨리 받아들이는 것이 요즈음 세상의 흐름에 뒤처지지 않는 것이다. 미국적인 것을 빨리 받아들이는 것이 바로 그 시대의 삶에 가장 잘 적응하는 것, 동경할 만한 첨단 유행의 삶을 사는 것, 곧 부유하게 잘사는 것이라는 판단으로 이어진다. 이러한 대중들의 사회심리가 1950년대 대중가요의 미국 지향성의 본질이다."

"『동아일보』를 보면 재미없다"

대통령 선거는 신문들에는 '대목'인지라 1956년 5·15 대통령 선거를 계기로 신문들의 발행부수가 크게 늘어났다. 지면도 늘었다. 『조선일보』는 선거 유세 기간 중인 4월 1일부터 종래의 조간 4면제에서 조석간 6면제(조간 4면, 석간 2면)를 단행했다. 이는 다른 신문들에도 영향을 미쳐 거의 모든 신문이 1957년부터 1959년에 걸쳐 일제히 조석간제 발행에 뛰어들었다.

선거 기간 중 동원된 신문 탄압책은 주로 신문 배포 방해와 야당지 독자에 대한 협박이었다. 4월 4일 부산에서 부통령으로 입후보한 백성욱의 추천장이 강탈된 사건을 보도한 『자유민보』의 일부가 발송 도중 경찰에 의해 부산진구에서 무단으로 내려져 다시 본사로 발송된 사건, 4월 21일 『동아일보』·『조선일보』 등 여러 신문이 발송 도중 열차 안에서 절취당한 사건, 4월 24일 『국도신문』 등이 대구와 경주 간에서 없어진 사건 등 신문의 기차 수송을 방해한 사건이 여러 건 발생했다. 충남 서산에서는 『동아일보』, 『경향신문』, 『중도일보』 등 각 지국의 신문 구독자 명부와 업무 관계 서류가 도난당하는 사건도 발생했다.

4월 23일에는 영남의 일부 지방에서 경찰관이라 자칭하는 자가 『동아일보』 구독자의 집을 찾아다니면서 『동아일보』를 압수한 사건이 일어났으며, 남해군의 어느 면에서는 『경향신문』을 절대로 보지 말고 여당계 신문을 구독하도록 공문을 보낸 사실이 있었다. 합천에서는 공개석상에서 순경이 "『동아일보』를 보면 재미없다"고 노골적으로 협박하는 일까지 벌어졌다.

그러나 이승만 정권은 보도의 자유까지는 건드릴 수 없어서 이 모든 사건은 "그때마다 각 신문에 크게 보도되어 국민들의 빈축과 비난의 대상이 되었다. 언론 탄압도 심했지만 그것에 저항하는 언론 자유도 어느 만큼 누리고 있었던 것이다."(송건호, 1990)

그래서 이승만은 야당지들에 대해 강한 불만을 갖고 있었다. 이승만의 신문에 대한 불만은 5 · 15 선거 이후에 가진 9월 8일의 기자회견에서도 터져 나왔다. 그는 "반정부하는 사람은 자유당이 망하고 내가 대통령직에서 물러나기를 바라는지 모르나 절대로 정부를 이양 못할 것이며, 만고에 반정부하던 사람이 집권하면 공산당 세상이 되어 다 죽고 망한다"는 극언을 퍼부었다. 이승만은 『경향신문』과 『동아일보』에 대해서도 '공산당' 공세를 폈다. "경향이나 동아에 대해서는 다 내 복안이 있어, 나중에 원망하지 말어.……그래 언제 인심이 정부에서 이산되었단 말이야. 증거를 대. 구체적으로.……있는 얘기 없는 얘기 써대니 그것은 공산당 방식이야."(이병국, 1987, 44)

1956년 한국 최초의 TV 방송과 AFKN TV

한국에 최초로 TV가 선을 보인 건 1954년 초였다. 『한국일보』 1954년 8월 2일자는 종로 보신각 앞 미국 RCA 회사 한국 대리점에 진열된 21인치 수상기 한 대를 화제 기사로 다루었는데, 이 수상기는 카메라가 잡은 시내 풍경을 보여줘 시민들의 발걸음을 멈추게 했다. 한국 최초의 TV 방송이 선을 보인 건 그로부터 2년 후였다. 1956년 5월 12일부터 3일간 시험방송을 실시한 이후 약 1개월이 지난 6월 16일부터 서울 지역을 대상으로 상업광고에 의존하는 방송을 내보낸 호출부호 HLKZ TV 방송이 바로 그것이다.

HLKZ TV는 한국 최초의 민간 상업방송이었다. 방송국명은 RCA 한국 지사임을 본떠 한국 RCA 연합회사KORCAD: Korea RCA Distributor라고 했으며 사장은 조지프 밀러Joseph Miller라고 하는 미국인이었으나, 실제로는 RCA보다는 창업자인 황태영의 집념에 의해 탄생한 방송이었다. 방송국 허가는 처음엔 체신부와 공보처에서 거부당했다. 그러자 황태영은 이승만에게 영문 편지를 써서 호소했고, 이승만은 공보처, 체신부, 재무부에 TV 방송국 설립에 협조하라는 지시를 내렸다고 한다.

HLKZ TV의 개국으로 한국은 세계에선 17번째, 아시아권에서는 일본, 필리핀, 태국에 이어 4번째로 TV 방송을 실시한 나라가 되었다. 그런 의미 때문이었는지, HLKZ의 개국식은 민의원 의장 이기붕, 공보실장 갈홍기, 체신부 장관 이응준, 서울특별시장 김태선 등이 참여한 가운데 성대하게 치러졌다. 그러나 개국식을 거행하는 날까지도 TV 방송국 허가서가 교부되지 않아 체신부 전파관리과장이 허겁지겁 허가장을 만들어 개국식 시작 직전에 현장에서 체신부 장관 이응준으로 하여금 황태영에게 교부했다.(김성호, 1997; 유병은, 1998)

HLKZ TV는 당시 미국 RCA의 한국 대리점을 경영하고 있던 황태영이 1954년 공보부의 의뢰를 받아 KBS의 기자재를 도입하러 미국에 갔다가 RCA의 커미션으로 TV 기자재를 받아 설립한 것이었다. 처음엔 황태영이 국장을 맡아 격일제로 저녁 8시부터 10시까지 2시간씩 방송하다가 11월 1일부터는 금요일을 제외하고 매일 2시간씩 방송했다.

그러나 당시 TV 수상기는 300여 대에 불과했으니 경영이 제대로 되었을 리 만무했다. 쌀 한 가마에 1만 8,000환 하던 시절에 14인치 흑백 RCA 수상기 값이 34만 환이나 했으니 빠른 보급도 기대할 수 없었다. 황태영은 월부제 판매 방식을 도입해 월간 300대 정도의 TV 세트를 보급해 인건비나마 충당해보려는 계획을 세웠다. 그러나 당시 재무부에선 30퍼센트의 통관세가 부가되던 TV 수상기를 HLKZ TV의 개국과 동시에 사치품으로 분류해 180퍼센트의 고율의 통관세를 부과함으로써 황태영의 계획은 수포로 돌아가고 말았다.(김민환, 1996; 신인섭, 1992; 유병은, 1998)

황태영은 재무부의 협조를 요청했지만 거절당했으며, 결국 재정난을 견디지 못하고 1957년 5월 6일 HLKZ TV를 장기영에게 양도했다. 장기영은 KORCAD를 대한방송주식회사DBC로 개편하고 초대 사장으로 취임했지만, DBC는 1959년 2월 2일 화재로 사라지고 말았다. 그렇지만 TV 방송까지 완전히 사라진 건 아니었다. AFKN TV의 방송 시간을 빌려 방송했기 때문이다.

원래 AFKNAmerican Forces Korea Network은 1950년 6·25전쟁 발발 시 라디오 이동방송국으로 출발해 휴전 후 정식 스튜디오를 갖춘 라디오방송으로 기능해오다가 1957년 9월 5일 TV 방송을 시작했다. AFKN TV의 개국은 주한미군을 통한 TV 수상기 유출의 계기로 작용해 TV 수상기는 1957년 12월까지 3,000대, 1958년 5월까지 3,500대, 1958년 10월까지 7,000대에 이르렀다.

화재로 사라진 DBC TV는 화재 후 한 달 만인 1959년 3월 1일부터 약 2년 반 이상의 세월을 AFKN 채널을 통해 오후 7시 30분부터 8시까지 30분간 방송을 했다. 이는 결과적으로 AFKN TV의 시청을 유도하게 되었으며, 나중엔 AFKN의 지방국 개국으로 지방에서도 TV 시청을 할 수 있게 되었다. 후일 KBS TV의 개국 시에는 AFKN에 인원을 파견해 기술 훈련을 받기도 했다. AFKN은 미국 대중문화를 한국에 유입시키는 데에 큰 역할을 했다. AFKN은 "세계의 변방이나 다를 바 없던 한국 사회에 첨단 대중문화의 쇼윈도 같은 것"이었으며 "미군 문화는 소위 미8군 무대를 통해 한국 대중음악의 병참 기지 노릇을 하기도 했다."(박기성, 1985; 이성욱, 2000)

라디오와 아나운서의 인기

1956년 서울에선 45.1퍼센트의 가구가 라디오를 소유할 정도로 라디오가 대중화되었다. 1957년 12월 서울 시민들을 대상으로 실시한 조사에서 라디오의 하루 청취 시간이 3~5시간인 청취자가 전체의 29퍼센트, 5시간 이상 듣는 사람이 21퍼센트인 것으로 나타났다. 1958년 서울의 라디오 청취자 여론조사 결과에서는 조사 대상자들이 매일 평균 4시간 33분을 청취하는 것으로 나타났다.(김영희, 2003)

서울중앙방송은 1957년 10월 1일 가을 프로그램 개편 때부터 최초로 매일 저녁 일일연속극을 편성했다. "재미있는 연속극이 방송될 때에는 목욕탕이 텅 빈다고 주인이 투덜거리는가 하면 매일 술타령하던 남편이 연속극을 듣기 위해 일찍 들어오게 되어 기쁘다는 가정주부도 있어 매일연속극의 여파는 여러 군데로 파급되었다."(노정팔, 1995, 282)

그러나 도시와는 달리, 농어촌에선 여전히 라디오는 구경하기 힘들었다. 그래서 정부는 1957년부터 라디오가 없는 농어촌에서 유선 방송 시설(스피커)을 통해 라디오 수신이 가능하도록 하는 이른바 '앰 프촌'을 조성하기 시작했다. 1957년 12월 앰프촌의 시범 지역으로 처음 설치된 경기도 광주의 역리 118가구의 613명이 스피커를 통해 라디오방송을 듣게 되었는데, 주민들이 느낀 기쁨은 '조그만 문화혁 명의 횃불'로까지 평가되었다.(김영희, 2003)

1957년과 1958년 삼양전기와 금성사가 라디오 수신기 제작에 들어가긴 했지만 아직 진정한 의미의 국산 라디오는 나오지 않은 상태였다. 1959년 11월 15일 국산 라디오가 처음으로 출고되었다. 라디오의 국산화는 라디오의 대중화를 몰고 왔다. 1959년과 1960년 사이에 라디오 수신기 보급은 10만 대 이상 늘어 1960년에 42만 대에 이르렀다. 또 정부는 1957년 이후 유선방송 지원책을 펴 5·16군사쿠데 타 이전까지 전국에 400여 곳의 앰프촌을 설치해 농어민 40여 만 명이 무료로 방송을 들을 수 있게 했다. 1959년 말 현재 전국의 라디오보급률은 20.8퍼센트, 농촌의 보급률은 7퍼센트, 서울 지역 보급률은 61.5퍼센트에 이르렀다.(김민환, 1996; 서현진, 2001; 한도현, 1998)

1959년 4월 15일엔 한국 최초의 민간 상업 라디오방송인 부산문 화방송HLKU이 개국했다. 사업가 김상용과 방송 기술인 정환옥에 의해 탄생한 부산문화방송은 자금난을 이기지 못해 9월 23일 『부산일 보』와 조선견직주식회사의 사주 김지태에게 소유권이 이양되었지만, 부산에서는 KBS를 압도하는 인기를 누렸다. KBS는 부산문화방 송과의 청취율 경쟁을 위해 애쓴 바람에 부산의 라디오는 온통 가요 곡 중심으로 편성되기도 했다.(김성호, 1997; 정순일, 1991)

라디오는 영화와 더불어 대중문화의 꽃이었다. 1957년 12월 정동에서 남산으로 이사를 간 서울중앙방송엔 구경꾼이 끊이질 않았다. 1957년 조남사의 인기 라디오 연속극이었던 〈청실홍실〉이 영화화되어 성공을 거둔 이후 라디오 연속극의 영화화 붐이 일어난 것도 라디오의 인기를 말해주는 것이었다. 라디오방송이 활성화되면서 아나운서의 인기도 치솟았다.

특히 남성 아나운서는 당시 최대의 스타로 적잖은 '오빠부대'를 거느렸다. 1950년대 말 아나운서의 인기에 대해 노정팔(1995, 320)은 이렇게 말했다. "인기 있는 아나운서가 숙직하는 날이면 볼 만한 광경이 자주 벌어지곤 하였다. 맛있는 밤참을 준비해 가지고 오는 아가씨들이 줄을 잇는가 하면 면회하러 온 여인들끼리 서로 독차지하겠다고 싸움을 벌이는 일도 있다. 어떤 여자는 밤늦게 전화를 걸어 감미로운 음악을 들려주며 놀러 오라고 유혹하기까지 한다."

영화 〈자유부인〉과 '고무신 관객'

1956년 영화 제작 편수는 총 30편이었는데, 그중 멜로 영화가 16편을 차지해 전후 달라져가는 사회 상황을 반영했다. 6·25전쟁 이후 국방부에서 관장해오던 영화 행정 업무가 1955년에 문교부 예술과로 이관된 것도 그런 변화와 무관치 않았다. 국방부가 영화를 반공선전매체로 보았다면 문교부는 그런 노선을 따르면서도 전후 반공장르 이외의 다른 영화가 많이 제작됨에 따라 영화를 교육의 연장선상에서 다루게 되었다.(김화, 2001)

1956년 최대의 화제작은 2년 전 세상을 떠들썩하게 만들었던 소설을 영화로 만든 〈자유부인〉(한형모 감독)이었다. 〈자유부인〉은 6월 9일 수도극장에서 개봉되어 45일간 상영되며 15만여 명의 관객을 동원하는 대기록을 수립했다. 『동아일보』 1956년 7월 21일자에 실린 영화 광고가 "〈자유부인〉은 가정! 남편! 애정! 오늘의 사회상! 허영과 현대 여성의 위기를 그린 수작이다"고 주장한 것처럼, 〈자유부인〉을 비롯한 멜로 영화들이 겨냥하는 주요 관객은 여성이었다.(김소희, 1998; 정미경, 2001)

영화의 흥행을 좌우하는 실세로 등장한 30~40대 여성 관객을 가리켜 '고무신 관객'이라고 불렀다. 당시 여성들이 고무신을 신고 다녔기 때문에 붙은 이름이지만 단지 그 이유 때문만은 아니었다. 고무신은 잘 벗겨진다. 대히트를 친 영화의 경우 영화가 끝나면 인파에 떠밀려 극장을 나서야 하는 바람에 주인을 잃고 극장 앞에 내동댕이쳐진 고무신만 한 트럭이 나왔다고 해서 붙은 이름이었다. 1957년에도 영화 제작 편수 37편 가운데 멜로 영화는 26편을 차지했는데, 이는 '고무신 관객'의 위력을 입증하는 것이었다.(박은경, 2001)

1950년대 말 한국 영화계는 여전히 '고무신 관객'의 사랑에 힘입어 멜로 영화의 전성시대를 구가했다. 1959년에 제작된 111편의 영화 가운데 멜로 영화는 86편이나 되었다(수입된 외화는 203편). 1960년엔 87편의 영화 가운데 멜로 영화는 64편이었다. 한국인은 1956년 1인당 1년에 평균 0.97회 극장에 갔지만, 1960년엔 1인당 연평균 1.8회로 늘었다. 관객 증가엔 치열한 마케팅 공세도 한몫 거들었다. 1950년대 말 신문광고의 가장 큰 광고주는 영화업계였다. 영화 광고는 1958년

전체 광고의 34.7퍼센트, 1959년 37.0퍼센트를 차지했다.(강인철, 1999; 김영희, 2003)

새로운 기술에 대한 선전도 치열했다. 당시 미국 영화는 대부분 컬러 영화였지만 한국 영화는 흑백이었기 때문에 컬러에 대한 콤플렉스가 컸다. 1957년 9월에 '한국 최초의 컬러 극영화'로 소개된 최성관의 〈선화공주〉는 단지 컬러라는 이유만으로 찬사를 받았다. 미국에서 컬러 영화는 이미 20여 년 전에 일반화되었으며 대부분의 나라들도 이미 이루어낸 성과였지만, 한국에선 너무 늦었기 때문에 더욱 감격했던 셈이다. 1958년에 개봉된 이강천의 〈생명〉도 한국 최초의 시네마스코프라는 이유로 찬사를 받았다. 미국에서 시네마스코프가 처음 등장한 것이 1952년이기에 "외국의 영화계와 어깨를 나란히 하고", "한국 영화를 위한 거족의 업적"으로 평가받았다.(조영정, 2003)

1957년 미스코리아 대회가 시작되더니 영화 쪽에서도 미인관이 점차 변모해 1950년대 말엔 섹시한 육체파 여배우들이 인기를 얻기 시작했다. 수영복을 입은 여배우들이 등장하는 해수욕 장면이 자주 나와 관객의 눈길을 끈 것도 이때부터였다. 1957년 17세의 나이에 데뷔한 김지미는 서구적 미모로 "한국 남성들의 메마른 가슴에 정염의 불꽃을 피웠다."(정종화, 1997; 호현찬, 2000)

1957년 관훈클럽과 '신문의 날' 탄생

1957년 1월 11일 중견 언론인들의 모임인 관훈클럽이 결성되었다. 관훈클럽은 '풀브라이트 동창생'들이 조직한 단체였다. 미 국무성은

1955년부터 제안자인 상원의원 제임스 윌리엄 풀브라이트James William Fulbright의 이름을 붙인 '풀브라이트 계획'을 실시했는데, 이는 세계 개발도상국가들의 엘리트들을 "초청하여 미국이라는 사회를 구경시켜 혼魂을 빼어 미국 혼을 그 두뇌 속에 심어주는 교육 사업"이었다. 이 프로그램으로 미국을 다녀온 기자들이 관훈동에 있는 김인호의 하숙집에서 창립 모임을 가져 '관훈클럽'이라는 이름이 붙게 되었다.

태생이 그러한 만큼 관훈클럽은 친미적親美的 성격을 띠었다. 관훈클럽은 미국의 경제적 지원을 공식적으로 받았으며, 1957년 8월 20일 미국 대사 월터 다울링Walter Dowling을 초청해 강연을 듣는 등 미국과 긴밀한 관계를 맺는 활동을 했다. 모두 다 그걸 고운 눈으로 보진 않았기 때문에 언론계 일각에서는 "관훈클럽은 영어 몇 마디 하는 자들의 독점물이냐"라는 지탄이 나오기도 했다.(리영희, 1988; 임대식, 1998)

1957년 4월 7일엔 『독립신문』 창간 61주년을 기해 한국신문편집인협회가 결성되었다. 한국신문편집인협회는 『독립신문』 창간일인 4월 7일을 제1회 신문의 날로 제정했으며 신문윤리강령을 선포했다. 그러나 당시 일부 언론은 신문윤리강령만으론 도저히 감당할 수 없을 만큼 부패해 있었다. 1957년 육군 소령으로 제대해 외신 기자가 된 리영희(1988, 255~256)는 외부로 나가는 취재기자들의 부패를 목격하고 '말세末世'를 예감했다며 다음과 같이 말했다.

"밖에서의 수입을 위해서, 오히려 월급보다 많은 돈을 사社에 들여놓고 '기자증'을 수입원으로 삼는 '언론인'이 득실거리고 있었다.……권력과 돈과 언론기관은 한통속이 되어 뼈밖에 안 남은 민중에게서 고혈을 짜내고 있었다. 민중의 원성은 천지간에 가득 차 있었다. 타락한 신문인·기자들의 부패는 내가 방금 풀려나온 군대의 장교들의 부패를 뺨칠 정도였다. 장교들의 부패는 뻔뻔스럽고 신문인들의 부패는 지능적이라는 차이가 있을 뿐이었다. 약한 백성은 눈물만 흘릴 뿐이었다."

「생각하는 백성이라야 산다」와 『사상계』의 활약

함석헌은 『사상계』 1958년 8월호에 「생각하는 백성이라야 산다: 6·25 싸움이 주는 역사적 교훈」이라는 제목의 글을 썼다. 8월호가 시중에 나가고 10일쯤 지난 8월 8일 함석헌은 국가보안법 위반 혐의로 구속되었다. 이 글 가운데 특히 다음과 같은 부분이 문제가 되었다. "남한은 북한을 쏘련 중공의 꼭두각시라 하고 북한은 남한을 미국의 꼭두각시라 하니 있는 것은 꼭두각시뿐이지 나라가 아니다. 우리는 나라 없는 백성이다."

함석헌을 구속한 경찰은 대한민국을 '꼭두각시'라 한 것은 국체를 부인한 것이고, 북한 괴뢰와 대한민국을 동일시한 것이며, 또 "군의 전투 의욕을 감퇴시키고 비상시기에 놓인 사회의 사상 질서를 문란시키는 것"이라고 주장했다. 1주일 전인 8월 1일 『코리아타임스』 편집국장 장수영과 『동아일보』 국방부 출입기자 최원각이 다른 필화 사건으로 구속된 바 있기에 한국신문편집인협회는 빈발하는 필화 사건에 대해 내무장관 민병기에게 언론인의 인신 구속에 신중을 기하라는 항의문을 전달했다. 특히 『한국일보』 8월 13일자는 함석헌이

"일제 괴뢰 치하에선 수난한 종교사상가로서 '친공'이라기보다는 무정부주의자"라는 동정적인 기사를 써 8월 25일 함석헌의 구속 해제와 이후 불기소 결정에 크게 기여했다.(정진석, 1985)

『사상계』는 이 필화 사건으로 인해 더욱 인기가 치솟아 1959년에 이르러선 판매 부수가 5~8만 부로 뛰어올랐다. 당시 최대 신문의 발행부수가 20만 부였다는 점을 감안한다면 이는 놀라운 기록이었다. (김영철, 1990)

『사상계』를 매카시즘 수법으로 탄압하기엔 『사상계』와 그 발행인인 장준하는 지나치다 싶을 정도로 친미親美 · 반공反共 노선에 충실했다. 임대식(1998, 180~182)은 "『사상계』는 미공보원USIS에 근무하던 곽소진을 통하여 미공보원의 지원을 받아 『사상계』 발간 경비를 보완했고 또 사상계사는 사상문고 100권을 완간했다. 사상문고는 거의가 번역물로 세계사상 철학의 수입 통로가 되었다. 자유주의와 민주주의를 구가하는 것과 반공 이념을 구가하는 것이 대부분으로 결국 반공 친미적인 내용의 것들이었다"며 다음과 같이 말했다.

"또 『사상계』는 미국 주간지 『타임Time』과 월간지 『라이프Life』의 총판을 맡고 있었다. '타임 보이', '타임 걸'이라는 유행어에서 상징되듯이 최고의 지식인 행세를 하려면 『사상계』는 물론 『타임』, 『뉴스위크』, 『라이프』를 읽어야 했다.……『사상계』는 민주 의식을 신장시키고 저항을 충동하며 4 · 19혁명으로 나아가게 하는 데 기여했지만 한편 자유민주주의적 단계에 그치게 하고, 또 반미로 나아가는 것을 차단하는 역할을 했다."

『사상계』 1957년 12월호가 친일파였던 최남선의 사망을 애도하며 '선생의 영전에 드리고자' 최남선 특집호를 꾸민 것이나, 이 특집호에 장준하가 「권두언: 육당 최남선 선생을 애도함」을 쓴 것도 『사상계』의 그런 성격을 말해주는 '사건'으로 볼 수 있을 것이다. 김건우 (2003, 68~71)는 장준하의 최남선 예찬은 "교육과 계몽을 민족 발전의 가장 중요한 '방법'이라 생각했기 때문"이라며, 장준하와 『사상계』의 일견 모순되어 보이는 그런 행태를 설명하기 위해 에드워드 실즈 Edward Shils의 이런 견해를 소개했다.

"신생국가에 있어서 서구 지성에 대한 매혹은 (역설적이게도) 민족주의 색채가 농후한 층이 가장 강하게 느끼고 있는 것 같다. 기이하게도 이와 같이 일견 서로 상극되는 태도(서구 지성에 대한 매혹과 민족주의)는 서로 밀접히 연결되어 있다."

1959년 『경향신문』 폐간 사건

1959년 4월 30일 정부의 『경향신문』 폐간 조치는 자유당 정권의 몰락을 예고한 사건이었다. 당시 『경향신문』은 자유당 정권의 정적政敵인 장면을 지지하는 당파성을 띠고 있었지만, 20만 부를 발행하는 발행부수 2위의 신문이었다(『동아일보』 35만 부, 『한국일보』 16만 부, 『조선일보』 10만 부). 그런 신문을 폐간할 때엔 그럴 만한 근거가 있어야 한다는 최소한의 상식도 지키지 않았다는 점에서 자유당 정권이 이미 이성을 잃었으며, 따라서 그 수명이 다해가고 있었다는 걸 말해주는 것과 다름없었다.

자유당 정권이 폐간이라는 최악의 수를 두게 된 데엔 『경향신문』

의 일련의 비판이 작용했다. 『경향신문』은 1월 1일자 「정부와 여당의 지리멸렬상」이라는 사설을 통해 정부여당을 비판했으며, 2월 4일자 단평 칼럼 「여적餘滴」을 통해 다수결의 원칙에 회의를 표명했고 가장된 다수와 부정선거를 비판했다. 또 2월 19일자는 군의 유류 부정 사건을 폭로했다.

가장 큰 문제가 된 건 2월 4일자 「여적」이었다. 이 글의 필자는 비상임 논설위원 주요한이었다. 문제의 칼럼은 『경향신문』이 2월 2일자부터 연재하고 있던 미국 정치학자 페르디난드 허멘스Ferdinand Hermens의 논문 「다수결의 원칙과 윤리」에 대한 단평이었다. 만일에 공정 선거가 시행되지 못하면 폭력에 의한 혁명도 있을 수 있으니 한국의 현실을 이러한 견지에서 관찰해야 한다는 것이 그 요지였다. 당국은 이 단평이 "혁명에 의해서라도 진정한 다수의 의사가 반영되어야 한다고 역설함으로써 폭력을 선동하였다"며 헌법이 규정한 선거제도를 부정하고 폭동을 선동했다는 죄목을 뒤집어씌웠다.(동아일보사, 2000; 최서영, 2002)

당국은 필자인 주요한과 사장 한창우를 구속했다가 2월 19일 이들을 내란 선동 혐의로 불구속 송치했다. 그러나 『경향신문』의 정부 비판은 계속되었다. 당국은 4월 4일 기자 어임영과 정달선을 간첩 관계 기사로 구속했다. 4월 15일자 석간 1면에 "이 대통령이 국가보안법 개정에 반대라고 했다"는 이승만의 기자회견 기사가 보도되자, 정부는 이것이 사실무근이라며 4월 30일에 폐간 조치라는 마지막 칼을 빼들고야 말았다.(차배근 외, 2001)

정부는 폐간 명령을 내리면서 "공산당의 흉계를 분쇄하기 위하여"와 "국가의 안전과 보다 올바른 언론계의 발전을 위하여"라는 명분을 내세웠다. 그 이유만큼이나 적용 법률도 이해하기 어려운 것이었다. 적용 법률은 미군정이 당시 남로당계의 신문을 탄압하기 위해 특별히 제정한 '미군정 법령 제88호'였다. 독립된 대한민국의 정부에서 반공지이자 가톨릭계 신문인 『경향신문』을 폐간시키는 근거로 그 법령을 이용했다는 것은 자유당 정권이 정략적 보복에 눈이 멀었다는 걸 말해주는 것이었다.(송건호, 1990; 연시중, 2001b)

『경향신문』은 정부의 결정이 부당하다는 판단 아래 정부 측을 상대로 발행 허가 취소 처분에 대한 '효력 정지 가처분 신청'을 냈다. 6월 26일 서울고법 특별1부 재판장 홍일원은 용감하게도 『경향신문』에 승소 결정을 내렸다. 자유당 정권은 홍일원에 대한 보복에 들어갔다. 그의 동생과 처가 식구 등 친인척들이 하던 회사와 공장에 세무서원들이 들이닥쳐 장부를 모두 압수해가고 대대적인 세무사찰이 시작되었다.

정부는 『경향신문』 승소 결정이 내려진 지 불과 몇 시간 뒤인 오후 6시, 예정에 없던 국무회의를 긴급 소집해 "법원의 결정에 따라 발행 허가 취소 처분을 철회하는 대신 동 신문의 발행을 무기 정지 처분한다"는 기상천외한 대응책을 발표했다. 『경향신문』은 이에 불복해 또 한 차례 '효력 정지 가처분 신청'을 냈으나 이는 다른 재판부에 배당되었고, '이유 없다'며 기각되었다. 결국 『경향신문』은 '폐간 57일, 하루 발행, 정간'으로 이어지는 우여곡절 끝에 1년 만인 1960년 4월 26일, 4·19혁명이 일어나고 이승만이 하야한 다음 날에야 복간할 수 있었다.(박내용, 1993)

신문의 정론성과 상업성

1950년대의 신문들은 정론지政論紙의 성격이 매우 강했다. 인적 구성도 그랬다. 문제의 「여적」 칼럼을 쓴 주요한만 하더라도 민주당 소속 국회의원이자 민주당 선전부장이면서 『경향신문』 논설위원을 겸하고 있었다. 그는 장면이 이끄는 민주당 신파의 핵심 멤버 중 1인이기도 했다. 지금 상식으론 이해가 안 되겠지만, 당시의 신문들은 정파지로서 그걸 당연하게 생각했다. 그래서 장면도 『경향신문』의 고문을 맡았지만, 이는 아무런 문제가 되지 않았다.

이상우(1968)는 이승만 정권 치하의 신문들에서 정론성이 전면에 나설 수 있었던 이유에 대해 "첫째, 상업주의의 출발이 일천했기 때문, 둘째, 한국 신문의 정론성이 뿌리 깊은 전통을 형성하고 있었기 때문, 셋째, 권력이 이미 국민으로부터 유리되어 대중의 관심과 기호는 반정부에 있었다는 점을 생각한다면 이 무렵 신문의 강한 정론성은 그대로 독자에 영합할 수 있었고 이것은 또 다른 의미에서의 상업성과 일치되었다고 볼 수 있다"고 말했다. 반면 김해식(1994)은 이 시기의 신문이 상업지가 되지 못하고 정론지가 될 수밖에 없었던 이유는 무엇보다도 먼저 판매 부수가 한정되어 있다든지, 광고 수입의 비중이 미미하다든지 하는 경제적인 이유에서 찾아야 한다고 했다.

1958년 42개 신문 가운데 15개는 서울에서 발행되는 중앙지였고 27개 신문은 지방지였다. 최대 신문은 그 부수가 20만 부에 달했으며 적은 신문은 1만 부 정도였다. 당시 경제 사정은 신문이 자본주의적 방식으로 생산되는 단계에 돌입하는 걸 허용하지 않았다. 순수한

신문 영업만으로 수지를 맞출 수 있는 신문은 3~4개 정도에 지나지
않았다.

1959년 6월 17일 『연합신문』에 처음으로 기자 노조가 결성되었고,
며칠 후인 6월 21일에는 전남도 내에서 발간되는 5개 일간지와 3개
주간지 기자들도 전남기자노조연합회를 결성했지만 모두 오래 가지
는 못했다. 다른 이유도 있었겠지만, 노사가 갈등을 벌이기엔 신문
자체의 생존이 너무 어려웠다는 이유가 컸다.

당시 '1등 신문'이었던 『동아일보』만 하더라도 1958년 12월 국내
최초로 조석간 8면(조간 4면, 석간 4면)을 발행하고 1959년에 18억 환
의 수익을 올리는 등 제법 장사를 잘하고 있었지만, 광고 수입이 30퍼
센트 전후로 신문 판매 수입에 크게 의존하고 있었다.(동아일보사, 2000;
정진석, 1985)

광고를 자본주의적 관점에서 이해하고 그 수입을 늘리기 위해 애
를 쓴 최초의 시도도 1950년대 후반 『한국일보』 장기영에 의해 이루
어졌다. 장기영은 1956년 4월 1일 한국 신문 최초로 광고상담소를
설치해 운영했으며, 1958년 12월 8일 1면에 5단으로 '광고윤리강령
및 게재 기준'을 제안하는 사고社告를 실었다. 또 그는 1958년 12월
14일자 사고社告를 통해 명함 광고를 포함한 신년 축하 광고를 없앤다
고 발표하는 등 신문광고업계의 낙후된 관행을 타파하기 위해 애를
썼다. 신문의 광고 수입 의존도는 1950년대까지는 20~30퍼센트에
불과했으나 1960년대에 40퍼센트, 1970년대에 50퍼센트를 넘어서
고, 1990년대 이후엔 80퍼센트 이상으로 높아진다.(『미디어오늘』,
1996. 9. 4; 신인섭・서범석, 1998; 안병찬, 1999)

광고 수입 의존도가 높을수록 신문이 권력에 대해 용감하기는 어려운 법이다. 당시 신문의 이런 수익 구조가 반反이승만 노선을 걷는 정파지로서 입지를 가능케 했을 것이다. 그러나 광고 수입 의존도가 높아지면서 그만큼 권력의 압박에 취약해지고 시류에 영합하는 기회주의적 속성이 두드러지게 된다.

4·19혁명과 김주열의 시체 사진

1960년 3·15 대통령 선거는 최악의 부정선거였다. 이에 항의하는 시위가 마산을 비롯한 전국 각지에서 벌어졌다. 4월 11일 정오경 마산 앞바다에서 교복 차림의 10대 소년 시체가 눈에 최루탄이 박힌 채 발견되지 않았더라면, 그리고 그 사실이 사진과 함께 널리 알려지지 않았더라면, 이승만은 여든다섯 돌을 넘어 아흔 돌이 넘을 때까지 '민족의 태양'으로 계속 군림했을지 모를 일이었다. 그러나 역사는 그렇게 돌아가지 않았다. 그 소년은 마산상고 1학년에 재학 중이던 김주열이었다. 그는 3월 15일 밤 시위에 참가했다가 실종되었는데, 실종 27일 만에 참혹한 시체가 되어 발견된 것이었다.

김주열의 처참한 시체 발견 소식을 전해들은 시민들의 분노는 하늘을 찔렀다. 그날 밤 3만여 명의 데모대는 시청과 경찰서, 눈에 띄는 파출소마다 습격해 기물을 파괴했다. 정부여당과 관련 있는 기관이나 개인의 집까지도 습격의 대상이 되었다. 시위가 최고조에 이르렀을 때 시위 군중은 15만 명에 이르렀다. 이제 시위는 단순한 부정선거 규탄이 아니라 이승만 정권을 규탄하는 시위로 전환되었다.(연시

중, 2001b; 조갑제, 1987)

시위는 4월 12일과 13일까지 계속되었다. 자유당 정권은 아직도 정신을 차리지 못하고 있었다. 자유당 정권은 이 시위를 공산 분자들의 배후 조종에 의한 것이라고 주장했다. 이에 『동아일보』는 14일자 사설 「마산 시민을 공산당으로 몰지 말라」를 통해 이승만 정권을 규탄하고 마산 시민을 옹호했다.(동아일보사, 2000)

언론의 자유가 살아 있었다는 것, 바로 이 점이 이승만 정권과 훗날에 나타날 독재정권들과의 결정적인 차이점이었다. 당시의 언론이 이후 탄생한 박정희 정권 치하에서처럼 엄격한 통제하에 놓여 있었다면 4·19혁명은 일어나지 않았을지도 모른다. 김진배(1995)는 4·19혁명에 대해 다음과 같이 말했다.

"무엇이 이토록 만들었는가. 부정선거인가, 학생들의 정의감인가, 권력 내부의 혼선인가, 이승만의 고령인가. 그런 것들은 결정적 요인이라 보기 어렵다. 신문에 난 '한 장의 사진'이 역사를 바꾼 것이다. 뒤통수에 최루탄이 박힌 처참한 16세 소년의 시체가 마산 앞바다에 떠오르지 않았다면 그리고 이러한 사진이 부산의 신문에 그치고 서울의 신문에까지 나지 않았다면 그 4월의 일은 벌어지지 않았을 것이 확실하다. 들고 일어나는 데는 시간이 필요한 것인가. 그렇지 않다면 혁명은 유권자에게 투표용지를 주지 않고 공개투표·사전투표를 자행하던 그 순간에 몽둥이를 들고서라도 폭발했어야 했다. 마산에서 벌써 '부정선거 다시 하라', '발포 경관 처단하라' 소리가 나오는 데도 서울은 3·15 이후 34일 동안 쥐 죽은 듯이 조용했다."

물론 서울이 34일 동안 쥐 죽은 듯이 조용한 것만은 아니었다. 3월

16일 서울에서 고교생 500여 명이 "독재정치 배격한다", "마산 동포 구출하자" 등의 구호를 외치며 안국동 민주당 당사 앞에서 시위를 한 것을 비롯해 여러 건의 시위가 있었다. 그러나 한 가지 분명한 사실은 2·28 대구 학생 시위 이래로 모든 시위는 고교생들의 시위였을 뿐, 대학생들이야말로 쥐 죽은 듯이 조용했다는 점이다.

4월 4일 전북대학교 학생 300여 명이 시위를 벌인 게 대학생으로서는 전국 최초의 시위였으며, 서울의 대학생들은 여전히 조용했다. 대학생들의 시위는 지방대학들에서 먼저 불붙기 시작해 "서울 학생들은 비겁하다"는 지방 학생들의 비난도 있었다.(박태순·김동춘, 1991; 이재오, 1984) 역사는 4·19혁명을 서울의 명문대 학생들 위주로 기록하고 있고, 또 명문대 졸업자들만이 그 역사의 성과물을 전유해왔지만, 4·19혁명의 진실은 그런 것이었다.

제7장

장면
정권기의
언론

10배 가까이 늘어난 신문

1960년 4월 27일 대통령 이승만이 국회에 제출한 사임서는 즉시 수리되어 그날로 외무장관 허정이 대통령 대행을 맡는 허정 과도정부가 들어섰다. 6월 내각제 개헌이 이루어졌다.

이승만 정권은 포악하긴 했지만, 기본적인 언론 자유는 인정했다. 당시의 언론이 이후 탄생한 군사독재 정권들의 치하에서처럼 엄격한 통제하에 놓여 있었다면, 4·19혁명은 불가능했을지도 모른다. 4·19 이후 나타난 신문의 가장 큰 변화는 재빠른 기회주의였다. 리영희(1993)에 따르면, "4·19 학생 혁명의 기운이 수평선 위에 그 심상치 않은 모습을 드러내기가 무섭게, 여태까지 '국부國父 이승만 대통령', '세계적 반공주의 지도자'를 외쳐댔던 이 나라의 신문(기자)들은 언제 그랬느냐는 듯이 이승만 대통령 자유당 정부의 부정·부패·타락의 폭로에 앞장섰다."

자유가 한껏 보장되었기 때문에 과거와는 달리 아무런 위험 부담도 없었다. 허정 과도내각은 5월 30일 국가보안법을 개정해 언론 제한 조항을 삭제했다. 또 새 헌법 13조는 "모든 국민은 언론 출판의 자유와 집회 결사의 자유를 제한받지 않는다"라고 규정했는데, 이는 "법률에 의하지 아니하고는"이라는 종래의 유보 조항을 삭제한 것으로서 헌법에 의해 조건 없이 언론의 자유가 보장되었다는 것을 의미하는 것이었다.

허정 과도내각은 6월 23일 국회의원 선거법을 개정해 선거법에 삽입했던 언론 단속 조항을 삭제했으며, 6월 24일 미군정 법령 제88호를 폐지한 대신 '신문 및 정당의 등록에 관한 법률'을 제정하고 7월 1일에 공포함으로써 신문 발행의 허가제를 없애고 등록제를 실시했다(7월 30일 시행령을 공포). 7월 29일 총선에서 민주당은 압도적인 다수를 차지했고, 8월 23일 장면 내각이 출범했다. 허정 과도내각의 자유주의적 언론 정책은 그대로 민주당 정권에 승계되었다.

그런 변화에 따라 수많은 언론 매체가 창간되었다. 등록제가 실시된 지 불과 5개월 만인 12월 30일 현재 일간지는 41개에서 389개로 10배 가까이 늘어났고, 주간지는 136개에서 476개로, 월간지는 400개에서 470개로, 통신사는 14개에서 274개로 늘어났다. 억눌렸던 한恨이 폭발한 것이었을까? 할 말이 많은 사람이 너무 많았다. 각종 매체의 급증과 더불어 출판물 광고란은 유사 이래 최고의 전성시대를 맞았다. 송건호(1987, 311)는 다음과 같이 말했다.

"4·19 후부터 5·16까지의 일 년 동안 신문광고란은 온갖 사회 단체와 정당들의 정치 선전의 무대 구실을 했다. 창당과 결성의 광고가 나오는가 하면 서로 헐뜯고 비방하는 적대 단체들의 성명전 같은 것이 벌어지고 있어 광고란은 정치 선전장으로 요란스러웠다. 각계 각층의 사회단체와 문화단체도 저마다 제 세상을 만난 듯 광고란을 통해 성명전을 벌였다."

사이비 기자의 발호와 독자들의 '실력 행사'

언론계에서는 이승만 정권 시절에 권력과 야합해서 언론을 권력의 시녀로 타락시킨 언론사와 언론인들에 대한 정화 문제가 거론되었다. 그러나 권력과의 야합을 명확하게 선을 그어 규명하는 것이 어렵고 언론계에서도 비협조적인 태도를 보여 언론계 정화는 이루어지지 못했다.(송건호, 1990)

오히려 정반대의 현상의 일어났다. 등록제 실시 이후 5개월 만에 일간지가 10배 가까이 늘어난 데엔 그간 억눌렸던 정치 욕구를 풀어 보려는 선의의 '표현 욕구'도 어느 정도 작용했겠지만, 그것보다는 자유당 시절의 신문이 권력이나 '백'으로 통했던 뒤틀린 권력 문화의 유산이 더 큰 영향을 미쳤다.

일부 사람들은 당시 철도 무임승차권과 군대 차량의 운용 특권을 누리고 있던 신문을 일종의 '이권'으로 인식했으며, 또 일부 사람은 신문을 정치적 도구로 간주했다.(김을한, 1975) 그런가 하면 신문을 아예 노골적으로 돈을 뜯어내려는 '면허장'으로 이용하려는 사람들도 있었다. 이는 4·19 이전부터 성행하던 '관행'이었다. 3·15 부정선거 이후 청원 지역의 5사단장으로 간 채명신(1994, 371)은 당시 사이비 기자들의 횡포에 대해 이렇게 증언했다.

"당시 우리 부대가 있던 연천 지역에만 신문·잡지사 등의 기자라는 자들이 40여 명이나 있었다. 아무튼 얼마나 기자들이 많았던지 수첩과 연필을 갖고 다니는 사람들은 모두 기자라 해도 과언이 아니었다. '정말 귀찮아 죽겠습니다. 입막음 하려면 점심도 사줘야죠. 용돈도 줘야죠……' 예하부대 부대장들은 회의 때마다 투덜댄다."

사이비 기자들의 횡포 때문에 사단 기능이 마비될 지경이었다. 참다못한 채명신은 중대장급 이상 장교들을 모아놓고 "만일 그 사이비 기자들에게 금품이나 식사 등을 제공했다는 말이 내 귀에 들리면 모조리 처벌해버리겠다"고 선언했다. 채명신의 명령에 따라 지휘관들은 사이비 기자들이 협박하면 오히려 빨리 신문에 내라고 큰소리쳤다. 기자들의 공갈 협박이 통하지 않자 상황이 반전되었다. 기자단 대표 3~4명이 채명신을 찾아와 이렇게 하소연했다. "솔직히 저희들 중에 월급 받는 기자는 한 명도 없습니다. 그저 지사에서 기자증을 줘서 그런 짓을 했는데……. 앞으론 그러지 않겠습니다. 대신 사단에서 저희들에게도 어떤 대책을 강구해주셨으면 합니다."

전선을 지켜야 할 사단장에게 기자들이 자신들의 생계유지를 위해 대책을 강구해달라니 그게 말이 되나. 그러나 그땐 그게 말이 되는 시절이었다. 지금 기준으로 도무지 말이 되지 않는 일을 벌이는 건 국민들도 마찬가지였다. 신문 보도가 마음에 안 들면 관련 집단은 걸핏하면 과도한 '실력 행사'를 벌이기 일쑤였다.

1960년 5월 21일 연세대학교 학생 400여 명은 『한국일보』에 실린 정비석의 소설 「혁명 전야」가 연세대학교 학생에 대한 묘사를 그릇되게 했다며 한국일보사 앞에서 3시간 연좌데모를 했으며 그 결과 『한국일보』는 사고社告를 게재하고 소설의 연재를 3일 만에 중단했다. 『한국일보』 5월 19일자 4면에 실렸던 「혁명 전야」 첫 회분에서 문제가 된 부분은 다음과 같은 내용이었다.

"항간에는 세 대학교의 특징을 단적으로 표현한 재미나는 말이 떠돌고 있다. 돈 오십 환이 생기면 고려대 학생은 막걸리를 마시고, 연세대 학생은 구두를 닦고, 서울대 학생은 노트를 산다는 것이다. 따라서 여자 대학생들로 보면 연세대 학생은 연애의 대상이요, 고려대 학생은 결혼의 대상이요, 서울대 학생은 동경의 대상이라는 것이다."
(안병찬, 1999, 82)

또 6월 1일엔 동아대학교 학생 1,000여 명이 '총장 배척 운동'에 관한 1단 기사를 문제 삼아 부산일보사를 습격했으며, 12월 10일엔 신앙촌 신도 600여 명이 '성화 조작' 보도에 불만을 품고 동아일보사를 습격한 일이 있었다.

"누가 더 비판을 잘하나" 경쟁

신문들도 장면 정부에 대해 과도한 '실력 행사'를 했으니 피장파장이었다. 이승만 정권 시절에 한恨이 맺힌 탓이었는지 언론의 사명은 권력을 무조건 두들겨 패기만 하면 완성된다고 생각하는 것처럼 보일 정도로 과도한 비판이 난무했다.

『국제신보』1960년 11월 18일자 특종 보도로 알려진 장경근 일본 밀항 도피 사건도 그런 경우였다. 자유당 말기 내무장관을 지냈고 '3·15 부정선거'의 주범 가운데 하나인 자유당 간부 장경근이 검찰 구속 중 병보석으로 서울대부속병원에 입원해 있다가 자신의 애첩 강만순과 함께 11월 13일에 사라졌는데, 얼마 후 그는 일본에 밀항한 것으로 밝혀졌다. 신문들이 분노해 떠들썩하게 보도할 만한 사안이긴 했지만, 장면에 대한 인신공격까지 나아간 건 아무리 봐도 지나쳤다.

『서울일일신문』은 '면이와 경근이 때문에 창피해서'라는 설명과 함께 두 손으로 얼굴을 가린 만평을 실었다. 「장씨 종친회」라는 제목의 이 만평은 장면과 장경근을 한데 엮어 비난한 것이었다. 『경향신문』 정치부장 출신으로 장면의 공보비서관이 된 송원영이 『서울일일신문』 사장 이관구를 찾아가 항의하자 이관구도 "이건 너무했다"면서 윤전기를 멈추고 만평을 뺄 정도였다. 송원영은 "모든 매스컴이 장면 정권을 두들겨 팼다. 마치 언론 자유는 장 정권을 타도함으로써 완성되는 것처럼"이라고 회고했다.

지나친 보도에 대해 매번 찾아가서 항의하거나 부탁할 수는 없는 일이었다. 사이비 신문들은 돈 뜯어먹는 걸로 사는 반면, 유력지들은 "누가 더 비판을 잘하나" 경쟁으로 먹고살았다. 그런 상황에서 장면 정권은 무능한 건 둘째치고 내분內紛으로 날을 지새워 늘 신문들에 풍부한 먹잇감을 제공하고 있었다.

장면은 1961년 2월 4일 반도호텔에서 열린 관훈클럽 창립 4주년 기념 모임에 초청받아 '언론의 자유와 그 책임'이라는 강연을 했다.

그는 이 자리에서 "약간 과장해서 말하면"이라고 전제한 뒤 "북한 괴뢰의 앞잡이들이 『조선인민보』나 『해방일보』를 발행하겠다고 등록 신청을 해도 막을 도리가 없을 만큼 완전한 언론출판의 자유가 허용되고 있다"고 말했다. 그러나 그는 "무책임하고", "사실을 의도적으로 왜곡하며", "독선적인" 언론에 대해 우려를 표명하고 "자유를 수호하기 위해 모든 압제에 반대해야 하는 것과 같이, 자유가 자유 그 자체를 파괴하도록 방임해서도 안 된다"고 역설했다.(이용원, 1999)

그러나 당시 신문들의 장면 정부 비판은 "때려야 잘 팔린다"는 '시장 논리'에 따른 것이었기에 그런 주문으로 신문들의 정부에 대한 적대적 태도가 달라질 걸 기대하긴 어려운 일이었다. 수십 년간 권력에 일방적으로 당하고만 살아온 민중에게 신문의 1차적 사명은 권력을 때리는 것이라는 정서가 강하게 배어 있었고, 신문들은 새롭게 얻은 무제한의 자유를 그런 민심에 영합하는 데에 바쳤던 것이다. 『동아일보』 기자였던 이웅희의 증언이다.

"저 자신도 후회하고 있는 것이 하나 있습니다. 어떤 문제인가 장 총리에게 질문하고 본사에 송고하였는데 석간을 펴보니 「장 총리 또 식언食言」이라는 표제가 톱으로 다뤄졌더군요. 제 생각에도 기사의 성질상 그런 표제가 붙여질 수 없는데도 그렇게 됐어요. 그러니까 장 총리로서도 정치인의 의무로 기자를 만나야 한다는 생각을 하면서도 괴로워했던 것은 틀림이 없는 것 같아요."(이병국, 1987, 94)

'신문 망국론'의 등장

아무리 악의적이더라도 정치적 비판에 대해선 장면 혼자 괴로워하면서 인내하는 게 불가피했을망정, 부정부패의 온상이었던 사이비 언론에 대해서만큼은 적극 대응했어야 했다. 그러나 장면 정권은 사이비 언론을 그대로 방치했다. 감히 그걸 건드릴 만한 역량이 없었다고 보는 게 옳을 것이다. 김정원(1984, 81~82)은 신문 권력의 남용을 포함한 사회적 혼란에 대한 장면 정권의 무력한 대응을 '자유 지상주의 이데올로기'라고 부르면서 다음과 같이 말했다.

"혼란을 야기토록 한 사태 중의 하나는 사이비 언론의 방종이었다.……시가지의 교통을 마비시키는 시위대가 '집회의 자유'를 구실로 하듯, 이들 사이비 언론들의 방종도 '언론의 자유'라는 기치 아래 보호되고 있었다.……이승만 정권을 뒤이은 민주당의 무능은 4월 혁명의 성공으로 의기양양해진 지식인들로 하여금 그들이 무엇을 지향해야 할 것인가를 깨닫지 못하게 하는 불안을 조성했다. 그로 인해 '민주주의는 한국에 적합하지 않다'는 말이 상투어가 되기에 이르렀다."

사이비 언론의 발호는 '신문 망국론'을 낳게 했다. 장면 정권하에서 '신문 망국론'은 유력지들의 일방적인 '장면 정권 때리기'를 더 문제 삼아야 할 일이었지만, 이 당시에 제기된 '신문 망국론'은 사이비 언론을 대상으로 한 것이었다.

1961년 2월 11일 논산에서는 400여 명의 시민이 "악덕 기자 물러가라"는 플래카드를 들고 시위를 벌였다. 논산훈련소 주변에 들끓는 400여 명이나 되는 기자들의 각종 비리에 들고 일어선 것이다. 『한국일보』1961년 2월 22일자 사설은 "제1공화국은 경찰로 해서 망했고 제2공화국은 기자로 해서 망하리라는 소리까지 들린다"고 우려했다. 『한국일보』가 1961년 2월 말 연재한 「기자가 취재한 기자군記者群-공갈 기자」 시리즈는 다음과 같이 보도했다.

"'공갈 기자'와 '진드기 기자'들에게는 전직이 있다. 연무대 주변에서 진을 친 이들의 대부분은 전직이 헌병대 문관 아니면 형사, 또는 CIC 군관, 이 밖에 퇴역 군인이다. 그래서인지 '진드기' 기자들의 취재 태도는 이미 일어난 사건을 그대로 보고 듣는 것이 아니고 드러나지 않은 범죄를 탐색하고 사람을 취조하는 ―말하자면 '범죄 수사'를 방불케 하는 것이었다."(이병국, 1987; 이용원, 1999)

그런 사이비 기자들은 극소수가 아니라 광범위하게 포진해 있었다. 『신문편집인협회보』 1961년 4월 5일자는 "일간신문보다 주간신문, 주간신문보다 일간통신이 이처럼 많은 신규 등록을 하게 된 대부분의 이면에는 미처 언론인으로서의 자세나 양식이 없이, 또는 기업 체제나 인적 구성조차 제대로 갖추지 못하면서 명예욕이나 악질적인 기업 의도에서 신문·통신을 발행코자 한 동기가 숨어 있다"며 다음과 같이 말했다.

"이들 악질 기업인은 재정 기반이 빈약하여 정기간행물을 부정기적으로 간행할뿐더러 그들이 스스로 채용한 사원들에게 적당한 보수를 지불하지 않는 경향이 많으므로 결과적으로 언론의 본래 사명에 배치되는 사이비 언론인, 공갈 기자를 낳게 하여 일종 사회문제가 되도록 하고 있는 실정이다."(정진석, 1995b, 333~334)

기자에게 월급을 주지 않는 건 물론 아예 기자증을 판매하는 신문사도 많았다. 그래서 5·16 주체인 소령 박종규도 쿠데타 음모를 추진하면서 신분 위장을 위해 한 통신사에서 가짜 사진기자증을 받아 활용하게 된다.(조갑제, 1998)

『민족일보』와 장면 정부의 충돌

1961년 2월 13일에 창간된 혁신계 신문 『민족일보』는 장면 정권과 군사정권의 언론 대응 방식의 차이를 극명하게 보여주는 사례를 제공했다. 『민족일보』는 '민족의 진로를 가리키는 신문', '부정부패를 고발하는 신문', '근로 대중의 권익을 옹호하는 신문', '양단된 조국의 비애를 호소하는 신문'이란 슬로건을 내걸었다.

31세의 젊은 나이에 사장에 취임한 조용수는 창간호에 게재한 취임사에서 이렇게 말했다. "민족의 분열과 비애를 영속화시키는 일부의 작용에 대하여 온갖 정력을 기울여 싸울 것이며, 특히 적극적으로 남북 간의 민족의식의 촉진과 생활공동체적 연대를 촉구하는 데 있는 지면을 과감하게 제공하는 것을 주요 임무라고 생각합니다." 이 취임사가 말해주듯이, 『민족일보』는 통일 문제에 가장 큰 신경을 썼다. 폐간될 때까지 전체 사설의 32퍼센트인 43편의 사설이 통일 문제를 다루었다.(김영호, 2004; 김자동, 1991)

그러나 『민족일보』는 출발 때부터 거의 매일 신문 제작자들과 경영진을 비롯한 혁신계 인사들 사이의 갈등이 끊이지 않았다. 3월 17일 취재담당 부국장 오소백은 회의석상에서 사의를 표명하면서 이렇게 말했다. "혁신 관계의 신문이 필요하다는 소신에서 『민족일보』로 왔소. 그러나 신문에는 전혀 문외한인 사람들, 특히 정당 관계자들이 신문의 편집을 좌지우지한다는 것은 있을 수 없는 일이오. 내가 이렇게 해서는 안 된다는 것을 누차 강조했고, 또 일부 인사들의 글에도 문제가 있다고 계속 지적하지 않았소. 이런 분위기에서는 나도 일할 수 없소."

『민족일보』는 1961년 2월 8일에 체결된 한미경제원조협정이 2월 28일 국회에서 통과되기까지 7회에 걸쳐 사설을 통해 집중타를 가했다. 어쩌나 비판이 격렬했던지 장면은 『민족일보』가 정권을 무너뜨린다고 생각했다. 장면의 공보비서였던 송원영은 회고록에서 "『민족일보』는 창간 직후부터 계속 도각倒閣 공세를 폈다"고 썼다. 김철의 증언에 따르면, "하도 장면 정부를 비난하는 논설을 써대니까 장면 총리의 공보비서 송원영 씨가 『민족일보』 사무실로 달려와 기사를 빼달라고 사정을 하는 것도 여러 번이었다."(원희복, 1995)

장면 정부는 최후의 수단을 쓰기로 했던 걸까? 『민족일보』는 당시 국무원 사무처의 정부 관리 업체였던 서울신문사와 인쇄 계약을 맺고 신문을 발행했는데, 2월 28일 국무원 사무처는 『서울신문』에 『민족일보』의 인쇄 중단을 지시했다. 이 때문에 『민족일보』는 3월 3~5일간 휴간할 수밖에 없었다. 『민족일보』는 3월 6일자로 발행한 속간호에서 '제2공화국 언론 자유 탄압 제1호!'라는 대형 컷을 사용해 이 사건을 보도하고 1면 전체를 당국의 언론 탄압이라는 주장으로 채웠다.

민주당 이상으로 보수적이면서도 민주당과 사사건건 충돌하고 있던 신민당은 "정부가 『민족일보』에 대해 인쇄 중지 조치를 취한 것은 음성적인 언론 탄압"이라고 비난했다. 신민당 의원 김영삼은 "그 신문이 장 총리의 마음에 안 맞는다는 이유로 탄압했다면 장 총리는 과거 이승만 정권에 의해서 『경향신문』이 폐간당하던 때를 상기하라"고 비판했다. 이에 대해 장면은 "언론 탄압을 한 적은 없으며, 『민족일보』는 정부 관리 기업체인 『서울신문』 외의 곳에서 인쇄하면 된다"고 응수했다. 민주당 대변인 김대중은 "우리 당으로서는 그 해약 지시에 대해 전혀 아는 바 없으며 또한 정부와 민주당 사이에는 아무런 연락도 없었다"고 주장했다.(이상우, 1986)

4·19 1주년의 '통분·치욕·울분'

4·19 1주년이 돌아왔다. 1961년 4월 19일은 조용했다. 서울대학교 학생들의 침묵시위가 있었지만 말 그대로 '침묵시위'였을 뿐이다. 이날 아침 한 신문은 사회면 톱 제목으로 「꽃다운 젊음 헛되이 갔는가」로 국민의 불만을 대변했다. 장면 정권은 국민의 신뢰를 얻지 못했다. 장면 정권이 아무리 잘했다 하더라도 기대 수준이 워낙 높아 신뢰를 얻기도 어려웠겠지만 환멸을 안겨주는 쪽으로만 질주했으니 국민의 성급함만 나무라기도 어려운 일이었다.

특히 4·19의 주역이었던 학생들은 '통분·치욕·울분'을 토로했다. 그러나 이들이 느끼는 '통분·치욕·울분'은 장면 정권이 원초적으로 해소해주기 불가능한 것이었다. 학생들이 발표한 '4월혁명 제2선언문'은 "지금 이 땅의 역사 사실을 전진적으로 변혁시키기 위해서는 반봉건, 반외압 세력, 반매판자본 위에 세워지는 민족 혁명을 이룩하는 길뿐"이라고 선언했기 때문이다. 이는 부르주아적 자유를 주장했던 1년 전 서울대학교의 '4·19 선언문'과는 크게 다른 것이었다.(서중석, 1991, 1997; 지명관, 1996)

그런 '통분·치욕·울분'의 와중에서도 1961년 봄은 '통일 논쟁'으로 뜨겁게 달아올랐다. 문자 그대로 백화제방 백가쟁명百花齊放 百家爭鳴의 시대였다. 통일 논쟁을 이끈 혁신계 내부의 분열도 극을 치닫고 있었다. 5월 3일 서울대학교 민족통일연맹(민통련) 대의원 대회는 남북학생회담을 제의하는 결의문을 채택했으며, 5월 5일 민족통일전국학생연맹 준비회의가 개최된 자리에서 재차 결의문과 공동 선언문을 채택했다. 북한은 즉시 민통련의 제의에 환영을 표하면서 회담을 서울과 평양에서 개최하자는 공식 성명을 발표했다.

5월 9일 학생들은 이북 학생들과 만날 것을 다짐하는 '정부와 기성세대에게 준다'는 성명을 발표하면서 정부는 남북학생회담을 방해하지 말라고 경고했다. 장면은 긴급 기자회견을 통해 "남북 교류와 학생회담은 위험하고 비정상"이라면서 허가할 수 없다고 밝혔다. 5월 13일 민족자주통일중앙협의회는 서울운동장에서 '남북학생회담 환영 통일 촉진 궐기대회'를 열었다. 이때 등장한 구호가 "가자 북으로, 오라 남으로, 만나자 판문점에서"였다.(리영희, 1988; 원희복, 1995)

그럼에도 장면은 인내로 무질서와 혼란을 극복해나가는 것이 가장 바람직하다고 믿었다. 그는 훗날 회고록에서 "'국민이 열망하던 자유를 한번 주어보자'는 것이 민주당 정부의 이념이었다"고 주장했다. "귀와 입으로 배운 자유를 몸으로 배우게 하려는 의도였다. 이론과 학설로 배운 자유는 혼란을 일으키지만 경험으로 체득한 자유는 진정한 민주주의의 단단한 초석이 되는 것이다. 자유가 베푼 혼란과

부작용에 스스로 혐오를 느낄 때 진실한 자유를 얻는 것이다."(『뉴스피플』, 1999. 7. 22)

"데모로 해가 뜨고 데모로 해가 진다"

장면의 그런 판단이 옳건 그르건 그것마저 무능으로 간주되었던 게 당시의 현실이었다. 대학생들마저 스스로 "민주주의는 한국에 적합하지 않다"고 자조自嘲할 정도였다. 그건 자조가 아니라 냉정한 판단이었는지도 모를 일이었다. 1961년 고려대학교 학생 377명을 상대로 여론조사를 실시한 결과, 86퍼센트는 서구 민주주의를 한국에 적용할 수 없는 것으로 느끼고 있었다. 이들 가운데 40퍼센트는 "우리는 준비가 돼 있지 않다"고 응답했다. 30퍼센트는 "한국과 서구 간의 사회·문화적인 격차 때문에 민주주의 원칙들이 한국에서 아직은 실현될 수 없다"고 대답했다.

　민주당 정권 10개월 동안에 일어난 가두데모 건수는 총 2,000건이었으며, 데모에 참가한 연인원은 약 100만 명이었다. 제2공화국 시절 매일 평균 7.3건의 데모가 일어났으며, 매일 평균 3,867명의 국민들이 서울 거리에서 가두데모에 참가했다. 이 통계는 5·16군사쿠데타 직후 5·16 주체세력이 쿠데타를 정당화하기 위해 발표한 것이긴 하지만, 데모가 너무 많았다는 데에 이의를 제기하는 사람은 없었다. 오죽하면 "데모로 해가 뜨고 데모로 해가 진다"는 말까지 나왔을까?(김정원, 1985; 『대한매일』, 1999. 4. 9)

　4·19혁명 1주년을 맞아 무슨 일이 일어날까 하고 거의 충혈된 눈

으로 그날을 지켜본 사람이 있었으니 그가 바로 박정희였다. 그는 일부 사람들이 장면 정부에 대해 느끼는 '통분·치욕·울분'이 난폭한 행동으로 표출되기를 간절히 바랐다. 그걸 기화로 쿠데타를 일으키려는 속셈을 갖고 있었기 때문이다.

박정희가 벌인 4·19혁명 1주년 데모 유발 공작은 실패로 돌아갔지만, 그는 결국 5월 16일 쿠데타를 성공시켰다. 그런데 놀라운 건 장면 정권의 "악랄하고 교활한 탄압"을 맹비난하던 『민족일보』가 5·16군사쿠데타를 지지하고 나섰다는 점이다. 조용수는 쿠데타의 주동자인 박정희에게 좌익 경력이 있다는 말을 듣고 박정희가 '혁신적 사고'를 갖고 있을 것으로 판단했다. 당시 조용수는 희망에 넘쳐 조금 흥분한 상태였다고 한다. 조용수의 흥분은 『민족일보』 5월 18일자 사설에 반영되었다.

"끝으로 우방 제국에게 일언을 부치노니, 이 군사혁명이 발생된 원인을 깊이 이해하고 진정한 우호를 베풀어주기를 진심으로 희구해 마지않는다.……우리들은 거듭 내치외교에 획기적인 일신이 있고 민주적인 조명이 있기를 강조함으로써 이 획기적인 군사위원회의 혁명 과업 수행에 더 많은 영광 있기를 바라는 바이다."(원희복, 1995)

이미 5월 16일과 17일에 걸쳐 쿠데타군이 보여준, 장면 정권을 훨씬 능가한 '탄압'을 목격했을 『민족일보』가 그런 사설을 썼다는 건 5·16 주체세력을 혁신 세력으로 오판했기 때문이다. 그러나 『민족일보』는 바로 그 다음 날인 5월 19일 군사정권의 '빨갱이 만들기' 작전에 따라 폐간당하는 데다, 간부 8명이 구속되고 발행인 조용수는 사형에 처해지는 참담한 비극의 수렁으로 내몰리게 된다.

제8장

박정희 정권기의 언론 ①

5·16군사쿠데타와 신문의 지지

1961년 5월 16일 새벽 한강을 넘어 서울로 들어온 일단의 군인들은 중앙청과 KBS를 점령했다. 쿠데타군은 KBS에서, 새벽 5시 첫 방송을 통해 '혁명'이 시작되었다고 선언하고 6개 항의 혁명 공약을 발표했다. 또 전국에 내린 비상계엄령 포고 1호를 통해 언론출판 보도를 사전 검열했다. 신문들은 5·16군사쿠데타에 대해 어떤 태도를 보였던가? 장면 정부에 대한 불만이 워낙 컸기 때문일까, 아니면 대세가 기운 걸 간파했기 때문일까? 5월 17일부터 쿠데타를 지지하는 주장이 나오기 시작했다.

『동아일보』5월 17일자 사설 「당면 중대 국면을 수습하는 길」은 "5·16 군사혁명은 무혈혁명"이라는 점에서 "국민과 함께 다행스럽게 여겨야 한다"고 주장했다. 심지어 장면 정부의 굴복까지 요구했다. 『경향신문』은 장면 정권의 대변지였음에도 아니 그렇기 때문에 더욱 '생존 전략'으로 급선회했다. 5월 17일자 사설 「군사혁명위에 바라는 것」의 내용은 장면 정부를 부정하는 내용이었다.

『조선일보』의 5월 19일자 사설 「혁명의 공약과 국내외의 기대」는 "어떤 형태의 구국운동이 절감되었던 것"이라며 쿠데타를 지지했다. 또 『조선일보』 5월 20일자 사설 「제2공화국의 붕괴와 최고회의 사명」은 "기성 정객들은 재빨리 부패, 재벌과 야합하는 가운데 '혁명의 비혁명적 방법에 의한 처리'라는 기만적인 구호를 내세우고 혁명 과업을 수행하는 일을 태만히 했다"고 민주당 정권을 비판했다.

1961년 5월 23일 군사정권은 '사이비 언론인 및 언론기관 정화' 방안을 발표했다. 이 조치의 결과, 전국 916개 언론사 가운데 일간지 39개, 일간통신 11개, 주간지 31개만이 남게 되었다. 좀더 구체적으로 살펴보면, 64개 중앙일간지 가운데 15개가 살아남았고, 지방에서는 51개 일간지 가운데 24개가 살아남았다. 통신사 11개는 316개 가운데 살아남은 것이었는데, 지방통신사 64개는 전부 폐쇄되었다.

『동아일보』는 5월 26일자 「혁명 완수로 총진군하자」는 제목의 사설에서 "한국의 민주주의를 수호하기 위해서는 다소간 '비민주적인 방법'이라 하더라도 이를 피할 수 있는 도리는 없을 것이다"고 주장했다. 5·16군사쿠데타 한 달을 맞아 『경향신문』 6월 16일자는 한 면을 할애해 「빛나는 혁명 한 달의 일지」라는 제목의 특집을 마련했다. 이 특집의 서문은 "비록 짧은 한 달이나마 10여 년에 걸쳐 쌓인 부정과 부패는 깨끗이 씻겨져 가고 있다"고 주장했다.

신문들은 박정희의 지도자 이미지를 구축하기 위한 '언론플레이'에도 호응했다. 『조선일보』 6월 27~28일자에는 박정희의 특별기고 「지도자도指導者道」가 실렸다. 이 글에서 박정희는 "우리나라 국민의 대부분은 강력한 타율에 지배받던 습성이 제2의 천성으로 변하여 자각, 자율, 책임감은 극도로 위축되어버렸다"고 주장했다.

『경향신문』도 6월 29일자부터 박정희의 '지도자도指導者道'를 연재하면서 서문에서 이런 주장을 폈다. "특히 혁명기에 처해 있는 지도자도란 영웅적이라야만 한다. 우리 사회가 불타오르겠다는 기름 바다라면 이 바다에 점화 역할을 해주는 신화적神話的 작용이라야 한다. 이를 위해서는 안일주의, 이기주의, 방관주의 및 숙명론자로부터 탈각하여 피지도자(국민)가 부르짖는 것을 성취하도록 이끌어나가야 한다."(김삼웅, 1995; 김영호, 2004; 전재호, 2001; 조갑제, 1998)

장준하의 5·16군사쿠데타 지지

박정희의 최대 정적政敵 또는 앙숙이라고 하면 장준하를 떠올리는 것이 자연스럽지만, 5·16군사쿠데타 당시 장준하는 쿠데타에 협조했다. 물론 협조한 기간은 짧았지만, 훗날 보여주게 될 '민주화 투사'의 이미지로 보자면 장준하와 같은 인물들조차 쿠데타에 협조했다는 건 흥미로운 일이다.

쿠데타가 일어나자, 장준하는 『사상계』 1961년 6월호 권두언 「5·16혁명과 민족의 진로」를 통해 "누란의 위기에서 민족적 활로를 타개하기 위하여 최후 수단으로 일어난 것이 다름 아닌 5·16군사혁명이다"는 정의를 내렸다. 그는 "4 · 19혁명이 입헌정치와 자유를 쟁취하기 위한 민주주의 혁명이었다면, 5 · 16혁명은 부패와 무능과 무질서와 공산주의의 책동을 타파하고 국가의 진로를 바로잡으려는 민족주의적 군사혁명이다"는 주장을 펴면서 사실상 쿠데타를 지지했다.(임대식, 1998, 2003)

장준하는 7월호 권두언 「긴급을 요하는 혁명 과업의 완수와 민주정치에로의 복귀」에서는 공산당의 전체주의 세력을 분쇄할 수 있는 최대의 사상적 무기는 민주주의적 자유의 선용에 있음을 지적했다. 그의 주된 관심은 시종일관 반공反共이었다. 그는 "우리는 군사혁명 지도자들의 용기와 총명과 견실을 높이 사려 하며, 한편 그들의 관용성을 기대하는 바이다"라고 말했다.(김기승, 2003; 서중석, 2002)

이렇듯 신문을 장악한 데다 장준하 세력의 지지까지 얻은 박정희는 마음껏 신문을 조롱했다. 박정희는 7월 19일 내외신 기자회견에서 "한국 신문이 정부를 제대로 비판하지 못하고 있다는 견해가 있는데 어떻게 생각하는가"라는 질문을 받고 이렇게 답했다. "정부가 두려워 논평을 하지 않는다는 말은 처음 듣는데 사실이라면 언론인들의 기개가 부족한 탓이다. 언론인들이 혁명 과업에 직접 참여해주기를 바란다." 박정희는 8월 『최고회의보』 창간호에 기고한 글에선 "국론을 통일하기 위해 무책임한 언론의 자숙이 요청된다"고 말했다. 미국의 『타임』은 1961년 8월 4일자에서 한국 신문을 가리켜 '벙어리 신문'이라고 평했다.(송건호, 1990; 정진석, 1985; 조갑제, 1998)

『민족일보』 조용수 사형

1961년 5월 19일 계엄사령부는 『민족일보』의 폐간 통고와 함께 『민족일보』가 조총련계에서 들어온 약 1억 환의 불법 도입 자금으로 발간되어 괴뢰 집단이 지향하는 목적 수행에 적극 활약해왔다고 발표하면서 사장 조용수를 포함한 8명을 구속했다. 혁명재판소는 조용수를 포함한 3명에게 사형을 선고하고 나머지 5명에게 5년에서 15년에 이르는 중형을 선고했다.

재판 결과가 발표되자 국내의 문단과 언론계 인사 104명, 일본 펜클럽, 국제펜 본부, 국제신문인협회 등은 관대한 처분을 요청하는 진정서를 박정희 앞으로 냈다. 그러나 미국을 방문하고 있던 박정희는 11월 16일 내셔널프레스클럽에서 가진 연설에서 "과거의 많은 신문들이 금전에 좌우되고 부패했으며, 공산주의 색채를 띠었다"며 세 언론인에 대한 사형선고는 타당한 것이라고 주장했다.(정진석, 1985, 1990)

결국 사형이 선고된 3명 중 2명은 사형에서 무기로 형이 감면되었지만, 조용수는 12월 22일에 사형이 집행되었다. 당시 32세였던 조용수는 "민족을 위해서 할 일을 못하고 가는 게 억울하다. 정규조(친구이며 『민족일보』 상무) 동지에게 돈을 꾸어다 신문 만드는 데 썼는데, 갚아주지 못하고 가게 돼 미안하다"는 유언을 남겼다.(『대한매일』, 1998. 12. 22)

오직 『한국일보』(8월 28일자 조간 사설)만이 "『민족일보』 관련자들은 공산주의자들이 아니다"고 주장했을 뿐, 다른 신문들은 이 사건을 철저히 외면했다. 10월 21일 국제신문인협회는 사형이 선고된 사람들에게 관용을 호소하는 전문을 박정희에게 보냈지만, 한국신문인협회도 입을 꼭 다물었다.(원희복, 1995)

계엄사령부가 주장한 혐의는 근거가 매우 박약한 것이었다. 당시 『민족일보』는 민족 통일을 열렬히 염원하고 통일 논의를 성원했으나 북한 주장을 비판하는 논조도 보였던 신문이다. 앞서 지적한 바와 같이, 조용수는 쿠데타가 일어났을 때 주동자인 박정희의 혁신적 성격을 낙관해 우호적인 사설을 쓰기도 했다.

조용수 사형 집행 후, 이해할 수 없는 일은 계속 일어났다. 조용수와 함께 사형을 선고받았던 송지영은 나중에 4차례 감형을 받아 출감해 『조선일보』 논설위원, 문예진흥원장, 통일원 고문, 민정당 전국구 의원, 한국방송공사 이사장, 광복회 부회장 등 요직을 거쳤으며 중형을 받았던 다른 인물들도 송지영과 비슷한 길을 걸었다.(김삼웅, 1998)

『민족일보』의 창간 주역 중 한 명은 이영근이었다. 자금의 일부가 이영근에게서 나왔다. 이영근은 조봉암의 비서였는데, 군사정권은 일본에서 활동하던 이영근에게서 받은 돈을 공작금으로 규정했다. 그러나 이영근은 조용수가 사형당한 뒤 박정희와 긴밀한 관계를 유지했으며, 국민훈장 무궁화장을 받기도 했다.(육성철, 1997; 이상우, 1986)

조용수와 대구 대륜고등학교 동기동창으로 나중에 국회의장을 지낸 이만섭은 "그의 죽음은 박 장군이 본인의 사상적 문제를 의식적으로 입증하기 위한 희생양이었다"고 말했다.(원희복, 1995, 211) 김삼웅(1998, 95)도 박정희의 사상적 콤플렉스가 주요 원인이라고 했다. "해방 후 남로당 등 좌익에 관계한 바 있는 박정희가 쿠데타로 집권하는 과정에서 미국 측으로부터 사상적 성향에 의혹을 받게 되면서 혁신계 인사들을 자신의 면죄부의 제물로 삼았다는 것이 『민족일보』 사건의 정치적 배경이다. 『민족일보』 조용수는 박정희의 사상적 콤플렉스가 불러온 희생양이었던 셈이다."

자신들의 사상적 콤플렉스를 해결하기 위한 도구로 조용수를 제물로 삼았으면 그 유족에게라도 최소한의 인간적 도리는 했어야 했던 게 아닐까? 그러나 박정희 정권은 『민족일보』의 자산은 물론 조용수 가족의 전 재산을 몰수했으며, 이후 가족들의 거듭된 탄원도 받아주지 않았다.(원희복, 1995) (법원의 조용수에 대한 무죄 선고는 47년 만인 2008년 1월 16일에 나왔다.)

KBS TV 개국과 'TV 열풍'

1961년 12월 2일 서울에서 부산문화방송과 네트워크를 형성한 한국문화방송주식회사HLKV가 탄생했다. 미리 이야기를 하자면, 사주인 김지태는 1962년 3월 재산 해외 도피 혐의 등으로 중앙정보부에 체포되어 2개월 정도 구금 생활을 하다가, 1962년 5월 한국문화방송은 물론 부산문화방송과 『부산일보』의 경영권을 재단법인 5·16장학회에 넘기고 물러난다. 『문화방송 30년사』는 그걸 단 한 줄로 가볍게 기록하고 넘어갔지만, 그건 김지태가 5·16군사쿠데타에 자금을 대지 않았다는 이유로 군사정권이 강탈한 혐의가 짙다.(문화방송, 1992; 정재권, 2004)

1961년 12월 31일 국영 KBS TV가 개국했다. 세계적으론 이미 70여 개 나라가 TV 방송을 실시하고 있던 때였다. 1962년부터 단기檀紀 대신 서기西紀를 공용 연호로 사용하게 되었으며, 미터법이 공식 단위로 사용되었다. 이런 변화와 더불어 KBS TV의 개국은 군사정권의 '근대화' 작업과 '속전속결速戰速決'의 상징으로 여겨졌다.

국영 TV 방송국 설립이 불과 4개월 전인 8월에 계획되었으니, 이는 세계 방송사에서 그 유례를 찾기 어려운 '속전속결'이라 할 만했다. 남산에 방송국사를 짓는 공사는 밤낮을 가리지 않고 이루어졌으며 날씨가 추워지자 콘크리트가 얼까봐 소금을 섞어가며 강행군을 했다. 노정팔(1995, 458)은 "정말로 번갯불에 콩 구워 먹는 속도보다도 더 빨랐다"며 다음과 같이 말한다.

"창설 계획을 세운 것이 그해 8월 14일, 건축 공사를 시작한 것이 10월 10일이니 2개월 남짓 걸린 셈이다. 기재는 미국 RCA 기계를 발주하여 12월 10일에 비행기로 실어 날랐고, 그때부터 설치 공사가 강행군되었다. 아마 기네스북에 오를 만한 일이요, 세계적인 기록일 것이다. 남들 같으면 아무리 빨리 해도 2~3년은 걸려야 했을 일을 우리는 불과 3개월도 안 걸려 해치운 것이다. 자랑해야 할지 졸속이라고 비난해야 할지 모르겠다."

KBS TV는 12월 31일부터 1일 4시간의 정규방송을 개시했는데, 당시엔 녹화 기능이 없어 모든 걸 생방송으로 처리해야 했다. KBS TV는 1962년 1월 14일까지 2주 동안 영화필름을 주축으로 하루 4시간의 임시방송을 했으며, 1월 15일부터 오후 6시부터 10시 30분까지 방송 시간을 30분 늘려 방송했다. 그러다가 2월 2일부터 방송 시간을 1시간 앞당겨 오후 7시 30분부터 9시 30분까지 정규방송을 했다.

1962년 1월 25일 KBS TV는 제1기 탤런트를 공채했다. 박병호, 최정훈, 김난영, 박주아, 정혜선, 태현실 등 26명이었다. 5월엔 2기생을 뽑는 등 1962년 한 해에만 모두 3차례에 걸쳐 탤런트를 선발했다 (2기생은 강부자, 3기생은 김민자, 이일웅 등). 이는 본격적인 오락 매체로서 텔레비전의 성장을 예고하는 것이었다.

당시 국내엔 TV 수상기가 약 1만 대 있었는데, 군사정권은 1962년 2월부터 총 2만 대의 TV를 미국과 일본에서 긴급 도입해 월부로 배포했다. 당시 이렇게 수입된 TV 수상기를 갖기 위한 경쟁은 매우 치열했다. "TV 수상기 신청서 1장에 1백 원씩 팔았는데, 신청서를 사러온 시민의 운집으로 세종로와 정동 방송국 부근은 인산인해를 이루는 대혼잡으로 교통순경까지 출동하였다."(유병은, 1998)

그런 과도한 열기 때문인지 텔레비전에 대한 부정적인 의견도 만만치 않았다. 『동아일보』 1962년 2월 18일자와 27일자는 텔레비전에 대한 뜨거운 관심을 인플레이션을 야기시킬 수 있는 '무분별한 광란의 붐'으로 비판했다. 문형선은 『사상계』 1962년 4월호에 쓴 「이견: T·V 시비」라는 글에서 이렇게 말했다. "우리 살림에 백육십여만 불에 달하는 텔레비의 수입은 지나친 외화의 낭비가 아닐까?……올해만도 2천 3만여 KW의 전력 부족이 예상되고 있는 터에 텔레비보급으로 발전 단위가 8천 KW나 소모케 되니 너무나 엄청나는 소모가 아닐까? 8천 KW이면 큰 공장이 십 개 이상이나 쓰고 남는 전력이기 때문이다."(임종수, 2004)

부패 언론인 단속과 단간제 실시

1962년 4월 29일 박정희는 기자회견 석상에서 "자율적 정화가 불가능하다고 생각될 때에는 부패 언론인의 명단을 공개하겠다"고 경고했다. 5·16 이후 1962년 6월 22일까지 기자의 신분으로 체포되거나 재판에 회부된 인원은 960명에 이르렀다. 이 가운데 신문·통신의 제작 과정에서 문제를 일으킨 위반자, 즉 포고령·반공법·기타법을 어겼다고 해서 구속된 인원은 141명에 달했다.

1962년 6월 28일 군사정권은 새로운 '언론 정책'을 내놓았다. 이 정책은 언론 자유와 책임, 언론인의 품위와 자질, 언론기업의 건전성, 신문 체제의 혁신, 언론 정화 등 5개 항의 기본 방침과 20개 항의 세부 지침으로 구성되어 있었다. 군사정권은 입법 과정을 거치지 않은 채 '권장'이라는 이름으로 이 같은 정책을 강요했다.

이 정책으로 인해 신문 발행 요건이 까다로워져 사실상 신규 언론사의 출현이 불가능하게 되었다. 하루에 2번을 내던 조석간제는 조간 또는 석간 가운데 하나를 택해 하루에 한 번 신문을 내는 단간제로 바뀌었고 일요일자 신문 발행이 금지되었다. 8월 4일 당국의 조정아래 6대 중앙지는 조간이냐 석간이냐를 정했는데 8월 20일부터『동아일보』,『서울신문』,『경향신문』,『대한일보』등 4개사가 석간을,『조선일보』,『한국일보』등 2개사가 조간을 택했다.

최고회의 공보담당 위원 강상욱은 단간제 실시 이유에 대해 "지나치게 정치 기사가 많아 국민의 정치의식이 과도히 민감하게 되었으며, 지면에 정서가 부족하고, 종업원이 혹사당하며, 따라서 신문이 재미없게 되어 독자가 늘어나지 않는다"라고 설명했다. 1962년 10월 13일 신문들은 한국신문발행인협회를 만들어 신문 면수나 구독료, 광고료 등을 담합 결정하는 카르텔을 형성했다.(김해식, 1994)

1962년부터 필화 사건이 잇달아 일어나기 시작했다. 『동아일보』는 1962년 7월 28일 「국민투표는 만능이 아니다」는 사설을 게재해, 1963년 여름으로 예정된 민정에 앞서 군사정부가 새 헌법을 기초해 이를 국민투표에 부치는 것은 부당하다는 주장을 펼쳤다. 이에 군사정권은 『동아일보』 주필 고재욱과 논설위원 황산덕의 구속으로 대응했다. 반공법 등 위반 혐의로 구속된 고재욱은 8월 14일 기소유예로 석방되었고 황산덕은 12월 7일 공소 취하로 석방되었다.

『한국일보』는 1962년 11월 28일 1면 톱으로 혁명 주체세력이 영국 노동당과 비슷한 정당 창당을 추진 중에 있다고 보도했다. 이 기사로 인해 다음 날 사장이자 발행인인 장기영, 편집국장 홍유선, 정치부장 김자환, 기자 한남희 등 4명이 구속되었다. 혁명위 포고 등의 위반 혐의였다. 『한국일보』는 군사정권의 압력에 따라 12월 2일부터 사흘간 자진 휴간했다. 장기영은 12월 6일 사장직에서 사퇴하겠다고 밝힘으로써 그날 밤 두 간부와 함께 석방되었다. 장기영은 사장 퇴임 43일 만인 1963년 1월 17일에 사장직에 복귀했다.

군사정권은 쿠데타 초기의 호의적 자세에서 돌아서서 서서히 비판의 칼날을 세우기 시작한 『사상계』에 대해선 이른바 '반품 공작'으로 탄압했다. 군사정권은 『사상계』가 출간되면 대량으로 주문해 가수요를 창출한 다음 3개월 뒤 구입한 서점을 통해 고스란히 반품으로 되돌려 보내는 방식으로 『사상계』의 재정에 큰 타격을 입혔다.(임

영태, 1998; 정진석, 1985)

또 군사정권은 1962년 3월 16일 장준하를 '정치활동정화법'으로 묶어 그에게 부패 언론인의 이미지를 덧씌우는 수법까지 동원했다. 이때부터 『사상계』의 편집 방향은 정치적 성향으로 급선회했다. 『사상계』 1962년 7월호 권두언은 「군정의 영원한 종말을 위하여」였으며, 또 이게 특집이었다.

장준하는 1962년 8월 필리핀의 수도 마닐라에서 열린, '막사이사이상 언론문화 부문'에서 한국인 최초의 수상자로 선정됨으로써 부패 언론인이라는 오명을 씻을 순 있었지만 군사정권의 탄압은 더욱 거세졌다. 나날이 심해지는 군사정권의 '반품 공작'과 싸운 1962년을 두고 장준하는 "무원의 고군孤軍이 대적을 상대로 피투성이의 혈전을 한 해였다"고 표현했다.(박경수, 2003) 그러나 그게 끝이 아니었다. 군사정권의 '반품 공작'은 1965년까지 계속되어 『사상계』를 경영 위기의 수렁으로 몰아넣게 된다.

"주여! 상업방송을 금지시켜 주시옵소서"

군사정권은 군사작전 식으로 KBS TV를 개국하긴 했지만 운영자금에 대한 계획을 미리 세워놓은 건 아니었다. 그래서 1963년 1월부터 공식적으로 등록된 3만 4,000대의 수상기에 대해 시청료를 징수하게 되었다. 그러나 시청료 징수원들이 미등록 수상기를 찾아내려는 과정에서 사법권이 있는 것처럼 행세하거나 심지어 동네 어린아이들에게 과자를 주어 꾀는 수법까지 동원해 시민들의 원성을 샀다.(김재길, 2000)

군사정권은 시청료 징수가 여의치 않자 KBS도 광고를 할 수 있도록 '국영 텔레비전 방송 사업 운영에 관한 임시조치법'을 만들어 1963년 3월 1일부터 광고 방송을 시작하도록 했다. 그러나 당시 방송 광고는 매우 낯선 것이었다. 그래서 거부감도 매우 컸다. 이는 당시 한국 사회의 자본주의 발전 정도나 의식화 수준을 말해주는 것이기도 했다. 첫 광고 방송이 나가는 3월 1일 저녁 7시 30분, 당시 CM은 아나운서의 몫이었는데, 이런 일이 벌어졌다.

"퀴즈 프로그램 〈우등생 퀴즈〉의 슬라이드를 넘기고 광고 슬라이드와 함께 아나운서 부스의 불이 켜지면서, 큐를 받은 두 여자 아나운서는 부롬빈 드링크제의 광고문을 읽는다. 그러나 한 줄 읽기도 전에 아나운서 A는 웃음을 터뜨렸다. 연출자는 허둥지둥 부스의 마이크를 껐으나 낭패 1, 용기를 내서 다시 한 번 큐. 이번에는 아나운서 B가 웃음을 터뜨린다. 그래서 낭패 2, 결국 어떻게 사상 첫 CM이 끝맺혀졌는지 아무도 기억할 수 없지만 연출자는 아마도 슬라이드와 음악만 내보냈으리라."(신인섭, 1992, 142~143)

1963년 4월 25일 민영 동아방송DBS이 개국했다. 동아방송은 모기업인 『동아일보』를 등에 업고 보도 방송에 많은 힘을 쏟아 라디오 저널리즘의 발전에 큰 기여를 했으며, 라디오 광고를 활성화시키는 데에도 일조했다. 라디오 PD들도 CM을 기피하는 아나운서들 때문에 애를 먹어야 했다.

"프로듀서가 CM을 녹음하기 위해 아나운서를 찾으면 어디론가 도망치고 없다. 애써 찾아서 CM 제작을 끝내놓고 나면 아나운서들은 어이가 없다는 듯 혹은 쑥스러워서 금방 웃음을 터뜨리고 만다. 그것도 그럴 것이 당시의 아나운서들은 대단한 자부심을 가진 반면에 CM을 장터의 약장수가 약 선전을 하는 것과 같은 것으로 생각하고 있었으니 CM 기피는 오히려 당연했을는지 모른다."(한국방송공사, 1977)

기독교방송은 이미 1959년 3월 26일 대구국, 1959년 12월 23일 부산국, 1961년 8월 1일 광주국, 1961년 11월 1일 이리국을 개국해 전국 방송망을 갖게 되었지만, 광고로 인해 더 큰 몸살을 앓았다. 기독교방송은 1962년 1월 1일자로 공포된 '전파관리법'에 따라 외국인은 재단법인의 장이 될 수 없게 되자 사장을 길진경으로 바꾸었으며, 외국의 자금 지원이 줄어들자 9월 12일 상업방송의 허가 신청서를 체신부에 제출, 10월 19일에 인가되었다. 이후부터 기독교방송은 선교 이외의 일반교양 프로그램을 추가하고 전체 방송 시간의 30퍼센트에 한해 상업방송을 할 수 있게 되었다.

경영난에 허덕이던 기독교방송은 상업방송 허용 조치를 크게 반겼지만 일부 성직자들의 반발이 만만치 않았다. 당시 종교과장직을 맡고 있었던 정인희 목사는 직원들의 아침 예배 시간을 통해 다음과 같은 기도를 했다. "'주여, 여기는 당신의 복음을 전하는 곳입니다. 여기에서 천박한 상업방송의 CM이 방송되는 것은 당신을 욕되게 하는 일입니다. 그러므로 주여, 여기에서 전파를 타고 나가는 모든 상업방송을 금지시켜 주옵소서."(송건호, 1990; 신인섭, 1992; 정순일, 1991; 한국방송공사, 1977)

1964년 한일회담과 6·3 사태

경제개발을 신앙으로 삼은 박정희는 그 재원 조달을 위해 1964년 봄한일회담을 본격적으로 추진했다. 그러나 한일회담 추진은 순조롭지 않았다. 학생들은 한일회담을 반대하는 투쟁을 격렬하게 벌였으며 언론은 그 투쟁을 대대적으로 보도했다. 반대 투쟁에 대한 탄압, 그 탄압에 대한 저항, 그 격렬함은 확고한 신앙의 대결인지라 전쟁을 방불케 했다. '민족 신앙' 대 '수출 신앙'의 대결이라고나 할까? 그건 '굴욕'에 대한 감수성 갈등이기도 했다.

3월 22일 장준하 등이 연사로 나선 서울 장충단공원 유세엔 70만명의 인파가 몰려들었다. 이 뜨거운 열기는 이틀 후 3·24 데모를 촉발시키는 동력이 되었다. 3월 24일, 4·19 이래 최대의 학생 시위가서울에서 발생했다. 대학생 5,000여 명이 모여 '제국주의자 및 민족반역자 화형 집행식'이라는 이름으로 일본 수상 이케다 하야토池田勇人이완용의 화형식을 가진 후 '한일 굴욕 외교 반대'를 외치며 가두로진출했다. 이후 시위는 전국으로 확대되었고, 고등학생과 일반 시민들까지 참여했다.(박경수, 2003; 이원덕, 1996)

4월 22일 박정희는 "언론의 자유는 최대한으로 보장하고 있는데언론의 책임에 대한 얘기는 전혀 없다"고 비난했고, 5월 2일엔 "일제때부터 반항만을 되풀이하는 정치인 및 언론인들의 근본적 사고방식과 자세는 제거되지 않으면 안 된다"고 주장했다. 5월 23일엔 "정국불안의 책임이 일부 언론의 무책임한 선동에도 있다"고 주장했으며, 5월 25일엔 "예기치 않은 사태가 일어날지 모르는데, 그것은 일부 언론인의 선동에도 그 원인이 있다"고 경고했다.

6월 2일 대학생 3,000여 명의 가두시위가 벌어졌으며, 6월 3일 전국적으로 10만여 명의 학생과 시민들이 시위에 참여했다. 이날 밤 9시 40분을 기해 서울 일원에 비상계엄이 선포되었다. 6월 3일 하루 동안 시위대 200명이 부상당했고, 1,200명이 체포되었다. 7월 29일 계엄이 해제되기까지 55일 동안에 학생 168명, 민간인 173명, 언론인 7명 등 모두 348명이 구속되었다. 계엄령 해제와 더불어 민간 재판에 회부된 피의자는 구속 172명, 불구속 50명이었다. 이 기간 중에 포고령 위반(890건)으로 1,120명이 검거되었으며, 이 중 540명이 군사재판에, 86명이 민간 재판에, 216명이 즉결재판에 회부되었고 278명이 방면되었다.

박정희가 신문에 대해 털어놓은 불만은 비단 한일회담 관련 보도만이 아니었다. 박정희는 비판은 물론 사회의 어두운 면을 들춰내는 것 자체를 싫어했다. 『경향신문』이 1964년 5월에 연재한 '심각한 굶주림 사태' 보도 시리즈가 바로 그런 종류의 기사였다. 이 시리즈는 6 · 3 계엄 선포로 중단되었고, 6월 4일 사장 이준구와 사진부 기자 손충무가 구속되었다. 박정희 정권은 북한과의 연계를 조사하다가 아무것도 나오질 않자 6월 16일 이준구, 7월 1일에 손충무를 석방했다.

6월 4일과 5일 동아방송의 〈앵무새〉 프로그램이 부정 사건을 비판했다는 이유로 간부 6명이 반공법 등 위반 혐의로 구속되었다. 이 〈앵무새〉 사건에 대해 당시 담당 프로듀서였던 김영효(1994)는 후일 다음과 같이 말했다. "『동아일보』까지를 포함한 동아의 언론 활동에 물리적 제재를 가하자는 게 진짜 숨은 의도였다. 내가 수사받던 중

'다른 신문이나 방송도 한일회담을 비판하고 있는데 왜 하필이면 동아냐'고 물었을 때 수사관은 '다른 신문사나 방송국이 뭐라고 해도 상관없지만 동아방송과 『동아일보』만은 절대로 안 된다는 것이 상부의 생각인 것 같다'고 귀띔했었다."

언론윤리위원회법 파동과 언론의 굴복

박정희 정권은 그런 식으로 일일이 대응하는 것에 한계를 느꼈던 것인지 더 근본적인 언론통제책을 강구하기 시작했다. 1964년 6월 중순 이후 언론 규제 법안에 대한 소문이 무성하더니, 공화당은 계엄 해제 다음 날인 7월 30일에 '언론윤리위원회법안'을 국회에 상정했다. 전문 20조로 된 언론윤리위원회법은 신문・방송 등 언론의 자율적 규제를 강화하기 위해 언론윤리위원회와 언론윤리심의위원회를 두고 언론윤리요강을 제정, 보도 내용이 이 요강에 위배되는지를 심의케 한다는 내용이었다.

일요일인 8월 2일 밤 공화당은 이 법의 제정에 반대해오던 야당 의원들이 불참한 가운데 일방적으로 통과시켰다. 언론계는 언론 자유를 크게 위축시킬 것이 분명한 이 법안에 대해 결사반대했다. 국회・중앙청 기자단은 24시간 취재를 거부했으며 경제부처 출입기자단은 '일방적인 대정부 협조' 거부에 나섰다. 8월 5일엔 언론단체 대표들이 모여 '언론윤리위원회법 철폐투쟁위원회'를 구성했다. 박정희 정권이 언론계의 반대에도 8월 10일 공포 즉시 이 법의 시행에 들어가자 언론계는 이날 '악법철폐 전국언론인대회'를 개최했다.

이 악법 반대 투쟁 과정에서 8월 17일 한국기자협회가 탄생했지만, 언론사에 대한 정부의 압력 강화로 이탈자가 속출했다. 8월 28일 집계 결과 21개 언론사가 정부 편에 섰고, 『조선일보』·『동아일보』·『경향신문』·『대구매일신문』만이 반대를 고수하고 있었다. 박정희 정권은 8월 31일 임시 국무회의에서 언론윤리위원회법 시행을 가로막는 기관이나 개인에 대해 특혜나 협조를 일제 배제키로 결정했다. 바로 그날 『조선일보』·『동아일보』·『경향신문』·『대구매일신문』 등 이 법의 시행에 반대한 4대 신문에 대해 정부 부처와 산하 금융기관, 각급 행정 관서들이 신문 구독을 중지토록 하는 행정 압력이 가해졌다.(조갑제, 1999; 주태산, 1998)

박정희 정권은 신문 구독 중지와 아울러, 은행 융자 제한과 기존 대출 자금 회수, 신문 용지 가격의 차별 대우, 극장협회와 기업체들에 대한 광고 게재 중단 압력, 취재 활동 제한 등 모두 5가지 보복 조치를 취했다. 이에 대해 4개 신문 1면에 실린 공동 성명서는 이렇게 비판했다. "그 악랄한 수법은 일찍이 일제 때에도 보지 못하였던 터로 그 천인공노할 비인도적인 조치는 이미 가공할 언론 탄압일 뿐 아니라 위정당국이 이성을 완전히 상실하였음을 노정한 것이다."

9월 2일엔 언론 주무장관인 공보부 장관 이수영이 정부의 보복 조치에 항의하는 뜻에서 사표를 냈다. 9월 4일 저녁 공화당 중진인 동시에 동양통신 사주인 김성곤은 청와대를 방문해 가진 박정희와의 면담에서 언론계에서 정부의 위신과 체면을 유지할 수 있는 성의만 보여준다면 언론윤리위원회법 시행을 유보할 수도 있다는 느낌을 받았다. 김성곤의 중재로 9월 7일 밤 언론계 대표 6명(유봉영, 고재욱, 홍종인, 최석채, 김규환, 이환의)이 박정희가 내려가 있는 유성으로 향했다. 이들은 달리는 기차 속에서 건의문을 만들었다. 이들은 8일 오전 9시 15분 유성의 한 호텔에서 박정희를 만났다.

청와대로 돌아온 박정희는 9월 9일 언론윤리위원회법 시행을 보류하라는 지시를 내렸다. 박정희는 발표문에서 "유성에서 언론계 대표들을 만나본 나의 감상은 그들의 반성과 결의가 어느 때보다 뚜렷함에 큰 감동을 느꼈다. 자율적 규제의 책임을 다하겠다는 언론계 대표들의 건의를 받아들이기로 했다"고 말했다. 이로써 38일간의 투쟁이 마감되었다. 타협이라고 하지만, 사실상 언론 쪽의 굴복이었다.(동아일보사 노동조합, 1989; 조갑제, 1999)

언론의 취약성은 뒤이어 일어난 리영희 필화 사건에서도 잘 나타났다. 『조선일보』 외신부 기자 리영희가 1964년 11월 21일자에 쓴 「남북한 가입 제안 준비」라는 제목의 기사는 "남북한이 유엔에 동시 가입하는 안건을 아시아·아프리카 외상 회의에서 검토 중"이라는 내용이었는데, 바로 이 내용 때문에 리영희는 다음 날 반공법 위반 혐의로 구속 기소되었다. 북한이 대한민국과 동격으로 유엔에 초대되거나 동시 가입이 제안되는 따위의 이야기는 반공법 제4조 2항 '적성국가·단체 고무찬양' 죄에 해당된다는 것이었다.(리영희, 1991)

박정희 정권은 1965년 10월부터 전투부대를 베트남에 파병하기 시작했다. 파병 반대 여론이 일었지만, 언론은 말이 없었다. 송건호(1990, 151~152)는 "파병에 반대한다는 주장을 사설을 통해 명백히 밝힌 신문이 하나도 없었다. 단지 파병에는 이러저러한 문제점이 있다는 애매모호한 주장만이 있을 뿐이었다. 언론이 이미 양심과 독립을 제대로 지키지 못한 첫 번째 예였다"고 말했다.

삼성의 '동양 TV' 개국과 『중앙일보』 창간

1960년대 중반은 한국 방송계에 큰 변화의 바람이 밀어닥친 시기였다. 1964년 5월 9일 '라디오서울RSB'이 개국했는데, 9월 15일 사장에 홍진기가 취임함으로써 라디오서울은 삼성의 계열사로 편입되었다. 삼성은 라디오방송에 만족하지 않고 1964년 12월 7일 민간 상업 TV 방송인 동양 TVDTV를 개국했으며 12월 12일엔 부산국을 개국했다. DTV는 1962년 12월 31일 체신부에서 TV 방송국 가허가를 받은 뒤 회사를 설립해놓고 2년여의 준비 끝에 개국하게 된 것이었는데, 곧 KBS를 누르게 되었다.

정부가 DTV의 부산국 개국을 허가한 것은 당시 부산에서 유행하던 일본 TV 시청에 대응하고자 하는 생각 때문이었다. 부산에서는 지역에 따라 1950년대 후반부터 일본 TV의 시청이 가능했으며 1961년 NHK가 쓰시마섬에 중계탑을 세우면서 부산 일대에 일본 TV 시청이 유행했던 것이다.(김재길, 2000)

신문 시장도 규모가 점점 커지면서 상업주의가 심화되는 변화가 일어났다. 1965년 5월 6일 당당하게 상업주의를 표방한 『신아일보』가 창간되었으며, 9월 22일엔 삼성 재벌에 의해 『중앙일보』가 창간되었다. 1965년 10월 12일엔 『현대경제일보』, 1966년 3월 24일엔 『매일경제신문』이 창간되었다. 1964년 7월 『소년동아일보』에 이어 1965년 2월 『소년조선일보』도 창간되었다.

『중앙일보』는 다른 신문사에서 기자들을 스카우트했는데, 이로 인해 가장 큰 타격을 입은 신문은 1964년 5월 사주 장기영의 경제부총리 입각으로 인해 하향세를 걷던 『한국일보』였다. 『한국일보』는 편집국 인원 25명과 업무·광고 분야 인원 상당수를 잃어 또 한 번 휘청거리게 되었다. 삼성 회장 이병철의 전기 『호암자전』은 『중앙일보』의 창간 배경을 이렇게 밝혔다.

"나는 4·19와 5·16을 거치며 단 한 번 정치가가 되려 생각한 적이 있다.……그러나 1년여를 숙려한 끝에 정치가로 가는 길은 단념했다. 올바른 정치를 권장하고 나쁜 정치를 못 하도록 하며, 정치보다 더 강한 힘으로 사회의 조화와 안정에 기여할 수 있는 방법은 없을지를 생각한 끝에 종합 매스컴 창설을 결심했다."

'정치'의 대용으로 '종합 매스컴'을 택한 이병철의 강력한 의지에 따라 삼성은 서울 서소문동에 '중앙매스컴센터'라는 10층짜리 현대식 건물을 건립했다. 1965년 12월 1일을 기해 태평로 『조선일보』 건너편에 있던 '라디오서울RSB', 한국은행 건너편 동화백화점에 있던 DTV, 그리고 새로 창간된 『중앙일보』가 이 중앙매스컴센터에 모두 모였다. RSB와 DTV는 1966년 7월 16일 TBC(동양방송)로 개명했다.

TBC TV는 하루 5시간 10분 편성으로 KBS보다 많은 방송을 내보냈다. TBC는 최초로 녹화기를 도입해 주요 프로그램을 녹화 방송했는데, 서울에서 방송한 내용은 1주일 후 부산에서 방송했다. TBC의 간판 프로그램은 토요일 밤 8시에서 9시 사이에 방송된 오락 프로그램 〈쇼쇼쇼〉였다. 당시만 하더라도 변변한 오락과 레저 문화가 발달하지 않은 상태였기 때문에 〈쇼쇼쇼〉의 인기는 매우 높았다.(황정태, 2002)

TBC의 오락성은 KBS에 비해 훨씬 뛰어났지만, 정부의 홍보 매체로서의 기능은 KBS와 다를 바 없었다. TBC TV는 "고속도로를 질주하는 자동차, 입립하는 빌딩, 힘차게 돌아가는 공장 기계음의 굉음, 잘살아보자고 외쳐대는 새나라 노래의 반복적인 방영"을 통해 훨씬 더 세련된 정권 홍보에 임했으며, 국민들은 "군사정권의 독재정치를 혐오하면서도 미래의 공업국의 꿈에 부푸는 이율배반적인 모습을······보여주고 있었다."(이병주, 2001)

라디오의 'DJ 전성시대'와 코미디 경쟁

1960년대 중반은 라디오의 전성시대였다. 최초의 라디오 DJ(동아방송의 최동욱)가 등장한 것도 1964년이었다. 동아방송은 1965년 12월 20일을 기해 방송 시간을 아침 5시에서 새벽 2시까지 2시간 연장해 하루 21시간 방송을 시작했다. 1966년 문화방송에 이종환이 등장함으로써 라디오는 DJ 전성시대를 맞이함과 동시에 심야방송의 경쟁 시대가 열리게 되었다.

각 방송국의 심야방송은 "심야 활동 인구의 증가와 국민 생활 습성의 변화에 따른 필수적인 조치였는데, 우리말 방송이 거의 안 들리는 공백 상태에서 팝송 위주의 AFKN 방송을 듣던 산업 현장이나 입시 준비에 밤을 새우는 젊은 층들에겐 가뭄 끝에 단비 격이 아닐 수 없었다."(이윤하, 2002, 182)

KBS, CBS, MBC, DBS, TBC 등 5개 라디오 방송사들은 제법 치열한 경쟁 체제에 접어들었다. 라디오 방송사들은 보도 프로그램뿐만 아니라 오락 프로그램 경쟁도 치열하게 전개했는데, 특히 상업방송사들 간 코미디물 경쟁이 대표적인 것이었다.

『한국연감』 1965년 판의 기록에 따르면, "DBS에서 구봉서, 김희갑, 송해 등 코미디언을 업고 청취자들에게 인기를 모으자 MBC 측은 이에 도전을 하여 끝내 DBS로부터 구봉서를 탈취하고 다음에 송해도 끌어들여 배삼룡 등과 함께 강팀을 형성했다. 동양방송은 이에 경쟁하러 나서서 서영춘을 기르며 팬들의 인기를 제법 모았다."(최창섭, 1985)

TBC는 1966년 FM 라디오방송을 '종합 매스컴'의 목록에 추가시켰다. 한국에서 FM 방송이 처음 시도된 것은 1963년이었다(세계 최초의 FM 방송은 1941년 5월 미국 내슈빌의 XWSM FM이었으며, 독일은 제2차세계대전 직후에, 일본은 1954년에 FM 방송을 시작했다). 이규일 등 3명은 1963년 7월 20일 서울FM방송 주식회사를 설립했으나 재정 사정이 어려워 개국 준비에 어려움을 겪었는데, 이 때문에 뒤늦게 허가를 받은 AFKN이 1964년 10월 1일을 기해 서울 FM을 앞질러 FM 방송을 개시했다.

서울FM은 1965년 6월 26일부터 정규방송에 들어갔지만, 수신기가 널리 보급되지 못한 데 따른 경영난을 이기지 못하고 1966년 4월 4일 동양방송에 흡수되고 말았다. 동양방송은 한동안 허가 문제로 서울FM의 명칭을 사용하다가 같은 해 8월 15일부터 동양FM의 이름으로 방송을 내보냈다. 동양FM은 대구의 한국FM과 제휴했으며, 동양라디오도 광주의 전일방송, 군산의 서해방송과 제휴해 방송망을 이루었다(1968년 2월 16일에는 부산 문화FM이 개국했으며, 1970년에는 대

구에서 한국FM이, 1971년 9월 19일에는 서울에서 문화FM이 개국했다).(김
민환, 1996; 김성호, 1997)

영화 〈맨발의 청춘〉과 〈저 하늘에도 슬픔이〉

137편의 영화가 제작된 1964년 최고의 흥행 영화는 김기덕 감독, 신
성일·엄앵란 주연의 〈맨발의 청춘〉이었다. 상류층의 딸을 사랑한
깡패의 이야기를 다룬 이 영화는 23만 명의 관객을 동원하는 기록을
세웠다. 이 영화의 주제가인 〈맨발의 청춘〉은 최고 인기가수 최희준
의 새로운 창법, 가사의 화끈함, 이봉조 특유의 애끓는 색소폰 간주
등에 힘입어 최고의 히트곡으로 애창되었다.

당시엔 어떤 영화가 흥행에 성공하면 주연배우들은 전국의 극장
으로 쇼를 하러 다녔다. 흥행사들은 영화 주인공인 신성일·엄앵란
커플과 주제가를 부른 최희준을 엮은 쇼를 구성해 전국 순회공연을
돌렸다(16편의 영화에 남녀 주인공으로 같이 출연해 최정상의 인기를 구가
했던 신성일과 엄앵란은 1964년 11월 14일에 결혼해 연예계 빅뉴스가 되었
다).(최희준, 2002)

1965년엔 이만희 감독의 〈7인의 여포로〉가 반공법에 걸려 이만
희가 구속되는 사건이 발생했다. 이 영화는 6·25전쟁 당시 북한군
에게 잡힌 여자 포로들을 중공군이 강간하려 하자 인민군 수색대가
중공군을 쏘아 죽여 북쪽에서 쫓기는 신세가 되는 바람에 국군으로
귀순한다는 내용이었다. 일종의 반공 영화였지만, 북한군을 너무 멋
있게 그린 게 문제가 되었다. 40일간 구속된 뒤 집행유예로 풀려난

이만희는 "풀어준 대신 반공 영화 하나 만들라"는 중앙정보부의 요구에 따라 〈군번없는 병사〉를 만들었다. 이 영화에서는 북한군 장교로 나온 신성일이 너무 잘생겼다는 게 또 문제가 되었지만, 영화 속에서 그가 자신의 친아버지를 반동이라는 이유로 직접 처형하는 잔혹한 모습을 보임에 따라 그냥 넘어갈 수 있었다.(박원순, 1992; 임범, 2000; 조희문, 1990)

얼마 후엔 유현목 감독의 〈춘몽春夢〉이 외설죄로 고발당하는 사건이 일어났다. 문제가 된 장면은 주인공인 여인이 앞가슴 일부에 살색의 나일론 천을 두르고 나체로 음부를 노출시킨 채로 변태성욕자에게 쫓겨 계단 위층에서 아래층계로 도망쳐 내려오면서 완전 나체가 된 모습을 6초가량 촬영해 보여준 것이었다. 유현목은 3만 원의 벌금형에 처해졌다.(팽원순, 1989)

1965년의 최대 화제작은 김수용 감독의 〈저 하늘에도 슬픔이〉였다. 이 영화는 어머니는 가출하고 병든 아버지 밑에서 동생들을 데리고 힘들게 살아가는 초등학교 4학년 소년 가장 이윤복의 수기 『저 하늘에도 슬픔이』를 신봉승이 각색해 영화로 만든 작품이었다. 이 영화는 서울의 국제극장 한 곳에서만 30만 명의 관객을 동원하는 대기록을 세웠다. 1964년 11월 15일에 출간된 『저 하늘에도 슬픔이』는 출간 4개월 만에 5만 부가 나가고, 일본어와 영어로도 번역된 베스트셀러가 되었다.(김수용, 1998; 이오덕, 1975)

1966년 삼성의 '사카린 밀수' 사건

1966년 5월 24일, 부산세관은 삼성이 경남 울산에 공장을 짓고 있던 한국비료에서 사카린 2,259포대(약 55톤)를 건설 자재로 꾸며 들어와 판매하려던 걸 적발했다. 당시 사카린은 값이 비싼 설탕 대신에 식료품의 단맛을 내는 데 쓰던 주요 원료였다. 부산세관은 1,059포대를 압수하고 벌금 2,000여만 원을 매겼다. 이게 세칭 '한국비료 사카린 밀수' 사건의 시발이었다. 『경향신문』 9월 15일자 특종 보도로 이 밀수 사건이 세상에 폭로되자, 신문들은 일제히 비분강개조의 비판을 쏟아냈다.

이병철의 장남 이맹희(1993)는 거의 모든 언론이 이 사건으로 45일 간 "삼성을 무차별 융단폭격" 했다면서, 여기엔 『중앙일보』에 대한 견제 심리도 작용했다고 주장한다. 사건 발생 전 『중앙일보』사장 홍진기가 신문 발행인들의 모임에서 한 다음과 같은 발언이 그들의 심기를 건드렸다는 것이다. "신문도 어차피 상품이다. 그러므로 자율경쟁에 맡겨야 한다. 앞으로 『중앙일보』는 가격을 자유롭게 결정할 것이다. 비싸게 팔 수도 있지만 공짜로 돌릴 수도 있다. 부수는 무한정 늘려갈 것이다." 게다가 당시 삼성이 전주제지를 인수해 신문 용지의 자체 수급이 가능해졌다는 점도 작용해, 평소 『중앙일보』가 삼성의 막강한 자금 지원하에 공격적 경영을 하는 것에 불만이 많았던 신문들이 이 사건을 계기로 보복을 가했다는 것이다.

『중앙일보』는 삼성을 옹호하는 지원사격에 나섰다. 동양방송과 동양라디오까지 나서는 등 삼성 비호에 전 '중앙 매스컴'이 총동원되었다. 이에 대한 여론은 좋지 않았다. 그런 여론에 편승해 박정희는 9월 21일 재벌과 언론의 완전 분리 방안을 연구하라는 지시를 내렸다. "이번 삼성 사건을 보고 재벌이 언론을 독점해 사물시하는 폐단을 막을 필요성이 있다. 재벌과 언론기관의 완전 분리, 특정인에 의한 언론기관의 독점 소유 배제를 위한 법적 조치를 연구하라."

박정희의 지시는 경영과 편집의 분리, 신문과 방송의 겸업 금지 등의 내용을 뼈대로 하는 '언론의 공익성 보장을 위한 법률안' 제출 움직임으로까지 발전했지만, 그건 박정희의 진심은 아니었다. 박정희가 원한 건 자신에 대한 복종이었지, 제도적인 공정성 확보가 아니었다. 그래서 박정희의 지시는 동양방송의 사과 방송과 출연자의 1개월간 방송 출연 금지 정도로 마무리되고 말았으며, 그 어떤 제도적 변화도 이루어내지 못했다.(김해식, 1994)

사카린 밀수 사건은 원래 삼성이 정치자금을 마련하려던 박정희와 합작으로 저지른 일이었지만, 사회적 파장이 커지면서 1967년 10월 11일 이병철이 자신의 지분인 한국비료 주식 51퍼센트를 국가에 헌납하는 것으로 마무리되었다. 신문들의 삼성 비판과 관련, 이병철은 훗날(1969년 2월 14일) 삼성그룹 전 임원들에게 다음과 같이 말했다. "다른 신문이 10년이 걸려서 20만 부를 발행하게 되어도 큰 성공이라도 말하고 있었는데 우리는 1년 만에 30만 부 이상을 발행하고 있었습니다. 『중앙일보』가 너무나 빨리 발전되는 바람에 다른 신문은 모두 그것을 시기했을 것입니다. 그러니 '차제에 이걸 없애버리자' 그렇게 된 것 같기도 합니다."(정진석, 1985, 436)

『경향신문』 경매, 기자 테러

1965년 초, 박정희·김종필·김형욱(중앙정보부장)이 모인 자리에서 야당 노선을 걷는 신문을 줄여야 한다는 합의가 이루어졌다. 박정희는 김형욱에게 언론윤리위원회법 파동 시 강하게 저항했던 『경향신문』을 정부 소유로 만들라는 지시를 내렸다. 『경향신문』은 1963년 5월 23일 천주교 재단에서 떨어져 나와 이준구가 실질적 사주 겸 사장이 되었는데, 이준구는 1965년 4월 반공법 위반 혐의로 구속되었다. 이어 『경향신문』은 은행 부채 4,600만 원을 갚지 않았다는 말도 안 되는 이유로 경매 처분되어 기아산업 대표이던 김철호에게 넘어갔다. (문일석, 1996)

물론 이는 중앙정보부가 개입한 음모극이었다. 이에 대해 송건호는 이렇게 말했다. "한국 언론 사상 전무후무한 권력의 이 같은 언론 탄압에 대해 언론계는 마치 남의 일 보듯이 방관하고 있었다.…… 『경향신문』이 김철호의 손으로 넘어가기가 무섭게 신문 내용은 친정부 논조로 급변했고, 박 정권은 여기에 자신을 얻고 점차 본격적인 언론 탄압의 손을 뻗치기 시작했다." (송건호 외, 2000, 292~294)

훗날 김형욱의 주장에 따르면, 김철호는 얼마 후 이후락에게 불려가 『경향신문』 주식의 50퍼센트를 박정희에게 상납하라는 압력을 받고 그렇게 했으며, 그로부터 1년 후엔 또 다시 이후락에게 불려가 박정희의 명령이라며 『경향신문』을 신진자동차의 김창원에게 넘겨주라는 압력을 받았다. 그래서 『경향신문』은 또 김창원에게 넘어가게 된다. 『경향신문』은 나중엔 결국 문화방송과 같이 박정희의 친위

親衛 언론으로 기능하게 된다.(김경재, 1991)

1965년 5월엔 미군의 성폭행 문제를 다룬 소설 「분지糞地」의 작가 남정현이 중앙정보부에 끌려가 "이 소설은 북괴의 누군가가 써서 건네준 것일 터이니 그 접선 내용을 밝히라"는 추궁을 받으면서 엄청난 고문을 당하는 사건이 벌어졌다.

박정희의 아픈 곳을 건드리는 기사에 대해선 정체불명의 테러가 동원되었다. 1966년 4월 25일 『동아일보』 기자 최영철은 박정희를 비판한 「소신은 만능인가」라는 기사로 인해 자택 가까운 골목길에서 괴한 2명에 의해 테러를 당했다. 다음 날 최영철의 집으로 돌과 함께 흰 봉투가 날아 들어왔는데, 그 속엔 "펜대를 조심해라. 너의 생명을 노린다"는 협박장이 들어 있었다. 5월 13일 『동아일보』 편집국장 앞으론 "최영철 기자를 퇴직시키라. 만일 어기면 당신 일가족에 위험이 있다. 우리 뒤를 밀어주는 사람이 있다"는 내용의 협박 편지가 배달되었다.(송건호, 1977)

1966년 6월 9일 민주당 소속 의원 박한상이 자택 앞길에서 괴한 2명에게 폭행을 당했으며, 7월 20일 밤엔 『동아일보』 정치부 차장 권오기가 괴한에게 테러를 당했다. 권오기는 자택 앞길에서 괴한 2명에게 폭행을 당해 전치 10주의 상처를 입었다. 12월에도 『강원일보』 기자가 군복을 입은 괴한에 의해 납치되는 사건이 벌어졌다. 국회에서 이 문제를 야당이 추궁하자 당국자는 시치미를 떼고 "단순한 노상 강도가 아닌지 추측하고 있으나 다른 가능성도 알아보겠다"고 딴전을 피웠다.

1967년 1월, 『호남매일신문』 기자가 군 장교에 의해 폭행을 당하고

『강원일보』의 사회부장 집에 괴한이 침입하는 사건이 발생했다. 2월 25일 『조선일보』 정치부장 남재희 등 정치부 기자 4명이 수사기관에 연행되어 47시간 억류되었다. 『조선일보』 1면에 연재된 선거 관련 기획 연재물에 대해 알아볼 것이 있다는 이유에서였다. 5월 4일엔 『동아일보』 밀양 주재기자가 검찰에 대한 명예훼손 혐의로 구속되었다. 6월 17일엔 『동아일보』 기자 이종율과 박지동, 『조선일보』 기자 박범진과 김학준 등이 반공법 위반 혐의로 구속되었다.(송건호, 1990)

『동아일보』 50만 부 돌파, '신민당 소명서' 사건

언론 탄압이 심해질수록 신문의 인기는 올라갔다. 1967년 봄 『동아일보』의 발행부수는 최초로 50만 부를 돌파했다. 1956년 여름에 30만 부, 1963년 가을에 40만 부를 돌파한 데 이어 『동아일보』는 또 한 번의 경사를 맞이한 것이었다. 그러나 일반 독자의 입장에선 결코 반길 수만은 없는 일이었다. 이즈음 신문들은 점점 '영혼이 없는 성장'의 길을 걷고 있었기 때문이다.

삼성 재벌의 지원을 받는 『중앙일보』의 활동은 다른 신문들에게도 큰 영향을 미치고 있었다. 『중앙일보』는 삼성의 막대한 자본에 힘입어 무가지를 총 발행부수의 27퍼센트까지 늘리는 공격적인 판매 전략을 구사했으며, 1967년 당시 국내의 초고속 윤전기 8대 중 5대를 보유하는 등의 자본력 과시로 다른 신문들에게 큰 자극을 주었다. 『중앙일보』의 공격적인 시설 투자 등에 영향을 받아 다른 언론사들에서도 급격한 시설 투자가 이루어졌다.(『미디어오늘』, 1995. 11. 15)

시설 투자에 대한 위험 부담이 커진 만큼 신문들은 더욱 소심해졌다. 오히려 그렇기 때문에 더욱 날로 쇠퇴해가는 언론 자유의 실상을 인정하고 싶지 않았던 걸까? 1967년 4월에 일어난 이른바 '신민당 소명서' 사건은 그런 의문을 제기했다.

신민당은 제6대 대통령 선거일(1967년 5월 3일)을 앞둔 4월 7일(신문의 날) 성명을 발표해 "정부 기관원이 언론기관에 상주하여 압력을 가하고 있다"고 주장했다. 신민당은 IPI(국제신문인협회)와 UNCURK(국제연합 한국통일부흥위원단)에 '한국 정부의 언론 탄압에 대한 소명서'를 제출키로 하는 한편, 신문발행인협회, 신문편집인협회, 기자협회 등에 격려문을 보내기로 방침을 세웠다. 그런데 이 사실이 알려지면서 신문들이 신민당을 공격하는 이상한 일이 벌어지기 시작했다.

『조선일보』는 4월 7일자 「신민당에 충고한다: 언론의 권위를 선거에 이용 말라」는 사설에서 언론 단체에 대한 모욕적 표현을 취소하라고 요구했다. 『한국일보』는 같은 날 사설 「신민당은 언론 불신을 조장 말라」에서 IPI나 UNCURK에 소명서를 제출하려는 것은 지나친 사대주의적 사고방식에서 나온 것이라고 꾸짖었다. 또 같은 날 석간인 『중앙일보』는 "한국 언론의 자주성을 얕보고 언론을 병신 취급하지 말라"고 공격했으며, 『경향신문』은 "언론기관을 모독하는 망상을 버리라"고 호통쳤고, 『대한일보』는 "한국 언론에 대한 중대 모욕으로 단호히 지탄한다"고 비난했다.(김해식, 1994; 송건호, 1990)

한편 『사상계』는 장준하가 6·8 총선에 출마해 국회의원이 된 후 교수·공무원·언론인·정치인 등 다양한 경력을 갖고 있는 부완혁에게로 판권이 넘어갔다. 이후 『사상계』는 『신동아』를 뒤쫓아가는 신세가 되었다. 또 1966년 1월 15일에 창간된 계간 『창작과 비평』도 그간 『사상계』가 해온 역할을 일정 부분 수행하게 되었다. 『창작과 비평』엔 김수영과 신동엽의 저항적인 시詩들이 본격적으로 게재되었다.

'서울 공화국' 체제의 가요와 스크린쿼터제

1960년대 중반 가요계의 최고 인기가요는 이미자의 〈동백아가씨〉 (1964)와 최희준의 〈하숙생〉(1965)이었다. 1966년 3월 해외에서 활동하던 패티 김이 귀국하면서 가진 '패티 김 리사이틀' 이후 '리사이틀 붐'이 일어났다. 그 전엔 '스테이지', '공연', '무대', '밤'이란 타이틀이 유행이었으나, 그 후 무조건 '리사이틀'이라는 딱지가 따라다녔다.(선성원, 1993)

1967년엔 서울에 갈 수 없는 아픔과 한恨을 노래하는 가요들이 인기를 끌었다. 1965년에 데뷔한 남진은 1966년 12월 김영광 작곡의 〈울려고 내가 왔나〉를 히트시킨 데 이어 1967년 정두수 작사, 박춘석 작곡의 〈가슴 아프게〉로 대히트를 기록했다. 남진은 이 노래로 한 달 만에 이미자를 누르고 전국 레코드 판매 성적 1위로 등극, 4월의 최고 가수로 선정되었다.

이영미(1998)는 〈가슴 아프게〉와 더불어 이미자의 1967년 히트곡인 〈섬마을 선생님〉, 〈흑산도 아가씨〉 등을 '근대화의 낙오'라는 관점에서, 도시형 트로트인 배호의 노래 〈안개 낀 장충단공원〉(1967), 〈돌아가는 삼각지〉(1967), 〈비 내리는 명동〉(1969) 등은 서울에서 낙오된 사람들의 정서를 노래한 것으로 해석했다.

때마침 비슷한 시기에 미국에서 출간된 그레고리 헨더슨Gregory Henderson의 『소용돌이의 한국 정치』(1968)는 이후 반세기 넘게 한국 사회를 집어삼킬 거대한 소용돌이의 정체를 날카롭게 파헤쳤다. 그 소용돌이는 바로 '중앙과 정상을 향한 맹렬한 돌진'으로, 이후 계속 심화될 '서울 공화국' 체제에 대한 경고였다. 하지만 한국인들은 정권의 기획에 따라 모든 권력과 부와 기회가 집중된 서울을 향해 미친 듯이 질주하는 삶을 살게 된다.(강준만, 2019)

1966년 8월 3일에 이루어진 영화법 제2차 개정은 외국영화 전문 상영관에 대해 국산 영화의 상영을 의무화하는 이른바 '스크린쿼터제'를 도입했다. 1966년엔 172편, 1967년엔 185편의 영화가 제작되었다. 1967년 1월 7일 서울의 대한극장, 세기극장을 비롯한 전국 대도시 7개 영화관에서 개봉된 신동헌의 총천연색 장편만화영화 〈홍길동〉은 제작비로 당시 보통 영화 제작비의 10배에 가까운 5,000만 원을 써서 큰 화제가 되면서 개봉 4일 만에 10만 명의 관객이 몰리는 대박을 터뜨렸다.(김학수, 2002; 손상익, 2003)

1967년의 화제작은 배석인 감독의 〈팔도강산〉이었다. 1남 6녀를 둔 노부부(김희갑과 황정순)가 전국에 뿔뿔이 흩어져 사는 자식들을 두루 찾아다니는 형식을 빌려 박정희가 외쳐온 '조국 근대화'의 현장을 보여주면서 경제 발전을 찬양한 영화였다. 이 영화는 1967년 5·3 대선을 앞두고 공보부가 나서서 기획하고 제작한 정부 홍보물이었음에도 불구하고 큰 인기를 누렸다. 당시엔 여기저기 큰 공장이 들어서는 것 자체가 꽤 볼 만한 구경거리로 여겨졌던 것 같다.

그 성공에 힘입어 〈팔도강산〉은 〈팔도강산 세계로 가다〉, 〈뻗어가는 팔도강산〉등 속편으로 이어지면서 모두 5편의 영화를 탄생시켰고, 텔레비전 드라마 〈꽃피는 팔도강산〉으로까지 새끼를 쳐 총 12년간의 장기 흥행의 길로 들어서게 된다. 원래 영화 〈팔도강산〉에서는 황정순이 교통사고로 죽게 되어 있었는데 당시 공보부장관 윤주영의 요청으로 사는 걸로 처리되었다. 그 바람에 영화는 엉망이 되고 말았다. 윤주영이 나중에 김희갑에게 밝힌 바에 따르면, 영화를 TV 연속극으로 만들기 위해서였다(1975년에 방영된 KBS 드라마 〈팔도강산〉은 "박 대통령의 통치 기간 중 가장 성공적인 홍보물에 속한다"는 평가를 받았다).(노재현, 1992; 조선희, 1992)

"신문은 편집인 손에서 떠났다"

박정희는 1967년 5월 3일에 치러진 대통령 선거에서 51.5퍼센트의 득표율로 40.9퍼센트를 얻은 윤보선을 누르고 재선에 성공했다. 박정희는 1967년 7월 1일 제6대 대통령 취임사에서 '빈곤과 부정부패와 공산주의'를 한국의 '3대 공적'으로 지목하면서, '조국 근대화'를 역설했다.

이미 이때부터 3선 개헌을 획책하고 있던 박정희 정권은 1967년 6·8 총선에서 사상 그 유례를 찾아보기 어려운 부정선거로 개헌 가능선인 3분의 2 이상의 의석을 확보했다. 야당은 6·8 총선을 '선거에 의한 쿠데타'로 규정했고, 학생들도 야당의 주장에 동조해 전국의 각 대학에서 6·8 부정선거 규탄 데모가 벌어졌다. 6월 13일 서울의 대학생들이 부정선거를 규탄하는 대규모 시위를 전개하자, 박 정권은 16일까지 전국 31개 대학과 163개 고등학교에 휴교령을 내렸다. 박 정권은 언론에 대해서도 강압 일변도로 나갔다.

『동아일보』 1968년 3월 8일자에 실린 「한은, 정부에 통화량 억제 긴축 정책 건의」라는 제목의 기사는 경제 전망이 비관적이라는 내용을 보도했다. 이 기사 때문에 경제부 차장 이채주, 기자 박창래가 정보부로 연행되었다. 취재원으로 지목된 한국은행 관계자도 끌려갔다. 이들에 대한 고문이 자행되었다. 특히 한은 직원은 수일간 '바비큐 고문'을 극심하게 당했다. 손발을 묶은 채 작대기를 꽂아 2개의 책상 사이에 걸어놓고 물고문과 구타를 계속하는 고문이었다.(김충식, 1992)

1968년 8월 24일 이른바 '통일혁명당 사건'이 터졌다. 이 사건으로 모두 158명이 검거되고 50명이 구속되었다. 중앙정보부의 발표에 따르면, 주동자는 김종태를 필두로 한 김질락 등 서울대 문리대를 비롯 각 대학 출신의 혁신적 엘리트들로 구성되어 있었다. 이 사건으로 모두 5명이 처형되고 신영복을 비롯한 많은 사람이 중형을 받았다. 이 사건의 와중에서 『청맥』이라는 잡지가 문제가 되었다.

동아일보사가 발행하는 월간 『신동아』는 1968년 12월호에 「차관借款」이라는 심층보도 기사를 실었는데, 이 기사의 필자는 『동아일보』 기자 김진배와 박창래였다. 1968년 5월 김종필의 정계 은퇴 특종으로 한국기자상을 받고 그 부상으로 동남아 여행을 하고 돌아오던 김진배는 1968년 11월 25일 김포공항에서 중앙정보부로 연행되었다. 그는 공동 필자인 기자 박창래와 같이 구속 기소되었다. 「차관」이라는 기사 때문이었다.

이 기사는 1959년 1월부터 1968년 9월까지 9년간 한국에 도입된 차관 12억 달러의 내역과 경제에 미친 공과를 비판적으로 분석한 것으로, 그 주된 내용은 "차관이 정경유착의 표본이며 정치자금의 원천이 되고 있다"는 것이었다. 당연히 문제가 된 것은 '차관과 정치자금의 관계'였다. "공화당이 무슨 돈이 있는가. 공화당은 생산적인 정당으로 자처하지만, 그렇다고 생산적인 정치를 하자는 것이지 물건을 만들어 팔아 돈을 버는 공장은 아니다"는 등 차관의 커미션을 통한 정치자금 조달 행태를 비판한 것이 구속 사유가 된 것이다.(허용범, 2000)

중앙정보부는 트집을 더 잡기 위해 10월호에 실렸던 「북괴와 중소 분렬」이라는 기사도 문제 삼았다. 이 기사의 필자는 당시 미국 미주리대학 교수 조순승이었는데, 문제가 된 건 '남만주 빨치산 운동의 지도자 김일성'이라는 표현이었다. 이건 이미 문제가 되어 11월호에 '공비의 두목'이라는 말의 오역이었다고 정정 기사를 게재했음에도 불구하고 박 정권은 발행인 김상만에게 소유 주식을 포기하고 『신동아』를 자진 폐간하라고 압력을 넣었다.

『동아일보』는 그런 압력에 굴복해 12월 7일 오역을 다시 한 번 사과하는 굴욕적인 사고社告를 게재했으며, 그와 동시에 주필 천관우, 『신동아』 주간, 『신동아』 부장의 사표를 수리했다. 이 사건을 지켜본 신문편집인협회 회장 최석채는 『기자협회보』 1968년 12월 27일자 인터뷰에서 "신문은 편집인 손에서 떠났다"고 토로했다.(동아일보사 노동조합, 1989)

『동아일보』 기자들에 대한 중앙정보부의 가혹 행위가 국회에서 문제가 되자, 중앙정보부장 김형욱은 "사회적으로 충고를 주기 위해 출입기자들을 모셔와 브리핑해 주었을 뿐 강제연행한 일은 없다"고 주장했다. 이 사건에서 가장 중요한 건 『동아일보』를 제외하곤 모든 언론 매체들이 이 사건에 대해 단 한 줄도 보도하지 못했다는 사실이었다. 이는 신문이 편집인 손에서 떠나 중앙정보부의 손으로 넘어갔다는 걸 의미하는 것이었다.(김충식, 1992; 김해식, 1994)

박 정권은 국민의 정신교육까지 도맡겠다고 나섰다. 1968년 12월 5일 대통령 박정희의 이름으로 발표된 '국민교육헌장'이 바로 그것이다. "우리는 민족중흥의 역사적 사명을 띠고 이 땅에 태어났다.……반공 민주 정신에 투철한 애국 애족이 우리의 삶의 길이며, 자유세계의 이상을 실현하는 기반이다." 어린 학생들은 이 헌장의 전문을 달달 외워야만 했다.

언론에 대한 특혜와 언론의 상업적 성장

박 정권은 통제와 동시에 언론에 각종 특혜를 베풀어 언론이 오직 상업적 성장에 몰두하게 유도했다. 1967년 당시 일반 자금의 대출금리가 25퍼센트였을 때 신문들은 18퍼센트의 낮은 금리로 대출 특혜를 받았으며, 신문 용지에 대한 수입관세에서도 신문들은 일반 수입관세 30퍼센트 대신 4.5퍼센트의 관세율을 적용받았으며, 저리의 차관 도입이라는 특혜까지 누렸다.(이용준, 1990)

주태산(1998, 36)에 따르면, "어떤 신문사는, 사설에서는 차관 망국론을 언급하면서도 뒤로는 일본의 차관 도입으로 호텔을 지으면서 '빨리 인가를 내달라'고 기획원에 압력을 넣어 관리들을 곤혹스럽게 만들었다.”『조선일보』는 1968년 박 정권이 베푼 특혜에 힘입어 신문사 건물과 코리아나호텔을 짓기 위해 일본에서 4,000만 달러의 상업 차관을 들여왔다. 차관 도입 당시『조선일보』경제부에 근무했던 한 기자는 다음과 같이 증언했다.

"당시 국내 금리가 연 26%나 됐던 것과 비교하면 연 7~8%에 불과한 상업 차관을 허용한 것 자체가 엄청난 특혜임에 틀림없다.……당시 상업 차관을 주선한 사람은 방일영씨와 막역한 사이이며 공화당의 돈줄로 통하는 김성곤씨로 알고 있으며, 방씨와 김씨가 각별한 사이라는 것은 현재『조선일보』에 김씨의 아호를 딴 성곡도서실이 있다는 사실로 잘 알 수 있다."(김해식, 1994, 119~120)

그런가 하면 경제계 소식에 밝은 한 언론계 인사는 이렇게 증언했다. "당시 차관 도입 자체가 엄청난 특혜였기 때문에 차관을 도입한 측은 정부 측에 30~40% 정도를 정치자금으로 내놓는 등 차관 도입에 따른 비리가 많았다.……경제개발계획 초기인 당시에 기간산업도 아닌 관광호텔 건립을 위해 귀중한 외자를 배정하는 것에 대해 경제기획원의 실무담당 과장이 끝까지 외자도입 허가의 동의하지 않아 코리아나호텔 상업 차관은 외자도입 허가 서류에 실무 담당자의 서명 없이 외자도입이 허가된 유일한 사례가 됐다."(김해식, 1994, 120)

1960년대 후반은 조선일보사를 비롯한 신문사들의 사세 확장이 눈에 띄게 이루어졌으며 이는 무엇보다도 가시적으로 사옥의 신·증축과 대규모화 추진으로 나타났다. 『조선일보』의 1968년 신축 및 코리아나호텔 건축 이외에도 『동아일보』의 1962년, 1968년 2차례 증축, 『중앙일보』의 1965년 신축, 『한국일보』의 1968년 신축, 『서울

신문』의 1965년 별관 신축, 1969년 신축 등이 이루어졌다.(김민남 외, 1993)

신문은 이제 더 이상 자유당 정권 시절의 정론지政論紙가 아니었다. 1960년대는 신문이 이윤을 추구하는 기업으로서 탈바꿈하기 시작한 기간이었다. 1960년대의 경제성장률은 연 평균 8~10퍼센트인 반면, 신문 기업의 성장률은 20퍼센트에 이르렀다.(송건호, 1990) 1961년 한국의 신문 총 부수는 74만 부로 인구 100명당 2.9부 꼴이었으나 1965년엔 100만 부 돌파로 3.9부, 1967년에 150만 부 돌파로 5.1부 꼴로 늘어났다.(이상철, 1982)

신문사들의 다각적 경영도 1960년대부터 시작되었는데 당시 신문계의 정상을 차지하고 있던 『동아일보』의 경우, 다각적 경영에 의한 수입은 1961년 전체 매출액의 4퍼센트에 불과했으나 1970년에는 29퍼센트에 이르렀다. 광고 수입 의존도 1950년대까지는 20~30퍼센트에 불과했으나 1968년에는 41퍼센트, 1970년에는 50퍼센트에 육박하게 되었다.(주동황 · 김해식 · 박용규, 1997)

기자의 빈곤 · 촌지 · 전직

그러나 기자들은 여전히 가난했다. 유력 언론사의 기자라 하더라도, 1960년대의 기자는 수십 년 후의 기자와는 달리 경제적으로 풍족한 직업이 아니었다. 춥고 배고픈 직업이었다. 1960년대 말에도 형편은 크게 달라지지 않았다. 1969년도 기자협회의 조사에 따르면 중앙 종합일간지 본사 기자의 12.1퍼센트(313명), 지방 주재기자의 51퍼센트(743명)가 면세점 이하의 급료를 받고 있는 것으로 나타났다.

1969년 11월 2일에 벌어진 『동아일보』 마산 주재기자인 박성원의 일가족 자살 사건은 양심적으로 세상 살기가 얼마나 어려운가 하는 걸 웅변해준 사건이었다. 월급 1만 7,000원(당시 최저생계비 2만 5,790원)으로 부인과 4남 1녀를 부양하던 박성원은 계속되는 생활고로 가정불화가 잦자 이를 비관해 부인, 아들과 함께 음독자살을 하고 말았던 것이다.(송기동, 1992; 주동황·김해식·박용규, 1997)

'현명한' 기자들은 촌지를 챙기는 것으로 가계를 꾸려나갔고, 그 일에 재미를 붙이다가 탐욕스러워지는 기자들도 나타났다. 아니 박정권이 기자들을 그렇게 길들였다. 1969년 8월 샌프란시스코에서 열린 박정희와 닉슨의 정상회담 시 워싱턴의 주미 특파원들은 청와대 출입기자들의 촌지에 깜짝 놀랐다. 청와대 출입기자 하나가 책상 위에 펼쳐놓은 수첩을 슬쩍 봤더니 '김성곤 500달러', '이후락 500달러', '○○○ 의원 300달러' 식으로 명단이 죽 써 있는데 모두 합쳐보니 5,000달러는 되겠더라는 것이다. 당시로선 상당히 큰돈이었다.

그 돈을 받고 기자들은 청와대 대변인이 불러주는 대로 기사를 써댔다. 아니 스스로 창작까지 했다. 회담장 주변엔 베트남전쟁 반대 시위가 요란했는데도, 기자들은 "수많은 시민들이 손에 손에 태극기와 성조기를 들고 박 대통령 일행을 열렬히 환영했다"는 거짓 보도까지 했다.(문명자, 1997, 1999)

외국 언론도 비슷한 대접을 받았다. 1968년 미국 『워싱턴포스트』의 동북아시아 책임자로서 한국을 처음으로 담당하기 시작한 셀리그 해리슨Selig S. Harrison(1996)에 따르면, "그 시절 박정희 정권은 도쿄에 있던 외국 특파원들을 자기편으로 끌어들이려고 애썼는데, 우리는 서울 방문 때마다 호사스런 기생 파티를 제공받았고 고위층과도 쉽게 접촉할 수 있었다. 내 경우 남들이 부러워하는 대통령과의 단독 회견을 가졌다. 그러나 기생 파티는 내가 박 정권의 3선 개헌안에 대한 대중적 반대 투쟁을 광범하게 보도하기 시작한 69년 7월에 끝났다."

그런가 하면 어떤 기자들은 아예 정관계로 전직轉職을 했다. 이에 대해 김형욱은 회고록에서 "박정희의 언론에 대한 지나친 방어 심리는 비판적인 기자들을 자기 심복으로 끌어들여 그들의 저항 정신을 용해시킴으로써 병적 증오를 병적 애정으로 보상받으려는 자기승화로 나타났다"며 다음과 같이 주장했다.

"그래서 한때 날카로운 필봉을 휘두르는 것으로 이름을 떨치던 소장 언론인들 즉 예를 들면 『동아일보』의 유혁인, 최영철, 이동복, 『한국일보』의 임방현, 임홍빈, 『조선일보』의 이종식, 동양통신의 김성진 같은 기자들이 예외 없이 박정희의 다소 병적인 총애와 은혜를 입다가 거의 모조리 변절하여 그에 의해 중용되는 현상이 일어났다. 그래서 세간에서는 진짜 출세를 하려면 야당지 신문사에 들어가 적당히 박정희를 비판하는 것이 지름길이라는 풍자적 출세론이 무성하기도 하였다."(김경재, 1991, 279)

주간지의 번성과 『선데이서울』의 인기

1968년을 전후해 각 일간지들은 자매지로 주간지를 발행했다. 『주간중앙』(1968년 8월 24일), 『선데이서울』(1968년 9월 22일), 『주간조선』

(1968년 10월 20일), 『주간경향』(1968년 11월 17일) 등의 창간은 『주간한국』의 성공에 자극을 받아 이루어진 것이었다. 1964년 9월 27일에 창간된 『주간한국』은 타블로이드판 32면으로 "심층 뉴스나 생활 주변의 화제를 재미있게 보도하여 단시일에 많은 독자와 광고를 확보하는 데 성공했다." 최고 부수의 일간지가 20만 부도 못 미칠 당시 『주간한국』은 43만 5,000부까지 발행할 정도로 엄청난 성공을 거두었다.(김성우, 1999; 조상호, 1999; 주동황·김해식·박용규, 1997)

일간지의 매체 다각화를 선도한 신문은 『한국일보』였다. 장기영은 1960년 7월 17일 『소년한국일보』 창간을 시초로 하여 1960년 8월 1일에 『서울경제신문』을 창간했고, 경제부총리직(1964년 5월~1967년 10월)을 끝내고 돌아온 후 1969년 1월 1일에 『주간여성』, 1969년 9월 26일에 『일간스포츠』를 창간했다. 바로 이런 매체 다각화 마인드 때문이었겠지만, 『한국일보』는 1950년대 중반 이후 매년 한두 차례씩 공개 채용한 기자가 수용 한계를 넘고 있었다.(정진석, 1985)

그래서 『한국일보』는 다른 신문들의 인력 양성소 노릇을 톡톡히 했다. 『한국일보』를 거쳐 다른 신문들로 옮긴 기자들이 많았던 것이다. 그래서 장기영은 '왕초'니 '대기자'니 하는 별명을 얻기도 했다. 그러나 그건 『한국일보』의 약점이기도 했다. 1960년대 말 『한국일보』 기자들의 임금은 『조선일보』와 『동아일보』 기자들과 비교해 직급에 따라 30~50퍼센트 정도의 차이가 났다. 그러니 유능한 인재를 다른 신문사에 빼앗길 수밖에 없었다.(김영호, 2004)

새로 창간된 주간지들 가운데 '성性의 상품화'에 가장 뛰어난 건 『선데이서울』이었다. "대중의 구미에 맞는 '넘치는 멋'과 '풍부한 화제' 그리고 '감미로운' 내용을 담은" 대중잡지라는 기치를 내걸고 창간한 『선데이서울』은 세미누드 화보와 함께 '눈초리에 몸이 아파요' (스트립쇼걸 인터뷰), '퇴근 뒤의 애정 관리' 등 당시로선 파격적으로 '낯 뜨거운' 내용들을 과감히 다뤄 창간호 6만 부를 발매 2시간 만에 팔아치우는 대성공을 거두었다. 『선데이서울』은 성인 만화 발전에도 크게 기여하며, 10년 후인 1978년엔 23만 부의 발행부수를 기록한다.

이런 주간지들의 번성과 관련해 정진석은 "60년대 이후 대도시를 중심으로 급속한 산업화가 진행되면서 도시로 몰린 공장 노동자들이 주요 독자층을 형성하게 됐다"면서 "당시 정부로부터 증면을 억제받고 있던 신문사들이 오락, 흥미 위주의 주간지 발행을 통해 이들 독자들을 흡수하게 된 것"이라고 분석했다.(김동원, 1995; 손상익, 1998)

세상은 달라졌다. 이제 더 이상 『사상계』가 힘을 쓸 수 있는 시대는 아니었다. 『동아일보』 1969년 4월 11일자는 「탈바꿈하는 잡지계」라는 제목의 기사에서 이렇게 말했다. "한때 7만 부를 돌파했던 『사상계』는 발행인의 교체를 전후하여 경영난에 봉착, 납본용納本用만을 찍어내면서 근근이 명맥을 유지하는 형편. 민권투쟁에 앞장섰던 『사상계』의 쇠퇴는 정치적 절규만으로 독자를 계몽하던 시대가 끝나고 보다 구체적이며 분석적인 내용을 원하는 독자들의 요구를 반영한 것으로 종합지의 앞날에 많은 교훈을 남겼다고 할 수 있다."(정진석, 1990)

『사상계』는 몰락해가고, 화려한 여성지들이 각광을 받기 시작했다. 1967년 11월 『여성동아』 복간, 1969년 11월 『여성중앙』 창간과 함께, 여성지 시장은 기존의 『주부생활』·『여원』 등과 함께 4파전을

형성하게 되었다. 1968년 코카콜라, 1969년 펩시콜라의 한국 상륙은
TV 광고에 큰 영향을 미쳤다. 1969년 1월에 설립된 광고대행사 만보
사도 코카콜라로부터 영향을 받은 것이었다. 1970년대에 본격적인
소비문화의 만개를 알린 신호탄인 셈이었다.

재벌의 언론계 영향력 증대

서울대학교 문리대 기독학생회는 1969년 6월 10일 교내 4·19기념
탑 앞에서 섹스물 중심의 일부 주간지를 소각하는 항의 시위를 하면
서 "윤리의 방종과 노예화에서 상실된 인간성을 회복하고자 이제 이
조국과 인류를 좀먹는 탈선 매스컴을 불태운다"고 선언했다. 송건호
(1990, 167)는 "명색이 사회의 공공·공익사업이라 할 언론기관에서
젊은 세대를 타락시키는 문화 사업에 앞장서고 있다는 것, 더욱이 이
러한 타기할 저속한 출판이 정부의 기관지라 할 『서울신문』이나 『경
향신문』 같은 신문사일수록 더욱 심했다는 것은 개탄을 금할 수 없는
일이었다"고 했다.

1969년 9월 3일 연세대학교 총학생회는 언론인들에게 보내는 메
시지를 채택해 "외부의 압력이나 제재로 인한 언론의 타락은 바로 민
주주의의 죽음이므로 언론인들은 다시 한 번 냉정한 언론인의 양심
과 지성과 용기를 찾아야 한다"고 호소했다. 그러나 언론인 개개인
의 양심과 지성과 용기에 호소하기엔 이미 언론계에 그 어떤 구조적
변동이 일어나고 있었다.

1969년 11월 편집인협회 주관으로 열린 매스컴 세미나에서 『동

아일보』의 편집국장 대리 박권상은 "한국의 언론기업에는 언론기관을 공익기관으로서보다 자기의 정치적 또는 경제적 사유물로 생각하는 경향이 보인다"고 말하고, "우리나라의 3대 통신 모두, 그리고 중앙의 8대 일간지 가운데 적어도 3개 신문이 유력한 재벌 소유"라고 지적했다.(동아일보사 노동조합, 1989)

재벌 소유의 언론은 무엇이 문제인가? 1969년 4월 3일에 일어난 '미원·미풍 조미료 광고 방송 사건'이 그 예증을 제시했다. 미풍 조미료 제조회사인 삼성 계열의 제일제당과 미원 조미료의 제조회사인 미원주식회사가 조미료의 원료인 이노신산 소다를 일본에서 불법적으로 몰래 들여온 게 사건의 발단이었다.

동양방송은 4월 4일 밤 10시 뉴스에서 조미료 밀수 사건을 보도하며 미원이 조미료 밀수 혐의로 조사를 받고 있다는 내용만 부풀리고 제일제당의 조미료 밀수 사건은 전혀 보도하지 않았다. 게다가 그동안 미원이 광고를 후원하던 프로그램에 더 이상 광고를 내지 못하게 했으며,『중앙일보』는 밀수 사건에 대한 미원의 해명 광고 게재를 거부했다. 이에 미원은 4월 5일『동아일보』2면에 동양방송의 불공정 보도와『중앙일보』의 해명 광고 게재 거부에 항의하는 호소문(의견광고)을 실었다.

1969년『조선일보』사장 방우영은『중앙일보』사장 홍진기에게 이렇게 말했다. "재벌이 자금을 동원해 신문업계를 장악하려고 하니 장사가 본업인지 신문이 본업인지 모르겠다. 중앙이 일등을 하겠다며 물불을 가리지 않고 독주할 때 나오는 부작용과 원망을 어떻게 감수할 것이며, 그것이 삼성에 무슨 도움이 되겠는가."(주동황·김해식

· 박용규, 1997; 『한겨레』 특별취재반, 2001)

그러나 『조선일보』는 정치가 본업인지 신문이 본업인지 모를 정
도로 다른 방향으로의 출구를 마련했으며, 그건 3선 개헌 지지로 나
타나게 된다. 정도의 차이는 있었지만, 『조선일보』와 『중앙일보』만
그런 건 아니었다. 이즈음 언론의 공통된 특성은 본업에 충실하지 않
는 것이었다.

1969년은 한국 영화의 최전성기

1968년엔 195편의 영화가 제작되었다. 그해 여름에 개봉된 정소영
감독의 〈미워도 다시 한 번〉은 유부남의 아이를 낳은 여인, 두 여인
사이에서 갈등하는 유부남, 그리고 아이를 생부에게 돌려주는 여인
의 모성적인 아픔을 그린, 전형적인 멜로 영화로 36만 명의 관객을
동원하는 대기록을 세웠다. 이 영화는 이후 6편의 후속 및 아류작을
낳게 된다.(조선희, 1998)

1960년대는 배우의 시대였다. 관객은 자신이 좋아하는 스타 위주
로 영화를 선택했다. 그래서 주연급 배우들이 동시에 3~4편의 영화
에 겹치기 출연하는 것은 예사였고, 신성일은 한때 12편의 영화에 동
시 출연하는 기록을 세우기도 했다. 신성일은 해마다 최다 출연 기록
을 갱신해나갔는데, 1965년엔 총 제작 영화 161편 가운데 38편,
1967년엔 총 제작 영화 185편 가운데 65편에 출연했다.(김종원 · 정중
헌, 2001; 백은하, 2001)

여자 배우들은 김지미 · 엄앵란 · 최은희 · 태현실 이후 문희(1965년

〈흑맥〉으로 데뷔), 남정임(1966년 〈유정〉으로 데뷔), 윤정희(1967년 〈청춘 극장〉으로 데뷔) 등 3명으로 이른바 '트로이카 체제'가 구축되었다. 1969년 9월 한 달 동안 한 일간지 광고 면에 실린 한국 영화(재개봉관 상영작 포함) 15편 중 12편이 트로이카의 몫이었다.(김재범, 1992; 이영 진, 2001)

1969년엔 229편의 영화가 제작되었다. 1970년엔 231편이 제작 되었지만, 관객 동원에선 1969년이 한국 영화 사상 최고조를 이룬 해 였다. 한국 영화는 이후 내리막길을 걷게 된다. 텔레비전 때문이었 다. 영화 관객은 1969년 1억 9,400만 명으로 최고 기록을 수립한 이 후 매년 평균 13퍼센트씩 감소하게 된다. 1971년에 1억 5,000만 명, 1973년에 1억 1,000만 명, 1975년에 7,800만 명, 1977년에 6,500만 명, 그리고 1990년엔 5,300만 명 수준으로 떨어진다. 1969년에 한국 국민은 1인당 1년에 극장을 6번이나 갔지만 이 수치는 1978년에 2번, 1984년 이후 1번으로 줄게 된다.

1966년 정부는 전자산업을 수출육성산업으로 지정해 재정적인 지원과 함께 면세 혜택을 주었다. 박정희는 1967년 1월 17일 연두교 서에서 "전자공업 발전과……국산화 개발에도 힘쓸 것"이라고 언급 했다. 1968년부터는 텔레비전 수상기의 국내 조립 생산이 가능해졌 다. 정부는 1969년엔 전자산업육성법을 공포해 전자산업 지원에 박 차를 가했다.

1969년 8월 8일 MBC TV가 개국했다. 이후 MBC는 계속 지방국 을 개국함으로써 1971년 4월에 이르러 전국 네트워크를 형성하게 되었으며, 6월엔 7대 재벌이 주요 주주로 참여하는 적극적인 상업방송으로 변모해 TBC TV와 치열한 경쟁을 벌이게 되었다.

그렇게 방송사들이 치열한 경쟁을 벌이면서 전자산업이 TV 수상기를 양산해내는 가운데 수상기는 1966년에 4만 3,000여 대에서 1967년에는 7만 3,000여 대, 1968년에는 11만 8,000여 대, 1969년에는 22만 3,000여 대, 1970년에는 37만 9,000여 대 등으로 가파르게 보급되었다. 이 통계는 공식적으로 집계된 것이라 실제론 그 이상 보급되었을 것이다. 1970년 서울의 TV 보급률은 30퍼센트 선을 넘었다는 기록도 있다.(정순일, 1991)

TV 안테나는 '번영과 문명화'의 상징

TV는 많은 영화 관객을 안방에 주저앉혔다. 임종수(2004)는 다른 가전제품과는 달리 지붕 위로 솟아나 있는 텔레비전 안테나는 그 집안의 경제적 수준은 물론이고 문화적 근대화의 수준을 가늠하는 척도였기 때문에 텔레비전 구매는 다른 어느 것보다 급한 일이었다고 말한다. 당시 텔레비전은 '상류층 스테이터스의 심볼'이자 '좀도둑을 끌어들이는 불안한 재산'이라는 문화적 상징물이었다는 것이다.

텔레비전 안테나는 1970년대까지도 '번영과 문명화'를 상징하는 것으로서 "그것은 무당집의 백기白旗와는 이질적인 새 힘의 다스림을 의미하는 것이었다"(강인숙, 1997, 125). 텔레비전은 특히 어린이들에게 마력적인 것이었기 때문에 텔레비전 수상기 소유 여부는 부모의 능력과 관련해 중요한 의미를 갖는 것이었다. 무리해서라도 텔레비전 수상기를 구매했을 가능성이 높았다는 것이다.

대형 이벤트들은 텔레비전의 매력을 더욱 돋보이게 만들었다. 1960년대 후반 가장 큰 TV 이벤트는 인간의 달 착륙이었다. 1969년 7월 16일 미국은 인류 역사상 최초로 아폴로 11호를 발사해 인간을 달에 착륙시키는 데에 성공했는데, 당시 한국 TV의 중계 경로는 매우 복잡했다. 화면은 미국의 케이프케네디 발사 현장에서 미국 ABC TV가 인공위성 인털새트 2호에 쏘아 올렸고, 이것을 일본의 NHK가 받아 전국에 중계하는 한편 한국을 위해 대마도에서 마이크로웨이브로 보내주었다. 이것을 부산 금련산에서 받아 서울에 보내 다시 전국 텔레비전 망을 통해 방송하는 방식을 채택했던 것이다(금산 지구국이 준공된 건 1970년 6월 2일이었다).(노정팔, 1995)

TV는 만화방이 꼭 갖춰야 할 필수 품목이었다. 만화방이 가장 번성했던 시기는 1970년 전후로 이때 전국의 만화방은 약 1만 8,000개였다. 1960년대 서울에서 만화방을 운영했던 박봉희의 회고다. "낮에 만화방을 찾았던 고객에게 비표(딱지)를 나눠주어 저녁 시간대 TV 방영의 관람권을 대신했다. TV 방영 시간이면 의자를 치우고, 수상기 앞에다 멍석을 깔아 관람객들이 앉아서 시청하도록 했다. 이때 수상기를 더 잘 보려고 고개를 번쩍 치켜드는 사람이 많아, 이를 방지하기 위해 길다란 막대기로 휘휘 허공을 내질렀다." (손상익, 1998)

TV가 점점 대중화되면서 그 내용도 변화의 길을 걷게 되었다. 부유층만이 TV 수신기를 보유할 수 있었을 때엔 아무래도 중상층 취향을 고려해야 했으나 점점 더 그럴 필요가 없게 되었다. 수신기 대중화에 따른 내용의 통속화가 시도된 것이다. 그런 변화를 단적으로 보여준 것이 1970년부터 나타나기 시작한 일일연속극 붐이었다.

일일연속극은 역으로 TV 대중화에도 기여했다. 일일연속극은 1964년 TBC 개국 프로그램 〈눈이 나리는데〉가 최초였지만, 이는 기술적 한계 때문에 스튜디오에서의 사전 녹화가 아닌 생방송으로 제작되었다. 제작 여건상 무리를 범한 것으로 25회로 막을 내릴 수밖에 없었다. 1969년 1월 표준 녹화기의 도입으로 기술적인 어려움이 해결되자, 1969년 5월 KBS의 〈신부 1년생〉이 태어났고, 1969년 8월 8일에 개국한 MBC TV는 개국하면서 집중적으로 일일극을 편성하기 시작했다. 전년 대비 수상기 증가율이 가장 현저했던 1969년(89.2퍼센트), 1970년(69.7퍼센트), 1971년(62.4퍼센트) 3년간은 일일연속극의 인기 상승률이 가장 높았던 시기였다.(임종수, 2004)

　TBC의 〈아씨〉(임희재 극본, 고성원 연출)는 1970년 3월 2일부터 1971년 1월 9일까지 253회 방영되었는데, 당시로선 엄청난 인기를 누렸다. 〈아씨〉의 대성공에 힘입어 1971년 일일연속극은 전년에 비해 9편에서 13편으로 늘었고 주간극은 12편에서 9편으로 줄었다. 20분을 주축으로 한 일일극이 오후 7시에서 10시에 이르는 주시청 시간대에 편성되어 '기간 전략 품목'으로 정착되었다.(조항제, 1994)

제9장

박정희 정권기의 언론 ②

1970년 김지하의 「오적五賊」

1970년대를 읽는 키워드는 '전태일과 경부고속도로'다. 1970년 7월 7일에 개통된 경부고속도로는 전화戰禍의 잿더미 속에서 들고 일어난 이른바 '한강의 기적'을 상징하며, 1970년 11월 13일에 일어난 노동자 전태일의 분신자살은 그 '기적'의 이면에 숨은 인권유린을 상징한다. 전태일과 경부고속도로라고 하는 1970년대의 두 얼굴 사이엔 상류층의 부정부패도 자리 잡고 있었다. 예컨대, 『사상계』 1970년 2월호는 정부의 고관들이 살고 있는 신흥 주택가인 동빙고동 일대가 '도둑 마을'이라고 불린다며 그 실태에 대해 다음과 같이 보도했다.

"이들 주택의 건축비는 최저 5천 내지 6천만 원에서 최고는 3억 원. 그런데 그곳 주인공들은 한 달에 몇 만 원의 봉급밖에 받지 못하는 전·현직 각료나 대통령 비서실을 중심으로 한 고급 관료이다.……건축 자재는 외국 수입품이 사용되고, 사치품의 수입을 규제하는 법률은 마이동풍, 건물의 유지비만도 매월 10만 원은 들며, 승용차 두 대, 옥내 엘리베이터, 응접실의 열대어 등 사치스럽기 그지 없다. 개중에는 매달 수백만 원의 경비를 지출하는 경우도 있다고 하는데, 이들 주택이 계속 범죄행위에 의해 유지된다는 결론을 내리지 않을 수 없다."

1970년 3월에 발생한 병역 부정도 매우 심각한 수준이었다. 전국 11개소의 병무청 중에서 6명의 청장과 2명의 부청장, 그리고 사무관 등 24명이 해임되고, 민간인 476명, 군인·군속 71명의 군의 수사를 받은 사건이었다. 1970년 4월 8일 서울 마포구 창전동 와우산 중턱에 세워진 와우아파트가 붕괴되어 33명이 숨지고 39명이 중경상을 입었다. 이 참사는 부정부패로 얼룩진 날림 공사의 표본이었다.

시인 김지하는 이러한 부패상을 풍자한 「오적五賊」이라는 시를 『사상계』 1970년 5월호에 발표했다. 「오적」은 재벌, 국회의원, 고급공무원, 장성, 장차관 등 다섯 도둑에 대해 통렬한 비판을 담은 풍자 담시였다. 원래 이 시가 『사상계』에 실렸을 때엔 아무런 문제가 되지 않았다. 이 시를 읽은 박정희는 크게 분노했지만 당시 중앙정보부장 김계원은 건드리면 커지니 소리 없이 묻어두는 게 낫다는 쪽으로 박정희를 달랬다.

박 정권은 「오적」이 실린 『사상계』 5월호를 서점에서 수거하고 앞으로 시판하지 않는다는 조건으로 「오적」을 눈감아 주기로 했다. 그러나 이 시가 야당인 신민당 기관지 『민주전선』 6월 1일자에 전재되면서 정치 문제로 비화되었다. 당시 『민주전선』은 무려 10만 부씩이나 찍어 가두판매하는 등 일종의 대안언론으로 기능하고 있었기 때문에 박 정권으로선 더 이상 용납하기 어려웠던 건지도 모른다.

박 정권은 부완혁과 김지하를 포함한 4명을 구속했다. 남한의 극심한 부패상 폭로는 '북괴 주장에의 동조'에 해당되는 것으로 반공법 위반이라는 것이었다. 『민주전선』엔 신민당 당수 유진산의 반대로 군 장성 부분은 삭제된 채로 실렸는데도 이런 노력이 별 효과를 보지 못한 것이다.(김삼웅, 1989; 김충식, 1992)

이 사건으로 『사상계』의 발행이 중단되자 『조선일보』는 판권을 인수해 계속 간행하려는 계획을 세우고 편집실까지 두었으나 판권 인수 교섭이 여의치 않아 포기해버렸다. 문공부는 9월 26일자로 『사상계』의 등록을 말소시켜버렸는데, 부완혁의 소송 제기로 사상계 등록 취소 처분을 취소하라는 원심 판결을 확정한 대법원 판결이 1972년 4월 26일에 나왔지만 여러 여건이 여의치 않아 『사상계』는 복간하지 못한 채 사라지고 말았다. 『사상계』를 통해 큰 활약을 했던 함석헌은 1970년 4월에 개인잡지인 『씨알의 소리』를 창간했다.(정진석, 1985)

『다리』 탄압 사건

1971년 4월 27일 제7대 대통령 선거를 앞두고 박 정권의 언론통제는 더욱 극심해졌으며 언론은 그런 통제에 순응하는 자세를 보이기 시작했다. 김대중을 용공으로 몰려는 정치 공작도 치열하게 이루어졌다. 4·27 선거를 두 달 앞둔 1971년 2월 12일 문학평론가 임중빈과 그의 글 「사회참여를 통한 학생운동」이라는 글을 실은 『다리』 편집인 윤형두와 발행인 윤재식을 반공법 위반 혐의로 구속한 것도 바로 그런 공작의 일환이었다. 임중빈의 글 가운데 반공법 위반으로 문제가 된 대목은 다음과 같은 것이었다.

"침묵이 미덕이며 안정만이 특효약이라는 기만적 발상. 희망의 좌절, 욕망의 좌절, 지성의 좌절 속에 좌절은 기교를 낳고 그 기교 때문에 다시 좌절하는 이 나라 사이비 지식인 작태나 언론인의 곡필, 한낱 오락 산업에 동원되고 있는 문화예술인의 추태……아메리카의 문화혁명은 단순한 광기의 발산……."(김충식, 1992)

이런 정도의 글을 반공법 위반이라고 트집을 잡는 것도 문제였지만, 정작 박 정권의 뜻은 딴 데 있었다. 그 글은 『다리』 1970년 11월호에 실렸던 것인데 석 달이 지나 뒤늦게 구속을 한 건 이 사건이 대선을 앞두고 주도면밀하게 기획된 정치 공작이었음을 말해주는 것이었다. 박 정권은 관련자들이 김대중과 밀접한 관계를 맺고 있다는 걸 겨냥했다.

김대중의 측근 김상현은 『다리』의 고문 직함을 가진 실제 소유주였으며, 『다리』의 발행인인 윤재식은 김대중의 공보비서였고, 임중빈은 대선용 『김대중 회고록』을 집필 중이었고, 윤형두가 운영하는 범우사는 김대중의 선거용 책자들을 시리즈로 이미 간행했거나 준비하고 있었던 것이다. 윤형두는 실제로 사건 전 정보기관원으로부터 김대중 관련 책들을 내지 말라는 협박을 받았었다.(윤형두, 1994; 한승헌, 1997)

재판을 맡은 판사 목요상은 윤형두, 윤재식을 직권 보석으로 풀어

주었고, 전원 무죄판결 내려 검찰과 갈등을 빚게 되었는데, 이는 나중에 사법 파동의 한 원인이 되었다. 이 사건으로 『김대중 회고록』은 나올 수 없었고 『다리』는 문을 닫고 말았다.

대학생들의 '언론화형선언문'

나날이 심해지는 박 정권의 언론통제에 언론은 말없이 굴종했다. 이에 항의해 1971년 3월 24일 서울대학교 법대생들은 학생총회를 열고 일간신문과 잡지 등을 불태우는 '언론 화형식'을 가졌다. 3월 25일 서울대학교 문리대생들도 학생총회를 열고 '언론인에게 보내는 경고장'을 채택했지만 신문엔 단 한 줄도 보도되지 않았다.

3월 26일 서울대학교 문리대 · 법대 · 상대 학생회장단 30여 명은 '민중의 소리 외면한 죄 무엇으로 갚을 텐가'라는 플래카드를 앞세우고 동아일보사 앞까지 찾아가 '언론인에게 보내는 경고장', '언론화형선언문', '언론인에게 고한다' 등의 유인물을 행인들에게 나눠주고 마이크로 낭독했으며 언론 화형식을 가졌다.

학생들은 '언론화형선언문'을 통해 "이제 권력의 주구, 금력의 시녀가 되어버린 너 언론을 슬퍼하며 조국에 반역하고 민족의 부름에 거역한 너 언론을 민족에 대한 반역자, 조국에 대한 반역자로 규정하여 민중의 이름으로 화형에 처하려 한다"고 선언했다. 학생들은 또 '언론인에게 보내는 경고장'에서는 언론인들은 "선배 투사의 한 서린 해골 뒤에 눌러앉아 대중을 우민화하고 오도하여 얻은 그 허울 좋은 대가로 안일과 축제를 일삼는 자들"이라고 규탄했다. 이 '경고장'

은 그 근거를 다음과 같이 밝혔다.

"정치 문제는 폭력이 무서워 못 쓰고, 사회문제는 돈 먹었으니 눈 감아 주고, 문화 기사는 판매 부수 때문에 저절로 치닫는다면 더 이상 무엇을 쓰겠다는 것인가.……신문이 신문을 위해 있는 것이 아니요 대중을 위해 있는 것일진대, 폭력이 무서웠다고, 돈맛이 좋았다고 그렇게 나자빠져버리면 그만인가! 도둑 지키라는 파수꾼이 망보기꾼으로 둔갑한 꼴이 아니고 무엇인가! 듣건대 일선 기자의 고생스런 취재는 겁먹고 배부른 부차장 선에서 잘리기 일쑤고, 힘들게 부차장 손을 벗어나면 편집국장 옆에서 중앙정보부원이 지면을 난도질하고 있다니 이것이 무슨 해괴한 굿거리인가. 통탄할 언론의 무기력과 타락은 이미 인내의 한계를 넘어서고 있다."

그런데 왜 학생들은 하필이면 동아일보사 앞에서 그런 시위를 벌였을까? '언론인에게 보내는 경고장' 가운데 다음과 같은 대목은 당시 『동아일보』의 위상을 잘 말해주고 있다.

"동아야 너도 보는가. 하늘 무서운 줄 모르고 올라만 가는 조선의 저 추잡한 껍데기를. 너마저 저처럼 전락하려는가. 동아야 너도 알맹이는 사라지고 껍데기만 남았는가. 우리는 신문 경영자가 이미 정상배로 전락했음을 단정하고 또한 신문을 출세의 발판으로 이용하려는 가짜들이 적지 않음을 알고 있다. 여기서 우리는 한 가닥 양심을 지니고 고민하고 있는 언론인이 어딘가에 있으리라 믿으며 그들께 호소한다."

또 4월 2일 연세대학교 학생 500여 명도 교련 거부 성토대회를 갖는 자리에서 '전국 언론에게 보내는 메시지'를 채택했는데, 이와 같은 학생들의 반독재 자유 언론 시위는 연일 계속되어 결국 서울대학교 법대 · 문리대 · 상대 · 사대 · 가정대 등이 휴강하는 사태에까지 이르렀다.(동아일보사 노동조합, 1989)

기자들의 '언론자유수호선언'

대학생들이 선언한 한국 언론의 사망은 박 정권에겐 축복이었다. 실제로 박정희는 그렇게 죽은 언론을 매우 흡족하게 생각해 1971년 4월 7일 제10회 신문의 날 치사에서 "우리 언론은……조국 발전을 위한 공헌의 전통을 확립하였습니다"고 언론을 추켜세웠다.

　박정희는 언론에 대해 흡족하게 생각했지만, 학생들의 반독재 자유 언론 시위는 연일 계속되었다. 이는 양심적인 기자들에게 적잖은 영향을 미쳐『동아일보』기자들은 4월 15일 '언론자유수호선언'을 하고 나섰다. 이들은 편집국에서 선언 대회 개최가 좌절되자 별관 2층 회의실로 자리를 옮겨 강행했다. 30여 명이 참석한 이 선언 대회에 참석한 간부들 가운데엔 논설위원 송건호와 사회부장 김중배가 있었다. 이날 편집국장 박권상은 중앙정보부에 전화를 걸어『동아일보』를 출입하던 중정 요원의 철수를 요구했는데, 그는 당시 상황을 다음과 같이 회고했다.

　"15일 아침 일찍 중앙정보부 보안 담당 차장보에게서 기자들의 선언 경과를 묻는 전화가 걸려왔다.……나는 차장보에게 '젊은 기자들이 당신들의 출입금지를 결의했다. 나로서는 받아들이지 않을 수 없으니 당장 철수시켜달라'고 말했다. 그는 '고려해보겠다'고 답했고 나는 다시 '고려만으로는 안 된다. 지금 철수시키지 않으면 우리가 쫓아내겠다'고 경고했다. 그는 '15분만 기다려달라. 부장(이후락)의 허락을 받아 철수시키겠다'고 말했고 곧 그 요원은 사라졌다. 이날부터 8개월 후인 12월의 국가비상사태 선포까지 기관원의 출입은 중단됐다." (동아일보사 노동조합, 1989, 26)

『동아일보』 기자들의 언론자유수호선언에 힘입어 『한국일보』 기자들도 4월 16일 자유언론수호선언을 했으며 4월 17일엔 『조선일보』, 『대한일보』, 『중앙일보』 기자들도 참여했다.

박 정권은 대학생들을 통제하기 위해 1971년 1학기부터 대학 교련을 대폭 강화해 주 2시간이던 것을 주 3시간으로 늘린 데다 집체교육까지 강요해 재학 중 71시간의 교련을 받아야 졸업할 수 있도록 했다. 교관도 전원 현역으로 바꿨다. 이에 학생들은 교련 거부 성토대회를 열면서 반독재 자유 언론 시위를 병행하는 것으로 대응했다.

이런 시위는 4월 2일 연세대학교 학생들의 교련 거부 성토대회를 시발로 여러 대학으로 번져나갔다. 4월 14일엔 11개 대학 학생 대표 200여 명이 모여 '민주수호 전국청년학생연맹'을 결성하고 교련 철폐 운동과 공명선거 캠페인을 전개하기로 결의했다. 4월 15일의 교련 반대 데모는 서울 시내에서 2만여 명이 참여했으며, 시위는 4월 21일까지 계속되었다. (서중석, 1988)

4월 21일에는 4·19 및 6·3 세대의 청년들이 '민주수호청년협의회'를 결성하고 민주적인 선거가 실시되도록 하기 위해 적극적인 행동에 나설 것을 결의했다. 구체적인 방법은 선거 참관 운동이었는데, 4월 24일 현재 13개 대학의 1,250여 학생들이 참관인으로 지원했다. 한편 재야인사들은 4월 8일 민주수호선언을 발표한 데 이어 4월 19일 민주수호국민협의회를 발족했다.

이 협의회는 민주수호전국청년학생연맹, 민주수호청년협의회, 민주수호기독청년협의회 등 공명선거를 위해 새로이 결성된 청년·학생 단체들을 수용해 대대적인 선거 참관 운동을 전개했는데, 참관인단의 수는 6,000명을 상회했다. 그러나 이들은 조직 기반도 없었거니와 시간적 여유도 없어 이후락의 중앙정보부가 대대적으로 시도한 부정선거를 막아내기엔 역부족이었다. 1971년 4·27 대선에선 박정희가 634만 표를 얻어 540만 표를 얻은 김대중을 누르고 대통령에 당선되었다.

앵커가 진행하는 〈뉴스데스크〉 탄생

1970년대 들어 방송에 적극적인 태도를 보인 건 KBS라기보다는 박정희가 깊이 관여하고 있던 MBC였다. 한국 TV 뉴스에 최초의 앵커맨이 등장한 것도 MBC가 1970년 10월 5일부터 시작한 〈뉴스데스크〉를 통해서였다. 〈뉴스데스크〉는 종전의 평면적인 사건 보도 형식을 탈피해 앵커맨을 기용하고 현장성을 살린 뉴스 보도 방식을 도입했다. 〈뉴스데스크〉를 추진했던 김기주(1992, 336)는 다음과 같이 회고했다.

"당시로서는 아나운서가 아니고는 감히 스튜디오에 들어가 뉴스를 전달해 준다는 것과 취재 기자들이 자기가 취재한 기사를 현장에서 직접 보도한다는 것은 상상도 할 수 없는 때였다. '앵커'라는 용어 자체가 전혀 생소한 때였고, 기자는 어디까지나 원고지에 기사를 써 주는 것으로 임무가 끝나는 때였다.······이 〈뉴스데스크〉는 한국 TV 뉴스의 형태를 완전히 바꿔놓는 하나의 혁명이었고, 그래서 안팎으 로부터 견디기 어려운 빈정거림과 항의, 비협조 속에서 어렵게 출생 했다."

하긴 아나운서의 매끄러운 음성만 듣던 시청자들이 보도국장이 앵커로 앉고 취재기자들이 직접 리포팅하는 방식에 대해 저항감을 갖지 않을 리 없었다. 그래서 다른 방송사들은 한참 후에 〈뉴스데스 크〉의 앵커 방식을 도입했다(TBC는 1972년 4월부터, KBS는 1973년 10월 부터 이와 유사한 뉴스 프로그램을 선보였다).

보도 매체로서의 TV의 역할 강화는 박 정권이 몹시 바라는 것이 기도 했다. 특히 1971년 대선을 염두에 둘 때에 더욱 그랬을 것이다. 정순일·장한성(2000, 94~95)이 지적하듯이, "70년 후반부터 71년에 걸쳐 TV 보도는 그 위력을 발휘했는데, 이에 따라 텔레비전을 정치 에 활용하여 주로 위정자의 치적 홍보와 이미지 조작에 교묘하게 활 용하는 빈도가 부쩍 늘었다."

MBC는 1968년부터 방송망을 확장하기 시작했는데, 그 결과 1970년 1월 24일 부산MBC를 개국했고 이어 11월에는 KBS도 부산 국을 개국했다. 또 MBC는 1970년에 대구의 영남TV, 제주의 남양 TV, 광주의 호남TV와 제휴해 지방방송망을 형성했으며, 1971년에 는 울산TV, 전주의 전북TV, 대전TV와도 제휴해 방송망을 확장했다.

MBC는 그 과정에서 1971년 3월 부산·대구·대전·전주·광주 의 직할국 경영권을 넘겨받아 독립된 주식회사로 탈바꿈했으며, 그해 10월 1일을 기해 각 지방국들의 상호를 각 소재 도시명 밑에 문화방송을 붙여 '○○문화 텔레비전 방송'으로 변경 통일했다. 그리하여 1971년 말엔 전국 20개 지역의 네트워크를 연결해 동시 방송을 할 수 있게 되었다.

한편 라디오는 MBC의 〈별이 빛나는 밤에〉(이종환)를 필두로 DBS의 〈0시의 다이얼〉(최동욱, 이장희, 윤형주), TBC의 〈밤을 잊은 그대에게〉(황인용), CBS의 〈꿈과 음악사이〉(임문일) 등의 심야시간 팝·포크 음악 프로그램이 큰 인기를 누렸다. 그런 인기의 와중에서 김민기가 작곡하고 양희은이 부른 〈아침이슬〉이라는 노래는 1970년에 탄생해 1971년 여러 번안곡과 함께 김민기의 독집 음반으로 출시되었다. "70년대는 김민기의 〈아침이슬〉로 시작되었다"는 평가가 나올 정도로 〈아침이슬〉은 1970년대의 중요한 문화적 현상으로서의 위상을 누리게 된다.(김창남, 1991)

박정희의 특명에 따른 MBC 민간 분양

MBC TV 사장 조증출은 1971년 1월 4일 연두사에서 '최고의 시청률', '최고의 청취율'을 '금년의 목표'로 삼아 '제2의 약진운동'을 벌이자고 역설했지만, 박정희에겐 딴 생각이 있었다. 박정희는 당시 전라북도 도지사에서 물러난 이환의를 청와대로 불러들여 다음과 같은 지시를 내렸다.

"내가 임자에게 맡기고 싶은 일이 생겼어. 이번 대통령 선거 때, 야당 측이 나와 내 사람(부인)을 공격하는 말 가운데 MBC 재산의 60퍼센트가 내 개인 재산이라 주장하면서 신문에 광고로까지 낸 것을 봤지? 나와 안사람은 (MBC 주를) 단 한 주도 갖고 있지 않아. 아마 나와 대구사범 동창인 조중출씨가 사장을 맡고 있고, 나의 동서 조태호군이 5·16장학회를 맡고 있다 보니 그런 말이 나온 것 같아.……MBC 사장과 5·16장학회 이사를 같이 맡길 테니 MBC와 장학회 재산을 정리해서 국민 앞에 공개해 줘야겠어."(정순일, 1991, 195)

1971년 6월 30일 박정희 특명을 받은 이환의가 MBC 사장 겸 5·16장학회 이사로 취임했다. 이환의는 취임하자마자 3억 원이던 MBC의 수권 자본금을 10억 원으로 증자하면서 본사 주식의 70퍼센트를 7개 재벌에게 분양하고 지방사 역시 민간에 분양했다.

그렇게 해서 증자한 MBC의 본사 주식 7억 원어치는 7명의 새 주주들에게 할당되었는데, 박병규(해태), 정주영(현대), 구자경(금성), 최준문(동아건설), 신용호(교육보험) 등에 1억 원씩, 김성곤(쌍용)에게 1억 5,000만 원, 임채홍(미원)에게 5,000만 원에 각각 양도되었다. 지방사 주식도 재벌 및 측근들에게 분양되었는데, 임대홍(전주), 김성곤(대구), 최준문(대전), 최승효(광주), 한병기(강릉), 백태훈(제주), 박종규(마산), 이후락(울산, 포항), 이도영(청주), 김진만(춘천, 삼척), 구자경(부산, 진주) 등에게 85퍼센트씩을 팔고 나머지 15퍼센트는 서울 MBC가 소유하는 방식으로 처리했다.

이와 같은 주식 분양에 대해 청와대 비서관을 거쳐 당시 부산문화방송 사장으로 있던 김종신(1997, 228)은 이렇게 말했다. "들리는 말에 의하면 지방국을 매수하는 재벌들은 현금으로 결재하지 않고 방송국을 담보로 한 은행 대출로 사들이고 있었다. 앞으로 방송 특히

TV는 호경기를 누리게 될 것이 기약되는 커다란 이권에 속하는 것인데, 돈 많은 재벌들에 의해 그것도 회사를 담보로 해서 은행 대출까지 알선해 팔려나가는 데는 납득이 되지 아니하였다. 부익부빈익빈富益富貧益貧이란 비판을 들을 만한 일이었다."

방송을 '방송 논리'가 아닌 '정치 논리'로 주무른 데다 자격 없는 사람들에게 방송을 맡겨 그로 인한 부작용이 만만치 않았다. 이에 대해 정순일(1991, 188~189)은 이렇게 말했다. "요새 말로 '방송'의 '방'도 모르는 유지들을 모셔다 일부 지방방송사를 맡겼으니, 방송이 어디로 갔겠는가?…… '방송 출연자들에게 출연료는 왜 주느냐? 반대로 그를 선전해 준 사례를 방송국이 받아야지……' 하고 호통을 친 사장님, 사모님의 꽃꽂이 선생을 출연시키거나, 주치의를 건강 상담에 출연시키고 좋아 하는 국장님……."

프레스카드제와 언론 통폐합

1971년 4·27 대선이 끝난 뒤엔 서울대학교 문리대 등을 중심으로 한동안 4·27 선거 무효화 투쟁이 전개되다가 2학기부터는 교련 반대 투쟁이 일어났다. 이에 발 맞춰 서울대학교 등 각 대학에서는 교수들의 대학 자주 선언이 나왔고, 교수의 자주 선언에 대한 학생들의 지지와 교련 철폐 운동, 그리고 박 정권의 부정부패에 대한 규탄 운동이 광범위하게 전개되었다. 이에 박 정권은 10·15 위수령과 12·6 국가비상사태 선언으로 맞섰다.

이후 언론은 박 정권에 더욱 굴종적인 자세를 보이기 시작했다.

신문 발행인들로 구성된 한국신문협회는 '정부의 비상사태 선언을 강력히 뒷받침할 국민의 총 단결을 호소한다', '국가 안전 보장 논의에 있어 언론이 지켜야 할 절도를 자인한다'는 성명서를 발표했다.

12월 17일엔 문공부의 종용에 따라 이른바 '언론 자율에 관한 결정 사항'을 채택하고 언론사 기자가 정부가 발급하는 프레스카드를 소지해야만 활동할 수 있는 이른바 '프레스카드제'를 수용했다. '언론 자율에 관한 결정 사항'은 서울에서 발행되는 일간 종합지는 부산과 도청 소재지에 지국, 기타 지역에 보급소를 설치하되 주재기자는 시 단위만 주재하고 그 수는 45명을 넘지 못하도록 못 박았다.

그 결과 1972년 2월부터는 프레스카드가 없이는 취재를 못하게 되었으며 프레스카드를 받지 못한 기자들은 언론계를 떠났다. 문공부가 1971년 12월에 밝힌 전국의 기자 수는 7,090명이었는데, 프레스카드를 발급받은 3,975명(KBS는 제외)과 카드를 발급하지 않기로 한 주간 및 월간 등 잡지 기자 828명을 제외하면 모두 2,287명이 프레스카드를 발급받지 못해 기자직을 그만두게 되었다. 이는 불과 3개월 만에 32.3퍼센트의 기자가 도태되었음을 의미한다.(경향신문사, 1996; 김해식, 1994)

이렇듯 프레스카드제는 국가의 언론통제 수단인 동시에 신문 산업의 경영 합리화를 위한 수단으로 이용되었다. 1971년 당시 전체 언론기업의 은행 융자금은 138억 원을 넘어섰고, 43개의 일간지 가운데 적자 운영을 면하고 있는 신문은 중앙지 1개, 지방지 1개에 불과했다. 더욱 문제는 이런 문제가 일종의 악순환 구조를 형성하고 있어서 해결될 가능성이 거의 없었다고 하는 점이다.

1972년에 '자진 폐간 형식'을 빌어 추진된 언론 통폐합도 언론 산업의 그런 문제도 해결해주면서 언론통제를 강화할 수 있는 방안으로 기획된 것이었다. 언론 통폐합은 1도 1사 원칙을 내세워 11개 지방신문을 없애고 대신 3개 지방신문을 창간케 했다. 즉, 박 정권은 『대구일보』, 『대구경제일보』, 목포의 『호남매일신문』을 문 닫게 했고, 『전북일보』 · 『전북매일』 · 『호남일보』를 통폐합해 『전북신문』(1973년 6월 1일), 『대전일보』와 『중도일보』를 통폐합해 『충남일보』(1973년 5월 25일), 『연합신문』 · 『경기일보』 · 『경기매일신문』을 통폐합해 『경기신문』(1973년 9월 1일)을 창간케 했다.(김민남 외, 1993; 조항제, 1994)

또 박 정권은 1972년 3월 7일 정부 각 부처의 기자실을 줄이고 출입기자를 제한하는 내용의 이른바 '정부 출입기자 대책'을 발표해 행정부처의 기자실을 한 부에 한 개씩만 두도록 통폐합하고 출입기자도 한 부처에 1사 1인으로 제한했다. 박 정권은 1972년 4월 7일 '신문의 날'엔 '언론인 기금'을 설치하겠다고 밝혔으며 다음 날 문공부는 '신문 · 통신 · 방송의 편집국 계통 종사자들의 퇴직 후 생계비를 비롯한 각종 경제적인 혜택을 준다'는 내용의 구체안과 함께 기금 목표액을 5억 원으로 설정하겠다고 밝혔다. 이로써 박 정권의 언론통제는 언론기업의 이윤을 보장해주면서 언론인에게 특혜를 베풀어 포섭하는 이른바 '권언유착'의 방식을 강화했다.

'10월 유신'과 언론의 관제화

1972년 7월 4일 박정희 정권은 이른바 '7·4 남북공동성명'을 발표해 전 국민을 통일 열기에 들뜨게 만들었다. 그럴 만도 했다. 7월 4일 오전 10시 중앙정보부장 이후락이 내외신 기자회견에서 발표한 다음과 같은 사실에 국민이 놀라는 건 너무도 당연한 일이었다.

"서울의 이후락 정보부장은 72년 5월 2일부터 5일간 평양을 방문했다. 이 부장은 평양에서 김영주 노동당 조직지도부장과 회담했으며 김일성과는 두 차례 회담했다. 평양의 김영주 부장을 대리해 박성철 부수상이 5월 29일부터 6월 1일까지 서울에 왔다. 박성철은 이 부장과 두 차례 박정희 대통령과 한 차례 회담했다."

1972년 10월 17일 중앙청 앞에 탱크가 등장했다. 탱크가 겨냥한 건 북한이 아니라 남한 국민이었다. 박정희 정권은 '7·4 남북공동성명'으로 국민의 통일 열기를 한껏 고조시킨 뒤, 그로부터 3개월여 후인 10월 17일, 통일을 위해서라는 핑계를 대고 자신의 대통령 종신제를 보장하기 위한 이른바 '10월 유신'이라는 것을 선언했던 것이다. 전국에 비상계엄이 선포된 가운데 국회는 강제 해산되었고 정당과 정치 활동도 금지되었다.

박 정권은 10월 27일 대통령 종신제를 기조로 하는 헌법 개정안을 발표했는데, 이 헌법 개정안은 11월 21일 공포 분위기 속에서 실시된 국민투표에서 91.9퍼센트의 투표율과 91.5퍼센트의 찬성률로 통과되었다. 유신 헌법에 따라 대통령은 통일주체국민회의에서 간접선거로 선출하게 되었다. 대통령은 국회를 해산할 수 있으나 국회는 대통령을 탄핵할 수 없고, 각급 법관에 대한 임명권을 모조리 대통령에 귀속시켜 사법부까지 행정부에 종속시켰다.

혼자 출마해 당선되는 게 쑥스러웠던 걸까? 박정희는 1972년 11월 30일, 1981년에 1인당 국민소득 1,000달러, 수출 100억 달러를 달성하겠다고 약속해 '10월 유신, 100억 달러 수출, 1,000달러 소득'이라는 유신 구호가 생겨났다.(오원철, 1997) 그게 일종의 선거운동이었던 셈이다.

박 정권은 1972년 12월 13일 0시를 기해 비상계엄을 해제하고 12월 15일 통일주체국민회의의 대의원 선거를 실시했다. 이 선거에서 당선된 2,359명의 대의원들로 구성된 선거인단이 장충체육관에 모여서 대통령을 뽑도록 되어 있었기 때문에 이른바 '체육관 선거'라는 말이 나오게 되었다.

12월 23일 통일주체국민회의는 장충체육관에서 박정희를 제8대 대통령으로 뽑았다. 전체 대의원 2,359명 가운데 2,357명이 지지한 99.99퍼센트의 지지율이었다. 박정희는 12월 27일에 정식으로 제8대 대통령에 취임함으로써 김대중과의 경쟁 끝에 당선된 제7대 대통령 임기는 1년 5개월 만에 끝나게 되었다.

유신은 엄청난 규모의 여론 조작을 통해 정당화되고 예찬되었다. 사실상 관제화된 언론은 유신 헌법의 홍보에 적극 협조했다. 10월 27일 개헌안이 공고된 뒤부터 12월 말까지 모든 신문의 1면과 7면에 '통일 위한 구국 영단 너도 나도 지지하자', '새 시대에 새 헌법, 새 역사를 창조하자', '뭉쳐서 헌정 유신, 힘 모아 평화통일'이라는 등의 문공부 제정 표어가 날마다 6단 크기로 실렸다.(김해식, 1994)

방송은 더욱 필사적이었다. 문공부 방송관리국 모니터에 나타난 구체적인 통계에 따르면 10월 17일부터 11월 21일까지 방송은 단독 해설 218회, 좌담 398회, 유신과 관련된 비전 제시 특별 프로그램 58회, 유신을 내용으로 한 스팟 드라마가 1,268회에 이르렀다.(김민환, 1996)

'유신 방송법'과 한국방송공사의 탄생

1973년 2월 16일에 개정된 방송법은 그간 임의단체였던 방송윤리위원회를 법정기관으로 해 제재 규정을 강화했으며, 방송국에 심의실을 두어 사전 심의할 것을 의무화하고 그 결과를 문화공보부 장관에게 매월 보고하게끔 만들었다. 방송편성 기준에선 교양 방송을 종래의 20퍼센트에서 30퍼센트 이상으로 높였고, 방송 순서를 중단하는 중간광고를 금지했다. 방송 내용면에선 방송윤리규정을 철저히 준수해야 했다.

'유신 방송법'으로 불린 개정 방송법은 방송의 자율성을 극도로 억압했다. 국민정신이나 미풍양속, 사회질서를 해칠 우려가 있는 것, 음악에서도 광란적 리듬이나 선율이 담긴 것 또는 노출을 일삼는 쇼, 저속한 언행이나 부도덕한 내용, 퇴폐적이며 비판적·비능률적인 요소가 담긴 프로그램, 청소년에게 해악이 될 우려가 있는 소재 등은 법적 규제 대상이 되었으며, 그 판단 기준도 자의적이었다.(문화방송, 1982; 서경주, 2001)

1972년 12월 30일 비상국무회의는 한국방송공사법을 확정 공포했으며, 이를 근거로 1973년 3월 3일 KBS는 한국방송공사로 개편되었다. 형식적으로는 KBS가 국영매체에서 공영매체로 달라진 것이었지만, 이는 어디까지나 KBS를 통한 권력 홍보의 권위를 높여주기 위한 것이었을 뿐이고 권력 홍보에 관한 한 KBS는 국영도 공영도 아닌 박정희 개인의 사영 방송이었다고 해도 과언이 아니었다.

박 정권은 TV 보도뿐만 아니라 드라마에까지 개입해 TV가 철저하게 정권 홍보의 도구로 기능할 것을 요구했다. 10월 유신 직후 방송사들엔 "국론 통일을 저해할 정치적 사건의 소재 선택을 피하도록 할 것" 등과 같은 드라마 제작 지침이 정부로부터 하달되었다. 또한 1972년 KBS에 새마을방송본부가 생겨난 이후 새마을방송의 보다 광범위한 홍보를 위해 1973년 8월 14일엔 새마을방송협의회가 창립되었는데, 이 협의회의 월례 회의를 통해 각종 보도 및 제작 지침이 정부로부터 하달되었다.

정부는 1972년부터 텔레비전 효자 캠페인(장기월부제로 고향에 텔레비전 수상기 보내기 운동)을 전개했다. 이 캠페인은 농어촌에 14인치 수상기 약 100만 대 보급을 목표로 하여 1975년에는 농촌의 텔레비전 보급률을 22.7퍼센트까지 끌어올린다는 계획이었다. 물론 유신과 새마을 홍보도 겸하기 위해서였다.(정순일·장한성, 2000; 조항제, 1994)

영화도 방송의 뒤를 따랐다. 1973년 2월 16일에 이루어진 영화법 제4차 개정은 영화업 등록제를 허가제로 바꾸고 시설과 촬영 기재 등에서 엄격한 허가 기준을 정해 영화사 수를 14개로 줄였다. 이 14개 영화사는 1978년 9월에 6개사에 대해 신규 영화제작 허가가 이루어질 때까지 영화제작을 독점하는 특혜를 누리게 되었다. 또한 개정안은 1971년에 만들어진 한국영화진흥조합을 없애고 문화공보부의 지시·통제를 받는 영화진흥공사를 설립토록 했다. 그리고 한국 영화 4편을 제작하면 외국영화 1편을 수입할 수 있는 권리를 주었고, 영화진흥공사가 선정한 우수 영화에 뽑혀도 외국영화를 수입할 수 있도록 했다.

한국 영화 4편을 만들면 외화 1편 수입권을 주는 규정은 본말의 전도를 낳아 흥행이 잘되는 외화 수입권을 따기 위해 한국 영화를 졸속으로 제작하는 결과를 초래했다. 한 달 만에 날림으로 제작한 영화들이 많았고 심지어 보름 만에 급조한 영화까지 나오게 되었다. 영화를 이념적·정치적 도구로 간주한 박 정권의 영화 정책은 한국 영화를 낙후케 하는 큰 이유가 되어 당시엔 주로 외화들만이 흥행에서 큰 성공을 거두었다. 1973년 추석의 최대 흥행작은 이소룡의 〈정무문〉으로 관객 31만 5,000여 명을 동원해 그해 최고 흥행작이 되었다.(김은형, 2000; 김홍동, 1994; 유지나, 1992)

언론인의 정관계 진출

정권 안보와 여론 관리 차원에서 박 정권은 1973년부터 언론인을 정관계에 적극 진출시키기 시작했다. 1973년 4월 23일 박 정권은 11개 정부 부처에 대변인직(이사관 또는 부이사관급)을 신설해 전원을 언론계에서 기용했다. 『중앙일보』 논설위원 서기원은 기획원 대변인으로, 편집국장 대리 이광표가 상공부 대변인으로 가는 등 직책에 어울리지 않는 전직을 해 언론계에 적잖은 충격을 안겨 주었다. 이는 자유롭지 못한 언론 상황으로 인해 언론의 위상과 가치가 그만큼 떨어졌다는 걸 의미하는 것이기도 했다.

또 9대 국회에서는 유정회 의원 8명을 포함, 19명의 전직 언론인이 여당의 공천을 받아 국회의원으로 당선되엇고 6명의 언론인이 비서실장으로 변신했으며, 그에 앞서 11명의 언론인이 통일주체국민회의 대의원이 되었다. 유정회 1기로 원내에 진출한 언론인들은 문태갑(동양통신), 이종식(『조선일보』), 이진희(『서울신문』), 임삼(『한국일보』), 정재호(『경향신문』), 최영철(『동아일보』), 주영관(합동통신) 등이었다.(김해식, 1994; 동아일보사 노동조합, 1989)

정부 대변인인 문화공보부 장관도 쿠데타 주체였던 초대 장관 홍종철(1964년 9월~1969년 4월)을 빼곤 이후 1970년대 내내 언론인 출신이 도맡았다. 2대 신범식(1969년 4월~1971년 6월), 3대 윤주영(1971년 6월~1974년 9월), 4대 이원경(1974년 9월~1975년 12월), 5대 김성진(1975년 12월~1979년 12월), 6대 이규현(1979년 12월~1980년 5월) 등이 바로 그들이다.

이렇게 정권 홍보의 전위대로 차출된 언론인들 가운데엔 나중에 다시 언론사로 복직한 경우도 많았으니, 이는 언론이 정권 홍보의 도구로 전락한 당시 상황을 잘 말해주는 것이라 하겠다. 박 정권 기간 내내 정관계에 진출했다가 언론사로 복직한 언론인의 수는 국회 충원 언론인 14명과 행정부 충원 언론인 41명을 합해 모두 55명이었으며, 이는 정관계로 진출한 전체 언론인의 36.4퍼센트에 해당되는 것이었다.(김강석, 2001; 주동황.김해식.박용규, 1997)

행정 만능의 시대에 국회의 위상이 추락하면서 덩달아 정치부 기자의 위상도 격하되고, 일하는 재미도 크게 떨어졌다. 그 대신 행정보다 더 막강한 힘을 자랑하는 군을 출입하는 기자가 득세하고 각광을 받게 되었다.(박현태, 1996; 최규장, 1998)

10월 유신으로 한국 언론은 사망한 거나 다름없었다. 언론 자유를 권력에 상납한 신문들은 연재소설 등과 같은 대중문화적 기능에 큰 신경을 썼는데, 가장 대표적인 것이 『조선일보』가 1972년 9월 5일자부터 연재한 최인호의 「별들의 고향」이었다. 이 연재소설은 "「별들의 고향」을 보기 위해 『조선일보』를 산다고 하는 사람이 있을 정도"로 큰 인기를 끌었다. 그러한 인기를 물려받아 1973년에 단행본으로 출간된 『별들의 고향』은 1975년까지 40여만 부가 팔리는 대기록을 세웠다.(이재규, 1994; 정덕준, 2001)

〈여로〉·〈님과 함께〉·'통블생'·〈별들의 고향〉

TBC 〈아씨〉에 이어 KBS TV가 1972년 4월 2일부터 211회 방영한 〈여로旅路〉(이남섭 극본, 연출)의 폭발적 인기는 본격적인 일일연속극 붐을 몰고왔다. 바보 남편 장욱제와 그를 섬기는 아내 태현실의 연기는 매일 밤 7시 30분 전국 시청자를 사로잡았다. 이 시간만 되면 영화관의 관객들은 영화를 보다 말고 휴게실로 몰려가서 텔레비전을 보고 돌아오는 바람에 아예 20분간 영화 상영을 중단하기도 했다. 이 시간에 도둑맞는 집과 밥 태우는 집이 많았다.(정순일, 1991; 한국방송공사, 1977)

MBC TV는 〈여로〉에 대항해 일일극 〈새엄마〉를 편성했는데, 〈새엄마〉는 1972년 8월 30일부터 1973년 12월 28일까지 방영되어 "우리나라 일일극 사상 최장수를 기록"했으며, "이른바 '김수현 드라마' 시대를 알리는 드라마이기도 했다."(최창봉·강현두, 2001)

〈여로〉와 〈새엄마〉의 인기는 1973~1974 시즌에 일일극 홍수 사태라고 해도 좋을 정도로 많은 일일극을 낳게 했다. 3개 채널을 합해 하루 15편 안팎의 텔레비전 드라마가 방영되는 기현상을 빚기까지 했다. 두 민영방송은 편성에서도 '5분 앞당겨 편성하기'나 드라마와 드라마 사이에 5분짜리 미니 프로를 편성하는 등 5분 단위의 경쟁 양상까지 보였다.(조항제, 1994)

1972년 최고 인기 가요는 남진의 〈님과 함께〉였다. 1970년대 초 가요계를 주름잡았던 남진과 나훈아의 노래는 "산업화의 흐름에 따라 고향을 떠나와서 도시에 살면서도, 도시의 화려함의 선두에 서서 살지 못하는 소외당한 사람들의 고달픔"을 다룬 것들이 많아 특히 여성 노동자들로부터 큰 인기를 누렸다.(이영미, 1998, 234)

남진과 나훈아로 대표되는 트로트 음악의 다른 한편에 신중현으로 대표되는 밴드 음악이 있었다. 신중현은 펄 시스터즈, 김추자, 박인수, 장현, 김정미 등 여러 가수들의 '음악적 후견인'으로 이미 1960년대 중반부터 맹활약을 해왔다. 이 가수들 가운데 가장 큰 대중적 인기를 누린 가수는 단연 김추자였다. 1970년대 초부터 '담배는 청자, 노래는 추자'라는 유행어가 떠돌 정도였다.(강헌, 1994; 노재명, 1994)

1974년 초, 대학가에서는 '통블생(통기타, 블루진, 생맥주)'과 고고춤이 젊은이들의 문화로 자리 잡아갔는데, 이를 두고 사회적 논쟁이 벌어졌다. 이른바 '청년문화' 논쟁이었다. '청년문화' 논쟁의 물꼬를 튼 사람은 『동아일보』 기자 김병익이었다. 그는 『동아일보』 1974년

3월 29일자에 쓴 「오늘날의 젊은 우상들」이라는 기획 기사에서 최인호, 양희은, 김민기, 이장호, 서봉수(바둑기사), 이상룡(고려대 응원단장) 등 6명을 청년들의 '우상'으로 선정했다.

이 기사는 열띤 논쟁을 불러일으켰고, 김병익은 『신문평론』 1974년 11월호에 이 논쟁의 결과를 정리하는 「청년문화와 매스컴」이라는 제목의 글을 발표했다. 대학신문들이 일제히 "딴따라 문화가 우리의 우상이란 말이냐"라는 논조로 공격하고 나서는 등 한동안 논쟁이 이어졌다.(허수, 2000)

1974년 한국 영화계의 최대 화제작은 단연 최인호 원작, 이장호 감독의 〈별들의 고향〉이었다. 이 영화는 4월 26일 국도극장에서 개봉해 8월 8일까지 105일간 46만 4,000여 명의 관객을 동원하는 대기록을 세웠는데, 이토록 수많은 관객을 끌어들인 1등 공신은 주인공인 호스티스 우경아(안인숙 분)였다. 이 소설과 영화는 당시 경제성장의 그림자 속에서 급성장하던 유흥 산업에 종사하는 수많은 호스티스들을 매료시켜 수많은 '경아'들이 이 소설들의 애독자가 되었고 그들은 앞다투어 자신의 가명을 경아로 바꾸었다.(이재규, 1994)

'오일 쇼크'와 여권 매체 계열화

1973년 10월 6일 이스라엘과 이집트 간에 터진 제4차 중동전쟁의 여파는 기름 한 방을 나지 않는 한국에게 가공할 공포로 다가왔다. 원유 값이 폭등했기 때문이다. 이른바 '오일 쇼크'는 방송에도 적잖은 변화를 일으켰다. 1973년 11월 26일부터 TV 방송 시간이 단축 실시되었으며 12월 3일에는 일요일을 제외한 모든 요일의 아침 방송이 전면 중지되었다. 또 새마을정신을 강조하는 이른바 '새마을 방송'이 대폭 강화되었다.

오일 쇼크는 신문들에겐 부정적으로만 작용한 건 아니었다. 오일 쇼크로 수출에 큰 타격을 입게 된 기업들이 내수 시장에 눈을 돌리면서 치열한 광고 경쟁이 전개되었고 이는 신문들의 수입을 늘려주는 효과를 가져왔기 때문이다. 1969년의 10대 광고주가 대부분 제약회사였음에 비해 1974년에는 소비재 산업 부분의 기업으로 변화된 것도 그런 사정과 무관치 않다고 볼 수 있을 것이다. 물론 광고비도 크게 늘었다. GNP 대비 광고비 비율로 따져볼 때 1970년에서 1973년까지는 0.4퍼센트 선에 머물렀으나 1974년에 0.63퍼센트로 크게 뛰었다(1975년 0.71퍼센트, 1976년 0.77퍼센트, 1977년 0.77퍼센트, 1978년 0.81퍼센트).(문종대, 1990; 임영태, 1998)

1974년 6월 하순 어느 날 오후 문화방송 사장 이환의는 청와대로부터 15분 이내에 들어오라는 연락을 받고 달려가 박정희로부터 다음과 같은 지시를 받게 되었다.

"이 사장……임자는 원래 『경향신문』 출신이지.……여봐 『경향신문』이 지금 존폐 위기에 있는데 MBC가 『경향신문』을 인수해서 함께 경영해보면 어때.……이모李某로부터 기아산업의 김철호 회장이 인수받았다가 다시 신진그룹에 넘어간 뒤로 계속 적자인 모양인데 그나마 신진이 부실기업으로 정리 당하게 됐으니 이대로 두면 경향은 문을 닫아야 돼.……그러니 이 사장이 인수해서 방송과 함께 운영해봐."(경향신문사, 1996, 354~355)

1974년 7월 24일 이환의는 또 한 번 박정희의 특명을 받아 적자에 허덕이던『경향신문』을 병합했는데, 이렇게 해서 '주식회사 문화방송·경향신문'이 탄생하게 되었다. 1975년엔 여권 신문인『서울신문』의 증자분을 전액 KBS가 인수, 사실상 소유함으로써 일종의 범여권계 매체 계열화가 이루어졌다. 이러한 매체 계열화로 여권계 매체 간 시너지 효과를 얻을 수 있었다.(조항제, 1994)

가장 큰 효과를 본 건『주간경향』이었다. MBC TV의 무료 광고 효과를 톡톡히 봐 판매부수가 수직 상승하면서 당시 최대의 주간지였던『선데이서울』과『주간중앙』을 따돌리고 1등을 하는 기염을 토했던 것이다. 매주 10만 부의 판매부수로 월 수익 1억 원을 올렸는데, 이는 급여를 뺀『경향신문』전체의 경상비에 해당하는 액수였다. 1974년 MBC는 동아제약, 럭키그룹, 해태,『동아일보』, 태평양화학, 미원 등과 함께 주주로 참여해 한국연합광고를 창립했는데, 이는 1973년에 설립된 삼성 계열의 광고대행사 제일기획과 함께 한국 광고 시장에 큰 영향을 미치게 되었다.

『동아일보』의 10·24 자유언론실천선언

박정희 정권의 폭압에 짓눌려 언론이 제 기능을 전혀 못하고 있을 때 일부 양심적인 기자들은 그간 여러 차례 좌절된 자유 언론 운동을 추진해갈 수 있는 기구로 노동조합을 선택하고 노조의 설립에 힘을 기울였다. 그 결과 1974년 3월 6일 동아노조가 설립되었다. 그러나 사측은 3월 8일 '집단 소요 행동'이라는 이유로 노조 임원 11명 전원을 포함한 13명을 해고했다. 노사 갈등의 우여곡절 끝에 타협책이 만들어졌는데, 이에 따라 노조 활동은 금지된 대신 4월 12일 사장 김상만은 특별 담화문을 발표해 해고된 전원을 사면했다.

박 정권의 주도면밀한 탄압 속에서도 언론사 노조 활동이 완전히 죽은 것은 아니었다. 공식적으로 노조는 금지되었지만 수면 하의 활동은 은밀하게 이루어지고 있었다. 그 성과는 6개월 후에 나타났다. 1974년 10월 24일 오전 9시 15분 『동아일보』 편집국·출판국·방송국 기자 180여 명은 3층 편집국에 모여 '자유언론실천선언'을 박수로 채택했다. 이 선언은 다음 3개 항을 결의했다. "신문·방송·잡지에 대한 어떠한 외부 간섭도 우리의 일치된 단결로 강력히 배제한다. 기관원의 출입을 엄격히 거부한다. 언론인의 불법 연행을 일체 거부한다. 만약 어떠한 명목으로라도 불법 연행이 자행되는 경우 그가 귀사할 때까지 퇴근하지 않기로 한다."

『동아일보』의 '자유언론실천선언'은 24일 밤 곧바로 『조선일보』와 『한국일보』로 번졌으며, 이틀 사이에 서울과 지방을 망라한 31개 신문·방송·통신사가 선언문을 채택했다. 대학생들의 시위도 계속되어, 10월 28일 문교부는 서울대학교, 이화여대, 고려대학교, 한국신학대학교 등에 휴업령의 전 단계라 할 수 있는 계고장을 보냈다. 11월 14일 신민당 총재 김영삼은 유신헌법 개헌을 위한 원외 투쟁을 선언했으며, 바로 이날 광주에서는 고등학생 200여 명이 데모를 감행했다.

그런데 바로 다음 날인 11월 15일 유엔군사령부 대변인은 경기도 고랑포 부근의 비무장 지대 안에서 북한군이 남쪽으로 파 내려온 땅

굴이 발견되었다고 발표해 세상을 깜짝 놀라게 만들었고, 순식간에 안보 정국이 조성되었다. 11월 20일 국회에서는 여야 일치로 '북괴의 침략 규탄 결의문'이 채택되었다. 이런 상황에서 박 정권은 자유 언론실천운동에 앞장을 서는 『동아일보』에 대해 집중적인 타격을 가함으로써 그 운동을 무력화시키고자 하는 음모를 꾸몄는데, 그게 바로 1974년 12월 16일부터 시작된 『동아일보』 광고 탄압 사건이었다. 이는 박정희에게서 "『동아일보』를 혼내주라"는 지시를 받은 중앙정보부에 의해 획책되었다.

박 정권은 광고주들에게 압력을 넣어 『동아일보』에게 광고를 주지 못하도록 했으며, 그 결과 1975년 1월 23일까지 『동아일보』 상품 광고의 98퍼센트가 떨어져나갔다. 기업 광고가 끊긴 대신 국민들의 격려 광고가 쇄도해 『동아일보』 광고 면은 한동안 국민들의 격려문으로 채워졌다. 당시 『동아일보』 광고국장 김인호는 주거래 광고 기업체 간부들과의 면담에서 광고 탄압이 중앙정보부에 의한 것이었다는 사실을 알았다고 증언했다.(동아일보사 노동조합, 1989)

중앙정보부 뒤엔 박정희가 있었다. 당시 대미 로비스트 김한조는 미국의 반응이 나쁘므로 광고 탄압을 중단해야 한다고 박정희에게 건의했지만, 박정희는 듣지 않았다. 박정희는 이렇게 말했다고 한다. "『동아일보』는 못돼먹었어. 『워싱턴포스트』가 일전에 날 '세계에서 가장 위험한 인물'이라고 썼는데 동아만 그걸 전재했어. 그래 내가 김일성이라는 말이오?"(김충식, 1992)

『조선일보』에서 내쫓긴 32명의 기자

자유언론실천운동을 벌이던 『조선일보』 기자들은 창간 55주년 기념일 다음 날인 1975년 3월 6일 한국기자협회 『조선일보』 분회 집행부(분회장 정태기)의 주도로 "진실에 투철해야 하는 기자로서의 열과 성을 다해 언론 자유에 도전하는 외부 권력과의 투쟁은 물론 언론 내부의 안이한 패배주의와도 감연히 싸우려 한다"는 요지의 선언문을 채택했다. 그와 동시에 정론지 제작을 요구하며 이의 관철을 위해 제작 거부에 들어갔다. 또 기자들은 정론지 제작을 요구하다 오히려 '편집권 침해'를 이유로 1974년 12월 18일 전격 해고당한 2명의 기자(백기범, 신홍범)의 복직 약속도 지키라고 요구했다.

백기범과 신홍범의 해직은 『조선일보』 1974년 12월 16일자에 실린 유정회 소속 국회의원 전재구의 「허점을 보이지 말자」는 글의 게재에 대해 두 기자가 편집국장 김용원에게 항의한 데서 비롯되었다. 이 기고는 『조선일보』가 청탁한 것이 아니었으며, 원래 200자 원고지 35매의 분량이던 것을 10매 정도로 줄여서 게재한 것이었다. 두 기자는 그 글이 유신 체제를 일방적으로 홍보하는 내용으로 보나 논설위원실의 가필을 거쳐 실리게 된 경위로 보나 『조선일보』가 지녀야 할 공정성과 균형에 어긋난다는 점을 지적했는데, 사측은 두 기자의 행동을 위계질서를 무시한 하극상 행위로 몰아 해고했던 것이다.(조선일보사, 1990; 조선자유언론수호투쟁위원회, 1993)

『조선일보』는 『조선일보』 사상 최초로 1974년도에 전년도에 비해 광고 수입이 45.3퍼센트가 늘어나는 대기록을 세우게 되었다. 그 기록에 고무되었던 걸까? 『조선일보』는 자유 언론 실천을 부르짖는 기자들에게 매우 강경한 자세를 보였다. 사장 방우영은 1975년 3월 7일 '가차 없이 처단하겠다'는 사장 명의의 경고문을 회사 안에 붙였는데, 그 내용이나 스타일이 박 정권의 무슨 긴급조치 경고문과 흡사했다.

"사규에 어긋나는 처사일 뿐 아니라 기존 질서에 도전하는 난폭한 수법임을 확인하기에 이르렀다.……만약 끝까지 혁명적인 수법으로 55년의 기나긴 전통을 미화시키기는커녕 오히려 먹칠과 분열을 일삼는 사원이 만의 하나라도 잔재한다면 『조선일보』의 앞날을 위하여 분명히 그리고 가차 없이 처단할 것을 엄숙히 선언하는 바이다."(『한겨레』, 2001. 4. 9)

농성 6일째인 1975년 3월 11일 사장 방우영을 비롯한 경영진들은 편집국에 들어가 농성 기자들을 완력으로 모두 끌어냈고, 이 일로 32명의 기자를 해고했다(이 가운데 최준명은 1978년 5월 1일 재입사). 해고된 기자들은 '조선자유언론수호투쟁위원회(조선투위)'를 구성해 기나긴 투쟁에 들어갔다.

『동아일보』에서 내쫓긴 113명의 기자

시민들의 격려 광고는 계속되었지만, 격려 광고가 『동아일보』가 당면한 경제적 위기를 해결해줄 수는 없었다. 『동아일보』 사주는 투쟁 의욕을 잃고 결국 박 정권의 광고 탄압에 굴복해 1975년 3월 8일 경영 악화를 이유로 기구 축소를 단행한다면서 심의실·기획부·과학부·출판부를 없애고 사원 18명을 해고했다. 이의 부당성을 지적한 기자협회 분회장(장윤환)외 1명(박지동)을 또 해고했다. 이렇게 시작된 『동아일보』 기자들의 해고는 신임 분회장(권영자) 등 17명의 해고로 이어졌다.

『동아일보』 기자들은 『조선일보』 기자들이 강제로 해산된 다음날인 3월 12일 자유 언론 실천을 위한 최후의 방법으로 제작 거부에 들어갔다. 기자들은 제작 거부 농성과 함께 23명이 공무국을 점거해 단식투쟁을 병행했지만 마치 군사작전을 방불케 하는 회사 측의 공격을 받았다. 이에 대해 정대수는 다음과 같이 증언했다.

"회사 쪽은 농성 엿새째인 17일 새벽 술 취한 보급소 직원 등 폭력배 200여 명을 동원, 농성 중이던 기자·프로듀서·아나운서·엔지니어 등 160여 명을 폭력으로 축출했다. 이 장면은 그야말로 아비규환의 처절한 참상의 현장이었다. 산소용접기·해머·각목·소방호스 등을 동원하여 새벽 3시부터 6시경까지 진행된 이 강제 축출 작전에서 닷새째 단식 중이던 기자들이 마구 폭행당해 사회부 정연주 기자 등 여러 명이 부상했다. 방송국 강제 축출에서는 김학천 프로듀서가 무수히 구타당해 탈장과 뇌진탕 증세로 입원하기도 했다. 17일 새벽 동아일보사 주변 세종로 일대에는 정·사복 경찰 수백 명이 미리 포위하고 있어 『동아일보』 사원 축출 작전이 사전에 잘 짜여진 계획에 따라서 진행되고 있음을 보여주었다."(김민남 외, 1993, 364)

3월 17일 오전 10시 기자협회 동아분회와 동아방송 자유언론실행위원회는 기협 사무실에서 내외신 기자회견을 갖고 "이제 동아는 어제의 동아가 아니다. 폭력을 서슴지 않는 언론이 어찌 민족의 소리를 대변할 것인가"라고 묻고, "인간의 영원한 기본권인 자유 언론은 산소용접기와 각목으로 말살될 수는 없다"고 밝혔다. 쫓겨난 기자들은 '동아자유언론수호투쟁위원회(동아투위)'를 구성해 기나긴 투쟁에 들어갔다.

결국 『동아일보』는 3월 8일부터 5월 1일까지 7차례에 걸쳐 모두 113명을 해고했다. 『동아일보』에 쏟아진 격려 광고는 광고 탄압 넉 달째를 맞은 1975년 3월 25일까지 9,223건에 이르렀으며, 이에 따른 『동아일보』의 광고 수입액은 1억 600여만 원으로 집계되었다. 그러나 『동아일보』가 정권의 탄압에 굴복해 기자들을 대량 해직시킨 이후엔 격려 광고도 크게 줄어들어 5월 7일 이후 격려 광고는 완전히 사라졌다.

해직 기자들은 해직 이후 만 6개월 동안 공휴일만 빼곤 날마다 아침에 회사 앞에 줄지어 서서 침묵시위를 벌였지만, 유신 독재의 벽은 너무 높았다. 이들은 강제 축출당한 뒤 유신 체제가 끝날 때까지 모두 17명이 구속되었고, 7명이 구류 처분을 받았으며, 80여 명이 중앙정보부 등 수사기관에 연행되어 1일 내지 18일 동안의 조사를 받는 등 엄청난 고초를 겪었다.(김민남 외, 1993)

해직 기자들의 수난과 고통

기자들의 대량 해직으로 박 정권과 『동아일보』·『조선일보』 사주들은 자유언론실천운동을 원천봉쇄하는 효과를 거두게 되었다. 그러나 하루아침에 거리로 쫓겨난 기자들은 다른 직장에 취직하는 것마저도 금지된 채 오랜 기간 동안 고통스러운 삶을 살아야 했다.

『동아일보』편집국장 송건호는 자의에 의한 해직 기자가 되었다. 그는 "기자가 1백 30명이나 해직되는데, 그래, 내가 정부의 실정에 대해 장관에게 책임을 물어야 한다고 쓴 사람인데 이런 판국에 더 이상 자리를 지키고 있을 수 있느냐"라면서 편집국장직을 사퇴한 것이다. 이후 송건호는 가난과 싸워야 했다. "『동아일보』를 나와서는 생활고에 몹시 시달렸어요. 그때는 내일은 또 어떻게 사느냐가 제일 고민이었습니다. 아주 고민했어요. 심지어 자식들 대학 공부도 못 가르치고……."(송건호 · 서중석, 1992; 정종주, 1996)

『동아일보』와『조선일보』에서 해직된 기자들 가운데 일부는 출판을 이용해 일종의 대안언론 활동을 계속했다. 동아투위 멤버들은 1975년 당시 동아일보사 건너편 국제극장 뒤에 있던 '세종여관'을 아지트로 삼아 매일 아침 동아일보사 사옥 앞에 도열해 침묵시위를 하는 출근 투쟁을 벌이는 한편 자신들의 투쟁 상황을 유인물로 알리고 있었으나 실업 상태인 그들의 활동에는 한계가 있었다. 그래서 모색하게 된 것이 출판 활동이었다. 동아투위 멤버 가운데 한 명인 이종대는 당시 상황을 다음과 같이 회고했다.

"사무실 유지비, 유인물 제작비, '투위' 위원들의 기본 활동비는 물론이고 구속자들의 뒷바라지와 법원에 계류 중인 해임 무효 소송 대책 등 돈 쓸 곳이 한두 군데가 아니었다. 수사 기관원들의 눈을 피해가며 성금을 전달해주는 고마운 분들의 발걸음은 계속되고 있었지만 우리가 쓸 돈을 언제까지 성금에만 기댈 수는 없는 노릇이었다. 투위 집행부는 자체 수입 확보를 위한 몇 가지 방안들을 검토한 끝에 광화문 부근에 가게를 하나 내고 동시에 책을 출판해서 투위 위원들이 직접 팔기로 한다는 결정을 내렸다. 이때부터 가게를 차리는 일과 책을 펴내는 일을 각각 맡을 실무팀이 조직되고 이들은 곧바로 준비 작업에 들어갔다. 출판팀은 외국 도서를 번역해서 출판키로 했는데 번역할 도서로는 에리히 프롬의 『건전한 사회』가 선정되었다."(조상호, 1999, 239)

그 책이 1975년 8월 20일에 나오자 동아투위 위원들이 모두 책장수로 거리에 나서는 등의 방법으로 직접 판매에 돌입해 당시로서는 대단히 많은, 3만여 부의 판매를 기록할 수 있었다. 이에 자극을 받아 1976년 4월엔 '종각번역실'이 결성되어 해직 언론인들은 민주화를 위한 출판 활동에 몰두하게 되었다.

베트남 패망, 헌법 논의를 금지한 긴급조치 9호

1975년 4월 30일 베트남의 패망은 순식간에 대한민국을 북괴의 남침 규탄 대회의 소용돌이로 몰아가버렸고, 박 정권은 그 분위기를 이용해 아예 민주화 시위를 원천적으로 봉쇄해버리겠다는 음모를 꾸미게 된다. 그게 바로 5월 13일에 공표된 긴급조치 9호였다. 일체의 유언비어 날조 및 헌법 비방 행위의 금지, 학생 집회 및 시위의 금지 등 헌법에 대한 논의 자체를 금지한 것이다.

이어 박 정권은 긴급조치 제9호의 후속 조치로 1975년 5월 24일 신문협회와 방송협회에 '언론 부조리 숙정에 관한 결의문'을 발표케 했다. 이 결의문의 내용은 당시의 언론이 이미 관제 언론화 되었다는 걸 잘 말해주었다. "불길처럼 타오르는 애국애족의 정열이 강토에 미만하고 화기和氣 또한 겨레의 가슴마다에 넘치고 있습니다. 이러한 때를 맞아 한국신문협회와 한국방송협회 산하 전 언론인들은 한자리에 회동하여 사회의 부조리 제거를 위해 언론인 스스로가 안고 있는 일체의 불합리한 요소를 제거하여 민족적 단결을 더욱 공고히 하는 데 앞장설 것을 결의하였습니다."(경향신문사, 1996)

박 정권은 동시에 기존의 프레스카드 발급에 있어서 조사·교열부 기자를 제외했고 유효기간을 1년으로 했다. 유효기간을 1년으로 한 것은 "이미 프레스카드의 효과가 충분히 나타나고 있는 상황에서 취해진 것으로 언론인들의 동태 파악을 항시화·체계화하는 한편 '카드 발급권이 우리에게 있다'는 사실을 각 언론기관에 매년 상기시킴으로써 문공부의 위력을 유지·발전시키고자 하는 심산"이었다.(조항제, 1994, 54)

1년 후 문공부는 '보도증 발급 요강'이라는 것을 새로 마련해 비위로 인하여 보도증을 반납한 경우에는 그 반납 수만큼 감축하고 대체 발급하지 않으며 소속사에서 징계 또는 정직 처분을 받고 그 기간이 끝난 후 1년이 경과되지 아니한 자는 발급하지 않는다는 조항을 신설했다.

또한 박 정권은 그간 각 언론사에 일일이 하달해온 '보도지침'을 강화시켰다. 그런 극심한 통제 상황에서 신문들의 주된 관심은 오로지 경제적 번영이었으며, 이는 오늘날 한국 언론의 성격을 규정짓는 계기가 되고 말았다. 1970년대에 걸쳐 언론 자유의 향유와 언론사의 경제적 성장은 상호 반비례하는 관계였다고 해도 과언이 아니다.

대중문화계를 강타한 박정희 정권의 히스테리

1970년 한글날을 국경일로 지정했던 박 정권은 1975년에 건립한 민족문화의전당을 세종문화회관으로 명명했고, 어린이회관 앞에 세종대왕의 동상을 세웠다. 동시에 한글 전용 정책을 추진했다. 박정희의 이런 '민족 주체성' 의지는 방송에도 반영되었다. 박정희가 텔레비전을 보다가 한마디 툭 던지면 그게 곧 정책이 되곤 했다. 박정희가 방송 용어에 외래어가 너무 많다는 지적을 하자 즉각 '방송 용어 정화위원회'가 발족되었다.(임택근, 1992; 전재호, 2000)

당시 박정희의 뜻을 재빨리 따르는 데엔 MBC가 KBS보다 늘 한 걸음 앞서곤 했다. 1974년 2월 7일 MBC는 방송 프로그램과 연예인의 이름에서 외래어를 추방한다고 발표하고 그날부터 〈MBC 페스티벌〉은 〈MBC 대향연〉, 〈가요 스테이지〉는 〈가요 선물〉, 〈MBC 그랜드쇼〉는 〈토요일 토요일 밤에〉, 그리고 〈일요 모닝쇼〉는 〈이주일의 화제〉로 바꾸었다. 또 〈뉴스라인〉은 〈2시의 취재현장〉으로, 〈해외토픽〉은 〈해외소식〉으로, 〈밤의 디스크쇼〉는 〈박원웅과 함께〉로, 〈스포츠자키〉는 〈스포츠 얘기〉로 바뀌었다.

연예인 특히 보컬 그룹의 이름도 국산화되었다. '어니언즈'는 '양파들', '블루벨즈'는 '청종', '바니 걸즈'는 '토끼 소녀'가 되었다. 눈치만 보던 TBC와 KBS는 MBC에 대한 여론의 지지가 높아지자 슬그머니 MBC 뒤를 따랐으나 TBC는 독자적인 국산 이름을 붙여 방송국마다 연예인의 이름이 달라지는 소동이 일어나기도 했다.(임택근, 1992; 정순일, 1991)

정순일(1991, 229)은 당시를 회상하면서 "온 세상이 히스테리 현상을 보이고 있었다"고 말했다. 그런 '히스테리'의 원천이라 할 박정희 자신의 '히스테리'는 1976년에 일어났다. 4월 16일 박정희는 국무회의에서 방송에 자주 나오는 외래어를 우리말로 고쳐 써보도록 하라는 지시를 내렸으며, 6월 3일에도 그 시안을 마련하라는 지시를 거듭 내렸다.

그 결과 나타난 것 가운데 하나가 스포츠 용어를 우리말로 고쳐 부르는 것이었다. 방송윤리위원회가 2년여의 심의 끝에 1978년 10월 1일에 최종 확정해 방송사에 사용을 권장한 '우리말 운동 용어'는 모두 541개였다. 야구의 경우 번트는 살짝 대기, 볼 카운트는 던진 셈, 세이프는 살았음, 스퀴즈는 짜내기, 슬라이딩은 미끄럼이었고, 축구의 경우 헤딩슛은 머리 쏘기, 포스트 플레이는 말뚝 작전이었다.

박 정권의 히스테리는 장발에도 영향을 미쳤다. 긴급조치 9호 선포(1975년 5월 13일) 이후, 그해에만도 두 차례에 걸쳐 방송사에 장발자를 브라운관에서 제거하라는 지시가 내려갔다. 그래서 심지어 텔레비전 외화에 나오는 외국인 장발 출연자까지 커트해야만 했다. 장발 단속 기준은 '귀가 완전히 나오고 뒷머리가 와이셔츠 깃에 닿는지'였다(미니스커트와 장발을 단속하는 개정 경범죄 처벌법은 1973년 3월 10일에 발효되었다).(노재명, 1994; 문화방송, 1992)

긴급조치 9호가 만든 살벌한 분위기가 가장 큰 타격을 입힌 건 가요계였다. 1975년 한 해에만 225곡이 금지곡으로 묶였으니 더 말해 무엇하랴. 특히 포크 음악계는 이른바 '대마초 파동'까지 가세해 파국 상황에 내몰리게 되었다. 박 정권의 대마초 단속은 1975년 12월 1일부터 시작되어, 12월 3일엔 이장희, 이종용, 윤형주 등 27명이 구속되었고, 12월 6일에는 신중현, 김추자, 권용남, 손학래 등 신중현 사단의 핵심 인물들이 구속되었다. 〈아침이슬〉은 한때 정부가 선정한 '건전가요'의 지위를 누리기도 했지만 이마저 금지곡이 되었다. 당시 당국이 문제 삼은 것은 〈아침이슬〉의 '태양은 묘지 위에 붉게 떠오르고'란 소절이었다. '붉은 태양'이 북北의 어떤 인물을 의미하는 것이라나.

신문과 TV의 광고 쟁탈 갈등

1970년대 중반, 신문과 TV는 사이가 좋지 않았다. 그럴 수밖에 없었다. 성장 속도에 있어서 신문은 걷는 데 비해 텔레비전은 뛰어가고 있었기 때문이다. 그런 속도의 차이는 당연히 광고 시장에서의 '밥그릇 싸움'에 큰 영향을 미치는 것이었다. 그런 처지에서 박 정권에 대해 입바른 소리 못 하기는 마찬가지였음에도 불구하고 신문의 입장에선 너무 재미있는 TV를 곱게 봐주긴 어려운 일이었을 게다. 예컨대, 『동아일보』 1975년 5월 10일자 사설은 다음과 같이 주장했다.

"세 TV 방송국이 방영하고 있는 일일연속극은 모두가 비윤리적이고 퇴폐적인 이야기를 내용으로 하고 있을 뿐 아니라 오락 프로그램인 이른바 코미디물이나 쇼 프로그램 등 역시 차마 눈뜨고 보기 역겨울 정도로 유치한 것이 아니면, 이 또한 거의가 저속하기 이를 데 없는 내용의 것들이라는 각계로부터의 비난이 바로 그것이다."

신문들이 꼭 광고 시장에서의 경쟁을 염두에 두고 방송 비판을 한 건 아니었다 하더라도, 신문들이 텔레비전의 급속한 광고 시장 잠식에 두려움을 느낀 건 분명한 사실이었다. 1970년에 18억 원이던 TV 광고비는 1976년에 304억 원으로 17배 가까이 성장한 반면, 신문은 1970년의 60억 원에서 1976년에 316억 원으로 성장했다. 총 광고비는 아직 신문이 더 많았지만, 텔레비전 광고의 성장 속도가 워낙 빠른 데에 신문들은 위협을 느꼈던 것이다.

신문들의 TV 광고에 대한 집중 공격이 개시되었고, 그 결과 TV 광고엔 제약이 가해지기 시작했다. 1976년에는 텔레비전 프로그램 광고 시간이 100분의 10에서 100분의 8로 줄었고, 1976년 2월부터는 방송윤리위원회의 광고 규제가 더욱 강화되었다. 7월 1일부터는 방송 광고물 사전 심의가 제도화되었다. 1976년 1월에서 9월까지의 방송 광고 심의 신청 건수 1,283건 중 16.7퍼센트인 207건이 기각되었는데, "이것은 상식을 초월하는 규제"였다.

그래도 신문들의 공격은 계속되었다. 1976년 9월 3대 메이저 신문들이 약속이나 한 듯이 방송 광고에 폭격을 퍼부었다. 『한국일보』의 9월 5일자 「광란의 광고 홍수를 막아라」라는 기사, 『동아일보』의 9월 7일자 「텔레비전 광고 공해」라는 사설, 『조선일보』의 9월 26일자 「재검토 필요한 TV 광고」라는 사설 등이 바로 그것이다.(신인섭, 2001).

TV 광고의 사전 심의 제도는 단지 광고 윤리 수준을 높이겠다는 뜻으로 도입한 것이었을까? 정치적 의미는 전혀 없었던 건가? 이병주(2001, 65~66)는 다음과 같이 말했다. "TV 광고물의 사전 심의 제도는 개발 드라이브 정책과 유신 체제를 뒷받침하는 효과를 거두었다. 특히 재벌그룹들은 경제성장을 찬양하며 자기들이 얼마나 유신 정권 및 정책에 호응하고 있는지를 기업 광고를 통해 선전했다."

'하이틴 영화'·'호스티스 영화'·'대학가요제'

1976년 5월 1일, 1975년에 공연법 개정으로 발족한 '예술윤리위원회'가 해체되면서 '한국공연윤리위원회(공윤)'가 탄생했다. 이 기구는 '영화, 비디오, 연극, 가요, 새 영상물, 광고물'들을 도맡아 심의하는 검열 기능을 행사했다. 영화인들은 공윤의 엄격한 검열로 인해 사회성 있는 주제의 영화는 감히 엄두도 내지 못했다.

'호스티스 영화'가 유행했던 것도 바로 그와 같은 사정과 무관치 않았다. 『별들의 고향』은 1974년의 베스트셀러인 조선작의 『영자의 전성시대』, 1976년 조해일의 『겨울여자』 등과 더불어 이른바 '호스티스 문학'의 전성시대를 만들어냈으며, 이 베스트셀러들도 영화화되어 큰 성공을 거두었다. 관객 동원에 있어서, 1977년에 개봉된 〈겨울여자〉 60만 명, 〈내가 버린 여자〉 38만 명, 1978년에 개봉된 〈속 별들의 고향〉 32만 명, 〈O양의 아파트〉 28만 명 등의 기록을 세웠거니와, 이 외에도 관객 10만 명을 넘은 영화가 10편이나 되었다.

이에 대해 영화평론가 호현찬(2000, 210)은 "영화 경기를 살리는 데는 아무래도 호스티스와 창녀들의 공이 큰 것 같"다고 했고, 영화감독 이원세는 "섹스 묘사도 못하는 처지에 호스티스 영화가 범람하는 이상 풍조"라는 평가를 내렸다.(정중헌, 1999, 172) 그런 현실 때문인지 아니면 그런 현실은 아는 바 없다는 것인지, 1978년과 1979년에 문공부가 발표한 영화 시책은 '총화 유신 이념의 구현'이었다.

그러나 1979년에 '총화 유신 이념의 구현' 차원에서 쏟아져 나온 영화들은 여전히 호스티스류의 영화들이었다. 〈아침에 퇴근하는 여자〉(박용준 감독), 〈꽃띠 여자〉(노세한 감독), 〈태양을 훔친 여자〉(이원세 감독), 〈학을 그리는 여인〉(조문진 감독), 〈가시를 삼킨 장미〉(정진우 감독), 〈목마 위의 여자〉(김응천 감독) 등과 같이 제목에 '여자'가 난무했다.(김해식, 1987)

이러한 '호스티스 영화'의 다른 한쪽에 비교적 검열에 구애받지 않고 제작할 수 있는 장르가 있었으니 그게 바로 이른바 '하이틴 영화'였다. 또한 '하이틴'의 구매력이 과거에 비해 크게 증대되었다는 것도 '하이틴 영화'를 낳게 한 주요 이유였다. 1976년 이 분야의 대가로 떠오른 감독 문여송은 〈진짜 진짜 잊지마〉가 고교생들로부터 폭발적인 인기를 얻자, 이후 〈진짜 진짜 미안해〉, 〈진짜 진짜 좋아해〉, 〈정말 꿈이 있다구〉, 〈아무도 모를꺼야〉 등과 같은 하이틴 영화를 계속 제작했고, 이덕화와 임예진이라는 스타를 탄생시켰다. 1976년 한 해에만 '하이틴 영화'는 25편이나 제작되었는데, 그중 10여 편이 흥행에 성공할 정도로 인기를 끌었으며, 이 같은 인기는 1977년까지 지속되었다.(임영, 1991; 정종화, 1997)

1977년 9월 3일 토요일 밤 정동 MBC의 문화체육관에서 열린 대학가요제는 2,000여 명의 방청 대학생들의 뜨거운 열기로 가득 찼다. 이는 전혀 예상하지 못했던 반응이었다. 긴급조치 9호로 시국이 얼어붙었는데, 대학생들이 참여를 하겠느냐는 회의가 컸었다. 그러나 지방 예선에서 행사장인 체육관의 문과 유리창이 몰려든 관중 때문에 여러 곳에서 부서지는 등 뜻밖의 상황이 전개되었다.(임성기, 1992)

호응이 약했더라면 대학가요제는 이 한 번으로 끝났겠지만, 높은 호응 덕분에 대학가요제는 이후 계속 열리게 되었고 대중문화 전반에 적잖은 영향을 미치게 되었다. MBC의 대학가요제의 성공에 자극받아 1978년엔 TBC의 해변가요제가 생겼고, 1980년엔 MBC 라디오국이 주관하는 강변가요제가 탄생했다. 이 가요제들은 모두 대학생들을 대상으로 한 것들이었다.

대학가요제의 사회사적 의미는 무엇일까? 우선 대학생(전문대 학생 포함) 인구가 1960년 10만 1,000명, 1970년 16만 3,000명, 1980년 56만 5,000명, 1990년 138만 명으로 급증하는 추세를 보여왔다는 점에 주목할 필요가 있다. 그와 더불어 대마초 사건이 가요계를 강타한 1970년대 중반 이래로 적어도 대학생 문화에선 사실상 가요가 후퇴하고 팝이 그 자리를 메웠다는 점도 중요한 의미를 갖는다. 대학가요제는 팝이 메운 그 자리를 치고 들어가 팝의 취향을 살리면서 가요의 대중성을 접목해 성공을 거뒀다고 보아야 하지 않을까?

『우상과 이성』·『난장이가 쏘아올린 작은 공』

민주화 활동으로 1976년 2월 해직 교수가 된 리영희는 1977년 9월 1일 창작과비평사에서 『8억인과의 대화』라는 책을 펴냈다. 이 책은 '현지에서 본 중국 대륙'이라는 부제가 말해주듯이 리영희가 편역자가 되어 외국의 중국 전문가들이 쓴 24편의 글을 소개한 책이었다. 리영희는 이어 3개월 후인 11월 1일 한길사에서 『우상과 이성』이라는 책을 출간했다.

20여 일 후인 11월 23일, 리영희는 남영동의 '치안본부 대공분실'에 끌려가 20일간 조사를 받고 검찰에서 다시 20일간 조사를 받은 뒤 12월 28일 반공법 위반으로 기소되었고, 창작과비평사의 발행인 백낙청은 불구속 기소되었다. 리영희의 책 2권이 다 '해외 공산 집단을 고무 찬양한 것'으로 반공법 위반이라는 게 그 이유였다.(리영희, 1987)

리영희의 필화 사건이 일어난 1977년의 문학·출판계는 표현의 자유에 관한 한 거의 암흑 상태였다. 1977년 6월 시인 양성우의 구속, 9월 월간 『대화』의 무기한 휴간 조치, 10월 고은과 조태일의 일시 구속 등 필화 사건이 줄줄이 이어졌다.

이런 상황에서 1978년 6월 10일에 나온 조세희의 『난장이가 쏘아 올린 작은 공』이라는 소설집은 1978년 6개월 동안에 8만 4,000부, 1979년에 7만 부, 1980년에 2만 부 판매를 기록하는, 당시로서는 놀라운 기록을 세웠다. 이 소설은 우화적이긴 하지만 당시로선 금기시되던 경제성장의 어두운 면을 보여준 것이라 그러한 기록은 더욱 놀라운 것이었다.

줄여서 『난쏘공』이라 불렸던 이 소설은 연작소설집으로 1975년부터 1978년까지 『문학과 지성』을 비롯한 여러 잡지에 게재한 것으로 조세희 자신의 경험에 근거한 것이었다. 조세희는 산동네 철거민촌을 찾아다니며 취재를 했고 자신이 직접 살기도 하면서 빈곤층의 참상을 온몸으로 겪었다. 조세희(2000, 80)는 탄압받는 사람들의 전쟁을 이렇게 표현했다.

"천국에 사는 사람들은 지옥을 생각할 필요가 없다. 그러나 우리

다섯 식구는 지옥에 살면서 천국을 생각했다. 단 하루도 천국을 생각해보지 않은 날이 없다. 하루하루의 생활이 지겨웠기 때문이다. 우리의 생활은 전쟁과 같았다. 우리는 그 전쟁에서 날마다 지기만 했다."

그러나 그 전쟁에서 날마다 이기는 사람들도 있었다. 1978년 4월 15일부터 수입 자유화 시대가 열려 돈 가진 사람들의 물질세계는 더욱 풍요로워지기 시작했다. 자가용 승용차도 하루 100대꼴로 늘어나 이른바 '마이카 시대'에 점점 다가가고 있었다. 부유한 사람들도 더욱 많은 부富를 얻기 위해 전쟁하듯이 살고 있었다. 특히 부동산 투기 전쟁이 그러했다.

조세희는 출판사에 다니다가 1976년 직장을 『학생중앙』으로 옮긴 후에는 근처에 있던 서소문공원에서 소설을 써나갔다. 그렇게 항상 시간에 쫓기고 눈치를 보아야 하는 그런 집필 여건으로 인해 그의 문체는 점점 단문이 되어갔다. 또 그는 당국의 검열을 통과하기 위해 사실을 묘사하긴 하되 그 형식과 문체에서 동화적인 냄새를 풍기기 위해 애를 썼다. 그런데 오히려 이런 제약 조건이 그의 소설의 인기를 높여준 이유가 되었다.

'보도되지 않은 민주인권 일지' 사건

해직 언론인들이 극심한 고통을 겪고 있는 동안 권언유착勸言癒着의 길로 들어선 신문사들은 혼魂을 빼앗긴 번영을 구가하고 있었다. 신문사들은 1976년에 경쟁적으로 고속 윤전기를 도입했고 증면과 더불어 광고 지면을 크게 확대했으며 무가지를 살포하는 등 신문사들 간

한국 언론사

판매 경쟁을 치열하게 전개했다. 그러한 경쟁이 너무 치열하자 한국 신문협회가 1975년 5월, 1977년 7월, 1979년 9월 등 3차례에 걸쳐 확장지 및 무가지 규제, 월정 구독료 엄수, 첨가물 사용 금지 등을 주요 내용으로 하는 신문 판매에 대한 정상화 결의를 하기까지 했다. (문종대, 1990).

언론은 이제 더 이상 '정신 상품'이 아니었다. 1975년 박 정권에 의해 『동아일보』와 『조선일보』에서 강제 해직된 146명의 기자들이 결성한 '동아자유언론수호투쟁위원회(동아투위)'와 '조선자유언론수호투쟁위원회(조선투위)'는 1978년 4월 7일 제22회 '신문의 날'을 맞아 발표한 성명서에서 "오늘의 언론은 관민합작에 의한 악덕 상품에 지나지 않는다"고 규정하고, "우리는 그동안 생산자 아닌 소비자의 입장에서 언론이라는 새로운 공해가 민중에게 끼치는 체제 중독 현상에 몸서리칠 따름"이라고 말했다. 이로부터 6개월여 후인 1978년 10월 24일에 일어난 이른바 '민주인권 일지 사건'도 1970년대 말의 참담한 언론 상황을 잘 보여주었다.

해직 언론인들은 10월 24일 명동 한일관에서 10·24 자유언론실천선언 4주년을 맞아 '보도되지 않은 민주인권 일지(1977년 10월~78년 10월)'를 발표했다. 이는 당시 1년간 언론에서 전혀 보도하지 않았거나 보도했더라도 박 정권을 홍보하거나 비호하는 등 왜곡 보도한 사건들, 특히 전국 각 대학의 학생운동, 종교계, 노동자 그리고 여러 민권단체의 인권운동 등 모두 250여 건을 기사화한 것이었다.

이것도 긴급조치 9호 위반이라 하여 동아투위 위원 10여 명이 구속되었다. 다른 동아투위 위원들은 10월 25일부터 종로구 청진동 사무실 앞길에 도열해 연행 구속 사태에 항의하고 그들의 석방을 요구하는 침묵시위를 벌였다. 이 침묵시위에는 조선투위의 동료 기자들과 많은 민주 시민들이 참여했다. 그러나 박 정권은 침묵 도열 시위 16일 만인 11월 8일에 기동대 병력을 동원해 시위자들을 모두 강제 해산했다.(민주언론운동협의회, 1988)

(이때 구속된 동아투위 위원장 안종필은 박 정권 붕괴 후인 1979년 12월 4일 구속 집행 정지로 출감했지만, 얼마 안 되어 간암 판정을 받고 1980년 2월 29일 타계했다. 동아투위는 1987년부터 "권력과 자본으로부터 독립하여 자유 언론의 신장과 진실 보도에 탁월한 업적을 보인 이들"에게 '안종필 자유언론상'을 수여하고 있다).(박용규, 2008)

1978년 11월 13일 한국인권운동협의회 · 해직교수협의회 · 한국 기독자교수협의회 · 자유실천문인협의회 · 백범사상연구소 · 동아 자유언론수호투쟁위원회 · 조선자유언론수호투쟁위원회 등 7개 단체는 '표현과 언론의 자유에 대한 공동 성명'을 발표했다. 잇따른 표현과 언론의 자유에 대한 탄압 공세에 대응하기 위해 발표한 이 성명은 10여 건에 이르는 최근 탄압 사례들을 열거한 뒤 다음과 같이 말했다.

"교수들은 학생들을 감시하기 위해 술을 사 먹이고, 심지어 학생들로부터 돌팔매를 맞는 지경에 이르렀으며, 언론인들은 당국이 나누어주는 자료를 앵무새처럼 옮기는 완전무결한 '보도원'으로 전락했다. 이제 이 땅의 표현과 정보 소통의 자유는 완벽한 당국의 통제 아래 놓이게 되었으며 획일화된 사고와 이성을 잃은 강변만이 판을 치고 있다."(한국기독교교회협의회인권위원회, 1987)

신문들의 판매 전쟁과 독과점화

1970년대 후반 신문들은 유신 체제에 체념해 굴종하면서 신문을 이윤 추구의 수단으로만 생각해 판매 경쟁에만 몰두했다. 독자들도 그런 현실을 인정했던 것인지 신문들은 외형적으론 놀라운 성장을 거듭했다. 급속한 경제성장과 함께 언론의 주요 기능은 '광고 매체'로 변화되었다. 1970년대 연평균 GNP 성장률은 10퍼센트를 웃돌았는데, 광고 성장률은 이것을 능가했다. GNP에서 광고비가 차지하는 비중은 1972년의 0.55퍼센트(190억 원)에서 1979년에는 0.71퍼센트(2,186억 원)으로 증가했으며, 광고비 역시 같은 기간 중 13배가 넘는 급성장을 기록했다. 신문 총 발행부수는 1970년에 200만 부에서 1980년에 540만 부로 추산되었다. 총 광고비는 1970년에 152억 원에서 1979년에 2,180억 원으로 14배 이상 확대되었으며, 신문광고비는 16.6배로 늘었다.(최형민·정연수·서지훈, 2002; 한국방송광고공사, 2001b)

그런 상승 국면에서 신문들 간의 치열한 판매 경쟁에 불을 붙인 장본인은 『중앙일보』였다. 『중앙일보』는 이미 1972년 9월 신문협회의 결의를 무시하고 서울과 부산 간 신문 수송을 단독으로 강행해 신문협회 산하 판매협의회에서 제명당한 바 있었으며, 1974년 8월에도 부산 지방에 대한 단독 수송을 실시해 또 한 번 제명을 당한 바 있었다. 특히 1975년 신문의 날 휴간 위반 사건은 다른 신문들의 분노를 사기도 했다.(정진석, 1985)

그러나 다른 신문들의 그런 분노는 일종의 '밥그릇 싸움'의 성격이었을 뿐, 신문 판매 시장의 정상화를 바라는 뜻에서 비롯된 건 아니었다. 신문들 간의 판매 경쟁은 이전투구泥田鬪狗식 싸움으로까지 비화되어, 급기야 한국신문협회가 나서서 1977년 8월 20일 '신문 판매 정상화를 위한 결의문'을 채택하기에 이르렀다. 자율 규제를 하자는 내용이었다.

당시 4대 일간지라 할 『동아일보』·『조선일보』·『한국일보』·『중앙일보』 가운데 『조선일보』와 『한국일보』는 조간이었고 『동아일보』와 『중앙일보』는 석간이었기 때문에 『중앙일보』의 공격적인 경영에 대해 가장 불편하게 생각한 신문은 단연 『동아일보』였다. 1970년대 후반에 일어난 『동아일보』의 삼성그룹 비리 폭로 시리즈도 그런 배경과 무관치 않았을 것이다.

『동아일보』와 『중앙일보』 사이에 발생한 가장 치열한 감정 대립 사건은 1976년 5월의 용인자연농원에 대한 집중 보도, 1978년 4월의 삼성조선의 시추선 설계도면 절취 관련 사건 폭로, 그리고 1980년 3월의 용인 자연농원의 돼지 분뇨 방류 사건 등이었다.

『중앙일보』의 공격적인 경영은 큰 성과를 거두었다. 『중앙일보』의 주장이긴 하나, 1974년 3월 하루 평균 발행부수는 50만 8,000부였으나 1975년 9월 22일에는 70만 부를 돌파했으며 1978년 12월 12일에는 100만 부를 넘어섰다. 『조선일보』는 1979년 2월에 100만 부를 돌파했다고 주장했는데, 이는 당시 신문 총 발행부수가 500~600만 부로 추산되던 상황에서 일부 신문들의 독과점화가 심화되고 있다는 걸 말해주는 것이었다.

1979년 10·26 사건으로 박정희와 유신 체제는 종말을 고했지만 전두환을 중심으로 한 신군부는 12 · 12 쿠데타를 일으켜 군권을 잡고 정권 장악을 꿈꾸게 되었다. 신군부에게 군부의 장악과 미국의 승인 못지않게 중요한 것은 국내 민심이었다. 신군부는 무자비한 탄압과 대대적인 여론 조작을 획책함으로써 언론은 더 짙은 어둠 속으로 빠져든다.

제10장

전두환
정권기의
언론

신군부의 '전두환 대통령 만들기' 공작

신군부는 박정희 정권 시절과는 달리 언론이 단지 침묵해주거나 소극적으로 따라주는 것만으론 만족할 수 없었다. 신군부는 언론이 자기들의 집권을 적극 옹호하면서 지켜주는 '애완견이기도 하면서 보호견'이 되어 주기를 원했던 것이다.(조항제, 2003, 166)

그리하여 신군부는 이미 1980년 3월 중순 이전에 보안사 언론 대책반을 통해 이른바 'Kking-공작'을 입안했다. 'K-공작'은 '전두환 대통령 만들기'를 위한 여론 조작 방안으로 보안사의 권정달 정보처장, 정도영 보안처장, 허삼수 인사처장, 이학봉 대공처장과 허화평 사령관 비서실장 등 이른바 전두환 그룹의 '5인방'이 주도했다.(이도성, 1993)

K-공작의 큰 시나리오는 3김을 민주정치 세력, 신군부를 안정 구축 세력으로 차별화해 '선안정 이론'을 확산시키고 언론계 간부들의 성향을 분석해 협조 가능한 사람들을 포섭한다는 2가지로 구성되어 있었다. 이에 따라 보안사 팀은 연일 계속되던 대학생 시위와 노동쟁의를 '혼란'으로 몰아붙였으며 3김의 대결 양상이 '구태의연한 정치 작태', '대통령 병에 사로잡힌 추악한 파벌 싸움'으로 비쳐지도록 언론의 논조를 유도했다.

K-공작의 실무 총책을 맡은 보안사 언론팀장 이상재는 시청 검열단에 사무실을 차려놓고 '강기덕 보안사사령관보좌관'이라는 가명 타이틀로 언론과 보안사 간의 대화 채널 역할을 맡았다. 이상재는 계급이 준위였지만, 전두환의 부관을 지낸 경력 하나로 천하를 호령하게 되었다.(채의석, 2000) 이와 관련, 당시 K-공작의 실무 요원이었던 김기철은 다음과 같이 증언했다.

"'12·12'사태 후 권력 장악에 자신감을 얻은 신군부는 집권에 가장 중요한 요소인 대중조작을 위해 3월 초부터 언론 대책반을 가동시켰어요. 사실 보안사의 언론 대책반은 '12·12' 이전부터 보안처 산하에 설치돼 있었습니다. 그것이 2월 초에 신설된 정보처 산하로 옮겨지면서 확대 개편된 것이지요. 이상재씨의 활동도 그때부터 시작됐어요. 3김씨를 타도하고 권력을 장악하겠다는 길로 확실하게 나선 것입니다. 언론 검열의 방향은 다분히 '혼란 방치'의 성격을 띠고 있었지요. 혼란이 극심해져야 안정 세력의 명분이 생기는 것 아니겠습니까."(이도성, 1993, 149)

훗날(1996년) 공개된 K-공작 문건에 따르면, 신군부는 7대 중앙 일간지와 5대 방송사, 2대 통신사의 사장, 논설위원, 편집국장 등 94명을 1단계 회유 대상자로 선정했으며 이 가운데 회유 정도가 양호한 이들을 2단계, 3단계로 넘겨 이들을 적극 활용한다는 등의 세부 계획까지 마련해 실천에 옮겼다.(『미디어오늘』, 1996. 5. 8) 언론인 94명 이외에 지식인들도 포섭 대상이었다. 학자, 평론가, 외국 인사 등 '지식인 투고를 조종'하는 방안과 신문의 '일반독자란을 활용'하는 방안까지 입안되고 실천되었다.(『신동아』 편집실, 1990)

다시 일어난 '자유언론실천운동'

1980년에 일어난 '자유언론실천운동'은 2월 20일 『경향신문』 기자들이 "동아·조선투위 기자들이 예외 없이 전원 복직되어야 한다"는 내용의 성명을 발표하면서 시작되었다. 이어 3월 17일 『동아일보』 편집국 기자 50여 명은 기자 총회를 열고 '언론 검열 철폐와 자유 언론 실천'을 주장하는 결의문을 채택했고, 4월 6일에는 조선투위가 자신들의 복직과 원상회복을 촉구하는 성명을 발표했다. 4월 17일에는 『동아일보』 편집국, 출판국 기자, 그리고 동아방송 보도국 기자 100여 명이 모여 다시 총회를 열고 '유신 언론 청산하고 자유 언론 확보하자'는 결의문을 채택했다.

4월 25일 『기자협회보』가 동아·조선투위에 대한 지지 입장을 발표했다. 4월 28일에는 동양통신 기자들이, 5월 2일에는 부산진경찰서 출입기자들이 언론 자유 확보를 위한 결의문을 채택했다. 5월 7일에 사북항쟁과 관련해 『중앙일보』가 계엄사령부와 직접 충돌하는 사건이 발생했는데, 이 사건을 계기로 자유언론실천운동은 불붙기 시작했다.

5월 7일 『중앙일보』 기자와 동양방송 기자 200여 명은 오후 6시 30분 편집국에서 기자 총회를 열고 전날 탁경명 기자에 대한 계엄사 합수부 요원들의 집단 구타 사건에 대해 항의하고 자유 언론 실천을 위한 철야 토론을 통해 8일 오전 7시 자유 언론 실천을 위한 5개항의 결의문을 채택했다. 이 결의문은 '5·8 선언'으로 불렸다. 5월 9일에는 기독교방송, 합동통신 기자들과 부산의 『국제신문』 기자들도 결의문을 채택했다.

5월 10일 오전 9시 『경향신문』 기자들은 편집국에서 기자 전원이 모인 가운데 '언론 검열을 80년 5월 15일까지 철폐하라'는 내용의 결의문을 채택했다. 이 결의문은 8일부터 매일 편집국에서 시국 상황에 대해 자유롭게 토론을 벌여왔던 기자들의 토론 과정에서 합의된 내용이었다. 같은 날 『동아일보』와 동아방송 기자 100여 명도 보도국에서 기자 총회를 열고 '언론 검열은 물론 일체의 사찰과 간섭·억압 등 자유 언론의 모든 저해 요소를 거부한다'는 결의문을 채택했다.

『한국일보』 기자들은 8일부터 3일간 기자 총회를 열고 계엄령과 언론인의 자세, 그리고 경제적 처우 개선 등에 대해 토론한 끝에 12일 편집국에 모여 보도 검열 철폐를 주장하는 결의문을 채택했다. 『현대경제』 기자들도 이날 기자 총회를 열어 검열 철폐를 비롯한 6개항의 결의문을 채택했다. 5월 13일에는 문화방송과 『전남매일신문』 기자들이 총회를 열고 검열에 전면 반대한다는 내용의 결의문을 채택했고, 15일에는 대구문화방송과 『매일신문』, 『전남일보』 등도 결의

문을 채택했다.(김동선, 1987)

5월 16일 기자협회는 기자협회 회장단과 운영위원, 분회장, 보도 자유분과위원회 연석회의를 신문회관 회의실에서 열고 '검열 거부 선언문'을 발표하면서 "5월 20일 0시부터 검열을 거부하고 언론인 스스로의 양식과 판단에 따라 취재 보도하며, 이에 정권이 강압적으로 나올 때에는 제작 거부에 돌입한다"고 선언했다. 그러나 이런 모든 노력은 5·17 계엄으로 물거품이 되고 말았다. 5·17 당시 한 언론인은 이렇게 말했다. "언론은 코를 뚫리고 멍에가 씌어졌다. 기나긴 인고의 세월, 희망도 없는 미래가 다가온 것이다."(김정남, 2003, 46)

5 · 18 광주항쟁과 '관객의 부재'

신군부는 1980년 3월 17일부터 『동아일보』 기자들에 의해 주도된 '언론 검열 철폐와 자유언론실천운동'을 예의 주시했다. 이 운동이 5월에 들어서면서 확산되자 신군부는 '일망타진'의 기회를 노렸으며, 5월 17일 비상계엄 전국 확대와 함께 발동한 포고령 10호를 그 기회로 삼았다. 신군부는 진실한 보도와 언론의 자유를 주장하는 양심적 기자들을 유언비어 유포 및 내란 음모 등의 혐의로 구속·해직시켰으며, 5·18 이후 광주 시민들을 폭도, 난동 분자, 무장 폭도 등으로 보도하라고 지시했다.

대부분의 국내 언론은 5월 21일 계엄사 발표가 있기 전까지 광주항쟁을 보도하지 못했다. 계엄사 발표 이후 첫 보도가 나갔으나 그 내용은 계엄사 발표 내용을 간략하게 보도하는 정도였다. 『동아일보』는 5월 19일부터 5일간 사설을 뺀 채 신문을 발행했다. 이는 자기 주장을 펼 수 없는 상황에서 행한 최소한의 양심과 저항의 표시로 볼 수 있는 것이었다.(김삼웅, 1995; 정운현, 1997)

5월 19일에 저질러진 공수부대의 학살 만행은 어찌나 잔인했던지 진압하러 나온 경찰조차 시민들에게 울먹이면서 "제발 집으로 돌아가라. 공수부대에게 걸리면 다 죽는다"고 애원할 정도였다.(황석영, 1985, 60) 그러나 공수부대의 만행은 죽음조차 아주 보잘것없는 것으로 만들어버렸다. 죽는 걸 겁낼 이유가 없게끔 그들의 만행이 초현실적인 것이었다는 뜻이다.

광주 외곽은 봉쇄되어 출입이 통제되었으며 전화마저 두절됨으로써 광주는 고립무원의 지경에 이르렀다. 당시 광주에 거주하고 있던 인류학자 리나 루이스Lina Lewis는 이렇게 말했다. "여기 사람들에게 가장 무서운 것은 여기서 무슨 일이 일어나고 있는지 다른 곳에서는 모른다는 것이다. 서울의 풀브라이트 담당관인 피터슨도 무슨 일이 일어났는지 전혀 모르고 있었다. 여기 모든 사람들은 어리둥절한 채 비탄에 잠겨 있다. 정말 무서운 일이다. (다른 지역) 사람들은 이런 일이 일어나고 있다고 믿을 수 없을 것이고 상상조차 할 수 없을 것이다."(최영진, 1999, 146)

최정운(1999, 159)은 그러한 무서움을 '관객의 부재'라는 말로 표현한다. 그는 "군부는 관객석을 봉쇄하고 광주에만 제한된 폭력극장을 만들었고 관객이 없는 이상 비폭력은 아무런 전술적 의미가 없는 것이었다. 이 관객의 부재는 공수부대의 폭력이 부당함을 호소하고자 하는 광주 시민들에게 견디기 어려운 고통이었다"며 다음과 같이 말한다.

"군부의 언론통제는 광주 시민들을 지원할 타 지역 국민들의 도움을 받지 못하게 했을 뿐만 아니라 폭력적 대결 외에 비폭력의 선택의 여지를 없애버렸다. 시민들이 MBC를 세 차례나 공격하고 결국은 불 지르려 하고 KBS에도 방화하게 된 이유는 바로 관객의 배제에 따르는 수많은 덧없는 희생 그리고 목숨을 걸고 투쟁해야 하는 고뇌와 고독에 따른 좌절감의 표출이었다. 방송국에 방화한 것은 단순히 언론의 자유를 위해 군사독재의 앞잡이 노릇을 하는 못된 방송국을 처벌한다는 추상적 이상을 실현한 것이 아니었다."

5월 31일 계엄 사령부는 "광주 사태로 민간인 1백 44명, 군인 22명, 경찰 4명 등 모두 1백 70명이 사망했으며, 민간인 1백 27명, 군인 1백 9명, 경찰 1백 44명 등 3백 80명이 다쳤다"고 발표했지만, 이 발표를 그대로 믿는 광주 시민은 아무도 없었다. 신군부의 발표에서조차 사망자 수는 시간이 갈수록 늘어났다. 그러나 진짜 문제는 사망자 수 이전에 학살 자체를 바라보는 신군부의 시각이었다. 그들은 별일 아니라는 듯 가볍게 생각했다. 계엄사령관이었던 이희성은 7월 22일, 외신기자 회견에서 광주에서 군인 23명, 경찰 4명, 민간인 162명 등 모두 189명이 사망했다고 밝히면서 이런 말을 내뱉었다. "광주 사태는 다른 나라에서 보면 자그마한 사건, 즉 '마이애미 폭동' 정도일 것이다.……일부 종교인들은 너무 편견에 사로잡혀 그들의 견해만이 옳다고 주장한다." (김정남, 2002)

언론의 5 · 18 왜곡 · 허위 보도

5 · 18 당시 일부 언론이 나름대로 진실을 보도하려고 전혀 노력하지 않은 건 아니었지만, 대체적으로 보아 언론은 신군부의 통제하에 놓인 상태에서 왜곡 · 허위 보도로 신군부의 광주 학살을 거드는 역할을 했다. 일부 언론은 신군부의 통제에 소극적으로 응한 것이 아니라 매우 적극적인 자세로 신군부를 지지하기까지 했는데, 그 대표적인 신문이 바로 『조선일보』였다. 『조선일보』는 5월 25일자 사설에서 항쟁 세력들을 '분별력을 상실한 군중으로 몰아붙이고는 "57년 전 일본 관동대지진 때 조선인 학살의 역사가 반교사적으로 우리에게 쓰라린 교훈을 주고 있다……"며 마치 광주 시민들을 무자비한 일본인 폭도들에 비유하기도 했다.(정운현, 2001)

27일 새벽 계엄군 투입으로 사태가 일단락되자 『조선일보』는 28일자 사설을 통해 다음과 같이 주장했다. "지금 오직 명백한 것은 광주 시민 여러분은 이제 아무런 위협도, 공포도, 불안도 느끼지 않아도 될, 여러분의 생명과 재산을 포함한 모든 안전이 확고하게 보장되는 조건과 환경의 보호를 받게 됐고 받고 있다는 사실이다.……비상계엄군으로서의 군이 자제에 자제를 거듭했던 사실을 우리는 알고 있다.……때문에, 신중을 거듭했던 군의 노고를 우리는 잊지 않는다."

신군부가 단지 억압적인 언론통제만으로 여론을 조작한 건 아니었다. 신군부는 언론을 위협하는 동시에 포섭했다. 광주에서 무자비한 학살이 벌어지고 있던 5월 22일 전두환은 서울 지역의 주요 언론사 사장들을 불러 다음과 같이 겁을 주었다. "그동안 언론과 대학의 내막은 물론, 누가 선동하고 있는지도 샅샅이 알고 있다. 경영권자가 권한 행사를 잘못하고 있기 때문이 아닌가. 이들을 선동한 사람들을 파악해서 체포할 것이다. 그러한 사태가 없도록 사장들이 수습하고 책임을 지기 바란다."(김주언, 1989)

그런 전두환을 우두머리로 삼고 있던 신군부는 심지어 광주 학살에 대한 여론조작을 해달라고 두툼한 촌지까지 뿌렸다. 이와 관련, 윤덕한(2000, 292~294)은 "광주에서 유혈극이 절정에 달하고 있던 5월 22일 전두환은 각 언론사 발행인을 불러 계엄 확대 조치의 배경과 불가피성을 설명하고 언론계의 협조를 요청했다"며 다음과 같이 말했다.

"이어 사태 보도의 실질적인 책임자인 사회부장들을 요정으로 불러내 똑같은 당부를 하고 1인당 1백만 원씩 촌지를 돌렸다. 당시 중앙 일간지의 부장급 월급이 45만 원 내외였으므로 1백만 원은 촌지의 수준을 넘는 거금이었다. 그래도 최소한의 양심이 있는 일부 사회부장들은 전두환으로부터 촌지를 받은 것이 부끄럽고 괴로워 부원들과 통음을 하는 것으로 그 돈을 다 써버렸다고 하지만 상당수는 입을 씻고 너스레를 떨어 기자들로부터 눈총과 손가락질을 받기도 했다."

신군부의 민주 언론인 제거 공작

신군부는 실질적으로 정권을 장악하자 단순한 언론통제에 그치지 않고 언론계에서 민주화 성향이 있는 언론인들을 완전히 제거하는 방향으로 언론을 재편성하는 조치를 취했다. 신군부는 언론에 대해 자

신감을 갖게 되었는데, 여기엔 1980년 6월 국보위 문공분과위 언론
과가 작성한 「언론계 부조리 유형 및 실태」라는 문서가 적잖은 영향
을 미쳤다. 알고 봤더니, 언론사 사주들이 썩을 대로 썩어 있어 다루
기가 아주 쉽겠다는 것이었다.

이 문서에 따르면, 언론사를 설립해 공익과 언론 창달보다는 사리
및 치부 수단으로 악용하는 언론 사주들이 많았고, 사리私利를 챙기기
위한 의도적 보도로 정부의 정책 방향의 전환을 유도하거나 간접적
압력을 행사하는 경우가 많다는 것이었다.(채의석, 2000)

언론계에 대해 자신감을 갖게 된 신군부는 그런 부패한 사주들의
약점을 악용해 언론계에서 민주화 의식을 갖고 있는 언론인들을 제
거하겠다는 야욕을 품게 되었고, 그 신호탄을 6월 9일에 쏘았다. 그
날 계엄당국은 악성 유언비어를 유포시켜 국론 통일과 국민적 단합
을 저해하고 있는 혐의가 농후하다는 이유로 8명의 현직 언론인을
구속했다. 노성대(문화방송 보도부국장)의 경우, 회의석상에서 광주 시
민을 폭도로 모는 것에 이의를 제기한 적이 있다는 이유만으로 구속
되었다.(한국기자협회·80년해직언론인협의회, 1997)

신군부는 그런 탄압을 저지르는 한편으로 민심을 돌리기 위한 '건
수'를 터뜨리곤 했다. 6월에 나온 '건수'는 해외여행 문호 대폭 확대
였다. 해외여행에 한 맺힌 많은 한국인들이 그런 해외여행 개방에 관
심을 보이는 동안 신군부는 또 엄청난 음모를 꾸며 7월 30일에 터뜨
렸다. 신군부가 신문협회에 강제한 '자율 정화 결의'가 바로 그것이
다. 이에 따라 신군부는 수백 명의 기자를 해직시켰고 7월 31일엔 일
간지를 제외한 정기간행물 172종을 폐간시켰다. 이는 전체 정기간행

물의 12퍼센트에 달하는 것이었다. 신군부는 '사회 정화'라는 명분을 내세웠지만 이 가운데엔 『기자협회보』, 『월간중앙』, 『창작과 비평』, 『뿌리깊은 나무』, 『씨알의 소리』 등 당시 큰 영향력을 갖고 있던 정론성 잡지들이 대거 포함되어 있었다.

언론인 대량 해직은 국보위의 지시에 따라 보안사 준위 이상재가 보도 검열단에 가담해 만든 '언론대책반'이 「언론계 자체정화계획서」를 작성해 이루어진 것이었다. 이 문건에 따르면, 해직 대상은 "언론계의 반체제 인사, 용공 또는 불순한 자, 이들과 직간접적으로 동조한 자, 편집 제작 및 검열 주동 또는 동조자, 부조리 및 부정 축재한 자, 특정 정치인과 유착되어 국민을 오도한 자" 등이었다.

이 기준에 따라 보안사는 언론사에 출입 중인 언론대책반 요원들을 통해 해직 대상자를 선정했으며, 치안본부, 중앙정보부 등과 합동으로 작성한 명단은 모두 336명이었고 이 가운데 해직된 사람은 모두 298명이었다. 그런데 언론사에서 실제 해직된 사람은 933명이나 되었다. 무려 635명(업무직 포함)이 언론사 자체의 '끼워 넣기'에 의해 해직된 것이다. 언론사들의 '끼워 넣기'에 의한 해직자들은 대개 언론사 내 파벌 싸움의 희생자들이거나 고령자들이었다.(김주언, 1989; 김진룡, 1990; 김해식, 1994)

'공포 분위기'로 강행한 언론 통폐합

1980년대에 저질러진 야만적 행위 가운데 광주 학살 다음으로 잔인했던 건 삼청교육대에 의한 인권유린이었다. 삼청교육이라는 이름은 사회악 일소 특별 조치를 주관한 국보위 사회정화분과위원회가 삼청동에 위치해 '삼청계획 5호'라는 이름을 붙인 데서 연유했다. 국보위는 1980년 8월 1일부터 11월 27일까지 4번의 단속을 벌여 6만여 명을 연행했다. 이들 중 3,000여 명이 구속되어 군사재판을 받았고, 삼청교육대로 넘겨진 사람은 4만여 명에 이르렀다. 삼청교육과 그로 인한 후유증으로 발생한 사망자는 339명이었고 나중에 불구가 된 부상자는 2,700명이었다.

국보위는 표면적으론 '사회악 일소'를 내세웠지만, 확실한 정권 장악을 위한 '공포 분위기' 조성과 정치적 보복의 목적이 더 컸다. 1980년 11월 12일 보안사가 모두 45개 언론사 사주들로부터 52장의 각서를 강제로 받아낸 건 바로 그런 공포 분위기 하에서였다. 보안사 요원들이 구술해준 각서의 내용은 조건 없이 언론사를 포기하고, 향후 이 일에 대해서는 발설하거나 이의를 달지 않는다는 것이었다.

그로부터 이틀 후인 1980년 11월 14일 신군부는 신문협회와 방송협회에 강요한 '건전 언론 육성과 창달을 위한 결의문'을 빙자해 언론 통폐합을 단행했다. 언론 통폐합의 주요 내용은 방송 공영화, 신문과 방송의 겸영 금지, 신문 통폐합, 중앙지의 지방 주재기자 철수, 지방지의 1도 1사제, 통신사 통폐합으로 대형 단일 통신사(연합통신) 설립 등이었다.

언론 통폐합 결과 KBS는 TBC TV, TBC 라디오, DBS, 전일방송, 서해방송, 대구FM 등을 흡수했다. TBC TV는 KBS 2TV가 되었다. MBC의 경우, 당시 별도 법인으로 운영되고 있던 지방의 제휴사 21개사의 주식 51퍼센트를 인수해 그들을 계열사화 했으며, 이때 5·16장학회(나중에 정수장학회로 개명)가 가지고 있던 서울MBC 주식 30퍼센트를 제외한 민간 주는 주주들이 국가에 '헌납'했다. 기독교방송CBS은 보도 기능이 박탈되고 선교 방송만 전담케 되었다. 기독교방송의 보도 요원은 모두 KBS에 통합되었다.

『조선일보』는 신군부가 들어서면서 『월간조선』(1980년 3월 15일)을 창간할 수 있었던 반면, 경쟁지들은 언론 통폐합으로 큰 타격을 입었다. 『동아일보』는 동아방송DBS을, 『중앙일보』는 이미 7월 31일에 『월간중앙』이 등록 취소당한 데 이어 TBC TV와 라디오를, 『한국일보』는 『서울경제신문』을 빼앗겼던 것이다.

또 7개 중앙 종합지 중 『신아일보』가 『경향신문』에, 『내외경제』가 『코리아헤럴드』에 흡수 통합되었다. '1도道 1지紙 원칙'하에 대구의 『영남일보』가 『대구매일신문』에, 부산의 『국제신문』이 『부산일보』에, 경남 진주의 『경남일보』가 마산에서 발행되던 『경남매일신문』에 (후에 『경남신문』으로 개제), 광주의 『전남매일신문』이 『전남일보』에(후에 『광주일보』로 개제) 흡수, 통합되었다.

통폐합의 구체적인 내용도 엉망이었다. 부산의 경우 자본이나 수익 면에서 훨씬 규모가 큰 『국제신문』을 5·16장학회 소유인 『부산일보』가 흡수하도록 했으며, 경남에서도 럭키그룹 소유인 『경남일보』가 훨씬 영세한 박종규 소유의 『경남매일신문』에 흡수되도록 했다. 그런가 하면 『전남매일』이 『전남일보』를 흡수하도록 해놓고도 그 사이 무슨 일이 일어난 건지는 몰라도 집행 과정에서는 거꾸로 『전남매일』이 『전남일보』에 흡수되었다.(김주언, 1989)

통신은 합동통신과 동양통신이 합병해 연합통신으로 발족했으며,

기타 시사 · 경제 · 산업 등 군소 통신사는 문을 닫았다. 또 언론 통폐합에 앞서 7월 31일 172개 정기 간행물에 대해 등록 취소를 단행한 데이어 11월 29일에도 66개의 정기간행물이 추가로 등록 취소되었다.

언론 통폐합의 7대 효과

언론인 강제 해직은 언론 통폐합에 의해서 또 다시 이루어졌다. 1980년 방송 통폐합으로 민간방송에서 KBS로 간 인원은 TBC 681명, DBS 139명, CBS 106명 등 모두 1,105명에 이르렀는데, 이들 중 200여 명이 새로운 방송 목적에 적응치 못해 직장을 포기했다. 김해식(1984, 156)은 언론 통폐합 실시 이전인 1980년 1월의 언론 종사자 수는 1만 8,730명이었던 반면 탄압 후인 1981년에는 1만 6,786명이었다는 점을 지적하면서 1,900명 이상이 한꺼번에 해직되었을 것으로 보았다.

살아남은 언론인이라고 해서 '합격품'이라는 뜻은 아니었다. 그들은 '세뇌'의 대상이 되었다. 그 세뇌 수법이 어찌나 치졸했는지 신군부와 내내 밀월 관계를 누렸던 『조선일보』 사주 방우영(1998, 199)마저 그 수법에 대해 다음과 같이 비판했다.

"통폐합을 단행한 전 정권은 기자들을 세뇌 교육한다는 어처구니없는 발상으로 전국 1천 9백 명 언론인들을 새마을연수원에 입소시켰다. 우리 사도 나를 비롯하여 1백 20명이 11회에 걸쳐 수원에 있는 연수원에 들어가 2박 3일 동안 곤욕을 치렀다. 악명 높은 '삼청교육'의 축소판이라 할 수 있는 언론인 집단 교육은 전두환을 비롯한 신군부의 생각과 인식이 얼마나 전근대적인가를 여실히 보여준 사건이었다."

언론 통폐합이 한국 언론에 미친 영향은 대략 다음과 같은 7가지로 요약할 수 있을 것이다.

첫째, 언론 통폐합은 언론사들의 충성 대상을 박정희에게서 전두환으로 돌리게 만들었다. 언론사의 생사여탈권을 마음대로 휘두른 신군부의 횡포와 만행은 전두환에 대한 충성 경쟁만이 유일한 생존책이라는 걸 언론사들에게 확실하게 각인시키는 효과를 거두었다.

둘째, 언론 통폐합은 전두환에 대한 충성심이 가장 강한 『조선일보』의 고속 성장을 가능케 하는 결과를 낳았다. 당시 『조선일보』의 경쟁지들은 모두 언론 통폐합으로 엄청난 재산을 빼앗긴 반면 『조선일보』는 아무런 피해도 입지 않았을 뿐만 아니라 5공 정권에 깊이 참여하는 등 5공과 종속적 동반자 관계를 형성함으로써 압도적으로 유리한 고지를 점령하게 되었다.

셋째, 언론 통폐합은 언론 매체 시장의 독과점을 제도화시키고 언론의 거대 기업화를 심화시킴으로써 언론의 순응 정서를 배양함은 물론 공산품 제조업체와 다를 바 없는 수준의 '이윤의 절대적 우선주의'가 언론사 경영자들의 언론 철학으로 고착되게끔 하는 결과를 낳았다.

넷째, 언론 통폐합은 언론인 대량 해직이라고 하는 무력시위로 언론인을 굴종케 한 후에 통폐합과 연관된 후속 조치들로 순응하는 언론인들에게 다양한 방식의 특혜를 제공함으로써 '기자 문화' 자체를 타락케 하는 결정적인 계기가 되었다.

다섯째, 언론 통폐합은 언론기업과 언론인들을 정권 안보를 위한 이용의 대상으로 삼는 반면 시민사회 영역에 대해선 그들이 각종 특권을 행사할 수 있는 환경을 조성해주고 보장해줌으로써 '언론의 특권계급화'라고 하는 습속을 형성케 하였다.

여섯째, 언론 통폐합은 최소한의 형식적 명분을 얻기 위해 방송 공영화라는 방패를 앞세우면서 언론 통폐합을 단행했던 바, 이는 '공영화'라는 개념 자체를 타락케 만드는 결과를 초래해 이후 공영화에 대해 강한 심리적 반발을 낳게 만드는 원인이 되었다.

일곱째, 언론 통폐합은 물리적인 강압이라는 수단을 동원해 이루어졌기 때문에 이후 '통폐합'이라는 개념 자체에 대해 몸서리치게 만드는 효과를 낳았고, 그 결과 민주적이고 자율적인 방식의 통폐합이 바람직한 경우에도 통폐합에 대한 논의 자체를 기피하게 만드는 매우 부정적인 결과를 초래했다.

컬러 TV 방송 실시

1980년 11월 10일 문공부 장관 이광표는 12월 1일부터 컬러 시험 방송을 실시한다고 발표했다. 12월 1일 이광표가 KBS 청사에서 컬러 방송 스위치를 누름으로써 한국에서 컬러 방송 시대가 개막되었다. 하루 3시간씩의 시험 방송을 거쳐 KBS 1·2와 MBC까지 모두 컬러 방송을 개시한 건 같은 해 12월 22일이었다.

이 무렵 컬러 TV를 생산하고 있던 전자업계의 상황은 말이 아니었다. 주요 수출국이던 미국은 물론 유럽까지 수입 규제 조치를 취해 수출 시장이 막히기 시작했고, 국내 흑백 TV의 보급률은 90퍼센트대를 웃돌고 있던 상황이었다. 컬러 TV 수상기의 국내 시판은 이런 상황에서 가전업계의 숨통을 틔워주고자 한 정부의 의도에서 시작된 것이었다.

모든 여건이 갖춰진 상황에서 실시된 컬러 방송인지라 컬러 TV 수상기 증가 추세는 초고속이었다. 정부가 컬러 TV에 대한 특별소비세율 인하 조치까지 단행했으니 그야말로 순풍에 돛단 격이었다. 컬러 방송을 시작하기도 전인 1980년 8월부터 수상기의 국내 시판이 허용된 가운데 컬러 TV 수상기는 1981년과 1982년 사이에 이미 200만 대를 돌파했다. 1982~1983년에 300만 대, 1983~1984년에 400만 대, 1985~1986년에 500만 대를 돌파했다.

500만 대면 전 가구의 51.4퍼센트였는데, 전자업계에서는 시청료 때문에 등록을 하지 않은 수상기를 감안하면 보급률이 80퍼센트에 이를 것으로 추정했다. 컬러 TV 방송은 전자업계를 살렸다. 수출길이 막혀 고전하고 있던 전자업계는 눈부신 성장을 이룩하기 시작했는데, 1981년 전자산업 총생산 규모는 37억 9,100만 달러로 이는 1980년에 비해 33퍼센트나 성장한 것이다.(강상현, 1999; 서현진, 2001).

컬러 방송 시작으로 "컬러 TV를 구입했느냐"가 안부 인사를 대신하기 시작했고, "이젠 집에서 컬러 영화를 볼 수 있으니 극장이 망할 것"이라는 추측이 나오기도 했다.(백성호, 1999) 극장이 망하진 않았지만, 영화가 큰 타격을 입은 건 분명했다. 이미 그렇잖아도 힘겨워하고 있던 영화계엔 엎친 데 덮친 격이었다. 1981년 들어 영화관의 연인원 관람객 수는 전년도의 5,300만 명에서 4,400만 명으로 줄었고, 전국 영화관 수는 전년도의 447개에서 423개로 줄었으며, 영화

제작 편수도 87편으로 매우 저조했다.(최진용 외, 1994)

　신문들은 광고 시장을 빼앗길까봐 두려워 컬러 TV를 반대해왔지만 다른 방법으로 충분한 보상을 받았다. 컬러 TV 수신기 생산의 양대 산맥이었던 삼성전자와 금성사가 기술 개발 못지않게 제품 광고에서도 한판 전쟁을 벌였기 때문이다. 이에 대해 당시 한국전자공업진흥회장이었던 김완희는 "두 회사의 광고 전쟁으로 어부지리를 얻은 것은 광고비 수입이 늘어난 언론사였다"고 말했다.(서현진, 2001, 260)

　'색의 혁명'이라 할 컬러 TV 방송을 크게 반긴 곳은 화장품업계였다. 이후 텔레비전은 화장품 광고의 주 매체로 자리 잡았다. 어찌 화장품뿐이었으랴. 컬러 TV 방송은 광고업계에 큰 변화를 몰고왔다. 전두환의 복장에서부터 화장품 광고에 이르기까지 컬러 TV는 한국 사회에 새로운 '색의 혁명'을 일으키면서 본격적인 소비 자본주의 체제로의 편입을 가속화시켰다. 컬러 TV가 선도한 "컬러화 선풍은 모든 분야에서 소비 패턴의 고급화와 다양화로 이어졌다."(서현진, 2001; 신인섭, 2002)

언론기본법 제정과 공익자금 조성

컬러 수상기의 급속한 보급과 함께 방송의 영향력이 더욱 증대된 만큼 전두환 정권은 TV를 박 정권보다 훨씬 더 적극적으로 정권 홍보에 이용했으며, 그 결과 '뚜뚜전 뉴스' 또는 '땡전 뉴스'라는 말이 인구에 회자될 정도였다. 상식을 초월하는 TV의 전두환 찬양과 정권 홍보는 많은 사람들을 분노케 했으며 이는 나중에 TV 시청료 거부 운동으로 나타난다. TV의 컬러화 실시로 기왕의 '바보상자'에 '유해색소_{有害色素}'까지 첨가된 격이었다는 말까지 나왔다.(윤재걸, 1985)

컬러 TV 덕분에 소비문화는 화려하게 변화되어 갔지만 정치적 자유와 표현의 자유는 점점 더 질식사의 길로 치닫고 있었다. 전두환 정권은 1980년 12월 26일, 이전까지 시행되던 '신문 통신 등의 등록에 관한 법률(1963년 12월 12일)', '방송법(1963년 12월 26일)', '언론윤리위원회법(1964년 8월 5일)' 등을 통합해 언론기본법을 제정했다. 후일 '언론 악법_{惡法}'으로 비판받은 이 법은 청와대 공보비서실 비서관 허문도·이수정과 문공부 관계자 1명, 언론법을 전공한 서울민사지법 판사 박용상이 주축이 되어 만든 것으로, 1980년 12월 26일 입법의회를 통과해 같은 해 12월 31일에 발효되었다.

이로써 전 정권은 문공부장관에게 언론사의 정·폐간을 명령할 수 있는 권한을 부여하는 등 강압적인 언론통제책을 실시하는 한편 방송위원회, 한국방송광고공사, 한국언론연구원, 언론중재위원회, 방송심의위원회 등의 법정 언론 유관 기관을 설립해 언론에 대한 각종 행정적 통제와 지원 체제를 마련했다.

언론기본법은 구체적으로 (1) 방송의 공영제, (2) 방송에 대한 운용·편성의 기본 사항을 심의할 독립 기관인 '방송위원회'의 설치, (3) 방송국 내에 '방송자문위원회' 설치·운영의 의무화, (4) 현행 '방송윤리위원회'를 대신하는 '방송심의위원회'의 설립을 규정했다.

새 법에 따라서 1981년 3월 7일 발족한 방송위원회의 역할을 보면, (1) 방송의 운용과 편성에 관한 기본 사항을 심의하고, (2) 방송 종류에 따른 광고 방송의 허용 여부를 결정하며, (3) 방송 광고 수익으로 수행할 공익사업의 기본 방향에 관한 사항을 심의하고, (4) 각 방송국 및 방송 종류 상호 간의 관계 공동 사업 및 협조에 관한 사항을 결정하며, (5) 방송심의위원회의 운영에 관한 사항의 심의 등이었다.(최창봉 · 강현두, 2001)

방송광고공사는 1980년 12월 9일에 의결된 방송광고공사법에 따라 공영방송의 광고 업무를 대행하면서 매년 수백억 원의 '공익자금'을 조성했는데, 이 자금 가운데 상당 부분은 언론인들에게 자녀 학자금 지원, 해외 연수 및 해외여행 등과 같은 각종 경제적 혜택을 주는 포섭책으로 이용되었다.

1981년의 공익자금 집행액을 살펴보면, 무주택 언론인 주택자금 융자 등 복지 향상 부문에 53억 원, 언론인 해외 연수 등 자질 향상 부문에 14억 원, 언론 유관 기간 및 단체 지원에 20억 원, 프레스센터 건립 사업에 15억 원 등 모두 102억 원이 넘었다. 1981년에서 1988년까지의 통계를 살펴보자. 이 기간 중 언론인 해외 연수 인원은 장기 166명 단기 68명 등 총252명이었으며, 그 밖에 1,340명의 언론인들이 평균 2주일간씩 '해외 시찰' 명목으로 해외여행을 다녀왔다. 언론사에 근무하는 임직원들의 중고등학교 취학 자녀들에게 지원된 학자금 총액은 1,255억 원이었다. 또한 신군부는 기자들에게 임금의 20퍼센트에 대한 소득세 감면, 언론인 금고의 저리 대출, 기자 아파트 특혜 등 각종 특혜를 주었다.(한국방송광고공사, 2001a)

문공부가 기자들에게 '보도증'을 발급하는 이른바 프레스카드제는 기자들에 대한 강력한 통제 장치로 기능했다. 프레스카드는 1년에 한 번씩 갱신되었는데 문공부는 기자의 성향이 마음에 들지 않으면 발급을 하지 않았기 때문이다. 1981년 6월 12일에 설립된 한국언론연구원은 공익자금에 의해 운영되었는데, 이는 국가관 확립이라는 명분 아래 언론인들에 대해 강제 교육을 실시했으며, 특히 견습 기자에 대해서는 프레스카드제를 앞세워 4주 이상의 합숙 교육을 시켰다.(김해식, 1994)

신문의 산업적 호황과 『조선일보』의 번영

언론기본법 체제하에서 언론 자유는 질식 상황에 처해 있었지만, 신문은 산업적으론 번영을 누리게 되었다. 1980년까지 하루 8면으로 묶여 있던 면수를 1981년 1월부터 12면으로 허용하는 조치가 취해진 것도 그런 변화와 맥을 같이 하는 것이었다. 이는 신문들의 광고 수입이 크게 늘어날 수 있다는 걸 의미하는 것이기도 했는데, 뒤이은 야간 통행금지 해제(1982년 1월 5일)와 중고생 두발·교복 자율화(1983년 3월 2일)는 광고 물량의 확대를 가져와 신문들에게도 큰 기쁨이 되었다.(신인섭·서범석, 1998)

각종 특혜도 주어졌다. 신문사들의 윤전기 도입에 필요한 관세 특혜를 주기 위한 이유만으로 관세법의 부칙을 개정해 1982년에 한하여 20퍼센트의 관세를 4퍼센트로 대폭 인하해 주었다. 이 기간에 모두 30여 대의 윤전기를 도입한 전국 12개 신문사에 도합 수십억 원의 감세 혜택을 주었다. 1981년에서 1986년 사이의 윤전기 보유 상황 변화를 보면, 『조선일보』가 14대에서 24대로, 『동아일보』와 『중앙일보』가 각기 15대에서 21대로, 『한국일보』가 12대에서 16대로, 『서울

신문』이 6대에서 16대로, 『경향신문』이 7대에서 13대로 늘어났다.
(김민남 외, 1993)

또 일반 잡지 발행이 극도로 억제되었던 상황에서도 일간지들에
겐 잡지 발행을 16종이나 허가해 주었다(조선 4종, 경향 3종, 동아 3종,
중앙 3종, 한국 2종, 서울 1종). 그 밖에 중소기업의 고유 업종인 상업 인
쇄, 각종 문화사업, 스포츠사업, 부동산 임대 등 다각 경영을 허용했
다.(주동황·김해식·박용규, 1997) 5공의 그런 적극적인 배려로 기자
들의 임금 수준도 크게 높아져 1981년 주요 대기업의 임금 수준과 비
슷해졌고, 1985년부터는 여타 직종을 훨씬 상회하여 국내 최고 수준
을 유지하게 되었다.(박용규, 1995) 또 전두환 정권은 7년 동안 모두
30명의 언론인 출신을 국회에 진출시켜 언론인 출신으로 하여금 언
론을 포섭하고 통제케 하는 박정희 정권의 언론통제술을 계승, 강화
시켰다.

특히 『조선일보』의 번영이 주목할 만했다. 조선일보사(1990)가 발
행한 『조선일보 칠십년사』에 기록되어 있는 몇 가지 사실만 살펴보
자. 1980년 4월 10일 사장 방우영은 "4월부터 모든 사원의 봉급을 평
균 33% 인상하고, 보너스는 연 8백%(본봉기준) 이상이 되도록 하겠"
다고 밝혔다. 1980년 12월 20일에 연말 보너스가 지급되어 1980년
도엔 모두 900퍼센트(본봉 기준)가 되었다. 1981년 3월 5일 코리아나
호텔 22층에서 가진 창립 61주년 기념식에서 방우영은 기념사를 통
해 "보너스를 통산 1천% 지급하겠다"고 선언했다. 1981년 연말 보
너스가 12월 21일에 500퍼센트 지급되어, 연중 1,000퍼센트 지급의
약속이 실천되었다.

신군부는 1980년 10월 27일부터 발효된 제8차 개정 헌법에 따라 국회를 해산하고 국가보위입법회의가 그 기능을 대신하도록 했다. 국가보위입법회의의 의원 81명은 모두 전두환이 임명해 신군부의 꼭두각시 노릇을 하도록 했다. 그런데 바로 이 입법회의 의원으로『조선일보』사주(방우영)와 간부들(송지영, 김윤환, 남재희)이 참여했다. 『조선일보』는 1980년 매출액에 있어서 161억 원으로『동아일보』(265억 원)와『한국일보』(217억 원)에 비해 한참 뒤처지는 신문이었지만, 5공을 거치고 난 1988년에 이르러『조선일보』의 매출액은 914억 원으로『동아일보』(885억 원)와『한국일보』(713억 원)를 넘어선다.

야만의 극치를 보인 '한수산 필화 사건'

전두환 정권 초기엔 많은 필화 사건이 있었는데 가장 잔인하고 야만의 극치를 보인 게 이른바 '한수산 필화 사건'이다. 이 사건은 1981년 5월『중앙일보』에 연재 중이던「욕망의 거리」라는 연재소설 내용 가운데 '정부의 고위 관리' 등의 표현으로 전두환을 가볍게 야유한 것이 발단이 되었다. 소설이 나가자 보안사는『중앙일보』편집국장 대리 손기상 등 7명을 서빙고 분실로 연행, 3일에서 5일간 혹독한 고문을 가했으며 필자인 한수산은 제주에서 집필 도중 기관원들에게 연행되어 가혹한 고문을 당했다. 이 사건 당사자들은 풀려난 뒤에도 대부분 병원에 입원할 정도로 육체적 상처를 입었고 나중에 한수산은 일본으로 외유를 떠나는 등 극심한 고통을 겪었다.(『미디어오늘』, 1996. 2. 21)

한마디로 어이없는 사건이었다. '야유'라고 보기에도 어려울 정도의 내용이었기 때문이다. 「욕망의 거리」는 젊은 여성이 부유하지만 나이가 많은 남성과 결혼하게 되는 과정을 그린 일종의 애정소설이었는데, 애써 문제가 될 만한 대목을 찾자면 이런 것이었다.

5월 14일자 연재분에 탄광촌을 찾아가 그곳 아낙네들과 악수를 나누는 정부 고위 관리의 묘사에서 "어쩌다 텔레비전 뉴스에서 만나게 되는 얼굴, 정부의 고위 관리가 이상스레 촌스런 모자를 쓰고 탄광촌 같은 델 찾아가서 그 지방의 아낙네들과 악수를 하는 경우……"와 5월 22일자 연재분의 대화 가운데 "월남전 참전 용사라는 걸 언제나 황금빛 훈장처럼 자랑하며 사는 수위는 키가 크고 건장했다.…… 세상에 남자 놈치고 시원찮은 게 몇 종류가 있지. 그 첫째가 제복 좋아하는 자들이라니까. 그런 자들 중에는 군대 갔다 온 얘길 빼놓으면 할 얘기가 없는 자들이 또 있게 마련이지"라는 부분이었다.

첫 번째 것은 대통령을, 두 번째 것은 군을 비하했다는 게 보안사가 한수산과 기자들에게 고문을 가한 이유였다. 문화부 편집위원 정규웅, 출판국 출판부 부장 권영빈, 기자 이근성 등은 어떻게 당했던가?

"보안사 서빙고 분실에 도착하자마자 이들 세 기자는 각각 독방에서 옷을 벗기운 채 검은 제복의 젊은이 5~6명으로부터 몽둥이질·발길질 등 무차별 구타를 당했다. 한참을 폭행당한 후 또다시 고문실로 끌려가 물고문·전기고문·엘리베이터고문 등 갖가지 고문을 당하며 심문받았다. 심문 내용은 여자 문제, 간첩과의 접선 여부, 촌지 수수 등 연재소설과는 상관없는 것들이었다. 그런 다음 세 기자는 취조실로 끌려가 밤새 얻어맞고 욕설을 들으며 자술서 쓰기를 강요하는 등 고초를 겪다가 70여 시간 만인 6월 1일 오후 3시 초죽음이 되어 풀려났다."(중앙일보사, 1995)

더욱 기가 막힌 건 한수산과 대학 동창이라는 이유로 연루된 시인 박정만이 당한 혹독한 고문이었다. 박정만은 고문 후유증으로 숨지고 말았다. 박정만의 억울한 죽음은 훗날(1989년 3월 4일) MBC TV의 논픽션 드라마 〈서러운 땅〉으로 방영되었다. 오명환(1994, 340)은 이 드라마가 "몽매하고도 원색적인 인간 파괴를 묘사하여 커다란 반향을 일으켰다"며 다음과 같이 말했다. "무차별한 고문과 폭행 실태가 가시화되고 양심이 조작되는 상황은 실로 충격, 가증, 절망, 허무의 극치를 보여준 것이다. 대한민국은 그의 표현대로 짓이겨진 땅 그리고 서러운 땅으로 투영되었다."

1982년 통금 해제와 〈애마부인〉

광주 학살을 저지른 전두환 정권은 피로 얼룩진 정권 이미지에 부드러운 가면을 씌우고 국민의 정치의식을 마비시키기 위해 각종 화려한 이벤트와 조치를 양산해냈다. 가장 대표적인 것이 1981년 5월 28일부터 6월 1일까지 5일간 열린 '국풍 81'이었다. 일본의 극우에 심취한 허문도가 일본의 가미가제神風 정신을 본떠 '국풍國風'이라는 이름을 붙여 적극 밀어붙인 것이었다.(김종찬, 1991)

어용화된 한국신문협회가 주최하고 KBS가 주관한 이 행사는 행사장인 여의도를 통행금지까지 해제시켜 가면서 유사 이래 가장 거대한 '놀자판'으로 만들었다. '전국 대학생 민속 국악 큰잔치'라는 부제 아래 열린 '국풍 81'은 개막행사, 민속제, 전통예술제, 젊은이 가요제, 연극제, 국풍 장사 씨름판, 팔도굿, 남사당놀이 등의 본행사와 함께 '팔도 명물장'을 열어 엄청난 구경꾼을 끌어들였다. KBS는 '국풍 81'에 대해 "1,000만에 가까운 인원을 동원하는 성공을 거두었다"고 자평했다.(이범경, 1994)

이어 1982년 1월 5일 밤 12시를 기해 전방 접경 지역과 후방 해안 지역을 제외한 전국에서 통행금지가 해제되었다. 야간 통행금지가 해제되자, 국민들은 해방감에 빠져들기 시작했다. 거리에는 해방감을 즐기려는 시민들의 발길이 자정 이후까지 계속되었으며, 야간 통금에 구애받지 않았던 경찰, 군인, 기자들의 특권이 사라졌다. 보통 사람들의 입장에선 참으로 신기하고 즐거운 일이 아닐 수 없었다.

통행금지가 있던 시절에도 1년에 단 2번 통행금지가 해제된 날이 있었는데, 크리스마스와 12월 31일 제야除夜였다. 이때만 되면 사람들은 해방감을 만끽하기 위해 거리로 쏟아져 나왔는데, 통행금지 해제는 1년 365일의 '크리스마스화' 또는 '제야화'를 의미하는 것이었다. 사정이 이와 같았으니, 통금이 해제되었을 때 사람들이 느낀 흥분은 말로 표현하기 어려운 것이었다.

그러나 통금 해제가 가져다 준 해방감은 민주화 쪽으로 나아가진 않았다. 통금이 해제된 후, 호황을 누리기 시작한 건 본격적인 밤 문화와 성적 욕망의 배설구들이었다. 특히 서울 강남에는 새로운 숙박업소들이 문을 열기 시작했는데, 이런 풍경에 대해 『주간중앙』 1982년 1월 17일자는 이렇게 보도했다. "영동의 신흥 숙박업소들이 활황이다. 이들은 컬러 TV에 침대는 물론 도색 필름을 구경할 수 있는 VTR

시설까지 완비, 시간제를 구가하고 있다."(남동철, 2002)

통금 해제 후, 해방감을 만끽하고자 했던 보통 사람들이 즐겨 찾은 곳은 심야극장이었다. 컬러 TV 방송으로 불황에 시달리던 영화계가 통금 해제 후 영화계 불황을 타개하기 위해 '나이트 쇼'라는 이름으로 시사회를 여는 등 심야극장 판촉에 공을 들인 결과이기도 했다.

통금이 해제된 지 꼭 한 달 뒤인 2월 6일, 첫 심야 상영 영화인 〈애마부인〉이 개봉했다. 〈애마부인〉은 서울극장에서 6월 11일까지 4달 가까이 장기 상영되어 당시로서는 기록적이라 할 수 있는 31만 명의 관객을 동원했다. 물론 이해 개봉한 한국 영화 가운데 흥행 수위였으며 외화까지 포함하더라도 흥행 순위 6위였다.

〈애마부인〉은 이전까지의 이른바 '호스티스 영화'와는 질적으로 다른 영화였다. 1970년대의 '호스티스 영화'라는 것들이 주로 명분이나 희생 같은 것을 내세워 어쩔 수 없이 몸을 팔게 되는 '수동적'인 여성들을 다루었던 데 반해, 〈애마부인〉은 당시로서는 도발적일 만큼 솔직하게 성적 욕망에 충실한 '능동적'인 여성을 그려냈는데, 이것이 관객들에게 크게 어필한 것이다.(김학수, 2002; 심산, 2001)

프로야구의 출범과 '이산가족 찾기' 생방송

"어린이에게 꿈을, 젊은이에게 정열을, 온 국민에게는 건전한 여가 선용을!" 이런 슬로건을 내세운 프로야구가 1982년 3월 23일 출범했다. 5공이 '스포츠 공화국'임을 입증하겠다는 듯 올림픽 유치와 더불어 야심작으로 내놓은 작품이었다. 이미 3일 전인 3월 20일, 5공은 체육부를 신설하고 장관에 5공의 제2인자라 할 노태우, 차관에 이영호를 임명했다.

3월 27일 서울운동장에서 전두환의 시구와 삼성과 MBC의 경기로 첫 발을 뗀 프로야구는 개막전부터 관중석이 인산인해를 이루며 성공적인 출발을 했다. MBC가 프로야구팀을 갖게 된 것은 텔레비전을 프로야구 흥행의 견인차로 삼겠다는 것이었다. MBC가 앞장서서 프로야구 열기를 촉진하게끔 하는 동시에 프로야구를 앞세워 모든 국민을 스포츠에 열광하게끔 만드는 것이 5공 정권의 스포츠 정책이었다.

그래서 프로야구 출범 후, 스포츠 중계 시간은 계속해서 늘어갔다. 1981년 9월 8퍼센트에 불과했던 텔레비전 방송국의 스포츠 중계 시간 비중은 1982년 2월 12퍼센트로 증가하더니, 1년 후에는 20퍼센트에 이르렀다. 그리고 LA올림픽이 열렸던 1984년 6월에는 프로그램의 4분의 1이 스포츠 중계였다. 토요일과 일요일은 한마디로 스포츠 중계를 위한 방송이었다. 이때는 스포츠 중계가 텔레비전 프로그램의 30~40퍼센트를 차지했다.(고광헌, 1988) 스포츠에의 탐닉은 5공의 국정 운영 철학의 기본이었다. 광주의 기억을 스포츠의 바다에 풍덩 빠트려 익사시켜버리자는 뜻이었을까? 의도야 어찌 되었건 적어도 그런 효과를 낸 건 분명했다.

1983년 6월 30일 밤 10시 15분부터 KBS 1TV를 통해 특별 생방송된 〈이산가족을 찾습니다〉는 세계적으로 그 유례를 찾아보기 어려운, 비극적인 역사를 갖고 있는 한국에서만 가능할 수 있었던 그런 프로그램이었다. 11월 14일까지 138일간 총 방송 시간은 모두 453시간 45분이었으며, 방송 기간 동안 방송 신청자 10만 952명 중 5만 3,536명이 출연해서 1만 189명이 상봉하는 대기록을 세웠다. 전 국민의 53.9퍼센트가 이 프로그램을 새벽 1시까지 본 적이 있으며 88.8퍼센트가 눈물을 흘렸다고 대답했다

이 프로그램은 원래 95분가량의 분량으로 기획된 것이었다. 그러나 이산가족 150명을 초청한 방청석에 무려 1,000명이 넘는 이산가족이 몰려들었고, 방송 도중에는 방송사 업무가 마비될 만큼 전화가 폭주하는 사태가 벌어졌다. 이날 KBS는 새벽 1시까지 예정되어 있던 방송 시간을 새벽 3시까지 늘려 연장 방송했다. 4시간 15분 동안 진행된 생방송에는 총 850가족이 출연해 36가족이 혈육 상봉의 기쁨을 누렸다.

이튿날 KBS 본관 앞에는 날이 밝기도 전부터 1만여 명의 이산가족이 몰려들었다. 이에 KBS는 연장 방송을 결정했는데, 7월 1일의 이산가족 찾기는 다음 날 새벽 5시까지 생방송되었다. 이렇게 새벽 5시까지 방송을 한 것은 한국 방송 역사상 처음 있는 일이었다.

KBS는 7월 1일 '이산가족 찾기 추진본부'를 긴급 설치해, 방송 시간도 대형 편성으로 바꾸었다. 7월 1일에는 8시간 45분, 7월 2일에는 14시간의 생방송이 이어졌는데, 이날 하루에 재회의 기쁨을 나눈 이산가족이 300여 쌍에 달했다. 이산가족 찾기 방송이 전국을 강타하자 KBS는 7월 3일부터는 아예 뉴스도 드라마도 뺀 채 하루 종일 이산가족 찾기를 방송했다. KBS와 대한적십자사는 매일 이산가족 찾기 명단이 실린 호외를 발행했고, 생방송 3일째부터는 신문들도 이산가족 찾기 열풍을 1면 머리기사로 내보내기 시작했다.

세계 방송 역사상 유례가 없는 가장 긴 방송이라 할 수 있는 〈이산 가족 찾기 특별 생방송〉은 국제적으로도 큰 화제가 되었다. AP · UPI · 로이터 · AFP 등 세계 4대 통신과 각 국의 일간지 · 방송사는 서울발 특파원 기사를 크게 다루었고, 방송의 열기가 더해감에 따라 대규모 취재반을 서울에 파견하기도 했다. 미국의 ABC 방송은 인공 위성을 통해 이산가족상봉 장면을 중계하기도 했다.(안국정, 1999; 이 대현, 1999; 장사국, 1999)

KAL기 실종과 '땡전 뉴스'

240명의 승객과 29명의 승무원 등 모두 269명(미국인 51명, 일본인 28명 포함)을 태우고 뉴욕에서 김포로 오던 대한항공KAL 정기 여객기 007편 은 중간 귀착지인 앵커리지공항을 1983년 8월 31일 밤 9시 58분에 이륙한 직후부터 조금씩 우측(북쪽)으로 항로를 이탈하기 시작했다. KAL 007기는 소련 영공을 침범해 3시간 가까이 비행하다 소련 미사 일에 의해 격추되었다.

이 비극적인 사건은 엉뚱하게도 5공 치하에서 방송이 얼마나 권력의 주구로 유린되었던가 하는 걸 웅변해주는 계기가 되기도 했다. 자국민 수백 명이 억울하게 죽은 사건인 데도 그게 톱뉴스가 되지 않았다는 걸 어떻게 이해해야 할까.

5공 치하에서 신문과 방송은 5공 정권 홍보와 미화를 위해 치열한 경쟁을 벌였다. 그런 일에서 신문에게 선두 자리를 양보하지 않겠다는 방송사들의 맹활약은 이른바 '땡전 뉴스(또는 뚜뚜전 뉴스)'로 나타났다. 훗날 『조선일보』(1998. 12. 6)는 "전두환씨의 이미지 메이킹을 위해 방송은 유린되다시피 했다"며 다음과 같이 말했다.

"KBS 이원홍 사장과 MBC 이진희 사장의 충성 경쟁이 가열돼 신문에 이어 TV에도 로열박스가 생겨났다. TV의 로열박스는 뉴스 순서 중 항상 첫 번째 자리, 즉 톱뉴스였다. 뚜뚜……하는 9시 뉴스의 신호음이 나간 뒤 '오늘 전두환 대통령은……' 하고 시작하는 뉴스 때문에 전씨의 아호가 '뚜뚜전', '오늘전'으로 회자됐고, 전씨 동정이 끝나면 곧 이어 '또한 이순자 여사는……'이 시작돼 이씨는 '또한'이라는 별명을 얻었다. 유린된 방송을 상징하는 사건 중의 하나가 83년 KAL기 실종 뉴스와 대통령 동정 중 어느 것을 톱뉴스로 처리할 것인가를 두고 고민에 빠졌다. 결국 한 방송사에서는 뚜뚜……하는 신호음에 뒤이어 '오늘 전두환 대통령은……' 하고 뉴스를 시작하고 말았다. 그 TV 화면에 전씨가 서울 어느 거리에서 빗자루를 들고 환히 웃으며 조기 청소를 하는 모습이 비쳤다. 뉴스 시간에 뉴스는 뒤로 밀리고 권력이 판을 치는 상징적 사건이었다."

'땡전 뉴스'는 심한 경우 총 뉴스 시간 45분 가운데 30분을 차지하는 경우도 있었으며, 방송사끼리 누가 오래 대통령 동정을 다루느냐를 놓고 경쟁을 벌이는 해프닝까지 벌어지곤 했었다.(최창봉·강현두, 2001) 전두환도 처음엔 그런 과잉 충성 경쟁의 문제를 알긴 했지만 권력에 중독되어가면서 그걸 당연하게 생각했다. 1980년 청와대 공보수석을 지낸 뒤 1982년 5월 이진희가 승진해 문화공보부 장관으로 가자 그 뒤를 이어 MBC 사장이 된 이웅희의 말이다.

"청와대에서 MBC로 자리를 옮기면서 전두환 대통령에게 TV 뉴스의 맨 앞에 항상 대통령이 나가는 것은 바람직하지 않다는 점을 설득했다. 전 대통령도 그 말에 수긍해 MBC에서는 한동안 이른바 '9시 땡뉴스'가 나가지 않았다. 그러나 1년 쯤 지난 뒤 청와대로 불려가 이같은 보도 태도에 대해 질책을 받았다. 전 대통령은 대뜸 '당신 지금 신문기자 기질로 일하는 거요?'라며 호되게 야단을 쳤다. 아마 전 대통령은 참모들의 얘기를 듣고 생각이 바뀐 듯했다."(한국일보 정치부, 1994, 280~281)

'보도지침' 폭로 사건

전두환 정권은 언론에 대한 광범위한 통제와 포섭으로도 모자라 문공부 내의 홍보조정실을 통해 각 언론사에 매일 이른바 '보도지침'을 내려보내 사실상 언론의 제작까지 전담하고자 하는 기이한 작태를 연출했다. 후일 밝혀진 바에 따르면, 문공부 내의 홍보조정실은 실은 청와대 정무비서실 지휘 하에 있었다.(김해식, 1994)

보도지침은 일제강점기와 박정희 정권 시절에도 있었던 것이지만, 전두환 정권의 보도지침은 그것들과는 비교할 수 없을 정도로 장기간에 걸쳐 체계적으로 치밀하게 이루어졌다는 점에서 언론통제를 넘어서 사실상 당대의 역사적 기록을 조작하는 중대한 역사적 범죄였다. 이 범죄 행위는 1985년 6월 해직 기자들로 구성된 민주언론협의회(민언협)의 기관지로 창간된 『말』 1986년 9월호가 『한국일보』 기자 김주언의 자료 제공을 받아 폭로해 세상에 알려지게 되었다. 1985년 10월부터 1986년 8월까지 문화공보부가 각 언론사에 시달한 584건의 보도지침은 세상을 발칵 뒤집어놓았다.

전두환 정권은 『말』의 발행인 민주언론운동협의회 김태홍 의장과 신홍범 실행위원, 그리고 김주언 기자를 국가보안법 위반 및 국가모독죄로 구속했다. 신홍범은 1975년에 해직된 조선투위 소속이었고, 김태홍은 1980년 해직 기자로 당시 기자협회 회장이었으며, 김주언은 현역 기자였다. 김태홍은 법정에서 "보도지침을 발표하는 것이 국민에게 이익이 된다고 생각했느냐"는 검찰의 질문에 대해 큰소리로 대답했다. "국내 최대의 범죄 집단인 현 정권의 비행의 뒷면을 밝혀줄 이 자료를 알리는 것이 애국이라고 생각한다. 이 책은 2만 2,000부가 발행되었는데, 22만 부를 찍어내지 못한 것이 안타까울 뿐이다." (이인우·심산, 1998, 37~38)

김주언은 '보도지침'이 공개된 이후인 1986년 11월 초에 작성해 천주교정의구현전국사제단에 맡겨놓은 '양심선언'을 통해 자신의 심경을 다음과 같이 털어놓았다. "우리가 하려고만 한다면, 각 언론사의 편집권 독립에서부터 그 이후의 전반적인 자유 언론 쟁취 또는 실천에 이르기까지의 목표와 거기에 이르는 수단과 방법이 창출될 수 있다고 나는 확신한다.……나는 선도적인 민주 인사도 아니며, 자신을 내세울 것도 없는 한 사람의 언론인으로서 다만 우리 사회, 국민 내부에서뿐 아니라 민족 전체적으로 갈등과 불신의 언어가 아니라 화해와 사랑의 언어로 충만된 사회가 되기를 바랄 뿐이다." (민주언론운동협의회, 1988, 371~372)

1987년 6월 3일 선고 공판에서 김태홍은 징역 10월 집행유예 2년, 신홍범은 선고유예, 김주언은 징역 8월 자격정지 1년 집행유예 1년의 선고를 받았다. 변호사 한승헌은 재판 중에 "이 재판은 불을 낸 자가 화재 신고자를 잡아다가 신문하는 것"이라고 말했다(이 3명이 최종적으로 무죄판결을 받아 '복권'된 것은 8년여가 흐른 1994년 7월 5일이었다).(김태홍, 1999)

출판의 자유 역시 압살당했다. 신군부는 정권 장악을 염두에 두었던 1980년대 초부터 분서갱유焚書坑儒라 해도 좋을 정도로 '표현의 자유'에 억압적인 족쇄를 채웠다. 1980년 7월 총 172종에 이르는 정기간행물 등록을 취소시켜버린 이후에도 5공 정권의 출판물 탄압은 계속되었다. 1985년 5월 3일 5공 정권은 '불온서적'과 '불법간행물' 등 이념 서적 50여 종과 유인물 298종에 대한 무기한 단속 방침을 발표했다. 그리고 곧바로 이념 서적의 온상지로 주시하고 있던 도서출판 일월서적과 풀빛, 그리고 민청련 등에 영장도 없이 압수 수색을 실시했다.(장종택, 1990)

이 시기의 단속은 "일제보다 더 악랄했다"는 소리를 들을 만큼 악명이 높았다. 5공 정권이 말하는 이념 도서란 단순 좌파 이데올로기를 담은 서적만을 지칭하는 것이 아니었고, 반정부적·반체제적 내용이면 모두 포함되는 광범위한 개념이었기 때문이다.(이중한 외, 2001) 그런 탄압의 와중에서도, 1985년 5월 황석영의 『죽음을 넘어 시대의 어둠을 넘어: 광주 5월 민중항쟁의 기록』이라는 르포집이 출간되었다. 5공 정권은 이 책에 대해 몰수 처분을 내렸지만, 대학가에서 학생들이 자체적으로 만든 복사 인쇄본이 빠른 속도로 유포되었다.(조상호, 1999)

TV 시청료 거부 운동

1982~1984년부터 전개된 TV 시청료 거부 운동이 그 세를 더해가면서 점점 민주화운동의 성격을 띠게 된 건 TV가 대중의 '마취제'로 가능하는 것에 대한 강한 문제 제기이기도 했다. 재야운동 단체과 종교 단체들이 농민들의 TV 시청료 거부 운동에 호응함으로써, 시청료 거부 운동은 1985년 중반부터 전국적 운동으로 확산되기 시작했다.

1986년 1월 20일 KBS TV 시청료 거부 기독교 범국민운동본부(본부장 김지길 한국기독교교회협의회장)가 발족했으며, 2월 14일 운동본부는 "KBS TV를 보지 않습니다"라는 문구가 새겨진 스티커 5만 매와 전단 1만 매를 제작, 배포했다.

4월 8일 신민당은 정무회의를 열고 KBS 뉴스 안 보기와 시청료 납부 거부 운동을 전개한 뒤 점차 전국적인 국민운동으로 확산시키기로 결의하기에 이르렀다. 또 이날 범국민운동본부는 한국기독교 교회협의회 산하 6개 교단의 교단장 회의를 열고 KBS 시청료 거부 운동에 적극 참여할 것을 당부하는 내용의 '목회 서신'을 채택키로 결의했다.

5월 14일, 기독교범국민운동본부는 성명을 발표, 시청료 거부 운동은 전국 1,000만 대의 TV 수상기가 매일같이 현 정권을 비호, 선전, 찬양하고 민주화 애국 운동을 왜곡, 비방, 비난하는 대중 여론조작을 일삼고 있는 것을 바로잡기 위해 시작한 것이며, 민주화 실천 운동의 터전을 열기 위해 이 운동이 더 이상 홍정의 대상이 될 수 없다고 밝혔다.

5월 15일, 추기경 김수환은 그 유명한 "언론 자유가 민주화를 위해 가장 중요한 요소로 어느 의미에서는 개헌보다도 중요하다"는 발언을 했다. 김수환은 기독교방송 대담 프로그램에서 그 같이 밝히고 "언론의 자유를 떼어놓고는 신앙의 자유를 비롯해 모든 다른 자유도 완전할 수 없다"라고 강조했다. 김수환은 이어 기독교방송의 보도 기능이 부활되어야 하고 운영을 위한 상업광고도 회복되어야 한다고 말했다.

범국민운동본부의 시청료 거부 및 공정 보도 캠페인은 여름 내내 계속되었다. 가을부터는 종교 및 정치 단체들 간의 공동 투쟁이 더욱 활성화되기 시작했다. 9월 6일, 범국민운동본부와 한국천주교 평신도사도직협의회 사회정의위원회 대표 11명은 KBS의 공정 보도를 촉구하는 내용의 성명서를 발표했다. 이들 단체는 성명서에서 "국영방송으로 전락한 KBS의 근본적인 문제점을 지적한 KBS 시청료 거부 운동이 많은 국민들의 호응을 받았음에도 불구하고 KBS는 문제점 개선에 성의를 보이지 않고 행정 조치와 징수원을 통한 강제 징수로 시청료를 거두는 데만 급급하고 있다"고 비난했다.

9월 29일, 신민당과 민추협, 그리고 민통련 민주언론운동협의회, 천주교 정의평화위원회, KBS 시청료 거부 기독교 범국민운동본부, KBS 시청료 폐지 운동 여성단체연합 등 재야 5개 단체들은 민추협 사무실에서 공동 기자회견을 갖고 '시청료 거부 및 언론 자유 공동대책위원회'를 결성하기로 하고 "KBS 시청료 납부 거부와 언론 자유 쟁취 운동은 범국민적 연대와 투쟁의 일환"이라고 밝혔다. 이처럼 TV 시청료 거부 운동에 면면히 흐르던 민주화 투쟁 열기는 1986년 6월을 전후로 하여 기독교방송 뉴스 부활 투쟁으로 옮겨갔으며, 궁극적으로는 1987년 6월 항쟁의 밑거름으로 적지 않은 기여를 하게 된다. (강준만, 1990)

1986년 '평화의 댐' 사건

1986년 말, 전두환 정권은 말할 것도 없고 모든 사람들이 제정신이 아니었다. 그걸 극명하게 보여준 사건이 바로 1986년 10월 30일 정부 발표로부터 시작된 '평화의 댐' 사건이었다. 북한이 건설한다는 금강산댐은 정부 발표와 언론의 부풀리기 보도에 의해 순식간에 남한 사회에 공포를 몰고왔다.

언론과 일부 지식인이 5공에 대한 충성 경쟁에 돌입하면서 공포는 더욱 증폭되었다. 언론은 "2백억 톤의 물이 서울을 덮친다. 63빌딩의 절반 가까이 물에 잠기고", "남산 기슭까지 물바다, 원폭 투하 이상의 피해", "수도권까지 물바다, 잠실 올림픽 시설은 물론이고 한강변 아파트군은 완전히 물속에 잠겨" 운운하는 보도를 해댔다. 북한이 왜 그런 짓을? 이때에도 답은 서울올림픽이었다. 북한은 서울올림픽을 방해하기 위해서 그런 짓을 하고도 남는다는 것이었다.

신문, 방송 할 것 없이 모두 미쳐 돌아갔다. 당시 상황에 대해 MBC 아나운서 손석희(1993)는 "나는 지금도 내가 뉴스를 진행하던 그때, 스튜디오 한쪽에 잉크를 풀어놓은, (그래야 더 실감이 났으므로) 수돗물로 찰랑대던 여의도 일대의 모형이 있었던 것을 기억한다. 당연히 거기엔 63빌딩이 있었고 파란 잉크 물은 그 빌딩의 허리께까지 차올라

넘실대고 있었다. 그것은 장난이 아니었다. 아니 장난처럼 하면 안되었다는 표현이 맞을 것이다"며 다음과 같이 말했다.

"우리는 63빌딩의 중간까지 물이 찬다는 건 좀 너무 하지 않느냐, 2층 정도까지로 줄이자 어쩌자 하면서 제멋대로들 기준을 정하다가 누군가 '겁을 주려면 확실하게 줘야지' 하는 말에 훅훅거리며 웃기까지 하였다. 그 광란의 시기에 과학적 사고는 오히려 장애물이었다. 우리가 내뱉은 웃음에는 무기력한 자조도 섞여 있었겠지만 그 한구석엔 또 어떤 광기도 있었던 게 아닐까. 거짓말도 계속하면 그 자신은 참말로 느껴지는 것처럼 우리는 그때 이미 자기 제어 능력을 상실하고 있었는지도 모른다."

정말 그랬다. 애국심으로 똘똘 뭉친 대규모 규탄 대회들이 열렸다. 규탄만 한다고 되는가? 대안이 필요했다. 언론이 앞장서서 조작한 공포는 '평화의 댐'이라는 대안(?) 모색으로 나타났고 언론은 12월 6일부터 그 댐을 건설하기 위한 모금 운동에 앞장섰다. 어린아이, 해외 동포, 심지어 교도소 재소자들에게까지 성금을 거둬들였다.(김희경 외, 1996)

손석희(1993)는 "그 춥고 엄혹했던 겨울, 우리는 아나운서, 기자, PD 할 것 없이 모든 탤런트, 코미디언, 가수까지 다 동원돼서 시내로, 학교로, 절로, 교회로 뛰었다. 코흘리개들은 저금통을 깼고, 할아버지 할머니들은 속주머니에서 꼬깃꼬깃해진 용돈을 모았다. 우리는 그것을 '앵벌이'라 불렀다"고 말했다. "명동·서울역·광화문에 중계차를 대놓고 추위에 코끝이 빨개지도록 서 있으면서 '손님'들의 주머니 돈을 긁어모았던 것이다. 모금 방송이 있던 날 그 '앵벌이'에 배당된 사람들의 얼굴은 난감함 그 자체였다. 그것도 단지 추위가 싫어서 그랬던 것만은 아닐 것이다."

그리하여 6개월여 만에 700억 원이 넘는 엄청난 돈을 모았지만, 이 평화의 댐 사건은 훗날(1993년 6월) 감사원이 전면 특감에 들어가면서 완전히 조작된 정보에 따라 꾸며진 허구임이 드러난다. 5공 정권이 엉터리 금강산댐을 들고 나온 배경엔 1986년 대통령 직선제 요구로 뜨겁던 개헌 정국을 돌리기 위한 정략적 목적이 있었던 것이다.

박종철과 이한열, 그리고 6월 항쟁

1987년 1월 14일 서울대학교 언어학과 3학년 학생 박종철이 남영동 치안본부 대공분실로 연행되어 물고문을 받다가 숨지는 비극이 일어났다. 석간 『중앙일보』 1월 15일자 사회면엔 「경찰에서 조사받던 대학생 쇼크사」라는 제하의 2단짜리 기사가 실렸다. 이 기사는 법조 출입 기자 신성호가 15일 오전 여느 때처럼 오전 체크를 위해 검찰 간부들 방을 돌고 있다가 한 간부의 방에서 무심코 나온 "경찰 큰일 났어"라는 말 한마디를 듣고 취재에 돌입해 낚아 올린 특종이었다.(중앙일보사, 1995)

이후 『동아일보』 등 일부 언론의 활약으로 민주화 시위가 일어났지만, 전두환은 이에 아랑곳하지 않고 4월 13일 "88올림픽이 끝날 때까지 개헌 논의를 일체 금지한다"고 선언했다. 이어 6월 10일 서울 잠실체육관에서 열린 민정당 전당대회는 간선제 선거의 민정당 대통령 후보로 노태우를 선출했다. 이른바 '체육관 대통령 후보'의 탄생이었다. 김준엽(1990, 120)은 이날 대회가 "마치 히틀러 치하의 나치당 대회나 김일성의 당대회를 방불케 하였다"고 썼다.

그러나 박종철 고문 살인 사건의 여파는 전두환 정권의 '4 · 13 호헌 조치'를 무력화시킬 만큼 대단한 것으로서 6 · 10항쟁으로 나아가게 만드는 데에 큰 기여를 했다. 6월 10일의 시위는 전국 514곳에서 연인원 50여만 명이 참가한 가운데 전개되었는데, 경찰은 이날의 국민대회를 불법 집회로 규정하고 원천 봉쇄에 나섰지만, 국민들의 성난 분노를 막을 수는 없었다. 전날인 9일 연세대학교에서 시위 중이던 학생 이한열이 경찰이 쏜 직격탄(최루탄)에 맞아 피를 흘리며 동료에게 의지하고 있는 모습이 보도되면서 국민의 분노는 극에 이르렀다(이한열은 부상 27일 만인 7월 3일에 사망했다).

6월 15일과 18일의 대규모 시위에 이어 6월 26일 열린 민주헌법쟁취 국민평화대행진은 6월 항쟁의 절정이었는데, 이날 시위에는 전국 33개 시, 4개 군 · 읍 등에서 180만 명이 참가했다. 시위 진압을 위해 나섰던 경찰들은 걷잡을 수 없이 늘어만 가는 시위대의 위세에 밀려 속수무책이었다. 특히 '넥타이 부대'로 불리는 중산층과 사무직 시민들의 참여는 전두환 정권을 다시 한 번 깜짝 놀라게 만들었다.

이날 시위로 전국에서 3,467명이 연행되었고, 경찰서 2개소, 파출소 29개소, 민정당 지구당사 4개소 등이 투석과 화염병 투척으로 파괴되거나 방화되었다. 파손된 경찰 차량도 수십 대에 이르렀다. 6 · 10 시위 이후 만 17일간 전국에서 열린 시위는 모두 2,145회, 발사된 최루탄은 모두 35만 발인 것으로 집계되었다.

이런 범국민적인 항쟁의 결과, 전두환 정권이 대통령 직선제를 수용하는 이른바 '6 · 29선언'이 나오게 되었다. 민정당 대표위원 노태우는 전두환의 연출에 따라 6월 29일 기자회견에서 대통령 직선제 개헌을 하겠다는 내용을 담은 선언을 하기에 이르렀다.

1987년 언론기본법 폐지와 언론노조 결성

이후 전개된 민주화 분위기에 힘입어 7월 14일 문공장관 이웅희는 언론기본법을 폐지하겠다고 밝혔고, 8월 1일 '각 시 · 도 단위 1명씩 주재'를 원칙으로 '지방 주재기자의 부활'이 공식 발표되었다. 1987년 9월 15일엔 기독교방송의 뉴스를 10월부터 부활시키는 이른바 'CBS 기능 정상화' 조치도 정부에 의해 발표되었다. 이는 8월 14일 기독교방송 직원들이 기능 정상화를 요구하는 3일 동안의 단식 및 철야 기도회를 마치면서 "9월 15일까지 CBS에 가해지고 있는 부당한 조치가 철회되지 않을 경우 즉각 뉴스 방송을 재개하겠다"고 결의한 결과였다.

이웅희의 발표가 있은 지 약 4개월 후인 11월 11일 국회는 언론기본법을 폐지했다. 언론기본법 폐지와 함께 '정기간행물 등록 등에 관한 법률'과 '방송법'이 새로 제정되었고 보도지침을 만들어낸 문공부 홍보조정실과 프레스카드제도 폐지되었다.

그런 외적 변화와 더불어 언론사 내에 인 변화의 물결은 노동조합 결성으로 나타났다. 이미 1986년 4월 6일 『한국일보』 기자들을 필두로 여러 신문사 기자들이 언론 자유 수호 결의문을 발표한 적이 있기는 했지만, 별 진전을 보진 못했었다. 1987년 10월 29일 『한국일보』

노조의 결성을 시발로 11월 18일 『동아일보』, 12월 1일 『중앙일보』 등으로 확산되었으며, 12월 9일엔 MBC에 최초의 방송 노조가 탄생하게 되었다(이에 자극을 받아 KBS도 1988년 5월 20일에 노조를 결성했다).

MBC 노조의 창립 선언문은 "방송을 물이나 공기와 같은 환경 요소 가운데 하나라고 볼 때 국민들은 맑은 물과 공기를 마실 권리가 있듯이 건전한 방송을 요구할 권리"가 있음을 지적하고, 따라서 "그동안 왜곡, 굴절되어온 방송 체제는 전면적으로 고쳐져야 하며 방송의 고유 기능은 시청자의 요구를 충족시킬 수 있도록 전적으로 방송인에게 맡겨져야 한다"고 주장했다.

창립 선언문은 또 "권력자가 임의로 임명한 관선 임원들의 비민주적인 회사 운영과 근로자들의 대응 능력의 결여로 오늘날의 방송은 정치권력의 입장을 대변하도록 호도됐고 결국에는 국민 우중화의 도구로 전락"했음을 적시하고, MBC 노동조합은 "보도의 공정성을 확립하고, 편성과 제작의 명실상부한 자율성을 회복하며 나아가 사회 민주화에 기여하는 언론의 사명에 충실"할 것을 다짐했다.

그러나 그런 다짐이 당장 다가온 대통령 선거에서까지 발휘될 수는 없었다. 1987년 12월 16일에 실시된 대통령 선거에서는 야권 후보(김대중 · 김영삼)의 분열과 부정 · 불공정 선거로 노태우가 유효 표의 36.6퍼센트를 얻어 대통령에 당선되었다. 전두환 정권의 정당화와 홍보에 앞장섰던 언론은 전두환의 후계자인 노태우의 당선에 한시름 놓으면서 전두환을 위한 환송곡 연주에 결코 인색하지 않았다. 물론 언론은 나중에 전두환이 부정당할 때마다 하이에나가 되어 전두환을 물어뜯게 되지만 말이다.

제11장

노태우
정권기의
언론

1988년 『한겨레신문』의 창간

1988년 2월 25일 전두환이 대통령직에서 물러나고 노태우가 대통령에 취임함으로써 6공화국이 출범했다. 이후 언론계에 일어난 가장 괄목할 만한 변화는 언론사 내부 민주화였다. 가장 먼저 이루어진 시도는 1988년 4월부터 시작된 부산일보사 노동조합의 '편집국장 3인 추천제' 관철 투쟁이었다. 『부산일보』 노조는 추천제가 타결되지 않자 6월 28일 쟁의 발생 신고서를 제출키로 결의하고, 뒤이어 파업에 들어가 최초의 언론 노조 파업을 기록하면서 결국 파업 7일 만인 7월 11일 편집국장 추천제를 얻어내는 성과를 올렸다. 한국 언론 사상 첫 신문 발행 중단이라는 기록도 세웠다.

그러한 정치 · 사회 환경의 변화 속에서 1988년 5월 15일 국민주

방식의『한겨레신문』이 창간되었다. 초대 대표이사 사장으로 추대된 송건호는 1970년대 중반 박정희 정권으로부터 청와대 공보비서, 내각의 장관, 유정회 국회의원 등으로 와 달라는 제안을 수차례 받았으며, 5공화국 때도 비슷한 제안을 10여 차례나 받았지만, 모든 유혹을 단호히 뿌리치고 스스로 고난의 길을 택한 진정한 언론인이었다.(김삼웅, 2011)

『한겨레신문』의 창간은 1987년 10월부터 창간 준비 소식 및 모금 운동 광고의 형식을 통해 세상에 알려졌다. 1987년 대선에서 양김 가운데 한 사람이 대통령에 당선되었더라면『한겨레신문』의 창간은 불가능했을지도 모를 일이었다. 창간 기금 모금 총책임을 맡았던 이병주는 다음과 같이 말했다.

"대선 전 한 달 동안 10억 정도를 모았었죠? 그러던 것이 오히려 대선이 끝난 이후 두 달 만에 40억 가까이 쏟아져 들어왔으니까……. 참 그때의 감격이란 뭐라고 말로 표현할 수가 없어요. 심지어 어떤 날은 하루에 2억씩 들어왔다니까요? 이건 뭐 농담이지만 그때 우리끼리 그런 얘기도 했었어요. 이럴 줄 알았으면 처음부터 한 200억 모으겠다고 할 걸……. 하하하……실제로 그때의 열기로 봐서 50억에서 마감하지 않았더라면 정말 200억까지도 단숨에 달려갔을 거예요! 그때, 우리 국민들, 참 대단했습니다." (이인우·심산, 1998, 65~66)

『한겨레신문』은 정치·경제·사회·문화 등 모든 분야에서의 민주화를 위해 노력하고 기여하는 '민주언론', 민족자주화에 의한 평화통일을 앞당기는 노력을 하는 '민족언론', 이 나라 국민의 대다수를 이루고 있는 소외당하고 고난받는 민중의 생존권을 확보해주고 향상시키는 데 기여하는 '민중언론'이 될 것을 선언함으로써 기존의 신문들과는 확연히 다른 차별성을 드러내 보였다. 그러나 바로 그런 이유 때문에 노태우 정권의 시선이 고울 리 없었다. 『한겨레신문』은 청와대 기자실이 너무 비좁아서 『한겨레신문』 기자를 받아들일 수가 없다는 이유 아닌 이유로 청와대 출입을 거부당했으며, 이는 청와대 공보 시설인 춘추관이 완공될 때까지 2년 5개월이나 계속되었다.

서울올림픽과 대중매체의 호황

제24회 올림픽이 서울에서 1988년 9월 17일부터 10월 2일까지 16일간 개최되었다. 대한민국은 관 주도는 말할 것도 없고 상업적인 시장 논리에 의해서도 '올림픽 열기' 속으로 깊이 빠져들어갔다. 서울올림픽을 앞둔 여름에는 일명 '올림픽 가요'들이 가요계에서 붐을 이뤘다. 한국은 과거 1~2개의 금메달에 그쳤지만, 이 대회에선 금 12, 은 10, 동 11개 등 도합 33개의 메달을 따내 소련, 동독, 미국에 이어 4위를 차지하는 대성과를 이루었다(중국은 9위, 일본은 14위). '스포츠 공화국'으로 불렸던 5공 정권의 군사작전식 스포츠 정책이 맺은 결실이었다.

서울올림픽 방송을 주관하는 기구 SORTO(서울올림픽방송실시본부)의 국제 방송센터 건설에는 2,140억 원의 예산이 소요되었고 방송 장비에만 722억 원이 투입되었다. 이 가운데는 중계차 33대, 카메라 308대, 녹화기 383대, 헬리콥터 3대, 인공위성 채널 25개 등이 포함되었으며, 이러한 장비들을 활용하기 위해 3,500여 명의 SORTO 요원들이 실핏줄처럼 포진되었다. SORTO가 국제 신호로 제작한 올림픽 프로그램은 모두 2,230시간에 이르는 방대한 분량이었으며, SORTO는 올림픽 방송 제작에 필요한 신형 방송 장비들을 개발해 방송 기술의 혁신을 이뤘다.(김용원, 1988)

서울올림픽은 언론에게도 '특수'였다. 신문들은 올림픽 특수를 광고 수익과 연결시키기 위해 대대적인 증면을 시작했다. 『한겨레신문』을 제외한 전국 종합지 6개, 스포츠지 2개는 각각 올림픽을 전후해 25일간 하루 8면씩, 4개 경제지는 하루 4면씩, 2개 영자지는 하루 8면씩 증면했다. 신문들의 증면 경쟁은 전체 지면에서 차지하는 광고 지면의 비율을 증가시켰고 매출액 대비 광고 의존도를 심화시켰다.

광고 지면 비율이 가장 높은 『조선일보』의 경우 1983년 38.4퍼센트에서 1989년 5월 49.6퍼센트로 50퍼센트에 육박했다. 또 이 신문의 전체 매출액 대비 광고 매출액 비율은 1988년 63.4퍼센트, 1989년 67.5퍼센트로까지 올라갔다. 1988년에는 광고비가 1조 원을 돌파하면서 1980년의 광고비에 비해 4.6배가량 증가했으며, 1989년에는 광고비가 GNP 대비 1퍼센트를 넘어섰다.(『미디어오늘』, 1996. 9. 4; 이상철, 1990)

비디오 시장도 호황을 누렸다. 금성, 삼성, 대우 등 가전 3사는 올림픽을 겨냥해 간단히 예약 녹화를 할 수 있는 대신 다른 기능들은 간소화한 '올림픽형 VTR'을 일제히 출시하고 대대적인 판매 경쟁을 벌였다. 직장 업무나 학업 때문에 올림픽 경기를 제 시간에 감상할 수 없는 사람들에게 "올림픽의 감격을 영원히 간직하고 싶지 않냐"고 유혹했다. 1988년 4월 당시 국내의 VTR 공급 대수는 180만 대였는데, 올림픽 특수에 힘입어 연말엔 220만~250만 대에 이르러 비디오 시장의 규모는 영화 시장을 추월해버렸다.

올림픽이 끝났다고 해서 VTR의 용도까지 사라지는 건 아니었다. 1988년 말 전국의 비디오 숍은 약 2만 개소, 프로그램 테이프 시장은 연간 1,000억 원에 이르는 시장 규모를 형성했다. VTR은 1990년엔 350만 대(35퍼센트)로 늘었으며, 1992년 1월의 갤럽 조사에 따르면 VTR의 보급률은 54.2퍼센트인 것으로 나타났다. 1990년대 초 한국 국민은 1년에 극장 영화는 1.2편을 보는 반면 비디오 영화는 7.4편을 보는 것으로 나타났다.

VTR의 급속한 확산으로 1980년대 말부터 영화사의 비디오제작사 겸업이 급증했다. 합법적으로 시판되는 비디오 영화는 1981년 20편, 1982년 135편에서 1990년에는 3,000편에 육박했다. 1989년부터 16밀리미터 비디오 영화가 본격적으로 제작되기 시작했다. 이런 비디오 영화는 제작 단가가 저렴할 뿐만 아니라 단기간에 제작이 가능한 것이었다. 그러나 이들 비디오 영화들은 공륜의 심의를 거쳤음에도 불구하고 도색 일변도로 제작됨으로써 사실상 새로운 섹스 영화 장르를 파생시킨 꼴이 되었다.(김종원·정중헌, 2001)

그런 섹스 비디오 영화의 평균 제작 기간은 15일이었으며, 제작비는 1,500만 원에서 4,000만 원 사이였다. 영화의 주 무대는 침실, 별장, 숲속 등이었으며, 등장인물도 남녀 약간 명이면 족했다. 1988년 5월부터 1989년 9월까지 제작되어 공연윤리위원회의 심의를 통과한 작품 61편 가운데 93.4퍼센트인 57편이 불륜과 매춘 등을 다루고 있어 연소자 관람불가의 성인용이었다. 이들 비디오물에는 한 편당

정사 장면이 평균 9회인 것으로 나타났다.(유문무, 1995; 정연우, 1991)

자유화의 물결, 사이비 언론의 창궐

노태우 정권 하에서 이루어진 언론계의 가장 큰 변화는 신문 수의 증가로 나타났다. 6 · 29선언 이후 신문 · 잡지 등 정기간행물은 엄청난 수로 증가해 1989년 5월 말을 기준으로 따질 때에 일간지는 32개에서 66개로, 주간지는 201종에서 647종으로, 월간지는 1,203종에서 1,934종으로, 기타 격월간지 · 계간 · 연간 등은 800종에서 1,151종으로 늘어남으로써 총 2,236종에서 3,798종으로 1,562종의 정기간행물이 늘어났다. 이는 6 · 29선언 당시와 비교해볼 때에 무려 74퍼센트의 증가율을 기록한 것이었다.

1988년 12월 10일엔 『국민일보』, 1989년 2월 1일엔 『세계일보』가 창간되었으며, 1990년엔 평화방송국(1990년 4월 15일), 불교방송국(1990년 5월 1일), 교통방송국(1990년 6월 11일) 등 특수 방송국들이 개국했다.

그런 자유화의 물결에 부작용이 없을 리 없었다. 1989년에만 91명의 사이비 언론인이 구속되었으며, 공보처는 그런 실정을 내세워 1990년 2월 사이비 언론에 대한 규제책의 일환으로 1972년에 생겼다가 6 · 29선언 이후 폐지된 프레스카드제를 부활시키는 것을 검토하기까지 했다. 사실 당시 사이비 언론의 폐해는 매우 심각했다.

사이비 언론인들은 '거래업체' 명단을 서로 교환해가면서까지 돈을 뜯어내기에 바빴는데 경기도에 있는 어느 무허가 한의원의 경우

73명에게 매번 2만 원씩 돈을 뜯기는 신기록을 수립하기까지 했다. 심지어 촌지를 받은 교사와 학교에까지 사이비 언론의 마수가 뻗쳤다. 수도권 일대의 공해업소 업주들 사이에선 "사이비 기자들에게 돈을 뜯기느니 차라리 신문사를 하나 차리는 게 싸게 먹히겠다"는 말이 나돌았으며, 실제로 그런 용도로 신문사를 차린 기업주도 있었다. (이창원, 1990; 장화경, 1990)

사이비 언론 단속은 연례행사로 자리 잡았지만 권언유착을 일삼는 체제 옹호적 사이비 언론은 여전히 성역에 머무르고 있다는 비판도 제기되었다. 6공 치하에서 언론은 더 이상 권력으로부터 탄압받는 피해자가 아니라 권력과 더불어 기득권 세력의 일원으로 편입되었다는 것이다. 6공 치하에선 언론통제의 주요 수단으로 5공의 '보도지침' 대신 '언론인 개별 접촉 보고서'가 사용되었다는 것도 바로 그런 변화를 말해주는 것이었다.

1988년 12월 『한겨레신문』이 공개한 이 보고서는 문공부 홍보정책실이 매체 활동 조정 계획에 따라 언론사별로 접촉 대상자를 선정, 홍보 정책관이 요식업소 등에서 개별 접촉해 보도 협조 요청 사항을 알리는 한편 해당 언론사의 주요 동정을 전해 듣고는 이 내용을 월별로 작성해 대외비로 만든 것이었다. 이는 언론인들의 자발적 협조가 전제된 것으로 6공에서 언론의 가장 큰 적은 권력이 아니라 언론 자신이라는 걸 말해주는 것이었다.

또한 푼돈을 뜯어내는 사이비 언론의 부패가 '생존형 부패'라면, 제도권 언론의 부패는 어느덧 '향락형'을 넘어 '축재형 부패'로까지 나아갔다. 1990년 중앙 일간지 편집국에서 중요 부서의 책임자로 일

하는 언론인의 '양심선언'을 대학 동문인 어느 국회의원을 통해 간접적으로 전해 들은 김종철(1992, 273)은 그걸 다음과 같이 소개했다.

"내가 맡은 자리를 말썽 없이 2년만 지키면 적어도 5억 원을 번다. 특히 추석에는 상사나 부하들, 그리고 내근 기자들에게 선심을 쓰고 연말에는 내 몫으로 더 갖는다. 이 밖에 봄철 야유회와 여름휴가 때 들어오는 촌지를 치사스럽게 내가 차지하지 않고 회사 안에서 분배하면 양심적인 사람이라는 소리를 듣는다."

〈어머니의 노래〉·〈광주는 말한다〉

5공과 6공 정권이 방송 통제를 위해 공통적으로 구사한 방법 가운데 하나는 이른바 '특채' 제도였다. KBS는 1981년에서 1988년 6월까지 모두 2,699명의 직원을 채용했는데, 이 가운데 공채 인원이 1,544명 특채가 1,155명이었다. MBC의 경우, 1980년에서 1988년까지 특채 인원은 모두 185명이었으며, 전두환의 육사 11기 동기생 5명이 MBC의 지방사 사장으로 발탁되었고 프로야구 홍보의 책임을 수행한 MBC청룡의 사장도 육사 출신이었다.(김승수, 1989)

전두환의 회고록을 집필한 작가 천금성은 6월 항쟁 이후, 문화방송 안에 붙어 있던 '낙하산', '자칭 작가라는 C모 위원' 등의 대자보 문구를 보고 큰 충격을 받았다면서 "낙하산은 맞는 말이지만 '자칭 작가'라는 말에 쇼크 받았습니다. 이렇게 구차하게 있을 수 없다는 생각이 들어 사표를 내고 나왔습니다"고 말했다. 덧붙여 그는 "그때 양대 방송사에서 '낙하산'으로 지칭된 사람이 무려 7백 명가량이었는데

자진해 사표를 낸 건 나 혼자뿐이었다"고 말했다.(노재현, 1994, 316)

그럼에도 방송 통제술이라고 하는 측면에서 5공과 6공의 차이는 있었다. 5공은 철저한 무력에 근거해 탄생한 유혈 정권으로서 방송을 직접 장악하는 방식을 택했다. 그러나 6공은 부정선거로 얼룩진 선거이긴 했지만 합법적인 선거를 통해 창출된 정권으로서 그런 무식한 방법을 쓰긴 어려웠다. 방송사 경영진을 대리인으로 내세우는 식의 통제에 임했기 때문에 방송 민주화와 관련된 노사 갈등이 많이 발생했다.

방송인들의 방송 민주화 운동은 광주의 진실을 알리는 데에 기여했다. 1989년 2월 3일에 방영된 MBC의 〈어머니의 노래〉와 3월 8일에 방영된 KBS의 〈광주는 말한다〉가 그 대표적 성과였다. 이 두 프로그램은 모두 광주민주항쟁을 다룬 것으로서 각각 44퍼센트, 70퍼센트라는 높은 시청률을 기록했다. 이 프로그램들의 방영은 일부 방송인들의 험난한 투쟁 끝에 이루어진 것이었다.

광주항쟁을 방송 사상 최초로 TV 다큐멘터리화한 특집인 〈어머니의 노래〉를 연출한 김윤영은 "광주 분들이 그러더군요. 확실한 자료는 영원히 찾을 수 없다. 우리들의 눈을 빼서 필름이나 VTR 자료로 만들 수 있다면 좋겠다. 기억과 망막 속의 자료를 영상화할 수 없는 것이 너무 안타깝다고 말입니다"라고 말했다.(『프로듀서』, 1989. 3. 25)

KBS가 〈광주는 말한다〉를 방영했을 때 민정당 대변인 박희태는 "우리가 믿고 사랑하던 KBS"가 어떻게 그런 프로그램을 방영할 수 있는지 실망스럽다고 개탄하는 성명을 발표했다. 이후 6공은 경영진에 의한 통제술을 구사하는 동시에 재벌이 경영하는 민영방송을 만드는 쪽으로 심혈을 기울였다. 재벌의 경영하에서 노조가 무력화되는 걸 기대했던 것이다.

신문들의 증면 · CTS 경쟁

1988년 11월 26일 42개 노조에 1만 3,000여 언론 노동자의 결집체로 탄생한 전국언론노동조합연맹(언노련)은 1989년 1월 14일 중앙위원회에서 1989년을 '언론 해방 투쟁 원년'으로 선언했다. 언노련은 1989년의 운동 목표로 권력과 자본, 비리로부터의 해방을 내세우는 한편 구체적인 실천 목표로 의식 개혁을 통한 비리 청산, 편집 · 편성권의 완전한 독립, 민주운동 단체와의 연대 강화 등을 정했다.

그러나 올림픽 특수 이후 더욱 치열해진 신문들의 증면 경쟁은 '언론 해방'을 어렵게 만들었다. 과거 신문 지면의 증가는 1962년에 단간제 1일 8면 발행에서 시작해 1980년 1일 12면, 1988년 1일 16면 발행으로 늘어나는데 그쳤다. 그러나 1989년 『한국일보』의 휴일판(월요판) 발행과 10월에 『조선일보』의 1일 20면 발행으로 촉발된 증면 경쟁은 1990년 3월부터 대다수 중앙지들에 확산되면서 주1회 휴간이 없어지고 연중무휴 1일 20면의 발행 체제로 변화했다.

또 1990년 7월부터는 『한국일보』를 필두로 주요 중앙지들은 모두 1일 24면의 발행 체제에 들어갔으며, 조간지인 『한국일보』는 1991년 12월 석간을 발행하면서 이른바 '조석간 복간제'를 30년 만에 부활시키기도 했다. 복간제는 다른 신문들로 확산되지 못했고 『한국일보』도 얼마 안 가 복간제를 포기하고 말았지만 이는 당시의 증면 경

쟁이 얼마나 치열했는지를 말해주는 사건이었다.(『미디어오늘』, 1996. 9. 18)

신문들의 증면 경쟁은 지면에서 기사가 차지하는 비율이 점점 줄어드는 결과를 가져왔다. 4대 중앙지의 경우 전체 지면에서 광고량이 차지하는 비율은 1989년에 45퍼센트이던 것이 1992년에는 평균 50퍼센트에 육박하거나 『조선일보』와 같은 일부 신문의 경우 이를 상회하는 수준으로 늘어났다. 그 결과 광고 수입과 판매 수입의 비율도 7대 3에서 8대 2까지 벌어졌다.(『미디어오늘』, 1996. 9. 4)

1980년대 말부터 신문들은 편집·제작의 전산화를 위한 CTS Computerizing Typesetting System 시설에 수백억 원씩 투자했으며, 1990년 『한국일보』의 창원 분공장 건설을 시발로 서울 소재 신문들은 앞다투어 지방 분공장을 설치해 지방 시장을 공략했다.

신문들의 치열한 경쟁이 말해주듯이, 노 정권 하에서의 언론 민주화는 왜곡된 시장 민주화였을 뿐 근본적인 변화는 기대하기 어려웠다. 노 정권에서 재벌들의 신문 소유가 크게 늘어난 것도 결코 우연이 아니었다. 한국화약이 『경향신문』을, 롯데가 『국제신문』을, 대우가 『항도일보』(『부산매일신문』으로 개제)를, 대농이 『내외경제신문』과 『코리아헤럴드』를, 갑을이 『영남신문』을 인수했으며, 현대가 『문화일보』를 창간했다. 또한 재벌들은 앞다투어 거창한 명분을 내걸고 문화재단을 설립했는데 대부분 변칙 상속을 위한 도구로 이용했다. (이한구, 1999)

재벌의 광고를 통한 언론통제는 종합 광고대행사의 계열화를 통해서 더욱 조직화되고 강화되었다. 1990년 광고 집행 실적 1위부터

8위까지가 모두 재벌 소유의 계열사였는데, 제일기획(삼성), 엘지애드(럭키금성), 대홍기획(롯데), 오리콤(두산), 코래드(해태), 삼희기획(한국화약), 금강기획(현대), 동방기획(태평양) 등이 바로 그것이다. 8대 대행사의 4대 매체 광고 물량 처리액은 4대 매체 총 광고비의 40.8퍼센트에 달했다.(유인학, 1991)

UIP 영화 직배 반대 투쟁

1988년 올림픽을 전후로 하여 뜨겁게 달아올랐던 미국 영화 배급 회사 UIP의 영화 직배 반대 투쟁은 1989년에도 계속되었으며 더욱 치열한 양상을 보이게 되었다. 1989년 2월 4일 코리아극장과 신영극장이 2번째 UIP 직배 영화 〈007 리빙데이라이트〉를 상영하자 영화인들은 다시 시위에 들어갔다. 3월 11일 영화인들은 〈007 리빙데이라이트〉가 상영 중인 시네하우스 앞에서 반대 시위를 벌였다. 5월 27일엔 〈레인 맨〉을 상영하던 시네하우스에 뱀 20마리와 암모니아 4통이 투입되는 사건이 발생했다. 6월 21일 영화인협회는 마로니에공원에서 UIP 저지 전 영화인 대회를 개최했다. 8월 13일엔 〈인디아나 존스〉를 상영하던 시네하우스 등 서울 시내 개봉 영화관 6개소에서 스크린과 의자 등이 방화되고 객석에서는 분말 최루가스가 발견되는 등의 사건이 발생했다.

이런 반대 투쟁에 대한 반격도 만만치 않았다. 8월 25일 밤 UIP 직배 반대 투쟁 위원장 이일목이 집 부근에서 2명의 괴한에게 테러를 당하는 사건이 발생했다. 9월 7일 시네하우스 방화와 뱀 투입 혐의로 영화감독 정지영(영화인협회 감독분과위원회 부위원장)과 정회철이 구속되었다. 이어 같은 혐의로 영화인협회 이사장 유동훈과 이일목이 구속되어 UIP 직배 반대 투쟁은 큰 위기에 처하게 되었다.

잇따른 핵심 인사들의 구속으로 영화인협회의 기능이 마비된 틈을 타 직배사들이 더 늘어나게 되었다. 1989년에는 UIP와 20세기폭스 등 2곳뿐이었으나 1990년에는 워너브라더스, 오라이언, 컬럼비아트라이스타가 진출해 5개로 늘었다. 직배 영화는 1989년 15편에서 1990년에는 47편, 1991년에는 71편으로 늘었다. 이는 관객들이 영화인들의 처절한 투쟁에 별로 호응하지 않았다는 걸 의미하는 것이기도 했다.

1989년 직배 영화는 관객을 500만 명 이상 동원해 총 관객 5,500만 명의 10퍼센트를 점했다. 흥행 수입은 153억 3,000만 원으로 전체의 12.1퍼센트를 점했는데, UIP가 140억 원, 20세기폭스가 13억 3,000만 원을 기록했다. 1990년 서울 개봉관 흥행 10위권에 든 영화 가운데 직배 영화가 7편을 차지했다. 1990년 UIP는 21편의 영화를 직배해 541만 4,697명의 관객을 동원했으며 수입은 120억 6,585만 원에 이르렀다(극장 매표 수익의 60퍼센트). 1991년 한 해 동안 상영된 외국 영화 256편 중 직배 영화는 43편으로 13퍼센트에 불과했지만 동원 관객 수는 전체의 50퍼센트를 훨씬 넘는 것으로 추산되었다.

한국 영화의 부진 대신 성황을 이룬 건 비디오 대여점이었다. 한국 영화의 시장 규모(극장 수입)는 1,400억 원에 불과한 반면 전국 3만 5,000여 개 비디오 대여점의 대여료 수입은 3,000억 원으로 영화 시장 규모의 2배에 이르렀다. 1991년 한 해에 쏟아져 나온 비디오 영화만도 2,637편이나 되었다. 그러나 이 중 소비자들의 눈에까지 가 닿은 작품은 30퍼센트에 불과했고, 나머지 70퍼센트는 비디오 도매상에서 포장도 뜯기지 않은 채 제작자에게 다시 반품되는 것들이었다.

VTR 보급률은 이미 1990년에 35퍼센트(350만 대)였고, 갤럽의 1992년 1월 조사에선 54.2퍼센트(서울 68.6퍼센트)나 되는 것으로 나타났다. 당시 우리나라 국민은 1년에 1.2편의 영화를 보고 7.4편의 비디오 영화를 보는 것으로 추산되었다. 이미 1988년에 2,047편으로 껑충 뛴 비디오 수입 실적은 1989년부터 해마다 3,000편 이상씩 쏟아 놓기 시작해 1991년 현재 시중에 2만여 종의 비디오 영화가 범람했다. 외국 영화 프로그램은 1992년 1월 말까지 나온 전체 비디오 1만 2,088편의 75퍼센트인 9,168편을 차지했고, 불법 제품은 6,000~8,000편에 이르는 것으로 추산되었다.(『세계일보』, 1991. 8. 29, 1992. 2. 7)

1990년 서울을 비롯한 대도시의 아파트촌에는 한 가지 새로운 풍속이 생겨나기 시작했다. 일본의 위성방송을 시청하기 위한 파라볼라안테나의 설치였다. 1990년 초 MBC의 한 조사에 따르면, 서울 시민의 22.2퍼센트가 파라볼라안테나를 설치했으며 37.4퍼센트가 일본 위성방송을 시청한 경험이 있는 것으로 밝혀졌다. 정부는 위성방송 침투에 따른 한국 문화의 정체성 위기론을 주장하면서 이걸 민영방송 신설의 주요 근거로 삼게 된다.

복합극장의 등장, 국산 영화 점유율 20퍼센트

영화 배급을 둘러싼 영화계 내부의 치열한 갈등이 시사하듯이, 영화

시장은 '제작'보다는 '유통'이 절대적 우위를 누리고 있었다. 그러한 '유통' 우위의 상황에서 관객들의 영화 선택의 폭을 넓혀주고 부대시설을 확충하고 현대화해 관객을 영화관으로 유인하기 위한 목적으로 1989년부터 이른바 '복합극장'의 시대가 열리게 되었다. 1989년 7월에 개관한 시네하우스(대표 정진우)와 시네마타운(대표 곽정환)이 바로 그것이었다. 시네하우스는 서울 논현동에 1,000석의 대형 극장과 600석·500석 규모의 중형 극장 2개를 갖추었으며, 시네마타운은 서울 관수동에 1,100석의 대형 극장 2개와 600석의 중형 극장 1개를 갖추었다.

복합극장을 짓기 위한 대자본의 투자는 영화 상영을 더욱 자본 논리에 종속케 만드는 결과를 낳았다. 복합극장은 단일 건물 안에 3~4개의 스크린을 설치해 관객들에게 선택의 폭을 넓혀주는 동시에 영화 관람을 대중의 여가 생활의 중심으로 끌어들이는 기여를 했지만, 영화법상의 스크린쿼터제와 교호 상영 의무를 피하기 위한 갖가지 편법을 저지를 수 있는 기회를 제공했다.

복합극장들은 수익이 보장되는 외화 방영에 치중하기 위해 이미 개봉된 영화를 외화와 외화 사이에 하루만 사용하는 하루살이 땜질용 영화를 1관과 2관, 3관 등을 옮겨 다니며 상영하는 방법을 주로 사용했다. 또 외화와 동시 상영 시 0.5일의 상영 일수를 인정해 주는 것을 이용해 같은 외화를 계속 상영하면서 중간에 땜질용 방화를 이틀 이상 동시 상영하는 방법도 동원했다.

복합극장들의 그런 편법이 말해주듯이, 당시 영화 시장에선 미국 영화가 압도적인 우위를 누리고 있었다. 1989년에 공윤의 심의(검열)

를 마친 영화는 모두 355편이었는데, 한국 영화는 91편이었던 것에 비해 외화는 264편에 이르렀다. 1989년은 1988년에 비해 극장 10.9퍼센트, 관객 5.9퍼센트, 매상액 30.2퍼센트가 각각 증가하는 호황을 누렸지만, 정작 재미를 본 건 극장과 미국 영화였다. 전국의 772개 극장(상설 극장 259개·소극장 513개)에서 동원한 영화 관객은 총 5,530만 6,458명으로 입장 매상액은 1,256억 원에 이르렀지만, 이 중 한국 영화는 1,115만여 명을 동원, 약 236억 원의 매상을 올린 반면 외국 영화는 4,415만여 명이 관람, 약 1018억 원을 기록했다.

1980년대 초반만 하더라도 국산 영화 관객과 외국 영화 관객의 수는 거의 같은 비율을 유지했었으나 1987년 7월 영화 시장이 개방됨에 따라 그 비율은 2대 8까지 떨어지게 되었다. 즉, 영화 관객 5명 가운데 국산 영화를 보는 관객은 단 1명 정도에 지나지 않게 된 것이다. 영화 1편당 관객의 수도 극히 적어 영화 사업의 채산성도 크게 떨어졌다. 1980년대 10년간 제작된 영화는 모두 886편이었는데 이 가운데 단일 극장에서 30만 명 이상을 기록한 영화는 6편에 불과했으며 10만 명 이상을 기록한 영화는 52편으로 전체의 5.9퍼센트에 지나지 않았다.

단일 극장에서 10만 이상의 관객을 동원하는 영화는 1년에 5편이 보통이었다. 이는 1980년대 후반에도 마찬가지였다. 10만 이상의 관객을 동원한 영화는 1987년 4편, 1988년 7편, 5만 이상의 관객을 동원한 영화는 1987년 9편, 1988년 15편에 불과했다. 1989년 10만 이상의 관객을 동원한 한국 영화는 8편에 지나지 않았지만, 외국 영화는 38편이나 되었다.

1990년 4월 KBS 사태

언론계의 민주화 운동은 민간 기업으로 존재하는 신문보다는 공영방송 쪽에서 노조 중심으로 활발하게 전개되었다. 노태우 정권은 방송노조의 방송 민주화운동에 위기의식을 느끼고 방송 통제에 정권의 운명을 걸다시피 했으며, 그 결과 나타난 것이 1990년의 'KBS 사태' 혹은 'KBS 4월 투쟁'이다.

1990년 2월 노 정권은 KBS 직원에 대한 법정 수당 지급을 '예산 변칙 지출'로 몰아 노조에 협조적이던 사장 서영훈을 해임하고 『서울신문』 사장 서기원을 사장으로 임명했다. 노조는 서기원의 사장 취임을 저지하는 투쟁을 전개했다.

1990년 2월 14일, 공보처장관 최병렬이 대통령에 대한 새해 업무보고에서 새로운 민간 TV 방송 설립을 위해 1990년대에 방송법을 개정하겠다고 말한 것이 알려지면서 KBS의 수당 변태 지급 파문이 결코 우연하게 일어난 일이 아니라는 의혹을 짙게 했다. 아닌 게 아니라 정부는 1989년 4월 관 주도의 한시적 연구 기구로 만들어진 방송제도연구위원회를 독촉해 예정보다 한 달을 앞당긴 3월 31일 민방 신설을 골자로 하는 보고서를 확정, 발표케 했다.

신문들은 노 정권의 편이었다. 석연치 않은 과정을 통해 서영훈의 사표가 3월 2일 KBS 이사회에 의해 수리되고 난 이후부터의 보도 성향은 더욱 그랬다. 3월 6일 낮 12시 서울 태평로 언론회관 앞에서는 전국언론노동조합연맹과 KBS노조 공동 주관으로 '방송 자주권 쟁취 결의 대회'가 언노련 집행부, 각 언론사 노조 위원장단, KBS 사원 등 600여 명이 참석한 가운데 열렸다. 그런데 이 대회에 대해 『한겨레신문』과 연합통신을 인용한 일부 지방지를 제외한 모든 중앙지들이 보도를 완전히 외면했다.

다음 날 국회의원 이철은 「KBS 사태 진상 보고서」를 통해 "KBS의 방송 민주화 노력에 대해 호의적인 자세를 견지해온 서영훈 사장에 대한 사퇴 압력은 감사원의 감사 실시 전부터 은밀하게 계속되어 왔다"면서 "지난 1월 말과 2월 초순 안기부 요원들이 서 사장 자택인 목동의 아파트 경비실을 수차 출입하면서 내왕객에 대해 탐문하는 등 불법적 사찰을 자행했다"고 폭로했다. 그런데 이 발표에 대해서도 『한겨레신문』을 제외한 모든 중앙지들이 보도를 완전히 외면했다.

노 정권은 4월 12일 1,000여 명의 경찰을 KBS에 투입시켜 171명의 사원을 연행해갔다. 이로 인해 제작 거부 등의 투쟁이 지속되자 노 정권은 4월 30일 다시 3,000여 명의 경찰을 투입해 333명의 사원을 연행했다. 신문들의 편파적인 보도로 인해 폭넓은 여론의 지지를 받지 못한 데다 내부 분열까지 겹친 KBS 사원들은 결국 제작 거부 38일 만인 5월 18일 백기를 들고 방송 정상화에 임하지 않을 수 없게 되었다. 동료 사원 20여 명이 구속되는 참담한 결과를 핏발 선 눈으로 지켜보면서.

KBS 4월 투쟁에 대한 노 정권의 무력 진압은 그해 1월 22일에 이루어진 3당 합당이라고 하는 정치적 변화로 인해 가능한 것이었다. 대다수 언론이 노 정권 편에 선 것도 바로 그런 변화를 반영한 것이었다.

방송법 국회 날치기 통과

KBS 사태를 진압한 노 정권은 그 여세를 몰아 1990년 6월 14일 새로운 방송제도 개편안을 발표하고 7월 11일과 14일 방송 관련 3개 법안을 국회문공위와 본회의에서 날치기 통과시켰다. 법안의 핵심 내용은 민방 신설과 방송위원회, 방송광고공사, 교육방송에 대한 정부 통제 강화 등이었다.

방송인들은 노 정권의 그런 행태에서 방송 장악 음모를 읽고 다시 저항에 나섰다. 7월 12일 MBC노조의 제작 거부를 시발로 하여 KBS, 기독교방송, 평화방송 등 4개 방송사 노조는 연대 제작 거부라는 결의를 표명하기에 이르렀다. 그러나 연대 제작 거부 역시 너무 고독한 투쟁이었다. 결국 4개사 노조는 연대 제작 거부 3일 만인 7월 16일 '프로그램을 통한 투쟁'이라는 대안을 내건 채 제작에 복귀할 수밖에 없었다.

그러나 프로그램 투쟁의 무력함은 KBS는 말할 것도 없고 MBC에서도 곧 드러나고 말았다. 10월 31일 하오 경제부총리 이승윤 주재로 재무·문화·상공·체신·공보처장관 등이 참석한 가운데 열린 민방설립추진위원회는 채널 6의 새 민영 TV 방송국을 실질적으로 경영하게 될 30퍼센트 출자의 지배주주로 건설회사인 태영을 선정했다. 새로운 민방의 대주주가 된 건설회사 태영의 사주 윤세영은 신설 민영방송의 성격에 대해 "중산층이 뿌리내릴 수 있는 사회가 바람직하다"는 뜻에서 "중도 보수 우익 노선을 표방하겠다"고 밝혔다.

공보처는 민방 주체 선정의 특혜 의혹이 일자 이를 불식시키겠다는 듯, 민영방송의 주주인 31개 기업들의 출자 자금을 국세청에게 조사 의뢰하겠다는 제스처를 보이기도 했다. 이것이 제스처인 것은, 기업의 자금 출처 조사는 구체적 탈세 혐의가 드러날 때 실시하는 것인 만큼 민영방송 설립만을 두고 자금 출처와 세무조사를 벌인다는 건 있을 수 없는 일이라고 국세청이 공식 반박하고 나섰기 때문이다. 공보처는 또 "태영 쪽에서 상당한 이권을 받게 되는 만큼 앞으로 300억 원을 5년간에 걸쳐 공익을 위해 출연할 것이며 민방 설립 후 매년 순이익의 15%를 장학기금으로 내놓을 것을 약속했다"며 이것이 지켜지지 않는다면 모든 것을 다 취소하겠다는 엉뚱한 으름장을 놓기도 했다.

방송제도연구위원회가 방송제도 개편의 들러리 역할을 한 것처럼, 시간이 지나면서 민방 설립 민간자문위원회도 민방 주체 선정의 들러리였음이 드러나고 말았다. 심지어는 민방 설립 추진위원회의 위원장인 부총리 이승윤도 들러리였음이 밝혀졌다. 이승윤은 태영의 선정 경위를 묻는 기자들의 질문에 "공보처장관에게 물어보라"며 자신은 지배주주 선정 과정에서 아무런 영향력을 행사하지 못했음을 실토했다.

수도권을 대상으로 한 신설 민영방송의 가시청 인구가 전체 인구의 40퍼센트밖에 미치지 못함을 배려한 것인지, 공보처는 곧 대전, 광주, 전주, 대구, 부산, 강원 등에 지방 민영방송을 탄생시키겠다고 밝혔다.

11월 26일에 시작된 국정감사는 '민방 감사'라고 해도 좋을 만큼 민방 주체 선정 의혹을 집요하게 파고들었지만 아무런 실질적 결과를 얻어내지 못했다. 기자협회를 비롯한 6개 언론단체 및 방송 4사 방송악법철폐공대위는 계속 새 민방 지배주주 선정 취소, 방송구조 개편 계획 재검토, 최병렬 공보처장관 퇴진 등을 요구했지만, 역부족이었다. 이제 한국 방송은 KBS와 MBC에 비해 훨씬 더 공격적인 자세로 텔레비전의 오락성 강화에 일로매진하게 될 새 민영방송인 SBS의 주도하에 놓이게 된다.

1991년 수서 사건과 언론 부패

1991년 2월 3일 '노태우 정부 최대의 권력형 비리'라는 수서 사건이 시작되었다. 『세계일보』의 특종 보도로 드러난 수서택지 분양 특혜 사건은 정政-경經-관官이 유착한 대형 스캔들이었다. 서울시가 한보그룹 소유의 서울 강남구 수서택지 개발 예정 지구 내 3만 5,500평을 26개 연합 직장 주택조합에 특별 공급하기로 결정했는데, 이 과정에서 서울시에 대한 압력이 가해졌다는 것이었다.

당시 언론 부패와 관련된 논란은 서울시청 출입 기자들이 한보그룹으로부터 4,000만 원의 촌지를 받은 것에 집중되었지만, 그건 한보가 언론계에 뿌린 거액 촌지 가운데 일부에 지나지 않는 것이었다. 월간 교양지 『한사랑』 1991년 4월호는 「언론 부패, 이대로 안 된다」라는 특집 기사를 게재했는데, 이 잡지의 실질적 발행인이 부임 직후 수서택지 특별 분양을 허가했다가 서울시장에서 물러난 박세직이라는 점이 눈길을 끌었다. 박세직이 시청 기자단과 다른 언론계 인사들의 비리를 알고 있을지 모른다는 점에 비추어서 그랬다. 이 기사는 이렇게 보도했다.

"수서 관련 보도가 고개를 들 무렵인 90년 12월 이미 서울시청 출입기자들이 작게는 기십만 원에서 크게는 기백만 원씩의 한보 촌지를 받았으며, 그 이후 일부 신문방송사의 사회부장, 편집국장급에게 1~2천만 원 이상의 촌지가 뿌려졌다는 게 정설이다."(이용식, 1993)

사실 당시 언론계는 한보그룹으로부터 거액의 뇌물이 언론계 간부들에게 전달되었다는 소문이 나돌아 뒤숭숭한 분위기였다. 5억 수수설, 80명 연루설 등이 유포되고 구체적으로 개인의 이름과 액수까지 검찰 주변에서 거론되기 시작했다. 한보그룹 홍보 담당 상무 이정웅은 검찰 조사에서 언론계 일부 간부 이름까지 거명하고 "언론인들에게 섭섭하지 않게 해 주었는데 수서 관련 보도를 보니 너무 섭섭하다"는 얘기까지 한 것으로 보도되었다.

그러나 검찰은 곧 "언론인 관련 부분은 검찰의 수사 대상이 아니다"는 입장을 밝혔으며 정부 측도 "언론계의 자체 정화가 바람직하다"는 입장을 거듭 표명하기에 이르렀다. 왜 그랬을까? 그 이후 언론의 수서 비리 관련 보도가 급격히 줄어들기 시작했다는 점에 주목할 필요가 있다. 또 수서 비리를 최초로 그리고 가장 성실하게 보도했던 『세계일보』 편집국장 이두석과 부사장 손병우가 인사 보복을 당하고 『세계일보』를 소유한 통일그룹이 세무조사를 받는 보복을 당했음에도 다른 언론이 이를 외면했다는 점도 예사롭지 않았다. 이와 관련, 이용식(1993, 228)은 "이로써 정치권력과 저돌적으로 맞부딪쳤던 한 신생 언론의 시도는 50여 일 만에 완전 항복으로 막을 내렸다"고 했다.

당시 권력과 언론 사이엔 묵계의 거래가 있었던 게 아닐까? 권력이 언론계 비리를 눈감아주는 대신 언론도 수서 비리를 더 이상 문제삼지 않는 거래를 한 게 아니었겠느냐는 의미에서다. 알 수 없는 노릇이었다. 그러나 한 가지 분명한 건 언론도 정태수의 로비로부터 자유롭지 못했다는 점이었다.

언론의 촌지 · 향응 잔치

전국언론노동조합연맹이 1991년 3월에 발표한 '자정 운동의 햇불을 올리자'는 성명은 "음식물에 독극물을 첨가하는 행위가 용납될 수 없듯이 국민 모두가 정확하고 올바르게 알아야 할 정보가 돈거래의 대상이 될 수 없다"고 선언했다.

그러나 수서 파동 이후 '골프 향응'은 기자들 사이에 새롭고 안전한 '촌지'로 큰 인기를 얻었다. 일부 부처의 경우 출입기자의 3분의 2가 거의 매주 해당 부처 혹은 산하 기관의 '후원'을 받아 골프를 치고 있었으며 아예 기자실에 연습용 골프채까지 갖다 놓는 진풍경이 벌어지기도 했다. 1991년 '신문의 날'엔 200여 명의 기자들이 기업으로부터 골프 향응을 받아 논란을 빚었다.

월간 『세계와 나』기자 이희용은 1991년 6월호 기사에서 "재벌들은 기자들과 데스크에게 특정 취재나 보도에 관련된 촌지 말고도 월례성 촌지나 명절 때의 보너스성 촌지를 정기적으로 돌리는 것으로 알려져 있다"며 "이들의 봉투는 언론사의 사세에 따라 혹은 받는 이의 직급에 따라 달라지기도 하지만 대략 20만 원에서 30만 원이고 데스크급은 50만 원에서 100만 원, 부장급 이상이 그룹 총수를 인터뷰하는 경우에는 수백만 원이 되기도 한다고 알려져 있다"고 말했다.

"일부 기업은 기자나 경제부 데스크의 개인 신상을 꼼꼼하게 파악하여 명절 때 기호에 맞는 선물을 챙겨주어 받는 이를 감격(?)시키는가 하면, 기자의 생일은 물론 부인의 생일까지 기억하여 선물을 챙기는 '눈치 빠름'을 과시하기도 한다. 기자들의 단체 야유회 등에 회사 버스를 제공하거나 연수원 등을 빌려주는 것도 관례화된 일이어서 언론사 측에서 먼저 요청하는 사례까지 없지 않다. 해마다 신문의 날에 중앙 일간지 간부들이 대기업들로부터 골프 향응을 받는 것도 일상화된 일로 알려져 있다."

1991년 7월에 실시된 한국언론연구원 조사에선 현직 언론인의 96.3퍼센트가 "촌지가 수수되고 있다"고 응답했다. 언론사들은 앞다투어 촌지를 거부한다는 윤리 강령을 제정, 선포했지만, 대부분 윤리 강령의 실천에 강제력이 없고 위반 시에도 아무런 제재 조치가 없어 유명무실했다. 이와 관련, 『언론노보』 1991년 7월 22일자는 "자정이 무색하다"며 "'수서 사건'을 계기로 언론계 전체로 확산됐던 자정 움직임이 회사별 혹은 출입처별로 구체화되지 못하면서 최근 일각에서 자정 의지를 무색케 하는 사례들이 잇따라 발생하고 있다"고 비판했다.

"'수서' 이후 거의 금기시 돼왔던 출입처 내 집단 촌지 수수가 최근 또 확인돼 물의를 빚고 있는가 하면 기자단별로 상당히 자제돼왔던 촌지성 외유도 늘어나고 있다. 특히 윤리 강령 채택 등으로 전사적인 자정 의지를 과시했던 일부 언론사들은 명백한 강령 위반 사례에 대해서도 아무런 조치를 취하지 않음으로써 강령 자체를 사실상 사문화시켜버려 실망을 안겨주고 있다."

아니나 다를까, 1991년 11월 보사부 출입기자단의 촌지 사건이 또 한번 언론계를 강타했다. 촌지의 규모가 거의 1억 원대에 달하는 것으로 밝혀졌다. 과거 권력의 탄압과 통제 대상이었던 언론은 이제 권력 분점의 단계로 나아가고 있었다.

〈땅〉·〈여명의 눈동자〉·〈사랑이 뭐길래〉

1991년 4월 22일 방송연예인노조(위원장 유인촌)는 "땅이 소용돌이치고 있다. 땅은 형태상으로 안정이 기본이다. 누가 땅을 뒤흔들고 있는가?"라는 내용의 성명서를 발표했다. 이는 총 50회분으로 12월까지 방송키로 되어 있던 문화방송의 대하드라마 〈땅〉(김기팔 극본, 고석만 연출)이 문화방송 경영진의 일방적 결정에 의해 그 3분의 1도 안 되는 15회분으로 5월 종료가 확실시됨에 따라 나온 반발이었다. 한국 방송 사상 최초로 연예인들이 출연료 문제가 아닌 '방송의 자주성과 자율성 수호'를 위해 집단행동을 결의하고 나선 사건이었다.

땅에 얽힌 한국 사회의 구조적 비리와 모순을 고발하는 성격을 지닌 대하드라마 〈땅〉은 시작과 동시에 정부의 정치적 탄압에 시달렸다. 당시 세상을 떠들썩하게 만들었던 '수서 특혜 비리 사건'이 적나라하게 보여주었듯이, 〈땅〉의 현실 고발은 결코 과장되거나 왜곡된 것은 아니었건만 청와대로부터 거센 반발이 쏟아졌다. 문화방송의 사장 최창봉과 제작 이사 민용기가 청와대에 불려갔으며, 방송위원회 또한 정부 측으로부터 〈땅〉에 대한 중징계는 물론 담당 연출자까지 처벌할 것을 요구받았다.

방송 심의 전문 기구인 방송위원회 산하 연예오락심의위원회가 〈땅〉의 첫 회분에 대해 내린 조치는 제작 관계자를 징계하지 않는 조건으로 한 '해명'이었건만, 방송위원회는 이를 묵살하고 "계층 간, 지역 간의 갈등을 조장하고 방송의 품격을 손상시켰다"는 이유를 내세워 〈땅〉에 대해 '사과 방송' 명령을 내렸다. 이에 문화방송 경영진은 〈땅〉의 제작자 및 제작국장에 대해 '10일 근신'이라는 징계를 내렸으며, 이어 조기 종영을 관철시키고 말았다.

당시 상황은 어떠했던가? 1991년 초까지 3년 동안 서울 지역의 아파트 값은 평균 2.6배나 뛰었다. 1988년에는 1억 원으로 40평짜리 대형 아파트를 살 수 있었으나 3년 후에는 15평짜리 소형 아파트도 사기 힘들어졌다. 1991년 초 압구정동의 80평형 현대아파트는 평당 2,000만 원을 호가했는데, 이 지역 주민들은 "하룻밤 자고 나니 1천만 원 벌었다"는 말을 인사말처럼 주고받았다.(이장규 외, 1995) 1990년대가 이념 투쟁 대신 땅과 아파트 투쟁으로 점철될 것임을 예고하는 사건이었다.

1991년 10월 7일부터 1992년 2월 6일까지 36부작으로 방영된 MBC의 창사 30주년 특집극 〈여명의 눈동자〉(김종학 연출)는 한국 TV 드라마 역사상 하나의 '사건'이었다. 이 드라마는 36편 시리즈 제작에 간접비 포함, 40여억 원을 쏟아 부어 편당(60분) 제작비가 1억 원을 상회했다. 출연 배우만 해도 한국 150명, 필리핀 40명, 중국 90여명에 엑스트라 배우 규모도 한국인 2만 명, 중국인 5,000명, 필리핀인 2,000명이었으며 제작을 시작한 1989년 11월부터 첫 방영 1991년 10월 7일까지 제작 기간만 만 2년에 달했다.(김현덕, 1992)

1991년 최고의 인기 드라마는 MBC의 주말연속극 〈사랑이 뭐길래〉(박철 연출)였다. 이 드라마는 남녀관계를 포함한 가족 관계 그리고 더 나아가 중산층의 일상적 인간관계에서 흔히 나타나는 내숭, 위선, 타자지형성他者指向性, 허위의식 따위를 작가 김수현 특유의 언어의 '비수'로 파고들되 언어의 '촉감'으로 유화시킨 코믹 풍자극에 가까웠다. 일부 여성학자들은 〈사랑이 뭐길래〉가 가부장제를 옹호한다고 비판했지만, 이영미(1995)는 이 작품의 메시지는 가부장제를 옹호하는 게 아니라 진보적 가정과 보수적 가정을 대비시키는 가운데 '양비론 내지는 양시론적 냉소주의'라고 진단했다. 이영미의 이런 해석이 타당하다면, 〈사랑이 뭐길래〉는 1990년대의 시대정신을 말해주는 드라마였던 셈이다.

신문의 엔터테인먼트 상품화

1991년 8월부터 한국·조선·동아·중앙 등 4개 중앙 일간지의 1면에선 '사고 전쟁社告戰爭'이 벌어지기 시작했다. 컴퓨터 제작 시스템 CTS=Computerizing Typesetting System 도입과 맞물린 지방 분공장 설치를 알리는 사고社告였다. '토털 CTS'를 도입하는 데에는 간접 경비를 포함하여 200~300억 원이 소요되며 『조선일보』와 『동아일보』의 경우 거의 500억 원의 경비를 투자했다. 연간 매출액의 3분의 1~2분의 1 규모의 자금을 쏟아 붓고 있는 신문사들 간의 테크놀로지 경쟁은 테크놀로지의 장점을 가장 잘 발휘할 수 있는 방향으로 신문 경쟁을 몰아갔기 때문에 저널리즘의 모든 특성은 '속보성'의 하위 개념으로 전락하게 되었다.

유통 경쟁도 더욱 치열해졌다. 독자 확보를 위해 "5개월간 무료 서비스"를 해주거나 이삿짐을 사이에 놓고 신문 판매 사원들끼리 충돌을 벌이는 건 흔한 풍경이 되었다. 신문사의 전체 수입에서 광고 수입이 차지하는 비중은 1950년대만 해도 20~30퍼센트에 불과하던 것이 1960년대엔 40~50퍼센트, 1970년대엔 50~60퍼센트, 1980년대엔 70~80퍼센트, 1991년엔 80~90퍼센트에 이르렀다. 광고 의존도가 높아감에 따라 광고주를 유치하려는 언론사 간 경쟁도 치열해졌으며, 이는 곧 보다 많은 독자를 확보하려는 경쟁으로 이어졌다.

실제 독자가 있든 없든 광고주를 의식해 대다수 신문사들이 팔리지 않는 신문을 대량 발행, 일부 신문의 경우 발행부수의 50퍼센트 이상을 폐지로 처분하는 기이한 현상까지 벌어졌다. 신문 4면의 종이 값은 약 15원 정도이므로 하루 20면 발행으로 계산하면 월 2,250원이었다. 신문사에서 내는 '무가지' 전체를 아무리 적게 잡아도 2,000만 부로 볼 경우 신문사들이 '독자 없는 신문'으로 없애는 종이 값이 월 45억, 연 540억 원에 이르는 것으로 추산되었다.

신문은 점점 더 엔터테인먼트 성격이 강해졌으며, 정치 저널리즘도 마찬가지였다. 1992년 대선을 앞두고 이미 1991년부터 신문에선 '대권'이란 단어가 단 하루도 빠지는 날이 없었다. 기사 제목에서 사용되는 경우만을 놓고 보더라도 대권은 그야말로 만능의 접두어였다. 1991년 한 해 동안 '대권'이 신문 기사 제목에서 접두어로 사용된 경우를 살펴보았더니 77가지 용도가 나왔다.

"대권가도 · 대권가름 · 대권각서 · 대권갈등 · 대권개입 · 대권견제 · 대권경선 · 대권경쟁 · 대권고지 · 대권공세 · 대권공략 · 대권공작 · 대권구도 · 대권내분 · 대권내정 · 대권논쟁 · 대권담판 · 대권대란 · 대권대화 · 대권도전 · 대권무대 · 대권문제 · 대권밀기 · 대권밀약 · 대권발판 · 대권변수 · 대권불씨 · 대권산행 · 대권삼몽 · 대권3수 · 대권싸움 · 대권선택 · 대권승부 · 대권실험 · 대권아집 · 대권암투 · 대권야망 · 대권연계 · 대권옹립 · 대권외교 · 대권이동 · 대권잡음 · 대권전략 · 대권정리 · 대권조끼 · 대권주자 · 대권지명 · 대권진통 · 대권초석 · 대권출루 · 대권카드 · 대권타협 · 대권투기 · 대권티킷 · 대권포석 · 대권풍향 · 대권한판 · 대권행보 · 대권향방 · 대권협의 · 대권후보 · 대권가시화 · 대권군히기 · 대권다지기 · 대권드라마 · 대권레이스 · 대권마라톤 · 대권무지개 · 대권시험대 · 대권신경전 · 대권재도전 · 대권전초전 · 대권준결승 · 대권지름길 · 대권탐색전 · 대권시나리오 · 대권줄다리기."

대권 저널리즘의 틀에 꿰맞춰져 보도되는 정치인들은 여든 야든 독자들을 재미있게 만들어주는 '연예인'의 역할을 맡게 되었다. 연예인들이 주로 슬픔과 즐거움이라는 감정을 시청자들에게 주는 반면, 정치인들은 '희로애락'이라는 보다 다양한 감정을 불러일으킨다는 점에서 그들은 '슈퍼 연예인'인 셈이었다. 독자들의 입장에선 사실 누구를 미워하고 경멸하는 것도 일종의 '즐길 거리'가 되는 것이었다.

이미 1990년 월간 『말』 편집차장 이재영은 "『노동자 신문』에 있을 때 설문조사를 한 적이 있는데 노동자들이 가장 많이 보는 신문이

『한겨레』가 아니라 『조선일보』였습니다"라고 말했다.(이재영 외,
1990) 노동자들이 보수 신문을 가장 많이 구독한다는 건 자기중심적
소비주의의 지배하에 놓인 1990년대 한국 사회의 모습을 상징해주
는 것이기도 했다.

'권력과의 싸움'에서 '자본과의 싸움'으로

노태우 정권기에 언론이 당면한 진정한 문제는 더 이상 권력의 언론
통제가 아니었다. 언론의 언론통제가 더 큰 문제였다. 1991년 9월 6일
『동아일보』편집국장 김중배는 이임식에서 "언론은 이제 권력과의
싸움에서 보다 원천적인 제약 세력인 자본과의 힘겨운 싸움을 벌이
지 않으면 안 되는 시기에 접어들었다"고 말했다.

　그는 『동아일보』사주의 편집 간섭을 단호히 비판하기도 했는데,
당시 사주가 편집국 기자들에게 회람시킨 문서의 내용은 "체제 부정
이나 국민의 위화감 조성에 지면을 할애함은 용납할 수가 없어 편집
진의 변화를 통해 동아 편집 방향의 재정비를 나의 제2창간 실현의
시작으로 삼으려고 한다"고 했다.

　사주가 그런 주장의 근거로 든 사례는 소설가 윤정모나 국사학자
안병욱 그리고 빈민운동가이자 국회의원인 제정구를 『동아일보』지
면에 소개한 것이었다. 한국기자협회의 기관지인 『기자협회보』
(1991. 8. 14)는 "『동아일보』김중배 편집국장의 갑작스런 경질은 많
은 이들에게 충격으로 받아들여지고 있다"며 "지난해 6월 15일 그가
편집국을 맡은 이래 동아의 지면이 다른 신문들과 일정한 차별성을

보이면서 새로운 변화의 가능성을 제시했다는 점, 또 이러한 변화가 독자들의 상당한 관심과 주목을 끌었고 이 때문에 김 국장의 장수를 예상하는 이들이 적지 않았기 때문이다"라고 말했다.

『동아일보』 사주는 김중배의 그런 노력을 '체제 부정'이자 '국민 위화감 조성'으로 보았지만, 1991년 12월 한국기자협회가 전국 2,700여 기자를 대상으로 실시한 '올해의 인물' 선정 투표에서 김중배는 53.9퍼센트라고 하는 압도적인 득표로 '올해의 인물'로 선정되었다.

'김중배 선언'은 언론을 보는 언론 자본의 시각이 근본적으로 변화되었다는 것을 의미하는 것이기도 했다. 신문들이 초고속 성장을 거듭하면서 경제적 규모가 커지자 자본 논리의 지배력이 더 큰 힘을 발휘하게 되었다는 뜻이다. 1991년 매출액은 『조선일보』 1,787억 원, 『중앙일보』 1,646억 원, 『동아일보』 1,384억 원, 『한국일보』 1,232억 원 등 4대 일간지가 6,049억 원으로서 1990년 5,227억 원, 1989년 4,019억 원에 비해 매년 15~30퍼센트에 이르는 고속 성장률을 보였다. 1980년 총 매출액(8,58억 원)과 비교하더라도 이들 4대 일간지는 11년 만에 매출액이 7배 이상 늘었다.

SBS 라디오·TV 개국

1991년에 이루어진 갤럽 조사에 따르면 우리나라의 1가구당 평균 TV 시청 시간은 5시간 33분이며, 1인당 시청 시간은 2시간 35분인 것으로 나타났다. 한마디로, 텔레비전의 전성시대였다. 1991년 3월

20일 SBS 라디오 개국에 이어, 1991년 12월 9일 SBS TV 개국은 텔레비전 전성시대가 당분간 더 지속될 것임을 예고했다. SBS TV는 기존의 KBS와 MBC가 갖고 있던 무사안일주의에 자극을 준 긍정적인 측면이 전혀 없지는 않았으나 치열한 시청률 경쟁을 촉발시켜 한국 방송의 오락 편향성을 강화하는 결과를 초래했다.

방송 연예인들과 일부 방송인들은 SBS TV의 개국을 크게 환영했다. SBS TV의 개국이야말로 그들의 취업 기회를 확대시키고 처우를 개선시키는 데에 크게 기여할 수 있기 때문이었다. 시청자들에게도 SBS TV의 개국은 TV 채널이 하나 더 생겨 TV를 시청하는 데 있어서 선택의 폭이 그만큼 더 넓어진다는 점에서 내심 크게 환영할 만한 일임에 틀림없었다.

그러나 SBS 라디오의 개국은 『동아일보』를 화나게 만들었다. SBS 라디오 채널은 바로 동아일보사가 갖고 있다가 1980년 언론 통폐합 때 빼앗긴 DBS의 채널이었던 KBS 라디오 서울 주파수 792 KHZ이었기 때문이다. 『동아일보』 1990년 11월 27일자에 실린 이동우 화백의 「나대로선생」 만평은 도둑(노 정권)이 훔친 라디오를 돈을 받고 태영에게 넘겨주는 장면을 보여주었다. 그 라디오에서 때마침 나오는 소리는 "장물아비가 되지 맙시다. DBS" 였다.

동아일보사는 11월 19일 국가와 KBS를 상대로 KBS에 강제 흡수된 DBS를 원상회복하라는 내용의 양도 무효 확인 청구 소송을 서울지법 남부지원에 제기했다. 이와 관련, 『동아일보』는 11월 21일자 사설을 통해 다음과 같이 주장했다. "방송 공영제를 위해 동아방송을 빼앗아갔다면 공영 체제가 유지되는 한 일단 정책상의 명분은 있다.

그러나 민영방송이 허가되고 방송이 공민영 혼합 체제가 될 때는 당연히 빼앗아간 동아방송은 본래의 주인인 동아일보사에게 되돌려주는 것이 국가가 지켜야 할 도리인 것이다."

이에 대해 공보처 장관 최병렬은 "라디오는 DBS가 쓰던 것이지만 무선국 허가는 1년 단위로 재허가하게 돼 있고 인쇄 매체는 방송 매체를 겸업할 수 없게 돼 있다"고 답했다. 그러자 『동아일보』는 11월 30일자 사실을 통해 원상회복 이후의 DBS의 진로와 관련, "동아방송이 원상회복된 뒤에는 사적 소유와 겸영을 하지 않는다는 것을 천명한다. 동아방송은 국민의 주식을 모아 국민 주주에 의하여 국민을 위하는 명실상부한 국민의 방송으로 새롭게 출발하게 될 것임을 아울러 천명한다"고 밝혔다. 그러나 『동아일보』는 뜻을 이루지 못했고, '장물'은 결국 SBS의 손으로 넘어가고 말았다.

1992년 SBS의 반란

1992년은 한국 TV 오락사에서 일대 분기점이었다. 10여 년 넘게 KBS와 MBC가 누려온 독과점 체제가 시장 적응 기간을 끝낸 SBS의 적극적 활약으로 인해 붕괴되면서 편성과 제작의 리더십을 사실상 SBS가 행사하는 반란을 일으켰다. SBS는 우선 인력 스카우트로 방송계에 균열을 일으켰다. MBC의 경우 108명의 사원이 SBS로 빠져나갔는데, 이 중 기자만 29명으로, 거의 5명에 1명꼴로 빠져나간 셈이었다.

SBS의 활약으로 3개 방송사 간 경쟁이 치열해짐에 따라 각 방송사들은 '수시 편성 체제'로의 전환을 시도했으며, SBS는 방송 시간대를 툭하면 바꾸는 등의 방법으로 그간 비교적 고정된 편성 체제에 균열을 야기했다. 1992년 봄철 프로그램 개편 시에 KBS와 MBC에서 폐지되거나 축소된 프로그램들은 대부분 교양성이 높은 프로그램들이었으며, 반면 신설된 프로그램들은 오락성이 강화된 프로그램들이었다. 그러한 양상은 가을철 프로그램 개편 시에도 그대로 나타났다.

당연히 TV의 '저질 경쟁'에 대한 비판의 소리가 높았다. 11월 한 달에만도 신문들은 「TV 오락물 너무 낯 뜨겁다」(『한국일보』 11월 2일자), 「청소년 문화와 TV의 역할」(『동아일보』 11월 12일자), 「요즘 TV 낯 뜨겁다」(『조선일보』 11월 15일자), 「TV 방송의 저질 대행진」(『국민일보』 11월 15일자), 「텔레비전 저질 경쟁 단호히 대처해야」(『한겨레신문』 11월 16일자) 등 일련의 사설을 통해 TV에 대해 맹공을 가했다. 방송위원회도 사상 최초로 드라마 연출자에게 3개월 연출 정지를 내리는 등 '저질 경쟁'의 리더십을 행사하고 있는 SBS의 프로그램들에 대해 일련의 규제 조치를 취했다.

1992년은 토크쇼의 최전성기였다. KBS에서 SBS로 옮겨 간 〈쟈니윤 쇼〉와 그 공백을 메우기 위해 생겨난 KBS의 〈밤으로 가는 쇼〉 등의 토크쇼는 '음담패설'을 주요 소재로 삼는 파격적인 모습을 보여 주었다. KBS는 그걸로도 만족 못해 〈오늘 같은 밤〉을 추가했다. 그런 과감한 시도가 한국의 폐쇄적이고 이중적인 성 윤리에 대한 논의의 활성화를 위해 기획되었더라면 긍정적으로 평가할 수도 있을 것이나, 그것이 단지 시청률 경쟁의 산물이었다는 점에서 방송 매체의 특수성과 그에 따른 윤리성을 위협하는 심각한 사건으로 받아들여졌다.

그와 동시에 토크쇼의 양식은 기존의 쇼 프로그램과 코미디 프로그램 등에도 도입되어 '모든 오락 프로그램의 토크쇼화'라는 새로운 풍조가 1992년 중에 정착되었다. 일부 청소년 대상 프로그램에 도입된 토크쇼 양식은 기존의 형식적인 '방송을 위한 방송'의 자세에서 탈피해 TV가 좀더 현실 적합성을 갖게 하는 데에 크게 기여했다.

토크쇼의 확산은 기존의 코미디 프로그램에도 큰 영향을 미쳐 코미디가 토크쇼화 하는 경향을 보여주었다. 특히 MBC의 〈일요일 일요일 밤에〉와 SBS의 〈코미디 전망대〉는 코미디의 새로운 면모를 보여주었다. 코미디의 성격 변화는 코미디 프로그램들이 방송 연예계의 모든 가용 자원을 최대한 활용하는 공격적인 면모에서도 나타났으며, 이는 특히 〈일요일 일요일 밤에〉의 '몰래 카메라'나 SBS의 〈꾸러기 카메라〉 등을 통해 극적으로 표현되었다. 특히 〈꾸러기 카메라〉는 때론 '카메라의 테러'라고 해도 좋을 만큼 호전성을 유감없이 드러내 보였다. 그런 호전성은 거의 모든 코미디 프로그램들의 언어 구사에서도 나타났다.

'서태지와 아이들'과 〈질투〉

1980년대의 가요계는 조용필의 시대였다. 조용필은 1980년대에 정규 앨범만 11장을 낼 정도로 맹활약을 하면서 대중을 사로잡았다. 조용필 덕분에 대중가요가 팝송의 인기를 능가했으며, 조용필이 닦은 이 터전을 기반으로 노래방 열풍이 몰아쳤다. 1990년 부산에 처음 등장한 노래방은 순식간에 전국으로 퍼져 나가 1992년 2,000여 개소에 이르렀다. 노래방은 더 이상 '노는 아이'만 가는 곳이 아니라 모든 아이들이 가는 곳이 되었다. 그로 인한 문제가 심각하다고 판단한 정부는 1992년 6월 풍속영업규제법을 발동해 10대들의 노래방 출입을 금지시킬 정도였다.

노래방 열기가 달아오르던 1992년 봄 한국 대중문화계에 '서태지와 아이들'이 등장했다. MBC TV의 〈특종 TV연예〉라는 프로그램에서 처음 선을 뵌 이후 언론이 대서특필하면서 한 달도 안 되어 10대의 우상이 되었으며 20대 젊은이들 사이에서도 높은 인기를 누렸다.

그러나 기성세대는 한동안 그들의 음악에 곤혹스러워 했다. 음악평론가들도 그들의 폭발적 인기를 예견하지는 못했다. 그들의 무엇이 청소년들을 그토록 열광하게 만들었을까? 한국 입시 교육의 병폐와 청소년들의 놀이 공간이 부족하다는 걸 주요 이유로 드는 건 그럴듯했지만 만족스러운 대답은 아니었다. 왜 하필이면 '서태지와 아이들'이란 말인가?

『한겨레신문』 논설위원 김선주(1994)는 서태지는 '하나의 사건'이므로 1992년 10대 뉴스에 넣어야 한다고 주장했다가 주위의 웃음을 샀다고 했다. 선견지명이었지만, 서태지는 1992년엔 아직 기성세대의 감동까지 자아내진 못했다. 그래서 서태지와 아이들을 좋아하는 10대들도 당혹스러워 하는 점이 있었다. 1992년에 선을 보인 서태지와 아이들은 1993년부터 본격적으로 '문화사적 사건'이 되었고, 급기야 '미메시스(1993)'라는 한 젊은 평론가 집단은 서태지를 "우리 시대의 이데올로그이자 혁명가이자 시인이자 예술가"라는 평가까지 내리게 된다.

1980년대 후반의 일본에선 버블 경제로 소비가 과열되는 가운데 종전의 홈드라마가 거의 자취를 감추고 이를 대신해 이른바 트렌디 드라마Trendy Drama 붐이 나타났다. 종전의 텔레비전 드라마는 주부가 주요 대상이었지만, 트렌디 드라마는 결혼 전의 젊은 여성을 주요 대상으로 삼았다. 사람들은 트렌디 드라마를 통해 가까운 장래에 자신도 드라마 속의 화려한 소비문화의 주인공이 될 수 있을 것 같은 환상을 꿈꿀 수 있었다.

트렌디 드라마는 한국에서도 나타났다. 한국 최초의 트렌디 드라마는 1992년 MBC 미니시리즈 〈질투〉였다. 〈질투〉는 어떤 드라마였던가? 스토리는 진부했지만 감각은 소비주의적 첨단이었다. 감각적인 소비문화를 긍정한 이 드라마에선 갈등과 고민조차도 소비 지향적이었다. 이 드라마에서 사랑은 '풍요 속의 선택'의 문제에 지나지 않았다. 구질구질한 현실 문제는 완전히 배제되었다. 이 드라마 속의 '보통 사람들'은 자본주의의 시장경제가 제공해주는 소비의 특혜를 완벽하게 만끽했다.

1992년 7월 중순 고려대학교에선 드라마 〈질투〉를 둘러싼 대자보 논쟁까지 벌어졌다. 공방이 치열했지만 한 학생이 내린 결론은 "그래도 어쨌든 진실이는 예뻐"였다. 이는 당시 폭발적인 인기를 누리던 최진실을 둘러싼 이른바 '최진실 신드롬'을 상징적으로 말해주는 진술이었다. 이 드라마는 최진실(1998, 211)에게도 "연기 인생에 있어 가장 내세우고 싶은 드라마"가 되었다.

'김영삼 장학생' 논란

1992년 대통령 선거는 이른바 '언권言權 선거'로 불렸다. 일부 언론의 당파적 행위가 극에 이르렀다는 뜻이었다. 9월 9일과 10일 국민당은 거의 모든 일간지에 낸 '공무원과 언론은 공명선거를 가늠하는 두 잣대입니다'라는 광고를 통해 "언론계에는 '김영삼 장학생'이라는 말이 있습니다. 조직적으로 신문·방송에 영향력을 심고 있는 것은 이제 비밀이 아닙니다"고 주장했다.

한국기자협회 기관지 『기자협회보』 10월 1일자는 '김영삼 장학생'의 실체를 밝히는 물증을 공개했다. 연합통신 편집국 모 부국장이 민자당 김영삼 총재 또는 김덕룡 총재비서실장 등에게 언론사 주요 편집·보도국 간부 및 기자들의 성향과 동향 등을 수시로 보고하고 조직적인 모임 등을 통해 이들 언론사 주요 간부 및 기자들을 친김영삼 쪽으로 끌어들이기 위한 언론 공작을 치밀하게 해왔다는 것을 폭로한 것이다. '김영삼 장학생' 그룹의 '수석 장학생'으로 간주된 연합통신의 모 부국장이 작성한 '언론사 주요 기자 접촉 상황 보고 내용'의 일부는 다음과 같다.

"지난 26일 김 대표께서 이종찬 의원을 전격적으로 방문해 이 의원 탈당 의사 철회, 대통령 선거 협조 등을 끌어낸 것은 참으로 잘된 일입니다. 정말 김 대표만이 할 수 있는 멋진 드라마의 연출이라 할 수 있을 것입니다. 이제 대통령 선거의 승리는 반 이상 이루어놓은 것이나 다름없다고 생각합니다. 다만 한 가지 걱정으로 남아 있는 것은 대구·경북의 주요 인사들이 하나로 뭉치지 못하고 각자가 서로 잘났다고 생각하고 있는 점이라고 생각합니다. 이 문제도 적당한 시기에 김 대표께서 이들을 하나로 묶어 화끈하게 지원하도록 만들 것으로 믿습니다. 그러나 한시도 방심하지 말고 더욱 분투, 노력해야 할 것으로 생각합니다. 지난 7일 접촉 상황 보고를 보내드린 이후의 상황을 요약하면 다음과 같습니다.……"

국민당의 '김영삼 장학생' 주장에 대해 유일하게 사설을 통해 반론을 제기한 『조선일보』의 정치부장은 위와 같은 모임에서 "김영삼 지지에 이상 없다"는 판정을 받은 것으로 밝혀졌다. 한국기자협회 연합통신분회는 이 사건과 관련해 10월 10일 성명을 내고 "우리가 몸담고 있는 회사의 고위 간부가 언론계 동향 보고서를 작성해 YS에게 보고해 왔다는 사실에 말할 수 없는 모멸감과 절망감을 느낀다"고 밝혔다.

그런 논란에도 불구하고 12월 18일에 치러진 대선은 김영삼의 승리로 끝났다. 김영삼은 총 유효표의 41.4퍼센트(997만 7,646표)를 얻어 2위인 김대중 민주당 후보(804만 1,690표)를 8.0퍼센트(193만 5,956표) 차이로 앞질렀다. 3위는 정주영 국민당 후보로 388만 167표(16.1퍼센트)를 얻었다. 신정당 후보 박찬종은 151만 6,047표를 얻었다. 이제 '문민정부'의 시대가 열리게 되었다.

김영삼 여론 정치의 명암明暗

1993년 2월 25일 대통령에 취임한 김영삼은 즉시 고위 공직자 재산 공개 등 과감한 개혁 조치를 취함으로써, 3월 하순경 모든 여론조사에서 70~80퍼센트의 높은 지지율을 기록했다. 1993년 4월 중 MBC가 실시한 대중 인기 스타 여론조사에서 김영삼은 탤런트 최진실과 농구 스타 허재를 제치고 10대의 청소년들이 가장 좋아하는 '우상'으로까지 선정되었다. 또 1993년 5월 제일생명이 초등학생을 대상으로 한 조사에서는 '가장 존경하는 인물'로 부모 다음에 2위를 차지하기까지 했다.

어디 그뿐인가. 김영삼을 호의적으로 풍자한 『YS는 못말려』라는 책은 출간 직후 24일 만인 5월 7일자로 30만 부 판매 부수를 기록하는 이변을 낳았다. 한 달 사이에 비슷한 유머집이 10여 종이나 출간되었다. 『YS는 대단해』, 『YS는 시원해』, 『03 아저씨는 위대해』, 『YS 시리즈 어때 놀랬지!』, 『각하는 출장중』, 『익살별곡』, 『화이팅 03!』, 『나도 야한 문민정부가 좋다』 등등. 여러 출판사들이 2탄으로도 모자라 3탄까지 준비하기 위해 전국 대학생들을 대상으로 정치 풍자 콩트 현상 공모를 했던가 하면 대형 서점들은 앞다투어 'YS 유머집' 특설 코너를 마련하기까지 했다. '김영삼 신드롬'이라고 해도 좋을 정도였다.

1993년 6월에는 'YS 티셔츠'가 등장해 백화점에서 시판되었고, 8월에는 백화점에 고객 기념 촬영용 'YS 밀랍인형'까지 등장했다. 또 『YS는 못말려』류의 비디오 영화 〈YS 안녕하십니까〉도 등장했다. 8월의 'YS 열기'는 미국 버지니아주에 사는 78세의 교포 할머니가 김 대통령이 정치를 잘해 뿌듯하다며 "신문에서 대통령께서 국수 드시는 것을 보고 안타까웠습니다"라는 말과 함께 성금 100달러를 보내온 '사건'으로 절정을 이뤘다. 그리고 9월엔 급기야 8,000원짜리 'YS 저금통'까지 등장했다.

김영삼은 '개혁'의 깃발을 높이 들었고 한동안 최고 94퍼센트라는 경이적인 지지율을 국민으로부터 얻어냈다. 그런데 이런 문제가 있었다. 누구나 자신의 정적政敵을 치거나 권력 강화에 도움이 될 일을 하는 데엔 개혁적일 수 있다는 것이었다. 이건 쿠데타를 일으켰던 박정희도 했던 일이었고, 이 이후로도 벌어질 일이었다. 그 일이 끝나고 나면 '개혁'은 일장춘몽一場春夢이었다는 것이 밝혀지곤 했다.

서서히 김영삼식 여론 정치의 한계가 드러나기 시작했다. 심지어

"YS는 신문 사설 보고 정치한다"는 말까지 나왔다. 김영삼은 3월과 4월에만도 각 언론사 편집국장, 주필, 경제부장, 시사만화가, 여기자 대표들을 만났으며, 4월 12일엔 역사상 처음으로 일간지 시사만화가 17명을 청와대로 초청했을 뿐만 아니라 청와대 정문까지 배웅하는 '사건'을 만들어내기도 했다. 또 그는 언론사 사주 및 간부들과의 만남에선 "1년만 봐달라" 면서 "그 이후에 김영삼이가 잘못하거든 죽이든 살리든 마음대로 하라" 고 말하곤 했다.(김진, 1993; 신진화, 1993; 이재학, 1993)

신문 전쟁과 '생활정보신문'의 번성

1993년 4월 1일 『동아일보』가 석간지에서 조간지로 전환했다. 석간 신문의 조간화는 세계적인 추세였다. 조간이든 석간이든 신문은 텔레비전과의 경쟁을 피할 수 없는 상황이었지만 텔레비전으로부터 입는 타격에 있어서 석간은 조간에 비해 훨씬 더 불리했다. 게다가 날이 갈수록 인력난은 말할 것도 없고 교통난으로 인해 신문 배달이 어려워지고 국제 뉴스의 신속성이 더욱 중요해지는 상황에서 석간은 조간에 비해 또 한 번의 불리함을 감수해야만 했다.

3월 말 현재 중앙 일간지들 가운데엔 『경향신문』・『서울신문』・『세계일보』・『조선일보』・『한겨레신문』・『한국일보』 등 6개 일간지가 조간, 『국민일보』・『동아일보』・『문화일보』・『중앙일보』 등 4개 일간지가 석간이었다. 조간지가 더 많은 상황임에도 불구하고 『동아일보』가 굳이 조간 시장에 뛰어들겠다는 건 앞서 말한 이유들로 인해 광고주들로부터 외면받는 현실을 근본적으로 타개해야 할 필요성을 절감했기 때문이었다.

『동아일보』가 조간 시장에 뛰어든다는 건 실질적으로 그간『동아일보』와 함께 한국 신문의 양대 지주로 군림해온『조선일보』와의 한판 전쟁을 치르겠다는 걸 의미했다.『조선일보』는 이미 3월 5일부터 32면 제작을 주 5일로 확대하는 증면 경쟁을 실시하고 나섰다. 다른 신문들도 잇따라 32면 발행 체제에 뛰어들면서 이른바 '지면 쇄신'을 부르짖고 나섰다.

『동아일보』는 조간으로 돌아서기 직전 다른 조간지들처럼 매주 4면 분량에 이르는 대입 학습지 서비스를 실시하기 시작했으며, 뒤이어『세계일보』마저 이 '학습지 전쟁'에 뛰어들었다. 신문들이 앞다투어 '학습지 산업'에 뛰어들면서 신문사 간 유통 경쟁은 더욱 치열해졌다. 그런 경쟁의 전위대라 할 신문 보급소 지국의 벽에는 붉은 글씨로 크게 써 붙인 슬로건들이 난무했다. "전 구역을 우리 신문으로 도배하라", "확장의 최대 지름길은 작전지 살포", "죽느냐 사느냐의 갈림길이다", "확장! 확장! 죽어도 확장!"

'죽느냐 사느냐의 갈림길'에서 수단과 방법을 가릴 리 만무했다. 가장 치졸한 수법이 다른 신문을 빼내거나 복도식 아파트의 경우에 배달 도중에 경쟁사의 신문을 발로 툭툭 치며 달려 배달 사고를 유발하는 것이었다. 배달원 임창섭은 "신문은 되도록 뒤집어 배달한다. 타사 배달원들이 제호를 확인하고 신문 빼기를 되풀이하기 때문이다"고 말했다. 또 배달원 김정섭은 "신문 빼기가 극에 달해 문틈 사이에 일일이 일자로 세워 넣고 있다. 신문들 저마다 이처럼 배달하는 버릇 때문에 이 지역 주공아파트 문틈은 온통 새까맣게 변해버렸다"
고 말했다.(박상건, 1993)

그런 살풍경은 승용차 등의 각종 상품과 해외여행 특전까지 주어
가며 보급소들의 경쟁을 부추기는 신문사들의 경영 정책의 산물이었
다. 이처럼 '죽느냐 사느냐의 갈림길'에 선 비장한 자세는 신문 제작
에서도 그대로 적용되었다. 그러나 일간지들은 제 살 깎아먹기식 경
쟁에만 몰두하느라 알짜배기 생활정보 광고를 지역 생활정보신문들
에게 빼앗기는 데엔 관심을 두지 않고 있었다.

1989년에 첫 선을 보인 생활정보신문은 1993년 3월 400여 개에
이르렀다. 『교차로』와 같은 선두 주자는 전국 40개 지역에서 주당
300만 부를 발행했다. 생활정보신문의 호황은 전반적인 지역 커뮤니
케이션의 활성화엔 위기로 작용했다. 지방자치에 기여하고 지역 커
뮤니케이션의 활성화를 위한 지역신문으로 기능하면서 그 재원을 마
련하기 위한 용도로 생활정보와 관련된 광고를 싣는 것이 가장 바람
직한 모델이었지만, 생활정보신문은 '신문'이라기보다는 '광고지'였
기 때문이다. 생활정보신문은 기존의 일간지들에게 큰 위협이 되었
다. 생활정보신문이 일간지들의 2, 3행짜리 광고 물량을 급격히 잠식
했기 때문이다.

TV 시청률 무한 경쟁과 '〈서편제〉 열풍'

1993년 8월과 9월에 걸쳐 실시된 한국출판연구소의 '제1회 국민 독
서 실태 조사' 결과, 한국인의 여가 활동 시간에 있어서 성인은 TV 시

청(34.6퍼센트)이 독서(7.6퍼센트)보다 훨씬 높고, 초중고교 학생들 역시 TV 시청 시간(1시간 38분)이 독서 시간(54분)보다 많은 것으로 나타났다. 지난 1개월간 책을 읽은 적이 있느냐는 질문에 성인의 50.4퍼센트가 단 한 권의 책도 읽지 않은 것으로 나타났다.

통계청의 1993년 사회 통계 조사 결과도 크게 다르지 않았다. "여가를 어떻게 보내나?"는 질문에 대해 45.4퍼센트를 차지한 수면·가사·잡일 등을 제외하곤 단연 TV 시청이 제1위를 차지했다. 스포츠 및 여행 14퍼센트, 영화·연극·음악·전시회 4.9퍼센트, 바둑·화투·경마·당구 4퍼센트, 회화·서예·독서 3.7퍼센트인데 비해 TV 시청은 24.4퍼센트였다. 이 조사에 따르면, 한국인의 평균 주당 시청 시간은 17.5시간인 것으로 나타났다.

SBSTV가 한국 텔레비전에 미친 영향은 1993년에도 확연하게 드러났다. 문자 그대로 '이전투구'라는 표현이 어울릴 정도로 시청률 경쟁이 치열해졌다. 공영이고 민영이고 할 것 없이 방송사들마다 앞다투어 스타 연예인을 스카우트하기 위해 거액의 뒷돈을 주고 방송 제작자들끼리 치열한 소모적 신경전을 벌이기에 바빴다.

시청률 무한 경쟁은 텔레비전 3사의 1993년 봄철 프로그램 개편에서도 잘 드러났다. 서울 YMCA 시청자시민운동본부의 모니터 결과에 따르면 오락 프로의 비율이 KBS1 29.3퍼센트, KBS2 63.6퍼센트, MBC 49.1퍼센트, SBS 60.2퍼센트로 나타나 각 사가 발표한 수치보다 최고 30퍼센트포인트까지 차이를 보인 것으로 나타났다. 이는 방송사들이 프로그램 분류를 기준이 애매한 기존의 방송법 시행령의 허점을 이용하기 때문에 나타난 결과였다. 〈연예가중계〉나 〈이야기쇼 만남〉과 같은 프로그램조차 교양물로 편성되는 판국이니 방송사의 분류는 믿을 게 못 되었다.

기독여민회, 민주언론운동협의회, 한국여성민우회 등 3개 단체는 "KBS 2TV가 민영방송의 오락성을 능가하는 등 공영방송의 위상을 저버린 채 명분 없는 시청률 경쟁에 가세한 이유가 의심스럽다"고 지적했고, YMCA 시청자시민운동본부도 "공민영방송 제도 아래서 공영인 방송공사가 오히려 시청률 경쟁을 주도하여 프로그램 전반에 상업적 오락성을 양산하는 부정적 파급효과를 불러일으키고 있다"고 비판했다.

1993년 4월 10일에 개봉한 영화 〈서편제〉는 서울에서 상영 266일 만에 113만 3,000명의 관객을 동원하는 등 이른바 '〈서편제〉 열풍'을 불러일으켰다. 그러나 〈서편제〉가 한국 영화 최다 흥행 기록을 연일 깨는 그 순간에 전반적인 영화 산업은 한국 영화 최저 흥행 기록을 연일 깨고 있었다. 한국 영화를 본 관객의 수와 외국 영화를 본 관객의 수의 비율은 10년 전만 하더라도 50대 50이었지만, 1987년 7월 영화 시장 개방 이후 20대 80으로 크게 기울더니 급기야 1993년 상반기엔 10대 90으로까지 전락하고 말았다. 한국 영화가 영화 시장의 겨우 10퍼센트만을 점유한 것이었다. 40년 만의 최악이었다.

그 10퍼센트도 〈서편제〉 덕분이었다. 〈서편제〉의 관객을 제외하면 한국 영화의 시장 점유율은 5퍼센트 이하로 떨어졌다. 1993년 상반기에 상영된 30편의 국산 영화 중 〈서편제〉와 몇 개 영화를 제외하곤 거의 모든 영화가 흥행에 참패한 것이다. 1993년 한국 영화 제작 편수는 64편이었으며 외화 수입 편수는 417편이었다. 서울극장협회가 집계한 1993년도 서울의 극장 관객 수는 2,190여만 명(개봉관 1,580만 명, 재개봉관 610만 명)이었는데, 이 가운데 86.7퍼센트에 달하는 1,900여만 명이 외국 영화를 관람했고 13.3퍼센트에 불과한 290여만 명만이 한국 영화를 찾았다.(정재권, 1994)

'연예인 신드롬'과 연예 저널리즘

일간지들의 치열한 증면 경쟁은 연예 기사를 대폭 늘리는 결과를 가져왔으며, 이에 질세라 스포츠 신문과 연예 잡지들은 더욱 강도 높은 선정주의로 치달았다. 청소년용 잡지들도 연예 기사를 늘렸다. 대표적 중고생 잡지인 『하이틴』 1993년 7월호의 경우, 총 59건의 기사 중 39건이 연예 관련 기사였고, 나머지 20건 중 10여 건은 애독자 엽서 추첨 등 잡지 제작에 의례적으로 끼는 난이었으며, 나머지도 다이어트, 패션 등 관련 기사로 채워졌다.

왜 그런 일이 벌어진 걸까? 한 스포츠 신문 기자의 증언에 따르면, "인기 연예인의 결혼 발표와 같이 쇼킹한 내용이 실렸을 경우 신문 판매부수에 엄청난 차이가 납니다. 보통 7~8만 부 이상이 더 나가면 한 부에 3백 원씩이니까 하루면 2천여만 원, 한 달이면 6억 가까운 돈이 들어오는 거죠. 물론 매일 특종을 낼 수는 없지만 이런 영향력이 있으니 경영자의 입장에서는 팔릴 수 있는 기사를 요구하지 않을 수 없게 됩니다."(『TV 저널』, 1993. 2. 12)

대중가요 분야는 10대가 실세였다. 그들은 한국 음반 시장의 70퍼센트에 해당되는 구매력을 과시했다. 음반 시장은 1993년에 최대의 불경기를 맞았지만 10대를 주요 팬으로 확보하고 있는 가수들의 음반은 여전히 호황을 누렸다. 신승훈의 〈널 사랑하니까〉, 서태지와 아이들의 〈하여가〉, 김건모의 〈핑계〉 등은 모두 100만 장 이상 팔렸다. 그것도 아주 단기간 내에. 당연히 음반 회사의 판매 전략은 최대 고객인 10대에 맞춰졌다.

초등학생들도 대중가요의 주요 고객으로 떠올랐다. 어린이 잡지 『굴렁쇠』가 1993년 7월에 조사한 바에 따르면, 서울 초등학교 어린이의 65퍼센트가 동요보다 가요를 더 즐겨 부르는 것으로 나타났다. 1991년 KBS와 현대리서치연구소의 공동 조사에 따르면 서울 시내 초등학교 4·5·6학년 어린이들의 애창곡 가운데 1위부터 5위는 〈오직 하나뿐인 그대〉, 〈날 울리지 마〉, 〈이별여행〉, 〈이젠〉, 〈그녀를 만나는 곳 백 미터 전〉 등 모두 대중가요였다.

청소년들의 연예인 숭배도 도를 더해갔다. 1993년 서울방송 제3기 신인 탤런트 시험엔 20명 모집에 7,578명이 몰려 380대 1의 경쟁률을 기록했다. 정의길(1993)은 청소년들의 '연예인 신드롬'에 대해 "최근 3~4년 동안 호황을 누려온 서울 여의도 방송가의 10여 개 연기학원에는 이번 여름방학 기간에 10대 수강생들이 더욱 많이 몰려들었다"며 "수강 희망생 90% 이상이 중고생이고 특히 중학생이 이중 60%여서 중고생반 등은 항상 수강 인원을 초과해 1백여 명을 받고 있다"고 말했다.

1994년 신문·방송의 광고 전쟁

조간지들 사이의 경쟁이 치열해짐에 따라 신문들은 일제히 증면 경쟁에 접어들어 한때 일부 신문들은 48면까지 발행했다. 신문들의 증면 경쟁은 내용과 질의 개선보다는 광고 지면만을 늘리는 효과를 가져왔다. 1988년 종합 일간지의 기사 대 광고량은 55.8대 44.2였으나 1992년에는 광고량이 거의 50퍼센트에 육박했고 1993년에는 54.1퍼센트로 늘었다. 1994년 일간지들이 40면을 발행하면서 광고 지면은 더욱 늘어 60퍼센트에 육박했으며 『조선일보』와 같은 일부 신문의 경우 한동안 전체 지면에서 광고 지면이 차지하는 비중은 60퍼센트가 넘기도 했다.(김승수, 1995)

광고가 50퍼센트를 넘어서는 바람에 철도 요금 분류에서 아예 신문·잡지가 대상인 3종 우편물 대상에서 제외되기까지 했다. 한국기자협회가 1994년 4월부터 5월 둘째 주까지 『조선일보』와 『동아일보』의 지면을 조사했더니 광고 점유율이 평균 60퍼센트를 웃도는 것으로 나타났다. 『조선일보』는 60.4퍼센트, 『동아일보』는 60.2퍼센트였다.(『기자협회보』, 1994. 5. 12)

1994년 4월 13일부터 5일간 문화방송은 밤 9시 텔레비전 뉴스를 통해 신문들의 어두운 면을 비판하고 나섰다. 그간 방송이 신문들의 '침묵의 카르텔'에 동참해왔을 뿐만 아니라, 신문들의 위세에 짓눌려 지내왔다는 점을 감안하다면 그건 놀라운 사건이었다.

그 싸움의 사정은 이랬다. 방송사들이 정부와의 협의 하에 방송 광고 시간을 늘리겠다고 했더니 일부 신문들이 사설과 기사를 통해 그건 말도 안 된다고 반대하고 나섰다. 방송 광고 시간을 늘렸다간 당장 신문광고 수입이 줄어들 터이니 신문들로선 보통 심각한 문제가 아니었을 게다. 물론 신문들은 그런 속셈은 전혀 밝히지 않고 사설을 통해 아주 고상한 이유들을 앞세웠다. 『중앙일보』는 가뜩이나 광고 홍수에 식상한 시청자들의 불만이 더욱 증폭될 게 틀림없다고 했다. 『조선일보』는 거기서 한 걸음 더 나아가 광고 시간의 확대가 "우루과이라운드를 빙자한 미국 등의 압력의 소산일 가능성이 크다"고 했다.

문화방송의 신문들에 대한 공세는 그런 사설들이 나온 직후부터 시작되었다. 문화방송이 집중적으로 문제 삼은 건 신문들의 광고 윤리와 자원 낭비였다. 신문들의 치열한 증면 경쟁 이후 신문 지면엔 기사보다 광고가 더 많아졌으며, 사채 광고 · 구인 광고 · 건강식품 광고 등 무책임한 광고가 마구 실리고 있다며 신문들에 대해 강도 높은 비판을 퍼부었다. 또 신문들이 부당한 광고 수입을 올리고 사세 과시를 위해 신문을 무작정 찍어 내버리는 자원 낭비를 일삼고 있다는 비판도 뒤따랐다.

신문들은 문화방송의 보도에 대해 분노했다. 신문 사주들의 모임인 한국신문협회는 문화방송에 보낸 항의 공한에서 "문화방송이 신문사가 마치 자원 낭비나 부도덕한 광고 행위만을 일삼는 기업인 것처럼 과장하고 왜곡 보도한 것은 국민들로 하여금 활자 매체에 대한 불신과 오해의 소지를 마련" 했다고 비판했다. 광고를 둘러싼 방송과 신문의 싸움은 이후로도 주기적으로 나타나는 행사가 되었다.

신문 · 방송의 광고 전쟁을 전후로 동양, 조선, 진로 등 맥주회사들 사이에서도 광고 전쟁이 벌어져 광고로 먹고 사는 신문·방송 등 매체들을 즐겁게 해주었다. 동양은 1994년 맥주 광고 예산을 1993년 150억 원의 2배인 300억 원으로 잡았고, 조선도 100억 원에서 150억 원으로 50퍼센트 높게 책정했다. 또 1994년 4월 국내 맥주 시장에 도전장을 낸 진로도 관련 광고비를 120억 원으로 설정해 주류 3사의 1994년 전체 맥주 광고비는 전해의 2.3배인 570억 원에 이르렀다. (곽정수, 1994)

신세대·마니아·PC통신

1992년부터 언론 매체들은 '신세대'에 관한 특집을 연재했으며, 그러한 경향은 1993년 '신세대 신드롬'이라 해도 좋을 정도로 최고조에 이르렀다. 신세대는 1993년 한국 문화계의 최대 화두가 되었다. 어느 시대를 막론하고 '신세대'는 늘 존재해왔지만, 1993년에 꽃을 피운 '신세대'란 말은 단지 어느 시점을 기준으로 해 그 이전 세대는 '구세대'요 그 이후 세대는 '신세대'라고 부르는 그 이상의 것을 의미하는 것이 되었다. 신세대는 무엇보다도 TV세대였다. 1992년 통계청의 집계에 따르면 한국 인구 가운데 20대 이하는 44퍼센트, 30대 이하를 따지면 62퍼센트에 이르렀다. 이 62퍼센트의 인구는 이른바 'TV세대'였다.

TV세대는 그 이전 세대에 비해 세상을 이해하는 방식이 달랐다. TV세대가 이해하는 세계는 TV 속의 세계와 비슷했다. TV 속의 세계는 질서정연하다. 온갖 갈등도 곧 해결되게끔 되어 있다. 또한 TV 속의 세계는 지루하지 않다. 속도감이 있다. 따분하다고 생각하면 채널을 돌리면 간단히 해결된다. TV세대에겐 불확실성과 무료함에 대한 본능적인 거부감이 있으며 속도감과 감각적인 이미지의 쾌락에 대한 본능적인 친밀도가 강했다.

이른바 '신세대' 광고는 바로 그런 TV세대를 겨냥한 '문화공학'의 성격이 강했다. 1가구 2자녀 시대의 신세대는 그 자체로서 막강한 구매력을 자랑할 뿐만 아니라 가족 전체의 구매 행위에도 무시 못할 영향력을 행사하기 때문이었다. 게다가 구세대는 시대에 뒤떨어져서는 안 된다는 일종의 강박관념을 갖고 있기 때문에 신세대 광고의 소비자로 편입될 수도 있었다.

신세대 광고는 그런 계산에 결코 소홀하지 않았다. 신세대를 겨냥한 광고는 밝고 당당하고 건강한 젊은이들의 모습을 보여주지만 광고주와 제작자들이 '건전 사회 캠페인'을 벌이자고 그 많은 돈과 노력을 투자하는 건 아니었다. 건전한 사회든 삶이든 오로지 광고하는 상품의 구매를 통해서만 가능하다는 것을 역설하고자 했다. 광고 문안은 신세대를 겨냥해 다음과 같은 공세를 퍼부었다. "내 감각대로, 내 개성대로 톡톡 튀는 나의 표현", "천만 번을 변해도 나는 나, 이유 같은 것은 없다", "신세대에게는 설명하지 마라. 단지 표현하라", "나는 세계의 중심."(문화이론연구회, 1994)

신세대의 대중문화에 대한 뜨거운 정열은 대중문화 산업의 종사자들에게 무시할 수 없는 큰 힘으로 작용했다. 신세대 시청자들의 정열과 관련, 김재범(1994)은 "요즘 방송국에서 젊은 시청자를 대상으로 하는 프로를 제작하는 PD들은 과거와는 다른 시청자들의 반응 때문에 종종 애를 먹는다"며 "특히 PD를 긴장시키는 것은 프로가 방송된 후 '신세대' 시청자들이 보이는 반응이 '전투적'이라는 표현을 쓸 정도로 적극적이라는 점이다"고 했다.

그런 적극적 시청자들을 가리켜 마니아Mania라는 말이 쓰이기 시작했다. 정준영(1994)은 "오랜만에 들렸던 서점에서 나는 마니아를 위한 대중문화의 전문 서적들이 부쩍 늘어 있음을 보고 놀란다"고 말했다. 마니아의 거점이기도 했던 PC통신은 각 문화 영역에 큰 영향을 미치게 되었다. 한 출판사는 1,000만 원의 현상금을 걸고 'PC통신 문학상'을 제정하기도 했다. 권성우(1994, 365~366)는 "영화사에서 새로운 영화가 개봉되면, 가장 촉각을 곤두세우고 있는 분야가 PC통신의 영화 동호회 게시판이라는 것은 이미 잘 알려진 일이다"며 "각 분야에 걸친 PC통신의 동호회 문화가 각 문화 분야의 문화적 권력과 정보의 유통에 무시 못할 여론으로 작용하며 한편으로는 새로운 문화적 여론과 권력을 생성하는 밑자리가 된다"고 말했다.

차인표 · 신은경 · 〈모래시계〉

1994년 방송개발원의 조사에서는 국민 1인당 TV 시청 시간이 평일 2시간 48분, 토요일 3시간 54분, 일요일 4시간 30분인 것으로 나타났다. 이러한 TV 시청 시간은 전체 여가 시간 가운데 76퍼센트를 차지한다는 걸 의미하는 것이었다.

연예 매니지먼트 산업도 대형화 · 전문화되기 시작했다. 1994년 연예 기획사는 200여 개에 이르렀으며, 예당음향의 매니저 공채 때에는 10명 모집에 600여 명의 대졸자가 몰려들었다. 기획사인 '대영 에이브이'의 실장인 김경남은 "연예인은 상품이다. 팔릴 수 있는 상품을 만들고, 이를 소비자들에게 널리 알려 파는 것은 매니저의 몫이다"라고 말했다.(김태희, 1994)

매년 TV는 여러 건의 '신드롬'을 낳았다. '신드롬'은 말 만들기 좋아하는 활자 매체들이 붙여준 이름이었지만, 그럴 만한 근거는 있었다. '신드롬'은 정상을 이탈할 정도로 높은 인기를 누리는 연예인 또는 어떤 유행 현상을 가리켜 부르는 말이었는데, 1994년 중 최고의 '신드롬'은 '차인표 신드롬'이었다. MBC TV 미니시리즈 〈사랑을 그대 품안에〉(이선미 극본, 이진석 연출)를 통해 차인표는 수많은 여성들을 사로잡아 매일 팬레터 1,000통을 받을 정도로 하루아침에 스타가 되었다.

1994년 신세대의 뜨거운 사랑을 받은 또 하나의 드라마는 MBC TV 드라마 〈종합병원〉이었다. 이 드라마에서 외과 레지던트 역을 맡아 열연한 탤런트 신은경은 당당한 행동, 거침없는 말투와 자신감 넘치는 자세로 모 광고회사 여론조사 결과 신세대 여성들로부터 '가장 좋아하는 여자'로 떠올라 남자들의 성역에 도전하는 CF 연기로 최진실 이후 최고 주가를 올렸다.

1995년 1월부터 SBS TV가 6주간 방송한 드라마 〈모래시계〉(김종학 연출, 송지나 극본)는 놀라운 선풍을 불러일으켰다. '모래시계'라는 제목을 권력의 유한성을 상징하는 의미로 사용한 이 드라마는 5·18 광주민주화항쟁을 정면으로 다루면서도 조폭을 등장시켜 화끈한 폭력 장면을 선보였다. 역사의 격랑에 휘말려 죽마고우이면서도 검사

(박상원)와 조폭(최민수)의 관계로 만난 데다, 박상원이 최민수에게 사형을 구형하고 최민수가 형장의 이슬로 사라지는 비극성이 더해져 시청자들의 심금을 울렸다.

이세민(1995, 83)은 "50여 분짜리 드라마가 24차례에 걸쳐 매주 월화수목에 방영한다는 사실, 그 소재가 70년대에서 90년대까지를 아우른다는 사실, 해방 공간 따위의 먼 이야기가 아니라 그 아픔이 채 가시지도 않은 정치적 질곡을 다룬다는 사실들이 만들어내는 파장은 참으로 거대하다"고 했다. 전정희(1997, 78)는 〈모래시계〉 방영 이후 "마치 폭풍이 휩쓸고 지나간 뒤끝인 듯 을씨년스러움만이 브라운관에 묻어난다"며 "시청자들은 일주일에 30여 개의 TV 드라마가 쏟아져 나오는데도 이를 외면하고 '무슨 낙으로 사냐'며 사는 재미를 못 느낀다. 영웅이 없는 시대에 〈모래시계〉라는 드라마는 신화를 만들어 주었던 것 같다"고 평가했다.

케이블TV · 지역 민방 · '땡김 뉴스'

1995년엔 케이블TV 시대의 개막, 지역 민방의 출범, 한국 최초의 방송통신 복합 위성인 무궁화 1호 발사와 위성 시험방송, 방송 광고 시간 증가 등 굵직한 사건들이 많았다.

케이블TV는 1995년 3월 1일부터 시작했으며 5월부터 유료 방송을 실시했다. 1994년에 지역 민방 사업자로 선정된 부산의 한창기업(부산방송 PSB), 대구의 청구건설(대구방송 TBC), 광주의 대주건설(광주방송 KBC), 대전의 우성사료(대전방송 TJB)가 1995년 5월 14일 오전

8시부터 방송을 시작했다. 이 방송들은 서울의 SBS와 가맹사 형태로 제휴해 전국 네트워크를 이루었다.

1995년 8월 5일에는 우리나라 최초의 방송통신 복합 위성인 무궁화호 1호가 미국 플로리다주 케이프커내버럴 공군 기지에서 발사되었다. 또 광고 시장이 1991년 100퍼센트 개방될 때부터 미국이 요구해온 방송 광고 시간의 증가도 이루어졌다. 1994년 방송법 시행령 개정으로 프로그램의 100분의 8로 제한되었던 광고 시간이 100분의 10으로 늘어난 것이다.

1995년 초 방송계엔 사정 태풍이 몰아쳤다. 지난 1990년에 이어 5년 만에 다시 나타난 태풍이었다. 이번에도 그 태풍은 PD와 연예인 매니저들 사이에 저질러지는 비리를 향해 돌진했다. 유명 PD들이 줄줄이 걸려들었다.

스캔들은 방송 뉴스에서도 일어났다. 『기자협회보』는 1995년 3월 2일자 사설 「'땡김 뉴스', 5공으로 회귀하나: 다시 일그러지는 방송의 자화상」에서 "5공이 낳은 용어 '땡전 뉴스'가 최근 들어 '땡김 뉴스'로 다시 되살아나고 있다는 비아냥까지 나오고 있다"고 비판했다. "2월초까지만 해도 뉴스 프로그램의 중간이나 뒤에 자리 잡고 있던 김 대통령의 동정 기사가 땡김 뉴스화하기 시작했던 시기는 민자당 전당대회가 열리던 2월 7일, 전당대회 뉴스를 머리기사로 실으면서 김 대통령의 동정 뉴스는 거의 매일 뉴스 프로그램의 앞머리에 자리를 틀고 앉기 시작했다."

1995년 4월 방송사들이 시청률 경쟁 포기 선언을 했는데, 문제는 이 선언이 방송 3사 대표들이 청와대에 불려간 이후에 나왔다는 점이었다. 『한겨레21』(1995. 4. 27)은 그 배경에 대해 이렇게 보도했다. "왜 청와대에서 시시콜콜하다고 할 수 있는 시청률에까지 이렇게 깊은 관심을 나타낸 것일까. 사실은 청와대에서 제동을 걸고 싶은 것은 방송사 간 치열한 '뉴스 시청률' 경쟁이라는 것이다.……오는 6월 지방자치단체장 선거를 앞두고 있는 정부로서는 양사의 뉴스 시청률 경쟁이 달가울 리 없었을 것이라는 얘기다. 그렇게 되면 아무래도 정부 비판 기사가 많이 나올 개연성이 높게 되기 때문이라는 분석이다."

1996년 '부끄러운 신문 100돌'

1996년 4월 7일 한국 언론계는 『독립신문』 창간 100돌, 즉 한국 언론 100년을 기념하는 대대적인 행사를 벌였다. 거의 모든 신문에 자화자찬형 기사들이 난무했다. 그러나 『한겨레신문』은 4월 7일자 사설 「부끄러운 신문 일백돌」을 통해 "역사를 살피는 것이 현재를 반성하기 위한 것이라면, 오늘의 우리 언론은 너무 남부끄럽다"며 "양적으로는 세계 8위에 이르는 1천 5백만 부의 발행부수를 자랑하지만, 그 내용은 너무 가난하고 조잡하다"고 개탄했다.

"거대 신문일수록 족벌 경영 치하에서 신음하고, 전반적으로는 상업주의의 마술에 걸려 신문의 기능을 저버리고 있다. 그들은 언제나 권력의 눈치 보기에 전전긍긍하여 신문의 본질적 기능인 권력 감시나 불편부당의 금과옥조를 팽개친 지 오래다."

『미디어오늘』1996년 5월 15일자는 "한 조간신문 경제부 기자는 삼성전자에 대한 비판성 기사를 쓰려고 취재하는 과정에서 한 이사로부터 '당신이 기사를 쓴다고 문제가 해결되는 게 아니다. 당신네 회사에 주는 광고가 얼마인지 아느냐'는 말을 듣기도 했다"며 다음과 같이 보도했다.

"삼성, 현대, 대우, LG 등 4대 그룹의 경우 중앙 일간지 한 곳에 주는 연간 광고 물량만 2~3백억 원에 이르는 것으로 알려졌다. 하루에 1억 원꼴을 주는 것이다. 그걸 며칠만 끊으면 경영진은 속이 탈 수 밖에 없다. '약발'은 그렇게 먹혀 들어간다. 여기에 협찬, 취재 경비 지원이 곁들여진다. 방송의 경우 프로그램 제작 단계에서 이미 기업의 협찬을 전제로 한다. 협찬을 얼마 받을 것인지를 미리 상정하고 제작 계획을 짜는 게 관행이다. 재벌 그룹이 설립한 언론재단 등을 통한 연수도 한 몫을 거든다. 그렇게 쏟아부은 돈이 결정적인 순간 위력을 발휘하는 것이다."

이어 이 기사는 "지난해 한 신문사는 적자를 이유로 기자들에게 광고 유치 차원에서 '기업 비리나 비판적인 기사는 쓰지 말라'고 했다"며 "간부 회의에서 그렇게 하기로 했고 기자들에게 이를 '지침'처럼 전달했다"고 말했다. "비자금 수사 때 일부 재벌 계열 언론사는 기자들을 직접 로비에 동원하기도 했다. 이런 현실이 재벌 총수 이름을 쓰는 기자의 손길을 머뭇거리게 하고 있다. 시끄러울 게 뻔한 기업 비판 기사는 아예 쓰지 않는다. 취재할 생각조차 안 한다는 게 보다 정확한 표현일 것이다. 그 이상기류 속에서 언론은 재벌과의 협조, 밀착이라는 단계를 넘어 '재벌 우위'의 어두운 터널로 빨려 들어가고 있다."

신문들의 치열한 증면 경쟁과 그에 따른 보급 경쟁은 1996년 7월

12일 고양시 남원당 『조선일보』 지국장 피살 사건으로 최고조에 달했다. 처음에 『조선일보』와 『중앙일보』의 싸움으로 시작된 이 사건은 『조선일보』 측에 같은 '언론 재벌'인 『동아일보』와 『한국일보』가 가세함으로써 '언론 재벌' 대 '재벌 언론' 간의 뜨거운 공방이 이루어졌다.

『조선일보』 주필 김대중은 1996년 7월 27일자에 쓴 「반反 '재벌+신문'론」이라는 제목의 칼럼에서 "『중앙일보』 판매 요원의 『조선일보』 판매 요원 살해 사건에서 야기된 『조선일보』의 대삼성 비판 기사를 놓고 『조선일보』를 비난하는 견해가 있다"며 "'특정 목적을 위해 특정 기업을 질타하는 행위', '무소불위의 능력과 권한을 가진 듯 착각하는 언론' 또는 '신문 전쟁', '자사 이기주의' 등등의 비판이 그것이다. 우리는 이런 비판들이 『조선일보』의 진정한 의도가 잘못 전달된 때문이라는 것을 밝히면서 『조선일보』의 본뜻은 '재벌과 언론의 분리'에 있다는 것을 분명히 못 박아두고자 한다"고 말했다.

그러나 당시 상황에선 언론 재벌이 재벌 언론보다 낫다고 이야기할 수 있는 근거는 약했다. 예컨대, 노사 관계에 있어서 『조선일보』는 평소 재벌을 비호하는 데에 앞장섰으며 다른 신문들이 『조선일보』 논조를 따라갔다. 『기자협회보』 1996년 7월 6일자는 「노동 기사 '조선 따라가기' 너 나 없이 재계 입장 대변」이라는 제목의 기사에서 각 신문사들이 『조선일보』의 보도를 뒤쫓고 있다고 비판했다.

범보수 세력의 내분을 염려한 전국경제인연합회의 주선으로 이른바 '신문 전쟁'은 휴전되었고 신문협회 차원에선 판촉물 제공 금지 등을 골자로 한 공정거래 규약을 제정하면서 이 사건은 간신히 '봉합'되었지만 처음에 사건의 발단이 되었던 치열한 판촉 경쟁은 조금도 개선되지 않았다(신문협회 산하 공정경쟁 심의위원회가 1997년 3월부터 11월까지 접수한 강제 투입, 경품 제공 등 위반 사례는 모두 2,523건으로 이 가운데 『중앙일보』[24.1퍼센트], 『동아일보』[23.1퍼센트], 『조선일보』[20. 1퍼센트] 등 3개지의 위반 사례 비율이 63.7퍼센트에 이르는 것으로 나타났다). (박미영, 1998)

음반 사전 심의와 영화 사전 검열 위헌 판결

1994년 8월 사회문제를 다룬 3집 앨범(〈발해를 꿈꾸며〉 · 〈교실 이데아〉 등)을 발표했던 서태지와 아이들은 1995년 4집 음반에 수록될 예정이던 〈시대유감〉의 가사 내용을 놓고 공연윤리위원회와 갈등을 빚었다. 이 갈등으로 음반 사전 심의 제도가 여론의 도마에 올랐다

1996년 6월 7일 헌법재판소의 위헌 결정으로 음반 사전 심의가 폐지되었다. 일률 심의는 전면 폐지되고 공연윤리위원회 직권에 의한 사후 선별 심의만 상징적으로 남게 된 것이다. 음반 사전 검열은 1933년 조선총독부 경무부가 음악을 통해 조선인들의 정서를 통제할 목적으로 실시했던 것인데, 그걸 없애는 데에 63년이 걸린 것이다.

사전 심의 폐지는 대중음악인들에게 저절로 굴러 떨어진 건 아니었다. 부단한 투쟁이 있었으며, 그 투쟁을 도맡아 한 사람이 있었다. 한 록가수는 "그동안 사전 심의 앞에서 파블로프의 개처럼 살아왔다"고 고백했는데, '파블로프의 개'가 되기를 거부한 인물이 있었던 것이다. 그 인물이 바로 가수 정태춘이었다.

대중음악 평론가 강헌(1996)은 정태춘의 6년여에 걸친 고독한 투쟁이 성과를 거두어 가요 사전 심의가 폐지되자 "서태지와 강산에를 비롯, 많은 인기 가수들이 말도 안 되는 시대착오적인 법의 희생자였지만 오늘의 승리는 정태춘이라는 단독 흑기사가 처절한 희생을 했기 때문에 가능했다"고 평가했다.

1996년 10월 4일 헌법재판소는 공연윤리위원회의 영화 사전 검열도 헌법 위반이라고 판결했다. 이 판결은 1993년 10월 당시 장산곶매의 대표였던 강헌이 〈닫힌 교문을 열며〉(1992)가 사전 검열을 받지 않았다고 해서 불구속 기소되자, 헌법재판소에 낸 위헌 심판 제청 신청에 대해 3년 만에 내려진 결정이었다.

영화 사전 검열 위헌 판결에 앞서 영화계엔 대기업이 진출하는 큰 변화가 일고 있었다. 1995년 12월 15일 삼성그룹 내 영상 관련 계열사들을 모두 통합하는 '삼성영상사업단(1995년 4월 1일 출범)'의 사업 일정이 공표되었다. 이제 삼성, 대우, SKC, 제일제당, 현대 등 대기업과 더불어 일신창투, 장은, 동양 등 모험 자본들까지 영화판에 가세하게 된 것이었다.

1996년 9월 13일부터 21일까지 1주일간 제1회 부산국제영화제 PIFF가 개최되었으며, 1996년 현재 13개의 영화 잡지가 간행될 정도로 영화 담론은 전성기를 구가했다. 월간으로 『스크린』, 『로드쇼』, 『키노』, 『프리미어』, 『영화예술』, 『으뜸과 버금』, 『비디오 무비』, 『비디오 프라자』, 『영음문화』, 『영상음반』, 주간으로 『씨네21』, 영화진흥공사에서 발행하는 『영화소식』, 그리고 부정기 간행물 『영화언어』 등이었다. 1995년 창간하면서 『씨네21』은 "『한겨레』가 영화를 보면 이렇게 달라진다", 『키노』는 "100년을 기다린 영화 잡지가 온다"고 선전했는데, 둘 다 '창간호 완전 매진'을 선언했다.(손동수, 1995; 이한상, 1996)

'몸'·'불륜'·'섹스'의 재발견

1996년 한국 사회에선 몸이 새로운 화두로 등장했다. 1994년 차인표 데뷔, 1996년 구준엽 데뷔에 의미를 부여하면서 그 둘의 데뷔는 몸을 바라보는 TV의 관점에서 지각적인 변화가 일어났음을 암시한다는 주장도 제기되었다. 그들 이전엔 미디어에서 소비되는 몸은 주로 여성이었고, 그 방식은 남성의 말초적이고 관음적인 욕구에 호소하는 수줍은 수준을 넘어서지 못했지만, 그들의 등장 이후 비로소 몸에 대한 대량 생산·복제·소비가 일어나기 시작했다는 것이다.(완군, 2005)

'몸'과 더불어 '불륜'에도 변화가 일었다. 1996년 최고의 TV 드라마 히트작은 MBC 미니시리즈 〈애인〉이었다. 이 작품은 유부남과 유부녀의 사랑을 '불륜'이 아닌 '사랑'의 눈으로 새롭게 해석해 멜로 드라마의 역사를 새로 썼다는 평가를 받았다. 이혼과 가족 형태의 변화가 본격적으로 시작된 시점에서 나온 드라마였다.(황지희, 2006)

'남성의 전화' 같은 상담 기관이나 신경정신과 병원에서는 30~40대 직장인들의 카운슬링이 늘어났다. 흥행에 실패했던 〈엄마에게 애인이 생겼어요〉라는 영화도 비디오 대여점에서 인기를 누렸다. 불륜 감시 산업이 호황을 누리게 되었다는 등, 조사를 해봤더니 여성의

54.8퍼센트가 외도 욕구가 있더라는 등의 기사들도 양산되었다.(노영화, 1997; 전규찬, 1997)

'섹스'도 재평가되면서 에로물도 큰 인기를 누렸다. 『한국대학신문』 1996년 3월 25일자가 3월 중 서울 시내 5개 여대 앞 비디오방 대여 순위를 조사한 결과, 1위 〈리허설〉, 2위 〈옥보단〉, 3위 〈네트〉, 4위 〈쇼걸〉, 5위 〈크림슨 타이드〉, 6위 〈런 어웨이〉, 7위 〈젖소부인 바람났네〉, 8위 〈어쌔신〉, 9위 〈제인 에어〉, 10위 〈워터 월드〉 · 〈중경삼림〉 등으로 나타났다. 대체로 에로물 아니면 작품성에 대해서는 전반적으로 낮은 점수를 받은 할리우드 영화들이었다. 특이한 것은 〈리허설〉, 〈옥보단〉, 〈쇼걸〉, 〈젖소부인 바람났네〉 등 화제가 되었던 에로물들이 40퍼센트를 차지했다는 점이었다. 한국 영화의 국내 시장 점유율은 20퍼센트 미만이었지만, 비디오 가게에서 에로 비디오가 전체 대여 편수의 50~60퍼센트를 차지했고, 그 가운데 한국 영화가 절반가량이나 되었다.(김소희, 1997; 손동수, 1996)

에로 비디오 시장의 선두 주자는 단연 〈젖소부인〉 시리즈의 진도희였다. 미스코리아 가슴 사이즈 평균치인 34인치보다 3인치가 더 큰 37인치의 가슴과 '거친 숨소리와 요염한 자태'는 그녀의 트레이드마크가 되었다. 1995년 10월 한씨네가 불과 5,000여 만 원을 투입, 1만 5,000여 장을 팔아 제작비 몇 곱절의 수입을 올린 〈젖소부인 바람났네〉는 특별히 야할 것도 없었다. 그런데도 히트한 이유는 제목이 주는 호기심 때문이라는 것이 에로 영화계의 공통된 분석이었다. 그래서 이후 유사 제목을 가진 비디오들이 대거 등장했다.

〈물소부인 바람났네〉, 〈물소부인 물먹었네〉, 〈김밥부인 옆구리

터졌네〉, 〈연필부인 흑심 품었네〉, 〈만두부인 속 터졌네〉, 〈꽈배기 부인 몸 풀렸네〉, 〈꽈배기부인 몸 틀며 울다〉, 〈자라부인 뒤집어졌 네〉, 〈라면부인 몸 불었네〉, 〈계란부인 날로 먹네〉, 〈소라부인 속 나 왔네〉, 〈젖소남편 바람피우네〉, 〈어쭈구리〉, 〈애들은 재웠수〉, 〈구 멍가게〉, 〈홧김에〉 등이 잇따라 출시되면서 에로 비디오는 황금기를 맞았다.(김동철, 1996; 노만수, 2000; 백지숙, 1997)

광고도 그 어느 때보다 더 '성적性的 코드'에 집착했다. '소비자 문제를 연구하는 시민의 모임'은 1996년 3월부터 4개월간 방송 3사에 방송되었던 광고물 218편을 분석해 그 점을 지적했다. 음료수인 'TG' 광고의 "언제든지 따 마실 수 있다", "언제든지 쉽게 먹을 수 있 다. 마음에 드는 것으로 골라 마실 수 있다"는 문장, '진주 바로구이 갈비 맛 후랑크' 광고에서 소년 모델이 제품을 가리키며 "너는 참 뜨 겁겠다. 그치만 정말 맛있겠다"고 말하는 장면, 빙과류인 '더블 비얀 코' 광고에서 군대 훈련장을 배경으로 상관인 여성 모델이 부하인 남 성모델에게 "줘도 못 먹나"며 윽박지르는 장면, 상품명을 아예 중의 적으로 붙이고 "너를 마시고 싶다"라고 한 음료수 '너' 등이 그런 사 례였다.(마정미, 1997)

현장 실습을 원했던 걸까? 1996년엔 '묻지마 미팅'과 '묻지마 관 광'이 유행했다. 상대방의 신원에 대해 아무 것도 묻지 않고 말하지 도 않는 걸 전제로 남녀가 만나거나 같이 관광을 떠나는 것이었다. 그런 '묻지마 관광'은 한 발 더 나아가 관광지가 아닌 도심에서 짧은 시간에 그리고 간단히 익명의 즐김을 제공하는 수준에까지 이르렀 다.(강석운 · 박종생, 1996)

인터넷과 휴대전화의 대중화

1997년 여국현(1997, 204)은 "바야흐로 '사이버' 시대다. 사이버스페이스, 사이버커뮤니티, 사이버섹스, 그리고 사이버문학"이라고 말했다. 노염화(1997, 174)는 "마치 인터넷을 쓰지 않으면 다 죽을 거라는 투의 협박을 언론이 앞장서서 하는 까닭은 무엇인가"라는 질문을 던지면서 "어린이들에게까지 인터넷을 가르치라고 설쳐대는 이 광란의 이면은 그리 깨끗하지 않다"고 주장했다.

"이런 인터넷 열풍몰이는 『조선일보』와 『중앙일보』에서 가장 열심이다. 이들이 백만이 넘는 독자들에게 꾸준히 '인터넷 하기'를 강요하는 것은 컴퓨터 시장에서 무시하지 못할 만큼의 수요를 자극한다. 컴퓨터 시장이 커지면 당연히 광고 시장은 종속적으로 커지고, 그 광고는 다시 『조선일보』와 『중앙일보』에 돌아오게 되어 있다. 또한 『중앙일보』의 협박을 받은 컴퓨터 수요자의 대부분은 삼성의 램과 하드디스크, 모니터를 탑재한 컴퓨터를 구입하게 되어 있다."

김종엽(1997, 4)은 인터넷이 포르노그래피 소비의 새로운 차원을 열고 있다고 했다. 그는 "우리는 예전처럼 청계천 상가들을 배회하며 망설일 필요가 없다"며 "그저 마우스를 열 번 남짓 클릭하기만 하면 그것이 푸른 무중력의 공간으로부터 도래하는 것이다"고 말했다.

1997년 휴대전화 인구 500만 시대가 열림으로써 1997년이 '휴대전화 대중화'의 원년이 되었다. 휴대전화 대중화는 1995년 국내에서 세계 최초로 이룬 CDMA(코드분할다중접속) 상용 기술 성공 덕분에 가능했다. 이를 바탕으로 1996년 1월 1일 인천과 부천에서 한국이동통신(현 SK텔레콤)이 세계 최초로 CDMA 상용 서비스를 시작했다. 1996년 4월 신세기통신(2000년 SK텔레콤에 합병), 1997년 10월에는 한국통신 프리텔(현 KTF), 한솔 PCS(2001년 KTF에 합병), LG텔레콤의 PCS 3사가 상용 서비스를 제공하게 되었다.

소비문화에 너무 탐닉하느라 대중은 물론 정부도 정신을 잃었던 걸까? 1997년 11월 21일 한국은 IMF 구제 금융을 신청함으로써 이른바 'IMF 환란'의 고통에 빠지게 된다. 이는 '6·25 이후 최대 국난'으로까지 불렸다. 12월 18일에 치러진 대통령 선거는 김대중의 승리로 끝났다. 전국 평균 투표율 80.6퍼센트를 기록한 가운데 김대중은 총 유효 투표 2,564만 2,438표의 40.3퍼센트인 1,032만 6,275표를 얻었으며, 한나라당 후보 이회창은 김대중보다 1.6퍼센트포인트, 39만 557표가 적은 38.7퍼센트, 993만 5,718표를 얻었다. 국민신당 후보 이인제는 19.2퍼센트인 492만 5,591표를 얻었다. 이로써 '국민의 정부' 시대가 열리게 되었다.

제13장

김대중
정권기의
언론

'서바이벌 게임'에 들어선 언론

1998년 2월 25일 김대중이 대통령에 취임했지만, 경제 상황은 암울했다. 1998년 초 시점에서 총외채는 국민총생산 4,000억 달러의 37퍼센트에 달하는 1,500억 달러였다. 1996년까지 7~9퍼센트에 이르던 경제성장률은 1998년에는 마이너스 7퍼센트로 떨어졌고, 2~3퍼센트였던 실업률은 9퍼센트로 치솟았으며, 근로자들은 평균 9퍼센트 임금 삭감을 했다.

그런 우울한 상황에서 탈출하기 위한 자구책으로 촉발된 '금 모으기 운동'이 결합되면서 'IMF 민족주의'라 해도 좋을 정도의 민족주의적 열기가 한국 사회를 휩쓸었다. 대부분의 국민을 고통의 수렁으로 몰아넣은 이른바 IMF 사태는 사회 각 분야에 큰 타격을 주었지만

'거품'이 가장 많았던 분야라 할 언론에겐 존재 기반을 위협할 정도로 큰 타격을 입혔다. 한 중앙 일간지 사주는 1998년 초 신년사에서 이렇게 말했다. "지난해 나는 플러스섬plus-sum 게임은 끝나고 제로섬zero-sum게임이 시작됐다고 말했었다. 이제 나는 그 말을 수정하고자 한다. 지금부터는 서바이벌(생존) 게임이다."(김은남 · 이정훈 · 송준, 1998)

신문들은 그런 서바이벌 게임을 위해 대량 해고와 감봉 등을 실시했는데, 1998년 5월까지 실직 언론인이 4,000명을 넘어섰다. 또 일부 신문들은 파산 위기에 시달렸다. 신문사를 소유한 재벌들은 자체의 생존에 직면해 신문사를 분리하는 조치를 취해 현대, 삼성, 한화가 각각 『문화일보』, 『중앙일보』, 『경향신문』을 분리 독립시키겠다고 발표했고 이 신문들은 '홀로 서기'를 시도했다.

이는 그간 신문들이 '거품 경제'에 취해 흥청망청해왔다는 걸 의미하는 것이기도 했다. 특히 광고 거품이 심했다. 1981년에서 1996년까지 15년간 국민총생산GNP은 36조 7,000억 원에서 348조 원(1995년 기준)으로 9배 증가한 데 반해 같은 기간 광고비는 3,184억 원에서 5조 6,000억 원으로 17배 증가를 기록했다. 1981년 국민총생산 대비 광고비는 0.76퍼센트였으나 1980년대 중반에는 1퍼센트를 넘고 1996년에는 1.44퍼센트에 이르렀다. 그런데 1995년 말 1만 76달러였던 1인당 국민총생산이 6,000달러대로 떨어져 1990년 말 1991년 초(1990년 5,833달러, 1991년 6,757달러) 수준으로 하락했으니, 신문도 그 타격을 받지 않을 수 없었던 것이다.(남경우, 1998)

부도 위기를 맞은 각 언론사는 이전보다 훨씬 더 치열한 광고 수주 경쟁에 나섰다. 그야말로 죽느냐 사느냐의 서바이벌 게임이었다. 한 일간지의 문화부 기자는 IMF 이후 신문사의 가장 두드러진 특징은 "문화부 기자는 줄고 경제부 기자가 는 것"이라고 말했다(서선미, 1998). 보도가 신문사의 광고 전략의 일환으로 노골적으로 이용되고 있는 현실을 말해주는 것이었다. 그래서 '신문 찍자마자 내버리기'도 여전했다. 『내일신문』(1998. 1. 21)은 다음과 같이 보도했다.

"하루 평균 발행되는 일간신문은 약 1천 2백만 부로 추정된다. 이 중 47%인 5백 50만 부가 무가지로 뿌려진다고 한다. 심지어 무가지의 64%, 총발행부수의 29%인 3백 50만 부는 포장도 뜯기지 않은 채 제지공장으로 직행한다. 날마다 20년생 나무 3백만 그루를 허비해 '폐지'를 만드는 셈이다. 연간 신문 용지 수입에 3억 5천만 달러를 쓰고 있는 실정에서 신문사의 이 같은 행태는 외화 낭비와 환경 파괴의 주범이라는 비난을 면할 길이 없다."

신문을 많이 팔수록 손해 본다

신문을 많이 팔수록 손해라는 어이없는 일도 여전히 벌어졌다. 이건 이미 몇 년 전부터 그랬던 것이다. 한국언론연구원이 1996년 12월에 내놓은 자료에 따르면, 신문 한 부를 팔 때마다 손해를 보는 액수가 한 달 평균 211원에 이르렀다.

『미디어오늘』1998년 1월 21일자는 수도권 지역의 한 신문지국장의 월 평균 대차대조표를 분석한 결과, "이 지국의 한 달 총수입은 1천 4백만 원. 2천 부에 달하는 신문 구독료 수입 1천 3백만 원에 전단

광고 수입 1백20만 원을 더한 수치이다. 지출은 모두 1천 5백만 원. 약 1백만 원의 손실이 발생한다. 신문 지대의 60%에 달하는 4백 50만 원을 본사에 납입하고, 총무 1명, 배달원 12명의 인건비 6백 50만 원, 판촉비 2백 50만 원, 각종 경상비 1백 50만 원을 내면 남는 것이 없다"며 다음과 같이 말했다.

"이 같은 지국의 파행 운영은 고스란히 본사가 부담을 떠안을 수밖에 없다. 무한정적인 판촉비용, 과도한 지국 운영비, 지대 할인이 관행화돼 있는 판매 구조, 여기에 정부당국의 무관심이 겹치면서 신문은 많이 팔수록 손해를 보는 기현상에 시달리고 있는 셈이다. 결국 이 같은 판매 시장의 혼탁상은 한국 신문의 수입이 전적으로 광고에 의존하는 결과를 초래했다."

언론연구원이 분석한 바에 따르면 1995년 기준으로 중앙지 수익의 지대 및 광고 수입 비율은 대략 2대 8이었다. 이에 비해 미국을 제외한 다른 나라 신문들의 경우 한국과는 전혀 다른 수입 구조를 갖고 있었다. 일본이 대략 6(지대 수입)대 4(광고 수입), 영국 4대 6, 프랑스 5대 5 정도였다. 미국의 경우 한국과 비슷했지만 광고비는 한국과 현격한 차이가 있었다. 실제로 한국의 신문광고 단가는 비싸기로 소문나 있었다. 미국의 『월스트리트저널』의 전면광고의 평균 단가가 1,880만 원, 일본의 『요미우리신문』 평균 단가는 3,300만 원선인데 비해, 한국의 『동아일보』, 『조선일보』, 『중앙일보』, 『한국일보』의 평균 단가는 7,750만 원이었다.

『미디어오늘』은 "광고에 전적으로 의존하고 있는 상황에서 판매 비용의 손실을 만회하기 위해 광고 단가는 천정부지로 치솟고 있다"

며 "그러나 이러한 광고 수입은 또 금융 비용으로 3분의 1 이상이 지출된다"고 지적했다. "최근 경영 위기가 거론되고 있는 신문사들의 경우 은행 이자 지출이 매출액의 상당 부분을 차지하고 있다. 한화그룹 소유 『경향신문』을 보자. 이 신문사는 지난해 모두 4백 98억 원을 이자 비용으로 지출했다. 매출액은 1천 1백억 원대. 무려 매출액 대비 45%포인트가 순수 이자로만 나간 것이다."(장현철, 1998)

신문들이 미쳐 돌아간 건 그것뿐만이 아니었다. 경쟁적인 윤전기 도입도 제정신 가지고선 할 수 없는 일이었다. 전 『서울신문』 인쇄국장 조충은 "경영주들이 일본으로 견학가면 아사히, 마이니치 신문사의 최고급 윤전기, 무인 분공장 설립 계획 등 휘황찬란한 것만 보고 온다"며 "그러나 일본 신문의 50% 이상이 20~30년 묵은 구형 윤전기를 놓고 움직일 틈도 없는 비좁은 공간에서 몇 사람이 달라붙어 일한다는 걸 그들은 모른다. 내실 없이 눈만 높아져서 온다는 거다. 이제 와서 생각해보라. 너도나도 최고급 윤전기를 내세운 시설 경쟁이 빚더미에 오른 이 나라에서 과연 할 짓이었는지"라고 개탄했다.(김상철, 1998)

언로言路 독과점과 언론개혁시민연대의 출범

문제는 그것뿐만이 아니었다. 언론 산업을 넘어서 국가 전체의 차원에선 오히려 더 큰 문제가 있었는데, 그건 일부 유력 언론사들에 의한 언로言路의 독과점 현상이 더욱 심화되었다는 점이다. 광고업계는 1998년 2월 현재 조선·동아·중앙 등 3개지의 발행부수 합계(무가지 등 포함)가 641만 부가량으로서 전체 10개 중앙 종합일간지 1,035만 부의 62퍼센트로 추산했다. 1997 회계연도 10개 신문사(『경향신문』은 1996 회계연도 기준)의 전체 매출액에서 이들 3개사가 차지하는 비중도 59퍼센트에 이르렀다.(김도형, 1998)

경영 사정도 마찬가지였다. 1997년 말 현재 국내 10개 중앙일간지 10개사의 부채는 3조 442억 원에 이르렀는데, 이 가운데 7개사가 자본 잠식이거나 부채비율 500퍼센트 이상을 기록했다.『경향신문』, 『세계일보』, 『문화일보』가 자본 완전 잠식 상태였고,『한국일보』(부채비율 1만 246퍼센트)와 『국민일보』(958퍼센트), 『서울신문』(822퍼센트), 『중앙일보』(508퍼센트)는 부채비율 500퍼센트를 넘어선 것으로 나타났다. 또 부채 총액 3,000억 원을 넘어선 곳은 『경향신문』(7,234억 원)과 『중앙일보』(6,015억 원), 『한국일보』(4,001억 원), 『동아일보』(3,743억 원) 등으로 나타났다. 『조선일보』는 부채 총액이 1,745억 원에 부채비율 101퍼센트로 가장 양호한 상태였다.(이제훈, 1998)

극소수 신문들에 의한 언로言路 독과점 구조의 심화에 대한 문제의식과 더불어 언론개혁의 기치를 내걸고 1998년 8월 27일 언론개혁시민연대(언개련)가 출범했다. 이 범국민적 기구는 언론 3단체(언론노련, 기자협회, PD연합회)와 민주언론운동시민연합, 참여연대, 언론정보학회 등 외에도 여성민우회, 민주노총, 민주사회를위한변호사모임, 경실련 등 35개 언론·사회단체들이 힘을 합해 결성한 것이었다.

언개련은 1998년 10월 일간신문·통신사에 대해 재벌의 주식 소유를 전면 금지하고 족벌의 지분도 20퍼센트로 제한하는 '정기간행물의 등록 등에 관한 법률(정간법)' 개정안을 마련했다. 또 개정안은 편집권 독립을 명문화했다. 언개련은 언론의 주식 윤리 문제도 제기했다. 1999년 5월 언개련 사무총장 김주언(1995)은 "일부 신문사들은 앞다퉈 투자 설명회라는 이름으로 재테크 강좌를 열어 '전 국민의 투기꾼화'를 부추기고 있다"며 다음과 같이 말했다.

"언론사들은 '전 국민의 투기꾼화' 캠페인을 벌이는 데서 더 나아가 자신들이 직접 '투기꾼'으로 나서고 있다. 막강한 정보력을 주식투자에 활용하고 있는 셈이다. 문제는 언론사들이 주가에 영향을 미칠 수 있는 보도를 한다는 데 있다. 언론사들은 자신들에게 유리한 방향으로 주가 예상 보도를 하고 있다. 많은 경우 밑도 끝도 없이 일부 전문가의 말을 빌려 주가가 오를 것이라는 기사를 내보낸다. 물론 형평성을 강조하기 위해 반대 입장도 곁들이지만 주된 논조는 주가가 오를 것으로 예상하는 기사다. 언론사들은 투기꾼이라는 오명에서 벗어나려면 당장 주식투자를 중단해야 할 것이다."

조선일보사가 만든 '최장집 사건'

김대중 정권과 『조선일보』는 적대적 관계를 유지했다. 둘 사이의 갈등은 『월간조선』이 1998년 11월호에 게재한 「'대통령 자문 정책기획위원장' 최장집 교수의 충격적 6·25 전쟁관 연구 / '6·25는 김일성의 역사적 결단' / '제2의 건국' 추진과 더불어 주목되는 최장집의 한국 현대사 시각」이라는 기사를 통해 김대중 정권의 사상 지향성을 문제 삼았을 때에 가장 크게 불거졌다.

10월 23일 최장집은 조선일보사를 상대로 자신의 논문 내용을 23차례에 걸쳐 왜곡, 필자의 사상에 문제가 있는 것처럼 보도해 명예를 훼손했다며 5억 원을 요구하는 손해배상 청구 소송과 배포 금지 가처분 신청을 서울지법에 제출했다.

조선일보사는 『조선일보』 지면으로 맞대응했다. 『조선일보』 10월 26일자 4면은 거의 절반이 '한국전쟁 관련 최장집 위원장 논문 발췌'로 채워져 있다. 큰 제목, 작은 제목으로 뽑은 내용만 살펴보면 이랬다. "미군과 한국군의 38선 돌파 '공격적 팽창주의의 발로' / '김일성은 열렬한 민족주의자 민족통일의 사명감 가졌다' / '마치 북의 공격 기다린 듯 미, 전광석화처럼 개입'"

『시사저널』 취재2부장 서명숙은 11월 5일자 칼럼 「언론의 권력화가 위험한 이유」에서 "그런 주장은, 해당 언론사의 작업이 고도의 균형 감각과 정치精緻한 사회과학적인 방법론(최소한 최 교수가 구사한 수준에 걸맞은)을 동반한 것일 때 비로소 설득력을 가질 수 있다"며 "그러나 처음 문제가 된 『월간조선』 보도에서는 정치학계의 중견 학자를 비판하는 데 따르는 최소한의 신중함도, 학문적인 엄밀함도 찾아보기 힘들었다. 대신 전제와 결론을 잘라내고 '필요한 부분만 인용하는' 과감함과, 그렇듯 거두절미한 대목에 대해 논리적 비약과 이데올로기적인 편향성으로 해석하는 지적 횡포만이 있었을 따름이다"고 말했다.

『월간조선』의 '최장집 기사'에 대한 서울지법 민사51부의 '가처분 결정'이 내려지자 『조선일보』는 11월 12일자 사설 「'가처분 결정'에 묻는다」, 11월 13일자 사설 「언론 자유의 문제」 등을 통해 비판을 하고 나섰다. 이와 관련, 『중앙일보』 정치부 기자 전영기는 이렇게 논평했다. "『조선일보』는 우리 체제의 3대 버팀목 중의 하나인 법원의 판단을 정면으로 무시해버렸다. 오로지 판결로만 말한다는 법언에 충실한 사법부가 느끼는 참담한 낭패감을 한 번이라도 생각해본 적이 있는가."(『미디어오늘』, 1998. 11. 25)

가처분 사건의 주심인 판사 박경수는 법원 내부 컴퓨터 통신망에 "『조선일보』가 법원의 결정문까지 왜곡·악의적인 보도를 계속하고 있다"고 비판하는 글을 올렸다. 박경수는 이 글에서 "『조선일보』는 마치 재판부가 증거자료도 제대로 검토하지 않은 채 잘못된 결정을 한 것처럼 악의에 찬 보도를 계속하고 있다"며 "최장집 교수의 논문 일부분만을 확대·왜곡 인용해 이 사건이 비롯됐는데도 『조선일보』는 결정문에 대해서도 같은 방법을 사용해 재판부의 결정을 비난하고 있다"고 유감을 표시했다. 박경수는 "최 교수가 50년부터 53년까지의 한국전쟁을 민족해방전쟁이라고 주장한 바가 전혀 없다는 것은 저서를 직접 읽어보면 명확하게 드러난다"며 "법원이 『조선일보』의 표현의 문제점을 지적했는데도 『조선일보』가 '왜 보도하면 안 되느냐'고 반문하는 데는 기가 막힐 지경"이라고 개탄했다.(『한국일보』, 1998. 11. 28)

이 사건은 어설픈 봉합繼合의 수준에서 마무리되었다. 결국 최장집은 정책기획위원장 자리에서 물러났지만, 이 사건은 『조선일보』를 반대하는 이른바 '안티조선운동'을 촉발시키는 계기가 되었다.

스크린쿼터제 축소 논란과 '〈쉬리〉 열풍'

1998년 한국 영화 개봉 편수는 43편, 시장점유율은 25퍼센트로 3편 당 1편만이 흥행에 성공을 거둔 것으로 나타났다. 서울 개봉관 기준으로 흥행 성적은 〈편지〉 82만, 〈여고괴담〉 71만, 〈퇴마록〉 43만, 〈8월의 크리스마스〉 42만, 〈조용한 가족〉 41만, 〈정사〉 37만, 〈처녀들의 저녁식사〉 32만 등이었다. 〈여고괴담〉은 PC통신에서의 격렬한 논쟁을 통해 '〈여고괴담〉 신드롬'을 불러일으켰다.(안영춘, 1998)

1998년 말 개정 영화진흥법과 문화산업진흥기본법이 국회 본회의를 통과했다. 이들 법안의 골자는 크게 3가지였다. 첫째, 기존의 공연예술진흥협의회(공진협)가 폐지되고 영상물등급위원회(등급위)가 신설되었다. 둘째, 영화진흥위원회가 신설되었다. 영화진흥공사(영진공)의 업무를 물려받게 될 위원회는 문화부장관의 위촉을 받은 영화인 10명으로 구성된다. 셋째, 영화 진흥 재원을 확충할 수 있는 여건이 마련되었다. 신설된 문화산업진흥기본법이 문화 관련 산업에 투자하는 회사나 투자 조합에 금융·세제를 지원할 수 있게 했을 뿐 아니라 문화부 산하에 문화산업진흥위원회를 두게 한 것이다. 그러나 개정 영화진흥법에서 관심을 모았던 '완전 등급 분류제'와 '성인 영화 전용관(등급 외 전용관)'은 한나라당의 반대로 삭제되었다.

1999년 1월 '한국 영화 의무 상영제 유지 촉구 결의안'이 국회에서 통과되었다. 이것은 스크린쿼터제 축소 또는 폐지를 내용으로 하는 한미투자협정이 체결된다 하더라도 국회가 비준 동의를 해줄 수 없다는 공식 결의였다. 이에 영화인들은 2월 3일 63일간의 농성을 풀었지만, 3월에 한국을 방문한 미국 상무장관 윌리엄 데일리와 미국 영화협회 회장 잭 발렌티는 청와대를 예방하고 한국의 스크린쿼터제 폐지를 공식 요청했다.

7월로 예정된 대통령 김대중의 방미訪美를 한 달 앞둔 6월 사태가 심상치 않음을 눈치 챈 영화인 100여 명은 삭발을 감행하는 이른바 '6월 대투쟁'을 시작했다. '스크린쿼터 사수 범영화인 비상대책위원회(공동위원장 김지미·임권택·이태원)'는 '스크린쿼터 축소 음모 저지를 위한 투쟁'을 선포했다.

정부가 스크린쿼터 축소의 대안으로 제시한 것은 영화 산업 인프라 구축이었다. 문화관광부 장관 박지원은 1999년에 400억, 2000년과 2001년에 각각 300억 원씩을 투자하겠다고 밝혔다. 그러나 영화인들은 "그 어떤 지원책도 스크린쿼터를 대신할 수 없고, 다른 지원책은 필요 없으니 스크린쿼터를 현행대로 유지시켜 달라", "지원은 하되 간섭은 않겠다는 방침대로 스크린쿼터를 지원하고 스크린쿼터에 간섭하지 말아 달라"고 요구했다. 이런 강경 요구에 밀린 정부는 6월 24일 "7월 김대중 대통령 미국 방문 때 한미투자협정 문제가 확정되지 않는다"고 공식 발표함으로써 스크린쿼터 문제는 다시 수면 밑으로 가라앉았다.

1999년 공전의 히트를 기록한 영화 〈쉬리〉는 당시 한국 영화 평균 제작비의 2배가 넘는 27억 원을 썼지만, 이후 영화 쪽에 돈이 몰려들면서 제작비 규모는 눈덩이처럼 불어나기 시작했다. 이때부터 '한국형 블록버스터'라는 용어가 언론에 의해 본격적으로 쓰이기 시작했다. 1999년의 한국 영화 국내 시장 점유율은 36.1퍼센트였다.(『대

한매일』, 2000. 3. 9)

'제1권부'로 등극한 언론

1999년 10월 2일 세무 비리와 관련해 『중앙일보』 사장 홍석현을 구속한 사건은 김대중 정권과 『중앙일보』 사이의 전면전으로 치달았지만, 이 또한 '최장집 사건'의 경우와 마찬가지로 봉합의 수준에서 일단락되었다.

제일기획 조사를 보면, 1999년도의 총 광고비는 4조 6,205억 원으로 전년 대비 32.6퍼센트의 성장을 기록한 것으로 나타났다. 4대 매체 광고비 2조 6,027억 원, 광고 제작비 1,814억 원, 옥외 및 SP 광고비 6,271억 원, 뉴미디어 광고비 2,093억 원 등이었으며, 주요 매체별 광고비 점유율은 신문 39.1퍼센트, TV 32.3퍼센트, 뉴미디어 4.5퍼센트, 라디오 3.8퍼센트, 잡지 2.8퍼센트 등이었다.

KADD 조사를 보면, 1999년 10대 광고주는 삼성전자(1,071억), SK텔레콤(830억), 기아자동차(579억), 남양유업(554억), 현대자동차(546억), LG화학(509억), 대우자판(509억), 태평양(497억), 매일유업(461억), 현대증권(460억) 등인 것으로 나타났다.

한국신문협회가 발표한 1999년 언론 현황을 보면, 일간지는 112개, 기자는 6,844명, 언론업계 전체 종사자 수는 1만 5,670명인 것으로 나타났다. 1999년 10대 중앙 일간지의 총 매출액은 1조 7,264억 원으로 전년 대비 31퍼센트의 사상 최대 성장률을 기록했는데, 조선, 중앙, 동아 등 상위 3개사가 총매출액의 60퍼센트 이상을 점유한 것으로 나타났다(전년 55.7퍼센트). 매출액 순위는 『조선일보』(3,912억), 『중앙일보』(3,344억), 『동아일보』(3,105억), 『한국일보』(2,314억), 『대한매일』(1,577억), 『한겨레』(838억), 『경향신문』(690억), 『문화일보』(531억), 『국민일보』(484억), 『세계일보』(331억) 등이었다.

상위 3개사의 순이익은 2,100억 원으로 200억~300억 원의 법인세를 내 대부분 적자를 기록한 나머지 신문사들과 대비를 이루었다. 순이익 순위는 『중앙일보』(921.3억), 『조선일보』(398.0억), 『동아일보』(202.9억), 『세계일보』(70.4억), 『문화일보』(-17.2억), 『국민일보』(-41.8억), 『한겨레』(-44.4억), 『대한매일』(-103.7억), 『경향신문』(-297억), 『한국일보』(-363.9억) 등이었다. 10개 일간지의 총 부채는 1조 8,648억 원인 것으로 나타났는데, 신문사별 순위는 『한국일보』(5,590억), 『중앙일보』(3,683억), 『동아일보』(3,602억), 『대한매일』(2,339억), 『조선일보』(1421억), 『경향신문』(1,415억), 『세계일보』(1,246억), 『한겨레』(433억), 『국민일보』(206억), 『문화일보』(134억) 등이었다.(김일, 2000)

행정부・사법부・국회・언론・재계・시민단체 중에서 한국 사회의 가장 영향력 있는 집단은? 참여연대의 기관지인 『참여사회』가 창간 5주년을 맞아 한길리서치에 의뢰해 정치인・공무원・언론인・직장인 등 각각 60명씩 총 240명을 대상으로 2000년 4월에 실시한 여론조사에서 응답자들은 언론을 한국 사회의 '제1권부'로 꼽았다(30.4퍼센트). 다음으로 행정부(22.5퍼센트), 국회(19.6퍼센트), 재계(11.7퍼센트), 시민단체(9.6퍼센트), 사법부(5.0퍼센트) 순이었다.(김병기, 2000)

통합방송법 제정과 홈쇼핑 채널의 인기

1999년도 방송 3사 합계 흑자는 2,008억 원에 이르러 전년 합계 적자 1,036억 원과 큰 대비를 보였다. 매출액과 순이익은 KBS(매출 9,502억, 순이익 956억), MBC(4,450억, 559억), SBS(3,718억, 493억) 순이었다. 경인, 광주, 대구, 대전, 부산, 울산, 전주, 청주 등 지역민방 8개 사도 경영 실적이 호전되어 매출 총액이 전년 대비 65퍼센트 이상 상승했고, 흑자 회사도 1개사에서 4개사로 늘어났다.

1999년 방송 분야에서 일어난 가장 큰 변화는 통합방송법의 제정이었다. 1999년 11월 30일 국회 문광위, 12월 17일 법사위를 통과한 방송법의 가장 큰 의미는 무엇보다도 방송위원회의 위상 강화였다. 그간 지상파방송(방송위원회), 케이블TV(종합유선방송위원회), 중계유선방송(정보통신부) 등 다원화되었던 소관부처가 방송위원회로 일원화되었으며, 위성방송법이 통과됨에 따라 향후 실시될 위성방송까지 다루는 막강한 권한을 갖게 되었다.

또 그간 심의 기능만 갖고 있던 방송위원회는 문화관광부에 있던 방송 정책권은 물론 방송 운영 · 편성 정책 · 방송 영상 진흥 정책 · 방송 기술 정책 등을 도맡게 되었다. 힘이 커진 만큼 방송위원회의 방송위원 구성 방안을 놓고 여야는 막판까지 첨예하게 대치했는데, 결국 정부여당이 9명 가운데 7명의 위원을 자당 인사로 채울 수 있게 된 것으로 마무리되었다. 교육방송EBS은 교육방송공사법 제정으로 운영 자율권과 예산 문제가 해결되어 보다 안정적인 기반에서 방송할 수 있게 되었다.

1995년부터 시작된 케이블TV는 출범할 때엔 '황금알을 낳는 거위'인 것처럼 과대 포장되었으나 이젠 '돈 먹는 하마'라는 별명이 붙을 정도로 적자의 수렁에서 헤매고 있었다. 1998년까지의 4년간 누적 적자가 1조 원을 웃도는 것으로 추산되었다. 프로그램 공급사PP들의 4년간 누적 적자는 모두 7,963억 원, 각 지역 송출을 담당하는 케이블 방송사SO의 1997년까지의 누적 적자만 1,500억 원에 이르렀다.(이성욱, 1999)

그러나 케이블TV의 홈쇼핑 채널은 인기를 끌면서 소비문화에 큰 영향을 미치게 되었다. 39쇼핑이나 LG홈쇼핑은 24시간 내내 상품에 대한 기본 정보는 물론이고 제품을 착용하거나 작동하는 과정을 자세하게 실연해 보였다. 백지숙(1998, 296~297)은 "이제 그렇게 끊임없이 이어지는 스펙터클한 상품의 세계는 시청자들과 소비자들을 구별하지 않고 모두 일정한 불만족 상태로 몰아간다"며 "그리하여 친절하고 명랑한 어조로 상품의 이모저모를 소개하는 쇼 호스트들에 의해서 모든 상품들은, 단순한 물건이 아니라 현재의 삶을 불충분한 것으로 낙인찍고 편안하고 쾌적한 삶을 지향하게 만드는, 에로틱한 욕구의 대상으로 거듭난다"고 말했다.

"IMF가 없었다면 한류가 생겨날 수 있었을까?"

1998년 10월 20일 문화관광부는 일본 대중문화를 단계적으로 개방한다고 발표했다. 정부가 발표한 '일본 대중문화 개방 일정'은 일본 영화와 비디오, 출판, 만화 중 일부를 즉시 개방하는 내용 등을 골자로 삼았다. 처음엔 반대와 우려가 컸지만, 시간이 흐르면서 그건 기우杞憂인 것으로 나타났다. 비슷한 시기에 나타나기 시작한 한류는 한국 대중문화가 의외로 경쟁력이 있다는 걸 웅변해주었다.

한국 대중문화가 1997년부터 중국에 진출해 성공을 거두기 시작하자 중국 언론은 1999년경 '한류韓流'라는 말을 본격적으로 쓰기 시작했다. "다른 문화가 매섭게 파고든다"는 의미의 '한류寒流'라는 말을 변용한 것이다. 1990년대 후반에 일어났던 주요 한류 일지를 살펴보면 ① 1997년 중국 CCTV(중앙TV) MBC 〈사랑이 뭐길래〉 방영, ② 1998년 중국 TV방송 MBC 〈목욕탕집 남자들〉 방영, ③ 1998년 5월 5인조 그룹 HOT 앨범 중국에서 히트, ④ 1998년 5월 베트남 호치민 TV MBC 〈의가형제〉 방영, 7월에 재방영(장동건 신드롬), ⑤ 1999년 중국 TV방송 MBC 〈별은 내 가슴에〉 방영, ⑥ 1999년 3월 2인조 그룹 클론 한국과 타이완에서 앨범 동시 발매, ⑦ 1999년 4월 영화 〈쉬리〉 일본에서 125만 명 관람, ⑧ 2000년 2월 HOT 중국 베이징 공연 대성공 등이었다.

1999년 흥행은 해외시장으로까지 이어졌다. 〈쉬리〉는 홍콩에서 개봉한 지 10일 만에 372만 홍콩달러(약 5억 5,000만 원)를 벌어들였으며 〈거짓말〉은 우리 영화 가운데 유럽지역 수출 금액으로는 가장 큰 30만 달러를 받았다. 2000년 한국 영화의 해외 수출액은 698만 3,745달러로 1999년에 비해 2배 이상 증가했다. 영화진흥위원회는 수출 대상국의 경우, 1999년의 11개국에서 24개국으로 다변화되었으며 "특히 일본을 비롯한 아시아 국가에 대한 수출이 크게 늘어난 가운데 대일 수출액이 550만 9천 달러로 전체 수출액의 79%를 차지했다"고 밝혔다.

훗날 이어령(2006)은 "1997년 한강의 기적으로 불리던 제조업 중심의 한국이 무너졌습니다. 바로 IMF입니다. 한류는 바로 IMF 때 생겨난 독특한 문화이기도 합니다. IMF가 없었더라면 한류는 생겨날수 있었을까요? 대답은 '노'입니다"라고 주장했다. 그는 "한때 우리도 일본 것을 들여와 트렌디로 갔지만 IMF는 새 변화를 요구했습니다"라면서 다음과 같이 말했다.

"우리는 이미 체험했던 현대적 트렌디 드라마를 바탕으로 지난 산업사회와 농경사회의 정서들을 새롭게 리메이크했습니다. 10대와 20대들의 난잡한 가치관을 다룬 할리우드 버전과 다르게 약간은 보수적이고 가족적이며 순정적 요소들이 끼어들었습니다. 바로 그 유형의 드라마가 아시아인들의 마음을 사로잡았습니다. 한류입니다. 더구나 드라마 속에 나타나는 현대적 음악과 촬영 기술 · 로케이션 · 패션 등이 흐름을 증폭시킨 것이고요."

2002년 1월 14일부터 3월 19일까지 방영된 KBS 2TV 드라마 〈겨울연가〉는 폭발적인 인기를 얻으면서 일본에서의 한류 붐을 이끄는 선두 주자가 된다. 〈겨울연가〉를 연출한 PD 윤석호는 한류 성공의 가장 큰 이유로 한국인 고유의 기질을 꼽았다. 그는 "희로애락의 감정 표현이 뚜렷한 우리 민족의 특성은 문화 콘텐츠 제작에 적격"이라며 "이런 기질이 사회수준의 발달과 맞물려 '한류'라는 히트 상품을 만들어냈다"고 분석했다. 또 그는 그간 비난의 표적이 되었던 방송사 간 드라마 시청률 경쟁도 한국 드라마의 수준을 높이는 데 일조했다고 평가했다.(김동은, 2005)

인터넷의 급성장과 포털의 등장

세계 모든 나라 사람들이 새로운 것을 좋아하겠지만 그 정열에 있어서 한국을 능가할 나라가 또 있을까 하는 생각이 들 정도로 한국은 첨단 매체의 유행 속도가 매우 빠른 나라였다. 인터넷의 보급 속도는 세계에서 가장 빨랐으며, 초고속인터넷 사업은 1999년 6월부터 서비스를 시작했다.

정보통신부 발표를 보면, 2000년 2월 말 현재 인터넷 이용자 수는 1,297만 명이었는데, 인터넷 이용자 산정 기준인 만 7세 이상 국민(4,215만 명) 대비 이용률은 30.8퍼센트로 국민 3.24명당 1명꼴이었다(이 통계는 만 7세를 기준으로 삼고 있어 실제보다 부풀려진 건데 "외국 기준으로 엄격하게 계산하면 국내 인터넷 인구는 600만 명 가량에 불과하다"는 견해도 있었다).(성동기, 2000)

이와 같은 분위기 속에서 인터넷방송이 급증했는데, 종합 인터넷방송 서비스업체인 캐스트 서비스에 따르면, 2000년 4월 19일 기준으로 인터넷방송국 수는 350개로 1999년 9월 130개, 12월 200여 개에 이어 급격히 증가하는 양상을 보였다. 인터넷방송국의 분야를 보면 음악 방송국(23.5퍼센트)이 가장 많고 종합 방송국(20.7퍼센트), 교육(9.0퍼센트), 문화·예술·생활(8.0퍼센트), 개인 마니아(8.0퍼센트), 연예·오락·게임(6.1퍼센트) 등의 순이었다. 채널별 콘텐츠 역시 음악이 64.5퍼센트로 압도적으로 많았으며 영화(9.7퍼센트), 연예(8.3퍼센트), 뉴스·경제·스포츠(6.3퍼센트) 등이 그 뒤를 이었다. 인터넷방송국이 급증함에 따라 채널 수도 5,000여 개로 늘어났다.(전성철, 2000)

인터넷신문도 크게 늘어 인터넷신문 기자들의 기존 기자단 가입 문제가 언론계의 현안으로 대두되기도 했다. '인터넷 한겨레'가 2000년 4월 1일에 창간한 인터넷신문 『하니 리포터』를 만드는 사이버 기자단 617명은 4월 29일 '사이버 기자 윤리 강령'을 선포했다. (박미영, 2000).

정보의 빈익빈 부익부 현상은 인터넷 내부에서도 일어나기 시작했다. 포털의 등장 때문이었다. 한국 최초의 검색 엔진 '코시크'가 1995년 12월에 생겼고, 1996년에 최초의 상업적 검색 엔진 '심마니', 1997년에 '야후 코리아', 1998년에 '네이버'가 서비스를 시작했다.

1998년 무렵 포털이 뉴스 시장에 진입했을 때 사람들은 큰 관심을 기울이지 않았다. 당시 처음 등장한 미디어 사이트들은 수익을 노리고 포털에 뉴스를 팔았으며, 포털들은 뉴스를 사들여 이렇다 할 편집 없이 목록만 보여줬다. 미디어의 입장에서 포털은 수익원이었고, 포털에 미디어는 뉴스 공급원이었다. 뉴스에 대한 호응이 크자 포털들은 기사를 사들이는 미디어 수를 늘려갔는데, 그렇게 몸집을 불려나간 포털은 훗날 '공룡'으로 커지면서 다른 모든 미디어를 지배하게 된다.

노래방 · 비디오방 · PC방의 인기

1990년대 말부터 '방房'의 전성시대가 열리기 시작했다. 노래방은 1999년 5월 말 현재 전국에 걸쳐 2만 8,500여 업소가 성업 중이었으며, 노래방 기기가 설치된 단란주점 · 룸살롱 · 나이트클럽 등의 업소도 2만 개소에 달했다. 노래방 시장 규모는 연간 5조 원(업계 추정)에 달하며 반주기 등 관련 시장 규모도 5,000억 원에 이르렀다. '비디오방'도 급증했다. 1999년 5월 국무총리실 산하 청소년보호위원회는 전국적으로 2,900여 곳에 이르는 비디오감상실(속칭 비디오방) 대다수가 남녀 간의 성적 접촉 장소로 이용되고, 비디오방에서의 풍기 문란도 심각하다고 밝혔다.(강찬호, 1999; 추영준, 1999)

노래방, 비디오방의 번성과 더불어 1999년의 '대박'은 PC방이었다. 1993년 영국과 인도에서 인터넷 카페로 시작한 PC방이 한국에 등장한 건 1995년이었다. 1998년 9월 900여 개에 불과하던 PC방은 7개월 만인 1999년 4월 5배가 넘는 5,000여 개(문화관광부 통계)로 급증했다. 정부가 PC방을 인터넷 교육장으로 활용하자고 나설 정도로 정보통신산업 육성 붐이 일면서 PC방은 2000년 2만 개를 돌파하고, 2001년엔 2만 2,500여 개로 정점에 도달하게 된다. PC방은 2004년에는 2만 개로 감소하게 되는데, 퇴조의 주요 이유는 가정 인터넷 환경의 개선과 더불어 '끼리끼리 문화의 퇴조'였다.(이두걸, 2005)

1998년부터 국내 게임 시장을 석권하기 시작한 〈스타크래프트〉도 PC방을 키운 힘이었다. 미국 블리자드가 1998년 3월에 출시한 〈스타크래프트〉는 한국에서 가장 큰 인기를 누렸다. 패키지 및 온라인용 게임인 〈스타크래프트〉는 '테란'·'저그'·'프로토스' 등 게임 캐릭터들의 대결로 짧은 시간(10~30분) 내에 게임 승부가 결정되고, 온라인 커뮤니티를 형성해 게임이 가능하며, 아기자기한 게임 캐릭터가 한국인 정서에 적합하다는 것 등이 한국인을 열광시킨 이유였다. 위정현은 "〈스타크래프트〉의 인기가 PC방이 보급되는 데 결정적 역할을 했다"며 "PC방이라는 인프라가 있었기 때문에 온라인게임 산업도 성장할 수 있었다"고 평가했다.(홍주연, 2006)

2000년 7월 인터넷 포털 사이트인 네이버와 한게임의 합병으로 탄생된 NHN의 공동대표가 된 김범수의 성공 스토리는 PC방, 아니 인터넷 역사의 한 페이지를 장식하기에 족한 것이었다. 서울대학교 산업공학과 86학번인 김범수는 졸업 후 삼성SDS에 다니면서 한양대학교 정문 앞에 '미션 넘버 1'이란 이름의 PC방을 냈다. 그게 1998년 6월이었다. "보증금 1억 2,000만 원에 70평짜리 3층 건물을 세냈습니다. 월 2부 이자의 사채까지 끌어다가 당시 최고 사양이었던 펜티엄급 PC 50대를 들여놓았습니다."

월 1,000만 원 정도의 순익이 떨어지는 '대박'이었다. 그해 9월 그는 삼성SDS에 사표를 던지고 2개월 후인 11월 7명의 직원과 함께 '한게임커뮤니케이션(주)'를 차렸다. 그는 1999년 여름 PC방 사업을 정리하고 프로그램 개발에 전념했다. 1999년 12월 1일 '한게임' 상용 서비스가 시작되었다. 이 또한 대박이었다. 두 달 만에 일일 접속자 수가 10만을 돌파했고, 투자 제의도 30여 건이 쏟아져 들어왔다. 그 이후 순풍에 돛단 듯이 초고속 성장 가도를 달렸다. 2001년 3월 한게임의 부분 유료화 성공, 2002년 10월 코스닥 입성, 2004년 8월 NHN의 방문자 수가 '다음'을 제치고 1위에 오르는 등 계속 경사가 터진다.(박상주, 2005)

"한국에선 개나 소나 휴대전화를 갖고 있다"

관련 업체들의 공격적인 마케팅 전략에 힘입어 휴대폰 가입자 수는 1999년 9월 유선전화 가입자를 처음 앞지른 데 이어 2000년 3월에는 2,542만 8,000여 명으로 전체 인구(4,727만 명) 중 53.8퍼센트가 휴대폰을 이용하게 되었다. 고영삼(2004)은 1991년에서 2001년까지 한국인 가계의 소비 지출 항목 중 연평균 증가율에서 통신비가 11.06퍼센트로 1위를 차지한 점에 주목하면서 "가계비 지출은 경기에 매우 영향을 받기 때문에 IMF 관리 체제에 들어서면서 소비 지출은 급격하게 줄었지만, 정보통신비 만큼은 이때에도 증가한 것이 참으로 놀랍다"고 했다.

언론은 '생활과학정보'의 이름으로 휴대폰 붐을 부추겼다. 예컨대, 「휴대폰 깜짝 서비스 "안 되는 게 없어요"」라는 제목의 기사에 따르면, "'아직도 휴대폰으로 전화통화만 하시나요.' 휴대전화 가입자 가운데 심심할 때 혼자 게임을 하거나 뉴스나 주가 날씨를 알아보는 정보단말기로 사용하는 사람이 늘고 있다. 자동차 가전제품 등 중고품을 사고파는 벼룩시장이 되기도 하고 단말기 화면에 나타난 상대방의 얼굴을 보고 마음에 들면 미팅을 신청하는 중매쟁이 역할도 한다."(『동아일보』, 1999. 8. 19)

초등학생들에게도 "삐삐는 필수, 핸드폰은 선택"이 되었다. 『한국일보』(1999. 6. 4)는 "서울 종로에 있는 모 초등학교의 경우 한 반 40명 중에 20명 정도는 무선호출기(삐삐)를, 2~3명은 휴대폰도 지니고 있다. 특히 최근에는 업계에서 어린이 전용 호출기와 핸드폰을 판매하면서 숫자는 급격히 늘어나고 있다"고 했다. "핸드폰은 아직 일반화하지는 않았지만 '받고 싶은 선물'의 1순위로 꼽힌다. 특히 졸업을 앞둔 6학년 학생들은 핸드폰을 선물로 받을 수 있다는 이유 때문에 졸업을 기다릴 정도. 최근 생일 선물로 핸드폰을 받았다는 이 모(12)군은 '언제 어디서나 통화할 수 있다는 게 신기하기도 하지만 친구들 앞에서 우쭐하는 기분으로 항상 들고 다닌다'고 말했다."

오랜 프랑스 망명 생활 끝에 1999년 6월 한국을 방문한 '파리의 택시운전사' 홍세화(1999, 348)는 '20년 만의 귀국일지'에서 '휴대전화'에 대해 이렇게 썼다. "한국에선 개나 소나 휴대전화를 갖고 있다고 한 선배가 말했다. 한국에 도착한 날 나도 휴대전화를 갖게 되었다. 한국을 떠나면서 반환했다. 나도 한국에선 개나 소가 되었던 셈이다." 몇 년 후인 2005년 한국의 가계비 중 통신비 비중은 6.3퍼센트로 경제협력개발기구OECD 평균(2퍼센트)의 3배를 넘고, 한국 가정의 한 달 통신비는 평균 120.7달러로 OECD 국가 중 1위를 차지하게 된다.(고재학 외, 2006)

언론사 세무조사 논란

2000년 9월 9일 『동아일보』의 1면 톱기사 제목은 「대구 부산엔 추석이 없다」였다. 성한용(2001, 297)은 이 기사에 대해 "청와대는 경악했다. 아니 정확히 말하면 『동아일보』를 제외한 모든 언론이 깜짝 놀랐다. 추석 경기가 어떻게 경상도에서만 나쁠 수가 있을까?"라고 말했다. 이 기사는 신발과 건설업체들의 잇단 부도로 영남 경제가 매우 어렵다는 내용을 담고 있었는데, 이 기사에서 특히 눈에 띈 것은 전국 도별 부도율 표였다. 추석이 없을 정도로 부산·대구 지역 경제가 엉망이라는 기사에 사용된 표에는 광주 지역 부도율이 가장 높게 나타났다. 왜곡이 너무 심했다고 생각한 건지, 『동아일보』는 배달 판에서 이 표를 삭제하는 등 기사를 수정했다. 이렇듯 보수 신문은 끊임없이 지역주의를 부추기는 방식으로 김대중 정권에 대해 맹공을 가하곤 했다.(『미디어오늘』, 2000. 9. 21)

2001년 2월 6일, 중앙 언론사에 대한 국세청의 세무조사를 앞두고 『조선일보』와 『동아일보』 등 주요 언론사들이 반발하고 있는 가운데 한나라당 총재 이회창은 국회 교섭단체 대표 연설을 통해 "정부의 이번 세무조사는 명백히 정당성을 결여한 언론 탄압이므로 우리는 세무조사를 중단할 것을 요구한다"고 말했다.(송인수, 2001)

다음 날인 2월 7일 해양수산부 장관 노무현은 출입기자들과 점심식사를 하는 자리에서 "정권이 언론과의 전쟁 선포도 불사해야 한다"며 "언론이 더 이상 특권적 영역은 아닌 만큼 세무조사를 받을 때는 받아야 한다"고 주장했다. 또 그는 "언론과 맞붙어 싸울 수 있는, 기개 있는 정치인이 필요하다"면서 이회창의 연설에 대해 "'언론 세무 사찰 즉각 중단' 주장은 공당 대표로서 할 말이 아니다"고 비판했다.(『경향신문』, 2001. 2. 9)

2월 8일 서울국세청 조사 1~4국 소속 400여 명의 조사 공무원이 서울에 있는 24개 언론사에 투입되었다. 그로부터 4개월여 후인 6월 20일 국세청은 23개 언론사에 5,056억 원의 세금을 부과했다. 이 중절반에 해당하는 2,541억 원이 『동아일보』, 『조선일보』, 『중앙일보』

3개 사에 부과되었다. 6월 21일 공정거래위원회도 13개 중앙 언론사가 지난 4년 동안 5,434억 원 규모의 부당 내부 거래를 했다며 242억 원의 과징금을 매겼다.

6월 28일 노무현은 전국언론노조 주최로 열린 '열린 광장 포럼'에 초청 연사로 나서 "수구·특권 언론사의 사주는 국민 앞에 사죄하고 기자들에게 언론의 자유를 되돌려주든지, 아니면 언론사 경영에서 손을 떼야 한다"며 "이제 역사의 진전을 가로막는『조선일보』를 비롯한 1~2개 수구·특권 언론을 당당하게 비판하고 싸워나가야 한다"고 주장했다. 그는 "권력과 언론의 부당한 유착 관계를 청산하는 계기가 됐다"며 세무조사의 정당성을 옹호한 뒤 "이제는 언론도 떳떳하게 세금을 낸 뒤 권력의 눈치를 보지 않고 정도를 걸으면 된다"고 역설했다.(김근철, 2001)

6월 29일 국세청은 6개 신문사 및 사주들을 조세 포탈범으로 고발 조치했으며, 8월 17일『조선일보』사장 방상훈,『동아일보』전 명예회장 김병관,『국민일보』전 회장 조희준이 구속되었다. 이에 해당 언론사들은 물론 한나라당은 시국 강연회를 열고 한나라당 의원 박종웅은 항의 단식 농성을 하는 등 강력 반발했다.

『교수신문』이 8월 18일부터 4일간 정치학자 64명을 대상으로 실시한 긴급 전자우편 설문조사에선 응답자의 31.8퍼센트가 '정당한 세무조사이며, 언론 개혁에 기여할 것'이라고 답했으며, 30.3퍼센트는 '정치적 의도가 있긴 하지만 대체로 정당하다'고 답하는 등 62퍼센트가 언론사 세무조사에 긍정적으로 답했다. 반면, '세무조사는 필요하지만, 언론 탄압적인 요소가 있다'(30.3퍼센트)거나 '명백한 정치적 의도에 따른 전형적인 언론 탄압'(7.6퍼센트)이라고 답한 경우는 37.6퍼센트에 그쳤다.(고명섭, 2001)

구속된 사주들은 곧 병보석 또는 구속 집행 정지 등으로 풀려났고, 세금 추징액도 일부는 환급돼 약 30퍼센트 정도 되돌려 받았으며 공정위 과징금도 취소되었다. 성한용(2001, 306)은 세무조사의 배경에 대해 "어느 순간부터 '빅 3'(조선, 동아, 중앙)의 사주들은 DJ를 깔보기 시작했다. '힘없는 정권'이라는 결론을 내리고 정권을 무력화하는 데 앞장선 것이다"며 "정확히 말하면 '언론 길들이기'가 아니라, '언론사 타격'이 정치적 목적이었다고 볼 수 있다"고 주장했다.

거시적으로 보자면, 이런 갈등의 심층엔 한국 특유의 '투표와 여론의 괴리 현상'이 자리 잡고 있었다. 이는 대통령 선거 시의 투표 행위는 그 어떤 시대정신이라거나 큰 정치적 바람에 의해 큰 영향을 받기 때문에 언론의 영향력으로부터 비교적 자유로울 수 있는 반면, 대선 후의 국정 운영에 큰 영향을 미치는 일상적 여론은 언론의 영향력에 크게 의존하기 때문에 빚어지는 괴리 현상을 의미한다. 물론 이러한 괴리 현상은 한국 신문 시장은 보수의 목소리가 지배하고 있다는 현실과 맞물려 있었다. 김대중에게 표를 던진 유권자들도 대부분 신문은 개인적인 이익을 위해 영향력이 큰 보수 신문을 구독함으로써 보수 여론을 키우는 데에 일조한다는 점, 이게 바로 문제의 근원이었다.

'2002 월드컵 열풍'의 수혜자는 포털과 노무현

2002년 5~6월 한국과 일본에서 열린 2002월드컵의 최대 이변은 한국팀의 '4강 진출'이었다. 그간 월드컵에 5차례 출전했지만 한 번도 이기지 못하고 4무 10패에 그쳤던 팀이 4강에 오른다는 건 분명히 상식을 뛰어넘는 일이었다. 앞으로 영원히 깨어지지 않을 또 하나의 이변은 '붉은 물결'의 거리 응원이었으니, 폴란드전 때 49만 8,000명, 미국전 76만 9,000명, 포르투갈전 278만 명, 이탈리아전 420만 명, 스페인전 480만 명, 독일전 650만 명, 터키전 230만 명 등 연인원 2,184만 7,000여 명이 붉은 옷을 입고 거리와 광장으로 뛰쳐나왔다. (서준형, 2006)

붉은악마의 응원도 볼 만했다. 붉은악마는 '통천'이라 불리는 가로 60미터, 세로 40미터, 무게만 1톤에 달하는 초대형 태극기와 더불어 다양한 응원전을 선보였다. '태극기 패션'이 전국을 휩쓸었다. 김덕영(2006, 126)은 자신이 보기에 '가장 커다란 이변'은 '태극기 패션'으로 대변되는 "국가의 세속화secularization요 탈주술화disenchantment 이자 국기의 세속화요 탈주술화"라고 했다.

한국갤럽이 6월 26일 전국의 13세 이상 남녀 636명을 대상으로 전화 여론조사를 벌인 결과 국민의 95퍼센트가 "월드컵으로 인해 삶이 즐거워졌다"고 생각한 것으로 나타났다. 또 응답자의 47퍼센트가 거리 응원에 나섰고, 53퍼센트는 '붉은 옷을 입고 응원'했으며, 24퍼센트는 얼굴 페인팅을 경험한 것으로 조사되었다. 한국리서치가 6월 26일부터 이틀 동안 전국의 20세 이상 성인 남녀 530명을 대상으로 조사한 결과, "한국인이라는 자부심이 더 커졌는가"라는 질문에 대해 75퍼센트가 '정말 그렇다'고 답했으며, "국민 간에 친밀감·신뢰감·일체감이 더 커졌는가"라는 질문에는 68~71퍼센트가 '정말 그

렇다'고 답한 것으로 나타났다.(강석진, 2002; 권태호, 2002)

월드컵은 미디어업계의 판도도 바꾸었다. 1998년 뉴스 시장에 진입한 포털이 "미디어로 부상한 결정적 계기는 2002년 한·일 월드컵이었다. 뉴스를 소비만 하던 사람들은 당시 특정 이슈에 관해 다수의 사람과 의견을 나누게 되었고, 그 과정에서 평소 접하지 못했던 정보를 얻는 새로운 경험을 한다. 포털들은 포털들대로 전통적 미디어들과 달리 이용자들의 요구를 만족시키기 위해 활발히 움직였다."(이필재·오효림, 2006, 96) 월드컵을 기점으로 포털은 '공룡'으로 변했다.(차정인, 2005)

2002년 가을 김종엽은 "월드컵을 계기로 경험한 굉장한 에너지를 경험했는데……다양한 세력들 사이에서 그 에너지의 성격을 규정하고 이를 흡수하려는 투쟁이 벌어지고 있고 이런 시도는 앞으로 상당히 지속될 듯합니다"라고 전망했다.(김종엽 외, 2002, 17)

그런 투쟁의 승자이자 월드컵 열풍의 가장 큰 수혜자는 정몽준과 노무현으로 나타났다. 정몽준은 유력 대선 후보 1위로까지 떠올랐으나 여론조사를 통한 노무현과의 후보 단일화 '도박'에서 패배했고, 노무현은 정몽준의 월드컵 파워까지 넘겨받았다. 2002년 12월 19일에 치러진 제16대 대통령 선거에서 민주당 후보 노무현이 총 유효 투표의 48.9퍼센트인 1,200만여 표를 얻어 1,143만여 표(46.6퍼센트)를 득표한 한나라당 후보 이회창을 57만여 표(2.3퍼센트) 차로 이겼다. 이제 '참여정부'의 시대가 열리게 되었다.

제14장

노무현 정권기의 언론

'취재 지원 시스템 선진화 방안' 논란

2003년 2월 25일 노무현이 제16대 대통령에 취임했다. 노무현은 취임 이틀을 앞두고 『오마이뉴스』와 단독 인터뷰를 갖는 파격을 보여줌으로써 이후 기성 언론과 불편한 관계가 될 것임을 예고했다. 그런 관계의 첫 신호탄으로 문화관광부 장관 이창동이 3월 14일 내놓은 홍보 업무 운영 방안은 논란을 불러일으켰다. 이 홍보 업무 운영 방안은 기자실 개방과 브리핑 제도의 도입에 따라 문광부 청사 내 취재 제한을 한다는 게 주요 내용이었다.

이에 보수 신문들은 격렬하게 반발했지만, 노 정권의 결심은 확고했다. 노무현은 6월 2일 대통령 취임 100일 기자회견에서 언론에 대한 강한 불만을 쏟아냈다. 그는 "(적절히 걸러주던) 관행과 달리 내 발언을 샅샅이 보도하고 재밌거리로 삼았다"고 언론 보도에 대한 불편한 심기를 드러내며 언론에 '이중성'을 버릴 것을 요구했으며, 자신의 언어 구사에 대해서도 "언론 때문에 대통령의 표현이 제한돼야 한다면 주객전도"라며 '언론 탓'을 했다.

기자실 개방과 브리핑 제도를 둘러싼 논란이 4년간 이어지다가 2007년 1월 15일 보건복지부 장관 유시민이 발표한 '국가 비전 2030을 위한 건강 투자 전략' 사건이 터졌다. 대부분의 언론이 이 계획의 재원 마련 방안에 의문을 제기하고 일부 언론이 현실성 없는 '대선용'이라는 혹평을 가하자, 노무현은 다음 날 국무회의에서 "몇몇 기자들이 기자실에 죽치고 앉아 기사의 흐름을 담합하고 있다"고 비난하면서 조사를 지시했다.

이 지시의 결과는 5월 22일 각 정부기관의 37개 브리핑실과 기사 송고실을 모두 없애고 세종로 정부청사와 과천청사, 대전청사의 3개로 통합하는 것을 골자로 한 조치로 이어졌다. 정부는 기자들의 저항에도 불구하고 물리력을 동원해 기자실 폐쇄를 강행했고, 무단출입을 방지한다는 명목으로 기자들이 공무원을 만나려면 공보관·대변인실의 사전 허가를 거치도록 하는 등 여러 종류의 제약이 가해졌다.

이에 대해 보수는 말할 것도 없고 진보 언론도 반발하자 정부는 '기성 언론의 기득권 지키기'로 규정했다. 그러나 『경향신문』 기자 유신모(2008)는 '기성 언론의 기득권 지키기'가 아니라 "정부가 권력의 힘으로 언론을 통제해야 하고, 또 통제할 수 있다는 잘못된 언론관에서 출발한 비민주적 조치"였다고 반박한다. '취재 지원 시스템 선진화 방안'이라는 이름이 붙은 이 조치는 이명박 정부의 출범과 함께 사라지고 다시 원상 복구가 된다.

노무현 정권과 『오마이뉴스』

반면 인터넷은 노무현 정권의 우군이었다. 대통령 선거일인 2002년 12월 19일 밤 『오마이뉴스』 대표 기자 오연호는 "2002년 12월 19일, 대한민국의 언론 권력이 교체됐다. 조중동(『조선일보』, 『중앙일보』, 『동아일보』)이 길게는 80여 년간 누려왔던 언론 권력이 드디어 교체된 것이다. 언론 권력은 종이 신문 직업 기자의 손에서 네티즌, 인터넷 시민기자에게 이양됐다"고 선언했다.

오연호(2004)는 『오마이뉴스』의 핵심 콘셉트는 "모든 시민은 기자다"라고 말하면서 『오마이뉴스』의 성공 이유로 ① 보수적 기존 매체에 대한 실망으로 대안 매체 출현 갈망, ② 전체 가구의 75퍼센트가 초고속인터넷 망을 사용할 정도의 우수한 인프라, ③ 시민기자제가 가능한 땅덩어리, ④ 단일민족이고 한 사안에 집중도가 강해 '선택과 집중'이 효과적으로 통할 수 있는 조건 등을 들었다.

『시사저널』 2004년 10월 28일자 '누가 한국을 움직이는가' 조사(각 분야 전문가 1,000여 명을 대상으로 한 여론조사)에서 가장 영향력 있는 매체에 『오마이뉴스』가 6위, 미디어다음이 9위, 『프레시안』이 10위에 올랐다. 『오마이뉴스』의 영향력은 2004년에 이어 2005년에도 입증되었다. 『시사저널』 2005년 10월 25일자 '누가 한국을 움직이는가' 조사(각 분야 전문가 1,000여 명을 대상으로 한 여론조사)에서 가장 영향력 있는 매체에 『오마이뉴스』가 6위, 가장 신뢰하는 언론 매체에

『오마이뉴스』가 7위, 가장 영향력 있는 언론인에 『오마이뉴스』 대표 오연호가 8위에 올랐다.

진보적 인터넷 언론사인 『레디앙』 편집국장 이광호는 『오마이뉴스』가 한나라당 비판을 할 때 정확한 사실과 근거에 바탕을 두지 않고 '수구 세력' 등으로 몰아가기식 비판을 하고 있다는 것에 대해 깊은 우려감을 나타냈다. 그는 "『오마이뉴스』가 언론으로서의 공정한 태도를 유지하면서 현 정권을 비판하거나 지지했는가"라며 "비판과 지지의 잣대가 '한나라당에 비해서, 수구 세력과 비교해볼 때'라는 것에 주로 모아진다면 이는 적절하지도 충분하지도 않으며, 한편으로 색깔 없이 특정 정파를 지지할 경우 이른바 '빠'자 돌림의 신세가 될 수도 있다"고 비판했다.

『오마이뉴스』 보도가 '친여적'이고, 취재·광고 수주 등 여러 면에서도 현 정권의 지원을 받고 있다는 지적에 대해 오연호는 "대미 문제나 이라크 파병 문제, 노 대통령의 인사 문제에 대해 우리만큼 비판적인 시각을 가지고 접근했던 매체 또한 드물다"며 "정부 광고 수주율이 높은 것은 인터넷신문 중 선두 자리를 놓치지 않고 있는 『오마이뉴스』의 특성상 당연한 것이 아니냐"고 반박했다.(권혜선, 2006)

인터넷과 무료신문이 촉발시킨 '신문 위기론'

2004년 들어 신문 위기론이 광범위하게 유포되었다. 주요 원인은 인터넷과 더불어 무료신문이었다. 무료신문은 스포츠 신문을 죽이는 동시에 종합 일간지도 위협했다. 2002년 5월 31일 국내 최초로 등장한 무료신문 『메트로』가 성공을 거둔 이후 무료신문 창간 붐이 일어, 종합 시사지인 『더데일리포커스』(2003년 6월 창간)와 『AM7』(2003년 11월 창간), 만화지인 『데일리줌』, 스포츠지인 『굿모닝서울』, 『스포츠한국』 등이 잇달아 창간되어 출근길에 지하철역을 중심으로 하루 300만 부를 뿌려댔다.

2005년 상반기 수도권 지역을 상대로 한 한국리서치의 열독율 조사에서 무료신문은 4개가 상위 10위권에 들었다. 2005년 2~3월 중 스포츠 신문을 제외한 수도권 지역 주요 일간지 열독율은 ①『조선일보』 16.9퍼센트, ②『중앙일보』 16.1퍼센트, ③『동아일보』 13.2퍼센트, ④『메트로』 5.1퍼센트, ⑤『매일경제신문』 4.9퍼센트, ⑥『데일리포커스』 3.5퍼센트, ⑦『AM7』 3.1퍼센트, ⑧『한겨레』 3.0퍼센트, ⑨『굿모닝서울』 3.0퍼센트, ⑩『한국일보』 2.5퍼센트 등이었다(김은남, 2005).

무료신문으로 인해 유료신문들의 가판 판매가 60퍼센트가량 줄어드는 등 유료신문은 큰 타격을 받았다. 무료신문은 광고 수입으로 모든 비용을 충당했기에 공짜의 대가는 신문의 독립성 약화였다. 강혜주(2007)는 "독립성의 희생으로 신문을 공짜로 본다는 의미에서 무료신문은 '대단히 비싼 신문'이다"고 했다. 그런데 문제는 수용자들이 유료신문의 독립성과 가치를 별로 인정하지 않는다는 데에 있었다.

한국언론재단의 조사를 보면, 한국인의 신문 구독율은 1996년 69.3퍼센트, 1998년 64.5퍼센트, 2000년 58.9퍼센트, 2002년 53.0퍼센트, 2004년 48.3퍼센트로 지속적인 감소 추세를 보였다. 가장 신뢰하는 매체로 신문을 선택한 응답자가 18.8퍼센트로 텔레비전(49.8퍼센트)에 비해 크게 못 미쳤고, 인터넷(12.8퍼센트)에도 추격당했다. 신문의 신뢰도는 1990년 55.4퍼센트로 가장 높았지만 1992년 46.2퍼센트, 1998년 40.8퍼센트, 2000년 24.3퍼센트 등으로 점차 하락했다. (이진로, 2004)

한국언론재단이 2004년 4~5월 중 실시한 여론조사 결과를 보면, 언론을 '신뢰한다'는 응답은 19.5퍼센트였으며, '공정하다'는 응답은 12.0퍼센트에 지나지 않았다. 중앙 일간지에 대한 신뢰도는 텔레비전과 라디오에 이어 3번째로 27.9퍼센트였으며, 가장 큰 문제로는 '정치적 편파'와 '자사 이기주의'가 지적되었다.(황치성, 2004)

2003년 흑자를 기록한 신문은 『조선일보』, 『중앙일보』, 『내일신문』뿐이었으며, 2004년에는 『조선일보』만 흑자를 기록했다. 그것도 연말 성과급 지급을 1월 중순으로 미루었기 때문에 달성한 흑자였다. 대다수 언론사가 외환위기 때보다 2배에 달하는 적자를 냈다. 심지어 신문사 인턴 사원이 되겠다고 지원한 대학생들조차 면접에서 '신문을 읽지 않는다'고 당당하게 말할 정도로,(정성희, 2005) 신문 멀리하기는 문화적 유행이 되어갔다.

노무현 대통령 탄핵 방송 논란

2003년 9월 4일 여당인 민주당의 분당에 이어, 11월 11일 노무현을 중심으로 한 열린우리당이 창당되었다. 11월 17일에 보도된 『경향신문』 여론조사에서 정당 지지도는 한나라당 22.6퍼센트, 민주당 15.4퍼센트, 열린우리당 11.6퍼센트였다. 노무현은 대통령 당선 1주년인 2003년 12월 19일 밤 노사모 등 지지 그룹 앞에서 "시민혁명은 지금도 계속되고 있으며 앞으로도 계속될 것"이라고 선언했다.

2004년 4·15 17대 총선을 2개월 앞둔 2월 15일 노무현의 지지율은 『문화일보』조사에서 31.1퍼센트, 2월 23일 『한겨레』조사에서 35.1퍼센트로 나타났다. 2월 24일 노무현은 방송기자클럽 토론회에서 질문에 답하는 형식으로 열린우리당 지지 의사를 강하게 표명했다. 그는 "대통령이 말해서 열린우리당에게 표를 줄 수 있다면 합법적인 그 무엇이든 다하고 싶다"며 "국민들이 총선에서 열린우리당을 압도적으로 지지해줄 것을 기대한다"고 했다.

3월 3일 중앙선거관리위원회는 야당의 노무현 선거법 위반 의뢰 건과 관련해 노무현에 대해 헌법 제7조 및 선거법 제9조 위반을 지적하면서 "공무원 선거 중립 의무 위반"이라고 밝혔다. 선관위는 노무현에게 '선거 중립 의무 준수'를 요청했다. 한나라당 의원 108명과 민주당 의원 51명 등 159명은 3월 9일 대통령 탄핵 소추안을 발의하고 나섰다.

2004년 3월 12일 오전 11시 56분, 헌정 사상 최초로 대통령 탄핵안이 국회에서 가결되었다. 찬성 193표, 반대 2표였다. 가결 직후 본회의장은 아수라장이 되었다. 열린우리당 의원들은 국회의장석을 향해 명패와 서류 뭉치를 던지며 격렬하게 항의했다. 민심도 분노했다.

『스포츠서울』(2004. 3. 29)은 「'탄핵 정국' 최종 승자는 포털업체?」라는 제목의 기사에서 탄핵안 가결로 인해 노무현의 강력한 지지층인 네티즌들이 '사이버 대단결'을 외치면서 트래픽이 평소보다 배 이상 증가해 포털업체들이 즐거운 비명을 지르고 있다고 말했다. 한 포털업체 관계자는 이를 마케팅 비용으로 환산하면 수백억 원어치의 공짜 마케팅을 한 셈이라고 설명했다.

훗날 국회의장 박관용(2005, 38~40)은 방송사들이 자신의 '국민에게 드리는 호소문'은 단 한마디도 방송하지 않았으며, 닷새가 지난 3월 17일에서야 국내 TV 중 처음으로 MBC가 인터뷰를 요청해왔다며 "방송은 언론이기를 포기하고 나섰다. 부끄러움도 없었고 자성도 없었다. 그들은 TV라는 여론 동원 매체를 총동원하여 국민의 감정에 불씨를 당기고 부채질을 계속했다"고 주장했다.

포털 덕분인지 방송 덕분인지는 알 수 없지만, 4·15 총선에서 47석의 열린우리당은 과반의석을 2석 넘은 152석을 얻는 압승을 거두었다. 한나라당은 121석, 민주노동당은 10석을 얻었다. 반면 62석이었던 민주당은 9석으로, 제3당이었던 자민련은 4석으로 '몰락'하고 말았다. 『스포츠서울』(2004. 4. 16)이 간결하게 정리했듯이, 열린우리당은 '환호', 한나라당은 '실망', 민주당은 '충격', 민주노동당은 '쾌거'였다. 5월 14일 헌법재판소는 국회가 제출한 노무현 대통령 탄핵 소추안에 대해 '기각' 결정을 내림으로써 노무현은 이날 오전 10시 29분부터 직무 정지 상태에서 벗어나 대통령 권한을 회복했다. 63일만의 복귀였다.

6월 11일 방송위원회 의뢰로 한국언론학회가 주관한 「대통령 탄핵 관련 TV 방송 내용 분석」 보고서가 언론에 보도되었다. 연구팀은 결론적으로 "아무리 느슨한 기준을 적용해도 공정했다고 말하기는 어렵다"면서 TV 방송이 공정성을 지키지 못한 이유로 "탄핵안 가결을 둘러싼 갈등을 합법적 논쟁의 영역에 속하는 제도권 정치 집단 간의 정치적 갈등으로 본 것이 아니라 일탈적 행위로 보았거나 그렇게 보고자 했기 때문"이라고 추정했다. 이 보고서를 놓고 연구팀의 정치적 편향성 문제가 불거지면서 뜨거운 논란이 벌어졌다.(이희용, 2004)

훗날 『프레시안』 대표 박인규는 '탄핵 당시 에피소드'를 이렇게 소개했다. "탄핵 방송에 대해 비판적 태도를 지닌 언론학자와 통화를 하면서 솔직히 어땠냐고 물어보자 방송에 감정이 섞인 것 같다는 얘기를 했습니다. 그런데 이 분이 정작 방송 토론에서는 방송이 잘못했다는 말씀을 하지 못 하시더라구요. 방송의 잘못, 부족한 부분에 대해 지적을 해야 하는데 공적인 자리에서는 그게 힘들다는 것이지요. 그러다 보니 중간적인 입장에서 갈등을 종합할 수 있는 여지가 없어지면서 점점 대립이 격화되는 게 아닌가 하는 생각입니다."(박인규 외, 2005)

'조선 · 동아는 역사의 반역자' 논란

2004년 10월 18일 국무총리 이해찬은 유럽 순방 중 현지 특파원들과의 만찬 간담회에서 한나라당을 비난하는 동시에 "전두환, 노태우 전 대통령은 용납할 수 있어도 조선 · 『동아일보』의 역사에 대한 반역죄는 용서하지 못한다"고 주장했다. 그는 "조선, 동아는 내 손아귀 안에서 논다"라거나 "까불지 말라"라는 표현까지 쓴 것으로 알려졌다. 그러나 그는 "『중앙일보』는 역사의 흐름에서 중심을 잡고, 가닥을 잡고 있다"고 말해, 노 정권과 『중앙일보』 사이의 '관계 정상화' 또는

'밀월'이 점쳐지기도 했다.

이해찬의 이런 주장에 대해 『조선일보』·『동아일보』가 펄펄 뛴 건 말할 것도 없고 진보적인 신문들도 비판적인 태도를 보였다. 『경향신문』(2004. 10. 21)은 사설을 통해 "이 총리가 행한 한풀이식 족벌 언론 공격은 너무 정치적이다"고 비판했다. "그는 지난해 방일영 전 『조선일보』 회장 사망 때 부부 동반으로 조문했고, 한나라당 박근혜 대표를 만나서는 박정희 전 대통령을 긍정 평가한 바 있다. 그런데 이제는 조선과 박 전 대통령을 다시 비난하고 『중앙일보』는 치켜세웠다. 그런 정치적 계산으로 언론 개혁을 지지한다면, 그것은 진정한 언론 개혁이라고 할 수 없다."

10월 28일 국회 대정부 질문 과정에서 이해찬은 열흘 전 독일 베를린 현지 특파원들과 만찬을 겸해 가진 간담회에서 한나라당과 『조선일보』·『동아일보』를 비난한 것과 관련된 질문을 받고 다시 한나라당을 '차떼기 정당', 『조선일보』·『동아일보』를 '역사의 반역자'라고 비난했다.

12월 17일 『중앙일보』 회장 홍석현이 주미대사로 내정되었다. 이 뉴스는 세상을 깜짝 놀라게 만들었다. 이에 『프레시안』 대표 박인규(2004)는 이렇게 개탄했다. "『중앙일보』 사주의 정권 참여는 책략, 정치 공학의 차원에선 대단한 위력을 발휘할지 몰라도 '권력과 언론 간의 건강한 긴장 관계' 형성이란 사회적 과제에는 치명적 독약이다.……노무현이 말해온 언론 개혁은 말짱 황이었다. 오늘은 언론, 언론인에겐 참 슬픈 날이다."

신문법과 언론피해구제법 제정

2004년 12월 31일 열린우리당과 한나라당은 국가보안법 문제로 국회가 파행을 겪는 등 우여곡절 끝에 가까스로 신문법(신문 등의 자유와 기능 보장에 관한 법률)과 언론피해구제법을 통과시켰다. 신문법의 통과로 국회, 신문협회, 언론학회, 언론노조, 시민단체 등이 추천한 9명의 위원으로 운영되는 신문발전위원회와 신문유통원이 생겨나게 되었다. 또 2004년 10월에 제정된 지역신문발전특별법에 따라 지역신문발전위원회도 설립되어 지역신문을 지원하는 역할을 맡았다.

언론피해구제법은 언론중재위원회가 피해자의 신청이 없더라도 위원회 자신의 판단과 제3자의 신청에 따라 국익과 개인의 법익 침해를 심의해 시정 권고를 할 수 있게 했으며, 언론사에 의무적으로 '고충처리인'을 두도록 하고, 이를 어기면 3,000만 원 이하의 과태료를 물게 했다. 또 이 법은 "일간지와 인터넷신문은 공적인 관심사에 대해 공익을 대변해야 한다"고 규정했다.

2005년 5월 10일 문화관광부는 신문법 시행령 안을 공개했다. 주요 내용은 편집위원회와 편집규약을 만들거나, 연 평균 광고 지면이 50퍼센트를 넘지 않는 신문에 신문발전기금을 우선 주도록 했으며, 기금 운영을 맡을 신문발전위원회의 기금 지원 기준에 경영 투명성과 공정성도 포함시키도록 했다. 7월 19일 국무회의는 편집위원회 구성 조건과 신문발전기금 우선 지원 등에 관한 신문법 시행령 개정안을 의결했다.

2006년 6월 29일 헌법재판소는 신문법 등에 대해 대체적으로 일부 합헌, 일부 위헌 결정을 내렸다. 이는 『동아일보』가 낸 헌법 소원에 따른 결정이었다. 신문법 중 논란을 빚었던 경영 자료 신고 조항(16조)과 일간신문이 뉴스 통신사나 방송사를 같이 경영하지 못하도록 한 조항(15조)은 합헌 판정을 받았다.

반면 시장 지배적 사업자에 관한 법 규정은 위헌 결정이 났다. 이 조항(17조)은 1개 사의 발행부수가 전체 발행부수의 30퍼센트 이상 또는 3개 이하 사업자의 점유율이 60퍼센트 이상이면 시장 지배적 사업자로 규정, 지원 대상에서 제외되는 등 불이익을 받도록 한 것이다. 7명의 재판관이 "신문 사업자를 일반 사업자에 비해 더 쉽게 시장 지배적 사업자로 추정하도록 하는 것은 불합리하다"고 판단했다. 시장 지배적 사업자가 되면 신문발전기금 지원 대상에서 아예 빠지도록 한 34조 2항 2호도 '합리적 이유 없이 발행부수가 많은 신문을 차별하는 것'이라며 재판관 전원 일치 의견으로 위헌 결정이 났다.

지상파방송 위기론, '손안의 TV' 시대 개막

디지털 시대가 만개하면서 지상파방송의 위기가 심화되었다. 2000년 1.5퍼센트에 그쳤던 케이블 등 비지상파 방송의 시청점유율은 2004년 28.8퍼센트로 치솟았다. 2005년 1~5월 KBS 2, MBC, SBS 등의 TV 광고 매출은 모두 7,669억 원으로 전년 같은 기간의 8,512억 원에 비해 10퍼센트 감소했다. 2005년 5월 지상파 3사의 시청률은 20.4퍼센트를 기록했으며 시청점유율은 59.9퍼센트였다. 케이블TV의 시청점유율은 40.1퍼센트였다. 2005년 8월 조사에선 시청점유율 격차는 56.4퍼센트(지상파) 대 43.6퍼센트(위성방송 포함한 케이블)로 좁혀졌다(2004년 말 경인 지역의 민영방송사인 iTV의 방송 허가가 취소되었으며, 2007년 12월 28일 공익적 민영방송인 OBS로 부활한다).

지상파방송의 근본 위기는 시청자들의 TV 시청 행태의 변화에서 비롯되었다. 한국방송영상산업진흥원의 「2004년도 TV 프로그램 시청률 백서」를 보면, 지상파 TV의 평일 시청률은 2000년 36.5퍼센트, 2002년 28.6퍼센트, 2004년 27.0퍼센트, 토요일 시청률은 2000년 38.9퍼센트, 2002년 35.1퍼센트, 2004년 33.8퍼센트, 일요일 시청률은 2000년 43.3퍼센트, 2002년 38.6퍼센트, 2004년 37.4퍼센트 등으로 계속 감소 추세를 보인 것으로 나타났다. 특히 구매력이 좋은 젊은층의 지상파 TV 이탈이 두드러졌다.(이희용, 2005)

2005년 3월 1일로 출범 10년을 맞은 케이블TV의 가입자 수는 1,276만 9,067가구로 65.5퍼센트의 보급률을 기록했다. 보급률은 1995년 3.8퍼센트, 1996년 10.1퍼센트, 1997년 16.1퍼센트, 1998년 6.1퍼센트, 1999년 9.2퍼센트, 2000년 18.0퍼센트, 2001년 33.0퍼센트, 2002년 37.6퍼센트, 2003년 58.8퍼센트 등이었다. 1,000만 가입 가구를 돌파한 채널은 2003년 3개에서 2004년 7개로 늘어났다. 전국 단위 광고 수주가 가능한 900만 가입 가구를 확보한 채널은 14개로, 2004년 12월 기준 YTN 1,200만, OCN 1,197만, CGV 1,114만, MBC ESPN 1,100만, MBC 드라마 1,100만, m.net 1,047만, 수퍼액션 1,000만 등이었다.

정보 테크놀로지의 발달로 방송과 통신의 구분이 없어지고 하나로 융합되는 방통융합 현상이 두드러졌다. 방통융합의 대표적인 매체인 DMBDigital Multimedia Broadcasting는 위성이 중계하는 디지털 신호를 일반 TV는 물론 휴대전화, 개인휴대단말기PDA, 차량용 TV 등으로 받아 여러 채널의 멀티미디어 방송을 시청할 수 있는 서비스였다. 흔히 '손 안의 TV' 또는 '테이크아웃 TV'로 불리는 DMB는 위성 DMB와 지상파 DMB로 나뉘었다.

2004년 12월 14일 방송위원회는 위성 DMB 사업자로 SK텔레콤이 대주주인 TU미디어를 최종 선정했다. 2005년 3월 28일 방송위원회는 지상파 DMB 6개 사업자를 선정해 발표했다. 지상파 TV 사업자 군에서는 KBS, MBC, SBS 등 3개 방송사, 비지상파 TV 사업자 군에서는 YTN DMB, 한국DMB, KMMB 등 3개 컨소시엄이 선정되었다. 신문들은 이를 '방통放通 혁명'의 시작이라며 대서특필했다. 2005년 5월 1일 위성 DMB가 첫 전파를 발사해 이른바 '손안의 TV' 시대를 열었다. 개막 당시 서비스 채널은 비디오 7개, 오디오 20개였다. 2007년 말엔 '인터넷멀티미디어방송사업법(IPTV법)'이 통과된다.

"의원 146명이 당게낭인 12인에 끌려다닌다"

2004년 성균관대학교 교수 김일영(2004)은 "지난 1년 동안 노 정권은 열세인 대의제도를 우회하여 대중과 무매개적 관계를 맺는 수단으로 사이버공간을 적극 활용함으로써 인류 역사상 처음으로 디지털 포퓰리즘의 가능성을 보여주었다"며 "이런 참여 과정에서 노 정권과 코드가 맞는 네티즌들이 보여주는 '분노의 정치' 내지는 '배설의 정치'는 포퓰리즘의 공격성과 파괴성을 그대로 보여주고 있다"고 주장했다.

2005년 4월 2일 한국언론학회 산하 '언론과 사회' 분과 월례 발표 회에서 경희대학교 언론정보학부 교수 이기형(2005)은 "인터넷 미디어 지형의 부정적인 면모를 축약적으로 정리할 수 있는 단어들은 지나친 당파성과 피아彼我를 절대적으로 구분하는 편 가르기, 그리고 이성적인 논의와 대화성의 축소 등이다"라고 진단했다.

때는 바야흐로 '사모(사랑하는 사람들의 모임)의 전성시대'였지만, 노사모·박사모 등 정치판 사모는 반대편 사모에 대해 매우 전투적이었다. 일부 열린우리당 지지자들은 한나라당 지지자들을 '수구꼴통'·'박빠(박근혜 열성 지지자)'·'차떼기', 민노당 지지자들을 '민노찌질이'라고 부르고, 한나라당 지지자들은 '노빠'·'유빠'·'뇌사모'·'뚜껑열린당' 등의 딱지를 즐겨 썼다.

같은 당내에서도 사모들 간 전쟁이 치열했다. 열린우리당에선 당원 게시판에 시도 때도 없이 글을 올리는 열성 당원을 '당게파' 혹은 '당게낭인浪人'이라고 불렀는데, 당 관계자는 "140여 명에 불과한 당게파가 사실상 당 분위기를 주도한다"고 했다. 한 중진 의원은 "여당 의원 146명이 네티즌 당원 140여 명을 당하지 못하고 끌려가는 꼴"이라고 했고, 수도권 초선 의원은 "당게파들 눈치를 보며 약삭빠르게 노는 의원들이 먼저 망할 것"이라고 했다.(배성규, 2005)

2005년 6월 16일 열린우리당 홈페이지 당원 게시판에 공개된 한 기간당원의 분석에 따르면 6월 1일부터 15일까지 보름간의 게시판 게시물 2,201건 중 30퍼센트에 달하는 485건이 '당게낭인' 12인의 글이었다. 한 당게낭인은 15일 동안 90건의 글을 올린 것으로 조사되었다. 당게낭인이 쓴 글들은 이른바 실용파들에 대한 비판이 주였다. 당 핵심 관계자는 "우리당 의원 146명이 당게낭인 12인을 이기지 못하고 끌려다닌다는 것은 부끄러운 일"이라며 "당 차원에서 대책을 검토할 것"이라고 말했다.(이철호, 2005; 한민수, 2005)

진보-보수파의 인터넷 장악 전쟁

2004년 가을부터 보수파의 인터넷 반격이 본격적으로 시작되었고, 2005년 봄부터 인터넷에서의 열린우리당 절대 우위가 흔들리기 시작했다. 2005년 4월 열린우리당의 핵심 관계자는 "작년 4월 총선까지만 해도 인터넷상에서 거의 '10대 0'에 가깝게 여당이 압도적이었는데 최근에는 '6대 4' 정도까지 된 것 같다"고 말했다.(정우상, 2005)

2005년 5월 열린우리당에서 인터넷 검색 순위 집계 사이트인 '랭키닷컴' 등을 통해 집계한 자료를 보면, 인기 싸이월드 미니홈피 상위 30위에 랭크된 현역 국회의원 중 22명이 한나라당 의원인 반면 열린우리당 의원은 8명에 지나지 않았다. 네이버 블로그와 다음 카페 상위 10위권에 든 여야 의원 비율 역시 각각 8대 1, 9대 1로 한나라당이 절대 우세였다.(박소영, 2005)

2006년 12월, 열린우리당 홍보기획위원장 민병두는 "2002년 대선 당시 진보 : 보수의 비율이 8 : 2이던 것이 2004년 총선 직전 '박사모(박근혜를 사랑하는 모임)'가 꾸려지며 거꾸로 2 : 8이 됐다"며 "과거 진보 진영의 동력이 와해되고 대신 40~50대의 인터넷 이용이 늘어나 오히려 보수 쪽이 인터넷을 장악하는 형국이 됐다"고 말했다.(이

가영, 2006)

양 진영의 치열한 전쟁으로 인해 행여 공격 대상이 될까봐 논쟁적인 주장을 피하면서 자기검열을 하는 지식인들이 많아졌다. 원로 언론학자 서정우는 "인터넷을 통해 당하는 테러는 70대 노인인 나로서는 감당하기 힘들 때가 많다"며 칼럼 쓰기의 고충을 털어놓았다.(전남식, 2006, 241) 결국 '인터넷 테러'에 전혀 개의치 않는 양극단의 투사형 논객들만이 점차 언로言路를 지배하게 되었다.

2005년 12월 MBC 〈PD 수첩〉의 논문 조작에 대한 폭로성 보도로 붕괴되기 시작한 '황우석 신화'는 그 과정에서 이른바 '황빠' 대 '황까'의 살벌한 인터넷 전쟁을 수반했다. '황우석 신화'는 '노무현 신화'와 맞물려 있었기 때문에 노무현 지지자들의 황우석 옹호 공세가 치열했다. 유시민은 〈PD 수첩〉 방영 직후 "내가 보건복지 위원을 해봐서 아는데 〈PD 수첩〉이 황우석 박사 연구를 검증하겠다는 것은 터무니없는 일이다. 언론 자유가 너무 만발해 냄새가 날 지경이다"고 주장했지만, 이후 나타난 결과는 '〈PD 수첩〉의 승리, 황우석의 몰락'이었다.

'조선 · 동아는 독극물', 안티조선운동

2005년 10월 17일 열린우리당 상임중앙위원 유시민은 국회에서 열린 당 상임중앙위 회의에서 "선동 보도를 하는 『조선일보』와 『동아일보』는 독극물과 같다"며 "정신 건강을 위해 우리 당사와 국회 원내대표실 주변에 이들 신문이 돌아다니지 않도록 당에 건의를 드리겠다"고 말했다.

이에 『동아일보』(2015. 10. 20)는 「유시민 의원 '과거 행적'이 떠오르는 이유」라는 제목의 사설을 통해 "유 의원의 말대로라면 애독자들은 매일 독극물을 마시고 불량식품을 먹고 있는 셈"이라며 "국민을 모독하는 발언이 아닐 수 없다"고 비판했다. 이 신문은 유시민이 "시사평론가로 글을 써서 먹고살 수 있도록 해준 것이 『동아일보』다", "감옥에 갔을 때 누구도 귀를 열지 않은 상황에서 『동아일보』는 내 말(항소이유서)을 들어 주고 지면에 옮겨 주었다"고 말했던 걸 상기시키면서, "그런 그가 '『동아일보』는 독극물'이라고 극언하는 모습을 보면서, 국리민복의 방도에 대한 관점의 차이를 넘어 한 인간의 인격과 품성을 생각하게 된다"고 말했다.

이해찬에 이은 유시민의 조선·동아 공격은 1998년 조선일보사가 만든 '최장집 사건' 이래로 전개되어온 안티조선운동의 성격 변화를 잘 보여준 것이기도 했다. 안티조선운동은 2002년 3편의 석사학위 논문 주제가 될 정도로 큰 사회적 반향을 불러일으켰지만,(이현주, 2002; 전필여, 2002; 정정일, 2002) 2002년을 기점으로 해서 언론 운동이라기보다는 정치 운동으로서의 성격이 강해졌다.

『안티조선운동사』의 저자인 한윤형(2010, 253, 464)은 안티조선은 2002년 대선 국면에서 "안티조선운동을 가능하게 했던 논변들이 모조리 종합되어 노무현을 위해 바쳐졌다. 이런 과정을 통해 노무현은 곧 안티조선이 되었고, 안티조선은 곧 노무현이 되었다"며 이런 결론을 내렸다. "안티조선운동은 『조선일보』의 보도 행태로 대표되는 기존 매체의 저급한 편향성을 극복해야 했다. 그 점을 극복하지 못했기 때문에 나는 이 운동이 실패했다고 감히 말하는 것이다."

2006년 6월 21일 『시사저널』 발행인이자 편집인인 금창태가 삼성 부회장 이학수와 관련된 3쪽 분량의 기사를 편집국장의 동의 없이 삭제하는 일이 벌어졌다. 편집국장이 사표를 내고 곧장 수리되자, 『시사저널』 기자들은 이 사건을 '삼성의 로비에 경영진이 굴복한 편집권 유린 사태'로 규정하고 노조를 결성해 맞섰다. 기자들은 1년 여간 파업 투쟁을 벌이다가 결국 사표를 제출하고 2007년 9월 새로운 주간지 『시사IN』을 창간한다.

이 사건은 2005년 삼성 비리를 파헤친 MBC 기자 이상호의 '삼성 X파일' 사건, 이 사건으로 인한 주미대사 홍석현의 사퇴, 2007년 10월 삼성그룹 구조조정본부 재무법무팀장을 지낸 변호사 김용철(2010)의 '양심 고백' 등 일련의 사건과 맥을 같이 하는 것으로, '삼성 공화국'이라는 말이 나올 정도로 막강한 삼성 권력의 실체를 확인시켜 주었다. 그 과정에서 삼성과 노무현 정권과의 유착 의혹이 불거지기도 했다.

노무현 대통령의 댓글 정치

인터넷은 '조선·동아 독극물'의 대안으로 간주되었기에 노무현의 인터넷 사랑은 여전했다. 그는 정치적 의사소통 수단으로 인터넷 편지를 애용했는데, 정치 분야 편지는 5건으로 1건당 평균 23.2매(200자 원고 기준)였다.(정우상·안용현, 2005)

하지만 모든 여당 인사들이 노무현의 이런 인터넷 사랑을 지지한 건 아니었다. 2005년 7월 당시 병상에 누워 있던 전 열린우리당 고문 정대철은 노무현 자신은 인터넷을 통해 여론을 빠짐없이 점검하고 있다고 생각하겠지만, 그것이 오히려 독이 될 수도 있다며 노무현이 하루 빨리 인터넷에서 빠져나와야 한다고 조언했다.

"인터넷 여론은 주로 양극단을 대변하고, 그것도 감정적일 때가 많다. 거기 빠지면 자기와 같은 의견에 대해서는 '거 봐라, 내가 맞지' 하며 위안을 삼고, 반대 의견에 대해서는 반감이 앞서면서 어떻게든 설복해야겠다는 승부욕에 사로잡히게 된다. 그러다 보면 말 없는 다수의 여론을 놓치는 우를 범하게 된다."(이숙이, 2005)

그러나 노무현은 인터넷에서 빠져나올 뜻이 없었다. 노무현은 한중 정상회담과 아태경제협력체APEC 정상회의 등 한창 바쁜 시기인 2005년 11월 16~18일 사흘 동안에도 사이트에 접속해 댓글을 8개나 올린 것으로 나타났다. 예컨대, 노무현은 국정홍보처 차장 이백만이 정부 정책 홍보 사이트인 국정 브리핑에 "박정희 시대가 고성능 자동차였다면 노무현 시대는 이륙 앞둔 비행기"라고 비유한 칼럼에 대해 "혁신과 균형-좋은 착점에, 좋은 비유입니다. 이 글 나중에 좀 빌려 씁시다. 그런데 약간 쑥스럽기도 하네요. 못 본 척하고 갑니다"라는 댓글을 남겼다.

이에 한림대학교 언론정보학부 교수 최영재(2005)는 "대통령이 토론장이 아니라 감정의 분출구에 지나지 않는 게시판에 댓글을 다는 것은 유감스럽게도 대통령의 자기비하로 귀결되는 경우가 많다. 지금은 대통령이 인터넷 미로에서 벗어나 신문과 방송의 광장으로 나올 때이다"고 말했다. 『한국일보』 논설위원 실장 방민준(2005)은

"국민과의 소통을 거부하며 식구들끼리 인터넷 댓글이나 주고받는 모습은 국민을 받드는 정권과는 너무 거리가 멀어 보인다"고 했다.

'포털 논란'과 'UCC 열풍'

2005년 말 현재 휴대전화를 보유한 10대 어린이와 청소년은 약 478만 명으로, 전국의 초등학생(402만 명)과 중·고교생이 총 779만 명인 점을 감안하면, 어린이와 청소년 10명 중 6명 이상이 휴대전화를 사용하는 셈이었다. 휴대전화는 소통을 위한 매체가 아니었다. 그건 내가 이 세상과의 끈을 놓지 않고 있다는 판타지를 공급하는 나의 주인이었다. 나의 존재 증명을 유일신으로 모시는 신흥 종교였다.(강준만, 2009)

2005년 포털 3사의 총 매출액은 7,000억 원을 돌파했다. 다음, 네이버, 네이트 순이었다. 온라인미디어렙 업체인 나스미디어가 2006년 초 실시한 조사를 보면 네티즌들이 뉴스를 주로 접하는 미디어는 인터넷(46.7퍼센트), TV(44.7퍼센트), 신문(6.9퍼센트) 순이었다. 2005년에는 통계적으로는 무의미한 미미한 차이지만 TV가 앞섰다(TV 45.7퍼센트, 인터넷 44.5퍼센트). 응답자들은 또 인터넷에서 뉴스를 볼 때 90.2퍼센트가 포털을 이용한다고 답했다.

당연히 포털 권력에 대한 문제 제기가 이루어지기 시작했다. 2006년 1월 충남대학교 언론정보학과 교수 김재영(2006)은 공론 형성을 저해하는 주범으로 특히 포털 저널리즘이 지목되고 있다며 "부쩍 커진 몸집에 비해 포털이 행사하는 언론 고유의 의제 설정과 여론 형성 기능은 부실하기 짝이 없다"고 비판했다.

2006년 봄 경희사이버대학교 교수 민경배는 "지금의 포털은 열린 관문이 아니라 닫힌 성채"라고 비판했다. 포털이 성벽이 높이 쌓고 그 안에 네티즌들을 가둬 놓고 있다는 것이다. 그는 인터넷 공간에 존재하는 모든 정보에 대한 생사여탈권을 포털이 쥐고 있기 때문에 "포털은 정보사회의 신흥 절대권력"이라고 주장했다. 『중앙일보』 미디어 전문기자 김택환은 "포털은 제1의 권력인 국민에 이어 제2의 권력"이라고 주장했다.(이필재·오효림, 2006) 포털에 대한 규제의 목소리가 높아지자 주요 포털들은 자기방어 차원에서 뉴스 편집의 책임성과 투명성을 높이기 위한 장치들을 잇따라 내놓기 시작했다.

2006년 여름부터 UCCUser Created Content 열풍이 불어닥쳤다. 누리꾼들이 방송 콘텐츠를 퍼 나르고 패러디하거나 간단한 자막을 입히는 수준을 뛰어넘어 자신이 직접 만든 창작 UCC를 쏟아내기 시작한 것이다. 가장 괄목할 만한 성장세를 보인 곳은 판도라TVwww.pandora.tv로 개인 동영상 서비스를 개시한 지 1년 반 만에 하루 평균 페이지뷰를 1,200만 건으로 끌어올리는 등 돌풍을 일으켰다. 인터넷 포털과 언론사도 UCC를 향후 주요 미디어 전략의 수단으로 삼기 시작했다.

백승찬(2006)은 "세계 최대의 동영상 공유 커뮤니티 유튜브는 1억 건, 한국 최대인 판도라TV에는 85만 건의 동영상이 하루에 올라온다"며 이렇게 말했다. "새로운 세대의 족속들의 손에는 자신을 드러낼 수 있는 도구가 쥐어졌다. 최신형 디지털 카메라를 들고 빠른 통신망을 탄 채, 우리는 우리를 드러냄으로써 타인의 시선을 갈망한다.

외로우니까, 나 하나만으로는 외로우니까."

〈괴물〉과 '1,000만 신드롬'

2006년 7월 27일 개봉된 영화 〈괴물〉은 상업 영화관의 절반에 육박하는 620개의 상영관을 점유하면서 기존의 영화관 기록을 연일 갈아치우기 시작했다. 8월 16일 〈괴물〉은 개봉 영화 사상 최단 기간인 21일 만에 전국 관객 1,000만 명을 돌파했다. 〈괴물〉은 개봉 38일 만인 9월 2일 〈왕의 남자〉가 기록한 관객 1,230만 명을 돌파해 한국 영화 최고 흥행 기록을 세웠다. 이어 10월 15일 관객 1,300만 명을 돌파했다.

　〈괴물〉의 감독 봉준호는 "한 작품을 1천만 명이 보는 현상에 대해 어떻게 생각합니까. 다른 나라도 전국 와이드릴리즈를 하지만 우리나라처럼 편중 현상이 심하지는 않은데요"라는 질문에 대해 이렇게 답했다. "우리나라 분들이 이슈와 트렌드에 예민한 것 같고, 문화적으로 소외된다는 데 두려움이 있는 것 같긴 해요. 하지만 한곳에 쏠려서 간다고 해도 중요한 건 그 다음 과정이라고 봅니다. 우르르 몰려간다고 무조건 대중이 바보스럽다거나 문제가 있다고 볼 건 아닌 것 같고요, 〈괴물〉을 보고 나서 영화 속 문제점에 대해 정교하게 지적하는 분도 많고, 관객들은 냉철하게 작품을 보고 있어요. 막연하게 몰린다고 하거나 그 숫자를 기계적으로 볼 문제는 아닌 것 같아요." (송형국, 2006)

　'1,000만 신드롬'에 대한 비평은 대중이 바보스럽다거나 문제가 있다고 주장하는 게 아니라 대중이 처해 있는 사회 환경의 속성에 관한 것이었다. 장은교(2006)는 〈괴물〉을 계기로 '1,000만 신드롬'에 사로잡힌 한국 사회를 진단하면서 "오늘의 한국 사회는 늘 양극단만 존재한다"고 개탄했다. "경제활동 인구 세 명 중 한 명이 같은 영화를 보러 가고, 1년에 1천만 명이 넘는 관객이 드는 영화가 1~2편씩 양산되는 나라. 겉보기엔 이만한 문화적 소양을 가진 국민들이 없어 보인다. 그러나 그 속을 헤집고 들어가면 문화적 빈곤은 여전히 후진국 수준이다."

"천만 명이나 쓰는 카드가 있대요. 괜히 천만이겠어요. 대한민국 성인 남녀 넷 중 하나는 ○○카드를 갖고 계십니다. 자그마치 천만이나 쓴다는 얘기죠." 한 신용카드 회사의 TV 광고 문구였다.(노재현, 2006) 많은 사람들이 하는 행동이나 믿음은 진실일 것이라고 생각하는 경향을 가리키는 '사회적 증거social proof'의 원리는 대중문화와 광고는 물론 언론과 여론마저 지배하는 게 한국의 현실이었다. 그건 세상을 바꾸는 무서운 역동성의 힘으로 작용하는 동시에 바람처럼 스쳐 지나가는 일과성과 불안정성의 원인이기도 하다는 두 얼굴을 갖고 있었다.

'언론과의 전쟁'을 무력화시킨 부동산 투기 광풍

2003년 2월 노무현 정부 출범부터 2006년 8월 15일까지 국가기관이 언론중재위에 제기한 중재 조정 신청 건수는 모두 589건, 월 평균 14건 꼴로 평균 이틀에 한 번 정도 중재 신청을 한 것으로 나타났다. 이는 김대중 정부 5년간 국가기관의 중재 신청 건수가 총 118건, 월 평균 2건이었던 것과 비교해 7배였다.

2006년 1월부터 시행된 언론 보도 내용에 대한 정부 부처 공무원들의 '댓글 달기(부처 의견 달기)'가 8월까지 2,271건으로 하루 평균 9.4건의 댓글 달기가 이뤄진 것으로 나타났다. 이는 중앙 부처 일반직 공무원(2005년 말 현재 8만 9,971명) 40명 당 1건꼴이었다.

이렇듯 노무현 정권은 '언론과의 전쟁'에 적극적으로 임했지만, 정작 문제는 민생이었다. 노 정권만큼 부동산 문제에 대해 호전적인 말을 쏟아낸 정권은 없었지만, 강남 일부 아파트 평당 가격이 1,000만원 돌파(2003년 4월), 2,000만 원 돌파(2003년 8월), 3,000만 원 돌파(2006년 1월) 기록을 세운 건 모두 노 정권 들어서였다. 이런 부동산 투기 광풍 때문이었는지, 2006년 5·31 지방선거에서 열린우리당은 몰락하고 말았다.

16명의 광역단체장 중 한나라당이 12곳, 민주당이 2곳, 우리당과 무소속이 각 1곳에서 당선되었다. 전국 230개 기초단체장은 우리당 19곳, 한나라당 155곳, 민주당 20곳, 국민중심당 7곳, 무소속 29곳으로 나타났다. 광역의원은 한나라당 557명, 민주당 80명, 우리당 52명, 국민중심당 15명, 무소속 15명, 민노당 14명 순이었다.

2006년 8월 8일부터 10일까지 전국의 기자 300명을 대상으로 벌인 '기자협회 창립 42주년 기념 기자 여론조사' 결과, 노무현 대통령의 국정 수행 지지도는 10.0퍼센트(아주 잘함 0.3퍼센트, 다소 잘함 9.7퍼센트)에 그쳤다. 9월 26일 『문화일보』·한국사회여론연구소KSOI 정기 격주 여론조사 결과 노 대통령 국정 운영에 대한 긍정 평가는 13.4퍼센트, 부정 평가는 74.3퍼센트로 나타났다. 한 달여 후 열린우리당의 재·보선 성적표는 '0대 40'을 기록하고, 이에 따라 열린우리당은 '침몰하는 배의 갑판 풍경'을 연상시키는 자중지란自中之亂에 빠져들었다.

11월 17일 한림대학교 정치행정학과 교수 김영명(2006)은 "무엇이 더 중요한지, 무엇이 더 시급한지를 모르고 자기 세계에 갇혀 싸움만 걸고 싸움만 해댄 노 정권 4년"이라고 진단하면서 "한국 사회 개혁의 길을 가로막은 자칭 개혁 세력, 이들이 한국의 개혁을 다 죽였다"고 비판했다. 여론조사 전문기관인 리서치 앤 리서치가 조인스닷컴·미디어다음의 의뢰로 11월 29일에 실시한 전국 성인 700명 대상의 전화 조사에서 열린우리당 지지율은 8.3퍼센트였다.

2007년 8월 10일 '100년 정당'을 내세웠던 열린우리당은 창당 3년 9개월 만에 사라지고 말았다. 12월 19일에 치러진 제17대 대선에서 한나라당 후보 이명박은 48.7퍼센트의 득표율로 대통령에 당선되었다. 정동영 대통합민주신당 후보는 26.1퍼센트, 이회창 무소속 후보는 15.1퍼센트, 문국현 창조한국당 후보는 5.8퍼센트, 권영길 민주노동당 후보는 3.0퍼센트를 각각 얻었다. 이로써 보수의 부활 시대가 열리게 되었다.

제15장

이명박 정권기의 언론

친親이명박 폴리널리스트의 전성시대

2008년 2월 25일 대통령 취임식을 가진 이명박은 '폴리널리스트'의 전성시대를 열었다. 대선 5개월 전,『경향신문』2007년 7월 6일자 사설은 "올해 12월 대통령 선거와 내년 4월 총선이라는 본격적인 정치의 계절을 맞아 하루 전까지만 해도 신문사 편집국장과 논설위원 등으로 일하면서 '정치 중립', '공정 보도'를 부르짖었던 중견 언론인들이 바로 다음 날 대선 주자 캠프로 출근하는 사례가 속출하고 있"다며 "이들에게는 '폴리페서'처럼 정치politics와 언론인journalist의 의미를 합친 '폴리널리스트'란 이름을 붙일 수도 있겠다"고 했다. 『한겨레』(2007. 7. 23)는「부끄러움 모르는 언론계의 '산업 스파이'들」이라는 제목의 사설을 통해 폴리널리스트를 언론계의 '산업 스파이'라고 불렀다.

폴리널리스트가 극소수라면 굳이 폴리널리스트라는 작명도 필요 없었을 것이다. 폴리널리스트는 집단적 현상이었다. 김세은(2017)의 분석을 보면, 폴리널리스트 비율은 13대 국회를 제외하고 9대부터 16대까지 15퍼센트 이상을 유지했다. 특히 14·15·16대 국회에서는 20퍼센트 내외를 넘나들며 '전성기'를 보였다. 2004년 제17대 총선에선 42명(14퍼센트), 2008년 제18대 총선에선 36명(12퍼센트)이었다.(천원주, 2008)

이명박 한나라당 후보 선거대책위원회엔 언론인 출신이 40여 명에 이르렀는데, 이는 역대 어느 대선 캠프에서도 보지 못한 매머드 공보 조직이었다. 나중에 그 수는 88명으로까지 늘었다.(김서중, 2011) 이명박의 보좌관 출신인 김유찬(2013, 192)이 말한 'MB 언론 장학생들이 점령한 보수 언론'이란 말은 과장되었을망정, "이래도 되는 건가?"라는 생각이 들 정도로 이명박과 일부 언론인들의 유착은 음습한 기운을 풍기는 것이었고, 이는 훗날의 역사가 입증한다.

대부분 주요 일간지·방송사의 고위 간부 출신인 이들은 '전공'을 살려 선대위 언론 전략을 주도하는 한편, 각 언론사를 나누어서 밀착 관리하는 역할을 맡았다. 자신들의 인맥을 활용해 언론사 보도를 일상적으로 관리하고, 필요할 땐 공식·비공식적 항의를 하기도 했다. 일선 기자들뿐 아니라 언론사 고위 간부들을 대상으로 한 접촉도 빈번했다.(조혜정, 2007)

18대 총선과 '진보 정치'의 몰락

이명박의 대통령 당선 직후 방송사들은 '낯 뜨거운 변신'을 하기 시작했다. 『중앙일보』는 「하루 만에 '표정' 바꾼 방송사」라는 기사를 통해 "이명박 후보의 의혹을 집중 부각했던 지상파방송사들이 이 후보의 당선 이후 슬그머니 꼬리를 내렸다"고 꼬집었으며, 『동아일보』도 「방송사 낯 뜨거운 '변신'」이라는 기사에서 한나라당 내부에서조차 "우리가 보기에도 좀 낯 뜨겁다"는 말이 나온다고 말했다.

KBS · MBC는 개표 방송 도중 다큐멘터리 등을 통해 이명박의 성공 신화를 집중 조명했으며, KBS는 카메라를 장착한 오토바이까지 동원해 당선자 차량의 이동 상황을 생중계했지만 정작 이명박은 차량에 타지 않은 것으로 드러났다. SBS의 경우 파파라치식 보도, 당선자 미화 등이 KBS · MBC와 크게 다르지 않았던 데다 대선 당일 밤 이명박을 서울시청 앞 광장 특설무대에 초청해 대대적 당선 축하 행사를 벌였다.(권경성, 2007)

KBS · MBC의 낯 뜨거운 '변신', SBS의 성급한 '모시기', 그리고 폴리널리스트의 활약이 이후 계속된 탓인지 4월 9일에 치러진 제18대 총선은 대선과 다를 바 없는 결과를 보였다. 보수 진영으로 분류되는 한나라당(153석) · 자유선진당(18석) · 친박연대(14석) · 친여 무소속(18석) 당선자를 합치면 18대 국회의 '보수 블록'은 200석을 넘었다. 반면 진보 진영은 민주당(81석) · 민노당(5석) · 친민주당 무소속(6석)을 다 합쳐도 92석에 불과해 보수 진영의 절반에도 못 미쳤다. 이는 진보 진영(열린우리당+민노당)이 162석을 얻었고 보수 진영(한나라당

+자민련)은 125석에 그쳤던 17대 총선의 결과를 거꾸로 뒤집은 것이었다.

「무소불위 '203석 보수' 신자유 법안 양산 우려」. 제18대 총선 결과를 보도한 『경향신문』 2008년 4월 11일자 1면 머리기사 제목이다. 「진보 162 : 보수 125→진보 92 : 보수 200」. 『중앙일보』 4월 11일자 8면 머리기사 제목이다. 이 신문은 '진보 정치'의 몰락이라고 했다. (강희철, 2008)

이런 총선 결과에 자신감을 얻은 이명박 정권은 4월 15일 "일선 초·중·고교의 자율성을 확대하겠다"며, 교과부 지침 29가지를 폐지하는 내용의 '학교 자율화 추진 계획'을 발표했다. 이에 따라 각 학교는 앞으로 전 과목 평균을 기준으로 우열반을 편성하거나 서울대 반, 연·고대 반 따위의 '특수반'을 편성할 수 있게 되었다. '4·15 학교 자율화 조처'는 이제 곧 일어날 쇠고기 촛불 집회의 초기 원동력이 되었다.

'쇠고기 촛불 집회'의 온라인 24시간 생중계

4월 18일 한미 쇠고기 협상이 타결되었고, 4월 29일 MBC 〈PD 수첩〉 '긴급 취재 미국산 쇠고기, 과연 광우병에서 안전한가' 편이 미국 쇠고기에 대한 광우병 의혹을 제기했다. 이 프로그램은 촛불 집회에 큰 영향을 미쳤다. 5월 2일 여중고생들이 '협상 무효'를 요구하며 촛불 점화를 했는데, 여기엔 1만여 명이 참가했으며, 다음 '아고라'에서는 이명박 대통령 탄핵 서명자 수가 30만 명을 돌파했다. 5월 6일 1,700여

개 시민·사회단체가 모여 만든 '광우병 국민대책회의'가 발족했고, 촛불 시위가 전국으로 확산하기 시작했다.

서울 청계광장에서 열린 미국산 쇠고기 수입 반대 촛불 집회는 온라인에서 24시간 생중계되었다. 집회 현장을 생중계하는 방송이 40여 개 개설되었으며, 온라인으로 집에서 집회를 지켜보던 수천 명의 네티즌들은 집회 참석자들의 발언과 시민들이 경찰에 연행되는 과정을 그대로 지켜봤다." 특히 포털 사이트 다음의 아고라 '토론 게시판'에는 정부를 규탄하고 촛불 시위 동참을 호소하는 '격문'들이 초 단위로 올라왔으며, 네티즌들은 이 글에 수백 개의 댓글을 다는 방식으로 거대한 여론을 만들어내고 있었다.

그럼에도 5월 29일 농식품부가 쇠고기 고시를 강행하자, 이를 '국민에 대한 선전포고'로 간주한 시민들은 촛불 집회를 청계광장에서 시청 앞 광장으로 이동시켰다. 전국의 시·군·구 가운데 촛불 집회가 열린 곳은 모두 99곳이었다. 6월 1일 촛불 집회 인파는 10만여 명으로 확대되었으며, 이명박의 국정 운영 지지도는 10퍼센트대로 추락했다.

6월 6일 이명박이 사실상 '재협상 불가'를 선언하자, 촛불 집회 시민은 15만 명을 넘어섰다. 6·10항쟁 21돌인 2008년 6월 10일, 대규모 촛불 물결이 서울을 비롯한 부산·대전·대구·광주 등 전국 118곳을 뒤덮었다. 이날 촛불 집회에는 서울 40만 명(주최 쪽 추산 70만 명)을 비롯해 전국적으로 50만 명(주최 쪽 추산 100만 명)이 넘는 인원이 참여했다. 21년 전인 1987년 6·10항쟁 이후 최대 규모였고, 2004년 3월 노무현 대통령 탄핵 규탄 촛불 집회(20만 명)에 견줘 갑절이 넘는 인파였다. 6월 19일 이명박은 특별 기자회견을 갖고 쇠고기 파동에 대해 사과했지만, 6월 21일 발표된 쇠고기 추가 협상 결과에 대해 광우병 국민대책회의는 전면 재협상을 외치며 시위를 계속 이어나갔다.

7월 4일 서울경찰청은 광우병 국민대책회의와 한국진보연대 사무실을 압수 수색해서 입수한 문건을 분석한 결과, 두 단체가 촛불시위 초기부터 각종 불법행위를 기획·주도한 사실을 확인했다고 주장했다. 7월 6~7일 경찰이 서울시청 앞 광장을 원천봉쇄하면서 서울 도심에서 '촛불'이 58일 만에 꺼지고 말았다.

촛불 집회의 과정에서 조중동의 왜곡 보도에 항의하는 차원에서 시작된 '언론소비자 주권 국민캠페인(언소주)'은 조선·중앙·동아(조중동)를 대상으로 광고 불매운동을 벌여 이 신문들에게 상당한 타격을 주었다. 그러나 이들의 광고 불매운동은 언론·기업에 대한 업무방해 혐의로 재판에 넘겨졌고, 이후 몇 년 동안 법정 싸움도 벌여야 했다(2013년 법원에서 조중동에 대한 업무방해 혐의는 최종 무죄판결을 받았지만, 광고주들에 대해서는 유죄로 수백만 원의 벌금형 등을 선고받았다. 기업에 항의 전화를 거는 건 잘못이라 본 것이다. 그러나 언소주는 이에 굴하지 않고 계속 활동을 이어갔다).(김상훈, 2008; 김효실, 2014)

방송통신위원회의 출범과 KBS 사장 정연주 탄압

방송통신위원회가 2008년 2월 26일 여야 합의로 통과된 '방통위 설치 및 운영 등에 관한 법률'에 따라 방송·통신 융합 시대 네트워크 규제·진흥을 선도할 상임위원 5인의 합의제 기관으로 2008년 3월

26일 출범했다. 방통위가 대통령 직속 기구로 되고, 그 수장에 이명박 대통령의 멘토라 불리는『동아일보』출신의 최시중이 임명되면서 방통위는 출발부터 정치적 편향성으로 인해 뜨거운 논란의 한복판에 서게 되었다.

5월 29일과 6월 5일 이명박의 방송 특보 출신인 구본홍 전 문화방송 보도본부장과 정국록 전 진주문화방송 사장이 24시간 케이블 뉴스 방송인 YTN과 아리랑 TV 사장에 각각 내정되었다. 그 밖에도 임기가 아직 남은 한국방송·교육방송 사장 등이 거센 사퇴 압력을 받는 가운데, 이 대통령의 '대선 공신'들이 이들의 자리를 대신할 것이라는 전망이 확산되고 있었다. 야당은 "방송계에 계엄령이 선포된 양상", "80년대 언론 통폐합을 방불케 하는 방송 장악 음모"라며 거세게 반발했다.(조혜정, 2008)

6월 12일 저녁 KBS 본관 앞에서 이틀째 계속된 촛불 시위에 참가한 누리꾼들은 최시중 방송통신위원장의 퇴진에 초점을 맞췄다. 전날 70여 명이 시위에 참가했으나 12일에는 10배 이상의 누리꾼이 참가했다. 밤 10시쯤에는 서울시청 앞에서 시위를 벌이던 시민 200여 명이 합류하기도 했다. 이들은 "최시중의 방송 장악 촛불 들어 막아내자", "최시중은 물러나라" 등의 구호를 집중적으로 외쳤다. 11일 시작된 감사원의 한국방송 특별감사로 인해 촉발된 이 시위는 노무현 정부 시절에 임명된 정연주 한국방송 사장 퇴진 음모를 겨냥한 것이었다.

그러나 KBS 이사회는 8월 8일 베이징올림픽 개막식이 열린 날 정연주 사장 해임을 건의했다. 이명박이 정연주 해임을 처리한 8월 11일은 주요 아침신문에 수영 박태환 선수의 올림픽 금메달 소식이 도배된 날이었다. 청와대 결정 소식이 전해진 8월 12일자 주요 신문 1면은 양궁 남자 대표팀의 올림픽 3연패 소식으로 채워졌다. 바로 이날은 검찰이 정연주 사장을 전격 체포한 날이기도 했다. 언론이 '금빛 환희' 가득한 뉴스로 도배하던 바로 그 시기에 KBS 사장 교체가 단행되었다. 촛불 시위도 올림픽 환호 무드로 큰 타격을 입었다. 경찰은 8월 15일 열린 100번째 촛불 집회를 유례없이 강경 진압했다.(이순혁 외, 2008)

정연주는 '특정경제범죄 가중처벌 등에 관한 법률 위반(배임)'이라는 무리한 죄목으로 기소되어 1심에 이어 2심에서 다시 무죄판결을 받기까지 2년 반 동안 혹독한 세월을 보내게 된다. 도대체 정권 교체가 무엇이길래 무고한 사람을 파렴치범으로 몰아 인격 살해를 하고, '비리'를 이유로 강제 해임하고, 2년 이상 법원을 오가며 많은 시간과 자원을 낭비하게 만들어야 했던 걸까?

YTN의 낙하산 사장 반대 투쟁

2008년 6월 26일 헌법재판소는 방송법 제32조에 근거를 두고 한국광고자율심의기구가 대행하던 방송 광고 사전 심의 제도는 '위헌'이라고 결정했다. 방송 광고 사전 심의 제도를 헌법 제21조 2항이 금지하고 있는 '검열'로 본 결정에 대한 반응은 어땠을까? 이승선(2013, 35)에 따르면, "일반 대중에겐 순식간에 '어마어마한' 일이 벌어진 것으로 비춰졌지만 광고업계와 학계는 당연한 결정이 '너무 늦었다'는 반응을 보였다.”

　방송계에서 정작 ‘어마어마한’ 일은 10월부터 벌어지기 시작했다. 10월 6일, YTN 회사 쪽은 구본홍 사장의 낙하산 인사에 반대하는 투쟁에 앞장서 싸운 기자 6명을 해고했다. 10월 8일 YTN 앵커와 기자들은 이틀 전 내려진 회사 쪽 징계에 항의하는 의미로 검은색 옷차림으로 방송에 나섰다. 이에 대해 방통심의위는 11월 26일 ‘시청자에 대한 사과’라는 중징계를 의결했다. 방송심의규정 제7조(방송의 공적책임)와 9조(공정성) 외에도 27조(품위 유지) 조항에 위배된다는 이유에서였다. 뉴스 보도 프로그램에서 앵커나 기자의 옷차림이 문제가 되거나, 일반 프로그램에서 선정적인 이유 외에 출연자의 옷차림이 문제가 돼 법정 제재가 결정된 것은 이게 처음이었다.

　10월은 이명박 정권과 다른 성향을 보인 방송 진행자들이 잇따라 수난을 겪은 시기였다. KBS에서는 이병순 사장 취임 이후 진보 성향의 시사평론가 정관용이 1TV 〈심야토론〉과 1라디오 〈KBS 열린토론〉에서 퇴출되었다. 미국산 쇠고기 반대 집회에 참석해 정부의 졸속 협상을 강하게 비판한 가수 윤도현도 같은 시기에 2TV 〈윤도현의 러브레터〉와 FM 〈윤도현의 뮤직쇼〉에서 물러나야 했다. 1라디오 〈박인규의 집중인터뷰〉를 진행해온 진보 성향의 인터넷신문 『프레시안』 대표 박인규 역시 이때 마이크를 놓아야 했다.(박주연, 2009)

　SBS · MBC 아나운서들은 10월 30일과 11월 20일 ‘YTN과 공정방송을 생각하는 날’을 맞아 YTN ‘블랙 투쟁’을 지지하는 차원에서 검은색 옷차림으로 방송에 나섰다. 12월 2일 제7회 송건호 언론상 심사위원회는 ‘MBC 〈PD수첩〉’과 ‘YTN 노조’를 공동 수상자로 선정하면서 "진실을 향한 〈피디 수첩〉의 노력과 공정 방송을 지키려는 YTN 노조의 저항은 한국 언론사에 기록되어 다음 세대의 길잡이가 될 것"이라고 심사평을 밝혔다.

미디어법 논란과 '미네르바 신드롬'

국회 역시 YTN 못지않은 투쟁의 무대가 되어 있었다. 2008년 12월 한나라당이 신문법을 포함한 7개 미디어관계법 개정안을 국회에 제출하면서 신문·방송 겸영에 대한 찬반 논란이 가열되었다. 법안에는 신문사·대기업·외국 자본에 보도 채널·종합편성 채널은 49퍼센트까지, 지상파에 대해서는 20퍼센트까지 지분을 소유할 수 있다는 내용이 포함되었다. 민주당은 언론시민단체와 법안 저지를 위한 연대 투쟁 의지를 밝히는 한편, 언론 관련 7개 법안을 한나라당이 밀어붙이고 있는 악법 중 꼭 막아야 할 법 1번으로 선정했다.

민주당은 'MB악법' 가운데 6개 법안을 골라 별명을 따로 붙였다. 집회·시위 현장에서 복면 착용을 금지하는 집시법 개정안을 '마스크 처벌법', 대기업과 신문의 방송 사업 참여를 허용하는 방송법 개정안을 '언론 장악법', 사이버모욕죄 신설 등을 담은 정보통신망법 개정안을 '네티즌 통제법'이라고 명명한 것 등이었다.(황영식, 2009) 이런 논란의 와중에서 '미네르바 사건'이 일어났다.

이명박은 '경제 대통령'이 되겠다고 했지만, 2008년 가을의 한국 경제는 바닥을 치고 있었다(김병권, 2008). 그런 상황에서 사이버상에선 익명의 인터넷 논객 미네르바가 등장해 많은 사람들을 사로잡았다. '미네르바 신드롬'이라고 해도 좋을 정도였다. 2008년 11월 3일 국회 대정부 질문에서 한나라당 홍일표 의원이 김경한 법무부 장관에게 미네르바에 대한 수사 용의를 물음으로써 인터넷을 무대로 활동하던 미네르바가 정쟁 대상으로 떠오르게 되었다.

미네르바는 2009년 1월 9일 허위 사실 유포죄 혐의로 긴급 체포되었지만, 법원은 4월 20일 '미네르바'라는 필명으로 통하던 박대성에게 무죄를 선고했다. 서울중앙지법 형사5단독 유영현 판사는 "구체적 표현 방식에서 과장되거나 정제되지 않은 서술이 있다 하더라도 전적으로 '허위의 사실'이라고 인식하면서 글을 게재했다고 보기 어렵고 '공익을 해할 목적'이 있었던 것으로도 보기 어렵다"고 밝혔다.

2009년 5월 16일 박대성은 미국 『뉴욕타임스』와의 인터뷰에서 자신의 허위 경력 논란과 관련해 "내가 명문대 출신이라면 사람들이 나의 정체성에 의문을 가지거나 내가 체포되지 않았을 것"이라며 "현실 세계로 나온 뒤 벽에 부닥쳤다"고 토로했다. 그는 또 "한국 사회의 광기를 목격했다"며 "내가 한 일을 후회하고 있으며 다시는 온라인에 글을 올리지 않겠다"고 밝혔다. 『뉴욕타임스』는 "'미네르바 사태'가 한국 사회의 온라인과 오프라인 사이에 존재하는 간극을 드러냈다"고 평했다.(하현옥, 2009)

낙하산, YTN 기자 구속, 장자연의 죽음

2009년 2월 『미디어오늘』의 조사에 따르면, 지난 대선에서 이명박 대통령 선거 캠프에 있던 언론인 출신 인사 41명을 추적한 결과 70퍼센트가 넘는 29명이 공직에 있거나 언론계에 재직 중인 것으로 드러났다. 또 청와대 및 정부 기관에도 언론계 출신이 다수 입성했다.

대선 캠프에 있던 전직 언론인 상당수는 정부 산하 기관으로 직행했다. 신재민 전 『주간조선』 편집장은 문화부 차관, 임은순 전 『경향신문』 논설위원은 신문유통원장, 기세민 전 『남도일보』 정치부장은 신문유통원 경영기획실장, 서옥식 전 연합뉴스 편집국장은 한국언론재단 사업이사, 양휘부 전 방송위원회 상임위원은 한국방송광고공사 사장, 김인규 전 KBS 이사는 한국디지털미디어산업협회 회장, 최규철 전 『동아일보』 논설주간은 뉴스통신진흥회 이사장으로 임명되었다. 또 임연철 전 『동아일보』 논설위원은 국립중앙극장장, 김종완 전 『동아일보』 부국장은 국민체육진흥공단 상무이사, 김용한 전 CBS 본부장은 한국토지공사 감사로 재직 중이었다.

특히 구본홍 YTN 사장, 이몽룡 스카이라이프 사장, 정국록 아리랑 TV 사장, 차용규 OBS 사장 등 캠프 출신 인사 상당수가 언론계로 투입되었으며, 공보단 소속 이동관 전 『동아일보』 정치부장, 박홍신 전 『경향신문』 부국장, 김좌열 전 『경북일보』 서울지사 부국장은 모두 청와대에 입성했다. 방송 특보였던 곽경수 전 KBS 기자는 청와대 춘추관장, 언론위원을 역임한 이성준 전 『한국일보』 편집인·함영준 전 『조선일보』 사회부장은 각각 언론문화특별보좌관과 문화체육비서관에 임명되었다.(최훈길, 2009)

이명박 정권은 선거를 도운 언론인들에겐 고위 공직을 나눠준 반면 언론인답게 일하려는 언론인에겐 통제와 탄압으로 대처했다. 2009년 3월 22일 검찰은 YTN 구본홍 전 사장의 업무를 방해한 혐의로 노종면, 현덕수, 조승호 기자를 체포했다. '체포와 구속, 기소' 그렇게 2년이 흐르고 이후 이들은 수년간 힘겨운 '복직 투쟁'을 벌이게 된다. MBC는 2009년 4월 봄 개편 때 정부 정책을 따끔하게 꼬집는 촌철살인의 클로징 멘트로 당시 큰 화제를 모았던 MBC 〈뉴스데스크〉 신경민 앵커를 하차시켰다.

연예계에서도 비극적인 사태가 발생했다. 2009년 3월 7일 인기 드라마 〈꽃보다 남자〉에 출연한 탤런트 장자연이 술자리 접대와 성상납 강요 등을 폭로한 문건을 남기고 스스로 목숨을 끊어 큰 충격을 주었다. 『미디어오늘』 논설위원 박상주(2009)는 「더러운 포식자들」이라는 제목의 칼럼에서 "장자연씨의 죽음! 형식은 자살이지만 내용은 타살이다"며 이렇게 말했다. "장자연씨의 죽음을 헛되이 해선 안 된다. 인면수심人面獸心의 더러운 포식자들을 엄정한 법의 심판대에 세워라! 그 범죄를 명명백백히 밝히고 그 이름도 공개하라!"

그러나 검찰은 2009년 8월 검찰은 피의자 14명 중 장자연 소속사 대표와 매니저만 성 접대 강요 등과 관련이 없는 혐의로 기소했을 뿐 나머지 피의자에 대해서는 모두 증거불충분으로 무혐의 처분을 함으로써 이 사건을 덮어버렸다(이 사건은 2018년 7월부터 법무부 산하 검찰 과거사위원회가 조사 중이다).

노무현 서거와 '죽음의 문화정치학'

2009년 5월 23일 박연차 전 태광실업 회장으로부터 640만 달러를 받은 혐의로 검찰의 수사를 받던 노무현 전 대통령이 투신자살로 서거했다. 노무현을 지켜주지 못했다는 후회와 참회의 목소리가 폭포수처럼 쏟아졌으며, '열병과도 같은 눈물의 행렬'이 전국을 휩쓸었다. 조문객은 500만 명에 이르렀으며, 수많은 시위가 이어졌다. 그 와중에서 노무현의 과오에 대해 일정 부분 비판적이었던 진보적 신문들마저 호된 비난의 대상이 되었다.

시민편집인 이봉수(2009)는 『한겨레』에 쏟아진 그런 비난을 소개하면서 『한겨레』도 노무현의 흠집 내기에 일조했다는 진단을 내린 뒤 아프게 반성할 것을 촉구했다. 이와 관련, 박경신(2009)은 언론사의 참회도 "피의자가 공정히 재판받을 권리를 침해하지 않도록 주의해야 한다"는 선에서 그쳐야지 "유죄 확정 전까지는 범죄 수사에 대해 드러난 단서들의 보도는 공인이라 할지라도 자제해야 한다"는 범위까지 확대되는 것은 곤란하다고 말했다.

정치 지형은 노무현의 서거로 모든 게 일순간에 역전되었다. 노무현의 자살이 '정치적 보복에 의한 타살'로 규정되면서 이명박 정권에 대한 반감과 분노가 하늘을 찔렀고, 이런 상대적 관점이 모든 판단을 지배했다. 이에 따라 민주당도 4년 8개월 만에 한나라당에 앞설 정도로 지지율이 급등했다.

일제강점기의 항일 시위는 물론 '4·19혁명'에서부터 '6월 항쟁'에 이르기까지 한국 민주화에 기여한 주요 시위는 모두 죽음으로 인해 촉발된 것이었다. 한국인에게 차분한 대화와 토론의 마당은 주어지지 않았고, 그런 경험도 별로 없었다. 억눌림에 대해 잠자코 인내하다가 어느 순간 누군가의 죽음을 계기로 일시에 '욱' 하고 폭발하는 패턴이 반복되어왔다.

조희연(2010, 209)은 '죽음의 비극성'이 갖는 효과에 주목하면서 "한국 역사에서 흥미로운 사실을 발견하게 되는데, 그것은 한국의 정치 지도자들의 경우 '비운에 간' 인물들에 대해서만 '동의적' 태도가 존재한다는 것이다"고 말한다. 이는 진보적 관점에서 이른바 '박정희 신드롬'을 설명하기 위해 한 말이지만, 김구에서부터 노무현에 이르기까지 '비극적 죽음'을 맞은 모든 정치 지도자들에 대한 대중의 태도에도 똑같이 적용될 수 있다.(강준만, 2010)

이후 이명박 정권의 실정은 말할 것도 없거니와 뒤이어 들어선 박근혜 정권의 실정은 탄핵을 받을 정도로 극단을 치달으면서 '노무현 신화'는 더욱 강해지고, 이후 『한겨레』와 『경향신문』 등 진보 언론은 노무현 서거에 책임이 있다는 원죄로 인해 친노 지지자들에 의해 끊임없는 비난과 더불어 '절독 위협' 세례를 받게 된다.

미디어 관련 3법 날치기 통과

2009년은 2008년 하반기 전 세계적인 금융 위기의 여파가 언론 산업에도 밀어닥쳐 신문사들은 구조조정과 임금 삭감 등 비상 경영 체제에 돌입했다. 2008년 신문 구독률은 34.6퍼센트로 연 평균 35퍼센트씩 지속적인 하락세를 보였으며, 이는 광고 매출에 그대로 반영되엇다. 국내 시장 총 광고비는 7조 3,098억 원으로 전년 대비 6.2퍼센트 감소한 가운데, 전국 종합지 10개사의 매출 규모는 1조 3,226억 원으로 전년 대비 6.43퍼센트 감소했다.(이은주, 2010) 날이 갈수록 신문의 쇠퇴가 가속화되는 상황에서 일부 유력지들이 택한 활로는 미디어법 개정이었다.

2009년 7월 22일 오후, 2008년 12월 국회에 제출된 이래 정국 긴장과 사회적 논란을 부른 미디어 관련 3법(방송법, 신문법, 인터넷멀티미디어 방송사업법) 등이 여야 의원들의 거친 몸싸움 속에 국회 본회의를 날치기 통과했다.

방송법의 경우, 대기업과 신문이 지상파 방송 및 종합편성·보도전문 케이블 채널을 소유할 수 있도록 조건을 완화하는 것이 핵심 내용이었다. 통과 법안은 신문과 대기업의 지분 참여 한도를 지상파방송 10퍼센트, 종합편성 채널 30퍼센트, 보도전문 채널 30퍼센트로 정했다. 또 2012년까지 신문·대기업의 지상파방송 겸영은 유예하되, 지분 참여는 허용키로 했다. 방송사에 대한 1인 지분 한도를 현행 30퍼센트에서 40퍼센트로 상향시켰다. 법안은 구독률이 20퍼센트를 넘는 신문의 방송 진출을 불허키로 했다. 방송 사업자의 시청점유율이 30퍼센트를 넘으면 광고 제한 등의 방식으로 '사후 규제'에 나선다는 내용도 포함했다. 여기에 신문의 방송 소유·겸영 시 신문 구독률을 10퍼센트 범위 내에서 시청점유율로 환산하는 '매체 합산 시청점유율' 제도를 도입했다.

신문법의 경우, 일간신문과 뉴스통신사의 상호 겸영 금지를 폐지하고 지상파, 종합편성, 보도전문 방송의 겸영 역시 허용한 것이 골자였다. 대기업은 일간신문에 한해 지분의 50퍼센트를 초과해 취득 또는 소유할 수 없도록 했다. 또 일간신문·뉴스통신·방송사의 일간신문사 주식 및 지분 취득 제한을 없애, 일간신문 지배주주가 여러 신문 소유를 가능토록 했다. 또 신문 지원기관인 신문발전위원회와 한국언론재단을 통합해 '한국언론진흥재단'을 신설하고, 신문 유통을 신설 재단에 맡기도록 했다.

인터넷멀티미디어 방송사업법(IPTV법)의 경우, 대기업, 신문·통신사가 IPTV에서의 종합편성 및 보도전문 PP에 대한 지분 소유를 30퍼센트까지 허용했다. 외국 자본은 종합편성 PP는 20퍼센트, 보도전문 PP는 10퍼센트까지 지분을 가질 수 있도록 출자나 출연을 할 수 있게 했다.(안홍욱, 2009)

7월 23일 『한겨레』는 「'조중동 권력'을 위한 반민주 악법」이라는 제목의 사설에서 "이들 법은 법의 처음부터 끝까지 모두 조중동의 이익을 지키고 보장하는 내용으로 채워졌다. 중앙·지역의 지상파 텔레비전에서 케이블의 종합편성 채널과 보도전문 채널에 이르기까지 거대 신문이 큰 어려움 없이 방송에 진입할 수 있도록 문을 활짝 열어놓았다"고 비판했다.

날치기 통과와 관련된 미디어법 논란은 헌법재판소로까지 이어졌는데, 헌재는 2009년 10월 미디어법에 대해 "절차는 위법이나……무효는 아니다"라는 애매한 결정을 내렸다. 이어 헌재는 2010년 11월 25일 미디어법 관련 2차 권한 쟁의 심판 청구에 대해 재판관 4(각하)대 1(기각)대 4(인용)로 기각 결정을 했다.

방송계 블랙리스트 논란

2009년 10월 9일 방송인 김제동이 석연치 않은 이유로 KBS의 〈스타골든벨〉 진행자에서 물러났다. 11월 19일 손석희가 〈100분 토론〉

마지막 방송을 하고 교체되었다. 텔레비전에서 사라진 손석희를 아쉬워한 사람들은 여전히 라디오에선 손석희를 만날 수 있었다. 『한겨레21』(2010. 1. 8)은 "텔레비전에 밀려도, 인터넷에 치여도 라디오는 건재하다.……청취자의 달라진 생활 패턴은 라디오 편성에 변화를 가져왔다"며 다음과 같이 말했다.

"출근 시간인 아침 7시대 라디오 시사 프로그램들이 이제 하나의 저널리즘 영역을 구축해 다양한 이슈를 쏟아낸다. 문화방송 〈손석희의 시선집중〉, CBS 〈김현정의 뉴스쇼〉, 불교방송 〈김재원의 아침저널〉 등이 아침 시사 프로그램의 전성기를 구가하고 있다. 그날그날 관심의 초점이 되는 정치인 등 유명 인사를 인터뷰하면 그 내용이 다른 매체를 통해 여러 형태의 기사로 재생산되면서 '라디오 저널리즘'의 세계를 열었다."(김미영, 2010)

2010년 7월 6일 코미디언 김미화는 자신의 트위터에 올린 글에서 KBS에 연예인 블랙리스트가 존재한다고 주장했다. 김미화는 "저는 코미디언으로 27년을 살아왔습니다. 사실 어제 KBS에서 들려온 이야기가 충격적이라 참담한 마음을 금치 못하고 있습니다"면서 "KBS 내부에 출연 금지 문건이 존재하기 때문에 (제가) 출연이 안 된다고 한다"고 주장했다. KBS는 김미화가 글을 올린 지 얼마 되지 않아 명예훼손 혐의로 김미화를 고소했지만, KBS의 블랙리스트를 둘러싼 논란은 확산했다.

화이트리스트에 오른 폴리널리스트들은 무엇을 하고 있었을까? 2011년 9월 부산저축은행 사태로 이명박 정권 실세들의 비리가 봇물처럼 터져 나왔다. 한국기자협회는 9월 23일 성명 'MB의 언론 참모 악취가 진동한다'를 내고 " 'MB의 남자들'의 비리가 속속 드러나고 있는 가운데 언론인 출신들의 비리가 더욱 눈에 띤다"고 했다. 이들은 "MB의 언론 참모였던 신재민, 김두우, 홍상표씨가 모두 기자 출신이란 사실에 국민들 앞에 부끄러움을 느낀다"고 밝혔다.(조수경, 2011)

조선 · 중앙 · 동아 · 매경의 종합편성채널 개국

2011년 12월 1일 드디어 말도 많고 탈도 많았던 조선 · 중앙 · 동아 · 매경의 종합편성채널(종편) 4곳이 합동 축하쇼를 열고 일제히 개국했다. 인력은 어떻게 충원했을까? 2011년 상반기에만 100명이 넘는 기자들이 종편으로 이동했다. 종편에 기자들을 대거 뺏긴 방송사는 MBN, YTN, 한국경제TV 등 케이블 방송과 OBS, 지역 지상파, 지역 민방 등으로 5~6명에서 많게는 20명이 넘는 기자들이 종편행을 택했다.(김성후, 2011) 종편은 정치 평론가와 연예인들에게도 축복이었지만, 문제는 종편이 '온갖 특혜와 반칙'의 산물이었다는 점이다.

『한겨레』(2011. 12. 1)는 「종편 개국, 언론과 민주주의의 대재앙 시작되다」라는 제목의 사설을 통해 "종편 4사의 개국은 단순히 방송 채널이 몇 개 늘어나는 것과는 전혀 차원이 다른 사건이다. 언론 시장에서 보수 정치권력과 족벌 언론이 동맹을 구축하고 자신들의 기득권을 공고히 하려는 공세에 나섰음을 뜻한다"며 다음과 같이 말했다.

"최시중 위원장의 방송통신위원회가 총대를 메고 온갖 꼼수를 동원해 특혜를 제공했다. 종편 콘텐츠의 의무 재전송을 비롯해 종합유선방송사업자(에스오)에 대한 황금 채널 배정 압박, 광고 직거래 허용, 중간광고 허용, 제작·편성 비율 완화 등 특혜를 다 열거하기조차 어렵다. 이를 통해 케이블로 방영되면서도 지상파 이상의 특혜를 누리는, 지구상에서 유례를 찾기 힘든 '괴물 방송'이 등장했다."

『미디어오늘』(2011. 12. 7)은 「"조중동을 방송으로 옮겨놓은 듯… 노골적 친정권 편향"」이라는 제목의 기사에서 "종합편성 채널 개국 이후 전파를 쏘기 시작한 이른바 '조중동 방송'의 실체가 드러났다. 혹시나 했던 이들의 뉴스는 우려했던 대로 노골적인 친정권 편향을 드러내고 있다"고 비판했다.

그런 문제 외에도 종편은 '서울 공화국' 체제의 강화라고 하는 근본적인 문제를 안고 있었다. KBS 18개 지역(지방) 방송국의 제작비 예산 총액이 서울 본사 예산의 5퍼센트에도 미치지 못했다. 이영만 (2014)은 "지역방송은 고질적인 중앙 중심의 폐해를 줄이고 풀뿌리 지역자치를 실현하는 데 필수불가결한 수단"이라며 정부가 종합편성 채널(종편)에 제공한 특혜의 절반이라도 지역방송에 쏟았다면 그렇게 되었겠느냐고 개탄했다.

사실 종편이야말로 서울 1극 방송 체제와 지방의 '내부 식민지화' 를 극명하게 보여주었다. 종편의 인허가권 자체가 엄청난 특혜이므로 정부는 그걸 기존 여의도 방송 체제를 교정하거나 보완하는 대안 방송 체제로 활용할 수 있었건만, 오히려 기존 체제를 강화하는 데에 쓰고 만 것이다. 방송마저 다양성을 죽여가면서 획일화된 기존 1극 서열 체제를 강화하는 도구로 사용하는 어리석음과 탐욕은 수년 후 '헬조선'을 낳는 데 일조한다.(강준만, 2011, 2015)

방송 노조 공동 파업과 '방송계 사찰 보고서'

2012년 1월 30일 MBC 노조는 불공정 방송의 주체로 김재철 사장을 지목하고 그의 퇴진을 요구하는 무기한 총파업에 돌입했다. 3월 8일 MBC, KBS, YTN 등 방송 3사 노조는 공정 방송을 위해 사상 초유의 공동 파업 결의 대회를 열었다.

MBC 노조는 7월 17일까지 170일간이라는 장기 파업을 벌이지만 6명이 해고당하고 38명이 정직 처분을 받고 20여 명이 대기 발령을 받는 등 고난과 시련의 길로 들어서게 된다. 사측은 파업 이후 경력 사원을 229명이나 채용해 내부 갈등을 조장하고, 기자, PD, 아나운서 직종의 주요 파업 참가자 50여 명을 용인드라마개발단, 신사옥 건설국, 경인지사, 사회공헌실 등 취재·보도·제작과 관계없는 부서에 배치하는 등 적나라한 보복을 감행했다.(임명현, 2017)

방송사 동시 파업 기간 중인 3월 29일 전국언론노조 KBS본부(새 노조)가 제작하는 인터넷뉴스 〈리셋 KBS뉴스 9〉은 총리실 공직윤리지원관실이 2008년부터 2010년까지 자행한 사찰 내용이 담긴 문건 2,600여 건을 무더기로 공개했다. 사찰 대상은 광범위했다. 공직자 및 공기업·공공기관 간부는 물론 정·재계, 언론계, 노조, 시민단체 인사 등의 동태를 무차별적으로 파악한 것으로 나타났다. 노무현 정부 인사는 '축출용'으로, 이명박 정부 인사는 '충성 검증용'으로 활용한 정황도 드러나 무차별 사찰의 기준이 '정권 보위'에 있음을 보여주었다.(노현웅, 2012)

'사찰 보고서'에는 KBS와 YTN에 '낙하산 사장'을 앉히기 위한 동향 파악과 함께 구체적인 지시 사항이 담겨 있어 이명박 정권이 집권 초부터 시도해온 언론 장악의 실체도 드러났다. KBS, YTN 등 언론은 'BH(청와대) 하명'이라는 이름으로 대대적인 사찰을 벌였다. 청와대 지시를 의미하는 BH 하명은 문건 곳곳에서 등장했다.

예컨대 2009년 8월 25일 작성된 'KBS, YTN, MBC 임원진 교체 방향 보고'라는 문건 비고란에는 'BH', 즉 청와대 하명이라고 기록되어 있어 청와대가 방송사 인사에 직접 개입했음을 시사했다. 이 시기는 김인규 KBS 사장과 배석규 YTN 사장의 선임이 결정되고 엄기영 전 MBC 사장에 대한 퇴임 압박이 거세지던 때였다.(정유미, 2012)

4·11 총선에 독毒이 된 '〈나꼼수〉 열풍'

그런 상황에서 개혁 진영 또는 반反이명박 진영의 폭발적인 인기를 누린 건 팟캐스트 방송 〈나는 꼼수다〉(나꼼수)였다. 〈나꼼수〉는 방송 1회당 평균 600만 건의 다운로드를 기록하는 '권력'으로 부상해 19대 총선 국면에서 민주통합당에 절대적 영향력을 행사했다. 〈나꼼수〉는 일상적 삶의 사적 공간에서 이루어지는 담론과 소통의 전형을 보여주었다. 사적 공간에서 소비되던 정치적 담론이 아무런 제약 없이 공적 공간으로 옮겨져 많은 사람들이 연대감을 느끼면서 공유할 수 있게 되었으며, 그 과정에서 수용자의 개인적 분노가 집단적 정의감으로 전환되는 만족감을 느낄 수 있게 되었다는 것이다.(강준만, 2012)

그러나 '〈나꼼수〉 열풍'은 '막말 파문'으로 인해 2012년 4·11 총선에 득이 되기보다는 오히려 독이 되는 결과를 초래했다. 새누리당은 당초 예상을 깨고 과반인 152석을 차지했으며, 민주통합당은 127석, 통합진보당은 13석, 자유선진당은 5석, 무소속은 3석을 얻었으니 말이다(한나라당은 2012년 2월 13일 새누리당으로 명칭을 변경했다). 정당별 득표율은 새누리당이 42.8퍼센트로 1위를 차지했으며, 민주통합당은 36.45퍼센트, 통합진보당은 10.3퍼센트, 자유선진당은 3.23퍼센트였다.

민주통합당의 패배 요인은 서울 노원을 후보인 〈나꼼수〉 멤버 김용민의 '막말 파문'이었다. 민주통합당이 그를 중도에 사퇴시키지 않고 그대로 밀어붙인 것은 '〈나꼼수〉 열풍'에 발목이 잡혔기 때문이었다. 팟캐스트와 선거는 다르다는 걸 깨닫지 못한 어리석음과 더불어 증오의 대결 구도에 눈이 먼 탓도 있었다.

리얼미터가 4월 12일 유권자 750명을 상대로 여론조사한 결과 지지 후보를 결정하는 데 가장 큰 영향을 미쳤던 이슈는 '막말 파문'(22.3퍼센트)으로 나타났다. 『경향신문』은 「김용민 막말에 접전지 타격…"표 1~3%P 깎여"」라는 제목의 기사에서 "선거 이슈로서 '정권 심판론'을 상쇄했고, '스윙 보터'(부동층)인 30~40대 투표율도 저하시켰다. 특히 여야가 박빙 승부를 벌인 지역의 승패를 가른 것으로 평가됐다"고 했다. 안일원 리서치뷰 대표는 "민주당이 5~10% 앞서 가던 곳들이 (막말 파문이 터진) 4월 들어 접전을 보이거나 역전되는 등 데이터상 충격이라고 할 정도의 변화가 나타났다"고 밝혔다.(김진우, 2012)

제18대 대선은 '종편과 〈나꼼수〉의 싸움'

2012년 8월 23일 헌법재판소는 인터넷 실명제를 규정한 정보통신망법 조항에 대해 실효성이 없다는 근거 하에 위헌을 결정함으로써 인터넷 사용자의 실명과 주민등록번호가 확인되어야만 인터넷 게시판에 글을 올릴 수 있도록 한 인터넷 실명제는 실시된 지 5년 만에 폐지되었다. 그러나 인터넷은 소셜미디어에 밀려 점차 낡은 미디어가 되어가고 있었다.

언론은 소셜미디어 열풍에 편승해 파워 트위터리안이나 파워 페이스부커를 인용한 보도를 양산해냈다. 이른바 '거저 주워 먹는' 기사가 범람한 것이다. 김장현(2012)은 진중권 · 조국 등과 같은 소셜 리더들의 부상은 당연하다고 할 수 있지만, "저널리즘의 입장에서 이런 유명인 받아쓰기 식의 저널리즘이 어떤 의미를 갖고 있는지 되새겨볼 필요가 있다"고 했다.

2012년 12월 4일 서울시청 앞 서울광장에선 '서울시와 함께 하는 싸이 글로벌 석권 기념 콘서트'가 열렸다. 싸이의 〈강남 스타일〉이 빌보드 7주 연속 2위, 미 아이튠즈 차트 1위, 유튜브 역대 가장 많이 본 동영상 1위에 오르고, 마돈나 · MC해머 등 세계적 스타들과의 합동 무대에 서는 등 싸이가 해외에서 이룬 업적을 기념하는 콘서트였다. 한국예술종합학교 교수 이동연은 "〈강남 스타일〉이란 노래는 싸이 특유의 애국주의 마케팅과 미디어의 국민주의 저널리즘의 광풍이 서로 합체되어 누구도 대적할 수 없는 괴물이 되었다"고 꼬집었다. (고경석, 2012)

이명박 정권의 엄청난 실정에도 불구하고 2012년 12월 19일 실시된 제18대 대선은 새누리당 후보 박근혜의 승리로 끝났다. 박근혜는 1,577만 3,128표(51.6퍼센트)를 얻었으며 민주당 후보 문재인이 얻은 표는 1,469만 2,632표(48퍼센트)였다. 박근혜는 호남과 서울을 제외한 전 지역에서 문재인을 앞섰다. 저소득층과 비정규직은 문재인보다는 박근혜에게 훨씬 더 많은 표를 준 것으로 나타났다. 박근혜가 얻은 저소득층 표는 52.7퍼센트, 비정규직 표는 54.0퍼센트인 반면, 문재인이 얻은 표는 각각 36.0퍼센트, 40.4퍼센트에 지나지 않았다.(한상진·최종숙, 2014, 87~88) 저소득층과 비정규직의 박근혜 선호는 이른바 '싸가지 없는 진보'의 문제를 불거지게 만들었다.(강준만, 2014)

종편은 2012년 12월 대선 정국에서 맹활약을 했는데, 종편에게 붙여진 딱지는 '한국판 폭스뉴스'라는 것이었다. 미국의 폭스뉴스는 노골적으로 공화당의 선전기구를 자임한 24시간간 뉴스 채널이었는데, "폭스뉴스는 한국 보수 신문사들의 참고서"라는 말까지 나왔다(안수찬, 2009). 대선 직후 박성민은 "이번 대선은 어떤 의미에선 '종편과 〈나꼼수〉'의 싸움이었다"고 평했는데,(전홍기혜, 2012) 결과는 종편의 승리였다.

박근혜의 대통령 당선은 헌정 사상 최초의 여성 대통령과 부녀父女 대통령, 1987년 직선제 개헌 이후 최초의 과반 득표 대통령이라는 기록을 남겼다. 박근혜의 승리는 이미지의 승리였다는 진단이 나왔지만, 이는 한 가지 전제를 필요로 했다. 그건 야권이 박근혜 쪽에 비해 더 못났거나 모자랐다는 사실이다. 4년 후 희대의 국정 농단 사태가 빚어지면서 박근혜에 대한 비판과 비난이 하늘을 찌르는 가운데 그런 박근혜에게조차 패배한 야권의 책임을 묻거나 자성하는 목소리가 거의 들리지 않은 건 참으로 기이한 일이 아닐 수 없었다.

제16장

박근혜 정권기의 언론

스마트폰 세계 1위, 무료신문의 죽음

2013년 2월 25일 대통령 취임식에서 박근혜는 '희망의 새 시대'를 열겠다고 했지만, 내각 인사 내정자들의 면면은 '희망의 새 시대'와 는 거리가 멀어도 너무 멀었다. 훗날 최순실이라는 비선 실세의 실체 가 밝혀지면서 인사 참사의 원인이 상당 부분 밝혀지지만, 아직 그걸 알 리 없는 언론은 계속 놀라움을 표할 수밖에 없었다.

8월 5일 박근혜는 청와대 비서진 개편 인사를 단행하면서 김기춘 전 법무장관을 청와대 비서실장으로 임명해 또 한 번 세상을 놀라게 만들었다. 성공회대학교 교수 한홍구는 "김기춘 실장은 정수장학회, 유신, 간첩 조작, 지역감정 등 온갖 부정적인 요소의 화신으로 볼 수 있는 인물이다. 박 대통령이 역사를 거꾸로 되돌리겠다고 선언한 것

이나 다름이 없다"고 평가했다.(성한용, 2013)

박근혜는 과거로 회귀하는 반면, 대중은 무서운 속도로 새로운 미디어 기술을 향유하는 쪽으로 나아갔다. 2013년 6월 미국 시장 조사 기관인 스트래티지 애널리스틱스는 2012년 한국의 스마트폰 보급률이 67.6퍼센트로 세계에서 가장 높다고 밝혔다. 한국은 보급률이 2011년 38.3퍼센트로 4위였으나 1년 사이에 29.3퍼센트포인트나 급증해 처음 선두에 올라선 것이다.(전병역, 2013)

스마트폰은 언론계에 뜻밖의 결과를 낳았다. '무료신문의 죽음'이 바로 그것이다. 2013년 『AM7』과 『시티』가 휴간했고, 2014년 4월 말 『메트로』와 함께 발행부수 30만 부로 업계 1, 2위를 다투던 『포커스』마저 휴간에 들어갔다. 한국언론진흥재단의 '2013 언론 수용자 의식 조사'에 따르면, 19~29세의 85.6퍼센트, 30대의 79.2퍼센트가 모바일 기기를 통해 신문 기사를 이용하는 것으로 나타났다. 모바일 혁명이 유료신문은 물론 무료신문에도 치명타를 입힌 것이다.(심영섭, 2014)

'손석희의 JTBC행'과 '종편의 역설'

2013년 5월 10일 그간 종편을 둘러싸고 벌어진 뜨거운 논란이 새로운 국면을 맞게 되었다. 성신여대 미디어커뮤니케이션학과 교수로 일하던 손석희가 MBC 라디오 〈손석희의 시선집중〉에서 하차한 동시에 성신여대에 사표를 내고 JTBC 보도본부를 총괄하는 사장직을 맡은 것이다. 손석희는 이날 오전 JTBC 보도자료를 통해 "우리 사회의 가장 큰 문제는 보수와 진보 양 진영 간 골이 점점 깊어진다는 것이다. 언론이 그 간극을 메우는 역할을 해야 한다는 문제의식을 갖고 있었다"고 말했다.

손석희의 JTBC행에 대해 진보 진영의 일각은 실망감과 배신감을 드러냈다. 여러 언론인과 지식인들의 비판에 이어 9월 25일 민주당 의원 정청래는 페이스북에 올린 'JTBC 손석희 앵커가 불러도 안 나가는 이유'라는 글에서 "손석희는 훌륭한 언론인으로서 역할을 하면 되고 나는 또 정치인으로서 역할을 하면 된다. 나는 안 나간다"며 종편 출연 거부 이유를 밝혔다. 그러면서 "손석희 보도 부문 사장도 단물이 다 빠지면 언젠가 쫓겨날 것"이라고 직격탄을 날렸다.

손석희는 종편으로 옮겼음에도 2013년 9월 여전히 『시사저널』의 '2013 누가 한국을 움직이는가' 조사에서 '가장 영향력 있는 언론인' 부문 1위를 9년 연속 지켰다. 소폭이지만 2012년(45.4퍼센트)에 비해 지목률이 더 상승했으며, 모든 직종의 전문가들이 그를 1위로 꼽았다. 조윤호(2014)는 박근혜 정부에 굴종하는 방송의 실상을 지적한 후 JTBC만이 제대로 된 보도를 하고 있다며 이렇게 말했다. "무너진 공영방송 대신 진보 진영으로부터 '편파 방송'이라는 비난을 받았던 종편 JTBC가 국민 전체의 목소리를 전달하는 역설적인 상황이 계속 이어지고 있다."

'세월호 참사'와 '기레기'의 탄생

2014년 4월 16일 오전 전라남도 진도군 앞바다에서 6,825톤급 여객선 세월호가 침몰해 304명이 사망하는 대형 참사가 발생했다. 이날 침몰한 여객선 세월호에는 제주도로 수학여행을 떠난 경기도 안산 단원고 학생 325명을 포함해 476명이 탑승했다. 정부는 초기 상황 파악에서부터 실패하는 등 온종일 허둥대면서 무능의 극치를 보여주었다.

박근혜는 사고 발생 8시간쯤 지난 오후 5시께 중앙재난안전대책본부를 직접 방문해 상황을 점검하면서 안행부 2차관에게 "학생들이 구명조끼를 입고 있었다고 하는데 왜 발견하기 힘드냐"고 물었다. 세월호 사고 당시 승객들은 구명조끼를 제대로 챙겨 입을 수 없었으며, 실종자의 대부분은 침몰한 배의 객실에 갇혀 있을 것이라는 점은 방송 보도만 보더라도 알 수 있었지만 엉뚱한 소리를 한 것이다.

박근혜는 오전 10시쯤 세월호 침몰과 관련한 첫 서면 보고를 받았다는데 왜 7시간이 지나서야 중앙재난안전대책본부를 방문했으며, 게다가 이상한 헛소리를 한 걸까? 이는 두고두고 '박근혜의 7시간 미스터리'로 남아 뜨거운 논란의 대상이 된다.

세월호 참사는 '언론 스캔들'로 비화되어 '기레기'라는 말이 널리 쓰이는 결정적 계기가 되었다. 박성제(2017, 7)에 따르면, "구조 현장에서 기자들이 보여준 부끄러운 행태, '전원 구조'라는 최악의 오보에 경악한 시민들은 너도나도 기레기라는 단어를 입에 올리기 시작했다. 단독과 속보 경쟁, 조회 수에만 눈이 팔린 선정주의가 범람했고, 공영방송들은 권력자의 책임을 가리기 위해 시청자를 호도했다."

언론은 구조 작업을 제대로 수행하지 못하는 정부는 비판하면서도 정작 박근혜는 노골적으로 칭찬하는 보도가 눈에 띄게 많아 언론들의 '박비어천가'가 지나치다는 비판을 받았다. KBS는 "곳곳에서 쇄도하는 질문에 일일이 답을 해 준다", "박 대통령은 즉시 시정을 지시했고 가족들은 박수로 호응했다"고 보도했다. TV조선 앵커는 "험한 분위기가 충분히 예상됐음에도 가족들을 찾아간 박근혜 대통령도 대단한 것 같다"고 칭찬했고, 기자 역시 "경호 문제로 참모들의 만류가 있었지만 직접적인 대화가 필요하다는 판단 아래 강행한 것"이라고 방문 배경을 부연 설명했다. 반면 JTBC 〈뉴스 9〉의 세월호 참사 보도는 돋보여, 실종자 가족들은 대부분 JTBC 뉴스를 볼 정도로 시청자들의 신뢰를 얻었다.(정철운·이하늬, 2014; 조수경, 2014)

세월호 '보도 통제'와 '폴리널리스트' 논란

2014년 4월 29일 『미디어오늘』은 정부 부처가 전방위로 언론의 세월호 관련 의혹을 통제하고 방송사를 조정 통제하는 등 사실상 언론을 통제하는 정황이 담긴 「"세월호" 관련 재난상황반 운영 계획」이라는 제목의 정부 내부 문건을 입수해 그 내용을 보도했다. 방송통신위원회는 방송사를 '조정 통제'하고, 방송통신심의위원회는 모니터링을 강화하면서 사업자에게 '삭제'를 신고하는 등 전방위로 세월호 관련 보도와 의혹 제기를 통제한다는 내용이었다.(박장준, 2014)

5월 12일 새누리당 지도부는 세월호 침몰 사고 이후 잇따르는 추모 집회를 '정치 선동'으로 몰아붙이며 차단에 나섰다. 세월호 참사 후 민감한 발언을 자제하며 숨죽이고 있던 분위기에서 확 달라진 것이다. 보도 통제와 이런 반격이 먹힌 걸까? 세월호 충격에도 불구하고 6 · 4 지방선거에서 새누리당은 광역단체장 기준으로 8곳, 새정치민주연합은 9곳에서 승리했다. 전국의 226개 기초단체장 선거에선 새누리당이 117곳을, 새정치민주연합이 80곳을 이겼다.

『경향신문』(2014. 6. 6)은 사설을 통해 "새정치연합은 '세월호 심판론'을 내걸었으나 분노한 민심조차 대변하지 못했다. 대안 세력으로서의 능력과 신뢰감을 시민들에게 심어주지 못했다. '세월호 심판론'이 선거를 통해 정치적 심판으로 귀결되지 않은 것은 야당의 무기력 때문이다"고 비판했다.

박근혜는 6 · 4 지방선거 결과에 고무되었던 걸까? 6월 10일 청와대 홍보수석에 윤두현 YTN 플러스 사장이 임명되었다. 민경욱 청와대 대변인, 이남기 전 청와대 홍보수석에 이어 박근혜 정권 들어 3번째 현직 언론인의 '청와대 직행'이라 '폴리널리스트' 논란이 다시 불붙었다.

성공회대학교 교수 최진봉은 "언론의 본분은 권력 감시와 견제인데, 한국의 경우 기자직을 권력으로 가는 징검다리로 삼으려는 문화가 팽배하다"며 "선진국에선 현직 기자가 곧바로 정계에 진출하는 것을 치욕으로 여긴다"고 말했다. 대구대학교 교수 김성해도 "워터게이트 사건을 폭로한 칼 번스타인 등 선진국의 유명 언론인들을 퇴직 후 대부분 저술 활동에 주력한다. 한국 폴리널리스트들의 권력 지향성은 언론 전체의 신뢰를 깎아먹는다"고 꼬집었다.

청와대는 왜 자꾸 언론인을 끌어들이는 걸까? 서울대학교 교수 이준웅은 "현재 청와대서 잘나가는 사람들은 검사 아니면 기자 출신"이라며 "한국의 어떤 조직도 검찰과 언론사만큼 강한 상명하복 체계를 갖고 있지 못하다. 충실한 심복이 필요한 정권으로선 당연히 이들을 선호하게 되는 것"이라고 분석했다.(이정국, 2014)

'정윤회 국정 개입 보고서' 파문

2014년 11월 28일 『세계일보』는 「정윤회 '국정 개입'은 사실」이라는 제목의 특종 기사에서 청와대 공직기강비서관실에서 작성한 「靑 비서실장 교체설 등 VIP 측근(정윤회) 동향」이라는 제목의 동향 감찰 보고서를 입수했다고 보도했다. 이 기사는 "현재 공식 직함이 없는 정씨가 자신과 가까운 청와대·정치권 내부 인사들에게 지시를 내리는 등 영향력을 행사한 것으로, 세간의 '그림자 실세', '숨은 실세'의 혹이 사실임을 드러낸 것이어서 파문이 예상된다"고 했다.

12월 1일 박근혜는 청와대에서 수석비서관회의를 주재하며 '정윤회 국정 개입 의혹' 청와대 문건 유출 사건에 대해 "결코 있을 수 없는 국기 문란 행위"라며 "검찰은 내용의 진위를 포함해 모든 사안에 대해 한 점 의혹도 없이 철저하게 수사해 명명백백하게 실체적 진실을 밝혀달라"고 말했다. 박근혜는 또 "이제 선진국을 바라보는 대한민국에서 이런 근거 없는 일로 나라를 흔드는 일은 없어져야 한다"며 문건 내용이 사실이 아니라는 점을 강조했다.

2015년 1월 5일 서울중앙지검 형사1부(부장 정수봉)와 특수2부(부장 임관혁)는 정윤회의 국정 개입 의혹 문건 사태와 관련해 중간 수사 결과를 발표하면서 현 정부 비선 실세 국정 개입 의혹을 담은 '정윤회 문건' 내용과 '박지만 미행설'은 모두 허위라고 발표했다. 검찰은 청와대 문서를 유출한 4명을 사법처리하는 선에서 수사를 일단락했다.

이날 검찰은 조응천 전 청와대 공직기강비서관을 공무상 비밀 누설과 대통령기록물관리법 위반 혐의로 불구속 기소했다. 박관천 경정이 2014년 2월 청와대 파견 해제 후 서울경찰청 정보분실에 보관했던 짐에서 청와대 문서 14건을 빼내 무단 복사하고, 이를 최 모(사망) 경위에게 넘겨준 한 모 경위도 공무상 비밀 누설 등 혐의로 불구속 기소되었다. 이에 앞서 문건 작성자이자 조 전 비서관의 공범인 박 경정은 1월 3일 구속 기소했다. 이 때문에 사태 초기 "문건 내용은 찌라시 수준, 문건 유출은 국기 문란"이라고 했던 박근혜 대통령의 '수사 가이드라인'에서 벗어나지 않았다는 지적을 받았다.

박관천은 수사 초기 조사를 받는 과정에서 박근혜 정부의 권력 지형과 관련해 "(정윤회씨의 전 부인이자 고 최태민 목사의 딸) 최순실씨가 1위, 정씨가 2위이며 박근혜 대통령은 3위에 불과하다"고 말했다. 이 발언은 언론에 보도되었지만, 언론은 대부분 비웃듯이 조롱했다. 예컨대, 『동아일보』는 2015년 1월 7일자 「박관천의 황당한 '권력 서열' 강의」라는 기사에서 "'황당한' 내용이었다. 허위로 결론 난 '정윤회 동향 문건'만큼이나 구체적이고 설득력 있는 근거를 대지 못한 것으로 전해졌다"고 주장했지만 훗날 이는 사실로 밝혀진다.

'뉴스 어뷰징'과 '포털 뉴스 규제론'

훗날 드러나지만, 당시 언론은 명백한 직무유기를 범하고 있었다. 이즈음 언론은 뉴스 어뷰징news abusing에 미쳐 있었다. 「'수지 열애설'

에 기사 1,840건 쏟아졌다」, 「'안영미 열애' 기사가 100개, 조선·동아의 어뷰징 경쟁」 등과 같은 『미디어오늘』 기사 제목들이 말해주듯, 어뷰징은 목불인견目不忍見의 수준에 이르렀다.(금준경, 2015; 이정환, 2015)

어뷰징은 언론이 독자들의 관심을 끌 만한 사안에 대해 비슷비슷한 내용을 담은 기사들을 표현만 조금 바꿔 속보 식으로 다량 올려 클릭을 유도하는 행위로, '동일 뉴스 콘텐츠 중복 전송' 또는 '동일 기사 반복 전송'이라고도 한다. 『경남도민일보』 출판미디어국장 김주완(2014)은 "이런 짓거리가 계속되면 언론의 신뢰 추락은 물론이고 한국의 포털은 거대한 쓰레기장으로 전락할 것이다"며 "'어뷰징'이라는 생소하고 애매한 단어 말고, '쓰레기 기사'라고 확실히 불러주자"고 말했다.

어뷰징은 국내 최대 포털 사이트 네이버가 2006년 12월 키워드를 입력해 찾는 기사의 운용 방식을 바꾸면서 본격화된 것이다. 네이버는 이전까지 독자가 기사 제목을 클릭하면 네이버 안에 저장된 기사를 소개했지만 이후부터는 해당 언론사 홈페이지의 기사 화면으로 연결되도록 했는데, 언론사들이 광고 수익으로 이어지는 조회 수를 더 높이는 방식으로 뉴스 어뷰징에 본격적으로 돌입했기 때문이다. 뉴스 어뷰징의 주요 대상은 주요 포털 사이트의 초기화면에 노출되고 있는 '실시간 급상승 검색어(네이버)'와 '실시간 이슈(다음)'였다.(김현섭, 2014)

어뷰징에 대한 분노가 높아질수록 포털에 대한 비난도 거세지자, 네이버와 다음카카오는 2015년 5월 28일 한국언론회관에서 공동 기자회견을 열어, "외부에 언론계가 주도하는 독립적이고 전문적인 '공개형 뉴스 제휴 평가위원회'를 만들고, 두 업체와 제휴를 원하는 언론사의 자격 심사를 위원회에 전적으로 맡기겠다"고 했지만, 그게 대안일 순 없었다.

'어뷰징'에서 시작해 '포털 공정성' 문제로까지 이어지는 등 일련의 공세가 계속되면서 '포털 뉴스 규제론'이 본격적인 사회적 의제로 부상했다. 국민대학교 언론정보학부 교수 손영준(2015)은 "포털의 사회적 책임을 묻지 않을 수 없다"며 3가지 이유를 제시했다. 그 내용을 요약해 소개하면 다음과 같다.

첫째, 포털은 언론의 질서를 만드는 권력이다. 네이버 같은 거대 공룡이 기존 언론사를 압도함으로써 개별 언론은 네이버의 수요독점 체제에 굴복하지 않을 수 없게 되엇다. 둘째, 포털 뉴스는 우리 언론의 뉴스 콘텐트 질을 하향 평준화시켰다. 언론사들은 포털에서의 클릭을 겨냥한 감각적인 연성 뉴스를 양산하고 있다. 검색을 통한 클릭수를 늘리기 위해 동일한 제목의 기사를 지속적으로 전송하는 어뷰징 기사가 남발되고 있다. 셋째, 포털 뉴스는 정보 획득과 유통, 소비의 확산으로 결과적으로 민주주의의 큰 진전을 이뤘다고 볼 수 있지만, 포털 뉴스가 언론 권력이 됨으로써 나타난 사회적 폐해는 방치되고 있다. 많은 언론사가 마케팅 원리에 따라 감각적이고 찰나적인 콘텐트 생산에 몰두하고 있으며, '악화가 양화를 구축하는' 악순환은 우리 사회 소통 구조를 병들게 하고 있다.

'인터넷신문 요건 강화' 논란

2005년 286개였던 인터넷신문은 2010년 2,484개, 2013년 4,916개 등 매년 1,000개씩 늘어 2015년 8월 현재 6,000여개에 달했다. 이런 인터넷신문이 각 지역마다 수십여 개에 달했다. 인구 30만도 안 되는 한 중소도시의 시청 출입기자는 120명인데, 그 중 80여 명이 인터넷 신문 기자였다. 한 지방자치단체의 홍보실 관계자는 "하루 방문자 100~200명밖에 안 되는 인터넷신문들도 광고 달라고 찾아와서 아주 미치겠다"고 호소했다.(김주완, 2015)

사정이 그와 같으니 인터넷 신문에 대한 평판이 좋을 리 없었다. 이런 부정적인 평판을 근거로, 정부는 2015년 11월 19일부터 '신문 등의 진흥에 관한 법률(신문법)' 시행령 개정안을 통해 인터넷신문의 등록 요건을 강화했다. 취재 및 편집 인력 5명을 상시 고용하고, 국민 건강보험 가입서 등 상시 고용 증명 서류를 제출해야 등록할 수 있게 한 것이다.

그렇다면 취재 및 편집 인력 5명을 상시 고용할 수 없는 인터넷신 문은 문을 닫아야 하는가? 문체부 관계자는 "5인 미만으로 운영되는 언론사를 없애겠다는 건 아니다"라고 강조한 뒤 "문체부에 등록이 되지 않을 뿐이다. 홈페이지를 통해 활동을 그대로 할 수 있다"고 말했다. 문제는 등록을 하지 않으면 정부기관이나 기업의 보도자료를 받을 수 없는 등 취재 여건이 보장되지 않는다는 점이었다.

광고주 등 그간 피해를 본 사람들은 인터넷신문 요건 강화를 환영했지만, 민주사회를위한변호사모임(민변) 언론위원회는 "유사언론

행위는 매체 규모에 따라 발생 가능성이 달라진다고 단정할 수 없어, 수단의 적합성에 의문이 제기된다"고 지적했다. 실제로 한국광고주협회가 2015년 사이비 언론에 의한 피해 실태를 조사한 결과에 따르면 광고 협찬 강요 등 유사언론 행위는 대부분 5인 이상 매체에서 벌어졌다. 민변 언론위원장을 맡고 있는 이강혁은 "결국 자본력에 따라 언론으로 인정받을 수 있다는 의미로, 사회적 소수자의 언론사 운영 기회를 박탈하게 돼 위헌적 요소가 있다"고 지적했다.(정철운, 2015. 11. 11)

정철운(2015. 9. 9)은 "최근 새누리당에선 엉터리 포털 보고서를 내고 포털 메인 화면이 정부여당에 불리하다고 주장하며 네이버·다음카카오 대표를 국정감사 증인으로 출석시키겠다고 예고했다. 포털사에 대한 압박용이라고밖에 볼 수 없는 대목이다"며 이렇게 말했다. "결국 총선과 대선을 앞두고 포털과 인터넷 여론을 완전히 통제·장악하겠다는 의도로 보일 수밖에 없다. 시행령 개정안에 의해 인터넷 매체가 급감할 경우 기존 주류 매체 기사의 프레임 노출 빈도는 증가하고, 광고도 주류 매체에 집중될 가능성이 높다. 정부여당은 지금보다 인터넷 여론을 통제하기 쉬워질 것이다."

방송 통제 '당근과 채찍' 논란

2015년 10월 25일 박근혜 대통령이 청와대 새 대변인에 MBC 〈100분 토론〉 진행자인 정연국 전 시사제작국장을 임명했다. 『경향신문』(2015. 10. 26)은 「KBS·SBS 이어 MBC 앵커까지 청와대 직행이라니」라는 제목의 사설을 통해 "방송사를 청와대 홍보수석 및 대변인 공급처로 여기는 듯한 박 대통령의 언론관도 비정상이다"며 "언론을 권력기관 진출의 통로로 여기는 언론인이나 언론을 권력의 보조 수단으로 여기는 박 대통령·청와대의 언론관에 개탄을 금치 못한다"고 비판했다.

인제대학교 교수 김창룡(2015)은 "현직 언론인들의 권력행은 불공정 보도, 곡필의 대가로 챙겨주는 전리품으로 봐야 한다. 그 결과는 언론 신뢰도 하락이며 국민 불신으로 이어진다"며 "적어도 현직에서 권력과 결탁할 수 있는 가능성을 원천봉쇄하기 위해서는 최소한 1년 정도의 유예기간을 둬야 한다"고 말했다.

방송인의 권력기관 진출이 개인에게 주어지는 '당근'이라면, 사사건건 개입해 통제하는 건 '채찍'이었다. 2016년 5월 11일 『미디어오늘』은 김시곤 전 KBS 보도국장이 자신의 징계무효 소송 중인 법정에 제출한 비망록을 확보해 폭로했다. 이 비망록은 자신의 보도국장직 수행 지침과 길환영 전 사장에 대한 평가, 길 전 사장이 개입해 9시 뉴스 편집 안이 바뀐 내역(표)으로 구성되어 있었다. 김시곤은 길환영이 매일 오후 5시경 팩스로 가편집안(큐시트)를 받은 뒤 약 30여 분 뒤 전화통화로 수정사항을 요구했다고 말했다.

김시곤은 『한겨레』와의 인터뷰에서 "공영방송사에서 사장이 지시를 할 수는 있지만, 문제는 지시 내용이다. 전반적으로 정부여당과 청와대에 유리한 것은 '만들어서라도 해라', '순서를 올려라', '늘려라'이고, 불리한 것은 '내려라', '줄여라'와 '빼라' 등 6가지 가운데 하나로 일관성 있게 내려왔다. 상식에서 너무 벗어나 기록하기 시작했

다"고 말했다.(문현숙, 2016)

다음 날인 5월 12일 『미디어오늘』은 "이정현 새누리당 의원이 청와대 홍보수석 시절 KBS 보도국장에 직접 전화해 박근혜 대통령 관련 청와대 내부 행사 소식이 뉴스 맨 뒷부분에 방송된 것에 불만을 표시하는 전화를 걸었다고 김시곤 전 KBS 보도국장이 폭로했다"면서 "이에 따라 청와대 고위 관계자가 KBS 뉴스 배치 순서에까지 관여하려 한 것 아니냐는 의문이 나오고 있다"고 말했다(2018년 12월 14일 이정현은 방송법 위반 혐의로 1심 재판에서 징역 1년, 집행유예 2년을 선고받았다).

기자의 직업윤리와 김영란법

폴리널리스트와는 정반대로, 언론 민주화를 위해 싸우다 해직된 기자들은 독립 언론 운동에 헌신했다. 해직 기자들을 중심으로 탐사 보도 전문 매체를 표방한 뉴스타파는 유튜브를 기반으로 뉴스 서비스를 했다. 이정환(2016. 6. 15)은 "콘텐츠는 지극히 아날로그 스타일이다. 뉴스타파의 혁신은 스타일이 아니라 콘텐츠의 접근 방식에 있다. 이슈를 좇기보다는 주류 언론의 사각지대를 파고들면서 이슈를 만들어 내고 의제 설정을 주도한다. 고정 방문자도 제한적이고 페이지뷰도 많지 않지만 존재감이 남다르다"며 다음과 같이 말했다.

"척박한 한국 언론 지형에서 3만 명 넘는 고정 후원 독자들이 모여 뉴스타파 같은 독립 언론을 만들 수 있다는 건 고무적인 현상이다. 뉴스타파는 성역과 금기를 깨는 탐사 보도에 집중하면서 강력한 브랜드를 구축했다. 뉴스타파 독자들은 신념에 가까운 강력한 팬덤을 형성하고 있다. 콘텐츠 유료화라고 부르긴 애매하지만 한국 언론 가운데 콘텐츠 자체로 독자적인 수익 기반을 마련한 건 뉴스타파가 최초라고 할 수 있다."

폴리널리스트 현상은 늘 직업윤리의 수준에서만 논의되었지만, 2016년 9월 28일부터 시행에 들어간 '부정 청탁 및 금품 등 수수의 금지에 관한 법률(김영란법)'은 기자의 일상이 영향을 미치는 규제력을 갖고 있었다. 2015년 3월 27일 제정된 이 법안은 2012년 김영란 당시 국민권익위원회 위원장이 공직사회 기강 확립을 위해 법안을 발의해 일명 '김영란법'으로 불리면서 사회 전 분야에 걸쳐 엄청난 논쟁과 논란을 불러일으켰다. 법안은 당초 공직자의 부정한 금품 수수를 막겠다는 취지로 제안되었지만 입법 과정에서 적용 대상이 언론인, 사립학교 교직원 등으로까지 확대되었다.

김영란법에 대해 언론계에선 "악의의 권력이 법을 이용해 언론인을 감시하며 재갈을 물리는 데 이용할 것"이라는 우려가 있었지만, 문제의식조차 없이 일상화되었던 접대·촌지 문화를 근절하는 계기가 될 것이라는 기대가 더 컸다. 양선희(2016)는 이 법은 홈쇼핑업체 종사자까지 언론에 포함시키지만 정작 우리나라 뉴스 유통의 중심부에 있는 네이버·다음과 같은 포털은 언론중재법상 언론사가 아니라는 이유로 포함하지 않는다는 문제가 있다고 지적했다. 김영란법 시행 이후 기자들은 취재원과 저녁 식사 대신 점심 약속, 식당 대신 찻집, 더치페이 등을 하는 변화가 두드러졌다.(전현석, 2016)

'박근혜·최순실 게이트'의 서막을 연 TV조선

2016년 7월 26일 TV조선은 "청 안종범 수석, 500억 모금 개입 의혹" 리포트를 내보냄으로써 이제 곧 불거질 '박근혜·최순실 게이트'의 서막을 열기 시작했다. 이런 내용이었다. "미르재단 설립 두 달 만에 대기업에서 500억 원 가까운 돈을 모았는데, 안종범 대통령 정책조정수석비서관이 모금 과정에 깊숙이 개입한 정황이 드러났다. 삼성, 현대, SK, LG, 롯데 등 자산 총액 5조 원 이상 16개 그룹 30개 기업이 미르재단에 돈을 냈는데, 설립 두 달 만에 486억 원을 모았다." TV조선은 7월 27일엔 "안 수석 말고도 미르재단에 영향력을 행사한 막후 실력자가 있었다. 현 정부 들어 문화계 황태자로 급부상한 CF감독 차은택"이라고 보도했으며, 8월 2일엔 "전경련이 중간에 나서 기업 돈을 모아준 곳은 미르뿐만이 아니었다. K스포츠라는 체육재단법인에도 380억 원 넘게 거둬준 것으로 확인됐다"고 보도했다.(정철운, 2016)

이후 50일간 잠잠하더니, 9월 20일 최순실이란 이름이 처음 언론에 등장했다. 『한겨레』는 9월 20일 1면 기사에서 입소문으로 떠돌던 박 대통령의 '비선 실세' 최순실을 현실의 영역으로 끌어냈다. 『한겨레』의 특종엔 TV조선의 덕이 컸다. 김의겸은 "TV조선 덕분에 특종이 가능하게 됐다"면서 "TV조선도 배후에 최순실이 있다는 걸 알고 있었던 것 같다"고 말했다.(이정환, 2016. 11. 12)

김의겸은 『한겨레』(2016. 9. 29)에 쓴 「조선일보 방상훈 사장님께」라는 제목의 칼럼에서 "취재를 하면 할수록 조선의 보도가 훌륭하다는 걸 깨닫게 됐습니다. 취재 그물은 호수를 다 덮도록 넓게 쳤는데도 그물코는 피라미 한 마리 빠져나갈 틈 없이 촘촘했습니다. 7월 27일이 첫 보도인데 이미 4월부터 취재에 들어갔더군요. 재단의 어느 관계자는 저희 기자를 보자마자 버럭 화를 내며 도망치기도 했습니다. 조선 기자들이 얼마나 집요하게 달라붙었으면 그랬겠습니까"라면서 다음과 같이 말했다.

"그런데 언제부턴가 조선이 침묵하기 시작했습니다. 송희영 주필 사건 이후 처신하기가 어려워졌겠죠. 게다가 내년 3월에는 종편 재허가를 받아야 하니 청와대의 눈치를 볼 수밖에 없을 겁니다. 하지만 못내 아쉬운 건 조선이 취재해놓고 내보내지 못한 내용입니다. 저희가 조선의 뒤를 좇다보니 '잃어버린 고리'가 두세 개 존재한다는 걸 알게 됐습니다. 사건의 전체 모자이크를 끼워 맞출 수 있는 '결정타'들이죠. 조선이 물증을 확보한 듯한데 보도는 실종됐습니다. 기사는 언제 햇빛을 보게 될까요. 나중에 박근혜 대통령이 힘 빠졌을 때라면 가치가 있을까요?"

이후 어떤 일이 벌어졌던가? 정철운(2016)은 SBS PD 김형민이 10월 7일 제안한 '#그런데 최순실은?' 해시태그 붙이기 운동에 의미를 부여했다. 그때는 『한겨레』와 『경향신문』 등 일부 매체만 적극적으로 최순실 보도를 이어가고 있었는데, 그의 제안은 인터넷 여론을 더욱 들끓게 만들었고 이런 민심의 변화는 미적거리던 다른 언론들의 태도 변화를 이끌었다는 것이다.

JTBC '최순실 태블릿PC' 특종 보도의 충격

10월 중순경부터는 JTBC가 본격적으로 국정 농단 사건의 실체를 파헤치기 시작했다. 위험을 감지한 박근혜는 10월 24일 오전 국회 시정연설에 등장해 매우 뜬금없이 개헌을 하겠다고 발표했다. 모든 이슈를 빨아들이는 개헌 논의를 통해 최순실 국정 농단 프레임을 무력화시키려는 의도였다. 실제로 이날 KBS와 MBC 메인 뉴스는 개헌 리포트로 가득했다. 다른 언론사도 사정은 비슷했다.

그러나 이날 저녁 흐름은 완전히 뒤바뀌었으며 국민적 분노가 폭발하기 시작한 사건이 벌어졌으니, 그건 바로 최순실이 박근혜의 연설문을 미리 받아보고 첨삭했다는 사실을 밝힌 JTBC의 '최순실 태블릿PC' 특종 보도였다. JTBC는 "박근혜 정부의 국정 철학이 가장 잘 녹아 있다고 평가받는 2014년 3월 독일 드레스덴 연설문을 최순실 씨가 하루 전에 받아본 것으로 확인됐다"고 보도했다. 비선 실세 국정 농단의 '명백한' 물증이 나타난 첫 장면이었다. JTBC는 "2012년 12월 31일 공개된 박 대통령 당선 첫 신년사도 최씨는 공식적으로 공개되기 하루 전에 받아본 것으로 드러났다"며 "최씨에게 건네진 연설문은 최씨를 거친 뒤에 내용이 달라지는 경우가 대부분이었다"고 보도했다.

수많은 사람들을 경악시킨 JTBC의 '최순실 태블릿PC' 특종 보도는 어떤 사람들에겐 감동으로 다가왔다. 이날 밤 10시 35분 정청래 전 의원은 자신의 트위터에 "나는 그동안 종편 출연을 거부해왔다. 출생의 비밀과 편향성에 들러리 서서 그들의 정통성에 면죄부를 주고 싶지 않았다. 그러나 요즘 JTBC의 보도는 언론으로서 사명을 다하고 있다. JTBC의 출연 요청이 있으면 이제 응하겠다. 수고 많다"고 글을 남겼다(정청래의 JTBC 출연은 2017년 1월 19일 〈썰전〉을 통해 이루어졌다).

JTBC의 '최순실 태블릿PC' 특종 보도 다음 날인 25일 아침 박근혜는 국민 앞에 고개를 숙이고 사과하지 않을 수 없었으며, 개헌 이야기는 하루도 안 되어 자취를 감추고 말았다. 하나씩 낱낱이 드러나기 시작한 '박근혜 게이트'에 분노한 민심이 10월 29일 3만 명이 모인 광화문 광장의 촛불 집회로 폭발하기 시작한 가운데, 10월 30일 독일에서 귀국한 최순실은 다음 날인 10월 31일 검찰에 출석했고 당일 심야에 긴급체포되었다.

JTBC 〈뉴스룸〉은 10월 31일 시청률 8.784퍼센트를 기록하며 자체 최고 시청률을 또 갱신하면서 지상파 메인 뉴스들을 여유 있게 앞질렀다. MBC와 SBS 보도국은 JTBC의 달라진 위상에 위기감이 고조되었다. SBS 기자들 사이에선 "눈뜨고 물먹고 있는 상황에 마음이 아프다", "JTBC 이겨보자"는 말이 나오고 있었고 MBC 기자들은 박근혜 하야 요구 집회 현장에서 쫓겨나고 있었다.(정철운, 2016. 11. 1)

"드라마보다 뉴스가 더 재미있다"

2016년 11월 2일 '박근혜·최순실 게이트'에 한없이 무기력한 MBC 보도에 대한 MBC기자협회장의 '반성문'을 시작으로 MBC 기자들의 성명이 연달아 터져 나왔다. 시사제작국 기자 강연섭은 「이러려고 기자 된 게 아닙니다」라는 제목의 글에서 "뉴스가 드라마보다 더 재미있다는 지금, 하지만 MBC 뉴스에 대해 사람들은 시청률 3%로 대답했다. 볼 게 없다는 것"이라며 "MBC 기자라는 사실이 시대의 죄인이 된 기분"이라고 자조했다. 사회2부 기자 박주린은 「시청자들이 묻고 있습니다」라는 제목의 글을 올려 "기자들이 거리에서 봉변을 당하며 쫓겨나고 전례 없이 시청자들의 외면을 받는 지금의 상황에 대해 보도 책임자는 권한에 걸맞은 책임을 져야 한다"고 촉구했다. (강성원, 2016)

11월 4일 한국갤럽 조사에서 박근혜의 지지도는 5퍼센트로 곤두박질쳤다. 11월 6일 최순실과 공모해 대기업들로부터 800억 원 상당의 미르·K스포츠재단 출연금을 강제 모금한 혐의(직권남용권리행사방해) 등으로 안종범 전 청와대 정책조정수석, 청와대 내부 문건 유출 혐의(공무상 비밀누설)로 정호성 전 부속비서관이 구속 수감되었다. 11월 11일 최순실의 최측근으로 '문화계 황태자'로 군림하던 차은택이 강요 및 직권남용, 횡령, 알선수재 등의 혐의로 구속되었다.

11월 12일 3차 촛불 집회엔 처음으로 100만 명이 넘는 사람이 모였다. 이 촛불 집회에서 시민들은 JTBC 차량이 지나갈 때마다 박수와 환호를 보내며 열광했다. 태블릿PC 특종 이후 "차라리 수신료를 모아서 JTBC에게 넘겨주자"라는 댓글들이 여기저기서 나타났으며, "지금 JTBC 기자들은 '한국 언론의 영웅'으로 대접받고 있다"는 말까지 나왔다.(배명복, 2016)

정두언 전 새누리당 의원은 11월 21일 라디오 인터뷰에서 이렇게 말했다. "단재 신채호 선생이 묘청의 서경 천도 실패를 '조선 역사

일천 년 이래 일대 사건'이라고 했다. 제가 볼 때는 그게 제2대 사건
으로 밀리는 것 같다. 최태민, 최순실, 박근혜 드라마는 앞으로 50년
후, 100년 후, 1000년 후, 2000년 후 계속 연속극 드라마의 주제가 될
것이다."(이충형, 2016)

　그렇게까지 멀리 갈 필요는 없었다. '박근혜 · 최순실 게이트'는
JTBC의 선전을 넘어 '드라마보다 재미있는 뉴스의 시대'를 열어젖
혔으니 말이다. 아니 뉴스가 드라마였다. 『경향신문』(2016. 11. 25)은
사설을 통해 "자고 나면 또 무슨 일이 터질까 겁이 난다. 대한민국의
현실은 영화나 드라마에서나 있을 법한 일들이 매일 일어나는 '막장
극'이나 다름없다"고 했다. 하루에 드라마를 10편씩 보는 '드라마 열
혈팬'마저 '드라마보다 뉴스가 더 재미있다'며 드라마를 끊고 뉴스에
중독되는 일까지 벌어졌다.(김지훈 · 박수진, 2016)

조갑제의 '조중동은 보수의 배신자' 선언

2016년 11월 17일 국회는 '박근혜 정부의 최순실 등 민간인에 의한
국정 농단 의혹 사건 규명을 위한 특별검사의 임명 등에 대한 법률
안'을 재석 의원 220명 중 찬성 196명, 반대 10명, 기권 14명으로 통
과시켰다. 12월 5일 시작된 국회 청문회는 '박근혜 · 최순실 게이트'
에 대한 국민적 분노를 키웠다(청문회는 총 7차례에 걸쳐 열렸으며, 국조
특위 활동은 2017년 1월 15일 종료된다). 박근혜의 지지율은 4퍼센트로
떨어지고 국민의 80퍼센트가 탄핵을 지지하기에 이르렀다.

　12월 9일 박근혜 대통령에 대한 탄핵 소추안이 상정되었다. 박 대

통령이 '대통령의 권력을 남용하여 국가의 권력과 정책을 최순실 등의 사익 추구 도구로 전락하게 함'으로써 국민주권주의(헌법 제1조)와 대의민주주의(헌법 제67조 제1항)의 본질을 훼손하는 등 헌법 위배행위를 한 것을 비롯해 '제3자 뇌물죄'와 세월호 참사 부실 대응이 탄핵 사유로 적시되었다.

여당인 새누리당은 반발하지 않았다. 차분히 투표가 진행되었다. 4시 10분. 정세균 국회의장은 "박근혜 대통령 탄핵 소추안이 가결됐다"고 밝혔다. 299명의 국회의원 중 234명이 박근혜 탄핵에 찬성표를 던졌다. 표결에 참여한 야당 의원 172명이 모두 찬성했다고 가정해도 새누리당 의원 중 최소한 62명이 찬성표를 던진 셈이었다. 박근혜는 2016년 12월 9일 오후 7시 3분 국가원수이자 행정부 수반으로서 모든 권한 행사가 공식 중단되면서 언제 끝날지 모를 관저 생활을 시작했다.

'애국 보수' 세력이 조중동을 싸워야 할 적으로 규정하는 희한한 일이 벌어졌다. 12월 12일 조갑제닷컴 대표 조갑제(2016)는 「친박은 '보수의 적敵' 조중동과 싸워야 살 길이 열린다!」라는 제목의 칼럼에서 "조중동은 박근혜 대통령을 동네북으로 삼아 한국 언론 사상 최악의 조작, 은폐, 왜곡의 기록을 세우고 있다"며 "조중동은 보수의 배신자일 뿐 아니라 저널리즘의 배신자이다"고 주장했다.

12월 17일 열린 친박 극우 단체의 탄핵 반대 집회에서도 "제이티비시 물러가라, 채널에이 물러가라, 『동아일보』 물러가라, 『중앙일보』, 티비조선 물러가라"는 구호가 외쳐졌다. '애국 보수' 세력은 JTBC를 최고의 적으로 여겼지만, 여론조사 기관 한국갤럽이 12월 13일부터

15일까지 전국 성인 1,004명에게 '어느 방송사 뉴스를 즐겨보는지' 물은 결과 응답자 중 45퍼센트가 JTBC를 선호한다고 밝혔다.

12월 21일 언론노조 YTN지부 조합원 150여 명은 상암 롯데시네마 1관에서 영화 〈7년 그들이 없는 언론〉을 시사試寫하며 해직 3,000일을 함께 맞았다. 이날 8년째 해직기자 신분인 노종면의 딸 해민은 영화관 현장에서 아빠에게 8년의 마음을 담은 편지 한 장을 낭독했다. 흘러내리는 눈물에 쉽게 말을 잇지 못하는 해민이의 모습과 아빠에게 전하는 편지 내용에 관객석에 앉아 있던 조합원들도 훌쩍였다.(김도연, 2016)

12월 21일 박영수 특검이 현판식을 열고 대대적인 수사에 착수했다. 12월 27일 비박계 의원 29명이 집단 탈당을 선언함에 따라 새누리당 의석수는 128석에서 100석 미만의 두 자릿수가 되었다(탈당파는 2017년 1월 24일 바른정당을 창당하며, 잔존 새누리당은 2017년 2월 13일에 당명을 자유한국당으로 변경한다).

'대통령 박근혜 파면', 1,600만 촛불 집회 종료

운명의 2017년 3월 10일! 오전 11시에 시작한 헌법재판소의 탄핵 심판 선고는 22분 만에 "대통령을 파면한다"는 주문主文(결론)으로 끝났다. 8인 재판관 만장일치의 결과였다. 헌재는 이날 선고에서 국회가 제출한 탄핵 소추 사유 13개를 4개로 묶었고 이 가운데 '사인의 국정 개입 허용과 대통령 권한 남용 여부'만을 파면의 근거로 인정했다. 나머지 '공무원 임면권 남용', '언론의 자유 침해', '생명권 보호 의무 등 위반'은 인정하지 않았다.

　오전 11시 25분께 헌법재판소의 탄핵 인용 결정이 전해지자 현장에서 결과를 기다리던 탄핵 반대 집회 현장은 충격에 빠져 일부 참가자들은 오열하며 쓰러지기도 했다. 단상 앞에서는 취재진과 집회 참가자들이 뒤엉켜 몸싸움이 벌어졌다. 탄핵 반대 집회(태극기집회) 측이 참가자들에게 '헌재 쪽으로 돌진하자'고 선동하면서 (최종적으로) 3명이 숨지고 부상자가 속출했다. 기자에 대한 무차별 폭행도 일어났다.

　반면 '탄핵 찬성 촛불 집회' 참가자들은 일제히 환호성을 질렀으며, 곳곳에서 폭죽이 터지고 꽹과리 소리가 울렸다. 일부 참가자들은 눈물을 흘리며 옆 사람과 얼싸안고 "고생했다", "애썼다"는 말을 주고받았다. '촛불 항쟁 승리 선언문'을 낭독한 참가자들은 청와대를 향해 축하 퍼레이드를 시작했다. 푸른색 수의囚衣를 입고 손목에 포승을 한 '박근혜 대통령 인형'이 그 뒤를 따랐다.

　여론조사 기관 리얼미터가 엠비엔MBN과 『매일경제』의 의뢰로 헌재 결정 직후 전국 19세 이상 1,008명을 대상으로 조사한 결과, 헌재의 '대통령 박근혜 탄핵 소추안 인용'을 어떻게 보느냐는 질문에 86.0퍼센트가 "잘했다"고 응답했다. 헌재의 탄핵 결정을 "잘못했다"고 응답한 이는 12.0퍼센트였다. 헌재의 결정에 '승복하겠다'는 응답은 92.0퍼센트, '승복할 수 없다'는 의견은 6.0퍼센트에 그쳤다.

　2017년 3월 11일 오후 서울 광화문광장에선 65만 명(주최 측 추산)의 시민들이 박근혜 전 대통령 파면 소식을 반기는 마지막 촛불을 밝혔다. 박근혜의 퇴진을 요구하며 2016년 10월 29일부터 시작한 촛불 집회가 134일 만에 대단원의 막을 내린 것이다. 4개월간 20여 차례의 집회가 진행되는 동안 연인원 1,600만 명이 참여한 촛불 집회는 국민이 하나로 뭉치면 못할 것이 없다는 자신감을 안겨줬다.

2017년 3월 23일, 세월호가 침몰한 지 1,073일, 인양 추진 702일 만에 세월호의 누렇게 녹슨 처참한 모습이 물 위로 나왔다. 3월 31일 오전 4시 45분 박근혜는 서울구치소에 구속 수감되었으며, 2시간여 후인 오전 7시 세월호를 실은 반잠수식 선박 화이트마린호가 동거차도 인근 해역에서 목포신항을 향해 출항했다. 네티즌들은 "박근혜가 구속되는 날 세월호가 돌아오는구나. 씁쓸하고 슬프다"고 했다.

제17장

문재인 정권기의 언론

방송계 '적폐 청산' 갈등

2017년 5월 9일 치러진 제19대 대통령 선거에서 더불어민주당 후보 문재인이 41.08퍼센트의 득표율로 대통령에 당선되었다(홍준표 24.03퍼센트, 안철수 21.41퍼센트, 유승민 6.76퍼센트, 심상정 6.17퍼센트). 박근혜의 탄핵으로 인한 조기 선거였기 때문에, 문재인은 투표 집계가 최종 완료된 5월 10일 오전 8시 6분 중앙선거관리위원회에서 대통령 당선자 선언과 동시에 대통령이 되었다. 그는 대통령 취임사에서 이렇게 말했다. "문재인과 더불어민주당 정부에서 기회는 평등할 것입니다. 과정은 공정할 것입니다. 결과는 정의로울 것입니다."

문재인은 이미 2016년 12월 16일 암투병 중인 이용마 MBC 해직 기자를 만난 자리에서 "언론 탄압에 앞장섰던 앞잡이들에게 철저히 책임을 묻고 진상을 규명해야 한다.…… 촛불 민심에는 언론 탄압 세력에 대한 청산 요구도 담겨 있다"며 이른바 '언론 적폐 청산'에 단호한 의지를 드러냈었다.

2017년 6월 8일 민주당 홍익표 정책위 수석부의장이 MBC 파업 사태에 책임이 있다는 이유로 김장겸 MBC 사장의 자진 사퇴를 요구했고, 9일 민주당이 대변인 논평을 통해 비슷한 이유로 고대영 KBS 사장 사퇴를 요구했다. 이에 『조선일보』(2017. 6. 10)는 사설을 통해 "이제 방송 장악에 성공하면 KBS와 MBC는 새 정권을 위한 어용 방송이 될 것이다"며 "이런 행태는 전前 정권과 뭐가 다른가"라고 물었다.

인제대학교 신문방송학과 교수 김창룡(2017)은 「'이명박근혜' 방송 장악 때 『조선일보』는 무엇을 했나」는 칼럼에서 "정치권력이 만든 적폐는 부득이 정치권력이 나서서 해결하는 것이 결자해지結者解之"라고 반박했다. 『경향신문』(2017. 6. 14)도 「권력에 굴종했던 공영방송, 이대로 둘 수는 없다」는 제목의 사설에서 "박근혜 정부에서 '방송 농단'을 자행한 공영방송 경영진은 스스로 물러나는 게 옳다. 그게 방송의 독립성과 공공성을 무너뜨리고, 수많은 기자·PD들을 내쫓은 폭거를 속죄하는 유일한 길이다"고 했다.

2017년 8월 4일 공정 방송과 복직 투쟁을 9년 동안 벌여온 YTN 해직기자 노종면·조승호·현덕수의 복직 협상 타결 소식이 발표되었고, 8월 24일 '이명박근혜 정권' 9년 동안 공영방송이 어떻게 망가졌는지를 다룬 MBC 해직 PD이자 뉴스타파 PD인 최승호의 다큐멘터리 영화 〈공범자들〉이 개봉 8일 만에 관객 10만 명을 끌어모았다.

『미디어오늘』이 여론조사 전문기관 (주)에스티아이에 의뢰해 8월

25일부터 26일까지 이틀에 걸쳐 전국 만 19세 이상 성인 남녀 1,000명을 대상으로 진행한 여론조사 결과, MBC · KBS 구성원들의 사장 사퇴 요구에 대해 '찬성한다'는 응답이 60.3퍼센트로 '반대한다'는 응답(19.6퍼센트)보다 3배 이상 많았다(잘 모르겠다 20.2퍼센트).

2017년 12월 7일 수개월간에 걸친 투쟁과 우여곡절 끝에 MBC 대주주인 방송문화진흥회가 최승호를 MBC 사장으로 선임하기로 의결했다. 이로써 최승호는 해직 1,997일 만에, 사장으로 '복직'을 이룬 셈이 되었다. 이에 『조선일보』(2017. 12. 8)는 「장악 끝난 MBC」라는 제목의 사설에서 "역대 정권 대부분이 공영방송을 장악하려고 했다. 하지만 이렇게 노골적인 것은 본 적이 없다"고 했지만, 이후 방송계의 적폐 청산은 여론의 지지를 업고 지속되었다.

'가짜뉴스' 논란과 '팩트체크'

19대 대선에서 새롭게 눈에 띈 건 '가짜뉴스fake news' 현상이었다. 2016년 미국 대선에서 극성을 부렸던 가짜뉴스가 한국 대선에서도 논란의 중심이 된 것이다. 중앙선거관리위원회의 발표를 보면, 19대 대선을 앞두고 나온 '가짜뉴스'가 4년 전 18대 대선 때보다 5배 이상 늘어난 것으로 조사되었다. 언론의 기사 외에도 SNS 등 새로운 정보를 접할 통로가 많아져 사람들이 언론사의 기사에 의존하는 정도가 과거에 비해 매우 낮아진 것이 주요 원인으로 지목되었다.(정민영, 2017)

가짜뉴스가 크게 늘면서 '팩트체크'가 언론계의 관행으로 자리 잡게 되었다. JTBC 대선 자문단 8만 8,000명을 대상으로 한 심층 설문

조사에 따르면 '후보 선택을 할 때 어떤 점을 가장 많이 고려했느냐'는 질문에 응답자의 39.9퍼센트가 '팩트체크 등 언론 보도'라고 답할 정도였다. 『미디어오늘』은 "19대 대선은 '팩트체크 대선'이라고 해도 과언이 아니었다"며 "그러나 '팩트체크'는 만능이 아니다"고 했다. "의혹이 불거지면 '사실'과 '거짓'으로 단정하기 힘든 경우가 적지 않으며 통계의 경우 '대상'과 '기간'을 어떻게 설정하느냐에 따라 상반된 결과가 나오기도 한다. 근본적으로 '누구의 발언을 팩트체크할 것이냐'부터 주관이 개입될 수밖에 없다. 검증은 필요하지만 한 언론사의 팩트체크를 신봉해서는 안 되는 이유다."(금준경, 2017. 5. 11)

2018년 1월 방송통신위원회는 가짜뉴스로 인한 사회적 비용이 커지고 있다며 2018년 업무보고에서 언론계·학계·연구기관 등을 중심으로 한 민간 팩트체크 기능을 활성화해 이들이 가짜뉴스로 판별하면 네이버 등 포털 사업자가 '논란disputed' 표시를 붙이도록 하겠다는 대응책을 내놓았다. 또 방통위로부터 권한을 부여받은 민간 단체가 특정 기사에 대해 가짜뉴스라는 의미의 '논란' 딱지를 붙이면 네이버 등 인터넷 사업자는 해당 콘텐트에 대한 광고 수익 배분을 제한하도록 유도하기로 했다. 이에 『중앙일보』(2018. 1. 31)는 사설을 통해 가짜뉴스 판별이 쉽지 않으며, 정부가 포털을 통한 공식적인 언론 간섭의 통로를 확보해 사실상 검열 기능을 수행할 수도 있다는 점을 들어 사회적 숙의 과정을 거칠 것을 요청했다.

2018년 4월 더불어민주당 의원 박광온이 발의한 '가짜정보 유통 방지에 관한 법률안'은 언론사가 유통한 정보 중 정정 보도 등을 통해 그 내용이 사실이 아니라고 인정한 정보를 가짜정보로 규정했다.

한국신문협회는 법안에 대한 협회 의견에서 "게이트 키핑 등 중층적인 확인 절차를 거쳐 생산한 언론사의 기사는 비록 오보라 할지라도 SNS 등에서 출처나 근거 없이 떠도는 가짜뉴스와는 분명히 구별된다"며 "오보 및 오보의 정정 과정 또한 엄연한 '저널리즘적 기록'으로서 언론 현상의 한 축을 구성하고 있다"고 밝혔다.

가짜뉴스의 인기엔 반지성주의도 적잖이 작용했으며, 여기엔 신뢰와 권위를 외면해온 언론의 책임도 컸다. 2018년 5월 미디어스타트업 개발자 이준행(2018)은 "어뷰징 기사(낚시성 기사)로 트래픽을 끌어오는 것이 한국 언론의 당면 과제였고 뉴스의 질은 위키의 엉망진창 글보다 더 형편없어졌으며, 결국 언론의 기사는 위키와 유튜브 가짜뉴스, 온라인 카페 글에 자리를 내주고 말았다"며 이렇게 말했다. "어느 날인가 음모론과 가짜뉴스가 판치는 커뮤니티 글이 '공을 들인 뉴스'와 뒤섞여선 안 된다고 지적했더니, 누군가 내게 '커뮤니티 글에 비해 언론사 뉴스가 특권을 얻어 우대받아야 할 이유가 뭐가 있느냐?'고 되물었다. 지금 한국 언론이 처한 처지가 이렇다."

'가짜뉴스'라는 용어의 혼란

'가짜뉴스'라는 용어를 둘러싼 혼란도 가세했다. 2018년 8월 연세대학교 커뮤니케이션대학원 교수 윤태진(2018)은 "가짜뉴스fake news는 원래 특정 의도를 가지고 사실이나 사진·영상을 조작하여 만든, 기사는 아니지만 기사 형식을 갖춘 텍스트를 지칭한다. 비방이나 풍자가 목적일 때도 있고 단순히 이윤 창출을 위한 기만행위일 때도 있다. 권위 있는 언론사가 가짜뉴스를 생산하는 경우는 흔하지 않다. 그런데 현실적으로는 잘못된 사실관계가 포함된 기사, 낚시성 기사, 유언비어, 편향된 의견 기사 등을 묶어 몽땅 가짜뉴스라 부르곤 한다"며 다음과 같이 말했다.

"'가짜뉴스'는 '(질적으로) 나쁜 뉴스'의 수사적 표현이 되어버렸다. 굳이 구별하려 하지 않거나, 어쩌면 알면서도 의도적으로 혼용한다. 문제는, 덜 나쁜 뉴스와 아주 나쁜 뉴스, 뉴스를 가장한 기만, 심지어 그냥 마음에 안 드는 뉴스들을 모두 '가짜 뉴스'라는 모호한 개념으로 퉁치다보니 언론 전반의 신뢰도는 급격하게 하락하고 '좋은(잘 만든) 뉴스'에 대한 판단 기준도 흔들린다는 점이다. '나쁜 뉴스'가 지난 몇 년 새 갑자기 생긴 것 같은 착시감마저 주게 된다. 나쁜 뉴스를 가짜뉴스라 부르는 바람에 언론의 진짜 위기는 가려진다."

2018년 9월 27일 『한겨레』는 「동성애·난민 혐오 '가짜뉴스 공장'의 이름, 에스더」란 기사에서 에스더기도운동이라는 한 기독교 운동 단체가 동성애 반대, 인권조례 폐지, 차별금지법 반대 등과 관련한 내용물을 유튜브와 카카오톡에서 조직적으로 퍼뜨렸으며, 난민에 대한 증오 발언과 동성애 혐오 담론을 전파한 경로도 자세히 밝혔다. 이어 『한겨레』는 「유튜브 극우 채널이 '노회찬 타살설' 만들고 키웠다」(9월 28일), 「에스더, 2012년 대선 때 '문재인 후보 가짜뉴스' 전파」(10월 1일) 등의 기사를 통해 가짜뉴스에 대한 문제의식을 환기시켰다.

이 연속보도 직후 국무총리와 법무부장관이 가짜뉴스를 잡겠다고 나섰지만, 서울대학교 언론정보학과 교수 이준웅은 "가짜뉴스가 언론 영역으로서 기사 품질의 문제라면 언론인끼리 사실 검증 보도를 하고 비판이나 논평으로 해결하면 된다. 만약 카카오톡 대화방이나 유튜브 등에서 자발적으로 의견을 개진하는 시민사회의 영역이라면 이것은 더욱 정부가 개입할 일이 아니"라며 "시민들의 무지든 개인과 집단의 욕망이든 그런 의견을 퍼트리는 행위가 나쁘다는 것을 누가 검증하고 입증할 수 있나. 정부가 가짜뉴스라는 가짜 이름을 붙여 헛발질을 하고 있다"고 지적했다.(강아영, 2018)

『한겨레』탐사에디터 이재성(2018)은 "탐사 기획기사「가짜뉴스의 뿌리를 찾아서」를 쓴 부서의 책임자로서 요즘 마음이 편치 않다"며 이렇게 말했다. "에스더기도운동 등의 소송 운운 때문이 아니다. 일방적이고 퇴행적인 정부의 대응이 사태 해결을 그르칠까 걱정돼서다. 몇 달이 걸려도 답을 내기 쉽지 않은 복잡하고 난해한 문제에 대해 너무나 손쉽게 대책을 내놓는 그 용감함이 두렵다.……정부와 여당은 서둘지 말고 외국 사례를 꼼꼼히 검토하면서 장기적인 대책을 마련해주길 바란다."

"포털의 시대가 지고, 유튜브 시대가 오고 있다"

2018년 들어 "포털의 시대가 지고, 유튜브 시대가 오고 있다"는 말이 나오기 시작했다. 2017년 한 해 동안 네이버 PC에서 가장 많이 입력된 검색어를 집계한 결과 '유튜브'가 1위에 오를 정도였으며, 심지어 유튜브가 잘못 표기된 '유투브'도 18위를 차지했다. 모바일에서도 '유튜브'가 '날씨'에 이어 최다 검색어 2위를 차지했다. 특히 10~20대를 중심으로 동영상 감상뿐만 아니라 모든 정보 검색을 유튜브에서 하는 경향이 강해졌다. 이들은 주로 유튜브에서 요리법이나 화장법, 드론 조종법 같은 하우투HOW TO 영상을 찾는 행태를 보였다.

앱 조사기관 국내 안드로이드폰 사용자들을 표본 조사한 결과 유튜브 사용 시간은 2년 새 3배 이상 늘었다. 유튜브의 월 총 사용 시간은 2016년 3월 79억 분으로 당시 카카오톡(189억 분)이나 네이버(109억 분)보다 적었으나 2018년 2월에는 257억 분으로 압도적 1위를 차지했다. 카카오톡과 네이버, 페이스북은 2년 전과 비교해 큰 변화가 없거나 소폭 하락했다. 닐슨코리아의 '모바일 이용 행태 데이터'를 봐도 2017년 12월 동영상·방송 분야 모바일 앱에서 유튜브의 시간 점유율은 70.6퍼센트에 달했다.(주영재, 2018)

유튜브의 인기가 치솟으면서 유튜브가 가짜뉴스와 악의적인 동영상 제작을 부추기고 있다는 지적이 나오기 시작했다. 유튜브는 국내 기업들의 광고를 수주해 동영상에 무작위로 붙이고 광고 수익을 동영상 조회 수에 따라 동영상 제작자에게 나눠주는데, 조회 한 건에 0.7~1원 정도로 알려졌다. 클릭 수를 늘리기 위해 일부 생계형 유튜버들은 정치인이나 연예인에 대한 명예훼손 동영상도 거리낌 없이 올리기도 했다. 이와 관련, 서울대학교 교수 한규섭은 "국내 기업 대부분은 어떤 동영상에 자사 브랜드가 노출됐는지 파악조차 못 하고 있을 것"이라며 "광고주들도 사회의 일원으로서 거짓 정보 유통에 도움을 주는 행위는 삼가야 한다"고 말했다.(성호철, 2018)

유튜브는 더 이상 젊은 세대만의 전유물이 아니었다. 앱 분석 업체 와이즈앱에 따르면 2018년 4월 기준 50대 이상의 유튜브 총 사용 시간은 51억 분에 달했다. 이는 10대(76억 분), 20대(53억 분)의 사용 시간보다 적지만 30대(42억 분), 40대(38억 분)보다는 많은 수치였다. 유튜브는 특히 보수 노인층에서 폭발적인 인기를 얻었다. 2018년 8월 『경향신문』 기자가 종로 일대를 돌며 만난 노인들에게 "유튜브를 이용하냐"고 물었더니 '그렇다'고 답한 60대 이상 노인 12명 중 9명은 "주로 정치 관련 영상을 시청한다"고 밝혔다. 이들 대부분은 '정규재TV', '신의 한수', '황장수의 뉴스브리핑' 등 보수·우파 유튜브를 시청했다. 정규재TV를 구독하고 있다는 박현석씨(72)는 "티비에는 나오지 않는 진짜 정보가 여기에 다 담겼다"며 "최근 방송이나 라디오가 전부 좌편향 돼서 볼 게 없었는데, 유튜브가 있어 얼마나 다행인지 모른다"고 말했다.

8월 7일 기준 구독자 수에서 진보 성향 방송인 김어준 『딴지일보』 총수의 딴지방송국과 김용민 시사평론가의 채널은 구독자 수가 7만 4,000명과 1만 9,000명 정도에 머무른 반면, 정규재TV와 신의 한수는 각각 22만 6,000명과 18만 2,000명이었다. 유튜브 통계 사이트인 소셜블레이드는 정규재TV는 월간 최대 2만 1,100달러(약 2,382만 원), 황장수의 뉴스브리핑은 월간 최대 4만 3,200달러(약 4,877만 원), 조갑제TV는 월간 최대 1만 4,600달러(약 1,648만 원)를 벌어들일 것으로 추정했다.(백철, 2018; 이유진, 2018)

알릴레오와 홍카콜라가 불붙인 '유튜브 혈전'

2018년 10월 1일 『한겨레』는 「민주주의 토대 흔드는 '가짜뉴스', 이

대론 안 된다」는 제목의 사설에서 "국내 이용자 1위의 플랫폼인 유튜브 채널은 기존의 페이스북 등과 달리 사실상 극우적인 선동과 가짜뉴스 유통의 온상이 되고 있는 상황이다"며 이렇게 말했다. "보수 성향의 정치 · 사회 분야 유튜브 채널들은 '노회찬 의원 타살설' 같은 가짜뉴스를 서로 추천하는 방식으로 확대재생산하며 지난 1년 새 급성장했다. 유튜브 구독자 수가 바로 수익으로 연결되다보니, 더 자극적이고 극단적인 주장들이 경쟁하게 된다."

'고성국TV'(구독자 수 11만 4,000명)의 고성국은 『중앙일보』(2018. 10. 27) 인터뷰에서 "유튜브가 보수의 진지가 됐다고들 말한다"는 고정애(2018)의 질문에 "이른바 좌파의 활동가들이 다 문화 권력이 돼 더 이상 '게릴라전'을 안 한다. 이명박 · 박근혜 때 '저항 언론' 활동했던 사람들이 지금은 지상파에서 고액의 출연료 받으면서 권력이 됐다"며 다음과 같이 말했다.

"나는 그런 거를 문화 권력이라고 생각한다. 게릴라를 안 하는 거다. 보수가 그들을 밀어냈다는 게 아니라 그들 스스로 저항 언론 활동을 중단한 것이다. 지금은 저항 언론이라고 한다면 보수가 그 역할을 할 수밖에 없다. 그게 유튜브 시대가 본격적으로 개막된 시기와 묘하게 일치하는 것이다. 유튜브 시대가 이명박 · 박근혜 정권에서 본격적으로 시작됐다면 좌파의 활동가들이 유튜브를 장악했을 거다. 그 당시엔 유튜브가 없으니 팟캐스트를 한 것이다."

야당 정치인까지 유튜브에 본격적으로 뛰어들었는데, 그 선두 주자는 자유한국당 전 대표 홍준표였다. 2019년 1월 1일 그는 자신이 개설한 유튜브 채널 'TV 홍카콜라'(2018년 12월 18일 개국) 하루 조회

수가 공중파 TV 방송을 넘어섰다고 홍분했다. 그는 "새해 첫날 1일 조회 수가 처음으로 50만을 돌파, 공중파 KBS · SBS · MBC 각 조회 수를 훌쩍 넘었다"라며 "1일 조회 수 100만이 되면 공중파 3사 조회 수 합계를 넘어선다"고 자랑했다.

이에 "(보수 우파의) 혹세무민 보도 일주일에 한 번 정리하겠다"며 사실상 선전포고를 하고 나선 노무현재단 이사장 유시민은 1월 5일 부터 '유시민의 알릴레오'를 시작했다. 알릴레오 구독자는 7일 기준 50만 명(기존 노무현재단 9만 명 포함)을 넘어 홍카콜라(22만 명)를 크게 앞질렀다. 이런 대결 양상을 가리켜 『중앙일보』는 "알릴레오와 홍카 콜라가 불붙인 '유튜브 혈전' 좌우충돌"이라고 했다.(장세정, 2019)

이에 정치적 담론이 유튜브로 집중되는 한국적 상황에 대한 우려 의 목소리가 나오기 시작했다. 정치적 토론에 유튜브가 적합하지 않 다는 이유에서였다. 서울대학교 정치외교학부 교수 박원호(2019)는 "걱정스러운 대목은 인간의 확증 편향과 그것을 이용하도록 만들어 져 있는 유튜브의 유인 구조이다. 인간은 자신들의 신념이나 생각을 늘 재확인하려 하는 경향이 있고, 내 콘텐츠가 선택될 가능성을 높이 기 위해 필요한 일은 설득과 입증보다는 나와 동일한 의견을 지닌 이 들을 대상으로 '화끈한' 목소리를 내는 일일 것이다"며 다음과 같이 말했다.

"'보수 채널'과 '진보 채널'은 상대에 대한 토론보다는 '자기편'에 대한 동원과 강화를 목적으로 하는 것으로 보인다. 더욱 걱정스러운 것은 유튜브가 지닌 '강화 피드백positive feedback'이다. '보수' 동영상 을 1개 보면 같은 성향의 클립이 2개 추천되며, 머지않아 나의 채널은 온통 '보수' 동영상으로 도배가 될 터이다. 더 문제가 되는 대목은 이러한 모든 과정이 철저하게 계산된 수익 구조 위에서 움직인다는 사실이다. 구독자 수와 시청자 수, 시청 시간, 광고 클릭 등을 기준으로 연간 수십억 원을 유튜브로부터 벌어들이는 운영자가 있으며 이보다 훨씬 많은 수익은 구글의 몫이 될 것이다."

'알고리즘 독재'로 "IT기업이 '신'이 된 세상"

2018년 초 『경향신문』은 빅데이터, 알고리즘, 민주주의의 관계를 다룬 특집 기사에서 "인간은 데이터, IT기업이 '신'이 된 세상"이라고 했다.(임아영, 2018) 물론 IT기업은 그렇지 않다고 펄쩍 뛰곤 했다. 한국 IT기업의 거물인 네이버와 카카오는 사용자들이 두 회사의 서비스에 문제 제기를 하면 녹음기 틀듯 "검색 알고리즘이 그런 걸 어쩌라고"라는 식의 대답을 내놓곤 했다.(조형래, 2017)

알고리즘algorithm은 문제해결을 위한 공식, 단계적 절차, 또는 컴퓨터 프로그램을 가리키는 말이다. 네이버나 카카오 등 검색엔진이 제공하는 '연관 검색어 기능'은 이용자들이 입력한 검색어를 바탕으로 확률이 높은 다른 검색어를 추천하는 알고리즘 서비스의 하나이며, 구글의 검색 결과, 페이스북의 게시글 및 친구 추천 기능, 트위터의 트렌드 서비스 등은 모두 각각 고유한 알고리즘의 결과물이었다. 이와 관련, 황용석(2014)은 "이미 우리는 거대한 알고리즘의 체계 속에 살고 있으며 현대사회는 알고리즘에 의해 조합되는 사회라 부를 수 있다"고 말했다.

2016년 11월 '알고리즘과 저널리즘 세미나'에서 진민정은 "많은 뉴스 매체들이 알고리즘을 이용하고 있지만 검색엔진과 소셜미디어와 같은 디지털 정보 중개자의 알고리즘이 더 큰 영향을 미친다"고 지적했다. 페이스북에서 알고리즘 필터가 없을 때 진보 성향의 이용자가 보수적 정보를 이용하는 비율이 45퍼센트에 달했으나 알고리즘을 적용하니 24퍼센트까지 떨어졌다는 것이다. 토론에 참석한 언론사 패널들은 '포털의 뉴스 편집 알고리즘'을 집중적으로 비판하며 좋은 기사가 노출되지 않거나 자사 언론사 기사를 베낀 다른 언론사 기사가 노출되는 등 편집 행위가 공정하지 않다고 입을 모았다.(금준경, 2016)

2017년 11월 페이스북의 초대 사장 숀 파커Sean Parker가 페이스북을 비롯한 소셜네트워크서비스SNS의 인간 파괴적 경향을 강하게 비판하고 나섰다. 그는 "이용자는 SNS에 사진이나 포스트를 올리고 '좋아요'가 찍히는 것, 댓글이 달리는 것을 확인한다. 이런 행위는 일종의 뇌 신경물질인 '도파민'이 분출되게 만든다"고 말했다. 이용자들은 여기에 중독되어 자신의 시간과 정력을 털어 SNS에 더욱 많은 콘텐츠를 올리고, SNS 사업자는 거기서 수익을 올리게 된다는 것이다. 파커는 "SNS는 인간 심리의 취약성을 착취하는 것"이라고 단언했다.(김동표, 2017)

이렇듯 '알고리즘 독재the tyranny of algorithm'에 대한 우려가 높아지는 가운데 언론 분야에서 알고리즘에 의해 자동 생산되는 기사는 '로봇 저널리즘'으로 불리며 화제가 되었다. 미국 뉴욕대학 저널리즘 교수 미첼 스티븐스Mitchell Stephens는 "한국의 어느 기자는 하루에 기사를 일곱 개도 쓴다더라. 그게 로봇에게 일자리를 빼앗기는 가장 확실한 방법이다"고 꼬집었다.(박성제, 2017, 263) 로봇 저널리즘은 2017년 7월 현재 "단순 기사 업무를 거들어주는 정도"로 "분석, 해설기사를 쓰지 않는 기자들에게 위협이 될 것"이라는 평가를 받았지만,(금준경, 2017. 7. 14) 로봇의 위협이 그 수준에만 머물 것인지는 두고 봐야 할 일이었다.

"양치기 소년의 외침으로 끝나지 않을 '신문 소멸'"

2017년 3월 한국언론진흥재단이 발표한 '언론 수용자 의식조사'를 보면, 신문으로 뉴스를 보는 비율은 2011년만 하더라도 44.6퍼센트에 달했는데 이 조사에서는 20.9퍼센트로 반토막 났다. 하루 평균 매체별 뉴스 이용 시간도 종이 신문은 17.5분에서 6.5분으로 급감했다. 반면 하루 평균 PC인터넷으로 뉴스를 보는 시간은 2011년 23.1분에서 2016년 10.2분으로 줄어든 반면 모바일 인터넷은 6.8분에서 16.9분으로 늘어났다. 2011년 19.5퍼센트에 불과했던 모바일 뉴스 이용률은 2016년에는 70.9퍼센트까지 급증했으며, 세대별로 보면 20대 93.7퍼센트, 30대 93.3퍼센트, 40대 86.6퍼센트로 20~40세대의 모바일 뉴스 이용률은 90퍼센트대에 달했다.

2017년 5월 PR 전문매체인 더피알이 실시한 PR업계 설문조사에 따르면 '홍보 효과 측면에서 가장 영향력 있다고 생각하는 미디어'는 SNS(44.6퍼센트)로 나타났다. 이어 방송(35.5퍼센트), 포털(34.7퍼센트), 신문(19퍼센트), 뉴미디어(15.7퍼센트), 기타(4.1퍼센트) 순으로 나타났다. 더피알은 "그나마 PR인들이 선호하는 신문들도 『조선일보』·『중앙일보』 두 곳에 집중되는 양상을 보였다"고 지적했다.(금준경, 2017. 5. 22)

2017년 9월 닐슨코리아가 내놓은 '2017 뉴스 미디어 리포트' 결과는 더욱 놀라웠다. '한 달간 뉴스를 볼 때 이용한 매체'를 묻는 질문에 종이 신문만 본다고 답한 비율은 1퍼센트에 지나지 않았다. 디지털과 종이 신문 결합 이용자는 2퍼센트, TV와 종이 신문 결합 이용자는 8퍼센트였다.

한국언론진흥재단 조사에서 종이 신문 이용률은 2010년 52.6퍼센트에서 2017년 16.7퍼센트로 준 반면, 모바일 이용률은 같은 기간 31.3퍼센트에서 82.3퍼센트로 늘었다. 하루 이용 시간도 종이 신문은 감소(13분→4.9분)했지만, 모바일은 큰 폭으로 증가(16.1분→71.1분)했다. 20대의 하루 평균 신문 이용 시간은 1.1분에 불과했다. 그러나 신문 구독자가 줄었다고 해서 뉴스 소비 자체가 준 것은 아니었다. 신문과 인터넷(모바일 포함)을 합치면 하루 평균 뉴스 이용 시간이 2010년 28.5분에서 2017년 31.7분으로 외려 증가한 것으로 나타났다.

이런 상황에서 신문이 자구책의 하나로 시도한 건 '네이티브 광고 Native Advertising'였다. 네이티브 광고는 처음 등장했을 때는 "새 수익원인가 저널리즘의 '독'인가"라는 질문이 제기될 정도로 논란이 뜨거웠지만,(최원형, 2015) 점차 널리 수용되는 양상을 보였다. 미국에서는 『뉴욕타임스』, 『월스트리트저널』, 『워싱턴포스트』 등의 유력 언론사들이 독자적인 팀을 형성하고 네이티브 광고 개발과 유치에 몰두했다. 『중앙일보』, 『조선일보』, 『한겨레』, 『한국일보』, 『헤럴드경제』, 『아시아경제』 등 국내 언론사들도 네이티브 광고를 활발하게 진행했다.(최세정·문장호, 2017) 그러나 네이티브 광고는 하나의 새로운 수익 모델일 뿐, 그것이 신문의 위기에 대한 대안은 될 수 없었다.

2018년 12월 『한겨레』 디지털영상부문장 이종규(2018)는 "요 몇 년 새 부쩍 자주 사람들의 입에 오르내리는 '신문 소멸'이 양치기 소년의 외침으로 끝나지 않을 거라는 불안감마저 든다"며 이렇게 개탄했다. "인터넷 시대 초기, 푼돈에 눈이 멀어 포털에 뉴스를 헐값에 넘긴 건 자해 행위에 가까웠다. 포털에 곳간 열쇠와 '콘텐츠 주권'을 통째로 내준 꼴이었다. 온라인 광고 수익을 위한 저열한 트래픽 경쟁은 스스로를 파멸의 늪으로 빠져들게 했다. 일찌감치 디지털 유료 구독이나 멤버십 같은 독자 기반 수익 모델을 구축한 미국과 유럽 언론사와는 사뭇 다른 모습이었다."

'미투' 2차 가해를 양산한 언론 보도

2018년 1월 29일 창원지검 통영지청 검사 서지현은 검찰 내부 통신망에 '나는 소망합니다'라는 글을 올려 "2010년 10월 30일 한 장례식장에서 법무부 장관을 수행하고 온 당시 법무부 간부 안태근 검사로부터 강제추행을 당했다"고 밝혔다. 서지현은 글의 말미에 폭력 피해 경험을 폭로하는 캠페인인 '미투 해시태그'#MeToo를 달았다. 서지현은 이날 저녁 JTBC 〈뉴스룸〉에 출연해 글로 쓴 내용을 말로 전하면서 지난 8년간 괴로움과 자책감에 시달렸다며 성폭력 피해자들에게 "당신의 잘못이 아니다"라는 말을 하고 싶어 인터뷰에 응했다고 밝혔다. 한국판 '미투 혁명'이 점화된 역사적 순간이었다. 이후 여러 분야에서 성추문 폭로가 홍수처럼 쏟아져 나왔다.

3월 10일 중앙대학교 사회학과 교수 이나영(2018)은 미투 운동은 '미투 혁명'이며 "한 세기 이상 진행된 한국 여성해방 운동의 역사에서 가장 커다란 해일이 될 것"이라고 했다. "성 평등이 결핍된 민주주의를 이제야 완성하고자 하기에 '제2의 민주화 운동'이며, 일상 속 성차별 문화를 개혁하고자 아래로부터 분연히 일어난 '시민 혁명'이라고 할 수 있습니다." 그러나 이 '시민 혁명'의 의미를 제대로 실천하지 못한 언론 보도도 많았다. 4월 4일 『한겨레』는 성폭력 피해자들에 대한 2차 가해를 양산하는 언론 보도의 문제점을 지적하는 특집 기사를 게재했다. 무엇이 문제였던가?

「(성폭력) 피해자 ○○○씨는 누구? 관심 뜨거워」. 언론은 성폭력 피해를 밝힌 '미투' 증언이 실시간 인기 검색어에 오를 때마다 이러한 제목의 기사들을 쏟아냈다. 문제는 자극적 제목만이 아니었다. 기사에 피해자 사진을 첨부하고, 피해 사실을 적나라하게 묘사하기도 했다. 2차 가해 소지가 다분했던 이 기사들을 보면, 대체로 기사를 쓴 기자 이름이 적혀 있지 않았다. 온라인 독자를 언론사 사이트로 끌어들일 '클릭 수'를 늘리기 위해 빠르게 송고하는 이른바 '어뷰징' 기사였기 때문이다.

『한겨레』는 언론사에서 '어뷰징'에 참여한 이들 5명과 전화·서면 인터뷰를 통해 인권 침해적 보도가 반복되는 이유를 분석했다. '어뷰징'에 참여한 기자들은 고민할 틈이 없었다. 하루에 써내야 하는 기사는 적게는 5건에서 많게는 50건에 달했다. 이렇게 많은 기사를 직접 취재해서 쓸 수 없으니, '짜깁기', '베껴 쓰기'는 필수였다. 실시간 검색어에 오른 키워드를 넣어서, 여러 기사를 조합해 하나의 기사를 만들어내는 식이었다. 기자들은 포털 사이트에 일부 책임이 있다고 지적했다.(박준용, 2018)

미투를 평소의 페미니즘에 대한 적대감으로 대응한 네티즌들도 많았다. "이딴 개소리를 가래 뱉듯이 사방에 뿌려대는 PC충 꼴페미를 정신병원에 잡아 처넣어라." 인터넷에서 페미니즘을 옹호하는 기사만 떴다 하면 달리곤 하는 악성 댓글의 한 유형이었다. 'PC충'은 PC, 즉 '정치적 올바름Political Correctness'을 강조하는 사람을 비하하는 말로, 인기를 누리는 인터넷 유행어의 자리에 올랐다. PC는 다문화주의의 기치 아래 사회적 약자와 소수자에 대한 차별적 언어 사용이나 활동에 저항해 그걸 바로 잡으려는 운동의 철학을 가리키는 용어인데, 한국에선 꽃도 피우기 전에 격렬한 반발의 대상이 되어가고 있었다.(강준만, 2018)

넷플릭스, 지상파 위기론, 중간광고 논란

2018년 5월 방탄소년단BTS이 한국 가수 최초로 '빌보드 200'에서 1위를 차지함으로써 전 세계적인 'BTS 열풍'이 불기 시작했다. 한류 전문가인 서울대학교 교수 홍석경은 "방탄소년단은 청년세대의 존재조건을 대변하는 글로벌 아이콘이 되고 있다. 세계 속 '아미(방탄 팬클럽)'들이 한국 팬덤처럼 움직인다. 차원이 다른 진짜 한류가 시작됐다"고 평가했다. 『중앙일보』(2018. 5. 29)는 「한류 신천지 열어젖힌 방탄소년단의 쾌거」라는 제목의 사설에서 홍석경의 평가를 인용하면서 "방탄소년단BTS이 한국 대중음악의 역사를 새로 썼다"고 했다.

대중문화는 수출과 수입을 반복하기 마련이다. BTS는 수출된 반면, '넷플릭스Netflix'는 수입되었다. 2018년 11월 중순 전 세계 190여 개국, 1억 3,700만 명 이상이 사용하는 동영상 스트리밍(재생) 서비스 기업인 미국 넷플릭스의 한국 시장 진출이 본격화되었다. LG유플러스가 넷플릭스와 단독 파트너십 계약을 하고 인터넷TVIPTV인 U+tv를 통해 넷플릭스의 콘텐츠를 제공하면서 한국의 콘텐츠 시장을 흔들어 '갓플릭스'라는 말까지 나오게 되었다. 넷플릭스는 흔히 케이블·IPTV 시청 등을 위해 필요한 셋톱박스 없이 인터넷 연결만 가능하면 시청할 수 있어 OTTOver The Top 업체로 분류되었다. 한국은 국내 주 회원 층이 20~40대여서 휴대전화 시청자 비중이 매우 높은 것으로 나타났다.(김경학, 2018)

위기의식을 느낀 지상파 등 한국방송협회는 통신사와 넷플릭스의 제휴 사업에 강력히 반대하고 나섰다. 이들은 장기적으로는 넷플릭스에 납품하는 소수 제작사만 살아남고, 그마저도 대부분의 수익은 넷플릭스가 가져가 "재주는 국내 콘텐츠 제작사가 부리고 돈은 해외 거대 사업자인 넷플릭스가 버는 형국이 될 것"이라고 밝혔지만, 수용자의 넷플릭스 사랑을 막기엔 역부족이었다.

고려대학교 미디어학부 교수 김성철은 "넷플릭스 등장이 순기능을 하고 있다"며 "사업자들은 정부의 손을 빌려 대응할 생각을 하지 말고 스스로 혁신해서 경쟁력을 키워야 한다. 자본력에서 차이가 난다면 이번 기회에 합종연횡하고 인수·합병이나 제휴를 해 능력을 키워야 한다. 그동안 혁신의 동인이 없었다"고 말했다. 그는 또 규제 움직임과 관련해 "정부가 규제할 수도 없고 규제해서도 안 된다. 규제 논의보다 국내 업계가 스스로 변화할 수 있도록 정부 기관은 독려해야 한다. 정부는 사업자들의 목소리를 들을 게 아니라 이용자 관점에서 어떤 편익이 있는지를 지켜볼 필요가 있다"고 말했다.(김경학·고희진·이유진, 2018)

2019년 1월 3일 에스케이텔레콤SKT과 지상파 방송 3사가 함께 넷플릭스와 경쟁을 하기 위해 온라인동영상서비스OTT를 운영하는 통합법인을 설립하는 양해각서MOU를 맺었다. 이 협력은 '통신사업자'에서 벗어나고자 하는 에스케이텔레콤과 콘텐츠 유통 영역에서 영향력이 떨어져가는 지상파 3사의 이해관계가 맞아떨어져 이뤄졌다. 통합법인은 "우리 문화와 국내 미디어·콘텐츠의 다양성 지키기", "한류 확산과 케이K 콘텐츠 글로벌 시장 진출의 교두보 역할"을 강조하고 나섰다.

넷플릭스는 그간 심화되어온 지상파 방송 위기론을 고조시켰다. 지상파는 넷플릭스에 대응하는 동시에 중간광고의 도입을 요구하고 나섰다. 방송통신위원회는 2018년 11월 9일 지상파 중간광고 허용, 가상·간접광고 시간 확대, 협찬 관련 규정 신설 등을 골자로 한 방송제도 개선안을 발표했다. 그러나 중간광고 도입은 신문광고 시장에도 타격을 주는 것이어서 한국신문협회가 강하게 반발하고 나섰다. 한국신문협회는 성명을 내고 "정부는 가상·간접광고 허용, 광고 총량제 등에 이어 (중간광고라는) 지상파 특혜 일변도 정책의 완결판을 내놓았다"면서, "지상파에 대한 특혜를 멈추고 매체 및 미디어 간 균형 발전이라는 큰 틀에서 방송 광고 정책을 새롭게 마련하라"고 요구했다.(신동혼, 2018)

권언유착 없는 폴리널리스트는 가능한가?

2019년 1월 8일 문재인 대통령은 윤도한 전 MBC 논설위원을 청와대 국민소통수석으로 임명한 데 이어, 9일 여현호 전 『한겨레』 논설위원을 국정홍보비서관에 임명해 진보 정권의 '폴리널리스트' 논란을 빚었다. 1년 전인 2018년 1월 전 『한겨레』 선임기자 김의겸을 청와대 대변인으로 기용했을 때에도 논란이 있었다.

당시 서울대학교 언론정보학과 교수 이준웅은 자신의 페이스북에 "민경욱, 이동관, 윤창중 ……이 찬란한 명단에 김의겸이 이름을 올리다니"라고 개탄한 뒤 "언론인 스스로 자기 전문적 정체성을 망치는 일이다. 한국 언론의 정파성을 강화하고 언론직의 기회주의를 조장하는 일"이라고 비판했다.(김도연, 2018)

그래도 그땐 6개월간의 유예기간을 거쳤지만 이번 인사는 두 사람 모두 유예기간이 없는 '직행'이나 다를 바 없었기에 큰 반발을 불러일으켰다. 전국언론노조 MBC본부는 '언론인의 청와대 직행, 매우 유감스럽다'는 제목의 성명서를 내고 "윤 수석은 지난주까지 MBC에 재직하다 2018년 마지막 날인 12월 31일자로 명예 퇴직했다"며 "사실상 현직 언론인이 청와대에 직행했다고 해도 할 말이 없다"고 말했다. 그러면서 "당사자의 진정성과 직업 선택의 자유를 떠나 감시와 견제자에서 정치 행위자로 직행하는 행태는 방송 독립이라는 시대적 과제에 역행하고 현역 언론인들의 진정성을 퇴색시키는 일"이라고 비판했다.

전국언론노조『한겨레』지부도 성명을 내고 "여 전 선임기자의 청와대행은『한겨레』가 '언론인 윤리에 어긋난다'고 줄곧 비판해온 행태에 해당함을 분명히 밝힌다"며 "권력의 현직 언론인 공직 발탁은 언론과 권력의 건강한 긴장 관계를 허물고, 언론에 대한 국민의 신뢰를 훼손한다. 청와대에도 깊은 유감의 뜻을 밝힌다"고 비판했다.

언론개혁시민연대도 논평을 내어 "청와대는 현직 언론인에게 자리를 제안하고, 현직 언론인은 그 제안을 받아들였다는 사실에 우려하지 않을 수 없다"며 "현직 언론인들이 청와대로 직행하던 과거 정권의 삐뚤어진 언론관과 얼마나 다르다고 할 수 있는가"라고 비판했다. "정권이 얼마나 '언론 윤리'를 하찮게 여기길래 이런 일을 반복하고 있는지 되물을 수밖에 없다."(정환봉, 2019)

1월 10일 문재인은 신년 기자회견에서 "과거 시기 일부 언론에 권언유착이 있었다. 정권은 언론에 특혜를 주고, 언론은 정권을 비호하는 관계였다"며 "그러나 (권언유착은) 지금 정부는 전혀 없다고 자부하고 있다"고 했다. 이어 그는 "그야말로 공정한 언론인으로서 사명을 다해온 분들은 공공公共성을 살려온 분들이라 생각한다"며 "권력에 야합하는 분들이 아니라 언론 공공성을 살려온 분이 청와대 공공성을 지킬 수 있게 해 준다면 좋은 일이라 생각한다"고 말했다.

이에 대해 야당은 '내로남불'이라고 비판했다. 자유한국당 김정재 원내대변인은 "궤변이다. 금감원 소속 공무원이 증권사에 취업하고,

공정위 직원이 대기업에 취업한 것과 다를 바 없다"며 "언론의 공공성은 권력 견제에 있다. 견제 대상과 한 몸이 된 언론인에게 무슨 공공성을 기대하겠는가. 권력이 언론을 고용한 '권언고용'"이라고 말했다.(박순봉, 2019)

『조선일보』는 관련 기사를 통해 민주당은 박근혜 정부 시절 KBS 출신인 민경욱 대변인과 MBC 출신 정연국 대변인 임명에 대해 '중립성 위반', '언론 종속'이라고 했었다는 걸 상기시켰다. 또 지난 2015년 여 비서관이 논설위원으로 재직 당시 『한겨레』는 정연국 대변인 임명에 대해 사설에서 "현직 언론인이 일말의 거리낌이나 부끄러움도 없이 한순간에 '권력의 입'으로 변신한 일이 벌어졌다"고 썼다는 점도 지적했다.(이민석, 2019)

문재인의 답은 "권언유착 없는 폴리널리스트는 가능한가?"라는 의문을 제기했지만, 이 의문에 대한 답은 "민주주의는 합리적 의심을 전제로 한 시스템"이라는 말로 대신할 수 있었다. 속칭 '내로남불', 즉 '도덕적 우월감moral superiority' 또는 '도덕적 면허 효과moral licensing effect'야말로 진보가 가장 경계해야 할 함정이었다.

'기술결정론의 독재'를 넘어서

개화기~ 미군정기의 언론

조선조 말 근대 신문은 개화의 도구로 도입되었다. 신문은 결코 자생적인 제도는 아니었다. 제반 사회적 여건에 의해 자생적으로 생겨날 수 없는 제도였기에 처음엔 관보官報의 형태로 그다음엔 민간지의 형식일망정 그것도 정부의 전폭적인 지원 하에 명맥을 유지할 수 있었다. 이와 같은 신문 탄생 배경이 오늘날 한국에서 널리 통용되고 있는 '도구적 언론관'의 출발점이었다.

『한성순보』와 『한성주보』 등 이른바 '관보 시대'를 거쳐 『독립신문』 이후의 민간지들이 심혈을 기울인 건 '계몽'이었다. 무역을 하는 상인들 위주로 신문이 생겨난 서구의 경우와는 달리 우리나라에서는 처음부터 지식 엘리트들 중심으로 새로운 외국 사상을 전파하고 민중을 계도하기 위한 목적으로 신문이 만들어진 것이다. 이와 같은 역사적 배경이 오늘날의 한국 신문들이 여전히 갖고 있는 계도적 성격의 시초였다.

개화기의 신문들은 매우 복잡한 권력관계 속에서 위험한 줄타기를 해야 하는 운명에 처해 있었다. 자국自國 정부보다는 어떤 외세가 더 큰 힘을 발휘하느냐에 따라 큰 영향을 받았으며, 늘 권력관계에 매우 민감하게 반응하지 않을 수 없었다. 나라를 지키고자 하는 자국 정부의 후원을 받으면서 외세에 저항하고자 했던 신문들은 결국 국권이 피탈되면서 사라져야 하는 비운을 맞이하고 말았다.

개화기의 신문들이 누린 언론으로서의 권력은 기울어져가는 국운國運을 되돌려놓을 수 있을 만큼 강력한 건 아니었다. 무엇보다도 당시 신문들은 각기 수천 부의 발행부수에 지나지 않았기 때문에 아무리 신문 1부당 독자의 수가 많았다 해도 오늘날의 신문들처럼 여론을 일시에 조성하거나 동원할 수 있는 권력을 갖고 있지는 않았다.

일제강점기의 신문들은 일제의 '문화 통치'라고 하는 제한된 틀 안에서 언론 기능을 수행해야 하는 매우 기이한 상황에 처해 있었다. 일제에 대한 비판은 "조선 민족의 뱃속에서 끓어오르는 가스를 배출하는 굴뚝"으로서 궁극적으로 일제의 지배 체제를 공고히 하는 용도로만 허용되었기 때문에 당시 『동아일보』와 『조선일보』는 늘 그 경계선상에서 아슬아슬한 줄타기를 해야만 했다. 한계가 설정된 상황 하에서의 비판 행위는 해방 이후 미군정과 독재정권 치하에서도 계속되어 한국 언론 체질의 일부를 형성하게 되었다.

일제강점기에서 신문은 일제의 문화 통치술에 따라 제한적으로 허용된 '특권'이었고 다른 문화 영역은 계속 통제된 가운데 경제적 기반을 갖춘 제도화를 시도할 수 없었기 때문에 신문은 지식인과 문인들의 유일한 활동 무대였다. 이는 한국의 지식인과 문인들이 신문을 자신의 주장과 사상을 전파하는 전송체로 간주하는 신문관新聞觀을 갖게 했으며, 그러한 신문관은 오늘날까지 지속되고 있다.

미군정기는 극심한 이데올로기 갈등의 시대였다. 그건 언론 권력이 정치권력을 대리한 시대이기도 했다. 당시 신문들은 뚜렷한 이념적, 정파적 색깔을 내세우면서 그들이 대변하는 정치 세력을 위해 치열하게 싸웠다. 그 싸움은 때로 물리적 폭력을 수반하는 등 많은 부작용을 낳았지만, 그건 일제강점기와는 달리 신문의 발행 자격 자체가 '특권'이 아니라고 하는 시대적 변화에 따른 결과였다.

이승만 정권~박정희 정권기의 언론

대한민국 정부 수립과 함께 신문은 좌우 이념 대결 시대를 끝내고 여당지와 야당지로 나뉘는 새로운 국면을 맞게 되었다. 이승만 정권은 언론통제와 탄압을 적잖이 시도했으나 그건 후일에 나타날 언론통제와 탄압에 비추어 보면 비교적 '느슨한' 수준의 것이었다. 이승만 정권의 언론통제와 탄압은 때로 거칠고 치졸하기는 했지만 그건 치밀한 사전 계획이 없는 우발적인 것이었으며 언론에 대한 '포섭' 전략은 적극적으로 구사하지 않았다.

4·19혁명이 가능했던 것도 이승만 정권의 그런 느슨한 언론통제 덕분이었다. 마산 앞바다에 떠오른, 뒤통수에 최루탄이 박힌 처참한

16세 소년의 시체를 보여주는 사진이 서울의 신문에까지 나지 않았다면 4 · 19가 가능했을까? 3 · 15 부정선거 이후 34일 동안 서울이 침묵을 지켰다는 것을 감안한다면, 4 · 19의 그 빛나는 역사도 이승만 정권의 '느슨한' 언론통제로 인해 가능했다는 결론에 도달하게 된다.

4 · 19 이후 허정 과도내각을 거쳐 등장한 장면 정권은 언론에 대해 자유주의 정책을 구사해 이른바 '신문 망국론'까지 등장했다. 이 '신문 망국론'은 권력 만능주의가 팽배한 시대 상황에서 신문이 큰 권력이었으며 권력에 굶주린 사람이 매우 많았다는 걸 웅변해주는 것이었다. 언론의 정치권력화 현상은 한국 언론의 오랜 전통으로 오늘에 이르기까지 살아남아 있다.

5 · 16 쿠데타는 언론을 정치권력에 종속시키는 결과를 가져왔다. 군사정권 치하에서 언론은 권위주의적 통치와 경제 개발을 위한 도구로서의 의미만 갖게 되었다. 군사정권의 그러한 시도에 대해 언론의 치열한 저항이 있었지만, 군사정권은 언론 자본과 노동을 분리시키는 동시에 '채찍과 당근' 전략을 구사해 언론의 반발을 잠재웠다. 또 경제 개발과 함께 언론의 자본 축적이 이루어지면서 언론은 정치권력과의 갈등 관계 이외의 다른 방식으로 언론의 존재 가치를 입증하고자 하는, 언론의 '오락 상품화'에 눈을 돌리게 되었다.

1960년대의 경제성장률이 연 평균 8~10퍼센트인 반면, 신문 기업의 성장률은 20퍼센트에 이르렀다는 것은 그 같은 변화를 잘 말해준다. 언론사들은 다각적 경영 등과 같은 방법으로 자본 증식에 매진했고, 박 정권은 '언론 자본'에겐 프레스카드제의 실시와 언론 통폐합

등을 통해 언론계의 '규모의 경제'를 실현시켜주는 동시에 일부 언론 사에겐 특혜를 베풀어 포섭하는 등의 방법으로, 또 '언론 노동'에겐 각종 자금 지원과 정관계 진출의 길을 제도화해주는 등의 방법으로 언론을 장악했다.

서울대학교 학생들이 1971년 '언론화형선언문'을 통해 밝힌 "이 제 권력의 주구, 금력의 시녀가 되어버린 너 언론을 슬퍼하며 조국에 반역하고 민족의 부름에 거역한 너 언론을 민족에 대한 반역자, 조국 에 대한 반역자로 규정하여 민중의 이름으로 화형에 처하려 한다"는 선언은 당시 언론이 처해 있던 상황을 잘 말해주는 것이었다.

그와 같은 민심民心에 자극받아 1970년대 중반에 일어난 자유 언론 실천 운동은 언론을 정치권력의 주구로 전락시키고자 했던 유신 체제 에 단호하게 저항했지만, 이미 언론 노동과 분리되어 권언유착勸言癒着 의 길을 걷고 있던 언론 자본이 권력의 편에 섬으로써 145명(『동아일 보』 113명, 『조선일보』 32명)에 이르는 민주 언론인들이 길거리로 내쫓 기는 비극적인 결과를 가져오고 말았다. 이후 언론은 완전히 정치권 력에 종속된 가운데 자본 증식에만 몰두하는 모습을 보여주었다.

전두환 정권~노태우 정권기의 언론

1979년에 일어난 10·26 사태 이후 등장한 신군부는 유신 체제의 억 압성을 계승한 동시에 쿠데타의 정당화를 위해 언론통제와 탄압을 넘어 '보도 지침'과 '언론인 개별 접촉' 등을 통해 언론을 더욱 적극 적으로 이용하는 여론 조작에 임했다. 유신 체제하에서 자본 증식에 몰두하던 일부 언론 역시 과거와는 달리 적극적으로 정치권력에 참여하는 새로운 모습을 보여 주었다.

육군 소장 출신인 전두환의 집권은 박정희의 집권 때와는 달리 20년에 가까운 세월의 흐름에 따른 '개화'가 있었으므로 박정희에 비해 더욱 적극적인 이미지 메이킹을 필요로 했으며 언론은 그 도구로 활용되었다. 일부 언론은 스스로 적극적인 전두환 이미지 메이킹에 나섬으로써 그 반대급부로 영향력과 경제적 이익을 확대하는 새로운 차원의 권언유착을 선보였다.

그러나 전두환 정권은 그 정도로도 만족할 수 없었다. 전두환의 집권은 무고한 광주 시민들을 대량 학살하면서 이루어진 것이었기에 전두환 정권은 박정희 정권에 비해 훨씬 더 치밀한 언론통제를 근거로 한 적극적인 여론 조작을 필요로 했다. 그러한 필요로 인해 나오게 된 것이 1980년 11월에 이루어진 언론 통폐합이었다. 언론 통폐합은 언론계의 질서를 완전히 재편성함으로써 언론사들이 누리는 각종 특혜의 원천을 박정희가 아닌 전두환으로 대체시키는 효과를 가져왔다. 또 그 와중에서 민주 언론인들을 대량 해직시킴으로써 언론계 내부의 언론 민주화 운동을 아예 발본색원하고 원천봉쇄하고자 했다.

1987년의 6·10항쟁은 대통령 직선제를 쟁취하는 결과를 가져왔다. 비록 '양 김'의 분열로 쿠데타의 주역인 노태우가 대통령에 당선되는 일이 벌어지긴 했지만 노태우 정권도 6·10항쟁의 정신을 완전히 외면할 수는 없어서 전두환 정권에 비해선 훨씬 더 자유로운 언론정책을 쓰게 되었다. 그 결과 언론 자유 확대와 언론의 양적 팽창이 이루어졌다.

1988년 5월 『한겨레신문』의 창간과 그해 11월 전국언론노동조합 연맹의 탄생은 한동안 언론 민주화를 활성화시키는 효과를 가져왔다. 그러나 언론뿐만 아니라 시민사회 영역까지 지배해온 '힘의 논리'와 '자본 논리'는 이미 나름대로의 구조화된 질서를 형성해 언론계의 판도를 근본적으로 바꾸기엔 역부족이었다.

언론 민주화 운동에 있어서 공영제로 운영되는 방송의 경우 민영제로 운영되는 신문에 비해 훨씬 더 광범위하고 깊이 있는 성과를 이뤄내긴 했으나 정권의 정권 안보 차원의 강력한 탄압과 일부 신문 권력의 방해, 방송계 내부의 구질서, 그리고 '방송=오락 매체'라는 등식에 길들여져온 대중의 무관심 등으로 인해 곧 좌초되고 말았다.

노태우 정권기에 정치권력은 여전히 막강했지만, 그 권력은 여론의 지지를 받아야만 힘을 발휘할 수 있는 새로운 종류의 권력으로 변환되었다. 또한 언론 권력도 이제 더 이상 정치권력의 지배 또는 종속 체제에 놓이지 않는 새로운 권력으로 변환되었다. 이런 변환의 결과는 이후 정권들에서 새로운 유형의 정권·언론 간 갈등으로 나타났다. '국가에 의한 언론의 검열'이 사라지고 '언론에 의한 국가의 검열'이라는 새로운 국면을 맞게 된 것이다.(박승관·장경섭, 2001, 18) 김중배가 "언론은 이제 권력과의 싸움에서 보다 원천적인 제약 세력인 자본과의 힘겨운 싸움을 벌이지 않으면 안 되는 시기에 접어들었다"고 선언했듯이, 왜곡된 시장 논리가 언론의 최대 지배자로 떠오르게 되었다.

김영삼 정권~문재인 정권기의 언론

김영삼 정권에서 문재인 정권에 이르는 시기에도 권력과 언론의 갈등
은 다양한 방식으로 첨예하게 전개되었지만, 언론 활동과 운명에 결정
적인 영향을 미친 건 새로운 미디어 기술이었다. 큰 흐름 중심으로 나
무가 아닌 숲을 보고자 한다면, 인터넷과 휴대전화의 대중화가 이루어
지기 시작한 김영삼 정권기 이후의 시기는 '기술결정론technological
determinism의 시대'라고 해도 좋을 정도였다.

간단히 말해 사회변동의 중심적인 원인을 기술의 진보에서 찾는
기술결정론은 계급의 문제를 은폐한다는 이념적 함의를 갖고 있기
때문에 누군가를 기술결정론자라고 말하는 것은 폄하의 의미를 담고
있다. 기술결정론은 현상 유지의 이데올로기로 간주되기 때문에 이
에 대한 비판은 주로 진보 좌파 진영에서 이루어진다.

미디어 분야에선 1960년대의 TV를 두고 "미디어는 메시지"라고
주장한 마셜 매클루언Marshall McLuhan이 대표적인 기술결정론자로 꼽
혔지만, 이 주장은 기술의 영향력을 드라마틱하게 강조한 것으로 보
면 쉽게 이해할 수 있는 것이었다. 기술결정론을 둘러싼 논쟁은 상당
부분 수사학적일 수밖에 없는 것이다. 우리가 보통 '결정'이란 말을
쓸 때에 그 누구도 '100퍼센트 결정'을 말하는 건 아니다. '90퍼센트
결정'도 있을 수 있고 '80퍼센트 결정'도 있을 수 있다. 즉, 결정은 이
것이냐 저것이냐를 따지는 디지털식 개념이라기보다는 정도를 말하
는 아날로그식 개념인지라, 바로 여기서 적잖은 혼란이 발생한다.

기술결정론을 어떻게 평가하건 매클루언의 주장을 수용하는 건

얼마든지 가능한 일이다. 매클루언의 수사법을 사회과학적인 방식으로 이해하는 것이 문제일 뿐 그의 말에서 필요한 메시지만 뽑아서 쓰는 지혜가 필요하다. 그런 신축과 타협의 정신을 갖는다면 텔레비전이라고 하는 미디어가 메시지에 미치는 '영향' 또는 '결정'을 '범위의 설정과 압력의 행사'로 이해하면 그만이다.(강준만, 2017)

같은 이치로 인터넷, SNS, 스마트폰 등 새로운 미디어 기술이 행사하는 '범위의 설정과 압력의 행사', 그리고 이것이 언론에 미친 영향은 '기술결정론의 독재'라 할 만한 것이었다. 언론은 과거에 생명처럼 여겼던 게이트 키핑, 의제 설정 기능은 물론 뉴스 유통 기능까지 뉴미디어에 빼앗기는 상황으로까지 내몰렸다. 게다가 언론은 새로운 미디어가 나타날 때마다 적절히 대응하지 못했으며, 오히려 자해自害에 가까운 어리석은 대응을 하기도 했다.

인터넷마저도 낡은 미디어로 간주되는 미디어 혁명의 격변 속에서 모든 미디어는 모바일(스마트폰)을 중심으로 재편성되고 있다. 2019년 2월 미국의 여론조사기관인 '퓨리서치'에 따르면 한국은 조사대상 중 유일하게 전체 인구가 휴대전화를 사용하며 스마트폰 보유율은 95퍼센트로 세계 1위를 기록했다. 스마트폰 보유율 2위는 이스라엘(88퍼센트)이었으며, 네덜란드(87퍼센트)와 스웨덴(86퍼센트) 등이 뒤를 이었다. 방송통신위원회의 조사에 따르면, 한국인이 스마트폰을 주 5일 이상 이용하는 비율은 84.6퍼센트인 반면, 주 5일 이상 신문 이용빈도는 4.2퍼센트에 머물렀다. 스마트폰 이용 행태로는 신문·잡지 기사 검색이 67.6퍼센트로 가장 많았고, 음악 재생(21.6퍼센트), 게임(13.0퍼센트), TV 프로그램 시청(5.0퍼센트) 등의 순이었다.

스마트폰이 전통 미디어인 신문을 대체한 가운데 소셜미디어로 무장한 개인이 미디어가 되는 세상이 전개되고 있다. 유승찬(2018)은 스마트폰 시대엔 메신저의 삶이 사람들의 흥미를 끌 수 있고, 그것이 메시지로 만들어진다면 그 자체로 강력한 미디어가 되는 일이 벌어지고 있다며 "메시지가 미디어"라는 주장마저 들고 나왔다. 이제 기존 미디어를 경유하지 않아도 그 누구든 자신의 메시지를 전파할 수 있는, 즉 사람들의 메시지가 곧 미디어가 되는 시대가 도래했다는 것이다.

메시지를 전파하는 기술 발전의 속도는 그렇듯 눈부시지만 메시지의 구조와 가치에 공을 들여야 하는 저널리즘의 세계는 그 속도를 따라가지 못해 고전을 면치 못하고 있다. 언론은 생존을 위한 구호로 일제히 '모바일 퍼스트Mobile First'를 부르짖고 나섰지만, 언론보다 앞서 '모바일 퍼스트'를 일상적 삶에서 실천해온 대중은 언론을 불신하며 언론의 존재 가치마저 의심하는 지경에 이르렀다. 김영삼 정권~문재인 정권기의 언론사는 바로 그걸 적나라하게 보여준 게 아니었을까?

한국은 '미디어 사회'

개화기에서부터 오늘에 이르기까지 한국 언론의 가장 중요한 기능은 카타르시스cartharsis 제공이었다. 대중문화도 마찬가지였다. 표현 · 접근 · 유통 방식의 차이만 있었을 뿐 체제를 선전하거나 체제에 저항하는 건 다를 게 없었으며, 수용자의 호응을 얻어야만 생존할 수 있다는 것도 같았다. 언론과 대중문화는 각자 다른 방식으로 같은 기능을 수행해온 것이다. 한국 언론과 대중문화를 포괄하는 한국 대중매체의 역사를 꿰뚫는 하나의 키워드가 있다면 그건 바로 카타르시스다.

대중의 한을 달래주고 스트레스를 해소시켜주는 카타르시스 기능에 관한 한 한국 대중매체는 박수를 받을 만하다. 대중의 속을 일시적으로나마 후련하게 해준 공은 높이 평가해 마땅하다. 그렇지만 그늘도 있다. 무엇보다도 '카타르시스의 상례화'가 가장 큰 문제인 것으로 보인다. 주제와 상황에 따라 카타르시스를 제공하는 건 필요하거니와 바람직한 일이긴 하지만, 모든 일에 대해 늘 그렇게 해야 한다는 강박에 빠지거나 그게 관행으로 정착되면 정상적인 공론장 형성이 어려워진다. 대화와 타협의 문화를 위축시킨다는 뜻이다. 그 어느 일방의 속을 후련하게 해주는 대화와 타협은 원초적으로 가능하지 않기 때문이다.

카타르시스 지향성은 여운과 여백을 추방한다. 직설과 자극을 선호한다. '드라마틱'하고 '오버'하는 경향이 농후해진다. 이는 언론이 고정 수용자를 확보하고, 대중문화 상품이 '대박'을 터뜨릴 수 있는 조건이기도 하다. 대중매체의 동원 기능도 극대화되어 '쏠림'·'소용돌이' 현상이 자주 나타난다. 그런 점에서 카타르시스는 '다이내믹 코리아'의 원천이다. 문제는 1년 365일, 하루 24시간 내내 그렇게 역동적으로 살 수는 없다는 데에 있다.

'다이내믹 코리아'의 이면은 '이전투구泥田鬪狗'다. 모두 다 확신과 정열에 가득 차 있기 때문에 타협이나 양보는 어렵다. 편 가르기는 기본이다. 승자독식주의는 당연한 귀결이다. 한 맺힌 패자敗者가 양산

된다. 이는 다시 카타르시스의 잠재적 효능을 높여줄 토양이 된다. 카타르시스는 한과 스트레스라는 밥을 먹고살기 때문이다.

이젠 '카타르시스의 상례화'를 의심해보면서 카타르시스를 넘어설 때가 되었다. 그러한 인식의 전환을 위해선 한국은 '대중매체 사회'라는 걸 이해할 필요가 있다. 아니 '1인 미디어'가 번성한 이젠 '미디어 사회'라고 하는 게 옳겠다. 다른 나라들은 '미디어 사회'가 아니냐고 반문할 수 있겠지만, 한국만큼 미디어가 사회 진로와 대중의 일상적 삶에 큰 영향을 미치는 나라도 드물다는 뜻으로 하는 말이다.

한국의 미디어 수용자는 다른 나라에선 그 유례를 찾기 어려울 정도로 동질적이며 중앙 집중적이다. 한국 사회의 독보적인 '쏠림'·'소용돌이' 현상은 바로 그런 특성의 산물이다. 뉴미디어의 성장으로 다양화·분권화가 나타나길 기대했지만, 기대에 미치지 못했다. 오히려 새로운 유형의 '쏠림'·'소용돌이' 현상이 나타났다.

강력한 교육열에 따른 문맹 인구 일소, 미디어 하드웨어의 수출산업 육성, 새로운 것을 적극 받아들이는 국민적 진취성, 놀이를 좋아하는 '호모 루덴스(놀이하는 인간)' 기질 등도 미디어의 영향력을 크게 만드는 데에 기여했다. 고밀도 인구 집중 사회이기 때문에 평소 일상적 삶에서 대인 접촉 기회가 많아 미디어의 매개가 없는 공중 커뮤니케이션이 덜 발달한 탓도 크다. 높은 인구밀도는 미디어의 유통에도 매우 유리하게 작용했다. 여기에 도입 초기부터 오늘에 이르기까지 미디어를 각종 민관 합동 캠페인 도구로 적극 이용함으로써 미디어의 동원 기능을 비대하게 만들었다.

이와 같은 이유들로 인해 미디어는 늘 한국인 삶의 한복판을 차지해온 것이다. '미디어 사회'는 그 자체로선 좋거나 나쁘다고 말할 수 있는 성질의 것은 아니다. 중요한 건 한국이 '미디어 사회'라는 걸 깨닫고 그 명암明暗을 이해하면서 삶의 실제 문제와 연결시키려는 자세다.

"민주주의의 위기는 저널리즘의 위기다"

언론이 당면한 최근의 위험은 '브랜드 저널리즘brand journalism'이다. "모든 기업은 미디어 기업이다"는 슬로건으로 대변되는 '브랜드 저널리즘'은 마케팅에 대한 대중의 불신과 혐오가 극에 달하고 미디어 환경의 변화로 기존 마케팅 효과가 의문시되는 상황에서 탄생한 기업의 자구책이다.(Foremski, 2009) '기술결정론의 독재'가 마케팅마저 바꾼 것이다. 기업이 언론 의존도를 줄여나가면서 자체 미디어를 통해 광고와 홍보를 하겠다는 것은 언론의 생존 자체를 위협할 수 있다. 모든 기업이 미디어 기업이 되는 세상에서 언론은 어떻게 해야 살아남아 공적 기능을 수행할 수 있을 것인가?

'기레기'라는 말로 대변되는, 언론을 향해 쏟아지는 비난은 언론이 과거에 비해 더 나빠졌기 때문에 등장한 것은 아니다. 그것 역시 '기술결정론의 독재' 탓이다. 모든 개인이 기자가 되고 미디어가 될 수 있는 오늘날엔 그간 언론이 누려왔던 권위와 후광효과는 사라져가고 있으며, 따라서 언론이 어느 정도 범해도 무방했던 '위선'도 더 이상 무방하지 않게 되었다. 이는 미국에서 나타난 '트럼프 현상'이 보여준 "미디어 혁명'이 파괴한 '위선의 제도화'"를 통해서도 입증되었다.(강준만, 2016)

언론에 대한 모욕과 모멸은 신뢰의 문제로 귀결된다. 언론은 대중의 불신과 혐오를 넘어서기 위해 신뢰를 회복하는 데에 모든 노력을 경주해야 한다. 한국의 언론 신뢰도는 영국 로이터저널리즘연구소가 실시한 37개 조사 대상국 중 2017년에 이어 2년 연속 꼴찌를 기록했을 정도로 매우 낮다. 국내 조사에서도 언론(6.8퍼센트)은 대기업(6.9퍼센트)보다 낮은 신뢰도를 기록한 것으로 나타났다(강성원, 2018). 신뢰는 언론의 존재 근거인 바, 언론이 이런 사태를 더 이상 방관해선 안 된다.

그런 점에서 언론인으로서 '언론 살리기'에 앞장서온 이정환(2017)이 "언론은 이제 돈 버는 문제에 좀더 솔직해져야 한다"고 말한 것은 위선과 신뢰 문제의 정곡을 찌른 것이다. 그간 언론은 돈을 벌어야 언론으로서의 기능을 할 수 있음에도 돈을 버는 문제를 언론으로서의 역할과 완전히 분리한 채 '음지의 문화'로 감추면서 '기레기'로 비난받을 수 있는 일들을 너무 많이 해왔다. 돈 버는 문제에 좀더 솔직해져야 그런 분리의 이중성을 중단할 수 있다.

언론은 현재 추종하는 흥미성의 개념도 재정의해 언론 본연의 경쟁력을 찾아야 한다. 언론이 엔터테인먼트와 경쟁하는 일에선 비교우위를 갖기 어렵거니와 그런 경쟁은 언론에 대한 불신과 혐오만 가중시킬 것인바, 뉴스를 지배하는 흥미성의 개념을 재정의하면서 이전과는 다른 방식으로 수용자를 대해야 한다. '공공 저널리즘public journalism', '솔루션 저널리즘solution journalism' 등 다양하게 이루어지고 있는 개혁적 시도에 명백한 한계가 있다 하더라도 그런 문제의식만큼은 다양한 방식으로 실천에 옮기는 일로 나서야 한다.

재차 강조하지만, 이제 언론은 이상과 현실의 괴리를 줄여나가기 위한 솔직함을 보여야 한다. 언론은 공적 기관인 동시에 시장에서 경제적으로 생존해야 할 기업임에도 언론은 전자의 역할은 필요 이상으로 과장하는 반면 후자의 현실은 은폐하는 식의 태도를 보임으로써 대중의 불신과 혐오를 가중시키는 데에 일조했다. 언론은 이제 그런 이중성에 작별을 고하는 발상의 전환을 하면서 언론의 위기가 전체 사회의 위기임을 스스로 주장하고 나설 수 있어야 한다.

무엇보다도 '소비자 정체성'을 내세우는 수용자들을 향해 '시민 정체성'을 추궁할 수 있어야 한다. 미국 시인 월트 휘트먼Walt Whitman은 "위대한 시인을 갖기 위해선 위대한 수용자(국민)가 있어야 한다"고 했는데, 저널리즘에 대해서도 똑같이 말할 수 있어야 한다. 100년 전 월터 리프먼Walter Lippmann이 "민주주의의 위기는 저널리즘의 위기다"라고 단언했듯이, 그런 주장을 당당하게 그리고 공격적으로 할 수 있는 자격을 갖추는 게 바로 '기술결정론의 독재'를 넘어서는 길이다.

강경희, 「학계, 일제하 민족 방송 논의 확산」, 『조선일보』, 1992년 9월 6일, 16면.

강만길, 『20세기 우리 역사』(창작과비평사, 1999).

강상현, 「신군부 '국민 탈정치' 위해 컬러 방송 허용」, 『한국일보』, 1999년 10월 19일, 17면.

강석운 · 박종생, 「'묻지마' 사회심리학을 캔다: 즐기기 위한 익명의 남녀 만남 늘어」, 『한겨레』, 1996년 10월 30일, 11~12면.

강석진, 「"한국인 자부심 커져" 75%」, 『대한매일』, 2002년 7월 8일, 22면.

강성, 「MBC 기자들 "이러려고 기자된 게 아닌데, 부끄럽다"」, 『미디어오늘』, 2016년 11월 8일.

강성원, 「국민 신뢰도 1위는 '대통령', 국회는 또 꼴찌」, 『미디어오늘』, 2018년 11월 1일.

강심호, 『대중적 감수성의 탄생: 도박, 백화점, 유행』(살림, 2005).

강아영, 「오보와 가짜 정보를 도매금 취급하는 정부 · 정치권」, 『기자협회보』, 2018년 10월 9일.

강인숙, 『박완서 소설에 나타난 도시와 모성: 강인숙 문학평론집』(둥지, 1997).

강인철, 「한국전쟁과 사회의식 및 문화의 변화」, 한국정신문화연구원 편, 『한국전쟁과 사회구조의 변화』(백산서당, 1999).

─── , 『한국 기독교회와 국가 · 시민사회 1945~1960』(한국기독교역사연구소, 1996).

강재언, 『한국근대사』(한울, 1990).

─── , 『한국의 근대사상』(한길사, 1987).

──────, 정창렬 옮김, 『한국의 개화사상』(비봉출판사, 1989).

강준만, 「'미디어 혁명'이 파괴한 '위선의 제도화': 커뮤니케이션의 관점에서 본 '트럼 프 현상'」, 『사회과학 담론과 정책』, 9권 2호(2016년 10월), 85~115쪽.

──────, 「'정치적 올바름'의 소통을 위하여: '자유 · 위선 · 계급'의 3대 쟁점을 중심으로」, 『사회과학연구』, 57집 2호(2018년), 227~257쪽.

──────, 「소통의 정치경제학: 소통의 구조적 장애 요인에 관한 연구」, 한국언론학회 엮음, 『한국 사회의 소통 위기』(커뮤니케이션북스, 2011), 65~89쪽.

──────, 「죽음의 문화정치학: 한국의 '장례' 커뮤니케이션에 관한 연구」, 『한국언론학보』, 54권 5호(2010년 10월), 86~107쪽.

──────, 「지방의 '내부 식민지화'를 고착시키는 일상적 기제: '대학-매체-예산'의 트라이앵글」, 『사회과학연구』, 54집 2호(2015년 12월), 113~147쪽.

──────, 「한국 '포퓰리즘 소통'의 구조: '정치 엘리트 혐오'의 문화정치학」, 『스피치와 커뮤니케이션』, 제17호(2012년 6월), 7~38쪽.

──────, 「한국의 '고밀도 커뮤니케이션'에 관한 연구: 인구밀도와 사회적 커뮤니케이션을 중심으로」, 『정치 · 정보연구』, 제16권 1호(2013년 6월), 163~194쪽.

──────, 『바벨탑 공화국: 욕망이 들끓는 한국 사회의 민낯』(인물과사상사, 2019).

──────, 『소통의 무기: 일상의 '왜'에 답하는 커뮤니케이션 이론』(개마고원, 2017).

──────, 『싸가지 없는 진보: 진보의 최후 집권 전략』(인물과사상사, 2014).

──────, 『전화의 역사: 전화로 읽는 한국문화사』(인물과사상사, 2009).

──────, 『한국방송민주화운동사』(태암, 1990).

강찬호, 「그래…노래로 풀자: 국내 도입 10년 '노래방 문화' 진단」, 『중앙일보』, 1999년 7월 2일, 48면.

강헌, 「대중음악 역사 바꾼 '신들린 기타'」, 『시사저널』, 1994년 10월 27일, 114~115면.

──────, 「인터뷰: 정태춘, 우리 대중음악의 마지막 독립군」, 계간 『리뷰』, 7호(1996년 여름), 110~139쪽.

강혜주, 「남성 주간지에 경제지까지 등장 '무료'로 치르는 '비싼' 대가」, 『신문과 방송』, 439호(2007년 7월), 120~125쪽.

강희철, 「민주당 운동권 쇠퇴…당선자들 '오른쪽으로'」, 『한겨레』, 2008년 4월 12일.

경향신문사, 『경향신문 50년사』(경향신문사, 1996).

고경석, 「한국 언론의 '강남 스타일' 보도」, 『관훈저널』, 125호(2012년 겨울), 88~94쪽.

고광헌, 『스포츠와 정치』(푸른나무, 1988).

고길섶, 『우리 시대의 언어 게임: 언어로 보는 한국 현대사』(토담, 1995).

고명섭, 「정치학자 62% '언론사 세무조사 정당'」, 『한겨레』, 2001년 8월 28일, 2면.

고영삼, 「새로운 인간 유형 호모 디지털 로쿠엔스」, 박재환 외, 『현대 한국 사회의 일상

문화 코드』(한울아카데미, 2004), 78~81쪽.

고정애, 「"권력이 된 좌파 지상파로, 보수가 유튜브 게릴라 하는 중"」, 『중앙선데이』, 2018년 10월 27일.

공용배, 「논설 분석을 통해서 본 독립신문의 역할과 성격」, 『언론과사회』, 14호(1996년 12월), 86~110쪽.

곽정수, 「맥주업계 '거품 문 광고전' 채비」, 『한겨레』, 1994년 3월 9일, 6면.

구선희, 「개화파의 대외 인식과 그 변화」, 한국근현대사회연구회, 『한국 근대 개화사상 과 개화운동』(신서원, 1998).

권경성, 「KBS · MBC 낯 뜨거운 '변신', SBS 성급한 '모시기'」, 『미디어오늘』, 2007년 12월 26일.

권미혁, 「보도지침 사건이 뭐예요?」, 『PD저널』, 2007년 1월 24일, 11면.

권보드래, 「동포와 역사적 감각: 1900~1904년 '동포' 개념의 추이」, 이화여대 한국문 화연구원, 『근대 계몽기 지식의 발견과 사유 지평의 확대』(소명출판, 2006).

─────, 『연애의 시대: 1920년대 초반의 문화와 유행』(현실문화연구, 2003).

권성우, 「'새로운 비판이론'의 밑자리: PC통신 문화의 가능성에 대하여」, 『리뷰』, 1994년 겨울.

권영민, 「한성신보와 최초의 신문 연재소설」, 『문학사상』, 1997년 5월, 140~153쪽.

권태호, 「국민 95% "월드컵으로 삶 즐거워져"」, 『한겨레』, 2002년 6월 29일, 15면.

권혁주, 「라디오 청취료 2원 시절을 아시나요」, 『중앙일보』, 1998년 9월 3일, 28면.

권혜선, 「'시민의 힘' 완급 조절에 성패: 오마이뉴스, 외자 유치 뜀틀 삼아 더 도약하 나」, 『미디어오늘』, 2006년 3월 1일, 10면.

금준경, 「'수지 열애설'에 기사 1,840건 쏟아졌다」, 『미디어오늘』, 2015년 7월 8일.

─────, 「로봇 저널리즘? 사람들 안 보는 기사 만들고 있다"」, 『미디어오늘』, 2017년 7월 14일.

─────, 「PR업계, 효과 없는 신문 광고에 '낙제점'」, 『미디어오늘』, 2017년 5월 22일.

─────, 「대선에서 '팩트체크'는 중요하지만 만능이 아니다」, 『미디어오늘』, 2017년 5월 11일.

─────, 「알고리즘 필터링으로 사라지는 뉴스, 믿을 수 있나?」, 『미디어오늘』, 2016년 11월 14일.

김강석, 『언론인의 권력 이동: 조선말 개화기부터 제16대 국회까지』(새로운사람들, 2001).

김건우, 『사상계와 1950년대 문학』(소명출판, 2003).

김경수, 『'언론'이 조선왕조 500년을 일구었다』(가람기획, 2000).

김경재, 『혁명과 우상: 김형욱 회고록 ②』(전예원, 1991).

김경학, 「콘텐츠 시장 흔드는 '갓플릭스'」, 『경향신문』, 2018년 11월 26일.

김경학 · 고희진 · 이유진, 「[콘텐츠 태풍 넷플릭스] 큰 놈이 들어오면 작은 놈들은 강해진다는데…노려라 '넷플릭스 메기 효과'」, 『경향신문』, 2018년 12월 6일.

김계유, 「'여순 사건'도 진상 규명 명예 회복해야」, 『대한매일』, 2003년 4월 24일, 15면.

김광수, 「『독립신문』의 광고 분석」, 『언론과사회』, 15호(1997년 3월), 62~84쪽.

김광해, 「일제강점기의 대중가요에 대한 계량 언어학적 연구: 유성기 음반 채록본을 중심으로」, 『한국어 의미학』, 3호(1998년), 197~215쪽.

김균 · 원용진, 「미군정기 대남한 공보 정책: "미국을 심어라"」, 강치원 엮음, 『미국은 우리에게 무엇인가: 한미관계의 역사와 우리 안의 미국주의』(백의, 2000).

김근철, 「노무현 "수구 사주 사죄하라"」, 『경향신문』, 2001년 6월 29일, 4면.

김기승, 「제2공화국과 장준하」, 한국민족운동사학회 편, 『장면과 제2공화국』(국학자료원, 2003).

김기주, 「남기고 싶은 이야기: 뉴스데스크의 탄생」, 문화방송, 『문화방송 30년사』(문화방송, 1992), 336쪽.

김기철, 「"100년 전 독자투고는 대중적 글쓰기의 원류"」, 『조선일보』, 2005년 6월 18일, A21면.

김덕영, 「티셔츠가 된 태극기의 의미를 생각한다」, 『월간 인물과 사상』, 2006년 6월.

김도연, 「YTN 해직 3,000일, 노종면 딸의 눈물의 편지」, 『미디어오늘』, 2016년 12월 22일.

──, 「언론학자의 비판 "민경욱 · 이동관, 이 명단에 김의겸이…"」, 『미디어오늘』, 2018년 1월 30일.

김도형, 「3개 신문 부수 앞세워 여론몰이 보수 일변 논조 사회 다양성 해쳐」, 『한겨레』, 1998년 4월 28일, 1~2면.

김도훈, 「의관에서 패션으로」, 한국역사연구회, 『우리는 지난 100년 동안 어떻게 살았을까 1』(역사비평사, 1998).

김동민, 「역사가 말하는 조선일보의 진실」, 『조선일보를 아십니까?』(개마고원, 1999a).

──, 「일제하 신문 기업에 관한 고찰: 동아 · 조선일보의 민족지 신화」, 김왕석 · 임동욱 외, 『한국 언론의 정치경제학』(아침, 1990), 38~139쪽.

──, 「친일 잡지 『조광』과 방일영, 그리고 김대중 주필」, 『인물과 사상 11』(개마고원, 1999b).

김동선, 「언론통폐합의 내막」, 『신동아』, 1987년 9월.

김동원, 「『선데이 서울』 창간에서 폐간까지」, 『미디어오늘』, 1995년 12월 6일, 9면.

김동은 「'한국 연가'는 계속된다: '겨울연가' 연출 윤석호 PD」, 『경향신문』, 2005년 10월 6일, 51면.

김동인, 「창조 · 폐허시대」, 강진호 엮음, 『한국문단 이면사』(깊은샘, 1999).

김동철, 『스타는 밤에도 쉬지 않는다』(우리문학사, 1996).

김동표, 「페이스북 초대 사장 "SNS라는 괴물 만들어냈다" 후회」, 『아시아경제』, 2017년 11월 10일.

김득중, 「여순 사건 당시의 민간인 학살」, 성대경 엮음, 『한국 현대사와 사회주의』(역사비평사, 2000).

김문용, 「동도서기론의 논리와 전개」, 한국 근현대사회연구회, 『한국 근대 개화사상과 개화운동』(신서원, 1998).

김미영, 「라디오 무한도전!」, 『한겨레 21』, 제793호(2010년 1월 8일).

김미현 편, 『한국영화사: 개화기(開化期)에서 개화기(開花期)까지』(커뮤니케이션북스, 2006).

김민남 외, 『새로 쓰는 한국 언론사』(아침, 1993).

김민철, 「총독 관저에 드나든 조선인들」, 한국역사연구회, 『우리는 지난 100년 동안 어떻게 살았을까 3』(역사비평사, 1999).

김민환, 『개화기 민족지의 사회사상』(나남, 1988).

──────, 『미군정 공보기구의 언론 활동』(서강대언론문화연구소, 1991).

──────, 『미군정기 신문의 사회사상』(나남, 2001).

──────, 『민족일보 연구』(나남, 2006).

──────, 『한국 언론사』(사회비평사, 1996).

김병권, 「보수의 낙관과 진보의 나태로 '스타 탄생'」, 『한겨레 21』 738호(2008년 12월 5일).

김병기, 「"시민운동이 사회변혁의 견인차" 87.1%」, 『참여사회』, 2000년 5월.

김복수, 「『독립신문』의 경영」, 『언론과사회』, 14호(1996년 12월), 58~85쪽.

──────, 「유길준의 개화운동과 근대 신문 창간에 미친 영향」, 『한국언론학보』, 44권 4호(2000년 9월), 5~31쪽.

김삼웅, 『곡필로 본 해방 50년』(한울, 1995).

──────, 『사료로 보는 20세기 한국사』(가람기획, 1997).

──────, 『송건호 평전: 시대가 '투사'로 만든 언론 선비』(책보세, 2011).

──────, 『한국 곡필사 (1)』(신학문사, 1989).

──────, 『한국 현대사 바로잡기』(가람기획, 1998).

김상도 외, 「다시 쓰는 한국 현대사: 그림자 조직 미 CIC」, 『중앙일보』, 1995년 4월 11일, 8면.

김상철, 「'빛더미 나라에서 과연 할 짓이었는지'」, 『기자협회보』, 1998년 3월 23일, 1면.

김상태, 「평안도 기독교 세력과 친미 엘리트의 형성」, 『역사비평』, 제45호(1998년 겨울), 171~207쪽.

김상훈, 「"민주주의 근간 위협하는 지나친 소비자운동" 광고 불매운동 어떻게 볼 것인가?」, 『신문과 방송』, 453호(2008년 9월), 162~165쪽.

김서중, 「시장주의자들의 반시장적 언론 정책」, 민주화를위한전국교수협의회 외 엮음,

『독단과 퇴행, 이명박 정부 3년 백서』(메이데이, 2011).

김선주, 「서태지·양희은, '우리 시대'의 노래」, 『한겨레신문』, 1994년 8월 24일, 4면.

김성우, 「개화파의 경제사상과 경제정책」, 한국근현대사회연구회, 『한국 근대 개화사상과 개화운동』(신서원, 1998).

───, 『돌아가는 배』(삶과꿈, 1999).

김성호, 『한국방송 인물지리지』(나남, 1997).

김성후, 「상반기에만 100여 명 이동 자고 나면 '또 누가…'」, 『신문과방송』, 490호(2011년 10월), 8~11쪽.

김세은, 「한국 '폴리널리스트'의 특성과 변화: 언론인 출신 국회의원을 중심으로」, 『한국언론학보』, 61권 3호(2017년 6월), 7~54쪽.

김세철·김영재, 『조선시대의 언론문화』(커뮤니케이션북스, 2000).

김소희, 「〈아리랑〉에서 〈파업전야〉까지」, 한국역사연구회, 『우리는 지난 100년 동안 어떻게 살았을까 1』(역사비평사, 1998).

───, 「에로 비디오: 성애의 여행」, 『리뷰』, 1997년 가을호.

김수용, 「최고 흥행 기록을 세우다」, 『씨네21』, 1998년 1월 17일, 81면.

김승수, 「한국 자본주의 언론 생산의 본질」, 『사회비평』, 2권 3호(1989).

───, 『한국 언론 산업론』(나남, 1995).

김양식, 「새야 새야 파랑새야: 근대의 여명을 밝힌 '동학농민전쟁'」(서해문집, 2005).

김영명, 「개혁을 죽인 '개혁 세력'」, 『국민일보』, 2006년 11월 17일, 27면.

김영주, 「조선왕조 초기 公論과 공론 형성 과정 연구: 諫諍·公論·公論收斂制度의 개념과 종류, 특성」, 『언론과학연구』, 2권 3호(2002년 12월), 70~110쪽.

───, 「조선조 민간 인쇄 조보의 몇 가지 쟁점」, 『언론학연구』, 3호(1999년 12월), 265~299쪽.

김영철, 「장준하」, 『한겨레신문』, 1990년 8월 17일, 7면.

김영호, 『한국 언론의 사회사(전2권)』(지식산업사, 2004).

김영효, 「동아방송 '앵무새 사건' 회고」, 『동아일보』, 1994년 6월 3일, 6면.

김영희, 「생성기 한국 근대 언론 사상의 형성」, 『언론학보』, 14집(1994).

───, 「일제 시기 라디오의 출현과 청취자」, 『한국언론학보』, 46권 2호(2002년 4월), 150~183쪽.

───, 「일제 지배 시기 한국인의 신문 접촉 경향」, 『한국언론학보』, 46권 1호(2001년 12월), 39~71쪽.

───, 「제1공화국 시기 수용자의 매체 접촉 경향」, 『한국언론학보』, 47권 6호(2003년 12월), 306~331쪽.

김용원, 「서울 '방송 올림픽' 개막」, 『서울신문』, 1988년 7월 16일, 11면.

김용철, 『삼성을 생각한다』(사회평론, 2010).

김유원, 『100년 뒤에 다시 읽는 독립신문』(경인문화사, 1999).

김은남, 「공짜 신문도 허덕허덕」, 『시사저널』, 2005년 8월 23일, 44면.

김은남·이정훈·송준, 「'화려한 날' 끝나고 빚잔치만 남는다」, 『시사저널』, 1998년 1월 22일, 42면.

김은신, 『한국 최초 101장면』(가람기획, 1998).

김은형, 「필름의 고향, 충무로를 기리며…」, 『한겨레 21』, 2000년 9월 21일, 114면.

김을한, 『한국 신문 사화』(탐구당, 1975).

김일, 「99 언론사 재무제표: 매출액 31% 성장 "사상 최대"」, 『기자협회보』, 2000년 4월 24일, 1면.

김일영, 「민주화, 신자유주의적 포퓰리즘, 그리고 한국: 김대중 정권과 노무현 정권을 중심으로」, 철학연구회 편, 『디지털 시대의 민주주의와 포퓰리즘』(철학과현실사, 2004), 11~40쪽.

김자동, 「민족일보 기자가 쓴 『민족일보』의 활동과 수난」, 『역사비평』, 14호(1991년 2월), 257~263쪽.

김장현, 「소셜 시대의 선거 보도 '관점'과 '스토리'를 담아라」, 『신문과 방송』, 495호(2012년 3월), 4~9쪽.

김재길, 『"KBS야, 너 참 많이 컸구나!"』(세상의창, 2000).

김재범, 「'신세대 시청자'와 PC통신」, 『TV저널』, 1994년 3월 4일, 42면.

──, 「다큐멘터리로 엮은 한국 영화 발자취」, 『TV저널』, 1992년 10월 30일, 47면.

김재영, 「여론에서 독립해야 할 언론?」, 『한겨레』, 2006년 1월 26일, 25면.

김정남, 「1980년, 언론 대학살 언론인을 '배부른 돼지'로」, 『생활성서』, 2003년 1월.

──, 「동포여, 무엇을 하고 있는가」, 『생활성서』, 2002년 12월.

김정원, 「제2공화국의 수립과 몰락」, 김성환 외, 『1960년대』(거름, 1984).

──, 『분단 한국사』(동녘, 1985).

김종신, 『박정희 대통령과 주변 사람들』(한국논단, 1997).

김종엽, 「인터코스넷의 나비」, 『리뷰』, 1997년 봄.

김종엽 외, 「정담/월드컵 이후 한국의 문화와 문화운동」, 『창작과 비평』, 117호(2002년 가을).

김종원, 「'학원'과 학생 문인들」, 한국문인협회 편, 『문단유사』(월간문학 편집부, 2002), 229~233쪽.

김종원·정중헌, 『우리 영화 100년』(현암사, 2001).

김종찬, 『6공화국 언론 조작』(아침, 1991).

김종철, 『저 가면 속에는 어떤 얼굴이 숨어 있을까』(한길사, 1992).

김주언, 「80년대 언론 탄압」, 『사회비평』, 2권 3호(1989년).

─── , 「이젠 언론사도 투기꾼?」, 『기자협회보』, 1999년 5월 24일, 4면.

김주언 외, 「미디어 환경 변화, 위기인가, 기회인가」, 『열린미디어 열린사회』, 제15호 (2005년 가을).

김주완, 「'어뷰징'이 아니라 '쓰레기 기사'라 부르자」, 『미디어오늘』, 2014년 10월 15일.

─── , 「인터넷 신문은 사이비? 이 신문들을 보라」, 『미디어오늘』, 2015년 8월 19일.

김준엽, 『장정(長征) 4: 나의 무직 시절』(나남, 1990).

김지운 편저, 『국제 정보 유통과 문화 지배』(나남, 1991).

김지훈·박수진, 「시민들 일상 바꾼 국정 농단…막장 현실에 "드라마보다 뉴스가 재밌어"」, 『한겨레』, 2016년 11월 22일.

김진, 「취재일기: 김 대통령의 매력적인 언론관」, 『중앙일보』, 1993년 4월 2일.

김진룡, 「언론 통폐합의 전모 진상: 80년 '언론 대책반' 김기철씨의 증언」, 『월간중앙』, 1990년 12월.

김진배, 「4·19 살리기」, 『뉴스메이커』, 1995년 5월 4일, 96면.

김진송, 『현대성의 형성: 서울에 딴스홀을 허(許)하라』(현실문화연구, 1999).

김진우, 「김용민 막말에 접전지 타격…"표 1~3%P 깎여"」, 『경향신문』, 2012년 4월 13일.

김창남, 『삶의 문화, 희망의 노래』(한울, 1991).

김창룡, 「'이명박근혜' 방송 장악 때 조선일보는 무엇을 했나」, 『미디어오늘』, 2017년 6월 12일.

─── , 「언론인 권력행, 최소 1년의 유예기간은 둬야 한다」, 『미디어오늘』, 2015년 10월 28일.

김충식, 『정치공작 사령부 남산의 부장들 1·2』(동아일보사, 1992).

김태수, 『꽃가치 피어 매혹케 하리라: 신문 광고로 본 근대의 풍경』(황소자리, 2005).

김태일, 「민주당의 성격과 역할」, 한배호 편, 『한국 현대 정치론 I: 제1공화국의 국가 형성, 정치 과정, 정책』(나남, 1990).

김태홍, 『작은 만족이 아름답다』(인동, 1999).

김태희, 「매니저의 세계」, 『TV저널』, 1994년 2월 18일, 27면.

김학수, 『스크린 밖의 한국 영화사 I·II』(인물과사상사, 2002).

김해식, 「대중문화의 생산과 소비」, 강현두 편, 『한국의 대중문화』(나남, 1987).

─── , 『한국 언론의 사회학』(나남, 1994).

김현덕, 「TV극 신기원 개척/〈여명의 눈동자〉」, 『국민일보』, 1992년 1월 31일, 19면.

김현섭, 「더 빨리…더 많이…인터넷 기사 무차별 살포」, 『국민일보』, 2014년 1월 25일.

김화, 『이야기 한국 영화사』(하서, 2001).

김효실, 「언소주 '나쁜 방송' 광고 불매운동 시작」, 『한겨레』, 2014년 7월 18일.

김흥동, 「영화 법규와 시책으로 본 정책의 흐름」, 최진용 외 공저, 『한국 영화 정책의 흐름과 새로운 전망』(집문당, 1994).

김희경 외, 『어처구니없는 한국현대사』(지성사, 1996).

남경우, 「국내 언론사 탈출구가 없다: 1~2년 내에 언론사 50% 무너질 듯」, 『내일신문』, 1998년 3월 18일, 14면.

남동철, 「그녀의 품에 안겨 우리는 시대를 외출했다」, 『씨네21』, 2002년 2월 19일, 81면.

노기남, 「경향신문과 나: 산고(産苦) 이겨낸 탄생에 기쁨은 두 배」, 경향신문사, 『경향신문 50년사』(경향신문사, 1996), 64~65쪽.

노만수, 「욕망을 판다, 고로 존재한다」, 『뉴스메이커』, 2000년 4월 13일, 57면

노염화, 『키취 소년, 문화의 바다에 빠지다』(토마토, 1997).

노재명, 『신중현과 아름다운 강산』(새길, 1994).

노재현, 「시네마 천국 vs 스크린 지옥」, 『중앙일보』, 2006년 8월 18일, 30면.

———, 「영화 · TV 드라마 '팔도강산' 3공 홍보역 '톡톡'」, 『중앙일보』, 1992년 8월 8일, 25~26면.

———, 『청와대 비서실 2』(중앙일보사, 1994).

노정팔, 『한국방송과 50년』(나남, 1995).

노태돈, 「본 토론: 한국 민족은 언제 형성되었나」, 『역사비평』, 제19호(1992년 겨울).

노현웅, 「참여정부 인사는 '축출용' MB정부 인사는 '충성 검증용'」, 『한겨레』, 2012년 3월 30일.

동아일보사 노동조합, 『동아 자유 언론 실천 운동 백서』(동아일보사, 1989).

동아일보사, 『민족과 더불어 80년: 동아일보 1920~2000』(동아일보사, 2000).

————, 『현대사를 어떻게 볼 것인가 1』(동아일보사, 1987).

두만강 편집위원회, 『두만강』(심양: 료녕민족판사, 1996).

리영희, 「한국 언론인의 매저키즘과 새디즘」, 『언론노보』, 1993년 6월 12일, 5면.

———, 『역설의 변증: 통일과 전후세대와 나』(두레, 1987).

———, 『역정: 나의 청년시대: 리영희 자전적 에세이』(창작과비평사, 1988).

———, 『인간만사 새옹지마』(범우사, 1991).

리용필, 『조선 신문 100년사』(나남, 1993).

마정미, 「광고의 선정성 문제」, 『상상』, 제15호(1997년 봄).

———, 「근대의 상품 광고와 소비, 그리고 일상성」, 『문화과학』, 45호(2006년 봄), 209~223쪽.

———, 『광고로 읽는 한국 사회문화사』(개마고원, 2004).

문명자, 「문명자의 박정희 취재 파일 ⑤ 비운의 영부인 육영수: "청와대는 영원한 나의 집이 아니다"」, 『월간 말』, 1997년 12월, 110~111쪽.

———, 『내가 본 박정희와 김대중』(월간 말, 1999).

문일석, 『KCIA 비록(秘錄)-X파일 1: 중앙정보부 전 감찰실장 방준모 전격 증언』(한솔미디어, 1996).

문제안, 「이제부터 한국말로 방송한다」, 문제안 외, 『8·15의 기억: 해방 공간의 풍경, 40인의 역사 체험』(한길사, 2005).

문종대, 「1970년대 신문 산업의 자본 축적 과정」, 김왕석 외, 『한국 언론의 정치경제학』(아침, 1990).

문현숙, 「"길환영 사장이 '국정원 댓글' 단독 보도 빼라 지시"」, 『한겨레』, 2016년 5월 11일.

문화방송, 『문화방송 30년사』(문화방송, 1992).

———, 『문화방송사사(1961~1982)』(문화방송, 1982).

문화이론연구회, 「'신세대론'을 비판한다」, 『문화과학』, 1994년 봄.

미메시스, 『신세대: 네 멋대로 해라』(현실문화연구, 1993).

민주언론운동협의회 편, 『보도지침』(두레, 1988).

박경수, 『장준하: 민족주의자의 길』(돌베개, 2003).

박경신, 「언론 책임론 방향 잘못됐다」, 『미디어오늘』, 2009년 6월 10일.

박관용, 『다시 탄핵이 와도 나는 의사봉을 잡겠다』(아침나라, 2005).

박기성, 『한국 방송 문화연구』(나남, 1985).

박내용, 「법관의 용기가 '곧은 신문' 지켰다: 59년 '경향 폐간 효력 정지' 홍일원 재판장」, 『경향신문』, 1993년 10월 6일, 23면.

박노자, 『나를 배반한 역사』(인물과사상사, 2003).

———, 『우승열패의 신화』(한겨레신문사, 2005).

박노자·허동현, 『열강의 소용돌이에서 살아남기』(푸른역사, 2005).

박미영, 「공정경쟁 위반 동아·조선·중앙 67.3%」, 『미디어오늘』, 1998년 1월 7일, 11면.

———, 「사이버 언론의 윤리」, 『기자협회보』, 2000년 5월 1일, 4면.

박상건, 「끝도 없는 신문 전쟁」, 『샘이 깊은 물』, 1993년 5월.

박상주, 「'인터넷 금맥' 찾아 끝없는 도전: 미래를 보는 경영자 김범수 NHN 대표이사 사장」, 『문화일보』, 2005년 8월 16일, 26면.

———, 「더러운 포식자들…」, 『미디어오늘』, 2009년 3월 24일.

박성수, 『조선의 부정부패 그 멸망에 이른 역사』(규장각, 1999).

박성제, 『권력과 언론: 기레기 저널리즘의 시대』(창비, 2017).

박소영, 「"인터넷=여당 우위 무너졌다": 열린우리 분석」, 『중앙일보』, 2005년 5월 7일, 1면.

박순봉, 「현직 언론인 출신 청와대 기용 "지금 정부 권언유착 관계없다"」, 『경향신문』,

2019년 1월 11일.

박승관 · 장경섭, 『언론 권력과 의제 동학』(커뮤니케이션북스, 2001).

박용규, 「'자유 언론의 제단에 바쳐진' 언론인: 안종필(1937~1980)」, 『신문과 방송』, 445호(2008년 1월), 142~149쪽.

――, 「구한말 일본의 침략적 언론 활동: 『한성신보』(1895~1906)를 중심으로」, 『한국언론학보』, 43권 1호(1998년 9월), 149~183쪽.

――, 「미군정기 중간파 언론: 설의식의 『새한민보』를 중심으로」, 『한국언론정보학보』, 2호(1992년 12월), 164~196쪽.

――, 「여운형의 언론 활동에 관한 연구: 일제하 『조선중앙일보』 사장 시기를 중심으로」, 『한국언론학보』, 42권 2호(1997년 12월), 168~200쪽.

――, 「일제 말기(1937~1945)의 언론통제 정책과 언론 구조 변동」, 『한국언론학보』, 46권 1호(2001년 12월), 194~228쪽.

――, 「일제하 시대 · 중외 · 중앙 · 조선중앙일보에 관한 연구: 창간 배경과 과정, 자본과 운영, 편집진의 구성과 특성을 중심으로」, 『언론과정보』, 2호(1996년).

――, 「한국 기자들의 직업적 특성과 활동의 변화 과정」, 『한국언론정보학보』, 6호(1995년 9월), 141~174쪽.

박원순, 『국가보안법 연구 2: 국가보안법 적용사』(역사비평사, 1992).

박원호, 「유튜브의 희망과 절망」, 『중앙일보』, 2019년 1월 4일.

박은경, 「단성사! 기생들의 무대에서 서편제 신화까지」, 『신동아』, 2001년 5월호.

박인규, 「책략 정치와 개혁 포기: 홍석현 주미대사와 언론 개혁」, 『진보정치』, 2004년 12월 20일.

박인규 외, 「신년 대담/새해 언론의 나아갈 길: 정파성 벗어나 공론장 만들어야」, 『신문과 방송』, 2005년 1월, 30~37쪽.

박장준, 「박근혜 정부, 세월호 '보도 통제' 문건 만들었다」, 『미디어오늘』, 2014년 4월 29일.

박정규, 「전통 언론 매체와 사회 변화」, 박정규 외, 『한국 근대사회의 변화와 언론』(한국정신문화연구원, 1995), 16~25쪽.

박주연, 「김제동 없으니 웃을 일 '없고', 손석희 없으면 좋을 일 '없고'」, 『위클리경향』, 제847호(2009년 10월 27일).

박준용, 「"하루 짜깁기 기사 50건…클릭 수 노려 미투 2차 가해"」, 『한겨레』, 2018년 4월 4일.

박찬승, 『한국 근대 정치사상사 연구: 민족주의 우파의 실력 양성 운동론』(역사비평사, 1992).

박찬표, 『한국의 국가 형성과 민주주의: 미군정기 자유민주주의의 초기 제도화』(고려대학교출판부, 1997).

박천홍, 『매혹의 질주, 근대의 횡단: 철도로 돌아본 근대의 풍경』(산처럼, 2003).

박태순·김동춘, 『1960년대의 사회운동』(까치, 1991).

박태영, 「노기남: 호교(護敎) 위해 신을 판 성직자」, 반민족문제연구소, 『청산하지 못한 역사 2: 한국 현대사를 움직인 친일파 60』(청년사, 1994), 319~321쪽.

박현태, 『하이에나 저널리즘: 박현태의 사람과 언론학』(동방미디어, 1996).

박환, 「러시아 지역의 한인 언론」, 위암장지연선생기념사업회, 『한국 근대 언론과 민족운동』(커뮤니케이션북스, 2001).

방민준, 「도랑 치고 가재 잡는다고?」, 『한국일보』, 2005년 11월 26일, 26면.

방우영, 『조선일보와 45년: 권력과 언론 사이에서』(조선일보사, 1998).

배경식, 「'모던 보이'에서 'X 세대'까지」, 한국역사연구회, 『우리는 지난 100년 동안 어떻게 살았을까 2』(역사비평사, 1998).

──, 「보릿고개를 넘어서」, 한국역사연구회, 『우리는 지난 100년 동안 어떻게 살았을까 3』(한국역사연구회, 1999).

배명복, 「언론과 검찰의 컬래버레이션」, 『중앙일보』, 2016년 11월 22일.

배성규, 「"당게파 140명이 야당 흔들어": 중진들 "더 이상 못 참아" 대응 모임 추진」, 『조선일보』, 2005년 5월 18일, A6면.

백성호, 「한국 컬러 TV 시대 개막」, 『중앙일보』, 1999년 10월 8일, 21면.

백승찬, 「사이버 과시족: 나는 과시한다, 고로 나는 존재한다」, 『경향신문』, 2006년 11월 9일, K1면.

백은하, 「〈검사와 여선생〉에서 〈내 마음의 풍금〉까지, 배우 박광진의 단역 인생 50년─ 내일은 내일의 해가 뜨겠지」, 『씨네21』, 2001년 3월 20일, 46면.

백지숙, 「뮤직비디오를 둘러싼 시선과 이미지들」, 『현대문학』, 1998년 3월.

──, 『짬뽕: 백지숙의 문화읽기』(푸른미디어, 1997).

백철, 「개벽시대」, 강진호 엮음, 『한국문단 이면사』(깊은샘, 1999), 91~94쪽.

──, 「유튜브 방송은 보수의 '해방구'인가?」, 『주간경향』, 제1289호(2018년 8월 13일).

변태섭, 『한국사 통론』(삼영사, 1998).

서경주, 「음악에 사랑을 싣고, 정보에 웃음을 담아낸 40년」, 『MBC 가이드』, 2001년 11월, 53~54쪽.

서선미, 「꿈을 저당잡힌 언론인의 슬픈 자화상」, 『참여사회』, 1998년 10월.

서울대 정치학과 독립신문강독회, 『독립신문, 다시읽기: 백년 전 거울로 오늘을 본다』(푸른역사, 2004).

서울시정개발연구원, 『서울 20세기 공간 변천사』(서울시정개발연구원, 2001).

서정주, 『미당 자서전 2: 서정주 전집 5』(민음사, 1994).

서준형, 『월드컵의 위대한 전설들』(살림, 2006).

서중석, 「1960년 이후 학생운동의 특징과 역사적 공과」, 『역사비평』, 39호(1997년 겨울).

──, 「3선 개헌 반대, 민청학련 투쟁, 반유신 투쟁」, 『역사비평』, 창간호(1988년 여름).

──, 「4월 혁명 운동기의 반미·통일운동과 민족해방론」, 『역사비평』, 14호(1991년 가을).

──, 「우익의 반탁 주장과 좌익의 '모스크바 삼상회의 결정' 지지」, 『논쟁으로 본 한국 사회 100년』(역사비평사, 2000b).

──, 「이승만과 북진 통일: 1950년대 극우 반공 독재의 해부」, 『역사비평』, 29호 (1995년 여름).

──, 『남북협상: 김규식의 길, 김구의 길』(한울, 2000a).

──, 『비극의 현대 지도자: 그들은 민족주의자인가 반민족주의자인가』(성균관대학교 출판부, 2002).

──, 『한국 현대 민족운동 연구 2: 1948~1950 민주주의·민족주의 그리고 반공주의』(역사비평사, 1996).

서현진, 『끝없는 혁명: 한국 전자산업 40년의 발자취』(이비컴, 2001).

선성원, 『8군쇼에서 랩까지』(아름출판사, 1993).

설석규, 『조선시대 유생 상소의 공론 정치』(선인, 2002).

성동기, 「인터넷 인구 1,400만의 허상」, 『동아일보』, 2000년 5월 15일, D1면.

성한용, 「김기춘의 복귀…청와대 유신 시대로 회귀」, 『한겨레』, 2013년 8월 5일.

──, 『DJ는 왜 지역갈등 해소에 실패했는가』(중심, 2001).

성호철, 「클릭 한 번에 1원…유튜브, 가짜뉴스에도 광고 붙여 '장사'」, 『조선일보』, 2018년 5월 19일.

손동수, 「새로운 영화잡지들이 혁명할 것인가」, 『오늘예감』, 제3호(1995년 6월).

──, 「영화에 대해 솔직하게 말하기」, 『상상』, 1996년 여름.

손상익, 「다시 보는 우리 만화: 신동헌 만화영화 '홍길동'」, 『한국일보』, 2003년 3월 20일, C6면.

──, 『한국 만화 통사 하(下): 1945년 이후』(시공사, 1998).

손석희, 「부끄러운 언론의 얼굴」, 『노동자신문』, 1993년 9월 10일, 9면.

손영준, 「포털 뉴스 역할 재점검해야」, 『중앙일보』, 2015년 10월 23일.

손정목, 『서울 도시계획 이야기: 서울 격동의 50년과 나의 증언 ①』(한울, 2003).

──, 『일제강점기 도시사회상 연구』(일지사, 1996).

손호철, 「귀 막은 소통」, 『한국일보』, 2007년 1월 8일, 30면.

송건호, 『민주 언론 민족 언론』(두레, 1987).

──, 『한국 민족주의의 탐구: 송건호 평론선』(한길사, 1977).

──, 『한국 현대 언론사』(삼민사, 1990).

송건호 외, 『한국 언론 바로보기』(다섯수레, 2000).

송건호 · 서중석 대담, 「송건호, 형극으로 지켜온 언론 자유와 현대사 개척」, 『역사비평』, 1992년 겨울.

송광성, 『미군 점령 4년사: 우리나라의 자주 · 민주 · 통일과 미국』(한울, 1995).

송기동, 「몇 달을 앞당겨 살았던 가불 인생」, 『대한언론인회보』, 1992년 5월 31일, 7면.

송인수, 「이회창 총재 대표 연설…"언론사 세무조사 중단하라"」, 『동아일보』, 2001년 2월 7일, 1면.

송형국, 「"쏠린다고 하지만 관객들 냉철해요": 봉준호 감독」, 『경향신문』, 2006년 8월 10일, K2면.

수요역사연구회 편, 『일제의 식민지 지배 정책과 매일신보 1910년대』(두리미디어, 2005).

신동아 편집실, 「K 공작: 언론인 94명 포섭 계획」, 『신동아』, 1990년 2월.

신동흔, 「"지상파방송 특혜 정책의 완결판…방통위, 중간광고 도입 철회하라"」, 『조선일보』, 2018년 11월 13일.

신명직, 『모던 보이, 경성을 거닐다: 만문 만화로 보는 근대의 얼굴』(현실문화연구, 2003).

신병식, 「토지 개혁을 통해 본 미군정의 국가 성격: '국가주의적 접근'」, 『역사비평』, 창간호(1988년 여름).

신용하, 『독립협회 연구: 독립신문 · 독립협회 · 만민공동회의 사상과 운동』(일조각, 1996).

신인섭, 『광고로 보는 한국 화장의 문화사』(김영사, 2002).

─── , 『박카스 40년: 그 신화와 광고 이야기』(나남, 2001).

─── , 『한국 광고 발달사』(일조각, 1992).

신인섭 · 서범석, 『한국 광고사』(나남, 1998).

신진화, 「언론 사주 부정 축재와 여론 대통령의 밀월」, 『길을 찾는 사람들』, 1993년 5월.

심산, 「〈애마부인〉의 아버지」, 『씨네21』, 2001년 4월 10일, 102면.

심영섭, 「"아-옛날이여" 스마트폰에 밀려 이제는 쇠락의 길」, 『신문과 방송』, 523호 (2014년 7월), 66~69쪽.

쓰가와 이즈미, 김재홍 옮김, 『JODK, 사라진 호출부호』(커뮤니케이션북스, 1999).

안국정, 「이산가족 찾기 생방송」, 『조선일보』, 1999년 9월 15일 23면.

안병섭, 「의욕적 소수가 분발한 혼돈과 정체의 파노라마」, 『함께사는사회』, 1993년 4월.

안병찬, 『신문 발행인의 권력과 리더쉽: 장기영의 부챗살 소통망 연구』(나남, 1999).

안수찬, 「"입 닥쳐" 뉴스를 보게 될까: 지상파 아니지만 막강한 상업성과 영향력을 지닌 '폭스TV'」, 『한겨레 21』, 제771호(2009년 7월 31일).

안영춘, 「여고괴담에 세상이 떨고 있다」, 『한겨레』, 1998년 6월 24일, 17면.

안종묵, 「한국 근대 신문 · 잡지의 발달 시기에 선교사들의 언론 활동에 관한 연구」, 『한국언론학보』, 48권 2호(2004년 4월), 5~27쪽.

———, 「황성신문 발행진의 정치사회사상에 관한 연구」, 『한국언론학보』, 46권 4호 (2002년 9월), 217~248쪽.

———, 「황성신문의 애국 계몽운동에 관한 연구」, 한국외국어대학교 박사학위 논문, 1997년 8월.

안종화, 『한국 영화 측면 비사』(현대미학사, 1998).

안홍욱, 「조중동의 신문·방송·통신 무제한 확장 길 터줘」, 『경향신문』, 2009년 7월 23일.

양선희, 「김영란법이 놓친 언론의 사각지대」, 『중앙일보』, 2016년 9월 28일.

양종구, 「"손기정 선생님, 뵐 낯이 없습니다"」, 『동아일보』, 2006년 9월 7일, A34면.

여국현, 「'사이버문학'과 사이버시대의 텍스트 짜기: 『사이버문학의 도전』에 대한 비판 을 중심으로」, 『문화과학』, 11호(1997년 봄), 204~213쪽.

연구공간 수유+너머 근대매체연구팀, 『신여성: 매체로 본 여성 풍속사』(한겨레신문사, 2005).

연시중, 『한국 정당정치 실록 1: 항일 독립운동부터 김일성의 집권까지』(지와 사랑, 2001a).

———, 『한국 정당정치 실록 2: 6·25전쟁부터 장면 정권까지』(지와사랑, 2001b).

여운연, 「여성운동 선구자 첫 여기자 이각경」, 『시사저널』, 1991년 4월 11일, 62~64면.

오기영, 『민족의 비원 자유 조국을 위하여』(성균관대학교출판부, 2002).

오명환, 『텔레비전 드라마 사회학: 현대 드라마 영상 언어와 해법을 위하여』(나남, 1994).

오세응, 『서재필의 개혁 운동과 오늘의 과제』(고려원, 1993).

오연호, 「20세기 저널리즘의 종말−모든 시민은 기자다: 오마이뉴스의 실험」, 『기자협회 보』, 2004년 11월 17일, 5면.

오원철, 『에너지 정책과 중동 진출』(기아경제연구소, 1997).

오유석, 「'야인시대' 주인공 김두한은 '협객'이었나」, 『신동아』, 2002년 10월호.

오진석, 「일제하 백화점업계의 동향과 관계인들의 생활 양식」, 연세대학교 국학연구원 편, 『일제의 식민지배와 일상생활』(혜안, 2004).

완군, 「카우치와 김인규: 금기와 광기를 넘어 일상의 몸과 마주하라」, 『문화사회』 제1호 (2005년 12월).

왕현종, 『한국 근대국가의 형성과 갑오개혁』(역사비평사, 2003).

원희복, 『민족일보 사장 조용수 평전』(전국언론노동조합연맹, 1995).

유문무, 「자본주의와 대중문화」, 임희섭·박길성 공편, 『오늘의 한국 사회』(사회비평사, 1995).

유민영, 『한국 근대 극장 변천사』(태학사, 1998).

유병은, 『방송야사』(KBS 문화사업단, 1998).

유선영, 「객관주의 100년의 형식화 과정」, 『언론과 사회』, 10호(1995년 겨울), 86~128쪽.

———, 「한국 대중문화의 근대적 구성 과정에 대한 연구: 조선 후기에서 일제시대까지를 중심으로」, 고려대학교 대학원 신문방송학과 박사학위 논문, 1992년 12월.

———, 「황색 식민지의 서양 영화 관람과 소비의 정치, 1934~1942」, 공제욱·정근식 편, 『식민지의 일상, 지배와 균열』(문화과학사, 2006), 443~449쪽.

유승찬, 『메시지가 미디어다』(나무바다, 2018).

유신모, 「기자실 중심의 취재 문화를 어떻게 볼 것인가」, 『관훈저널』, 107호(2008년 여름), 220~233쪽.

유인학, 『한국 재벌의 해부』(풀빛, 1991).

유일상 외, 『새로 쓰는 한국 언론사』(아침, 1993).

유재천, 「일제하 한국 신문의 공산주의 수용 태도」, 이상희교수화갑기념논문집간행위원회 편, 『현대사회와 커뮤니케이션 이론』(한길사, 1989), 281~343쪽.

———, 『한국 언론과 이데올로기』(문학과지성사, 1990).

유지나, 「한국 영화 70년 검열과 통속 시비의 사이에서」, 『민주광장』, 1992년 4월.

육성철, 「조용수 사형 집행 그 후: 공산당 물주로 지목됐던 교포 이영근 박 정권과 밀착」, 『일요신문』, 1997년 10월 5일, 21면.

윤덕한, 「전두환 정권하의 언론」, 송건호 외, 『한국 언론 바로보기』(다섯수레, 2000).

———, 『이완용 평전: 애국과 매국의 두 얼굴』(중심, 1999).

윤병로, 『한국 근·현대 문학사』(명문당, 1991).

윤병철, 「조선조 말 개화 세력의 형성과 커뮤니케이션 혁신」, 『한국언론학보』, 46-1호(2001년 겨울).

윤재걸, 『비디오 공화국』(연려실, 1985).

윤치호, 김상태 편역, 『윤치호 일기 1916~1943: 한 지식인의 내면세계를 통해 본 식민지 시기』(역사비평사, 2001).

윤태진, 「'가짜뉴스'와 '나쁜뉴스'」, 『경향신문』, 2018년 8월 3일.

윤형두, 「월간 『다리』지 필화 사건: 언론·출판 탄압에 대한 최초의 무죄 사건」, 한승헌선생 화갑기념문집간행위원회 편, 『분단 시대의 피고들: 한승헌 변호사 변론 사건 실록』(범우사, 1994).

이가영, 「이번엔 춘추전국시대: 2002년엔 '노 1인 천하'였던 '댓글 세상'」, 『중앙일보』, 2006년 12월 19일, 3면.

이경철, 「근대문학의 출발점은 독립신문: 한문 체제 붕괴 촉진 '한글 문화' 시작돼」, 『중앙일보』, 2002년 10월 5일, B6면.

이광린, 「『대한매일신보』 간행에 대한 일고찰」, 이광린 외, 『대한매일신보연구: 인문연구논총 제16집』(서강대학교 인문과학연구소, 1986).

———, 『개화기의 인물』(연세대학교출판부, 1993).

──, 『개화당 연구』(일조각, 1997).

──, 『한국 개화사상 연구』(일조각, 1995).

이기백, 『한국사 신론』(일조각, 1997).

이기형, 「인터넷 미디어의 '마이웨이'」, 『한국일보』, 2005년 4월 15일, A26면.

이나영, 「미투는 '제2의 민주화 운동'」, 『중앙일보』, 2018년 3월 10일.

이내수, 『이야기 방송사 1924~1948』(씨앗을뿌리는사람, 2001).

이대현, 「남북 이산가족 찾기는 컬러 TV 연출 최대작」, 『한국일보』, 1999년 10월 19일, 17면.

이도성, 「K(king)─공작 계획」, 『남산의 부장들 3』(동아일보사, 1993).

이동국, 「"정정 보도 이끌어낸 경찰 참 대견하고 감동스럽다": From 노무현 To 50만 경찰」, 『한국일보』, 2006년 11월 28일, A2면.

이동순, 「'막간 아가씨'와 손풍금」, 『월간조선』, 1998년 5월호.

이동욱, 『민족 계몽의 초석 방응모』(지구촌, 1998).

이두걸, 「PC방의 몰락: '1년 6억 수입'은 전설…사발면 팔아 유지」, 『서울신문』, 2005년 11월 26일, 5면.

이맹희, 『묻어둔 이야기: 이맹희 회상록』(청산, 1993).

이민석, 「현직 언론인 靑 직행 논란엔 "지금 정부 권언유착 없다"」, 『조선일보』, 2019년 1월 11일.

이범경, 『한국 방송사』(범우사, 1994).

이병국, 『대통령과 언론』(나남, 1987).

이병주, 「방송 환경 변화에 따른 방송 광고 발전 소사」, 한국TV방송50년위원회, 『한국의 방송인: 체험적 현장 기록 한국 방송 1956~2001』(커뮤니케이션북스, 2001).

이봉수, 「문제는 다시 언론… '노무현 보도' 반성해야」, 『한겨레』, 2009년 5월 28일.

이상길, 「유성기의 활용과 사적 영역의 형성」, 『언론과사회』, 9권 4호(2001년 11월), 49~95쪽.

이상우, 「전환기 상업주의 신문의 내막」, 『신문평론』, 1968년 겨울.

──, 『박 정권 18년: 그 권력의 내막』(동아일보사, 1986).

이상철, 「한국 신문 광고의 실태와 문제점에 관한 연구」, 『광고연구』, 9호(1990년 겨울).

──, 『커뮤니케이션 발달사』(일지사, 1982).

이상희, 『조선조 사회의 커뮤니케이션 현상 연구』(나남, 1993).

이선민, 「1919년 일제 '문화정치'」, 『조선일보』, 1993년 9월 5일, 7면.

이성욱, 「엘비스와 매카시가 우리를 검열했다」, 『한겨레』, 2000년 5월 15일, 24면.

──, 「케이블TV '수렁 탈출' 보이나」, 『한겨레』, 1999년 7월 16일, 24면.

이세민, 「모래가 있는 시간, 그러나 결코 다시 만들지 못하는 역사」, 『오늘예감』, 2호

(1995년 2월).

이숙이, 「"노 대통령 주변에 쓴 소리꾼이 없다": 정대철 병상 고언/연정 제안 등 최근 정치 행보에 우려」, 『시사저널』, 2005년 7월 26일, 26~27면.

이순혁 외, 「보수의 복수」, 『한겨레 21』, 제725호(2008년 8월 25일).

이승선, 『표현 자유 확장의 판결』(커뮤니케이션북스, 2013).

이승원, 『소리가 만들어낸 근대의 풍경』(살림, 2005).

이어령, 「인터뷰/문화 석학 이어령의 한류 읽기: '개짱이'의 힘 블루오션 한류 계속된다」, 『월간중앙』, 2006년 1월, 248~251쪽.

이영만, 「종편 특혜 절반, 지역방송에 쏟았다면…」, 『PD저널』, 2014년 3월 21일.

이영미, 『서태지와 꽃다지: 대중문화 시대 예술의 길 찾기』(한울, 1995).

──, 『한국 대중가요사』(시공사, 1998).

──, 『흥남부두의 금순이는 어디로 갔을까』(황금가지, 2002).

이영진, 「한가위 흥행 40년사─보따리 풀어라, 대목에 한몫 보자」, 『씨네21』, 2001년 10월 9일, 88면.

이오덕, 「동심의 승리: 이윤복 일기 『저 하늘에도 슬픔이』에 나타난 동심론」, 『창작과 비평』, 10권 4호(1975년 겨울), 175~180쪽.

이완재, 『초기 개화사상 연구』(민족문화사, 1989).

이용관·김지석, 『할리우드: 할리우드 영화의 산업과 이데올로기』(제3문학사, 1992).

이용성, 「1950년대 『사상계』의 잡지 이념에 대한 연구」, 『언론학보』, 15집(1995).

이용식, 『김영삼 권력의 탄생: 3당 합당에서 청와대까지 1,000일간의 파워 게임』(공간, 1993).

이용원, 「배설과 양기탁의 삶」, 『서울신문』, 1998년 10월 19일, 3면.

──, 『제2공화국과 장면』(범우사, 1999).

이용준, 「1960년대 신문 산업의 재생산 구조」, 김왕석·임동욱 외, 『한국 언론의 정치경제학』(아침, 1990).

이우용, 『해방 공간의 민족문학사론』(태학사, 1991).

이원덕, 『한일 과거사 처리의 원점: 일본의 전후 처리 외교와 한일회담』(서울대학교출판부, 1996).

이유진, 「"애들은 가라~" 중장년 사로잡은 유튜브, 뭘 보고 왜 볼까」, 『경향신문』, 2018년 8월 8일.

이윤하, 「동아방송 18년 편성의 뒤안길」, 한국TV방송50년위원회, 『한국의 방송인: 체험적 현장 기록 한국 방송 1956~2001』(커뮤니케이션북스, 2002).

이은주, 「전국 종합지 10개사 381억 적자 경제·IT·무료 신문 흑자 확대」, 『신문과 방송』, 473호(2010년 5월), 71~79쪽.

이이화, 『빼앗긴 들에 부는 근대화 바람: 한국사 이야기 22』(한길사, 2004).

이인우 · 심산, 『세상을 바꾸고 싶은 사람들』(한겨레신문사, 1998).

이임자, 『한국 출판과 베스트셀러 1883~1996』(경인문화사, 1998).

이장규 외, 『실록 6공 경제: 흑자 경제의 침몰』(중앙일보사, 1995).

이재규, 『시와 소설로 읽는 한국 현대사 1945~1994』(심지, 1994).

이재성, 「가짜뉴스가 관료주의를 만났을 때」, 『한겨레』, 2018년 10월 25일.

이재영 외, 「민족민주 언론 운동으로서의 매체 운동」, 『민주언론운동』, 1990년 8월.

이재오, 『해방 후 한국 학생운동사』(형성사, 1984).

이재학, 「새 정부 언론관 '미묘한 균형'」, 『중앙일보』, 1993년 4월 6일.

이정국, 「권좌 직행 '폴리널리스트' 언론 신뢰 좀먹는다」, 『한겨레』, 2014년 6월 20일.

이정환, 「'안영미 열애' 기사가 100개, 조선 · 동아의 어뷰징 경쟁」, 『미디어오늘』, 2015년
        3월 18일.

──, 「최순실 사태의 이면, '프레임 전쟁'이 시작됐다」, 『미디어오늘』, 2016년 11월 12일.

──, 「파괴적 혁신은 낡은 생존 조건을 버리는 것부터」, 『미디어오늘』, 2016년 6월 15일.

──, 「플랫폼에 올라탈 것인가, 스스로 플랫폼이 될 것인가」, 『미디어오늘』, 2017년
        8월 23일.

이정환 · 김유리 · 정철운 외, 『저널리즘의 미래』(인물과사상사, 2015).

이제훈, 「중앙 일간지 10개사 부채 3조 442억」, 『한겨레』, 1998년 10월 12일, 1면.

이종규, 「어쩌다 디지털, 어쩌다 혁신」, 『한겨레』, 2018년 12월 20일.

이준식, 「문화 선전 정책과 전쟁 동원 이데올로기: 영화 통제 체제의 선전 영화를 중심
        으로」, 방기중 편, 『일제 파시즘 지배 정책과 민중 생활』(혜안, 2004).

──, 「사회주의와 반공주의의 한 세기」, 한국역사연구회, 『우리는 지난 100년 동안
        어떻게 살았을까 3』(역사비평사, 1999).

이준행, 「대안 팩트」, 『한겨레』, 2018년 5월 21일.

이중거, 「일제시대의 우리 영화」, 이중거 외 『한국 영화의 이해: 〈아리랑〉에서 〈은마는
        오지 않는다〉까지』(예니, 1992).

이중한 외, 『우리 출판 100년』(현암사, 2001).

이지원, 「만주 동포의 국적 문제와 정체성」, 『논쟁으로 본 한국 사회 100년』(역사비평
        사, 2000).

이진로, 「2004 언론 결산/신문 부문: 신뢰도와 구독률 하락, 경영 악화」, 『신문과 방
        송』, 제408호(2004년 12월), 20~23쪽.

이창원, 「검찰 적발 사이비 기자의 행태」, 『조선일보』, 1990년 4월 4일.

이철승 · 박갑동, 『건국 50년 대한민국, 이렇게 세웠다』(계명사, 1998).

이철호, 「여(與) 홈피 '당게 낭인' 12인이 점령」, 『세계일보』, 2005년 6월 20일, A9면.

이충형, 「정두언 "묘청의 난보다 심각한 사건"」, 『중앙일보』, 2016년 11월 21일.

이태진 · 김재호 외, 『고종황제 역사 청문회』(푸른역사, 2005).

이필재 · 오효림, 「브레이크 없는 포털…그 무서운 질주」, 『월간중앙』, 2006년 4월.

이한구, 『한국 재벌 형성사』(비봉출판사, 1999).

이한상, 「'영화잡지', 그 색깔론을 위해」, 『상상』, 1996년 겨울, 385~394쪽.

이해창, 『한국 신문사 연구: 자료 중심』(성문각, 1983).

이현주, 「시민 언론 운동의 성격과 방향에 관한 연구: 안티조선 운동을 중심으로」, 성균관대학교 대학원 신문방송학과 석사학위논문, 2002년.

이효인, 「해방 직후의 민족 영화 운동」, 최장집 외, 『해방전후사의 인식 4』(한길사, 1989).

――, 『우리 영화의 몽상과 오만』(민글, 1994).

――, 『한국 영화 역사 강의 1』(이론과실천, 1992).

이희용, 「안팎의 적에 둘러싸인 지상파방송」, 『방송문화』, 제290호(2005년 8월).

――, 「언론의 아전인수식 보도 태도 재확인: 언론학회 탄핵 방송 보고서 파장 전말과 쟁점」, 『신문과방송』, 2004년 7월, 29~34쪽.

이희정, 「화신/ "백화점의 왕" 옛 명성도 헐리고(그때 그자리)」, 『한국일보』, 1992년 1월 16일, 14면.

임대식, 「1950년대 미국의 교육 원조와 친미 엘리트의 형성」, 역사문제연구소 편, 『1950년대 남북한의 선택과 굴절』(역사비평사, 1998).

――, 「1960년대 초반 지식인들의 현실 인식」, 『역사비평』, 65호(2003년 겨울).

임명현, 『잉여와 도구: 억압된 저널리즘의 현장 MBC를 기록하다』(정한책방, 2017).

임범, 「북한 다룬 영화 수난사: 미군 비방했다며 반공법 구속」, 『한겨레』, 2000년 8월 25일, 33면.

임성기, 「남기고 싶은 이야기: 기억에 남는 대학가요제」, 문화방송, 『문화방송 30년사』(문화방송, 1992), 534~535쪽.

임아영, 「인간은 데이터, IT기업이 '신'이 된 세상」, 『경향신문』, 2018년 1월 4일.

임영, 「야사 한국 영화: 문여송 감독 초기엔 영화사서 "찬밥" 대접」, 『중앙일보』, 1991년 7월 28일, 10면.

임영태, 『대한민국 50년사 2』(들녘, 1998).

임종국, 『실록 친일파』(돌베개, 1996).

――, 『친일, 그 과거와 현재: 임종국 선집 1』(아세아문화사, 1994).

――, 『한국인의 생활과 풍속(상): 임종국 선집 3』(아세아문화사, 1995).

임종수, 「1960~70년대 텔레비전 붐 현상과 텔레비전 도입의 맥락」, 『한국언론학보』, 48권 2호(2004년 4월).

임택근, 『방송에 꿈을 심고 보람을 심고』(문학사상사, 1992).

임헌영, 「'자유부인'의 정치사회적 접근 ①: 매카시즘 수사법으로 작가 매도」, 『대한매
　　일』, 1999년 2월 4일, 15면.

──, 「미군정기의 좌우익 문학 논쟁」, 박현채 외, 『해방전후사의 인식 3』(한길사, 1987).

장사국, 「분단 아픔 재회 기쁨…4천만이 울었다」, 『스포츠서울』, 1999년 12월 15일, 19면.

장세정, 「유튜브는 양날의 칼…민주주의 촉매? 살상무기?」, 『중앙일보』, 2019년 1월 8일.

장영우, 「『무정』 연구」, 상허학회, 『1920년대 동인지 문학과 근대성 연구: 상허학보 2집』
　　(깊은샘, 2000).

장유정, 『오빠는 풍각쟁이야: 대중가요로 본 근대의 풍경』(민음in, 2006).

장은교, 「1천만의 신드롬 괴물」, 『경향신문』, 2006년 8월 10일, K1면.

장종택, 「금서 파동」, 『80년대 한국 사회 대논쟁집: 월간중앙 1990년 신년호 별책부록』
　　(중앙일보사, 1990).

장현철, 「'신문 많이 팔수록 손해'」, 『미디어오늘』, 1998년 1월 21일, 11면.

장화경, 「'거래업체' 명단 서로 교환」, 『경향신문』, 1990년 4월 3일.

전규찬, 「'애인'을 둘러싼 이야기들: TV 드라마 텍스트의 주변 담론 분석」, 황인성 · 원
　　용진 엮음, 『애인: TV 드라마, 문화 그리고 사회』(한나래, 1997).

전남식, 『대통령과 언론통제』(나남출판, 2006).

전병역, 「스마트폰 보급률 한국 67%로 1위」, 『경향신문』, 2013년 6월 26일.

전봉관, 「중앙보육학교 박희도 교장의 '여 제자 정조 유린' 사건: 파렴치한 성추행인가,
　　악의적 무고인가? 불꽃 튀는 진실게임」, 『경성기담: 근대 조선을 뒤흔든 살인
　　사건과 스캔들』(살림, 2006), 139~182쪽.

전성철, 「사이버 방송 검색 사이트 인기 폭발」, 『뉴스메이커』, 2000년 5월 4일, 76면.

전승훈, 「납북 언론인 225명 생사 확인-송환 촉구: 대한언론인회 한적(韓赤)에 탄원」,
　　『동아일보』, 2003년 6월 25일, A29면.

전인권, 「해제: 『독립신문』의 재해석과 한국의 사회과학」, 서울대 정치학과 독립신문강
　　독회, 『독립신문, 다시읽기: 백년 전 거울로 오늘을 본다』(푸른역사, 2004).

전재호, 「군정기 쿠데타 주도 집단의 담론 분석」, 『역사비평』, 55호(2001년 여름).

──, 『반동적 근대주의자 박정희』(책세상, 2000).

전정희, 『TV에 반(反)하다』(그린비, 1997).

전필여, 「문화 권력과 저항 운동: '안티조선' 운동을 중심으로」, 부산대학교 대학원 사
　　회학과 석사학위논문, 2002년.

전현석, 「취재 환경 어떻게 달라졌나: 김영란법 시행 그 후」, 『관훈저널』, 141호(2016년
　　겨울), 11~17쪽.

전홍기혜, 「'막말' 윤창중, 박근혜 '공포정치'의 신호탄: 종편과 나꼼수, 그리고 윤창
　　중」, 『프레시안』, 2012년 12월 26일.

정덕준, 「한국 대중문학에 대한 반성적 고찰」, 정덕준 외, 『한국의 대중문학』(소화, 2001).

정미경, 「남성 팬터지의 산물, 『자유부인』의 성 정치학: 1950년대 『자유부인』 논쟁」, 여성사 연구모임 길밖세상, 『20세기 여성 사건사』(여성신문사, 2001).

정민영, 「가짜뉴스, 대선 이후의 언론」, 『미디어오늘』, 2017년 5월 11일.

정병준, 『우남 이승만 연구: 한국 근대국가의 형성과 우파의 길』(역사비평사, 2005).

정상우, 「개항 이후 시간 관념의 변화」, 『역사비평』, 2000년 봄호.

정성희, 「"신문 읽는 네 모습을 보고 싶다"」, 『동아일보』, 2005년 1월 17일.

정순일, 『한국 방송의 어제와 오늘: 체험적 방송 현대사』(나남, 1991).

정순일 · 장한성, 『한국 TV 40년의 발자취: TV 프로그램의 사회사』(한울아카데미, 2000).

정연우, 「할리우드와 한국의 비디오산업」, 『월간 말』, 1991년 1월.

정용욱, 「『주한미군사』와 해방 직후 정치사 연구」, 정용욱 외, 『'주한미군사'와 미군정기 연구』(백산서당, 2002).

――, 『미군정 자료 연구』(선인, 2003a).

――, 『존 하지와 미군 점령 통치 3년』(중심, 2003b).

정우상, 「네티즌≠친여(親與)」, 『조선일보』, 2005년 4월 13일, A5면.

정우상 · 안용현, 「청와대 인터넷으로 본 2005년」, 『조선일보』, 2005년 12월 23일.

정운현, 「'광주의 굴레' 못 벗은 한국 언론」, 『대한매일』, 2001년 5월 19일, 15면.

――, 『호외, 백년의 기억들: 강화도 조약에서 전두환 구속까지』(삼인, 1997).

정유미, 「'방송사 임원 교체' 옆에 'BH 하명'…청와대 개입 드러나」, 『경향신문』, 2012년 3월 30일.

정의길, 「청소년 '연예인 신드롬' 열병」, 『한겨레신문』, 1993년 8월 30일, 5면.

정인경, 「과학기술의 도입, 그 환희와 절망」, 한국역사연구회, 『우리는 지난 100년 동안 어떻게 살았을까 1』(역사비평사, 1998).

정재권, 「"5 · 16 직후 수갑 채워 강탈", "기업가가 재산 헌납한 것": 박근혜 대표 정수장학회 이사장 논란」, 『한겨레』, 2004년 7월 27일, 5면.

――, 「한국 영화 살아남을까」, 『한겨레21』, 1994년 4월 28일.

정정일, 「언론 수용자 운동과 사회운동 측면에서 고찰한 '안티조선 운동'에 관한 연구」, 서강대학교 언론대학원 석사학위논문, 2002년.

정종주, 「변절과 오욕의 언론사에 굴종 않은 언론인의 사표」, 『바른언론』, 1996년 1월 6일, 5면.

정종화, 『자료로 본 한국 영화사 1 · 2』(열화당, 1997).

정준영, 「매니아: 민주주의의 확산인가, 새로운 귀족주의인가?」, 『리뷰』, 1994년 겨울.

정중헌, 『우리 영화 살리기』(늘봄, 1999).

정진석, 「『신동아』 60년, 그 '신화 창조'의 발자취」, 『신동아』, 1991년 11월호.

———, 「한국 언론 흥망사」, 『업서버』, 1992년 12월.

———, 『언론 조선총독부』(커뮤니케이션북스, 2005).

———, 『역사와 언론인』(커뮤니케이션북스, 2001).

———, 『인물 한국 언론사: 한국 언론을 움직인 사람들』(나남, 1995a).

———, 『한국 언론사 연구』(일조각, 1995b).

———, 『한국 언론사』(나남, 1990).

———, 『한국 현대 언론사론』(전예원, 1985).

정진석 외, 『한국 근대 언론의 재조명』(민음사, 1996).

정철운, 「"신문법 시행령 통과되면 인터넷 신문 85% 사라진다"」, 『미디어오늘』, 2015년 9월 9일.

———, 「기록적 시청률, JTBC '뉴스룸' 위상이 달라졌다」, 『미디어오늘』, 2016년 11월 1일.

———, 「기자의 자격도 국가가 정한다?」, 『한겨레 21』, 제1086호(2015년 11월 11일).

———, 『박근혜 무너지다: 한국 명예혁명을 이끈 기자와 시민들의 이야기』(메디치, 2016).

정철운 · 이하늬, 「JTBC에 '시선 집중', 손석희는 1년 전 약속을 지켰다」, 『미디어오늘』, 2014년 5월 7일.

정환봉, 「언론 단체 "현직 기자 청와대 직행은 언론 윤리 위배되고 국민 신뢰 훼손"」, 『한겨레』, 2019년 1월 10일.

제주4 · 3사건진상규명및희생자명예회복위원회, 『제주 4 · 3사건 진상조사보고서』(제주 · 3사건진상규명및희생자명예회복위원회, 2003).

조갑제, 「내 무덤에 침을 뱉어라!: 언론과 정권의 정면 대치」, 『조선일보』, 1999년 8월 18일, 23면.

———, 「친박은 '보수의 敵' 조중동과 싸워야 살 길이 열린다!」, 『조갑제닷컴』, 2016년 12월 12일.

———, 『고문과 조작의 기술자들: 고문에 의한 인간 파멸 과정의 실증적 연구』(한길사, 1987).

———, 『내 무덤에 침을 뱉어라 4: 국가 개조』(조선일보사, 1998).

조맹기, 『한국 언론 인물 사상사』(나남출판, 2006).

———, 『한국 언론사의 이해(개정 · 증보 4판)』(서강대학교출판부, 2011).

———, 『한국 언론사의 이해』(서강대학교출판부, 1998).

조상호, 『한국 언론과 출판 저널리즘』(나남, 1999).

조선일보사 사료연구실, 『조선일보 사람들: 일제시대편』(랜덤하우스중앙, 2004).

조선일보사, 『조선일보 역사 단숨에 읽기 1920~』(조선일보사, 2004).

———, 『조선일보 칠십년사 1 · 2』(조선일보사, 1990).

조선자유언론수호투쟁위원회, 『자유 언론, 내릴 수 없는 깃발: 조선투위 18년 자료집 1975~1993』(두레, 1993).

조선희, 「눈물의 바다에 빠뜨려라」, 『씨네21』, 1998년 2월 24일, 31면.

─── , 「자서전 펴낸 원로배우 김희갑 씨」, 『한겨레신문』, 1992년 4월 10일, 22면.

조세희, 『난장이가 쏘아올린 작은 공: 조세희 소설집』(이성과힘, 2000).

조수경, 「"박근혜 대단하다" 참사에도 대통령 '띄우는' 언론들」, 『미디어오늘』, 2014년 4월 22일.

─── , 「기자들 "언론인 출신 MB 측근 악취 진동, 석고대죄하라"」, 『미디어오늘』, 2011년 9월 24일.

조영복, 「1930년대 신문 학예면과 문학 담론 형성의 의미: 조선일보를 중심으로」, 방일 영문화재단, 『한국언론학술논총 2003』(커뮤니케이션북스, 2003).

조영정, 「미국 영화에 대한 양가적 태도: '비오는 날의 오후 세시'를 중심으로」, 김소연 외, 『매혹과 혼돈의 시대: 50년대의 한국 영화』(소도, 2003).

조윤호, 「박근혜 1년 담화 방송 뉴스, 이렇게 칭찬하기도 쉽지 않다」, 『미디어오늘』, 2014년 2월 26일.

조종엽, 「한 눈에 보는 '3 · 1운동'…국사편찬위, 100주년 맞아 3 · 1운동 DB 공개」, 『동아일보』, 2019년 2월 21일.

조항래, 「국채보상운동의 발단과 전개」, 조항래 편저, 『1900년대의 애국 계몽운동 연구』(아세아문화사, 1993).

─── , 「1970년대 한국 텔레비전의 구조적 성격에 관한 연구: 국가정책과 텔레비전 자본 간의 관계를 중심으로」, 서울대학교 대학원 신문학과 박사학위 논문, 1994년 2월.

─── , 『한국의 민주화와 미디어 권력』(한울아카데미, 2003).

조형래, 「뭇매 맞는 인터넷 공룡들」, 『조선일보』, 2017년 10월 10일.

조혜정, 「'MB 방패막이' 대선 특보들 줄줄이 '낙하산'」, 『한겨레』, 2008년 6월 9일.

─── , 「이명박 캠프 전직 언론인 40여 명 매머드급」, 『한겨레』, 2007년 12월 8일.

조희문, 「단성사 100년의 스크린 연가」, 『월간중앙』, 2001년 3월호.

─── , 「레드 · 콤플렉스에서 벗어나는 방화」, 『옵서버』, 1990년 8월.

─── , 「영화」, 역사문제연구소 엮음, 『사회사로 보는 우리 역사의 7가지 풍경』(역사비평사, 1999).

─── , 『나운규』(한길사, 1997).

조희연, 『동원된 근대화: 박정희 개발 동원 체제의 정치사회적 이중성』(후마니타스, 2010).

주동황 · 김해식 · 박용규, 『한국 언론사의 이해』(전국언론노동조합연맹, 1997).

주영재, 「"영상이 더 편해"…포털, 유튜브 시대 '생존 비상'」, 『경향신문』, 2018년 3월 8일.

주진오, 「'서재필 신화' 왜곡된 진실들」, 『시사저널』, 1994년 4월 28일, 94~97면.

주태산, 『경제 못 살리면 감방 간대이: 한국의 경제부총리, 그 인물과 정책』(중앙M&B, 1998).

주형일, 「사진 매체의 수용을 통해 본 19세기 말 한국 사회의 시각 문화에 대한 연구」, 『한국언론학보』, 47권 6호(2003년 12월), 354~379쪽.

중앙일보사, 『중앙일보 삼십년사』(중앙일보사, 1995).

지명관, 『한국을 움직인 현대사 61장면』(다섯수레, 1996).

진덕규 외, 『1950년대의 인식』(한길사, 1990).

차배근 외, 『우리 신문 100년』(현암사, 2001).

차배근, 「한국 근대 신문의 생성 과정과 『독립신문』: 이식설에 관한 몇 가지 의문점을 중심으로」, 『언론과사회』, 14호(1996년 겨울), 5~33쪽.

차정인, 「공룡 포털과 고 이은주씨 보도」, 『기자협회보』, 2005년 3월 2일.

채명신, 『사선을 넘고 넘어: 채명신 회고록』(매일경제신문사, 1994).

채백, 「『독립신문』의 의병 관련 보도」, 『언론과정보』, 6호(2000년 2월).

──, 「『황성신문』의 경영 연구」, 『한국언론학보』, 43권 3호(1999년 4월), 362~394쪽.

──, 「조선신보에 관한 일연구」, 『한국언론학보』, 26호(1991년 1월), 345~374쪽.

──, 「통신 매체의 도입과 한국 근대의 사회 변화」, 박정규 외, 『한국 근대사회의 변화와 언론』(한국정신문화연구원, 1995), 155~178쪽.

──, 『한국 언론사』(컬처룩, 2015).

채의석, 『99일간의 진실: 어느 해직 기자의 뒤늦은 고백』(개마고원, 2000).

천원주, 「18대 국회 입성 언론인 36명 분석」, 『신문과 방송』, 제449호(2008년 5월).

천정환, 『끝나지 않는 신드롬: 친일과 반일을 넘어선 식민지 시대 다시 읽기』(푸른역사, 2005).

최규장, 『언론인의 사계』(을유문화사, 1998).

최기영, 『『뎨국신문』 연구』(서강대언론문화연구소, 1989).

──, 『대한제국 시기 신문 연구』(일조각, 1996).

최민지, 「한말─일제하 민족과 언론」, 송건호 외, 『한국 언론 바로보기』(다섯수레, 2000).

최민지·김민주, 『일제하 민족 언론 사론』(일월서각, 1978).

최봉영, 『한국 문화의 성격』(사계절, 1997).

최서영, 『한국의 저널리즘: 120년의 역사와 사상』(커뮤니케이션북스, 2002).

최세정·문장호, 『한국형 네이티브 광고 모형 개발』(한국언론진흥재단, 2017).

최영, 『근대 한국의 지식인과 그 사상』(문학과지성사, 1997).

최영재, 「대통령의 미디어 관리」, 『한국일보』, 2005년 11월 16일, 29면.

최영진, 『한국 지역주의와 정체성의 정치』(오름, 1999).

최원형, 「네이티브 광고, 새 수익원인가 저널리즘의 '독'인가」, 『한겨레』, 2015년 7월 7일.

최인진, 『한국 사진사 1631~1945』(눈빛, 1999).

———, 『한국 신문 사진사』(열화당, 1992).

최재봉, 『간이역에서 사이버스페이스까지: 한국 문학의 공간 탐사』(이룸, 2003).

최정운, 『오월의 사회과학』(풀빛, 1999).

최정호, 『우리가 살아온 20세기 1: 최정호 교수의 현대사 산책』(미래M&B, 1999).

최준, 『한국 신문사 논고』(일조각, 1995).

———, 『한국 신문사』(일조각, 1987).

최진섭, 『한국 언론의 미국관』(살림터, 2000).

최진실, 『그래, 오늘 하루도 진실하게 살자』(책이있는마을, 1998).

최진용 외, 『한국 영화 정책의 흐름과 새로운 전망』(집문당, 1994).

최창봉·강현두, 『우리 방송 100년』(현암사, 2001).

최창섭, 『방송 원론』(나남, 1985).

최형민·정연수·서지훈, 『정치권력, 언론권력』(새천년, 2002).

최혜실, 『신여성들은 무엇을 꿈꾸었는가』(생각의나무, 2000).

최훈길, 「대선 캠프 언론인 70%, '낙하산': 언론 특보 출신 등 41명 중 29명」, 『미디어
오늘』, 2009년 2월 25일.

최희준, 「남기고 싶은 이야기들/인생은 나그네길: '맨발의 청춘' 빅 히트」, 『중앙일보』,
2002년 8월 27일, 19면.

추영준, 「비디오방 남녀 성 접촉 장소 전락」, 『세계일보』, 1999년 5월 10일, 25면.

탁석산, 『한국의 민족주의를 말한다』(웅진닷컴, 2004).

팽원순, 『언론 법제 신론』(나남, 1989).

하원호, 「개화사상과 개화운동의 역사적 변화」, 한국근현대사연구회, 『한국 근대 개화사
상과 개화운동』(신서원, 1998).

하현옥, 「미네르바 "이민 가고 싶다": NYT와 인터뷰…"한국 사회의 광기 목격"」, 『중앙
일보』, 2009년 5월 18일.

한겨레 특별취재반, 「중앙일보 '삼성' 감싸기: "한국비료 사카린 밀수 사실과 다르다"」,
『한겨레』, 2001년 4월 3일, 3면.

한국기독교교회협의회인권위원회, 『1970년대 민주화 운동』(한국기독교교회협의회, 1987).

한국기자협회·80년해직언론인협의회 공편, 『80년 5월의 민주언론: 80년 언론인 해직
백서』(나남, 1997).

한국반탁반공학생운동기념사업회, 『한국 학생 건국 운동사: 반탁·반공 학생운동 중심』
(대한교과서, 1986).

한국방송공사, 『한국방송사』(한국방송공사, 1977).

한국방송광고공사, 『한국 방송 광고의 역사와 문화』(한국방송광고공사, 2001b).

─────────, 『한국방송광고공사 20년사 1981~2001』(한국방송광고공사, 2001a).

한국일보 정치부, 『빼앗긴 서울의 봄: 실록 청와대』(한국일보사, 1994).

한도현, 「1950년대 후반 농촌 사회와 농촌의 피폐화」, 한국정신문화연구원 현대사연구소 편, 『한국 현대사의 재인식 4: 1950년대 후반기의 한국 사회와 이승만 정부의 붕괴』(오름, 1998).

한민수, 「여(與) 홈페이지 '당게낭인 12인'이 장악?」, 『국민일보』, 2005년 6월 20일, 2면.

한상진 · 최종숙, 『정치는 감동이다: 2017 승리를 위한 탈바꿈 정치』(메디치, 2014).

한승헌, 『불행한 조국의 임상 노트: 정치 재판의 현장』(일요신문사, 1997).

한시준, 「중국 관내 독립운동과 신문 · 잡지」, 위암장지연선생기념사업회, 『한국 근대 언론과 민족운동』(커뮤니케이션북스, 2001).

한운사, 「남기고 싶은 이야기들: 구름의 역사」, 『중앙일보』, 2004년 4월 13일, 27면.

한원영, 『한국 현대 신문 연재소설 연구(전2권)』(국학자료원, 1999).

한윤형, 『미디어 시민의 탄생: 21세기 미디어 운동의 흐름과 영향』(시대정신연구소, 2017).

───, 『안티조선 운동사: 대한민국 현대사를 관통하는 또 하나의 역사』(텍스트, 2010).

한철호, 「시무개화파의 개혁 구상과 정치 활동」, 한국근현대사연구회, 『한국 근대 개화 사상과 개화운동』(신서원, 1998).

허동현 · 박노자, 『우리 역사 최전선: 박노자 · 허동현 교수의 한국 근대 100년 논쟁』(푸른역사, 2003).

허수, 「1970년대 청년문화론」, 『역사비평』 편집위원회, 『논쟁으로 본 한국사회 100년』(역사비평사, 2000).

───, 「베스트셀러와 금서의 변주곡」, 한국역사연구회, 『우리는 지난 100년 동안 어떻게 살았을까 1』(역사비평사, 1998).

허용범, 『한국 언론 100대 특종』(나남, 2000).

호현찬, 「이념 갈등서 이산 아픔까지 민족 비극 영상화」, 『서울신문』, 1990년 6월 14일, 11면.

───, 『한국 영화 100년』(문학사상사, 2000).

홍성욱, 「'동도서기론'의 한계」, 『뉴스위크 한국판』, 2004년 12월 22일, 16면.

홍세화, 「20년 만의 귀국 일지」, 『창작과 비평』, 제105호(1999년 가을).

홍순일 · 정진석 · 박창석, 『한국 영어신문사』(커뮤니케이션북스, 2003).

홍주연, 「'스타 크래프트의 힘': 한국 게임 시장 8년째 석권」, 『중앙일보』, 2006년 2월 6일, 3면.

홍찬기, 「개화기 한국 사회의 신문 독자에 관한 연구」, 『한국언론정보학보』, 7호(1996년 3월), 98~117쪽.

황문평, 『한국 대중 연예사』(부루칸모로, 1989).

황민호, 『일제하 식민지 지배 권력과 언론의 경향』(경인문화사, 2005).

황석영, 『죽음을 넘어 시대의 어둠을 넘어: 광주 5월 민중항쟁의 기록』(풀빛, 1985).

황영식, 「'혼명(混名)'의 정치」, 『한국일보』, 2009년 1월 14일.

황용석, 「알고리즘과 미디어」, 『한겨레』, 2014년 11월 11일.

황정태, 「KBS, TBC 개국, 그리고 〈쇼쇼쇼〉」, 한국TV방송50년위원회, 『한국의 방송인: 체험적 현장 기록 한국 방송 1956~2001』(커뮤니케이션북스, 2002).

황지희, 「금기 깬 멜로 드라마들」, 『PD저널』, 2006년 1월 18일, 5면.

황치성, 「언론 '신뢰한다' 19.5%뿐」, 『신문과 방송』, 2004년 7월, 8~12쪽.

황현, 김준 옮김, 『완역 매천야록』(교문사, 1955/1994).

베네딕트 앤더슨(Benedict Anderson), 윤형숙 옮김, 『상상의 공동체: 민족주의의 기원과 전파에 대한 성찰』(나남, 1991/2002).

브루스 커밍스(Bruce Cumings), 김자동 옮김, 『한국전쟁의 기원』(일월서각, 1980/1986).

Bruce Cumings&Jon Holliday, 차성수·양동주 옮김, 『한국전쟁의 전개 과정』(태암, 1989).

제임스 커런(James Curran), 이봉현 옮김, 『미디어와 민주주의』(한울아카데미, 2011/2014).

Tom Foremski, 「Every company is a media company」, 『ZDNet』, August 22, 2009.

셀리그 해리슨(Selig S. Harrison), 「박 정권 외신 보도 통제 안간힘」, 『한겨레신문』, 1996년 1월 15일, 5면.

그레고리 헨더슨(Gregory Henderson), 박행웅·이종삼 옮김, 『소용돌이의 한국 정치』(한울아카데미, 1968/2000).

J. Fred MacDonald, 『Television and the Red Menace: The Video Road to Vietnam』(New York: Praeger, 1985).

F. A. 매켄지(F. A. McKenzie), 신복룡 역주, 『대한제국의 비극』(집문당, 1908/1999).

Frank Luther Mott, 『American Journalism: A History 1690~1960』, 3rd ed. (New York: Macmillan, 1962).

아놀드 A. 피터슨(Arnold A. Peterson), 정동섭 옮김, 『5·18 광주 사태』(풀빛, 1995).

윌리엄 스톡(William Strueck), 김형인 외 옮김, 『한국전쟁의 국제사』(푸른역사, 1995/2001).

한국 언론사

ⓒ 강준만, 2019

초판 1쇄 2019년 2월 28일 찍음
초판 1쇄 2019년 3월 8일 펴냄

지은이 | 강준만
펴낸이 | 강준우
기획 · 편집 | 박상문, 김소현, 박효주, 김환표
디자인 | 최원영
마케팅 | 이태준
관리 | 최수향
인쇄 · 제본 | 대정인쇄공사

펴낸곳 | 인물과사상사
출판등록 | 제17-204호 1998년 3월 11일

주소 | 04037 서울시 마포구 양화로7길 4(서교동) 2층
전화 | 02-325-6364
팩스 | 02-474-1413

www.inmul.co.kr | insa@inmul.co.kr

ISBN 978-89-5906-515-8 03300
값 28,000원

이 도서의 국립중앙도서관 출판예정도서목록(CIP)은 서지정보유통지원시스템 홈페이지
(http://seoji.nl.go.kr)와 국가자료공동목록시스템(http://www.nl.go.kr/kolisnet)에서
이용하실 수 있습니다. (CIP제어번호: CIP2019006502)